Gerstenberger/Welke
Arbeit auf See

Heide Gerstenberger, Prof. Dr. disc. pol., geb. 1940, seit 1974 Professorin für „Theorie des bürgerlichen Staates und der Gesellschaft" an der Universität Bremen. Veröffentlichungen: u.a. zusammen mit Dorothea Schmidt (Hrsg.) *Normalität oder Normalisierung. Geschichtswerkstätten und Faschismusanalyse* 1987, *Die subjektlose Gewalt* 1991; zahlreiche gesellschaftstheoretische und historisch-soziologische Beiträge in Fachzeitschriften.

Ulrich Welke, geb. 1951, fuhr nach seiner Ausbildung zum Maschinenschlosser als Ingenieur-Assistent zur See, studierte anschließend Wirtschaftswissenschaften an der Universität Bremen, arbeitet als wissenschaftlicher Mitarbeiter der Universität Bremen zur Schiffahrtsgeschichte der Neuzeit, veröffentlichte u.a. zusammen mit Heide Gerstenberger *Vom Wind zum Dampf* 1996 und in gemeinsamer Herausgeberschaft *Seefahrt im Zeichen der Globalisierung* 2002, beide im Verlag Westfälisches Dampfboot.

Heide Gerstenberger/Ulrich Welke

Arbeit auf See

Zur Ökonomie und Ethnologie der Globalisierung

WESTFÄLISCHES DAMPFBOOT

Bibliografische Information der Deutschen Bibliothek
Die Deutsche Bibliothek verzeichnet diese Publikation in der Deutschen Nationalbibliografie; detaillierte bibliografische Daten sind im Internet über http://dnb.ddb.de abrufbar.

2. Auflage Münster 2008

Umschlag: Lütke · Fahle · Seifert, Münster
Druck: Rosch-Buch Druckerei, Scheßlitz
Gedruckt auf säurefreiem, alterungsbeständigem Papier.
ISBN 978-3-89691-575-7

Inhalt

Vorwort

Als wir eine Woche an Bord eines großen Containerschiffes waren, griff der junge philippinische *motorman,* Victor Ronzales, eines Morgens in der Werkstatt des Maschinenraumes nach Heide Gerstenbergers Hand und tunkte ihren Zeigefinger zuerst in die Dose mit dem gröberen und dann in die andere mit dem feineren Schleifmittel. Er wollte ihr erklären, wie die Ventile für die Hilfsdiesel eingeschliffen werden. Für eine verbale Erklärung hätte sein Englisch nicht ausgereicht, aber auch er wollte dabei mitwirken, uns zu verdeutlichen, was, wie und warum sie etwas machen. Er war einer der vielen Seeleute, die uns bei dieser Untersuchung unterstützt haben. Ihnen allen gilt unser Dank.

Zu Beginn dieser Arbeit hat uns die Sparkasse Bremen finanzielle Mittel zur Verfügung gestellt, damit wir Seeleute zu Diskussionen einladen konnten. Daß aus diesen Anfängen dann ein größeres Forschungsprojekt werden konnte, verdanken wir der Förderung durch die Deutsche Forschungsgemeinschaft. Da sich eine empirische Untersuchung, wie wir sie durchgeführt haben, nur bedingt vorab planen läßt, hat es uns auch sehr geholfen, daß uns mehrfach gestattet wurde, einen Teil der Mittel anders zu verwenden als ursprünglich geplant.

Unser besonderer Dank gilt den vielen Seeleuten und Schiffahrtsexperten, die sich im Laufe der Zeit an Diskussionen beteiligt haben, manche von ihnen mehrfach. Wir haben viel von ihnen gelernt.

Die Bobachtungen auf Schiffen wurden möglich, weil uns die folgenden Schiffahrtsunternehmen erlaubt haben, für einige Zeit auf einem ihrer Schiffe mitzufahren:

Drabert Schiffahrts GmbH, Oldenburg in Holstein
Ganymed Shipping GmbH, Bremen
Hartmann Schiffahrts GmbH & CoKG, Leer
NSB Niederelbische Schiffahrtsgesellschaft mbH & CoKG, Buxtehude
Reederei E.H. Harms GmbH & Co, Stuhr-Senkenhausen
Reederei Egon Oldendorff, Lübeck

Wir haben dieses Forschungsprojekt gemeinsam konzipiert und gemeinsam durchgeführt. Bei der Formulierung der Ergebnisse haben wir die Arbeit geteilt. Ulrich Welke ist für das gesamte 4. Kapitel verantwortlich. Die übrigen Kapitel hat Heide Gerstenberger verfaßt.

Bremen, im März 2004, Heide Gerstenberger und Ulrich Welke

Abbildung 1: Stand by

Einleitung

Bis in die ersten Jahrzehnte des 19. Jahrhunderts war es in den gebildeten Ständen Europas üblich, sich für die Seefahrt zu interessieren. Reisende berichteten von Schiffen und Häfen, manchmal sogar von der Arbeit an Bord,[1] Gelehrte verfolgten Neuerungen in der Kunst der Navigation, und in den Küstenregionen wußten viele über Entwicklungen im Schiffbau Bescheid. Als Dampfschiffe zahlreicher wurden, fuhren zwar sehr viel mehr Menschen als früher auf einem Schiff in die Ferne, doch bewirkte dies nicht etwa eine bessere Kenntnis der Seefahrt. Denn als die Seeleute, die Schiffe über große Wasser brachten, für Passagiere und Öffentlichkeit weitgehend unsichtbar wurden, weil sie „in der Maschine" unter Deck arbeiteten, begannen viele, allen voran Romanschriftsteller, Historiker und Journalisten, die Segelschiffahrt zu romantisieren. Gleichzeitig trugen Obrigkeiten in den größeren Hafenstädten Europas zunehmend Sorge, daß sich Seeleute an Land in speziellen Revieren aufhielten.[2] Mit dem quantitativen Zuwachs der Seefahrt im 19. Jahrhundert sank die Häufigkeit der Begegnungen zwischen allgemeiner städtischer Bevölkerung und Seeleuten. Mit dem Ende der saisonalen Seefahrt und der teilweise jahrelangen Abwesenheit von Seeleuten schwand damals auch die genaue Kenntnis des Seemannslebens in den Küstenregionen. Das alles waren gute Voraussetzungen für die Etablierung negativer Vorurteile. Sie haben sich hartnäckig gehalten. Bis heute müssen Seeleute in Europa feststellen, daß sie wenig Chancen haben, solche Vorurteile durch Berichte über ihre Arbeitswelt zu erschüttern. Auch wir haben uns während der letzten Jahre oft gewundert, wie wenig Zeitungsberichte und Fernsehsendungen gegen das Stereotyp vom ungehobelten, viel trinkenden, die Welt und die Frauen erobernden Seemann ausgerichtet haben. Daß solche Berichte nur vereinzelt wahrgenommen werden, entspricht dem heute gängigen Desinteresse an der Handelsschiffahrt.

Sein Ausmaß steht in umgekehrtem Verhältnis zur ökonomischen Bedeutung des Seetransports. Nicht nur in früheren Phasen der Globalisierung schuf die Schiffahrt wichtige materielle Voraussetzungen für die Ausweitung des Güterverkehrs, auch an der Wende zum 21. Jahrhundert werden rund 90% aller international gehandelten Güter auf Schiffen transportiert.[3] Technisch basiert die jüngste Phase der ökonomischen Globalisierung auf international verflochtenen Produktionsverfahren, auf der Entwicklung von Telekommunikation und Logistik, daneben aber - wie eh und je - auf der Beschleunigung und Verbilligung des Seetransports.

Handelsschiffahrt schafft aber nicht nur ständig aufs Neue die Voraussetzung für die Intensivierung des internationalen Güterverkehrs, sie ist auch selbst eine Wegbereiterin für die Intensivierung internationaler Verflechtungen. Während sich die Globalisierung insgesamt eher in der Form der Triadisierung durchsetzt, in einer Intensivierung ökonomischer Verflechtungen in den beiden Amerikas, in

Asien und Europa also, überschreitet die Schiffahrt auch in dieser Hinsicht Grenzen. Das gilt für die Kooperation bzw. Verflechtung von Schiffahrtsunternehmen, für den Schiffbau und die Methoden der Finanzierung, vor allem aber gilt dies für den Arbeitsmarkt. Kein anderes Gewerbe agiert heute in einem derart weitreichend globalisierten Arbeitsmarkt, in keinem anderen Gewerbe läßt sich folglich so gut studieren, wie Menschen aus den unterschiedlichsten Regionen der Welt zusammen arbeiten. Auf Schiffen müssen sie dann allerdings zusätzlich über Monate hinweg auch außerhalb der Arbeitsstunden miteinander auskommen. Seefahrt ist das ideale Forschungsfeld für die Kulturanthropologie des Weltmarktes.[4]

Früher erweiterten Seeleute den geographischen Horizont ihrer Zeit, heute fahren sie für uns ins Neuland gesellschaftlicher Strukturen. Für dieses Abenteuer interessieren sich, sieht man vom beruflich gebotenen Interesse der Personalmanager großer Schiffahrtsunternehmen ab, nur wenige. Tatsächlich bleibt Seefahrt für die breite Öffentlichkeit aber auch weitgehend unsichtbar. Sehr viele Häfen sind nicht frei zugänglich und - anders als die Betreiber von Windjammern und Museumsschiffen - laden die Manager großer Containerschiffe oder Autofrachter die Öffentlichkeit kaum je dazu ein, sich ein solches Schiff einmal von innen anzusehen. Nicht nur in der Bundesrepublik, sondern auch in anderen Industriestaaten herrscht heute, was die Redaktion von *Lloyds List,* dem international wichtigsten Periodicum zu Schiffahrtsfragen, neuerdings *sea blindness* nennt.

Daß Schiffe zwar manchmal von weitem gesehen, Schiffahrt aber nicht wahrgenommen wird, gilt freilich nicht nur für die breite Öffentlichkeit, sondern auch für die Wissenschaft. Zwar gibt es zahlreiche Experten, die sich mit schiffbautechnischen Problemen, mit betriebswirtschaftlichen Fragen, mit Hafenorganisation und Sicherheitsaspekten (bis hin zum Problem der Übermüdung von Seeleuten) befassen,[5] außerhalb von Auftragsforschung mit unmittelbar praktischem Bezug ist Seefahrt seit den frühen achtziger Jahren des zwanzigsten Jahrhunderts jedoch kaum noch Gegenstand wissenschaftlicher Analysen. Damals hatten die Hochkonjunktur industriesoziologischer Fragestellungen und das Interesse von Gewerkschaften an einer Humanisierung der Arbeitswelt mehrere Arbeiten angeregt, in denen die sich andeutenden großen Veränderungen der Seefahrt untersucht wurden.[6] Die beginnende Containerisierung provozierte dann nicht nur Forschungsaufträge zu konkreten Problemen der Durchsetzung dieses Transportsystems, sondern auch Studien zur Veränderung seemännischer Arbeit. In der Bundesrepublik arbeiteten Gewerkschaftler zusammen mit Wissenschaftlern an dem Projekt „Schiff der Zukunft".[7] Inzwischen hat sich nicht nur die Konjunktur kritischer Industriesoziologie beträchtlich abgeschwächt, das Interesse an der Erforschung seemännischer Arbeit ist in den Industrieländern auch in dem Maße geschwunden, in dem die Zahl der einheimischen Seeleute abgenommen hat. Wie

Kiribas, Nigerianer und Ukrainer auf Schiffen arbeiten, das gilt zwar als ein praktisches Problem, aber ohne britische, deutsche oder französische Matrosen an Bord scheint Seefahrt für die meisten Sozialwissenschaftler in Großbritannien, Deutschland oder Frankreich nicht mehr wirklich interessant zu sein.

Wer heute Publikationen über Arbeits- und Lebensbedingungen von Seeleuten sucht, wird deshalb zunächst bei Autoren fündig, die der ITF (*International Transport Workers' Federation*) nahe stehen[8] oder in Seemannsmissionen (heute zumeist als *International Seafarers' Clubs* bezeichnet) arbeiten.[9] Ihre Autoren sind Wissenschaftlern gegenüber insoweit im Vorteil, als sie durch ihre Arbeit Einblick in besondere Mißstände erhalten. Denn Seeleute scheuen sich zu Recht, über Mißstände mit Fremden zu reden, deren Vertrauenswürdigkeit nicht durch ihre organisatorische Zugehörigkeit gesichert erscheint. Zu rigoros sind die Sanktionsmaßnahmen von *crewing agencies* und Behörden des Entsenderlandes, wenn sie als Informanten bekannt werden. Gewerkschaftsvertreter werden zwar oft bedroht, wenn sie an Bord eines „*ship of shame*"[10] gehen, in aller Regel gelingt ihnen aber doch eine Information durch eigenen Augenschein. Mitarbeiter von Seemannsmissionen erfahren Einzelheiten, wenn Seeleute während eines Aufenthaltes im Hafen für einige Stunden in die Clubräume kommen können, manchmal auch, wenn sie an Bord gehen, um zum Beispiel günstige Telefonkarten zu verkaufen. In jüngster Zeit allerdings hat eine international zusammengesetzte Kommission unter Vorsitz des früheren australischen Handelsministers Peter Morris eine Enquête über Verhältnisse in der internationalen Handelsschiffahrt durchgeführt, für die sie von Anfang erklärte, sie könne ihre Informanten nicht schützen. Trotz dieser erschwerenden Bedingung gingen insgesamt 125 Berichte ein. Ihr Inhalt veranlaßte die *International Commission on Shipping* (ICONS) ihren Abschlußbericht unter dem Titel „*Ships, Slaves and Competition*" zu veröffentlichen.[11] Nie zuvor ist eine derart umfassende Untersuchung über Bedingungen der Handelsschiffahrt und über Mißstände in dieser sehr speziellen Arbeitswelt vorgelegt worden. Aber im *Seafarers' International Research Center (SIRC)* an der Universität Cardiff in Wales wurden und werden zahlreiche Untersuchungen zu Einzelfragen durchgeführt. Sie reichen von einer Untersuchung der Müdigkeiten von Fährschiff-Offizieren,[12] über die Entwicklung eines Index zur Beurteilung der Flaggenstaaten,[13] die Probleme multikultureller *crews*[14] bis hin zum jüngsten Projekt einer internationalen Analyse über die Dauer des Verbleibs von Seeleuten in ihrem Beruf.[15] Eine Zusammenfassung vieler Forschungsergebnisse des SIRC findet sich im Bericht, den Mitarbeiter(innen) des Forschungsinstituts 2001 für die Diskussion in der *Joint Maritime Commission* der *International Labor Organsation* (ILO) vorbereiteten. Er trägt den Titel: *The impact on seafarers' living and working conditions of changes in the structure of the shipping industry*[16]. Dieser Titel entspricht nicht nur dem politischen Auftrag der ILO, sondern gibt auch die Fragestellung wieder, die in den vom SIRC durchgeführten Arbeiten dominiert. Ganz überwiegend werden die Bedingungen seemännischer Arbeit erforscht, nicht aber die konkreten Formen dieser Arbeit. Zwar wurden auch Fragen zur Arbeitspraxis gestellt, doch zielten diese vor allem auf die Bedingungen dieser Praxis und auf die Art und Weise des Zusammenlebens international zusammengesetzter *crews*.[17]

Auch in unserer Arbeit mußte es darum gehen, die Rahmenbedingungen seemännischer Arbeit möglichst präzise zu ermitteln, und auch in unserer Arbeit werden Formen des Zusammenlebens thematisiert und analysiert. Was unsere eigene Forschung von anderen Forschungen der jüngsten Zeit jedoch unterscheidet ist die Frage, wie unter den heutigen Bedingungen seemännische Arbeit konkret organisiert und praktiziert wird.[18] Damit schließen wir an industriesoziologische Forschungen an, wie sie etwa Eric W. Sager oder Rosemary Ommer und Gerald Painting für frühere historische Epochen publiziert haben.[19] Industriesoziologische Ansätze sind vorläufig aber noch kaum darauf ausgerichtet, die Veränderung von Arbeitsprozessen und Arbeitsbeziehungen aufgrund von Globalisierungsprozessen zu analysieren[20]. Es ist deshalb unerläßlich, die Arbeits-und Lebenswelt von Seeleuten auch unter dem Gesichtspunkt von Interpretationskonzepten zu betrachten, die in den letzten Jahren in der Kulturanthropologie entwickelt wurden, um die Loslösung kultureller Praxis von bestimmten Territorien analytisch fassen zu können.[21]

Dieser Ansatz läßt sich auch anders formulieren: Bis in die siebziger Jahre des 20. Jahrhunderts war Seefahrt ein in hohem Maße nationalstaatlich reguliertes Gewerbe, und an Bord herrschte eine sehr stark ritualisierte, in vielem traditionell geprägte Arbeitskultur. Mit der radikalen Internationalisierung des Gewerbes sind im Verlauf weniger Jahre die Voraussetzungen für die Fortführung dieser Tradition zerstört worden. Seither gibt es Versuche internationaler Regulierung. Sie werden in unserer Studie als äußere Bedingungen des Schiffsbetriebs thematisiert. Im Mittelpunkt aber steht die Frage, was an die Stelle der früheren seemnännischen Arbeitskultur getreten ist. Das liest sich womöglich sehr akademisch, läßt sich aber auch in eine Frage übersetzen, die uns im Verlauf unserer Forschungen immer weniger platt erschien: Warum kommen Schiffe auch heute - meistens - an?

An dieser Forschung haben viele mitgewirkt. Da waren zuerst die vielen deutschen Seeleute und Schiffahrtsexperten, die bereit waren, uns Auskünfte zu geben und sich an Diskussionen in der Forschungsstelle zu beteiligen.[22] Während unserer Mitfahrten auf Schiffen haben uns die Mitglieder der jeweiligen Besatzungen außerordentlich freundlich unterstützt, haben akzeptiert, daß wir sie wochenlang bei ihrer Arbeit beobachteten und manchmal um Erläuterungen baten.

Ohne die ausgiebige Beobachtung seemännischer Arbeit an Bord hätten wir die vorliegende Arbeit nicht schreiben können. Möglich wurde sie, weil uns sechs deutsche Schiffahrtsunternehmen gestatteten, für einige Zeit an Bord eines ihrer Schiffe mit zu fahren. Äußerungen über Arbeitsbedingungen, die wir zitieren, sind uns gegenüber aber nicht nur während dieser Mitfahrten, sondern auch an Land gemacht worden, von Seeleuten also, die auf anderen Schiffen und bei anderen Unternehmen gefahren sind. Es wäre somit verfehlt, von uns zitierte kritische Äußerungen von Seeleuten über ihre Arbeitsbedingungen in jedem Falle einem der Unternehmen zuordnen zu wollen, die uns die Mitfahrt gestattet haben. Diese Erlaubnis beruhte ja gerade darauf, daß Eigner bzw. leitende Mitarbeiter dieser Schiffahrtsunternehmen davon ausgehen konnten, daß die Verhältnisse auf ihren Schiffen vorgezeigt werden können, weil sie im Verhältnis zu Arbeitsbedingungen, die Seeleute sonst oft vorfinden, als überdurchschnittlich gut einzuschätzen sind.

Unsere Forschung zielt nicht darauf ab, besondere Mißstände in der Schiffahrt deutlich zu machen. Sehr viel eher geht es uns um die Analyse von Arbeitsverhältnissen und Lebensbedingungen, die in der heutigen Schiffahrt gewissermaßen als mittlerer Standard anzusehen sind. Ausgangspunkt unserer Analyse ist die Feststellung, daß Seeleute heute in einem politisch konstituierten Niemandsland arbeiten und leben. Damit stellt sich die Frage, welcher Art die soziale Praxis ist, die von den zeitweisen Bewohnern dieses Niemandslandes entwickelt wird. Gibt es international verbreitete Muster des Verhaltens, gibt es neue Rituale und womöglich gar Ansätze zur Herausbildung einer internationalisierten Arbeitskultur oder ist die an Bord jeweils vorherrschende Praxis der Arbeit und des Zusammenlebens vor allem durch die zufällige Zusammensetzung der Besatzungen geprägt? In wie weit sind die Formen seemännischer Arbeit technisch determiniert, in wie weit und auf welche Weise greifen internationale Regulierungen und Kontrollregime?

Alle diese Fragen zielen darauf ab, die Formen und Organisationsmuster seemännischer Arbeit an der Wende zum 21. Jahrhundert zu beschreiben, ihre Ursachen sowie ihre Auswirkungen auf die Lebensbedingungen von Seeleuten zu analysieren. Zusätzlich sollen sie aktuelle Diskussionen in den Sozialwissenschaften um Einsichten erweitern, die sich aus der Analyse eines besonders gründlich globalisierten Gewerbes ergeben. Eine weitere Zielsetzung unserer Arbeit hat sich daraus ergeben, daß wir Seeleute nicht nur befragt haben, sondern mehrfach für einige Zeit auf Schiffen mitgefahren sind. Als wir nach einer dieser Mitfahrten - es handelte sich um eine längere Seereise auf einem großen Containerschiff - von Bord gingen, rief uns ein AB (*able bodied seaman*) hinterher: „*Thank you that you were interested in our live*“. Diese und ähnliche Äußerungen haben wir auch als einen Auftrag verstanden. Im Verlauf unserer Ausführungen weisen wir mehrfach auf Umstände der Seemannsarbeit hin, die sich selbst unter den heutigen Bedingungen rigoroser internationaler Konkurrenz verbessern oder abstellen ließen. Voraussetzung ist freilich, daß sich mehr Menschen als bislang für die Arbeit und das Leben von Seeleuten interessieren.

Abbildung 2: Wurfleinen raus

1. Kapitel: Das Schiff

Unter dem Titel „On the Social Structure of the Ship" publizierten Vilhelm Aubert und Oddar Arner 1958 einen Aufsatz, der unter Schiffahrtsforschern rasch bekannt wurde.[1] Er hat die wissenschaftliche Schiffahrtsliteratur der letzten Jahrzehnte deutlicher geprägt als irgend eine andere Veröffentlichung. Das ist leicht verständlich, offerierten die beiden Autoren mit ihrer „Soziologie des Schiffs" doch all jenen, die in diesem von der *scientific community* entweder scheel angesehenen oder gar nicht beachteten Feld arbeiten, die Chance, sich gründlich von der eher folkloristisch oder martialischen Literatur über Schiffahrt abzusetzen. In nahezu allen international bekannt gewordenen Arbeiten des ausgehenden zwanzigsten Jahrhunderts findet sich denn auch das Interpretationskonzept der „Totalen Institution", das Aubert und Arner von Erving Goffman übernommen hatten.[2] Lediglich Tony Lane, früher selbst Seemann, verzichtet in seiner kulturanthropologischen Studie *„Grey Dawn Breaking. British Seafarers in the Late Twentieth Century"*[3] darauf, seine Beobachtungen in dieses Raster einzuordnen.

Aubert und Arner haben sich von einem Vortrag Erving Goffmans anregen lassen, den dieser 1957 auf einem Symposium über Präventive und Soziale Psychiatrie gehalten hatte. Unter dem Titel „On the Characteristics of Total Institutions" führte Goffman damals aus, ebenso wie Gefängnisse, Waisenhäuser, Zuchthäuser, Kasernen und psychiatrische Kliniken seien Schiffe „Totale Institutionen". In seiner Arbeit *„Asylums. Essays on the Social Situation of Mental Patients and Other Inmates"*[4] hat er die 1958 erstmalig publizierten Thesen weiter entwickelt.

Nun entsprechen Schiffe ohne Zweifel einem der Merkmale, die Goffman zufolge „Totale Institutionen" charakterisieren: Sie sind „Wohn-und Lebensgemeinschaft" in einem.[5] Aber schon die Feststellung, es seien „Treibhäuser, in denen unsere Gesellschaft versucht, den Charakter von Menschen zu verändern"[6] trifft auf Schiffe nicht mehr und nicht weniger zu als auf jeden Arbeitsort an Land. Keines der weiteren Merkmale, die Goffman anführt, läßt sich für Handelsschiffe bestätigen. In „Totalen Institutionen", so Goffman, führen die Mitglieder der Institution alle Phasen ihrer täglichen Arbeit in unmittelbarer Gesellschaft einer großen Gruppe von Schicksalsgenossen aus, die alle die gleiche Arbeit verrichten müssen.[7] Selbst in den sechziger Jahren des zwanzigsten Jahrhunderts hätten auf Handelsschiffen bei sehr vielen Tätigkeiten zwei bis drei Kollegen als „große Gruppe" definiert werden müssen, um in dieses Schema zu passen. Und schon im 19. Jahrhundert erfuhren Seeleute, die von einem Kriegsschiff auf ein Handelsschiff wechselten, regelmäßig, daß ihnen auf Handelsschiffen eine umfassende Geschicklichkeit und sehr viel Eigeninitiative abverlangt wurde. Auf keinem Handelsschiff der Welt war die Arbeitsteilung so weit entwickelt wie auf einem großen Kriegsschiff. Schließlich die hierarchische Struktur und das angeblich umfassende System der Kontrolle: Richtig ist, daß die Phasen des Arbeitstages exakt geplant sind und daß dafür feste Regeln bestehen. Aber jede Komplikation im Maschinenraum, jede Anfahrt eines Hafens, jeder nächtliche Ladevorgang und jeder Sturm durchbrechen an Bord den Rhythmus der Wachen. Die Organisation der Arbeit folgt zwar einer zeitlichen Einteilung, dies aber nur insoweit, als deren Einhaltung den Erfordernissen des Schiffsbetriebs nicht entgegensteht. Als absolut ungeeignet aber erweist sich die Konzeption der „Totalen Institution" für die Schiffahrtsanalyse spätestens aufgrund der These, in allen diesen Institutionen herrsche eine grundlegende Trennung zwischen „Aufsichtspersonal" und „Insassen", wobei letztere nicht als vollwertige Erwachsene behandelt würden.[8] Gerade in diesem Punkt wird deutlich, daß die „empirische Basis" für Goffmans Thesen über die soziale Struktur von Schiffen nicht nur wagemutig schmal ist - wie er selbst angibt, beschränkt sie sich auf die Lektüre von Herman Melvilles literarischer Verarbeitung seiner Erfahrungen auf einem US-amerikanischen Kriegsschiff in den vierziger Jahren des 19. Jahrhunderts[9], - sondern daß er zentrale Aussagen seines einzigen Gewährmannes auch schlicht außer Acht gelassen hat.[10] Zwar spricht Herman Melville einmal von einem Kriegsschiff als von einem „Meeres-Newgate", in das ein Kriegsschiffmatrose eingemauert sei, um seine drei Jahre abzudienen, und er beschreibt auch die erdrückende Disziplinargewalt der damaligen Kriegsschiffkapitäne, doch dienen große Teile seiner Ausführungen dem Zweck, nicht nur die Unvereinbarkeit dieser Strukturen mit den grundlegenden Gesetzen seines Landes darzulegen, sondern auch zu belegen, daß sie für die gute Führung eines Schiffes völlig nutzlos sind. [11] Da Goffman nur auffiel, was dazu dienen konnte, seine These zu illustrieren, ist ihm auch die Bedeutung eines Vorkommnisses entgangen, das Melville sehr sorgfältig beschrieben hat. In einem Sturm nämlich hatte einer der Leutnants dem Befehl des Kapitäns an den Rudergänger widersprochen. Anstatt zu lenzen, also vor dem Sturm zu fliehen, wie vom Kapitän befohlen, bot der Leutnant „dem Sturm die Zähne". Der Seemann Melville notiert dazu: „In Zeiten der Gefahr wendet sich der Gehorsam ohne Rücksicht auf den Rang wie die Nadel dem Magnet im allgemeinen dem zu, der zum Kommando am geeignetsten ist."[12] Und tatsächlich hatte der Vorfall Melville zufolge auch keine disziplinarischen Folgen. An anderer Stelle schreibt er von besonders erfahrenen Matrosen, das seien „die Burschen, die manche Offiziere niemals zu tadeln sich herausnehmen."[13] In Melvilles Roman - ganz ebenso wie im richtigen Seemannsleben - sind Schiffe eben nicht nur Lebensräume mit sehr geringer Chance auf Privatleben, sondern in allererster Linie Orte, an denen seemännische Arbeit geleistet wird.

Die Sozialstruktur auf Schiffen ist zwar hierarchisch organisiert, und auf sehr großen Schiffen mit einer sehr großen Besatzung konnte es früher einmal den Anschein haben, als ob die angestrebte soziale Distanz zwischen Offizieren und dem Rest der Besatzung, die Bewohner eines Schiffes tatsächlich in zwei große Gruppen teile. Aber auch zu Mevilles Zeiten stellten sich viele Kapitäne eines großen Handelsschiffes unter Segeln notfalls selbst ans Ruder, und auch vor gut hundert Jahren zogen viele leitende Schiffsingenieure großer Dampfschiffe ihre schmucke Uniform aus, wenn es galt, eine praktische Lösung für ein schwerwiegendes technisches Problem zu finden. Tatsächlich war es sogar vielfach üblich, daß besonders gefährliche Aufgaben im Maschinenraum von einem der Ingenieure ausgeführt wurden. Heute, da Ingenieure fast ausnahmslos im Overall in der Maschine anzutreffen sind und auch viele Kapitäne ein solches Kleidungsstück mit sich führen, um im Notfall bei einem technischen Problem aushelfen zu können, sind derartige Aussagen vollends absurd.

Das war, zugegebenermaßen, noch nicht ganz so offensichtlich, als Aubert und Arner ihre These publizierten. Dennoch ist deren Anwendbarkeit nicht nur historisch überholt. Vielmehr liegt der grundlegende Mangel dieser so erfolgreich gewordenen Interpretation in der Vorstellung, daß der technische Körper „Schiff" die „Sozialstruktur des Schiffes" determiniere. Denn die Sozialstruktur an Bord eines Schiffes wird nur zu einem sehr geringen Teil durch die räumliche Besonderung bestimmt. Viel entscheidender sind:

- die spezifische Verwendung des Schiffes,
- die Strukturen der Besatzung,
- die Regulierungen von Arbeitsbedingungen,
- die Anforderungen, die sich aus der Organisation des Seetransports ergeben sowie
- die soziale Praxis, die von Besatzungen entwickelt wird.

Mag es noch angehen, daß Goffman diesen einen Bericht - über den Aufenthalt auf einem Kriegsschiff! - als ausreichende Information über „die" Schiffahrt ansah, Schiffahrtsforschern hätte das nicht passieren dürfen. Um das Konzept übernehmen zu können, mußten sie freilich selbst offensichtliche Unterschiede zu den anderen von Goffman angeführten „Totalen Institutionen" außer Acht lassen. So hätte Soziologen auffallen müssen, daß Gefängnisse, Kasernen und psychiatrische Kliniken ihren Insassen den Kontakt mit dem Rest der Welt zwar zumeist durch Gitter und verschlossene Türen verwehren, daß es aber juristische, medizinische oder politische Definitionen dieser Anstalten und nicht deren technische Merkmale sind, die denen, die drinnen sind, den Kontakt mit ihrer Umwelt untersagen. Für Schiffe weichen die Befürworter des Konzepts von diesem Muster ab und verlegen die Ursache für den Ausschluß in die technische Beschaffenheit des Arbeits- und Lebensortes. Zusätzlich bedient dieses Interpretationskonzept ein weit verbreitetes Legitimationsmuster für die nahezu unbegrenzte Disziplinargewalt von Kapitänen der Handelsschiffahrt, die in den seefahrenden Staaten Europas und Nordamerikas (wenn auch mit einigen Variationen) im Verlauf des 18. und 19. Jahrhunderts durchgesetzt wurde. Ohne daß dies näher ausgeführt würde, wird in der Konzeption von der „Totalen Institution Schiff" unterstellt, die damals durchgesetzte Verstaatlichung von Arbeitsverhältnissen an Bord - denn zumindest in einigen der seefahrenden Staaten wurde die Verletzung von Verpflichtungen aus dem privaten Arbeitsvertrag als Straftat behandelt und mit Gefängnis bestraft[14] - sei in den Grundstrukturen der *„Social Structure of the Ship"* angelegt. Ein weiteres Defizit der Konzeption ergibt sich aus dem Umstand, daß Seeleute der Handelsschiffahrt nicht von irgend welchen Instanzen in Schiffe „eingewiesen" werden, sondern sich dort aufhalten, weil sie einen Arbeitsvertrag geschlossen haben. Selbst Ralf Lisch, einer der vehementesten Verfechter des von Aubert und Arner vorgeschlagenen Ansatzes, sah diese Schwierigkeit und wollte sie dadurch lösen, daß er Seeleuten ganz generell eine Neigung zur Unterordnung unterstellte, die ihre Berufswahl entschieden habe.[15] Daß die Rekrutierung von Seeleuten über Jahrhunderte hinweg regionalen Mustern und nicht etwa charakterlichen Neigungen folgte, wurde dabei freilich großzügig unterschlagen. Heute, da Schiffahrtsunternehmen dort um Arbeitskräfte werben, wo die Löhne am billigsten sind, und manche Regierung eines Entwicklungslandes ganz gezielt darauf hinwirkt, daß junge Männer aus ihrem Land als Devisenbringer fungieren können, erscheint eine solche Interpretation vollends abwegig. Solche Absurdität verdeutlicht aber nur einmal mehr, daß bei der Übernahme des Goffman'schen Interpretationskonzeptes in die Schiffahrtsforschung die grundlegende Voraussetzung einer theoretisch konsistenten „Soziologie des Schiffes" außer Acht gelassen wurde. Völlig unberücksichtig blieb, daß auf Schiffen eine vergleichsweise anspruchsvolle Arbeitsleistung erbracht werden muß. Ihr Ziel ist nicht etwa die Formung von Charakteren, sondern die sichere Beförderung eines Schiffs, seiner Ladung und seiner Besatzung von (A) nach (B).

Dennoch könnten Anhänger des Interpretationskonzeptes „Totale Institution" versucht sein, bestimmte Merkmale aktueller Seefahrt als Bestätigung ihrer Analyse zu werten. Denn immer wieder sagen Seeleute - manchmal mit, manchmal ohne ironischen Unterton -, auf Schiffen lebe man wie im Gefängnis, ja schlimmer noch, denn Gefängnisinsassen könnten fernsehen und Fußball spielen, auf Schiffen aber sei man über Monate hinweg völlig abgeschnitten.[16] Dem subjektiven Eindruck ist nicht zu widersprechen, doch steht dem unsere These, daß die soziale Praxis an Bord nicht durch „das Schiff", sondern durch dessen Nutzung bestimmt wird, nicht entgegen.

Theoretisch fügt sich diese These in neuere Debatten über die Bedeutung des Raums ein, wie sie vor allem in der Disziplin der Sozialgeographie in den letzten Jahren geführt wurde. Solange Geographie als „Raumwissenschaft" verstanden wurde, war angenommen worden, die physikalischen Gegebenheiten eines Raums hätten in je spezifischen Formen der Kultur ihren Ausdruck gefunden. Kulturen wurden folglich als räumlich „gekammerte" Einheiten (Werlen) verstanden. Inzwischen sehen Sozialgeographen im „Raum" ein Behältnis für Zuschreibungen. Einige Vertreter dieser neuen Forschungsrichtung haben die frühere Auffassung quasi umgekehrt. Ihrer Ansicht nach ist das, was wir als „Raum" wahrnehmen, ganz und gar sozial produziert. Ihre Kritik an den traditionellen Vorstellungen der Einheit von Raum und Kultur stellt soziale Praxis also in den Mittelpunkt der Analyse.[17] Übertragen wir diese Konzeption der Sozialgeographie auf Schiffe, so zeigt sich, daß die Sozialkonstruktivisten in ihrer Kritik früherer Auffassungen ein wenig übers Ziel hinaus geschossen ist. Denn Theorie hin oder her: Sobald ein Schiff unterwegs ist, begrenzt seine räumliche Ausdehnung die Möglichkeiten der Bewegung menschlicher Körper. Daß dieser Einwand auf der Hand liegt, macht nur deutlich, daß die notwendige Kritik traditioneller Konzepte einer Einheit von Raum und Kultur nicht davon entbindet, die Bedeutung des Raums für soziale Beziehungen theoretisch zu fassen. Zu diesem Vorhaben gibt es derzeit erste Vorarbeiten. Wir folgen dem Vorschlag von Michael Dickhardt und Brigitta Hauser-Schäublin und sehen im Raum ein „formales Prinzip". Er liefert den Rahmen, in dem sich menschliche Praxis - im Verhältnis zu anderen (menschlichen und technischen) Körpern - entfalten kann. „Raum" wird hier somit ganz schlicht als „Ausgedehntheit" verstanden, als ein Element für die „Möglichkeiten der Annäherung, Distanzierung und Positionierung."[18] Welche dieser Möglichkeiten realisiert wird, ergibt sich aber nicht aus dem Raum, sondern aus dem Handeln menschlicher Akteure. Ganz ohne Bezug auf irgend eine soziologische Theorie hat im März 2001 ein Kapitän die unterschiedliche Bedeutung des begrenzten Raumes „Schiff" geschildert, als er in einer Unterhaltung anmerkte, früher sei die Stimmung an Bord vom Kapitän und von den leitenden Offizieren geprägt worden, heute dagegen hänge sie davon ab, ob Mannschaften zwischendurch einmal Gelegenheit zu einem längeren Landgang erhielten. Selbst ein oder zwei Wochen danach werde an Bord von den Erlebnissen an Land erzählt und werde die resignative Stimmung, die sich während monatelanger Fahrten ohne Landgang einstelle, durch vergnügte Unterhaltungen unterbrochen.[19] Anders gesagt: Das Ausmaß der Exklusion von Seeleuten ergibt sich nicht aus ihrer Arbeit auf einem Schiff, sondern aus der Nutzung von Logistik und technischen Mitteln zur Realisierung konkreter betriebswirtschaftlicher Strategien.

Der Hinweis auf neuere Debatten in der Disziplin der Sozialgeographie sollte an dieser Stelle lediglich verdeutlichen, daß uns die angebliche theoretische

Fundierung einer gesellschaftswissenschaftlichen Schiffahrtsanalyse nicht von der Frage entbunden hat, wie dem besonderen Arbeits- und Lebensort „Schiff" analytisch beizukommen sei. Im Verlauf unserer Ausführungen werden wir den Faktoren, die der Sozialstruktur an Bord eines Schiffes ihren - historisch und ökonomisch jeweils spezifischen - Stempel aufprägen, ausführlich nachgehen, doch lassen sich vorab bereits einige allgemeine Merkpunkte formulieren: Zunächst einmal handelt es sich bei einem Handelsschiff um einen Ort der Arbeit, um einen Betrieb. Er liegt entweder für längere Zeit an einem bestimmten Ort (vor Anker, mit Tauen an einer Pier befestigt, durch Behördenvertreter „an die Kette" gelegt) oder er ist in Bewegung (mit einem ständig wechselnden, aufgrund moderner oder traditioneller Methoden zu bestimmenden „Schiffsort"). Wie in jedem Betrieb wird auch auf Schiffen die interne Struktur durch Entscheidungen der Betriebsleitung geprägt. Allerdings sind für Schiffsbetriebe, anders als für sehr viele Betriebe an Land, in den letzten Jahrzehnten weder sogenannte „flache Hierarchien" noch Projektgruppen oder ähnliche neue Organisationsmuster eingeführt worden. Nach wie vor ist die Organisation des Schiffsbetriebs durch eine Hierarchie von Rollen und nicht etwa durch eine Zuweisung von Aufgaben gegliedert.[20] Die überkommene formale Struktur gilt unverändert. Inhaltlich ist sie durch Personalabbau allerdings erheblich verändert worden.

In aller Regel gab und gibt es für Schiffe zwei Betriebsleitungen: das landseitige Management und die Schiffsführung.[21] Heutzutage sind diese durch die Entwicklung von Kommunikationsmedien sehr viel näher aneinander gerückt als sie es noch vor zwanzig Jahren waren. Damit ähnelt die formale Struktur in vielem dem Verhältnis, das auf dem Festland zwischen der Leitung eines einzelnen Betriebes und der Leitung eines Gesamtunternehmens besteht. Die Leitung ist gewissermaßen *deterritorialisiert*. Allerdings gibt es eine markante Abweichung. Denn Schiffsführer haben zwar wie andere Leiter eines Betriebes den Vorgaben der Unternehmensführung zu entsprechen und ihre Tätigkeit an dem Ziel auszurichten, daß der Betrieb Gewinn erwirtschaftet, doch können die Prioritäten kurzzeitig vertauscht werden, wenn die Konfrontation des Schiffsbetriebs mit der Gewalt von Wind und Wellen das Leben der Besatzung gefährdet.[22] Von solchen Ausnahmezuständen abgesehen unterscheidet sich der Wirtschaftsbetrieb „Schiff" aber nicht grundlegend von anderen Wirtschaftsbetrieben. Was sich als allgemeine Besonderheit von Schiffen festhalten läßt, erklärt sich

- erstens aus den Besonderheiten seemännischer Arbeit und
- zweitens aus der Tatsache, daß Arbeitskollegen über längere Zeit auf eng umgrenztem Raum auch miteinander leben müssen.

Beides muß miteinander in Einklang gebracht werden. Das war früher und ist auch heute beileibe keine einfache Aufgabe. Kursorische Betrachtung von Schiffahrtsverhältnissen sowie die ausgiebige Lektüre von Kapitänserinnerungen oder Schiffahrtsromanen haben Autoren immer wieder dazu verleitet, die Bewältigung der Probleme, die aus der Doppelstruktur von Arbeits-und Lebensort resultieren, der mehr oder minder erfolgreich durchgesetzten Disziplinargewalt des Kapitäns zuzuschreiben. Tatsächlich aber lagen zu Zeiten nationaler Seefahrt - wir haben das an anderen Stellen ausführlich erläutert[23] - die zentralen Voraussetzungen für den Frieden an Bord in der gegenseitigen spontanen Kontrolle von Seeleuten und in tradierten Vorstellungen vom Verhalten eines guten Seemannes. Es gab überlieferte sowie jeweils spontan erfundene Methoden, um Neulingen, Querköpfen oder unverantwortlichen Mannschaftsmitgliedern diese Anforderungen „beizubiegen". Solche Erziehungsmaßnahmen konnten durchaus auch jüngere Offiziere treffen, denen auf die eine oder andere Weise demonstriert wurde, daß sie ein Schiff nicht nur mittels Befehlen übers Wasser bringen konnten, sondern dafür auf die Mitwirkung der Mannschaft angewiesen waren. Auch in Betrieben an Land gab es spontane gegenseitige Kontrolle, doch war sie an Bord von größerer Bedeutung, weil sie gleichzeitig die Voraussetzungen für das Zusammenleben gewährleisten mußte.

An Bord hat sich, die Feststellung ist banal, jene räumliche Segregation des Arbeitslebens von der Wohnstätte, die Industrialisierungsprozesse kennzeichnet, nie durchgesetzt.[24] Das läßt sich zunächst - zusammen mit früheren Seeleuten - auf einer eher humoristischen Ebene diskutieren:

„Eine Dreiviertelstunde morgens auf der Oldenburger Straße, bevor Sie anfangen. Und das reicht Ihnen dann ja schon."

„Ja, dieser Streß!"[25]

Unzweifelhaft: den Stress der Anfahrt haben Seeleute nicht. Andererseits gibt es an Bord auch keine Freizeit in der Art und Weise, die vielen Beschäftigten in Landbetrieben selbstverständlich ist. Dieser Umstand kommt auch in geläufiger Terminologie zum Ausdruck: Auch in der „Freiwache" kommt die „Wache" noch vor. Anders gesagt: Ihre freie Zeit an Bord verbringen Seeleute nicht nur in minimaler räumlicher Segregation vom Arbeitsort, in der Kammer oder der Messe statt im Maschinenraum oder an Deck, sie bleibt auch funktional in den Schiffsbetrieb integriert. Zum einen stehen Seeleute potentiell immer zur Verfügung, sei es, daß eine Revierfahrt[26] zu bewältigen ist oder einem Alarm nachgegangen werden muß, zum anderen unterliegt auch die freie Zeit den an Bord während der Arbeitszeit geltenden Verhaltensanforderungen. Es handelt sich somit, wie Detelf Roth formulierte, allenfalls um die Simulation wirklicher Freizeit.[27] Ein Seemann an Bord: „Sie haben im Grunde genommen schon das Gefängnis ... Sie sind auf Gedeih und Verderb in diese Hierarchie eingebunden. Und an Land, da sagt man

'Guten Morgen' und sieht dann den Nachbarn und Kollegen zum ersten Mal, und abends geht man nach Hause. In seiner Freizeit kann man machen, was man will. Aber bei der Seefahrt ist das nicht so."[28]

Zwar betonen Ethnologen, seit sie den Soziologen und Soziologinnen das Primat über den Forschungsgegenstand „Betrieb" streitig machen, daß die Freizeit (auch an Land) eine Dimension der Arbeit sei:[29] Zum einen setze die gesellschaftliche Logik bestimmte Rahmenbedingungen für die innerbetriebliche Organisation, zum anderen seien Betriebe aber auch Orte, in denen nicht nur Waren produziert würden, sondern auch jene sozialen Kategorien, die das soziale Leben außerhalb der Betriebe prägen.[30] Und doch gibt es einen großen Unterschied zwischen einem Betrieb an Land und einem Schiffsbetrieb. Während die Aufdeckung solcher Wechselwirkungen zwischen dem Leben innerhalb und außerhalb des Betriebes an Land in aller Regel sorgfältige Beobachtung (sei diese wissenschaftlich angeleitet oder auch nicht) erfordert, sind sie an Bord offenbar. Die Sphäre der freien Zeit unterscheidet sich hier lediglich durch andere Betätigungen von der Sphäre der Arbeit, nicht aber durch eine - zumindest der Form nach - andere „Logik".

Diese Einheit von Arbeits- und Wohnstätte hat eine zusätzliche räumliche Dimension. Michel de Coster und François Pichault haben darauf aufmerksam gemacht, daß die Art und Weise der Integration von Arbeitskräften in die Gesamtfunktion des modernen Industriebetriebes räumlich fixiert ist. Individuen werden, je nach ihrer Funktion, in ihren Arbeitsstätten bestimmte Orte zugewiesen.[31] Daß sie diese nicht einfach nach Gutdünken verlassen dürfen, also nicht etwa in einem Betrieb herumlaufen können, um sich andere Abteilungen einmal genauer anzusehen, sei Teil der umfassenden Kontrolle ihrer Unterordnung unter den Betriebszweck.[32] Deshalb sei es auch keineswegs zufällig, daß die Betriebshierarchie ebenfalls räumlich dargestellt werde, als „oben" und „unten".

Räumliche Zuordnungen gibt es auch an Bord: die einen „gehören" an Deck, die anderen „in die Maschine", wieder andere „auf die Brücke", und diese räumlichen Zuweisungen können während der Arbeitszeit nicht ohne guten Grund verändert werden.[33] Solche Gründe gibt es allerdings vergleichsweise häufig: Etwa, wenn ein Decksmann in der Werkstatt des Maschinenraums eine Schweißarbeit erledigt, wenn Motorleute bei einer Reparatur an Deck aushelfen, wenn Decksleute oder Motorleute auf der Brücke einen Einbau vornehmen, ein elektrisches Gerät reparieren oder anderes. Vor allem aber: Während Arbeitskräfte aus Betrieben an Land berichten, es sei ganz und gar unerwünscht, daß sie ihren räumlich eng begrenzten Arbeitsplatz verließen, um sich beispielsweise etwas am anderen Ende der Halle anzusehen, sie sich also an ihrem Arbeitsplatz nicht frei bewegen können, sind Seeleute an ihrem Arbeitsplatz an Bord sehr viel mehr „zu Hause". Dazu gehört auch, daß sie eine sehr viel größere Freiheit haben, individuelle

„Verschönerungen" anzubringen. Sind Pin-Up-Fotos in Betrieben an Land häufig an die Innenseiten von Spinden verbannt, so finden sie sich an Bord groß und bunt in Arbeitsräumen.[34] Sicherlich könnte ein Vorgesetzter sich dagegen verwehren. Das scheint kaum je der Fall zu sein. In gewisser Weise ist an Bord der Arbeitsort also wie eh und je in der gemeinsamen Verfügung von Seeleuten geblieben.

Im Verlauf unserer Argumentation werden wir noch mehrfach darauf aufmerksam machen, daß - und inwiefern - die soziale Praxis der Freizeit in die Arbeitswelt an Bord hineinwirkt. Hier war zunächst nur festzuhalten, daß die übliche Beschränkung auf die umgekehrte Auswirkung zu kurz greift. Denn bislang haben Schiffahrtsforscher aus der Einheit von Arbeits- und Wohnstätte geschlossen, daß sie die völlige Unterordnung von Seeleuten unter die Befehlsgewalt der Schiffsführung erforderlich mache. Wir stellen dem nicht nur Hinweise auf umgekehrte Einflüsse, sondern eine grundsätzlich andere Interpretation entgegen. Sie ist zugleich der Ausgangspunkt für unsere Analyse des „großen Umbruchs". Den Spannungen, die in der Einheit von Arbeits- und Lebensort angelegt sind, wurde in den seemännischen Traditionen westlicher Schiffahrtsnationen durch die oben bereits angeführte gegenseitige Kontrolle der Seeleute - sowohl während der Wachen als auch während der Freiwachen - begegnet. Aus diesem Grunde hatten in den Traditionen nationaler Seefahrt die informellen Strukturen der Arbeit eine besonders große Bedeutung.[35]

Es ist anzunehmen, daß die besonders ausgeprägte Ritualisierung der traditionellen seemännischen Arbeitskultur ihre funktionale Wurzel in diesem Umstand hat. An Land sind zumeist Überbleibsel dieser Arbeitskultur bekannt, die zur Folklore wurden: so etwa die Äquatortaufe oder auch die *shanties*, mit deren Hilfe auf Segelschiffen körperlich besonders schwere Arbeiten nicht nur aufeinander abgestimmt, sondern durch die Rhythmisierung auch erleichtert wurden.[36] Früher aber waren solche Rituale Elemente der Organisation seemännischer Arbeit. Auf Schiffen, deren Heimathafen an einer Küste des Nordatlantik, der Nordsee oder der Ostsee lag, haben sich viele dieser Elemente bis vor wenigen Jahrzehnten erhalten. Sie wurden tradiert, weil neue Seeleute an Bord Kameraden trafen, die sie verbal, durch Gesten und durch ihr Vorbild darin unterwiesen, was von einem Seemann erwartet wird. Im Verlauf ihrer Ausbildung und Erfahrung auf See wurden sie Teilhaber an jener kollektiven Biographie der Seeleute, die Tony Lane beschreibt.[37] Heute sind diese Praktiken Geschichte und die kollektive Biographie, durch deren Erzählung Seeleute die von ihnen geschätzten Verhaltensweisen überlieferten, gehört in den Bereich der Ahnenforschung. Wie also kommen Schiffe heute an? Funktioniert Seefahrt heute vor allem auf der Basis fortschreitender Automatisierung und formeller Weisungsstrukturen oder sind informelle Strukturen nach wie vor entscheidend? Wenn ja, erzeugen diese dann derzeit eine neue, internationalisierte seemännische Arbeitskultur? Und schließlich: Erwächst aus der Rekrutierung von Schiffsmannschaften in einem globalisierten Arbeitsmarkt und den globalisierten Regulierungen der Anforderungen an ihre Tätigkeit ein transnationaler Beruf?

Bevor wir diese Fragen im Verlauf der folgenden Kapitel diskutieren, ist zunächst zu erläutern, auf welche Weise - und warum - sich die äußeren Bedingungen für die Organisation von Arbeits- und Lebensverhältnissen im Verlauf weniger Jahrzehnte grundlegend verändert haben. Es geht im folgenden Kapitel also nicht um die gesamte Veränderung des Seetransports, nicht um den genauen Verlauf der Konjunkturen für Frachtraten, nicht um die Krise der europäischen Schiffbauindustrie, nicht um Subventionen und deren begrenzte Wirkung für den Erhalt traditionell bedeutender nationaler Flotten, noch nicht einmal um die Einzelheiten der vielen technischen Neuerungen - nicht um eine umfassende Darstellung des großen Umbruchs also. Dieser wird hier nur insoweit thematisiert, als er die Veränderung von Arbeits-und Lebensverhältnissen an Bord verursacht hat.[38]

2. Kapitel: Handelsschiffahrt an der Wende zum 21. Jahrhundert

Der große Umbruch

In der Welthandelsflotte gibt es auch heute noch Handelsschiffe, die ausschließlich Windenergie nutzen, ihre Fahrten also je nach der in einer bestimmten Jahreszeit vorherrschenden Windrichtung organisieren. Es gibt auch Schiffe, deren Besatzungen alle die gleiche Staatsbürgerschaft haben und sich, obwohl sie unterschiedliche Dialekte sprechen, mehr oder minder in der Sprache verständigen können, die in ihrem Heimatland als offizielle Sprache fungiert. Das gilt etwa für brasilianische oder argentinische Schiffe, die in der *Cabotage* (Küstenschiffahrt) eingesetzt werden. Derzeit gilt das - soweit bekannt - auch noch für alle Schiffe unter chinesischer Flagge. Für den überwiegenden Teil der Welthandelsflotte aber und für die meisten Seeleute der Welt war die Veränderung der letzten Jahrzehnte so gravierend, daß die Verwendung des Terminus „Revolution" durchaus angebracht erscheint. Seeleute formulieren anders: Wer vor 1970 gefahren ist oder damals zumindest seine Laufbahn als Seemann bereits angetreten hatte, der hat, so sagen sie, noch die „richtige" Seefahrt kennen gelernt. Solange solche Diskussionen nicht ins Einzelne gehen, sind damit (in Bezug auf die deutsche Seefahrt) zumeist folgende Merkmale angesprochen:

- Die meisten deutschen Seeleute fuhren auf Schiffen unter deutscher Flagge.
- Besatzungen waren noch größer und bestanden überwiegend aus deutschen Seeleuten. Waren ausländische Seeleute an Bord, so kamen sie meist aus Spanien, Portugal oder der Türkei und brachten vielfach bereits seemännische Erfahrung mit. Sie wurden nach deutschen Tarifen bezahlt.
- Es gab noch eine direkte Beziehung zwischen Reederei und Besatzungen. Zumindest Kapitäne kannten ihren Reeder auch als Person.
- Seeleute hatten noch die Chance, im Zuge ihres Berufslebens die Welt zu sehen.
- Der Schiffsbetrieb war noch nicht automatisiert.
- Schiffe beförderten alle möglichen Dinge, darunter auch sehr große Kisten, aber die Ausrichtung eines ganzen Schiffstyps samt einer dazu gehörenden Hafenorganisation auf den Transport von Kisten gab es noch nicht.

Auf den ersten Blick mag es so scheinen, als ob technische Entwicklungen wie Automatisierung und Containerisierung die wichtigsten Ursachen der Veränderung gewesen seien,[1] tatsächlich aber entstand der grundlegende Strukturwandel der Handelsschiffahrt aus Strategien, mit denen Schiffahrtsunternehmen auf den

Umbruch des Weltmarktes reagierten. Dieser Umbruch ergab sich sowohl aus dem Ende der langen Nachkriegskonjunktur als auch - und dies vor allem - aus politischen Entscheidungen. Nachdem die USA 1972 die Konvertierung von Dollar in Gold aufkündigten, die ein Grundpfeiler des 1944 in Bretton Woods beschlossenen Weltwährungssystems gewesen war, brach dieses System trotz mehrfacher Rettungsversuche 1974 endgültig zusammen. Damit flottierten Wechselkurse. In der Folgezeit eröffnete die Freigabe des Kapitalverkehrs durch immer mehr Staaten die Möglichkeit einer Spekulation auf Wechselkurse und damit die Chance, durch Investitionen in den Finanzmarkt der schwieriger gewordenen Situation für Investitionen in Produktion auszuweichen. Zwar setzte sich das globale Wachstum der Güterproduktion und damit auch das Wachstum des internationalen Handels fort, doch sanken die Zuwachsraten. [2] Hätte dies allein schon die vorherige Hochkonjunktur des Seetransports gefährdet, so versetzte der Beschluß der OPEC-Staaten, die Preise für Rohöl zu erhöhen, die Schiffahrt in eine dramatische Situation der Überkapazität. Besonders katastrophal war die Lage in der Tankschiffahrt. Denn in diesem Sektor sanken nicht nur die Zuwächse der Nachfrage nach Transportkapazität, sondern es kam sogar zu einem absoluten Rückgang dieser Nachfrage. Zeitweise herrschte eine Überkapazität von 125%.[3] Hatten gebrauchte Schiffe in den Jahren zuvor sehr oft zu ihrem Neuwert weiter verkauft werden können, so brach der Markt für gebrauchte Schiffe nun dramatisch zusammen. Weltweit wurden sie zu sehr niedrigen Preisen angeboten. Konnten die neuen Eigner gering entlohnte Mannschaften heuern, so waren sie selbst in der schlechten Schiffahrtskonjunktur noch konkurrenzfähig. Das erleichterte Schiffahrtsunternehmen in Entwicklungsländern den Einstieg in den Markt für Seetransporte.[4] Dadurch wurde die internationale Konkurrenz in der Schiffahrt zu einer tatsächlich globalen Konkurrenz, und Reeder in hochindustrialisierten Gesellschaften suchten nach Möglichkeiten, sich zu behaupten. Ausflaggungen wurden reguläre Praxis.[5] Zusätzlich bildeten sich neue Muster der Finanzierung und der Organisation von Unternehmen heraus. Wie dieser Strukturwandel der landseitigen Organisation des Seetransports die Bedingungen des Schiffsbetriebs auf See veränderte, wird im Folgenden erläutert.

Die Konstitution eines Niemandslands

Bis Mitte des 19. Jahrhunderts gab es eine Konkurrenz um die Vorherrschaft auf dem Meer, die der Konkurrenz um territoriale Vorherrschaft zu Lande integriert war. Spanien, Portugal, später die Niederlande und dann vor allem Großbritannien beanspruchten das Meer oder aber bestimmte Regionen der Weltmeere als ihre Hoheitsgebiete: Ohne ihre Genehmigung sollte niemand diese Weltregionen befahren und folglich überseeischen Handel treiben dürfen. Dieser Anspruch ließ sich kaum je wirklich durchsetzen, erschwerte aber den Zugang von Kaufleuten und Schiffseignern, die nicht Bürger einer großen Seemacht waren, zum internationalen Seetransport. Trotz des allgegenwärtigen Schmuggels - ein besonders markantes Beispiel lieferten Schiffseigner, die in den englischen Kolonien in Nordamerika lebten - war die Konkurrenz im Seetransport in dieser historischen Epoche begrenzt.[6] Als englische Kolonien in Nordamerika ihre Unabhängigkeit erkämpften, verlor dieses Regime der Vorherrschaft auf dem Meere seine machtpolitische Basis. Formal wurde es mit der Aufhebung der britischen Navigationsgesetze im Jahre 1849 beendet. Damit wurde die Freiheit des Meeres, die Hugo Grotius bereits zu Beginn des 17. Jahrhunderts gefordert hatte, internationales Recht. Im 1982 von den Vereinten Nationen beschlossenen Seerechtsabkommen wurde diese Rechtsentwicklung bestätigt.[7] Die Freiheit des Meeres galt und gilt aber nicht für Individuen, sondern sie galt und gilt nur für souveräne Staaten. Legal macht von ihr deshalb nur Gebrauch, wer sich das Recht erworben hat, die Flagge eines souveränen Staates zu führen. Dieses Recht setzt die Eintragung in das jeweilige nationale Schiffsregister voraus.

Traditionell wurden Schiffe in jenem Land registriert, in dem auch die Eigner lebten und den wirtschaftlichen Einsatz des Schiffes organisierten. Vereinzelt gab es davon auch früher schon Ausnahmen. Vor dem 20. Jahrhundert ging es Schiffseignern meist darum, in Kriegszeiten eine neutrale Flagge führen zu können. Die Entwicklung der Ausflaggung aus ökonomischen Gründen beginnt mit der Einrichtung des Schiffsregisters von Panama im Jahre 1917 (praktisch genutzt wird dieses Register seit 1925). Zunächst machten davon insbesondere Eigner US-amerikanischer Passagierschiffe in der Zeit der Prohibition Gebrauch. Die fremde Flagge ermöglichte ihnen den Ausschank von Alkoholika. In den dreißiger Jahren des 20. Jahrhunderts flaggten einzelne griechische und spanische Reeder auch bereits Schiffe aus, um die heimischen Heuersätze zu unterlaufen. Im Zweiten Weltkrieg wurden die *Liberty*-Schiffe, die als Versorgungsschiffe gebaut und eingesetzt wurden, in Panama registriert. Als diese Schiffe nach dem Krieg an private Eigner verkauft wurden, behielten sie eine der Panlibhon Flaggen bei. Deren Anbieter (Panama, Liberia und Honduras) waren politisch und ökonomisch von den USA abhängig. Schiffseigner mußten entweder gar keine oder nur geringe Steuern zahlen und konnten außerdem Personal unterhalb der heimischen US- Sätze heuern. Später schufen sich französische und britische Schiffseigner mit Unterstützung ihrer Regierungen entsprechende Möglichkeiten der Ausflaggung in abhängige Gebiete. Für französische Schiffseigner erfüllten die Kerguelen-Inseln diese Rolle, für britische Schiffseigner die Isle of Man.[8] Als deutsche Schiffseigner in den siebziger Jahren dazu übergingen, zumindest einzelne Schiffe ihrer Flotte unter einer *Flag of Convenience* registrieren zu lassen, standen bereits mehrere Flaggen zur Auswahl. Seither werden immer wieder neue Flaggen angeboten, einzelne Schiffsregister aber auch wieder geschlossen.[9] Nachfrager auf dem Markt für Schiffsregister sind ganz überwiegend Schiffseigner aus OECD-Staaten.[10]

Bereits 1948 hatte die *International Transport Workers' Federation (ITF)* eine Kampagne gegen *Flags of Convenience* in Gang gesetzt. Der damals gewählte Terminus ist inzwischen international gebräuchlich.[11] Weniger einheitlich ist die Definition. Die gängigsten Definitionen (so auch die Konvention der UNO von 1986[12]) konzentrieren sich auf den Tatbestand, daß der immer wieder geforderte *genuine link* zwischen Schiff und Flaggenstaat nicht besteht. Gegenüber der Genfer Seerechtskonvention von 1958 ist das sehr vage. Denn dort war (in Artikel 5) noch verlangt worden, daß der Flaggenstaat Gesetze zur Regulierung der Schiffahrt erlassen und seine Flotte im Hinblick auf administrative, technische und soziale Angelegenheiten wirklich kontrollieren müsse.[13] Merkmal von FOCs ist aber gerade, daß sie diese Kontrolle nicht ausüben und daß keine „echte Verbindung" zwischen Flagge und Schiff existiert. Beispielsweise wird für eine Eintragung ins Schiffsregister von Vanuatu[14] zwar verlangt, daß das Unternehmen, das diese Eintragung beantragt, in Vanuatu registriert ist, doch kann von dieser Bedingung auf Antrag abgesehen werden. Verlangt ein Schiffsregister, daß Offiziere ein nationales Patent besitzen, so läßt sich dieses dadurch erlangen, daß ein ausländisches Patent in ein nationales Patent umgeschrieben wird. (Manchmal ist die Geltung solcher „nationalen" Zertifikate begrenzt, in Liberia z.Bs. auf fünf Jahre.) Wird vorgeschrieben, daß der Eigner des Schiffes Staatsangehöriger des Flaggenstaates ist, so kann auch davon abgesehen werden, wenn das Schiff *bareboat* verchartered ist.[15] Angesichts heute verbreiteter Usancen in der Schiffahrt, ist damit nicht etwa eine Ausnahme, sondern die Regel beschrieben.

Angela S. Bergantino und Peter B. Marlow haben vorgschlagen, als *Flag of Convenience* jede Flagge zu bezeichnen, die Folgendes möglich macht:

1. Eine Senkung der Personalkosten, weil die Registrierung unter einer FOC in der Regel zuläßt,
   daß die Besatzung ohne jede Beschränkung auf dem internationalen Markt angeheuert wird;
   daß es keine national vorgeschriebenen Heuersätze gibt;
   daß die Bemannungsvorschriften weniger strikt sind;
2. Niedrigere Betriebskosten durch weniger strikte Wartungsvorschriften und weniger strikt überprüfte Sicherheitsvorschriften;
3. Weniger Kontrolle von Vorschriften und weniger Bürokratie;
4. Die wahrscheinliche Vermeidung von Steuern;
5. Zusicherung von Anonymität;[16]
6. Leichter Zugang zum Register und leichtes Verlassen des Registers.[17]

Die meisten Schiffsregister verlangen die Bestätigung einer sogenannten Klassifikationsgesellschaft, daß das Schiff seetüchtig und nicht älter als fünfundzwanzig (oder zwanzig) Jahre ist. Dabei akzeptieren sie auch die Bescheinigung einer ausländischen Klassifikationsgesellschaft. (Manche Verwaltungen führen auf, welche Klassifikationsgesellschaften benutzt werden dürfen.) Klassifikationsgesellschaften erfüllen zwar öffentliche Aufgaben, sind aber gleichzeitig privatwirtschaftliche Unternehmen, die für Schiffseigner tätig sind.[18] In der Branche herrscht scharfe Konkurrenz. Manche der Überprüfungen lassen zu wünschen übrig, weil das Personal der Klassifikationsgesellschaften nicht ausreichend qualifiziert ist oder sich dem von Schiffseignern ausgehenden Zeitdruck beugt, andere, weil mit dem Ruf, lasche Überprüfungen vorzunehmen, auch eine bestimmte Klientel angezogen werden kann.[19] Im Bericht der *International Commission on Shipping* heißt es: „*In most submissions and places visited, the role of the classification societies attracted major attention. Classification societies were variably described as inflexible, unresponsive, incompetent, inept and, in some cases corrupt. There were sufficient statements of this nature across all the meetings to lead the Commission to the conclusion that classification societies as a whole have a substantial problem with quality service delivery.*“[20] Verlassen sich Flaggenstaaten ausschließlich auf Kontrollen durch Klassifikationsgesellschaften, so besteht eine deutliche Sicherheitslücke.

Regierungen, die ihre Schiffsregister anbieten, offerieren niedrige Gebühren für die Registrierung und niedrige oder völlig fehlende Besteuerung der Gewinne. Der materielle Gewinn aus Registrierungen ist also sehr begrenzt. Für arme Länder handelt es sich trotzdem um eine relativ gesehen bedeutsame Einnahmequelle. Auch schaffen Registrierungen unter Umständen zusätzliche Arbeitsplätze. (So etwa in Unternehmen, die Finanzdienste anbieten, in Consulting-Firmen oder in Kanzleien, die sich auf Schiffahrtsfragen spezialisiert haben.)

Auf Seiten von Schiffahrtsunternehmen sind die Gründe für die Wahl eines ausländischen Schiffsregisters weit offensichtlicher. Sie liegen in der kostengünstigen Registrierung und in der Steuerersparnis, vor allem aber in der Möglichkeit, heimische Tarifabkommen zu umgehen. Hatten ausländische Seeleute von Einzelfällen abgesehen zuvor nur zu Bedingungen beschäftigt werden können, die im Flaggenstaat galten, so verzichten die Anbieter von *Flags of Convenience* darauf, etwa vorhandene arbeitsrechtliche (und damit tarifrechtliche) Regulierungen auf die Schiffe „ihrer“ nationalen Flotte auszudehnen. Damit bietet sich Schiffsmanagern die Chance, die globale Konkurrenz unter jungen Männern auszunutzen, die auf eine Beschäftigung in der Seefahrt hoffen.

Anders als bei Verlagerungen von Produktionsstätten ins Ausland geht es bei Ausflaggungen nicht darum, Arbeitskräfte des gewählten Flaggenstaates nach den dort herrschenden Bedingungen zu beschäftigen. Tatsächlich besteht zwischen

Flaggenstaat und Schiffahrtsunternehmen - sieht man von der Registriergebühr ab - vielfach keine Verbindung, die über den Austausch einiger Papiere mit den entsprechenden Unterschriften hinausreichte.[21] Werden die Registrierungen durch eine Agentur vorgenommen, die ihren Sitz nicht im Flaggenstaat selbst hat, so schafft selbst diese Zahlungsverpflichtung nur einen indirekten Bezug zwischen Schiff und Flaggenstaat. Das macht es Schiffseignern leicht, politisch unangenehme Sachverhalte schlicht nicht zur Kenntnis zu nehmen. So erfolgt die Registrierung von Schiffen unter liberianischem Flaggenrecht durch ein privates Unternehmen in Vienna im Bundesstaat Virginia der USA. (Demnächst soll eine Zweigstelle in Hamburg errichtet werden.) Die privaten Eigner des *Liberian Ship and Corporate Registry* führen einen Teil des Gewinns an Liberia ab, jahrelang also an die Regierung des Diktators Charles Taylor. Die deutschen Manager, die Schiffe unter Liberia Flagge fahren lassen, verhandelten nie mit einer offiziellen liberianischen Stelle. Wer nicht wollte, brauchte also nicht darüber nachzudenken, daß mit den Geldern, die an die Regierung Liberias abgeführt wurden, jahrelang auch ein Bürgerkrieg mitfinanziert wurde.[22]

Sollte es in einem Staat, der eine *Flag of Convenience* anbietet, arbeitsrechtliche Schutzbestimmungen geben, so profitieren Seeleute auf den Schiffen der nationalen Flotte dieses Staates nicht davon. Mit großer Wahrscheinlichkeit kommen sie nie in einen Hafen des Flaggenstaates - so dieser denn überhaupt über einen Hafen verfügt und nicht im Inneren eines Kontinentes gelegen ist -, und können, sollte dies doch der Fall sein, im Flaggenstaat kaum je ihr Recht einklagen.[23] Rein formal stellt sich die Rechtssituation anders dar: Viele Flaggenstaaten haben Konventionen der ILO (*International Labor Organisation*) ratifiziert, vor allem aber ist die Geltung des ILO-Abkommens Nr. 147 über Mindestbedingungen auf Handelsschiffen inzwischen offiziell auch Gegenstand von Hafenstaatskontrollen.[24] Faktisch leben Seeleute auf Schiffen, die unter einer FOC registriert sind, heute dennoch in einem Niemandsland. In diesem Land gelten zwar internationale Abkommen, regiert aber wird das Niemandsland dennoch vor allem durch die Macht des Marktes.[25] Wollen Seeleute klagen, so ist ihnen dies - mit Unterstützung der ITF - möglich, wenn ihr Schiff einen Hafen in einem Land mit funktionierenden rechtsstaatlichen Bedingungen anläuft. In diesem Fall können sie sich auch als Ausländer an ein einheimisches Arbeitsgericht wenden. Der anstehende Fall wird dann nach dem nationalen Recht des Hafenstaates entschieden. Solche Verfahren finden auch tatsächlich statt.[26]

Die skizzierte rechtliche Situation bedeutet nicht, daß auf den meisten Schiffen, die unter einer *Flag of Convenience* registriert wurden, tatsächlich ungerechtfertigte Kündigungen, rassische Diskriminierung oder gar körperliche Gewalt vorkommen,[27] wohl aber, daß Seeleute im Zuge der Ausflaggung den staatlich geregelten Schutz verlieren, den Arbeitskräfte in industrialisierten Gesellschaften im Verlauf vieler Jahrzehnte erkämpft haben. Auch an Land sind Unternehmen Hoheitsgebiete privater Entscheidungsautonomie. Darin also unterscheidet sich die Schiffahrt nicht von sonstigen Wirtschaftsbranchen. Aber an Land sind der Reichweite dieser Autonomie - selbst nach den Prozessen der Deregulierung - in den Industriegesellschaften des Westens beträchtliche Grenzen gesetzt. Mit der Flucht aus dem nationalen Rechtsraum solcher Gesellschaften in einen Staat, in dem derartige Regelungen nicht existieren oder aber für Nicht-Staatsbürger außer Kraft gesetzt sind, verlieren diese Grenzen ihre Wirksamkeit. Diese radikale Privatisierung der Hoheit über die Arbeitsverhältnisse wird durch die Konkurrenz um die Arbeitsplätze auf Schiffen ständig aufs Neue reproduziert. Denn weltweit gibt es genügend junge Männer, denen ein Arbeitsplatz auf einem Schiff unter den heute überwiegend angebotenen Bedingungen äußerst verlockend erscheint. Auch für die *ships of shame*, die so schlecht ausgerüstet und gewartet sind, daß ihre Eigner noch nicht einmal versuchen, Versicherungsschutz zu erwerben, gibt es genügend Anwärter. Trotz aller internationalen Kontrollregime, auf die wir noch eingehen werden: Die Beseitigung der privaten Hoheit über die Arbeitsverhältnisse von Seeleuten auf ausgeflaggten Schiffen steht vorerst nicht zu erwarten.

Hatten europäische Reedereien in den siebziger Jahren zunächst vor allem ältere Schiffe, insbesondere Massengutfrachter, ausgeflaggt, so gingen sie in den achtziger Jahren zunehmend dazu über, auch Neubauten auszuflaggen. In den traditionell führenden Schiffahrtsstaaten kam es zu einer stetigen Verringerung der Registrierungen unter der nationalen Flagge. Um diesem Trend Einhalt zu gebieten, legten Regierungen mehrfach Förderprogramme auf. So wurden etwa Subventionen des Schiffbaus daran gebunden, daß fertiggestellte Schiffe zumindest für eine gewisse Zeit unter der eigenen nationalen Flagge fuhren.[28] Als wichtigste Maßnahme aber setzte sich die Einrichtung sogenannter internationaler Register durch. Beginnend mit Norwegen (1987) gingen traditionelle Flaggenstaaten dazu über, Schiffseignern anzubieten, den Vorteil der vergleichsweise freien Personalpolitik zu behalten, den sie durch eine Ausflaggung gewannen, und dennoch unter norwegischer, niederländischer oder deutscher Flagge zu fahren.[29] Die meisten dieser internationalen Register stehen auch Schiffahrtsunternehmen offen, die ihren Hauptsitz im Ausland haben, das *German International Register* (GIS) ist dagegen auf deutsche Schiffahrtsunternehmen begrenzt.[30] Alle internationalen Register verlangen, daß in der Schiffsführung eine bestimmte Zahl von Seeleuten aus dem Flaggenstaat (bzw. aus einem anderen EU-Land) beschäftigt wird,[31] alle bieten die Chance, für die übrige Besatzung nach den Methoden zu verfahren, die auch bei einer Ausflaggung genutzt werden. Damit ist der Grundsatz, daß auf einem Schiff das Recht des Flaggenstaates gilt, aufgegeben. Auf Schiffen, die in einem internationalen Register eingetragen sind, gelten zunächst so viele arbeits- und tarifrechtlichen Regime wie Nationalitäten unter der Besatzung vertreten sind. Eine Vereinheitlichung kommt lediglich dann zustande, wenn Flaggenstaaten ILO Konventionen ratifiziert haben und deren Einhaltung auch tatsächlich kontrollieren und wenn Reedereien ihre Mannschaften nach den von der ITF ausgehandelten Tarifen entlohnen.

In der Bundesrepublik versuchten sowohl die Regierungen der Freien Hansestadt Bremen als auch Schleswig-Holsteins, der Einrichtung eines internationalen Registers dadurch Einhalt zu gebieten, daß sie ein Normenkontrollverfahren beim Verfassungsgericht beantragten. Gleichzeitig legte die Gewerkschaft Öffentliche Dienste, Transport und Verkehr Verfassungsbeschwerde ein. Beide Versuche scheiterten. 1995 entschied der Erste Senat des BVG, die Einführung eines internationalen Schffsregisters sei verfassungsgemäß. Die Entscheidung, den Grundrechtsstandard zu mindern, wurde damit begründet, daß nur auf diesem Wege hinreichende Anreize für Schiffseigner geschaffen würden, ihre Schiffe weiter unter deutscher Flagge zu betreiben.[32] Ebenso wie in anderen traditionellen Flaggenstaaten haben diese Anreize nur sehr bedingt gegriffen. Der Trend zur Ausflaggung hat sich fortgesetzt. Damit ist die Begründung für die Entscheidung des Verfassungsgerichts *ad absurdum* geführt. Das könnte zum Anlaß genommen werden, aufgrund veränderter Umstände eine erneute Verfassungsbeschwerde einzureichen. Die Überlegung ist hypothetisch.[33] Denn die Praxis der Ausflaggung und die Einrichtung von Zweitregistern haben die Schiffahrt zwischenzeitlich in ein gründlich globalisiertes Gewerbe verwandelt. Das Niemandsland, in dem Seeleute heute arbeiten, hat eine ökonomisch und politisch sehr stabile Basis.

In jenen Staaten, deren Flotten bis vor wenigen Jahrzehnten den überseeischen Transport dominierten, gibt es weiterhin weltweit führende Schiffahrtsunternehmen,[34] dazuhin einen umfangreichen Sektor schiffahrtsnaher Unternehmen sowie Banken, die Schiffsfinanzierungen vermitteln, aber die Zahl der Schiffe, die unter der Flagge dieser früher dominanten Seestaaten fahren, nimmt ständig ab. „Nationale Seefahrt" ist in diesen Staaten deshalb heute nur noch Geschichte.[35] Zwar ist die enge Verbindung zum Flaggenstaat, jener *„genuine link"*, den internationale Konventionen immer wieder aufs Neue fordern, bei Schiffen der internationalen Register traditioneller Flaggenstaaten keineswegs bloße Fiktion, wie dies für viele der *Flags of Convenience* gilt,[36] aber diese Verbindung steht heute immer unter dem Vorbehalt der Fortsetzung einer bestimmten betriebswirtschaftlichen Strategie. Ein *genuine link* unter Vorbehalt eignet sich aber nicht zur Fortsetzung einer nationalen Seefahrtskultur. Auch wenn es noch einige tausend deutsche Seeleute gibt, so wird es „den" deutschen Seemann doch nicht noch einmal geben. Die Rückführung der Schiffahrt aus dem Niemandsland des Weltmarktes in die früheren Formen nationaler Seefahrt, so sehr sie von manchen gewünscht werden mag, steht nicht zu erwarten.

Gelegentlich scheint die Praxis an Bord das Gegenteil zu belegen, weil Kapitäne einige äußere Merkmale traditioneller Seefahrt gewissermaßen mit sich führen, wenn sie das Kommando über ein Schiff antreten. Doch verändern diese Merkmale ihre Bedeutung, wenn sie nicht mehr allen als selbstverständlich gelten, sondern angeordnet werden müssen. Wenn etwa, um ein zunächst eher nebensächlich erscheinendes Merkmal anzuführen, ein Koch donnerstags Brötchen bäckt und Eis zum Nachtisch serviert, weil dies der Kapitän angeordnet hat, nicht aber, weil die Mannschaft donnerstags etwas Besonderes erwartet, so ist aus der Tradition des Seesonntags ein Kapitänsbefehl geworden. Seeleute, die das Schiff wechseln, können nicht sicher sein, diesen Brauch wieder anzutreffen.

Wenn heutige Seeleute von ihren Erfahrungen auf „griechischen", „französischen" oder „iranischen" Schiffen berichten, so geht es nie um die Nationalität des überwiegenden Teils der Besatzung, und auch die Flagge, die ein Schiff führt, spielt keine Rolle. Auch versuchen sie so gut wie nie, den unter Umständen sehr komplizierten Eigentumsverhältnissen nachzuspüren. Sprechen sie etwa von einem „griechischen" Schiff, so meinen sie ein Schiff, dessen Management - genauer gesagt: die Leitung des Managements - seinen Sitz in Griechenland hat. Vielfach, aber keineswegs immer, kommen auch die Kapitäne aus dem Land, in dem das Management sitzt. Ein polnischer Ingenieur, der berichtete, er sei einige Jahre lang auf „iranischen" Tankern gefahren, erläuterte auf eine Nachfrage hin, das Führungspersonal sei durchweg aus England gekommen. Ein Schiff mit Offizieren aus Litauen und überwiegend philippinischen *ratings*, das unter der Flagge von Antigua und Barbuda fährt, wird von der Besatzung als ein „deutsches" Schiff wahrgenommen, weil die Reederei ihren Sitz in Deutschland hat. Daß sie selbst bei Unternehmen angestellt sind, die ihren Sitz in einem anderen Land haben, spielt dabei keine Rolle. Eben jener Bezug, der in den juristischen Konstruktionen der Ökonomie des Seetransports heute die geringste Bedeutung hat, der Sitz des Managements, gilt Seeleuten als einzig bedeutsam. Manchmal geben diese *links* Stoff für Anekdoten während der *coffee break* an Bord. So erzählte ein polnischer Elektriker, auf einem „französischen" Schiff (keiner in der Runde kam auf die Idee, nach der Flagge zu fragen) seien Mitte der neunziger Jahre noch immer täglich *baguettes* gebacken worden und auch der auf französischen Schiffen traditionell gebräuchliche Wein sei weiterhin täglich serviert worden. Dann aber habe das Management beschlossen, es müsse am Verpflegungssatz und am Service Personal gespart werden, *baguettes* und Wein seien zu streichen. Daraufhin hätten die Franzosen an Bord mit Streik gedroht. Da es aber nur zwei Franzosen an Bord gegeben habe, sei die Politik des Managements dann doch relativ ungehindert durchgesetzt worden. Bei den Vorurteilen über die Schiffe einer bestimmten Nationalität, die unter Seeleuten heute verbreitet sind, handelt es sich in der Regel um Konstruktionen, in denen Sitz des Managements und Nationalität der Schiffsführung zusammen fallen. Wenn man etwa immer wieder erzählt bekommt, „griechische" Schiffe seien dreckig, auf „saudi-arabischen" und „japanischen" Schiffen seien Offiziere brutal, so spielt die Flagge nie eine Rolle, vielmehr werden der Nationalität des Managements und der Schiffsführung bestimmte Eigenschaften zugeschrieben. Über „deutsche" Schiffe hören deutsche Forscher auf Schiffen unter deutschem Management keine generellen Urteile bzw. Vorurteile. Gelegentlich wird festgestellt, deutsche Offiziere seien sehr gründlich in Theorie ausgebildet. In der Regel ist das positiv gemeint.

Strukturen im Niemandsland

Konkurrenz der Flaggenstaaten

In den Industriegesellschaften war früher kaum ein anderes Gewerbe so umfassend staatlich reguliert wie die Schiffahrt. Das reichte von Vorschriften für Schiffbau und Bemannung bis hin zu staatlichen Vorschriften über die Verpflegung an Bord und zur Kriminalisierung der Verletzung arbeitsvertraglicher Pflichten durch Seeleute. Heute ist der Rückzug des Nationalstaates aus Regulierungs- und Kontrollkompetenzen in der Seefahrt ganz besonders deutlich ausgeprägt. Trotz der Errichtung internationaler Kontrollregimes sind die Strukturen des Niemandslandes deshalb vor allem durch wirtschaftliche Konkurrenz konstituiert. Das gilt für sämtliche Bereiche der Schiffahrt: für die Finanzierung und die Ausführung von Schiffbauten, für das Management, die Befrachtung, die Flaggen und den Arbeitsmarkt, ja selbst für die Kontrolle der Schiffe durch Klassifikationsgesellschaften. Jeder vorübergehende oder auch längerfristige Erfolg einer bestimmten Konkurrenzstrategie auf einem dieser Märkte beeinflußt auch die Arbeits- und Lebensbedingungen von Seeleuten. Als sich, um ein Beispiel zu nennen, koreanische Werften zunehmend gegenüber westeuropäischen Konkurrenten durchsetzten, war dies nicht nur mit Einsparungen an Stahl und folglich mit erhöhter Vibration des Schiffsgebäudes verbunden, Seeleute mußten sich jetzt auch an einen neuen Stil der Innenausstattung gewöhnen. Er betrifft die Konstruktion von Innenwänden aus billigsten Materialien, aber etwa auch die Polsterung der Stühle in einem Aufenthaltsraum, in dem sich Seeleute während des Arbeitstages zur *coffee break* treffen. Für diese Pause ziehen sie sich nicht um, sitzen also unter Umständen täglich zweimal in dreckigen Overalls auf Stühlen mit geblümten Stoffüberzügen.

Für Seeleute unmittelbar wirksam ist die bereits angesprochene weltweite Konkurrenz unter den Flaggenstaaten. Mag es auf den ersten Blick so scheinen, als ob es sich dabei nur um eine weitere Variante der Standortkonkurrenz handle, um das Bemühen von Kommunen, Regionen und Nationalstaaten also, Unternehmen an sich zu binden, so hat die Standortkonkurrenz in der Seefahrt doch dadurch eine besondere Ausprägung erfahren, daß Regierungen auf dem Weltmarkt gewissermaßen mit nationaler Souveränität handeln. Das gilt nicht für alle *Flags of Convenience* in gleichem Maße. Tony Alderton und Nick Winchester haben deshalb vorschlagen, die frühere Einteilung der Flaggen in traditionelle nationale Flaggen und *Flags of Convenience* aufzugeben. Seit versucht werde, die negativen Folgen der Deregulierung durch internationale Kontrollregimes, vor allem die *Port State Control* (PSC) einzuschränken, um dadurch die Schiffahrt insgesamt sicherer zu machen, hätten manche der seit langem auf dem Markt aktiven Anbieter von *Flags of Convenience* eigene Kontrollregime eingeführt beziehungsweise verstärkt. Sie versuchten damit, dem Imageverlust vorzubeugen, der entsteht, wenn bei *Port State Controls* zu häufig gravierende *deficiencies* auf Schiffen unter ihrer Flagge festgestellt werden. Gut etablierte Schiffahrtsunternehmen sind unter solchen Bedingungen nur schwer als Abnehmer der eigenen Flagge zu gewinnen.[37] Auf der anderen Seite hat die zwar begrenzte, aber doch immerhin vorhandene Wirkung internationaler Kontrollregimes auf dem globalen Flaggenmarkt auch eine Nische für jene Anbieter und Nachfrager geschaffen, die Gewinne einfahren wollen, indem sie darauf verzichten, in den Sicherheitsstandard ihrer Schiffe zu investieren. Tatsächlich sind es gerade solche Flaggen, die in den letzten Jahren den größten Zuwachs ihrer „nationalen Flotten" zu verzeichnen hatten. Bolivien, Kambodscha, Belize oder Äquatorial Guinea hatten von 1997 bis 1999 einen Zuwachs ihrer Flotten zwischen 14% und 5 900% zu verzeichnen.[38] Solange sie ihre Flaggen vermarkten - gelegentlich geschieht dies nur kurze Zeit - bieten solche Staaten skrupellosen Schiffseignern die Möglichkeit, sich einer nationalen Flotte zuzuordnen, für die faktisch kaum irgend welche Regulierungen gelten bzw. überprüft werden. Zwar müssen Schiffseigner damit rechnen, daß ihre Schiffe im Falle einer Kontrolle im Hafen eines anderen Landes festgehalten werden, doch läßt sich dieses Risiko durch die Auswahl des Fahrtgebietes und die Bereitschaft, Bestechungsgelder zu zahlen, um eine Beträchtliches senken. Dennoch werden *sub-standard* Schiffe keineswegs ausschließlich in bestimmten Fahrtgebieten eingesetzt. Ergibt sich eine günstige Befrachtung, so kann es durchaus vorkommen, daß sie auch nordeuropäische Häfen anlaufen. Dort werden sie dann zumeist erwartungsgemäß an die Leine gelegt bis rudimentäre Reparaturen durchgeführt und Rettungsmittel angeschafft sind. Daß sie trotz der in solchem Fall entstehenden beträchtlichen Kosten nicht unbedingt aufgegeben werden, macht deutlich, daß sich der Verzicht auf Investitionen in Sicherheit noch immer „rechnen kann".[39] Das Risiko tragen Seeleute.

Auch in Europa gibt es Schiffseigner, die *sub-standard* Schiffe betreiben. Für deren Registrierung können sie nach wie vor aus einer beträchtlichen Anzahl an Flaggen auswählen.[40] Auf solchen Schiffen müssen Seeleute nicht nur ständig um ihr Leben bangen, sondern zusätzlich menschenunwürdige Unterkünfte, schlechte Verpflegung, besondere Arbeitsbelastung und nicht selten auch körperliche und psychische Quälerei durch Vorgesetzte ertragen.[41]

Die Mehrzahl der Schiffseigner bzw. der von ihnen beauftragten Managementfirmen setzen das Leben von Seeleuten nicht bewußt aufs Spiel, sondern ziehen für ihre Wahl einer Flagge andere Aspekte in Betracht. In den traditionellen Seefahrtsstaaten gilt die grundlegende Entscheidung heute der Wahl zwischen dem Internationalen Schiffsregister eines traditionellen Schiffahrtsstaates und der vollständigen Ausflaggung. Angela S. Bergantino und Peter B. Marlow haben eine ökonometrische Analyse dieser Entscheidung durchgeführt. Schiffseigner, so ihre These, ziehen den Vorteil nationaler Subsidien und Steuerbegünstigungen, die Besteuerungen von Gewinnen und privaten Einkommen sowie alle anderen Kosten und Vorteile der nationalen Flagge in Betracht und wägen diese gegen die Tonnagesteuern und jährlichen Registriergebühren im Ausland ab, wobei sie auch in Betracht ziehen, daß zurückgeführte Gewinne versteuert werden müssen.[42] Derart selbstverständlich seien inzwischen solche Kalkulationen, daß die von FOCs gebotenen Vorteile heute generell als *benchmark* für die Schiffahrtspolitik in traditionellen Seefahrtsstaaten fungierten.[43] Zu ergänzen wäre, daß auch das Image einer Flagge eine Rolle spielt. Für viele Schiffseigner ist zudem wichtig, ob sich die Registrierung unbürokratisch und unkompliziert durchführen läßt. Mehrere Schiffsregister profitieren davon, daß die für sie zuständige Verwaltung ihren Sitz in den USA hat, und dem Schiffsregister von Antiqua kommt zugute, daß die Eintragung in einer norddeutschen Stadt durchgeführt werden kann. Insbesondere bei Eignern, die nur ein einziges oder wenige Schiffe besitzen, wird die Wahl der Flagge auch durch die Praxis der meisten anderen, in ihrem Sektor des Seetransports tätigen Unternehmen beeinflußt. (Die meisten der von bundesdeutschen Eignern betriebenen Küstenschiffe führen die Flagge von Antigua und Barbuda.) Schließlich gibt es in Schiffahrtskreisen – allen revolutionären Veränderungen zum Trotz – noch immer ausgeprägte Beharrungstendenzen. Hat sich ein Unternehmen einmal für eine bestimmte (ausländische) Flagge entschieden, so tendiert es in der Regel zur Fortsetzung dieser Praxis.

Seit dem weitgehenden Untergang traditioneller nationaler Flaggen mit einem einheitlichen Arbeitsrecht (und folglich nationalen Heuern für alle Besatzungsmitglieder) spielt die Wahl der Flagge für die Arbeits- und Lebensbedingungen von Seeleuten zumeist eine geringere Rolle als die konkreten Strategien eines Managements. Verpflegung, Freizeiteinrichtungen, Ausstattung der Unterkünfte,

Vorsorge für einen einigermaßen qualifizierten Koch oder die Bereitschaft, genügend Ersatzteile auf einem Schiff vorrätig zu halten, das alles sind Aspekte, die den Arbeitsalltag einfacher oder belastender machen, und sie alle sind in erster Linie vom landseitigen Management eines Schiffes abhängig. Sieht man von jenen Schiffahrtsunternehmen ab, die sich ganz bewußt für eine Flagge entscheiden, bei der sie mit laschen Kontrollen rechnen können, so ist die Flagge selbst in Fragen der Sicherheit nicht unbedingt entscheidend. Zwar wird regelmäßig betont, daß für das *German International Shipregister* besonders strenge Sicherheitsvorschriften bestehen, doch wenden manche Schiffseigner ein, daß sich diese Vorschriften vor allem auf den Einbau besonders teurer, deshalb aber nicht unbedingt besserer Sicherheitsvorrichtungen beziehen.[44] Wer ein Küstenschiff unter Antiqua-Flagge fahren läßt, könnte sich, so sagen sie, die Rückflaggung schon wegen der dann erforderlichen teuren Umrüstung nicht leisten.

Als Ende der siebziger Jahre die große Welle der Ausflaggungen einsetzte, beendeten einige Schiffsoffiziere mit deutscher Staatsangehörigkeit ihre aktive Laufbahn, weil sie unter irgendeiner „komischen Flagge" und mit Mannschaften, in denen sie einer nationalen Minderheit angehörten, nicht länger zur See gehen wollten. Auch heute trifft man vereinzelt noch einen Kapitän, der die Ausflaggung eines Schiffes zum Anlaß nimmt, seine Berufslaufbahn früher zu beenden als ursprünglich geplant. Von jenen, die derzeit noch aktiv sind, hörten wir zwar Klagen über die Einsamkeit auf einem Schiff, auf dem außer ihnen selbst niemand oder nur noch ein oder zwei Kollegen Deutsche sind, auch diese Offiziere stellten in der Regel jedoch fest: „Die Flagge ist egal, wenn die Bedingungen stimmen." Schiffsoffiziere, die erst in den letzten Jahren ihren Dienst angetreten und jene Seefahrt nicht mehr kennen gelernt haben, an die sich die Älteren mit Wehmut erinnern, verschwenden ohnehin kaum je einen Gedanken an die Tatsache, daß sie unter fremden und wechselnden Flaggen fahren. In den Pausen an Bord unterhalten sich deutsche Seeleute über Steuerforderungen deutscher Finanzämter (trotz Doppelbesteuerungsabkommen mit einem Staat, in dem die zuständige *manning agency* ihren Sitz hat), über den - inzwischen erfolgreichen - Kampf des Vereins der Seemannsfrauen für die Sozialversicherung deutscher Seeleute, die bei ausländischen Stellen beschäftigt sind und - dies vor allem - über unterschiedliche Methoden der privaten Alterssicherung. Bei all solchen Gesprächen, sei es an Land, sei es an Bord unterschiedlicher Schiffe, nahmen Seeleute die Globalisierung der Schiffahrt als eine Tatsache zur Kenntnis, über die zu lamentieren, sich nicht lohnte.[45] Sie befaßten sich ausschließlich damit, wie die Auswirkungen auf ihr Arbeitsleben finanztechnisch und organisatorisch am besten zu bewältigen waren.

Konkurrenz der Schiffahrtsunternehmen

Die Globalisierung der Konkurrenz gilt auch für Managementunternehmen und für Befrachter. Daraus erwachsen Konzentrationstendenzen. In einem Bericht für die 29. Sitzung der *Joint Maritime Commission* der ILO im Jahre 2001 ist ausgeführt, daß derzeit um die 80% der Management-Unternehmen für Flotten von mehr als 15 Schiffen zuständig sind. Etwa die Hälfte aller Unternehmen ist für Flotten von mehr als 200 Schiffen zuständig. Daneben gibt es eine Vielzahl von Unternehmen, die weniger als 15, oft aber auch nur ein oder zwei Schiffe managen.[46] Bei den letzteren handelt es sich vielfach noch um Reeder im klassischen Sinne, um Schiffseigner also, die ihre Schiffe selbst betreiben. International dominant ist heute aber eine weitgehende Trennung von Eigentum und Management. Häufig fällt dieser grundlegende Wandel nicht ins Auge, weil Schiffseigner das Management ihrer Schiffe einer Firma übertragen, die den Namen einer seit langen Jahren bekannten Reederei trägt. Manchmal besitzt ein solches Unternehmen auch noch eigene Schiffe, oft hält es Anteile an den von ihm betriebenen Schiffen, doch befindet sich Schiffahrtseigentum heute häufig in der Hand schiffahrtsfremder Investoren, seien dies Banken, Versicherungen, Investmentfonds oder individuelle Anleger. Sie alle sind vor allem an Renditen (oder Verlustzuschreibungen) interessiert und leisten sich nur selten romantische Empfindungen für „ihre" Schiffe oder gar eine besondere Verpflichtung zur Fürsorge für die Mannschaften, die diese Schiffe für sie fahren.[47]

Die inzwischen dominante Form der Finanzierung von Investitionen hat ebenso wie die Konzentration im Bereich der Management-Unternehmen eine große soziale Distanz zwischen Seeleuten und Eignern geschaffen. Es sind Geschichten „aus der guten alten Zeit", wenn Kapitäne von autoritären Eigenschaften mancher früherer Reeder berichten, aber auch von deren Besuchen an Bord vor dem Auslaufen eines Schiffes und nach dessen Rückkehr in den Heimathafen. An die Stelle der personalen Momente, die früher - im Guten wie im Schlechten - die Beziehungen zwischen Reederei und Kapitän (sowie - in geringerem Maße - zwischen Reederei und den übrigen Besatzungsmitgliedern) prägten, ist heute soziale Distanz und Versachlichung getreten. Diese Tendenz ist noch stärker ausgeprägt, wenn Management-Firmen der derzeit üblichen Praxis folgen und einzelne Funktionen (ins Ausland) *outsourcen*, die Personalverwaltung eines bundesdeutschen Schiffsmanagements ihren Sitz also beispielsweise in Zypern hat. Der Umkehrschluß, daß die noch verbleibenden kleinen Reedereien bessere Arbeitsbedingungen böten, ist aber nur in Einzelfällen berechtigt. Es gibt ihn, jenen Schiffseigner, der in Deutschland eine Praktikumsstelle für die Tochter seines litauischen Kapitäns sucht, der sammelt, um der litauischen Besatzung Kleidung und Anderes für Straßenkinder in ihrer Heimat mitzugeben, wenn das Schiff

Klaipeda anfährt. Aber uns wurde auch von Schiffseignern berichtet, die zwar großen Wert auf regelmäßigen neuen Anstrich legen, von Seeleuten aber verlangen, daß sie ihre Bettwäsche selbst mit an Bord bringen und die Kosten für Verpflegung weit weniger gern verkraften als die Ausgaben für einen neuen Farbanstrich.[48] „Die fressen da auf diesem Schiff" sagte ein Reeder, als er erläuterte, warum die Kosten für die Verpflegung der zahlenmäßig geringen Besatzung betriebswirtschaftlich beträchtlich ins Gewicht fallen.[49]

Besondere Auswirkung hat die Größe eines Managementunternehmens auf die Praxis der Rekrutierung. Während viele große Unternehmen eigene Rekrutierungsbüros im Ausland eingerichtet oder aber feste Beziehungen zu soliden *manning agencies* aufgebaut haben, akzeptieren kleinere Unternehmen oft die mehr oder minder zufälligen Angebote von Vermittlern. Ähnlich wie dies schon für die Flagge festgestellt wurde, verbieten sich demnach auch für Schiffsmanagements generalisierende Aussagen über die Vor- und Nachteile kleiner bzw. großer Unternehmungen für die Arbeits- und Lebensbedingungen von Seeleuten. Entscheidend ist wiederum die konkrete Unternehmenspolitik.

Konkurrenz um Charterverträge

Anders verhält es sich mit der Wirkung von Konzentrationsprozessen auf dem Markt für Befrachtungen. Konkurrieren Schiffahrtsunternehmen um langfristige Charterverträge mit großen Befrachtern,[50] so stehen Kapitäne unter Druck, die Wünsche des Charterers bis ins Kleinste zu erfüllen. Obwohl die Rechtslage vielfach klar ist oder doch zu klären wäre, sehen sich Kapitäne immer wieder vor schwierige Entscheidungen gestellt. Was macht ein Kapitän, wenn die technische Inspektion der Reederei anordnet, daß Manöver gefahren werden, um die korrekte Funktion des Kreiselkompaßes zu überprüfen, der Vertreter des Charterers die damit verbundene Zeitverzögerung aber untersagt? Wie verhält er sich, wenn die Reederei gerade erst eine neue Charter abgeschlossen hat und der Charterer nun eine Änderung der Route anordnet, auf dem Schiff aber keine Karten für den zuvor nicht vorgesehenen Hafen vorhanden sind? Verletzt er internationale Sicherheitsvorschriften oder beschwört er bereits in der ersten Woche der neuen Charter einen Konflikt zwischen Schiffsmanagement und Charterer herauf? Fordert er im Notfall eigenmächtig ein Bergungsschiff an, ohne darauf zu warten, daß ein Bergungsschiff des Unternehmens, mit dem der Charterer einen Vertrag abgeschlossen hat, am Schiffsort sein kann? Und schließlich: Wagt er trotz strikter Anweisung, vom *weather-routing* des Charterers abzuweichen, weil seiner Ansicht nach die aktuellen Wetterbedingungen am Schiffsort eine Fortsetzung der vorgeschriebenen Route verbieten? Folgt er seiner eigenen Einschätzung, obwohl er weiß, daß er zwar die Verantwortung für Schiff, Mannschaft und Fracht trägt, vor Gericht aber - wie etliche Kollegen vor ihm - erfahren wird, daß er kein Recht hatte, sich den Anordnungen des Charterers zu widersetzen?[51]

Konkurrenz auf verschiedenen Sektoren des Frachtmarktes

Was das Angebot und die Nachfrage nach Transportkapazität anlangt, so erfolgt sie in vielen Teilmärkten. Teilweise handelt es sich dabei um rechtlich konstituierte Teilmärkte. So besteht in einigen Ländern die Vorschrift, daß die *Cabotage*, also die Schiffahrt entlang der nationalen Küste, ausschließlich mit Schiffen der eigenen Flotte (und folglich nationalen Besatzungen) durchgeführt werden darf. In der Europäischen Union (neuerdings auch in Griechenland) ist der nationale Vorbehalt der *Cabotage* bereits aufgehoben, in anderen Ländern, insbesondere in Südamerika, wird eine entsprechende Liberalisierung gefordert. Die USA halten an der *Cabotage*-Regelung fest.

Bedeutsamer ist die Konstitution von Teilmärkten durch schiffbautechnische Spezialisierung: Gas- oder Öltanker, Roro-Schiffe (Roll-On-Roll-Off-Schiffe), Containerschiffe, Con-Ro-Schiffe (Container-Ro-Ro-Schiffe), Kreuzfahrtschiffe, Massengutfrachter (mit oder ohne Containerstellplätzen) sind jeweils auf spezifische Märkte ausgerichtet. Dabei ist der Anteil der Frachten, die in Containern transportiert werden, in den letzten Jahrzehnten ständig gestiegen. So sind die früheren Kühlschiffe inzwischen weitgehend durch *Reefers* (*Refrigerated Containers*) ersetzt worden. Auch manche der Schüttgüter, die früher eine typische Fracht für Massengutfrachter (Bulkcarrier) waren, werden heute in Containern transportiert. Für Seeleute sind zwar viele Arbeitsanforderungen auf allen Schiffen identisch, andere aber verändern sich auch je nach Schiffstyp. So haben etwa Kapitäne und nautische Schiffsoffiziere auf Tankern in der Regel mehr *paper work* zu erledigen als auf Bulkcarriern, dagegen wird der Decksmannschaft auf Bulkcarriern mit zusätzlichem Ladegeschirr häufig eine nach wie vor besonders gefährliche und Spezialwissen erfordernde Tätigkeit abgefordert. Insbesondere Schiffahrtsunternehmen, die gefährliche Güter transportieren, bemühen sich, daß Seeleute, die sich bewährt haben, erneut für sie angeheuert werden. So arbeiten etwa auf Gastankern vielfach Seeleute, die bereits früher auf Gastankern beschäftigt waren. Und dies gilt nicht nur für die besonderen Spezialisten, die sogenannten „Gasmänner", sondern auch für die Angehörigen der Decks- und der Maschinen-*crew*. Sie alle müssen sich mit den besonderen Sicherheitsvorkehrungen auf solchen Schiffen vertraut machen.

Aktuell dominante Formen der Rekrutierung von Personal - auf die wir unten genauer eingehen werden - machen es selbst solchen Unternehmen, die daran interessiert sind, schwer, Stammbesatzungen aufzubauen. Daß das früher anders war, kann erkennen, wer einmal miterlebt hat, wie sich die früheren Beschäftigten der DDG-HANSA in Bremen gelegentlich selbst feiern. Noch zwei Jahrzehnte nach dem Konkurs dieser Reederei sind sie stolz, für die „HANSA" gearbeitet zu haben.[52] Nicht nur die technische Ausstattung der Schiffe, sondern vor allem die besonderen Fähigkeiten erfahrener und gut aufeinander eingespielter *crews* begründeten den Ruf dieser Reederei, für den Transport komplizierter großer Teile besonders geeignet zu sein. Heute kann es vorkommen, daß der Kapitän eines Schiffes für *general cargo* nach jedem Urlaub erneut vor der Notwendigkeit steht, zusammen mit dem *Chief Mate* eine völlig unspezialisierte *crew* in die Geheimnisse des Transportes komplizierter Einzelstücke einzuführen.[53] Großen Schiffahrtsunternehmen gelingt es eher, bewährte Mannschaftsangehörige innerhalb des Unternehmens zu halten und auf den verschiedenen Schiffen rotieren zu lassen. Eine Ausnahme von dieser Rotationspraxis wird in einer bundesdeutschen Reederei praktiziert, soweit es sich um sogenannte Selbstentlader handelt. Solche Massengutfrachter mit eigenem Entladegeschirr werden im Küstenverkehr von Ländern eingesetzt, in denen Hafendienste, wie etwa in den USA,[54] besonders teuer sind. Arbeit auf Selbstentladern ist nicht nur anspruchsvoll, sie ist vor allem extrem anstrengend. Denn sie erfolgt in einem ununterbrochenen Wechsel von sehr kurzen Seezeiten mit äußerst intensiver Arbeit im Hafen. *Ratings*, die sich auf diesen Schiffen bewährt haben, werden dort nach Möglichkeit immer wieder eingesetzt und nicht zwischendurch auf anderen Schiffen der Reederei beschäftigt.[55]

Die Entwicklung von Spezialschiffen für spezielle Frachten bedeutet, daß die Möglichkeit von Schiffahrtsunternehmen, sich wechselnden Konjunkturen auf unterschiedlichen Teilmärkten anzupassen, beschränkt ist. Umbauten erfordern Zeit und Kosten. Da es sich beim Seetransport aber um ein sehr wandelbares, von vielen äußeren Einflüssen abhängiges und hoch riskantes Geschäft handelt,[56] kann es ohne weiteres vorkommen, daß es auf einem bestimmten Sektor eine Knappheit an Transportkapazität gibt, während Anbieter in einem anderen Sektor mit einem dramatischen Überangebot zu kämpfen haben. In solchen Situationen verlieren Seeleute dann unter Umständen den Vorteil der langjährigen Erfahrung auf einem bestimmten Schiffstypus.

Konkurrenz auf dem maritimen Arbeitsmarkt

Der Arbeitsmarkt für ratings

Durch die Praxis der Ausflaggung ist die gesamte Welt zum Reservoir des maritimen Arbeitsmarktes geworden. Obwohl sich Schiffahrtsunternehmen vielfach für Jahre auf eine *crewing agency* festlegen, die Seeleute in bestimmten Weltregionen anheuert, haben sie diesen potentiellen Horizont ständig im Blick, beobachten die Entwicklung von Seefahrtsschulen in bestimmten Staaten, die offizielle Politik der Entsendung von Arbeitsmigranten und die Angebote von Vermittlungsagenturen, um bei höheren Heuerforderungen bisheriger Stellen oder einem Engpaß an Nachschub ausweichen zu können. Derzeit registriert die Branche gespannt, daß sich die Entsendungspolitik der Volksrepublik China zu lockern scheint. Im Jahr 2002 soll es möglich gewesen sein, eine zehnköpfige *crew* chinesischer Seeleute für insgesamt 2.500 US $ im Monat anzuheuern.[57] Umgekehrt konkurrieren heute potentiell tausende junger Männer aus Ländern mit schlechten Verdienstmöglichkeiten um eine Stelle als *rating*. Manche erhoffen sich von Anfang an einen späteren beruflichen Aufstieg in diesem Beruf, anderen geht es schlicht um irgend ein Einkommen. Nicht selten investiert eine Großfamilie in die Kosten für einen Grundlehrgang. Faktisch steht der maritime Arbeitsmarkt vor allem jenen offen, in deren Heimatländern eine Infrastruktur für die Vermittlungen und die Grundausbildung besteht.

Das weltweit wichtigste Entsenderland für *ratings* sind derzeit noch immer die Philippinen. 1999 kamen etwas mehr als ein Fünftel der in der Welthandelsflotte beschäftigten *ratings* aus diesem Land. Die meisten dieser Seeleute gingen mit einem Arbeitspaß ins Ausland, den die POEA (*Philippine Overseas Employment Administration*) ausgestellt hatte. Diese Institution entwickelt auch Standardkontrakte für philippinische Seeleute. Man könnte vermuten, eine derartige Stelle habe in erster Linie die Interessen einheimischer Arbeitssuchender im Blick. Tatsächlich machen die Bestimmungen des Standardvertrages aber deutlich, daß es sich bei der POEA auch um eine Kontrollinstanz handelt, die dafür Sorge zu tragen hat, daß nicht etwa einzelne philippinische Seeleute durch Beschwerden über Arbeitsbedingungen, Kontakte zur ITF oder fehlenden Arbeitseifer den Ruf der Arbeitskräfte dieses Entsenderlandes insgesamt in Gefahr bringt. Denn die Regierung rechnet mit den Devisen, die durch Arbeitsmigration ins Land kommen. In den Philippinen etwa müssen Seeleute zustimmen, daß 70% ihres Verdienstes direkt in die Heimat und an ihre Familien ausbezahlt werden. Da auf dem maritimen Arbeitsmarkt nicht nur Individuen, sondern auch Entsenderländer gegeneinander konkurrieren, ist auch von Belang, welcher Ruf den Seeleuten einer bestimmten Nation zu Recht oder zu Unrecht in Schiffahrtskreisen vorauseilt. Obwohl die vielerorts geführten Schwarzen Listen überall illegal sind, ist es durchaus im staatlichen Interesse, daß Seeleute, die negativ aufgefallen sind, kaum noch eine Chance auf erneute Heuer haben.

Was ihren Ruf anlangt, so hätten deutsche Matrosen, Reiniger und Öler, die in den letzten Jahrzehnten zur See fuhren, sicherlich auch in neuester Zeit kaum Schwierigkeiten, mithalten zu können. Die allermeisten von ihnen sind jedoch durch die Deregulierung des maritimen Arbeitsmarktes vom Markt gefegt worden. Es gibt ein paar hundert deutsche *ratings*, die auf den wenigen Schiffen beschäftigt sind, die unter deutscher Flagge fahren und nicht im GIS registriert sind,[58] es gibt Schiffsmechaniker bzw. Storekeeper, die unter Bedingungen des GIS geheuert wurden, einige wenige deutsche *ratings* fahren auf ausgeflaggten Schiffen zu ITF-Heuern. Und dann gibt es auch noch einzelne deutsche Seeleute, die aus lauter Sehnsucht eine ihnen kurzfristig angebotene Vertretung zu fast jeder - individuell ausgehandelten - Bedingung annehmen. Entsprechendes gilt für die Mannschaftsdienstgrade anderer europäischer Schiffahrtsstaaten. 1999 lag der Anteil von *ratings* aus europäischen Ländern an den Besatzungen der Welthandelsflotte im Durchschnitt nur noch bei rund 1%. In absehbarer Zeit wird er eher noch weiter sinken. Sehr viel mehr im Fluß sind die Anteile von Entwicklungsländern am untersten Ende der Lohnskala. Potentielle *ratings* aus Rußland und Südosteuropa konkurrieren mit potentiellen Kollegen aus Korea, Myanmar, Honduras, Tuvalu oder Vietnam. Einzelne deutsche Offiziere wollen beobachtet haben, daß sich diese Konkurrenz auch an Bord auswirkt. Philippinen, so sagen sie, seien unwillig, Seeleute anderer Nationalität bei der Einarbeit oder bei der Ablösung behilflich zu sein und ausreichend zu informieren, um auf diese Weise ihren nationalen Ruf als gute Seefahrer gegen potentielle Konkurrenz zu schützen.[59]

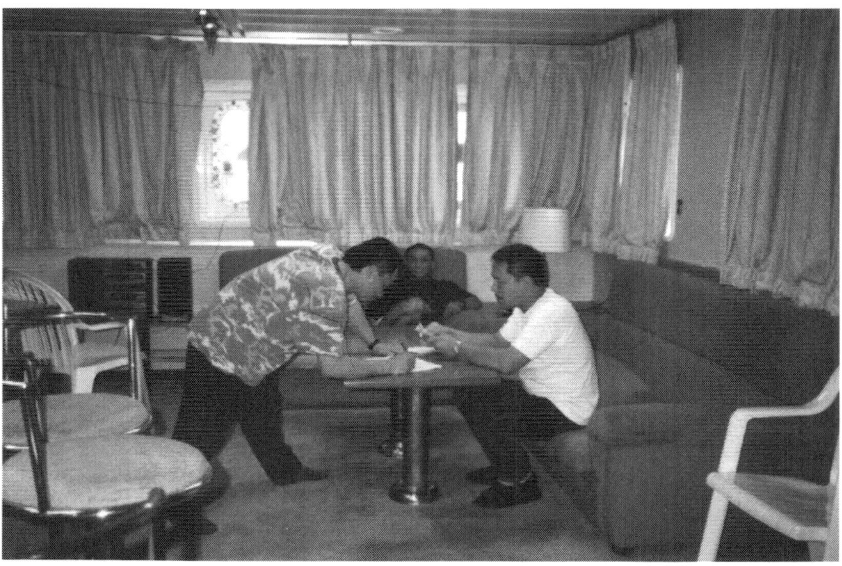

Abbildung 3: Auszahlung des Heuerabschlags an Bord

An Land wirkt sich die globale Konkurrenz auf dem maritimen Arbeitsmarkt vor allem dahingehend aus, daß sich Seeleute gezwungen sehen, nahezu alle Vertragsbedingungen zu akzeptieren, die ihnen angeboten werden. Vielfach handelt es sich dabei um Bedingungen, die im Widerspruch zu internationalen Konventionen stehen. Der *International Commission on Shipping* wurde mitgeteilt, es sei durchaus üblich, daß von Stellenbewerbern bis zu 2.000 US Dollar für die Vermittlung verlangt werden. Zwischen manchen Vermittlungsagenturen und Seefahrtsschulen scheint es Absprachen zu geben. Bewerbern wurde gesagt, sie müßten einen bestimmten Kurs auf eigene Kosten absolvieren, bevor sie vermittelt werden können. Anschließend fanden sie dann heraus, daß ein solcher Kurs internationalen Bestimmungen zufolge nicht erforderlich ist. Philippinische Seemannsfrauen haben mitgeteilt, daß die Vermittlungsbüros die Heuer oft verspätet an die Familien auszahlen. In der Zwischenzeit legen sie die Guthaben zinsbringend an.[60]

Der maritime Arbeitsmarkt verführt aber nicht nur zu illegalen Praktiken auf Seiten der Vermittler. Seine Anziehungskraft läßt sich daran ablesen, daß es in manchen Ländern einen regelrechten Handel mit gefälschten Gesundheitszeugnissen, mit Bescheinigungen über eine absolvierte Grundausbildung oder sonst erforderliche Kurse gibt. Für das Jahr 2000 hatte Tony Lane vom *Seefarers International Research Centre* geschätzt, daß in der Welthandelsflotte rund 80.000 gefälschte Zertifikate von *ratings* in Umlauf waren.[61] Inzwischen hat das SIRC eine Untersuchung durchgeführt, die sehr viel höhere Anteile ergeben hat. Über die Hälfte aller *ratings*, 40% der Junior Officers und 9% der Senior Officers führen diesen Ergebnissen zufolge eines oder mehrere gefälschte Zeugnisse bzw. Bescheinigungen.[62] Bis dato konnten internationale Kontrollen noch nicht verhindern, daß Seeleute an Bord kamen, die keinerlei Grundausbildung an Land durchlaufen hatten. Mit diesen Auswirkungen der Rekrutierungspraxis muß sich dann der Rest der *crew* herum schlagen bis es gelingt, Ersatz zu erhalten.

Fälschungen von Zertifikaten gibt es immer. Ihr massenhaftes Auftreten ist ein Nebenaspekt des deregulierten Arbeitsmarktes. Wesentlicher ist die Tatsache, daß viele Seeleute heute keine gewerkschaftliche Kampffähigkeit haben. Denn in vielen Entsenderländern gibt es keine Gewerkschaften, die in der Lage wären, Kollektivverhandlungen einzufordern. (Eine Ausnahme war und ist Indien.) In anderen, etwa südosteuropäischen Ländern, agieren Gewerkschaften selbst als Vermittlungsinstanzen. Ihr Praxis unterscheidet sich vielfach nicht nennenswert von privatwirtschaftlich organisierten *agencies*.[63] Es gibt aber auch Entwicklungen, an denen sich ablesen lässt, wie der Übergang von der Verteidigung nationaler Arbeiterrechte zur Verantwortung für alle Beschäftigten in einem globalisierten Gewerbe aussehen könnte. Als 1987 das Norwegische Internationale Schiffahrtsregister eingeführt wurde, machten norwegische Gewerkschaften ihre Zustimmung davon abhängig, daß sie an den Verhandlungen norwegischer Schiffseigner über Tarifbedingungen für ausländische Seeleute beteiligt wurden. Faktisch hat sich das vor allem für indische und philippinische Seeleute ausgewirkt. Inzwischen sind dänische Gewerkschaften diesem Vorbild gefolgt. In Großbritannien und der Bundesrepublik gibt es keine entsprechenden Ansätze.[64] Soweit es eine Zusammenarbeit der Gewerkschaften von Entsenderländern mit Gewerkschaften in traditionellen Schiffahrtsstaaten gibt, erfolgt sie ganz überwiegend im Rahmen der ITF. Sieht man von China ab, so sind heute nahezu alle nationalen Gewerkschaften, die Seeleute vertreten, in der ITF organisiert. Formell ist die ITF eine Föderation von Gewerkschaften, faktisch hat sie sich zu einer internationalen Gewerkschaft entwickelt. Seeleute, die auf einem ausgeflaggten Schiff beschäftigt sind, können inzwischen auch direkt Mitglieder des *Special Seafarers' Department* der ITF werden. (Mitte der neunziger Jahre zählte das SSD rund 10.000 Mitglieder.) Auch sie können im Regelfall nicht auf institutionalisierte Wege der Beschwerdeführung und Konfliktlösung bauen. Ob das Essen ungenießbar ist, die Kammern ungeheizt, die Arbeitszeiten unerträglich lang, ob ein Vorgesetzter jähzornig ist oder sexuelle Dienste einfordert, Abhilfe können sich Seeleute während ihres Heuervertrages nur erhoffen, wenn es ihnen gelingt, lokale Vertreter der ITF, Mitarbeiter der Seemannsmission oder - im Ausnahmefall - eine Behörde zu informieren. Gelegentlich führen unerträgliche Arbeitsbedingungen zu gewaltsamem Protest an Bord. Auf Schiffen, deren Management funktioniert, sind solche Erscheinungen heute jedoch selten. Die Konkurrenz auf dem Arbeitsmarkt diszipliniert. Manchmal lässt sich die Disziplin zu Beginn einer Reise schlecht an. „*In time it worked out*", berichtete der Dritte Offizier eines Massengutfrachters.[65]

Der Arbeitsmarkt für Schiffsoffiziere

Auch Schiffsoffiziere konkurrieren weltweit gegeneinander. Doch gibt es für diese Konkurrenz sowohl rechtliche wie faktische Einschränkungen. Auf Schiffen unter deutscher Flagge sind Offiziere, die Staatsbürger eines Nicht-EU-Landes sind, von den Führungspositionen ausgeschlossen. Ist ein Schiff unter deutscher Flagge zusätzlich im *German International Shipregister* eingetragen, so muß eine - je nach Schiffsgröße festgelegte - Anzahl von Offizieren durch Bewerber mit deutscher bzw. EU-Staatsangehörigkeit besetzt werden.[66] Entsprechende Vorschriften gibt es für die internationalen Register anderer traditioneller Flaggenstaaten. Neben diesen rechtlichen Zugangsbeschränkungen steht auch herrschende Praxis dem offenen Zugang entgegen. Derzeit, so der Norwegische Minister für Handel und Industrie in einer Einlassung vom 25. September 2000, nutzt das Gewerbe einige Staaten als Entsenderländer für Führungskräfte, in einigen anderen werden *Junior*

Officers rekrutiert. In sehr vielen Ländern wird - vorläufig - noch gar kein Offiziersnachwuchs ausgebildet, der Chancen auf dem internationalen Arbeitsmarkt hätte. [67] Ein typisches Beispiel ist die Republik Kiribati. Rund 16% der männlichen Einwohner Kiribatis zwischen 25 und 49 Jahren arbeiten auf Schiffen deutscher Eigner.[68] Nahezu alle sind *ratings*. Die wenigen, denen ein Übergang in die Offizierslaufbahn gelungen ist, mußten für ihre Ausbildung ins Ausland gehen. Während in vielen Ländern *ratings* (Seeleute unterhalb der Offiziersebene) angeworben werden, wird für den Offiziersnachwuchs - derzeit - noch begrenzt aus diesem Reservoir geschöpft. Im Jahre 1999 kamen noch 59% aller Decksoffiziere und 43% aller Ingenieure aus OECD-Ländern.[69] Der Anteil an Offizieren, die aus Ostasien, Indien oder einem osteuropäischen Land stammen, ist in den letzten Jahren beständig gewachsen.

Anders als beim Arbeitsmarkt für *ratings* handelt es sich beim Arbeitsmarkt für Schiffsoffiziere - zumindest auf den ersten Blick - um einen Anbietermarkt, denn bereits für das Jahr 2000 wurde eine zahlenmäßige *shortage* von 16.000 Offizieren (i.e. 4% der in diesem Jahr benötigten 404.000 Offiziere) festgestellt. Die beschriebenen Zugangsbeschränkungen erhöhten diesen Nachfrageüberhang für einige Positionen noch beträchtlich. Für die nächsten Jahre wird seine Ausweitung erwartet. Einer in Schiffahrtskreisen anerkannten Prognose zufolge werden im Jahr 2010 weltweit 46.000 Schiffsoffiziere fehlen. Das wäre dann ein Nachfrageüberhang von 12%.[70] Man sollte meinen, diese Situation reduziere Konkurrenz unter Schiffsoffizieren und erleichtere die Durchsetzung von Forderungen. Das mag in der Zukunft eintreffen, derzeit ist davon wenig zu bemerken. Zunächst einmal konkurrieren angehende Offiziere untereinander um Stellen, auf denen sie „ihr Patent ausfahren" können. Die Posten von Dritten Decksoffizieren und Dritten Ingenieuren werden aber auch auf Schiffen des GIS zumeist mit Ausländern besetzt. Das bedeutet, daß Absolventen der Hochschulen direkt nach dem Erwerb ihres Patentes als Zweite Offiziere und Zweite Ingenieure fahren müssen. Nicht alle kommen mit diesem Mangel an Praxis gut zurecht. Für ausgeflaggte Schiffe gibt es keinerlei Vorschriften hinsichtlich der Nationalität von Offizieren. In Großbritannien wurde 2002 die Nutzung der Tonnagesteuer an die Bedingung geknüpft, daß auf den entsprechenden Schiffen britischer Nachwuchs ausgebildet wird. Auf die Verpflichtung, einige der so Ausgebildeten später auch zu beschäftigen, wurde verzichtet.[71]

Junior Officers konkurrieren gegeneinander um Promotion. Im Jahr 2000 waren 60% aller EU-Offiziere älter als 40 Jahre. Viele von ihnen werden in absehbarer Zeit aus dem Schiffsdienst ausscheiden. Mit Sicherheit werden in ihre Stellen auch Anwärter aus Nicht-EU Ländern nachrücken. Die Beschränkung dieser Konkurrenz durch nationale Regelungen wirkt nur bedingt. Angesichts der Tatsache, daß ein führender Schiffsoffizier aus einem EU-Land mindestens fünfmal so teuer ist wie ein Anwärter aus einem Nicht-EU-Land, steht die Alternative der Ausflaggung immer auf der Tagesordnung.[72]

Während sich Schiffahrtsunternehmen dringend mit der Frage auseinandersetzen müssen, wie der in absehbarer Zeit drohenden Knappheit an qualifizierten Schiffsoffizieren zu begegnen ist, erleben und verhalten sich unseren Interviews und Beobachtungen zufolge jüngere deutsche Schiffsoffiziere überwiegend als Konkurrenten ihrer ausländischen Kollegen. Auf längere Sicht ist das womöglich auch sachlich fundiert. Denn Ausbildungsgänge in den traditionellen Schiffahrtsstaaten sind in den letzten Jahren so verändert worden, daß sie sehr viel schneller als früher zum Patent führen. In der Bundesrepublik gibt es zwar nach wie vor den Weg über eine Ausbildung als Schiffsmechaniker, vorgeschrieben ist er jedoch nicht mehr.[73] Angehende Offiziere müssen Praktika durchlaufen, absolvieren ansonsten aber eine überwiegend theoretische Ausbildung. Demgegenüber gehen Offiziersanwärter aus Nicht-OECD-Ländern in aller Regel den sehr viel längeren Weg über die Arbeit als *rating* an Deck oder im Maschinenraum, bevor sie ihre Offizierslaufbahn beginnen. Sie lernen Schiffahrt so wie das bis vor wenigen Jahrzehnten auch für jeden Schiffsoffizier in Deutschland üblich war. Inzwischen hat sich die Ansicht verbreitet, ein solcher Ausbildungsgang sei nach der Automatisierung vieler Elemente des Schiffsbetriebs nicht mehr erforderlich, weshalb man dem Bedürfnis von Anwärtern und Schiffahrtsunternehmen nach kurzen Ausbildungsgängen ohne weiteres entgegen kommen könne. Wir wagen zu behaupten, daß die Fallstricke dieser Annahme deutlicher als bisher in Erscheinung treten werden, wenn jene Generation leitender Ingenieure und Offiziere aus dem Schiffsdienst ausgeschieden ist, deren Anweisungen noch auf eigenen praktischen Erfahrungen beruhen und die notfalls selbst mit Hand anlegen können. In dieser Situation könnten Führungskräfte einen Konkurrenzvorteil erlangen, die unfreiwillig den klassischen Ausbildungsgang absolviert haben.

Rekrutierungsmethoden

International zusammengesetzte Mannschaften gab es auch früher schon in der Handelsschiffahrt. In der deutschen Handelsschiffahrt etwa war es Ende des 19. Jahrhunderts durchaus üblich, Schiffe mit einer überwiegend deutschen Mannschaft nach Ostasien zu destinieren, um sie dann mit einer überwiegend lokal geheuerten Mannschaft in der dortigen Trampschiffahrt zu ersetzen.[74] Neu ist, daß die Art und Weise der internationalen Mischung heute vielfach genau geplant wird. Da werden Preise, zu erwartende Qualifikation, religiöse Zugehörigkeit und - manchmal - der Versuch, eine Stammbesetzung zu entwickeln, in

Betracht gezogen. Große deutsche Reedereien verhandeln deshalb oft nicht mit allgemeinen Vermittlungsstellen, sondern übertragen sowohl die Anwerbung als auch das Management ihres Personals einem gesonderten Unternehmen. Die größten dieser Personalmanagement-Unternehmen, wie etwa CSM, Marlow, Interorient oder Navigo haben ihren Sitz aus steuerlichen Gründen im europäischen Ausland. Vielfach werden sie von ehemaligen deutschen Reedern geleitet und betreiben nebenbei auch eigene Reedereigeschäfte. Obwohl diese Agenturen insgesamt sehr viel seriöser arbeiten als Vermittlungsagenturen, die unter der Bezeichnung „Sofagesellschaften" firmieren, weil sie kaum mehr vorzuweisen haben als ein Sofa, einen Briefkasten und eine Kartei mit Arbeitssuchenden, versuchen auch sie, Kosten zu sparen. So enthalten sie beispielsweise Seeleuten, die nicht nur als *ordinary seaman* an Deck arbeiten, sondern gleichzeitig als Koch fungieren, die Zulage vor, die ihnen nach ITF-Vertrag zusteht.[75] In diesem Fall verlässt sich eine Agentur auf die Unkenntnis der Betreffenden. Sie kann sich aber auch darauf verlassen, daß *ratings* heute durchweg bewusst ist, wie leicht sie zu ersetzen sind. Die Möglichkeit, sich zu beschweren, ist nicht nur durch „Schwarze Listen" eingeschränkt, sondern auch durch die Tatsache, daß Gewerkschaften in den Entsenderländern, selbst wenn sie am Abschluß von Musterverträgen beteiligt werden, kaum je bestrebt oder fähig sind, sich in die konkrete Ausgestaltung von Arbeitsverhältnissen einzumischen.[76]

Einige Unternehmen haben eigene Rekrutierungsstellen gegründet, andere nutzen über Jahre die selbe Agentur in einem Entsenderland. (Vielfach haben diese, wie etwa der in Kuvalu und in der Republik Kiribati tätige „South Pacific Marine Service", eine Verbindungsstelle am Sitz der Reedereien, für die sie tätig werden.[77]) Einzelne *manning agencies* offerieren sich einem Unternehmer, wenn sie erfahren, daß dieser gerade ein Schiff gekauft hat,[78] andere bieten ihre Dienste über das Internet an, manche mit dem Hinweis, daß sie besonders billige Seeleute beschaffen können.

„*God bless the internet*" sagte uns ein rumänischer Ingenieur, der auf diese Weise zu einer Stelle gekommen war, deren Bezahlung zwar unter ITF-Niveau, aber weit über dem Niveau in seinem Heimatland lag. Schiffahrtsunternehmen verbreiten heute Stellenanzeigen auf die unterschiedlichste Weise. So weit es sich um deutsche Offiziere handelt, vermitteln auch deutsche Arbeitsämter. Kommt es zu einer Anstellung, so verläuft diese entsprechend der Wahl des Flaggenstaates und der Organisation des jeweiligen Unternehmens. Für Schiffe, die im GIS registriert sind, erfolgt die Anstellung durch die Personalverwaltungen der Unternehmen in der Bundesrepublik. Ansonsten werden die Verträge entweder mit der tätig gewordenen *crewing agency* oder mit einer im Ausland angesiedelten Personalverwaltung abgeschlossen.

Sowohl Offiziere als auch *ratings* werden aber auch nach der Methode: „der Vetter meines Onkels, der Sohn meines Nachbarn, mein Freund aus Studientagen" rekrutiert. Bereits beschäftigtes Personal besorgt weiteres Personal und fungiert dabei gewissermaßen als Garant für dessen Zuverlässigkeit. Das Unternehmen spart die Vermittlungsgebühr, die an eine Agentur zu zahlen wäre, zukünftige Seeleute sparen die „Gebühren", die ihnen oft für die Vermittlung abgeknöpft werden. Auf Schiffen deutscher Eigner, die in der Küstenschiffahrt eingesetzt werden, ist heute zahlreiches Personal aus Ost- und Südeuropa beschäftigt, das auf diese Weise gewonnen wurde

Je länger die Heuerkontrakte sind, um so mehr können Unternehmen an Vermittlungs- bzw. Reisekosten sparen. Die meisten Verträge für *ratings* werden für die Dauer von sechs bis sieben Monate abgeschlossen. Es gibt aber auch Verträge über neun Monate und mehr.[79] Von diesen sehr langen Verträgen sind derzeit insgesamt rund 10% der *ratings* betroffen.[80] Auf die Probleme, die solch lange Heuerverträge für die Arbeit an Bord bedeuten, werden wir noch eingehen. Hier ist zunächst nur festzuhalten, daß Seeleute in dieser Zeit vielfach kaum an Land kommen und daß sie Schwierigkeiten haben, einen engen Kontakt zu ihren Familien aufrecht zu erhalten. Zwar wünschen sich viele kürzere Verträge, doch wird dieser Wunsch nicht nur durch die Tatsache gebremst, daß auf dem maritimen Arbeitsmarkt für *ratings* die Nachfrager das Sagen haben, sondern auch durch den Umstand, daß die meisten *ratings* einen Heuervertrag ohne Zusicherung der Wiederbeschäftigung abschließen müssen. Zwar gibt es inzwischen wieder Reedereien, die bemüht sind, eine Stamm-Besatzung aufzubauen und bewährte *ratings* wieder zu beschäftigen. Die meisten aber werden am Ende eines Vertrages immer noch in die Unsicherheit entlassen.[81]

Für die Zeit bis zum nächsten Vertrag muß ihre Heuer dann ausreichen. So sehr sie sich auf den Urlaub gefreut haben, so müssen doch viele darauf hoffen, schon bald nach ihrer Heimkehr erneut Heuer zu finden, sei es, weil sie aktuell eine große Familie samt zahlreichen Verwandten zu versorgen haben, sei es, weil sie für die Ausbildung ihrer Kinder sparen. Seeleute müssen nicht nur privat für ihr Alter vorsorgen, sondern sich und ihre Familien auch gegen Krankheit versichern.[82]

Global Governance

Wie Schiffahrt geordnet durchzuführen sei, wurde früher national reguliert. Allerdings machte die Tatsache, daß Seetransport auch in internationalen Gewässern betrieben wird, schon früh bestimmte Übereinkünfte erforderlich. Zunächst ging es dabei um so praktische Dinge wie die gegenseitige Information über Seezeichen und deren Bedeutung. Anfangs eher informell verabredet – so etwa durch die auf einer Weltausstellung anwesenden Experten - wurden Ende des 19. Jahrhunderts erstmals internationale Konferenzen organisiert, auf denen offizielle Vertreter bedeutender Seefahrtsstaaten über einheitliche Regeln debattierten, deren Übernahme sie dann ihren jeweiligen Regierungen empfahlen. Am Beispiel des langen Konfliktes über Ruderkommandos lässt sich ablesen, daß es dabei nicht nur um eine Erhöhung der Sicherheit ging, sondern auch um die Verteidigung nationaler Vorherrschaft. Unterschiedliche Ruderkommandos bedeuteten nämlich, daß Lotsen je nach Flagge entweder „steuerbord" oder „backbord" kommandieren mussten, wenn sie „nach rechts" meinten.[83] Die Folgen einer Verwechslung in engen Gewässern sind leicht vorstellbar. Erst im zweiten Jahrzehnt des 20. Jahrhunderts kam es zu einer Vereinheitlichung.

Inzwischen gibt es einen umfangreichen Kanon an Regulierungen des internationalen Seeverkehrs. Zu den neueren Entwicklungen zählt die Einrichtung sogenannter Verkehrstrennungsgebiete in viel befahrenen Gewässern, eine Art Einbahnstraßen. International eingeführt wurde auch die Verpflichtung, daß sich Schiffe rechtzeitig über Funk anmelden, wenn sie sich einem Hafen nähern. Bis heute aber leisten sich beispielsweise die USA eine Betonnung ihrer Küstenreviere, in denen die Fahrtrinnen genau umgekehrt markiert sind als in anderen Hafenstaaten. (Die roten Tonnen sind auf der Seite der Fahrrinne angebracht, auf der Seeleute, denen diese Abweichung unbekannt ist, grüne Tonnen erwarten.) Das ist nur eines der Beispiele für die generelle Problematik, daß alle Verabredungen erst wirksam werden, wenn sie in den Bestand an Gesetzen und Verordnungen der einzelnen Hafen- und Flaggenstaaten übernommen werden.

Diese Grundstruktur des Regulierungsregimes wurde etabliert, als sich Nationalstaaten im 19. Jahrhundert zu den Trägern und Nutznießern der „Freiheit der Meere" machten. Auch wenn es sich nicht mehr um eine private Organisationen wie um das im Jahre 1897 gegründete *Comité Maritime International*[84] handelt,[85] sondern um Unterorganisationen der UNO wie die IMO (*International Maritime Organisation*) oder die ILO (*International Labour Organisation*), so stehen Regulierungen doch nach wie vor unter zwei grundlegenden Beschränkungen. Zum einen werden sie erst dadurch gültig, daß eine festgelegte Anzahl von Nationalstaaten sie ratifiziert, ihnen also den Charakter nationaler Gesetze verleiht, zum anderen haben die Regulierungsbehörden keine Sanktionsmöglichkeiten.[86] Bis in die siebziger Jahre wurden diese Beschränkungen internationaler Regulierung vor allem im Hinblick auf die Konventionen der ILO wirksam, die sich mit Arbeitsbedingungen von Seeleuten befassen. Entweder traten Konventionen aufgrund einer zu geringen Zahl nationaler Ratifizierungen gar nicht in Kraft oder sie traten zwar in Kraft, wurden aber nur von wenig mehr als den dafür erforderlichen Staaten ratifiziert.[87] Einzige Sanktionsmöglichkeit der ILO gegenüber Staaten, die ein

Abkommen zwar ratifiziert hatten, sich aber nicht daran hielten, war die Veröffentlichung des Verstoßes.

Seit den siebziger Jahre wurden die Grenzen internationaler Regulierungs- beziehungsweise Sanktionskompetenzen vor allem im Hinblick auf die mangelnde Sicherheit der Schiffahrt offenbar. Während der Umfang des Seetransports von Jahr zu Jahr stieg und immer mehr Frachten transportiert wurden, die im Falle eines Schiffsunfalles gravierende ökologische Verheerungen verursachen können, nahm die Schiffssicherheit aufs Ganze gesehen offensichtlich ab.[88] *„We have a system of rules that corresponds to the 19th century but we are in the 21st century, with an exponential increase in shipping, with cargo that can greatly pollute.*" sagte die EU- Kommissarin für Verkehr und Energie, Loyola de Palacio, nach dem Untergang der Prestige.[89] Die wichtigste Ursache dieser Entwicklung ist die Ausweitung der Ausflaggungspraxis. Hatte das traditionelle Kontrollsystem einigermaßen funktioniert, solange seine Durchführung von den traditionellen Flaggenstaaten garantiert worden war, so verlor es seine institutionelle Basis, als Schiffe in Staaten registriert wurden, die weder über eine eigene Schiffahrtsgesetzgebung noch über funktionierende Kontrollbehörden oder Seegerichte verfügten. Zwar verlangten und verlangen die meisten FOCs die Vorlage einer Begutachtung durch eine Klassifikationsgesellschaft, doch werden nicht selten Gutachten von bis zu zwanzig unterschiedlichen Klassifikationsgesellschaften akzeptiert. In der Regel lässt sich ein Unternehmen finden, von dem bekannt ist, daß es gering qualifizierte Inspektoren beschäftigt und eher an den Einnahmen als an der Auswirkung von Gefälligkeitsgutachten für die Sicherheit des globalen Seetransports interessiert ist. Nicht als Ersatz für die traditionelle Kontrolle durch Flaggenstaaten, wohl aber als eine notwendige Ergänzung wurden deshalb - beginnend in den achtziger Jahren - Abweichungen vom traditionellen Prinzip der Hoheit eines Flaggenstaates über seine Flotte beschlossen. Stand das Recht der Kontrolle von Schiffen nur Vertretern des Flaggenstaates zu, so wurden jetzt Verabredungen getroffen, die dieses Recht auch den Hafenstaaten zugestehen. Begonnen mit dem *„Paris Memorandum of Understanding*" (PMU; 1981 beschlossen, seit 1982 in Kraft), wurden unter Mithilfe der IMO seither fünf weitere regionale Abkommen beschlossen. Weitere sind in Vorbereitung.[90] In den Memoranden verpflichten sich die jeweils beteiligten Staaten dazu, einen vertraglich festgelegten Anteil der jährlich in ihre Häfen einlaufenden Schiffe unter fremder Flagge daraufhin zu kontrollieren, ob sie den internationalen Anforderungen entsprechen. Ist dies nicht der Fall, können Schiffe vorübergehend festgehalten werden, bis die schlimmsten Schäden behoben sind. Theoretisch kann ein Schiff sogar endgültig aus dem Verkehr gezogen werden. In den verschiedenen Vereinbarungen wurden unterschiedliche Anteile für Prüfungen vorgesehen. Überwiegend erklärten sich die Signatarstaaten bereit, mindestens 15% der einlaufenden fremden Schiffe zu kontrollieren, im PMU sind es 25%.

Das auf diese Weise geschaffene System einer *Port State Control* (PSC) ist nicht ohne Wirkung geblieben. Oben wurde bereits ausgeführt, daß manche Flaggenstaaten, die ihr Schiffsregister weltweit vermarkten, Kontrollen eingeführt beziehungsweise verbessert haben, und daß Schiffahrtsexperten das überproportionale Wachstum besonders laxer Register als Anzeichen für die insgesamt doch verbesserte Kontrolle interpretieren. Auch die *International Commission on Shipping* kommt zum Ergebnis, daß - aufs Ganze gesehen - die Schiffahrt in den letzten Jahren wieder etwas sicherer geworden ist.[91]

Daß das Kontrollregime dennoch erhebliche Schwächen aufweist, wird in der breiten Öffentlichkeit immer dann diskutiert, wenn wieder einmal ein Seeunfall vor der Küste eines Industrielandes stattgefunden und zu erheblichen Umweltschäden geführt hat. Tatsächlich ist die Entwicklung eines internationalen Regulierungs- und Kontrollregimes in aller erster Linie durch die Furcht vor weiteren Umweltkatastrophen vorangetrieben worden. Es sind Fotos verschmutzter Strände und verendender Vögel, und es sind die Klagen von Fischern, die um ihren Verdienst gebracht werden, die Medienberichte über Sicherheitslücken in der Schiffahrt und markige Ankündigungen von Politikern veranlassen.[92] Nur selten einmal tauchen in einem Bericht Fotos von Seeleuten auf, deren Leben zwar gerettet wurde, denen sich der große Schrecken aber in die Gesichter gegraben hat. Findet die Besatzung eines untergegangenen Schiffes in den Medien überhaupt Erwähnung, so zumeist nur in dem Hinweis auf ihre Nationalität. Kommen die meisten aus Südostasien, so wird ihnen generell unterstellt, sie seien für die Schiffahrt ebenso mangelhaft qualifiziert wie das Schiff, von dem sie gerettet wurden. Und wenn auch von Anfang an deutlich ist, daß Charterer und Klassifikationsgesellschaft ihre Kontrollfunktion nicht wahrgenommen haben, so gilt doch erst einmal der Kapitän eines gestrandeten Schiffes als der Schuldige und kann deshalb, gerade an Land gebracht, von der Polizei abgeführt werden.

Dennoch: Auch wenn zentrale Elemente des heutigen Kontrollregimes in aller erster Linie den Umweltschutz zum Ziel haben, so kommt es auch Seeleuten zugute, wenn Schiffe, die eher in den Hochofen als auf das Wasser gehören, aus dem Verkehr gezogen und für Neubauten schärfere Vorkehrungen gegen potentielle Umweltschäden verlangt werden. Insofern ist jede Konvention, die auf größere Sicherheit der Schiffahrt zielt, auch eine Konvention, die Seeleuten zugute kommt.[93]

Im Rahmen der *Port State Control* werden - zumindest theoretisch - auch Aspekte überprüft, die sich direkt auf die Arbeit an Bord beziehen. Das sind zum einen Anforderungen, die sich aus der internationalen Konvention über Mindestanforderungen an die Qualifikation von Seeleuten ergeben (STCW 95), des weiteren Anforderungen, die sich aus dem ISM-Code ableiten und schließlich Anforderungen, die sich aus dem Übereinkommen über Mindestnormen auf Handelsschiffen (ILO-Konvention Nr. 147, beschlossen 1976) ergeben. Wer sich am Wortlaut dieser Konventionen und an der Tatsache orientiert, daß Repräsentanten der Hafenstaaten ihre Einhaltung kontrollieren, könnte annehmen, daß an die Stelle der früheren nationalen Kontrollregime mindestens gleichwertige, wenn nicht sogar sehr viel genauere Vorschriften und Kontrollen getreten sind. Mit STCW95 beispielsweise wurde (1995) definiert, welche Zertifikate für welche Position vorgelegt werden müssen. Dabei geht es jetzt nicht mehr nur um Empfehlungen und um die Aufzählung der erforderlichen Zertifikate, sondern um Zeugnisse, die an Ausbildungsstätten erworben wurden, denen ihrerseits bescheinigt wurde, daß Ausbildung und Prüfungen den definierten internationalen Mindeststandards entsprechen.[94] Mit dem *International Safety Management Code* (ISM-Code) wurde erstmals ein Kontrollregime entwickelt, das sich nicht nur auf die Schiffe richtet, sondern auch das landseitige Management mit einbezieht.[95] Von diesem wird ein betriebsspezifisches Sicherheitsmanagement verlangt. Seit Juli 2002 müssen alle Handelsschiffe über 500 BRT, aber auch die Unternehmen, die sie betreiben, nach ISM zertifiziert sein.[96] Voraussetzung ist ein sogenanntes Sicherheitsmanagementsystem, das sowohl für den Land- als auch für den Bordbetrieb gilt. Im Zentrum des ISM-Code steht die schriftliche Dokumentation von Betriebsvorgängen. Sie soll Managementpraktiken und Betriebsführung an Bord transparent machen.[97] Aber die Intention von Konventionen garantiert noch nicht deren Erfüllung. Da ist zum einen das Verhalten jener Reedereien, die sich kurzfristig ein *safety management* erstellen ließen, um die Zertifizierung zu erhalten, an der tagtäglichen Praxis des Managements aber kaum etwas geändert haben. Dann stoßen sich Vorschriften an der Überlastung, aber auch am Unwillen von Seeleuten. In der Einleitung zum *Safety Digest,* den das britische *Department for Transport, Local Government and the Regions* jährlich herausgibt, steht inzwischen regelmäßig der Satz: „*There isn't a seafarer afloat that doesn't complain about the number of regulations, rules, procedures and bylaws that have to be adhered to.*"[98] Zwar sind auch wir gelegentlich auf Seeleute getroffen, die ihre eigenen Erfahrungen auf unsicheren Schiffen gemacht haben, und anschließend „von niemand mehr motiviert werden mußten, auf die Einhaltung aller Vorschriften zu achten."[99] Dennoch wurde im Rundschreiben einer deutschen Reederei an die Schiffsleitungen und Besatzungen ihrer Schiffe im Jahre 2000 sicherlich zutreffend festgestellt, daß sich die Schiffsleitungen mit dem ISM Code noch nicht identifizierten, und daß das reedereieigene Sicherheitsmanagement an Bord „oftmals nur als 'Papiertiger' angesehen wird." Die Reederei betonte, es könne nicht darum gehen, nur *Forms* auszufüllen. Aufgrund seiner beruflichen Erfahrungen als Wasserschutzpolizist kommt Stefan Wendelin Douvier zu einer sehr viel grundlegenderen Kritik der derzeitigen Tendenzen, die Sicherheit der Schiffahrt durch möglichst lückenlose Vorschriften zu heben. Seinen Beobachtungen zufolge „besteht die Gefahr der 'Überfrachtung' der Seeleute durch zu umfangreiche '*Safety Management Systems*' (SMS). Um die Überprüfungen zu bewältigen, werden häufig zu umfangreiche Konzepte erarbeitet, die den Anspruch erfüllen sollen, daß alle Eventualitäten berücksichtigt werden. Um mit dem jeweiligen SMS eines Schiffes entsprechend vertraut zu sein, muss sich das Bordpersonal Zeit nehmen, die wegen der reduzierten Besatzungen oft nicht zur Verfügung steht.“[100] Dennoch wird der ISM-Code, zumindest der Form nach, in dem Maße durchgesetzt, in dem *Port State Controls* wirksam werden.

Die positive Wirkung von *Port State Controls* beruht in erster Linie auf der Veröffentlichung von Listen mit jenen Schiffen, die für kürzere oder längere Zeit festgehalten wurden, damit *deficiencies* behoben werden. Sie haben Auswirkungen auf den Ruf einer Firma und einer FOC. Ist allerdings das Angebot an Frachtraum in einem bestimmten Sektor des Seetransportes knapp (wie 2002 etwa auf dem Sektor des Öltransportes), so bleibt die Wirkung begrenzt. Inzwischen ist die PSC dadurch verbessert worden, daß sich die Signatarstaaten einiger Vereinbarungen gegenseitig von durchgeführten Prüfungen unterrichten. Dadurch wird verhindert, daß einzelne Schiffe mehrfach hintereinander kontrolliert werden, andere dagegen ganz durch das Netz fallen.

Die mögliche positive Wirkung der PSC ist jedoch auch mehrfach begrenzt. Zunächst einmal handelt es sich bei den Vereinbarungen um Absichtserklärungen der beteiligten Staaten, deren Nicht-Erfüllung nicht sanktioniert werden kann.[101] Beispielsweise hat Frankreich im Jahre 2002 nicht die geforderten 25% der fremden Schiffe kontrolliert, sondern lediglich 9%. Die Ursache ist leicht auszumachen. Es wurde nicht ausreichend Personal eingestellt.[102] In der Bundesrepublik wird die zugesagte Quote derzeit (2003) zwar erreicht, doch gelingt dies nur, indem neben den sieben für die PSC zuständigen Personen zusätzlich Besichtiger von einer Klassifikationsgesellschaft verpflichtet werden.[103] Auch wenn das im einzelnen nicht zu Begünstigungen führen muß, die Tatsache, daß in der Kontrollbehörde Beschäftigte eines Unternehmens tätig werden, dessen Arbeitsergebnisse (die Bestätigung der Klasse) unter Umständen mit überprüft werden sollen, verweist auf Schranken des Kontrollregimes. In anderen Ländern sind die Raten noch sehr viel geringer. So wurde im Tokyo Memorandum vereinbart, daß 50% aller fremden Schiffe geprüft werden sollten, faktisch waren es sowohl in Hongkong als auch in Singapur mehrfach nicht mehr als 3% pro Jahr.

Aber auch tatsächlich durchgeführte Kontrollen garantieren keineswegs durchweg eine Verbesserung der Schiffssicherheit. Zum einen werden Hafenstaatskontrollen in vielen Ländern der Welt schlampig, von unqualifiziertem Personal oder nur mit dem Zweck durchgeführt, durch die Androhung einer *deficiency*-Meldung eine inoffizielle „Buße“ zu erwirtschaften.[104] Kapitäne sagen durchweg, selbstverständlich könne man, wenn man es darauf anlege, auf jedem Schiff „irgend etwas finden“.

„Man hat den Dampfer einigermaßen in Ordnung, da kommt in einem so verdammt schönen Land wie Brasilien ..., da kommen da die Probleme.“

„An sich regelt man alles mit Whisky.“

„... das ist doch hirnverbrannt ist doch so was.“

„Griechenland genau so“.

„Nigeria. Da wandert man beinahe noch in ‘n Knast. Keine Kantine da. Ach, nehmen wir ein paar Hähnchen mit. Da latschen die da erst mal in den Kühlraum und klauen da Hühner und so ein Mist. Und das werden Sie nie rauskriegen, mit den ganzen internationalen Bestimmungen nicht.“[105]

Die andere Seite der *Port State Control* ist ersichtlich, wenn Einzelheiten über *deficiencies* auf festgehaltenen Schiffen veröffentlicht werden. So wurden beispielsweise im Februar 2003 von der SeeBG (Seeberufsgenossenschaft) 139 Schiffe unter ausländischer Flagge besichtigt. Bei 70 Schiffen wurden Unzulänglichkeiten entdeckt. Acht Schiffe wurden zunächst mit einem Auslaufverbot belegt. Sechs von diesen führten die Flagge eines Landes, das in der „weißen Liste“ des *Paris Memorandum of Understanding* aufgeführt ist, also zu den „unauffälligen“ Flaggen gerechnet wird. Es handelte sich um Schiffe unter der Flagge von Antigua & Barbuda, Norwegen, den Niederlanden, Schweden und der Isle of Man. Die Zustände auf einem Schiff unter der Flagge von Malta wurden als „unglaublich“ beschrieben und näher angegeben. Insgesamt wurden 28 Mängel festgestellt, von denen nach Auskunft der SeeBG jeder einzelne zur Festhaltung des Schiffes geführt hätte.[106]

Obwohl *Port State Controls* ständig Unzulänglichkeiten feststellen und notfalls Schiffe (vorübergehend) festsetzen, weisen Fachleute auch darauf hin, daß die kurzen Hafenliegezeiten gründliche Kontrollen häufig erschweren. Aufgrund der ihr zugegangen Berichte stellte die *International Commission on Shipping* fest, im Grunde seien die zuständigen Behörden darauf angewiesen, daß sie - beispielsweise durch Lotsen - vorab über Probleme an Bord eines bestimmten Schiffes informiert werden.[107]

Unzureichende Kontrollen werden aber auch durchgeführt, wenn von den entsprechenden Behörden ausschließlich oder doch überwiegend Nautiker eingesetzt werden. Zwar sind die Kontrolleure zu einer genaueren Inspektion des Schiffes den Abkommen zufolge nur berechtigt, wenn die Kontrolle von Zeugnissen,

Tagebüchern und anderen Urkunden einen begründeten Verdacht auf Unregelmäßigkeiten hervorruft, doch erfordert die dann etwa durchgeführte Kontrolle der Maschinenanlagen entweder entsprechende eigene berufliche Erfahrung oder doch gründliche Einarbeitung in die Materie.

Schließlich die Anforderungen aus der ILO-Konvention 147: „Beschäftigungs- und Aufenthaltsbedingungen" an Bord, die „Einhaltung von Arbeitszeitvorschriften" oder die „von der innerstaatlichen Gesetzgebung vorgeschriebenen Maßnahmen der sozialen Sicherheit" (Art.2, Konv. 147) werden in den meisten Häfen der Welt gar nicht überprüft,[108] in anderen bestenfalls, wenn es Besatzungsmitgliedern zuvor gelungen ist, Informationen über gravierende Missstände zu übermitteln. In der ILO wird derzeit über eine neue *„Bill of Rights"* für Seeleute diskutiert. Auch deren Wirkung, so sie denn zustande kommt, wird davon abhängen, wie Kontrollinstanzen funktionieren und ob sie über wirksame Sanktionsmittel verfügen. Die historisch wichtigste Voraussetzung für die Durchsetzung und Entfaltung von Arbeiterrechten, der kollektive Widerstand bis hin zum Streik, ist für die Seefahrt mit der Deregulierung des Arbeitsmarktes fast ganz entfallen. Für die Durchsetzung der ihnen zugestandenen Rechte bedürfen Seeleute fast immer die Unterstützung des Hafenpersonals. Damit prägen Strategien der Schiffahrtsunternehmen die maritime Arbeitswelt. Aufs Ganze gesehen hat dies eine Verschlechterung von Arbeitsbedingungen (einschließlich eines sowohl relativen als auch absoluten Rückgangs von Heuern seit Beginn der neunziger Jahre[109]) bewirkt. Derzeit ist auch noch nicht zu beobachten, daß Prognosen, die spätestens für das Jahr 2010 einen dramatischen Mangel an Schiffsoffizieren voraussagen, eine Revision bisher dominanter Praktiken eingeleitet hätten.

Statt dessen sind eher weitere Einschränkungen von Rechten zu befürchten. Nach dem 11. September 2001 ist in einer für völkerrechtliche Prozesse ungewöhnlichen Geschwindigkeit ein neuer Sicherheitscode verabschiedet worden. Im Dezember 2001 wurde der *International Ship and Port Facility Security Code* (ISPS) als Zusatz zu SOLAS 1974 verabschiedet. Im Zentrum steht die Kontrolle des Risikos terroristischer Anschläge im sogenannten *ship-port-interface* und damit eine Einbeziehung von Häfen in die Bestimmungen von SOLAS, selbstverständlich geht es aber auch um das Risiko des Terrorismus, das von Schiffen (die insgesamt als Waffen nutzbar sind) und ihren Besatzungen ausgehen kann. Dieses Risiko zu mindern, sind auf jedem Schiff und in jeder Reederei Sicherheitsoffiziere zu bestimmen. Seeschiffe müssen über ein See/Land-Sicherheitsalarmsystem verfügen und sind verpflichtet, genaue Aufzeichnungen über die jetzigen und früheren Eigentümer sowie über Flaggenwechsel an Bord mit sich zu führen. Ab Juli 2004 soll die Einhaltung dieser Vorschriften im Rahmen von *Port State Controls* überprüft werden. Derzeit wird international vor allem über die Kosten (und

Verzögerungen) debattiert, die den Häfen bereits jetzt durch Kontrollen der Ladung entstehen. Für unseren Zusammenhang kommt es vor allem auf die Kontrollen der Mannschaften an. Geplant ist ein neuer Ausweis für Seeleute, der eine leichtere Identifizierung anhand biometrischer Daten erlauben soll. Mit Beschluß vom 13.12.2002 hat die IMO (*International Maritime Commission*) die ILO (*International Labor Organisation*) beauftragt, einen solchen internationalen Ausweis für Seeleute zu entwickeln. In der jährlichen Konferenz der *International Labour Organisation* im Juni 2003 ist eine neue Konvention der ILO beschlossen worden, die ein striktes Identifizierungssystem für Seefahrer etabliert. Jeder Seefahrer soll eine Identitätskarte mit einem Fingerabdruck erhalten. (Tatsächlich ist ein solcher Ausweis inzwischen für Besatzungen liberianischer Schiffe bereits eingeführt worden.[110]) Gleichzeitig wurde beschlossen, daß damit in jenen Ländern (darunter insbesondere den USA), die bislang Visa für den Landgang verlangen, von dieser Vorschrift in Zukunft abgesehen werden soll. Um Fälschungen zu vermeiden, werden die Nationalstaaten aufgefordert, die Daten ihrer Staatsbürger, die als Seeleute arbeiten, zu erheben und zu speichern.[111] Derzeit sieht es noch nicht so aus, als ob die Hoffnung auf eine Erleichterung des Landgangs Realität werden würde. Statt dessen streiten sich Schiffseigner und Hafenbehörden, wer für die Kosten des bewaffneten Wachpersonals aufzukommen hat, das in den USA Schiffe bewacht, deren Mannschaften kein Visum haben. In einer Stellungnahme vor der *Chemical Carriers Association Fall Conference* stellte der Leiter des Zentrums für die Rechte von Seeleuten in New York, Douglas B. Stevenson am 21. November 2002 fest, daß die ohnehin geringen Erfolge der Bemühungen, den Visazwang für Seeleute zu lockern, seit dem 11. September 2001 wieder in ihr Gegenteil verkehrt wurden. Derzeit gebe es keine sogenannte *Visa Waifers* [punktuelle Befreiungen vom Visumszwang] mehr, selbst das Recht auf Landgang im Fall einer Erkrankung werde auf Fälle beschränkt, in denen es um „Leben und Tod" gehe. Mehrere Tanker-Terminals erlaubten gar keinen Landgang, untersagten zudem Verwandten und Seemannspastoren den Zugang zu den Schiffen.[112] Im Bestreben, internationale Sicherheit zu fördern, werden Seeleute nicht etwa als Alliierte angesehen, vielmehr geben die USA eine Praxis vor, die darauf hinaus läuft, ein prinzipielles Mißtrauen gegen alle Seeleute zu institutionalisieren.[113]

Umgekehrt hat die physische und psychische Gefährdung, der Seeleute in den letzten Jahrzehnten durch Piraterie ausgesetzt sind,[114] Flaggen- und Hafenstaaten nicht zu energischen und raschen Schritten veranlasst. Schmerzhaft deutlich wird dieses Versäumnis an den seit Jahren - mit geringen Ergebnissen - laufenden Verhandlungen zwischen den Regierungen asiatischer Staaten über eine Zusammenarbeit in der Piratenabwehr.[115] Noch immer sterben Jahr für Jahr Seeleute bei Überfällen, die Piraten auf ihr Schiff unternommen haben.[116] Auch steigt derzeit von Jahr zu Jahr die Anzahl der Schiffe, die von Piraten entführt werden. Im Jahr 2002 waren es 25 gemeldete Fälle. Aber nicht nur die wohl organisierten Überfälle, die an Land logistisch geplant und mit geschultem sowie martialisch ausgerüstetem Personal durchgeführt werden, bedrohen Seeleute, allzu viele erleben Jahr für Jahr die Überfälle durch Gelegenheitspiraten, denen es lediglich darum geht, alles mitzunehmen, was an Bord nicht niet- und nagelfest ist, als einen Angriff, bei dem sie nicht nur ihren Besitz einbüßen, sondern vor allem ihre Ruhe an Bord. Immer wieder sind Seeleute ein für alle Mal traumatisiert[117] und wagen sich danach nicht wieder auf ein Schiff. Die materiellen und politischen Ursachen aktueller Piraterie sind leicht auszumachen,[118] und die weitgehende Hilflosigkeit von Schiffsbesatzungen ist leicht zu beschreiben. Beides steht hier nicht zur Debatte. Vielmehr lässt sich an den Hindernissen der Piratenabwehr exemplarisch demonstrieren, welche Schwierigkeiten überwunden werden müssen, wenn die Sicherheit im Niemandsland erhöht werden soll. Denn anders als in der Definition der Vereinten Nationen von 1982 unterstellt, ist Piraterie heute nur in den allerseltensten Fällen ein unrechtmäßiger Akt, der „auf der offenen See" verübt wird. Vielmehr wird Piraterie heute zumeist in den Hoheitsgewässern eines bestimmten Nationalstaates von Staatsangehörigen eines anderen Staates gegen ein Schiff unter der Flagge eines wiederum anderen Staates und gegen Besatzungsmitglieder der unterschiedlichster Nationalität ausgeübt. Angesichts dieser Rechtslage verzichten die Betroffenen zumeist auf eine Anzeige. Sind sich Kapitäne sicher, daß die bewaffneten Räuber aus der lokalen Bevölkerung stammen und befürchten sie, daß diese womöglich noch einmal wieder kommen werden, so wenden sich Kapitäne in der Regel an lokale Polizeibehörden. Fast immer ohne Erfolg. Inzwischen gibt es eine internationale Meldestelle für Piratenüberfälle (mit Sitz in Kuala Lumpur), Vorschläge zur Piratenabwehr werden vom *International Maritime Bureau* (mit Sitz in London) veröffentlicht, und seit 1983 bemüht sich die IMO, die rechtlichen Grundlagen für eine Bekämpfung der Piraterie in nationalen Hoheitsgewässern zu schaffen. Wichtigstes Ergebnis war ein Vertrag, in dem sich die beteiligten Staaten verpflichten, Piraterie zu verfolgen, wenn das Schiff, mit dem sie ausgeführt wurde, ihre Flagge führte, wenn sie in den eigenen Hoheitsgewässern erfolgte oder von Staatsangehörigen des Vertragsstaates begangen wurde. Kapitäne werden ermächtigt, jedem Küstenstaat Personen zu übergeben, sie sich der Piraterie verdächtig gemacht haben. Der Vertrag enthält weitere Feinheiten. Sie sind eher bedeutungslos, da ausgerechnet jene Staaten, in denen die meisten Piraten beheimatet zu sein scheinen, dem Vertrag nicht beigetreten sind. Faktisch sind jedoch viele von ihnen, so etwa Indonesien mit seinen 1.600 Inseln, kaum in der Lage, ihre eigenen Hoheitsgewässer zu kontrollieren. Verhandlungen unter den Regierungen einzelner Weltregionen, die darauf abzielen, zum Zweck der Piratenabwehr ein Eingreifen ausländischer Kriegsschiffe zu gestatten, kommen seit Jahren nur schleppend voran. Schiffsunternehmen erleiden materielle Verluste, von denen der größte Teil jedoch durch Versicherungen abgedeckt wird. Ökologische Schäden wurden bisher zwar gelegentlich vermutet, aber noch nie definitiv auf einen Piratenüberfall zurückgeführt. Gelegentlich einmal äußert ein Mitarbeiter des *International Maritime Bureau,* es müsse wohl erst dazu kommen, daß ein Öltanker, dessen Brücke zeitweise unbesetzt sei, weil das Schiff gerade von Piraten gekapert wurde, in der für die Weltschiffahrt so ungeheuer wichtigen Straße von Malacca auf Grund laufe und in Brand gerate, bevor die internationale Staatengemeinschaft wirksame Maßnahmen ergreife.[119]

Geschlossene Gesellschaft

„You are not to go out of the ship, not even one step from the Gangway."

Eine solche Anordnung - die zitierte stammt von einem Beamten der Einwanderungsbehörde im Hafen von Miami[120] - verdeutlicht die Absurdität heutigen Seefahrerdaseins. Absurd ist diese Äußerung schon aus dem praktischen Grund, daß der betreffende Beamte gar nicht sicher hätte an Bord kommen können, wenn nicht Seeleute ohne Visum zuvor den sicheren Stand der Gangway auf der Pier kontrolliert und das Fangnetz angebracht hätten. Absurd ist aber auch die Tatsache, daß Seeleuten, die tagtäglich den globalen Warenverkehr zur See bewältigen, verwehrt sein soll, die fünfzig Meter zurückzulegen, die in diesem Fall das Telefon vom Schiff entfernt war. Nicht alle Beamtinnen und Beamten in den USA verhielten sich (vor dem 11. September 2001) auf die gleiche Weise, aber keine und keiner konnte einem Seemann Landgang gewähren, der nicht über ein US-Visum der Kategorie B verfügte. Während heute jeder Tourist während des Flugs in die USA ein Touristenvisum beantragen kann, sind Seeleute von dieser Möglichkeit ausgeschlossen. Auch ein Kapitän deutscher Staatsangehörigkeit, der in einem US-amerikanischen Hafen abgelöst wird, braucht ein solches Spezialvisum, falls er vor dem Heimflug noch eine Woche Urlaub in den Staaten verbringen will. Ein solcher Aufenthalt ist für ihn nur möglich, wenn er zunächst das Land verlässt und dann - etwa von Kanada aus - wieder einreist. Auf diese Weise erlangt er den Status eines Touristen. Als Seemann ist er ein Kuli des Welthandels, ein Weltbürger zweiter Klasse.

Durchkreuzte Urlaubspläne lassen sich verschmerzen. Schlimmer trifft es jene, die in den USA abgelöst werden, ohne im Besitz eines gültigen Visums zu sein. Auf einem Schiff, auf dem wir mitgefahren sind, galt das in Miami für einen philippinischen *oiler*, dessen Vertrag ausgelaufen war. Bevor er von zwei bewaffneten Beamten zum Flughafen gebracht werden konnte, musste erst sichergestellt sein, daß er auch in Los Angeles von Wachpersonal aus dem Flugzeug geholt und zu seinem Anschlussflug in die Heimat gebracht werden würde. Der junge Mann bemühte sich um Gelassenheit, doch hat er sich nicht noch einmal umgedreht, bevor er in den Behördenwagen stieg. „Das ist nun mein bester Mann, der so abgeholt wird", sagte der Kapitän.[121]

Die Zeiten, in denen man von Seefahrern sagen konnte, daß sie die Welt bereisten und dadurch auf ihre Weise jenes Weltbürgertum lebten, das Philosophen zu denken wagten, sind lange vorbei. Was Theoretiker fälschlich dem technischen Körper „Schiff" zuschrieben, die Absonderung der Lebenswelt von Seeleuten, das haben politische, wirtschaftliche und technische Bedingungen an Land heute weitgehend realisiert. Während der Dauer eines Heuervertrages erfahren Seeleute nicht viele Kulturen, sondern nur eine sehr spezielle Kultur: die Kultur des globalisierten Seetransports. Sie hat zahlreiche besondere Charakteristika, ihr wichtigstes Merkmal aber ist das der Besonderung. Wer in den „Kulturkreis" des globalisierten Seetransports eintritt, akzeptiert damit - bewusst oder unbewusst - den weitreichenden Ausschluß aus vielen der Alltagserfahrungen, die an Land möglich sind.

Dieser Ausschluß geschieht auf unterschiedliche Weise. Zunächst handelt es sich ganz banal um eine Begrenzung des räumlichen Bewegungsradius. Fast unbemerkt von der breiten Öffentlichkeit ist in den letzten Jahren für viele Seeleute ein Oxymoron praktische Realität geworden: das räumlich umgrenzte Territorium für Akteure des globalisierten Seetransports. Da ist zunächst der oben bereits beschriebene Mechanismus des Einschlusses in die Sonderkultur des Seetransports durch politisch gesetzte Barrieren. Nicht überall in der Welt gelten sie in der beschriebenen Weise - es gibt auch Häfen, aus denen man ohne Pass und sogar ohne Landgangsticket heraus und auf die gleiche Weise wieder hinein gelangen kann. Erfahren kann solche Unterschiede aber nur, wessen Dienst einen Ausflug aus dem räumlich umgrenzten Territorium des globalen Seetransportes erlaubt. Wäre dieser vom Ablauf der Arbeiten an Bord her möglich, so gilt es, räumliche und materielle Barrieren zu überwinden.

Auf dreierlei Weise werden Seeleute daran gehindert, das Territorium zu verlassen, in dem eine soziale (und damit kulturelle) Praxis dominiert, die aus der tagtäglichen Abwicklung des globalen Güterverkehrs erwachsen ist. Zum einen sind Häfen - seien es große Containerhäfen, Gas- oder Ölhäfen, aber auch kleine Häfen für spezielle Massengutfrachten - zumeist weit entfernt von städtischen Zentren. Ein Landgang erfordert somit nicht nur Zeit, sondern auch beträchtliche finanzielle Mittel. In einem Gashafen etwa darf sich auch ein Seemann nicht einfach zu Fuß bewegen, sondern ist auf die Begleitung und das zugelassene Transportmittel eines lokal Zuständigen verwiesen. Vielfach wird dieses Monopol genutzt, um von den einzelnen Seeleuten (bzw. „dem Schiff") unverhältnismäßig hohe Beträge zu erheben. Ein materieller Ausschluß wird aber auch wirksam, wenn zwar kein Monopol eines Agenten wirksam wird, aber auch keine öffentlichen Verkehrsmittel zur Verfügung stehen. Läßt sich mit einem Taxifahrer für die Fahrt vom Hafen in die Stadt in der Regel noch handeln, so ist das für den Rückweg zumeist ausgeschlossen. Jeder lokale Taxi-Fahrer weiß, daß der Zeitpuffer bis zum Ende des Landgangs den Verhandlungsspielraum des potentiellen Fahrgastes sehr beschränkt. Eine weitere Beschränkung setzt die Heuer. Denn die Kaufkraft einer Seemannsheuer mag im Heimatland vergleichsweise hoch sein, in den Hafenstädten von Industriestaaten gelten andere Preise. Der Heuer-Anteil, den Seeleute aus Nicht-EU-Ländern unterwegs ausbezahlt erhalten, sei es, weil er durch Musterverträge oder auch schlicht durch die Verpflichtungen gegenüber einer Großfamilie begrenzt ist, erlaubt nur wenige Vergnügungen.

Eine weitere Barriere erwächst aus dem Zerfall kollektiver Selbstbilder europäischer Seeleute. Sehr häufig stellen europäische Seeleute fest, ihre asiatischen Kollegen hätten gar kein Interesse, sich etwas anzusehen. Manchmal wird im Gespräch dann zwar deutlich, daß sich der philippinische *AB* schlicht für etwas anderes interessiert hat als sein europäischer Vorgesetzter, doch ist sicher zutreffend, daß es in vielen Ländern eine sehr viel weniger ausgeprägte Tradition der Wertschätzung von Reiseberichten gibt als in Europa. Vergessen wird aber auch allzu leicht, daß ein junger Seemann früher von älteren Kollegen in die Praxis der Entdeckungsreise eingeführt wurde. Manchmal wurde er mitgenommen, oft wurde ihm gesagt: „Das musst Du Dir ansehen". Seeleute wurden früher nicht nur von anderen als Weltreisende betrachtet, vielfach verstanden sie sich auch selbst als solche. „Heute sieht jeder Neckermann-Tourist mehr von der Welt als ein Seemann"[122] Das ist vor allem der veränderten Abwicklung des Seetransports geschuldet. Dennoch wird der Bruch zusätzlich dadurch besiegelt, daß an die Stelle der früher vielfach üblichen Erziehung junger Seeleute zu interessierten Reisenden Vorurteile über kulturell typische Eigenschaften von *ratings* aus manchen Weltregionen getreten sind.

Ganz ohne Zweifel aber erwachsen die wichtigsten Ursachen für den Einschluß der Seeleute in den Kulturkreis des globalen Seetransports aus technischen Entwicklungen und veränderten ökonomischen Strategien in der Schiffahrt. Entscheidend sind in diesem Zusammenhang die zahlenmäßige Reduktion von Besatzungen und die Beschleunigung des Seetransports. Besonders deutlich ist letztere im Containerverkehr mit seinen kurzen Umschlagzeiten. Immer wieder berichten Seeleute, daß sie nicht nur über Wochen, sondern über Monate nicht an Land gekommen seien. Im Maschinenraum sind während der Hafenliegezeiten Wartungs- und Reparaturarbeiten zu erledigen, die einen Stop der Hauptmaschine voraussetzen, die Decks-*crew*, seien es Offiziere, seien es *ratings*, wird für die Kontrolle der Ladevorgänge benötigt.

Man könnte meinen, Seeleute, die während der Dauer ihres Heuervertrages kaum mehr von der Welt sehen als Wasser und Hafenanlagen, hätten zumindest bei Antritt und Ende einer Heuer bessere Chancen, neue Eindrücke zu gewinnen. Auf mehr als den Flughafen und die jeweilige Transferstrecke zum Hafen haben sie aber nur selten eine Chance. Schiffahrtsunternehmen sowie *manning agencies* versuchen, Ablösungen so preisgünstig wie möglich zu gestalten. Da kommt dann etwa ein Leitender Ingenieur nach sechzehn Stunden Flug mit Zeitverschiebung in Singapur an, wird vom Agenten aufs Schiff gebracht und hat manchmal nicht mehr die Zeit, um zu duschen, bevor er sich - in Windeseile - von seinem Vorgänger informieren lassen und dann unmittelbar seinen Dienst antreten muß.[123] Auch hier also wenig Gelegenheit zur Erkundung fremder Welten.

Nun scheint diesen Feststellungen die Tatsache entgegen zu stehen, daß Seeleute ja in jedem Hafen Kontakte mit Fremden haben. Sie erfolgen in unterschiedlichen Formen und auf unterschiedlichen sozialen Ebenen. Angefangen vom Funkverkehr bei der Annäherung an einen Hafen über die Beratung durch einen oder mehrere Lotsen, Besprechungen mit dem Agenten des Befrachters, Befragungen durch Kontrollbeamte bis hin zu den Gesprächen mit Hafenpersonal. Zeitdruck und die Art der Kontakte geben jedoch wenig Gelegenheit, jemand „kennen zu lernen" oder gar in wiederkehrenden Kontakten eine auf gegenseitiger Achtung basierende professionelle Bekanntschaft aufzubauen. Gehen diese Personen zur Arbeit, so verlassen auch sie gewissermaßen den Bereich lokal verankerter sozialer und kultureller Praxis und begeben sich, allerdings immer nur für die Dauer ihrer Arbeitszeit, in die kulturelle Sphäre des globalen Seetransports.

In ihr dominiert die Praxis weitgehend unverschleierter gegenseitiger Instrumentalisierung. Ihre extremsten Ausprägungen erreicht sie, wo die Kontakte von Alltagskorruption durchtränkt sind. Das ist in vielen Häfen der Welt der Fall, besonders ausgeprägt aber im Transitverkehr durch den Suezkanal.[124] Bereits vor der Ankunft an Bord ordern Lotsen über Funkverkehr Zigaretten, an Bord werden dann weitere Stangen eingefordert. Fordern nicht auch die Festmacher ihre Ration, so handelt es sich meist um sechs bis zehn Stangen, uns wurde aber auch schon von Durchfahrten berichtet, auf denen bis zu siebzig Stangen Marlboro eingefordert wurden.[125] Eine Verweigerung hätte wenig Sinn, weil sich die Kosten für eine verzögerte Abfertigung sehr schnell auf viele Tausend Dollar belaufen. Manche Schiffsoffiziere regen sich jedes Mal von neuem auf, andere nehmen die „Kanalkultur" zur Kenntnis und verhalten sich entsprechend. Als „Kollegen" betrachten sie die Lotsen aber nicht, die sie auf der Brücke beraten.[126] Auch wenn die Kosten für die Nebenwährung in der Kanalkultur vom Unternehmen getragen werden, macht das die meisten wütend. Und die Erfahrungen mit der Alltagskorruption, auf die sie in der engen Welt des internationalen Seetransports an vielen Orten treffen, prägen das Weltbild der Seeleute von heute. Ein junger Schiffsoffizier erzählte, er habe einen Freund für verrückt erklärt, als dieser ihm sagte, er wolle in Ägypten Urlaub machen. Erst als dieser ihm später berichtete, er habe die mitgenommenen Geschenke für Dienstpersonal wieder mit nach Hause gebracht, weil ihre Annahme jedes Mal abgelehnt worden sei, habe er sich überlegt, daß er selbst ja gar nicht Ägypten kenne, sondern lediglich Ägypter, die in der Kanalzone arbeiten.[127] Die „Kanalkultur" ist zwar nicht überall in eben dem Maße ausgeprägt wie auf dem Suez-Kanal, aber die Praxis des globalen Seetransports ist heute nicht nur fern von lokalen Bräuchen, lokalen Festen und lokaler Gastfreundschaft, sondern sie verleitet diejenigen, die auf Zeit in ihr leben, auch ständig aufs Neue, sich gegenseitig zu instrumentalisieren. Das hält die wirtschaftliche Globalisierung in Gang, aber vom Gedanken und von der Praxis eines Weltbürgertums ist die Kultur des Niemandslandes sehr weit entfernt.

Gestrandet im Niemandsland

Das Schiff *Court Carrier* war mit einer Ladung Zement von Venezuela nach New York unterwegs. Unterwegs kam es zu einer Explosion auf dem alten Schiff, dadurch verspätete sich die Ankunft in New York um zwei Wochen. Der Käufer nahm die Ladung nicht ab. Kapitän und Mannschaft konnten den Schiffseigner nicht erreichen, weil der Flaggenstaat den *beneficial owner* des Unternehmens nicht veröffentlichte. Obwohl die Mannschaft seit Monaten nicht bezahlt worden war, arbeitete sie weiterhin. Nach einiger Zeit waren die Nahrungsmittel aufgebraucht. Die Mannschaft konnte die Ladung nicht verkaufen, weil sie dafür keinen Rechtstitel hatte. Sie wollte zunächst auch nicht vor Gericht gehen, weil ein Prozeß Monate dauern würde und die Anwaltskosten ein Viertel der noch ausstehenden Heuern ausmachen würden. Schließlich blieb ihnen nichts anderes übrig. Sie ließen das Schiff festlegen. Der Anwalt setzte durch, daß sie als Bewachung für das Schiff eingesetzt wurden und dafür zumindest eine geringe Bezahlung erhielten, während sie auf den Ausgang ihres Prozesses warteten.[128]

Anders und doch ähnlich erging es der Besatzung auf dem türkischen Frachter *Obo Basak*. Er gehörte *Marti Shipping* und war als ein Ein-Schiff-Unternehmen registriert. Im Juli 1997 wurde das Schiff in Dünkirchen von den Gläubigern der Ein-Schiff-Gesellschaft an die Kette gelegt. Die Besatzung, neunundzwanzig türkische Seeleute, hatte schon in den Monaten zuvor keine Heuern erhalten. Nachdem das Schiff arretiert worden war, desertierten der Kapitän und der *Chief Engineer.* Die *crew* hatte weder Vorräte noch Geld. Zunächst zögerte auch diese

Mannschaft, vor Gericht zu gehen. Die Seeleute fürchteten, ihre Arbeit zu verlieren und auf eine „Schwarze Liste“ zu kommen. Als nach einem Monat deutlich geworden war, daß die ausstehenden Heuern nicht bezahlt werden würden, beschloß die Mannschaft doch gerichtliche Schritte. Daraufhin kam ein Telex von der Reederei, daß die Seeleute entlassen seien. ITF und die Seemannsmission finanzierten die Heimflüge. Nun schickte der Eigner Ersatz aus der Türkei. Diese Seeleute waren in ihrem neuen Vertrag schon von Anfang an *abandoned*. Kein Geld, keine Vorräte, kein Öl, um zu heizen und zu kochen. Monate später entschied das Gericht zugunsten der Seeleute. Der Schiffseigner focht das Urteil an. Zwei Jahre später gab es noch keine Entscheidung, und die Seeleute hatten noch kein Geld erhalten. Sie waren alle auf die „Schwarze Liste“ gekommen und erhielten folglich auch keine neuen Heuern.[129]

Diese Seeleute sind im Niemandsland gestrandet. Solche Art der Strandung geschieht überall auf der Welt. Besonders häufig sind Seeleute davon betroffen, die auf unternormigen Schiffen beschäftigt sind. Wird ein solches Schiff bei einer Hafenstaatskontrolle festgehalten, so läßt sein Eigner die Mannschaft in dieser Zeit unter Umständen völlig unversorgt, gibt das Schiff womöglich sogar ganz auf. Oder ein Schiff wird auf Antrag von Gläubigern des Eigners an die Kette gelegt.[130] In den letzten Jahren haben solche Fälle in erschreckendem Maße zugenommen. Manche dauern zwei Wochen, andere bis zu zwei Jahren. Zu jedem Zeitpunkt sind derzeit nicht weniger als 60.000 Seeleute irgendwo in der Welt „verlassen“, aufgegeben, *abandoned.* Jeder Fall einer solchen Strandung im Niemandsland hat seine ganz eigenen schrecklichen Seiten, zusammengenommen sind diese „aufgegebenen Seeleute“ ein schauderhafter Beleg für die Gefahren, die Seeleuten im Niemandsland drohen.[131] Tatsächlich macht sich zwar ein Kapitän strafbar, der seine Mannschaft in solch einer Situation im Stich läßt, ein bankrotter Schiffseigner aber kann sich unbehelligt davon machen.[132]

Schiffbruch zu erleiden, ob er nun auf See oder (aufgrund der Zahlungsunfähigkeit eines Schiffseigners) an Land erfolgte, war für Seeleute schon immer ein Alptraum. Hatten sie ihr Leben gerettet, so fehlte es oft am Nötigsten und an den Möglichkeiten der Heimfahrt. Es gab Mildtätigkeit und zunehmend auch eine Verpflichtung von Konsuln, Seeleuten in solcher Situation beizustehen. In deutschen Staaten wurden in der zweiten Hälfte des 19. Jahrhunderts nach und nach Gesetze erlassen, die deutsche Reeder verpflichteten, erkrankte oder gestrandete deutsche Seeleute (zunächst) kostenlos „heimzuschaffen“, und zwar auch, wenn es sich nicht um Seeleute handelte, die sie selbst geheuert hatten. Die Durchsetzung dieser Verpflichtung war oft schwierig.[133]

Im 20. Jahrhundert wurde die Verpflichtung zur „Heimschaffung“ in internationalen Konventionen geregelt. Die erste dieser Konventionen wurde bereits 1926 beschlossen und von zahlreichen Seefahrtsstaaten ratifiziert. Sie machte den Schiffseigner für Heimschaffung verantwortlich. Kam dieser seiner Pflicht nicht nach, war der Flaggenstaat verantwortlich. Diese Rechtslage gilt bis heute. Doch ist heute - wir haben das bereits ausgeführt - die Ermittlung des tatsächlichen Schiffseigners oft sehr schwierig, und Flaggenstaaten, die sogenannte „offene Register" anbieten, kommen ihrer Verpflichtung nur in Ausnahmefällen nach. Wenn sie die Hoffnung aufgegeben haben, doch noch bezahlt zu werden und die Brennstoff- sowie Nahrungsvorräte an Bord aufgebraucht sind, wenden sich Seeleute nach Möglichkeit an eine lokale Gewerkschaft, damit sie ihnen hilft, ihre Rechte einzuklagen. Vielfach strecken eine Gewerkschaft oder eine Hilfsorganisation dann auch die Kosten für die Heimfahrt vor. Ohne sichere Aussicht auf nachträgliche Bezahlung kommen Seeleute dann zu ihren Familien, die auch schon seit längerem keine Heuer mehr überwiesen bekommen haben, folglich auf die Hilfe von Nachbarn und Verwandten angewiesen waren und womöglich dennoch bereits den Geldeintreiber im Haus hatten. Inzwischen haben einige Staaten Repatriierungsregelungen für ihre eigenen Staatsangehörigen beschlossen.[134] Um die nachträgliche Sicherung ihrer Heueransprüche müssen sie sich aber selbst kümmern. Vergleichsweise am besten geht es noch Seeleuten, denen es gelingt, eine lokale Öffentlichkeit auf sich aufmerksam zu machen, die dann auch eine überlokale Veröffentlichung des Vorfalls organisiert. Doch selbst wenn Versorgung, Heimbringung und womöglich sogar die Zahlung rückständiger Heuern geregelt werden können, die inzwischen geschädigten und - in der Not - nicht selten sogar ganz zerbrochenen Familienbande sind damit nicht wieder herzustellen.

Seit einigen Jahren gibt es Versuche, einen besseren Schutz für Seeleute zu organisieren, die in solch eine Lage kommen. Wie viele andere waren auch die Mitglieder der *International Commission on Shipping* der Auffassung, daß die beste Regelung darin bestünde, Schiffseigner zu verpflichten, für solche Fälle eine Versicherung abzuschließen. Die *P&I-Clubs* [Schutz-und Entschädigungs-Klubs, die Schiffe versichern] sollten dann einen besonderen Fonds für verlassene Seefahrer einrichten und im Falle von *abandonment* die Interessen der Seefahrer vertreten.[135] Inzwischen ist deutlich geworden, daß dieser Weg daran scheitert, daß die *P&I-Clubs* bankrotte Reeder vom Versicherungsschutz ausschließen. Im Falle eines Bankrotts würden sie die Abdeckung der Heimführungskosten also nicht übernehmen. Deshalb hat jetzt eine gemeinsame Arbeitsgruppe von ILO und IMO vorgeschlagen, ein finanzielles Sicherheitssystem nach Art einer Sozialversicherung oder aber eine Absicherung durch nationale Fonds zu schaffen. Von Schiffseignern solle verlangt werden, daß an Bord seegehender Schiffe eine Bescheinigung über eine entsprechende Versicherung mitgeführt werde. Das Problem der ausstehenden Heuern ist davon nicht betroffen.

Abbildung 4: Malen außenbords

Sollte eine solche Empfehlung beschlossen werden, wird es weiterhin Seeleute geben, die nicht vom Schiffseigner repatriiert werden. In diesen Fällen ist internationalen Konventionen zufolge der Flaggenstaat zuständig. Das *Center for Seafarers' Rights* in New York hat jedoch dargelegt, daß sich aus den verschiedenen nationalen Heimschaffungsgesetzen nicht klar genug ermitteln läßt, in welchen Fällen ein Reeder seiner Verpflichtung nicht nachgekommen ist. Die ITF folgert: „Übrig bleibt ein verzweigtes Netz gut gemeinter Gesetze mit riesigen Löchern, durch die gestrandete Seeleute fallen."[136] Die rechtliche Strandung im Niemandsland macht auf besonders tragische Weise deutlich, daß die Praxis der Ausflaggung Seeleute in die Rechtsunsicherheit geworfen hat. Arbeiterrechte werden zwar in internationalen Konventionen beschlossen, umgesetzt werden müssen diese aber nach wie vor durch Nationalstaaten. Wie ist eine solche Umsetzung von Nationalstaaten zu erwarten, die ihre Souveränitätsrechte auf dem Markt für Schiffsregister anbieten?

3. Kapitel: Besatzung und Besetzung

Personalmanagement an Land und auf See

„Ich finde das scheußlich, daß ich an Bord immer nur *Second* heiße. Man könnte mich doch mit meinem Namen ansprechen. Der ist doch nicht so schwer zu merken" sagte ein junger deutscher Decksoffizier und verwahrte sich damit gegen ein grundlegendes Merkmal der Arbeitsorganisation auf Schiffen: die Ritualisierung formaler Hierarchie. Ebenso wie der moderne Betrieb an Land ist auch der moderne Schiffsbetrieb ganz auf seinen wirtschaftlichen Zweck hin ausgerichtet. Obwohl sich an Bord nur eine äußerst rudimentäre räumliche Trennung vom Ort der Arbeit und den Orten der Nicht-Arbeit herstellen läßt, soll „der menschliche Faktor" auch im Schiffsbetrieb im Idealfall nur so weit zum Tragen kommen, als er vorhersehbar und somit organisierbar ist. Als eine zentrale Methode, um dieses Ziel zu erreichen, hat sich in modernen Gesellschaften die Formalisierung der Arbeitsorganisation herausgebildet.[1] Während solche Formalisierung heute in Landbetrieben die unterschiedlichsten Formen annehmen kann, hat sich an Bord die früher dominante Praxis einer hierarchischen Anordnung von Zuständigkeit und Verantwortlichkeit erhalten. Die Praxis, Führungspersonal und einzelne Mitarbeiter nicht mit ihrem Namen, sondern mit ihrer Zuständigkeit anzusprechen, ist eine der Möglichkeiten, dieses System präsent zu halten und damit zugleich das „Private" in den Hintergrund zu drängen. Auf Schiffen galt und gilt diese Praxis insbesondere für herausgehobene Positionen: Der „Kapitän", der *Chief* (Leiter des Maschinenbetriebs) und der *Chief Mate* (Erster Decksoffizier, Stellvertreter des Kapitäns) werden entweder mit „Sir" oder aber mit ihrem Titel angesprochen, der *„Bosun"* (Bootsmann) immer mit seinem Titel, beim Koch (*Cooky*) und beim Steward gibt es wechselnde Praktiken. Was den Zweiten Decksoffizier und den Zweiten Ingenieur anlangt, so werden sie an Bord zwar seit jeher als „Zweiter" oder *Second* bezeichnet, wenn über sie gesprochen wird, doch ist die Praxis, die unserem Gesprächspartner nicht behagte, tatsächlich nicht generell verbreitet. Entsprechendes gilt für den *Sparky* (Elektriker, im Deutschen: „Blitz"), den *„Gasy"* (Gasmann), den *Story* (*Storekeeper*, entweder ein Meister oder aber ein Vorarbeiter im Maschinenbetrieb). Auch sie werden, wenn ihnen etwas ausgerichtet werden soll oder wenn Aufgaben verteilt werden, regelmäßig mit ihrer Funktion und nicht mit ihrem Namen benannt. Auf die *ratings*, die an Deck und in der Maschine arbeiten, kann diese Praxis nicht ausgedehnt werden, weil es in der Regel mehrere Personen mit identischer Funktionsbezeichnung gibt. Doch ist an Bord bekannt, wer *AB* (*able bodied seaman*) oder *OS* (*ordinary seaman*) ist,[2] und auch im Maschinenbetrieb wird im bordinternen Sprachgebrauch häufig noch zwischen *oiler* (Öler) und *wiper* (Reiniger) unterschieden, obwohl es die Funktion des „Ölers“ im heutigen Maschinenbetrieb gar nicht mehr gibt. Aber auch wenn generalisierend von *motormen* gesprochen wird, ist bekannt, wer (mit einer höheren Heuer) als erfahrene Kraft und wer als unerfahrener *motorman* geheuert wurde. Alle diese Bezeichnungen suggerieren ein unterschiedliches Maß an Qualifikation und Erfahrung, bedeuten genau genommen jedoch lediglich die Position, die einem durch den Heuervertrag zugewiesen wurde. Während es heute eher selten ist, daß ein Mitarbeiter als Dritter Offizier geheuert wird, der die formale Berechtigung besitzt, ein Schiff zu führen, kann es durchaus vorkommen, daß ein *OS* bereits ein Offizierspatent in der Tasche hat oder daß jemand, der mit einer sehr gründlichen Ausbildung zwanzig Jahre lang als Matrose auf russischen Schiffen gefahren ist, auf einem Schiff in deutschem Besitz erst einmal als *OS* geheuert wird, als „Arbeitskraft ohne Erfahrung“.

Der an Bord übliche Sprachstil unterstreicht die formale Struktur der Arbeitsorganisation. Seit sie - in der deutschen Handelsschiffahrt geschah dies erst im Zuge der Industrialisierung - etabliert wurde, hat sie sich - sieht man von den Auswirkungen der Besatzungsreduzierung ab - nahezu unverändert erhalten. Damit gelten auf Schiffen bis heute formale Strukturen, wie sie im Zuge der Industrialisierung auch in Betrieben an Land etabliert wurden, als es darum ging, Arbeitskräfte zu disziplinieren, die zuvor an andere Zeitraster und an größere Autonomie gewöhnt gewesen waren. In dieser ersten Entwicklungsphase moderner Betriebe verlief die Entwicklung von Praktiken der „Personalführung“ an Land und auf See noch weitgehend parallel. Unabhängig davon, daß sowohl an Land als auch auf See weiterhin handwerkliche Fähigkeiten erforderlich waren und genutzt wurden, standen Methoden im Vordergrund, die dazu dienen sollten, die konkrete Arbeit durch Anweisungen zu strukturieren und Arbeitskräfte zu bewegen, die formalen Verpflichtungen des Arbeitsverhältnisses - Pünktlichkeit an Land, Verzicht auf vorzeitige Abmusterung auf See - zu akzeptieren. In beiden Bereichen wurden die Regime rigoroser Disziplinierung partiell durch paternalistische Praktiken der Fürsorge ergänzt. Mit der Wende zum 20. Jahrhundert trat an die Stelle der weitgehenden Parallelität eine stärkere Differenzierung der an Land und auf See in größeren Betrieben dominanten Organisationsmuster.

In großen Betrieben an Land wurden die formale Organisation und die Personalführung damals nicht zuletzt dadurch verändert, daß sie Gegenstand wissenschaftlicher Forschungen und spezifischen Expertenwissens wurden.[3] Immer häufiger machten Theoretiker Vorschläge für besonders effiziente Organisationsmodelle. Zwei, einander auf den ersten Blick strikt widersprechende Grundkonzeptionen spielten im zwanzigsten Jahrhundert eine besondere Rolle. Die eine der beiden wird zumeist als Taylorisierung bezeichnet, weil ihre Zielsetzungen besonders deutlich durch F.W. Taylor[4] formuliert worden sind: Es müsse darum gehen, hatte Taylor formuliert, den Arbeitsprozeß so genau zu analysieren, daß dessen einzelne Schritte effizient von oben (durch das Management) geplant werden könnten. Auf diese Weise verlören die Arbeitskräfte die organisatorische Autonomie, die auf ihrer besonders gründlichen Kenntnis konkreter Arbeitsabläufe basiere. Weil solche Autonomie dazu genutzt werden könne, den Rhythmus des Arbeitsprozesses autonom zu bestimmen, stelle sie ein potentielles Effizienzhemmnis dar. Faktisch relevant wurde diese Strategie der Betriebsführung erst, als sie technisch abgesichert wurde: durch die Einführung des Fließbandes. Tatsächlich hat es einzelne Versuche gegeben, diese Technik auch für die Beschickung von Dampfkesseln mit Kohle auf Schiffen anzuwenden. Sie sind schnell wieder aufgegeben worden.[5] Seither ist es nie wieder zu Versuchen gekommen, Schiffsbetriebe nach tayloristischen Prinzipien zu organisieren. Zwar sind seit der Zeit erster Anwendungsversuche erhebliche Bereiche des technischen Schiffsbetriebes automatisiert beziehungsweise (durch die Containerisierung) standardisiert worden, doch bedingt das Erfordernis, den gesamten Schiffsbetrieb mit den vorhandenen Kräften aufrecht zu erhalten, nach wie vor sowohl breite Qualifikation als auch individuelle Initiative. Eine gute Maschinencrew entspricht in vieler Hinsicht der Instandhaltungsgruppe in einem Industriebetrieb an Land, einer Gruppe von Arbeitskräften somit, zu deren Tätigkeitsprofil - abweichend von anderen Arbeitskräften - ein hohes Maß an Autonomie und Initiative zählen. Was die Anforderungen an die Decksmannschaft angeht, so variiert sie je nach Schiffstyp. Auf einem Schwergutfrachter, der sperrige Einzelteile transportiert, sind nach wie vor nicht nur Spezialkenntnisse von Offizieren, sondern auch Spezialfähigkeiten von Decksleuten erforderlich. Selbst auf einem Containerschiff sollten Decksleute in der Lage sein, fehlerhafte Arbeit der Hafencrew (*lashing gang*) zu erkennen und notfalls sehr schnell und eigenständig zu beheben. Trotz der Nutzung von Logistikzentren (für den Ladebetrieb) und der Automatisierung des Maschinenbetriebes ist für den Schiffsbetrieb bis heute Initiative von Arbeitskräften unterhalb der Leitungsebene erforderlich. Das bedeutet andererseits, daß die Unterordnung von Arbeitskräften weniger als eine notwendige Folge von Technologie erscheint, als dies in Großbetrieben an Land heute in aller Regel der Fall ist. Statt dessen dominieren die traditionellen Muster formaler Hierarchie. Insoweit werden an Bord also Organisationsmuster aus der Zeit der Frühindustrialisierung tradiert.[6]

Ein weiterer Unterschied zu Debatten und zu Praktiken, die in Betrieben an Land umgesetzt werden, geht ebenfalls auf Entwicklungen zurück, deren Ausgangspunkt in den ersten Jahrzehnten des 20. Jahrhunderts liegt. Denn als das technische Zentrum der tayloristischen Strategie, die Fließbandproduktion, gerade erst in modernen Großbetrieben Eingang gefunden hatte, kam es in den damals noch jungen wissenschaftlichen Disziplinen Organisations- und Industriesoziologie (im Anschluß an Forschungen von Elton Mayo) zu Diskussionen über die Möglichkeit, die Effizienz von Arbeitskräften dadurch zu steigern, daß sie als „Mitarbeiter" behandelt und ihre psychischen Bedürfnisse im Arbeitsprozeß berücksichtigt wurden.[7] Aus solchen Diskussionen erwuchs langfristig ein immer stärkeres Interesse an der Wirkungsweise jener informellen Strukturen im Betrieb, die unterhalb und zwischen den formellen Strukturen bestehen und Arbeitsabläufe neben und manchmal sogar gegen die offiziellen Strukturen prägen.[8] Während im Zuge der Taylorisierung informelle Muster der Arbeitsorganisation möglichst ausgeschaltet werden sollten, weil sie als prinzipielle Hindernisse von Effizienz gesehen wurden, gehen neuere Organisationssoziologen vereinzelt so weit, sie als die eigentliche Voraussetzung für die Erreichung des Betriebszwecks zu sehen.[9]

In den letzten beiden Jahrzehnten des 20. Jahrhunderts wurden dann sowohl theoretisch als auch praktisch Organisationsmodelle entwickelt, in denen sogenannte „flache" Hierarchien und horizontale Arbeitsorganisationen („Projektgruppen") im Vordergrund standen. Gleichzeitig wurde Managern nahegelegt, für ihr Unternehmen eine *corporate identity* zu entwickeln und diese bei den Mitarbeitern zu verankern. Wissenschaftler und Unternehmensberater betonten jetzt den wirtschaftlichen Nutzen lange bekannter Erscheinungen: den Stolz vieler Arbeitskräfte auf „ihr" Unternehmen und die Praxis vieler Unternehmer, durch symbolische und materielle „Gaben" ein Gefühl der Zugehörigkeit zu entwickeln. Folglich sollten Personalverwaltungen sich nicht mehr länger auf Bedarfsplanung und Personalauswahl beschränken, sondern auch die Erwartungen von Arbeitskräften berücksichtigen. Niklas Luhmann faßt die verschiedenen Formen dieser neuen personalpolitischen Strategien unter dem Terminus „pflegerische Maßnahmen" zusammen.[10]

Nun hatte es in traditionellen Reedereien oft einen sehr ausgeprägten Unternehmensstil gegeben und - lange bevor der Terminus üblich wurde - eine *corporate identity* samt den dafür -neben symbolischer Darstellung von Zusammengehörigkeit - auch erforderlichen fürsorgerischen Leistungen.[11] Inzwischen kann man das Schiff einer Reederei zwar immer noch manchmal an charakteristischen Farben erkennen,[12] die fürsorgerischen Leistungen aber haben den Strategien der Ausflaggung, der Veränderung von rechtlichen Unternehmensstrukturen und - dies vor allem - der Eröffnung eines globalen maritimen Arbeitsmarktes nicht standgehalten. Einem deutschen Ingenieur zufolge funktioniert Personalverwaltung in Reedereien heute eher nach dem Muster: Zwei Hilfsdiesel, ein Satz Schraubenschlüssel, ein Dritter Ingenieur. Die Formulierung wird Reedereien nicht gerecht, die versuchen, eine Stammbelegschaft aufzubauen, trifft aber sehr wohl den generellen Trend, auf längerfristige Personalpolitik zu verzichten.[13] In dieser Situation kamen in der Unternehmenspolitik - wenn auch nicht in Ausbildungsstätten - gewissermaßen unter der Hand die tradierten Muster wieder voll zur Geltung. Hatten einzelne Reedereien in den sechziger und siebziger Jahren ihre Führungskräfte noch auf Schulungskurse geschickt, in denen ihnen Konzepte moderner Menschenführung beigebracht werden sollten,[14] so verließen sie sich jetzt zunehmend wieder auf das Funktionieren formaler hierarchischer Strukturen. Obwohl sich - wir werden das unten genauer ausführen - an Bord damals gerade die herkömmliche Praxis der Hierarchie als unzulänglich erwies, entsprach die Personalpolitik erneut der tradierten Annahme, die Laufbahn zum Kapitän rüste Individuen mit jenen patriarchalischen und womöglich sogar charismatischen Führungsqualitäten aus, die als wünschenswerte Ergänzung zur formalen Organisation des Schiffsbetriebes angesehen wurden.

Folglich strukturiert den Schiffsbetrieb noch heute jene vertikale Organisation, die in der letzten Phase ausschließlicher Segelschiffahrt entwickelt wurde. Damals waren Kapitäne nicht nur für Navigation und Disziplin, sondern auch für den technischen Schiffsbetrieb zuständig. Sie bestimmten nicht nur, ob ein Schiff durchs Wasser geprügelt wurde oder nicht, sondern auch, wie das zu bewerkstelligen war: Wie hoch am Wind gesegelt wurde und wie oft gehalst wurde, um noch die kleinste Veränderung der Windenergie in Geschwindigkeit umzusetzen. Sie kannten die Segeltechnik im Allgemeinen und, wenn sie gut waren, auch die besonderen Eigenschaften ihres Schiffes und die Fähigkeiten ihrer Mannschaft. Mit dem Übergang zur Dampfschiffahrt verloren Kapitäne die Fähigkeit, den technischen Betrieb zu leiten. Zwar kommandierten sie „volle" oder „halbe Kraft", von der Art und Weise, in der diese „Kraft" erzeugt und in gerichtete Bewegung umgesetzt wurde, verstanden die meisten von ihnen aber wenig oder nichts. Diese Dequalifizierung im Hinblick auf die Technologie des Schiffsbetriebs hat keine Veränderung der Leitungsstrukturen bewirkt. Erst in den siebziger Jahren des 20. Jahrhunderts ist unter Schiffahrtsexperten vereinzelt diskutiert worden, ob eine kollegiale Leitung des Schiffsbetriebes nicht angemessener wäre. Solche Diskussionen blieben ohne Folgen.

Tatsächlich ist die überkommene Struktur nicht nur in Traditionen und in den Idealisierungen der Kapitänsfigur abgesichert, sondern auch in spezifischen Rechtsstrukturen. Zwar spielt die frühere Interpretation, daß Kapitäne an Bord Repräsentanten der Staatsgewalt (des Flaggenstaates) sind, heute so gut wie keine Rolle mehr, doch liegt die rechtliche Verantwortung für Schiff, Ladung, Passagiere und Besatzung nach wie vor beim Kapitän. Das schließt alle Bereiche des Betriebs mit ein. Faktisch wird der Alltagsbetrieb heute jedoch zumeist durch Absprachen zwischen Kapitän und *Chief* geregelt, die einer kollegialen Leitung sehr nahe kommen. Dennoch enthält die formale Struktur weiterhin die Möglichkeit, daß es zu Konflikten um die Reichweite der jeweiligen Kompetenzen kommt. So nahm im Jahre 2003 ein Kapitän für sich in Anspruch, dem Leiter des Maschinenbetriebs vorzuschreiben, daß er sich während jeder Revierfahrt im Maschinenleitstand aufzuhalten habe, sich während des *stand by* also nie durch den Zweiten Ingenieur vertreten lassen dürfe. (Im konkreten Fall handelte es sich um „Törns" mit kurzen Seereisen und folglich sehr vielen, kurz aufeinander folgenden Revierfahrten.) Im hier angesprochenen Fall setzte sich der Leiter des Maschinenbetriebs durch. Daß der Konflikt untergründig weiterschwelte, kam in gelegentlichen Nachfragen und Bemerkungen zum Ausdruck.[15]

Die Fortführung einmal etablierter Hierarchie samt Kompetenzzuweisung gilt nicht nur für das ausgehende 19. Jahrhundert. Sie läßt sich derzeit erneut beobachten. So wird etwa auch auf Tankern, die *Liquified Natural Gas* (LNG) transportieren, daran festgehalten, daß der *Chief Mate* für die Ladung verantwortlich ist. Was die Abwicklung des kommerziellen Vorgangs betrifft, ist das unproblematisch. In dieser Hinsicht macht es keinen Unterschied, ob ein Schiff Bananen, T-Shirts oder Gas transportiert. Was die Sicherheit der Ladung anbelangt, so erscheint die tradierte Zuordnung der Verantwortung heute im Einzelfall aber als durchaus problematisch. Wird etwa LNG transportiert, so muß das transportierte Gas vor der Anfahrt an einen Hafen auf jene Temperatur gebracht werden, die den Anforderungen der jeweiligen Hafenanlage entspricht. Von den dafür erforderlichen Prozessen verstehen die meisten *Chief Mates* ebenso wenig wie von den technischen Einzelheiten, die beachtet werden müssen, damit während der Verbindung zwischen Schiff und Land keine Unfälle auftreten. Alle diese Aufgaben obliegen dem speziell dafür qualifizierten „Gasmann". Fällt er aus irgend einem Grund aus oder kommt es tatsächlich vor, daß er im Verlauf mehrerer Monate einmal an Land geht, somit für die Überwachung des Vorgangs der Übernahme nicht durchgehend zur Verfügung steht, so wird er selbstverständlich von einem Ingenieur und nicht etwa von einem Nautiker vertreten. Hier bewirken die Anforderungen an die technischen Kompetenzen eine faktische Abweichung von formalen Mustern. Alte Reibereien zwischen Decks- und Maschinenpersonal finden eine zeitgenössische Fortsetzung, wenn sich Ingenieure über die mangelhaften Fachkenntnisse von Decksoffizieren im Hinblick auf die gefährliche Ladung lustig machen.

Angesichts der Stabilität überkommener Kompetenzzuweisungen gibt eine Abweichung zu denken. Zumindest auf einigen Schiffen mit deutschem Leitungspersonal und einem nicht-deutschen Dritten Decksoffizier ist nämlich nicht der „Dritte", sondern der „Zweite" für Erste Hilfe und Schiffsapotheke zuständig. Über die Gründe kann nur spekuliert werden. Entweder gibt es schlechte Erfahrungen mit der entsprechenden Qualifikation nicht-deutscher Nachwuchsoffiziere, oder aber es gibt einen generellen Vorbehalt, sich eine eventuell notwendige Spritze von einem Nicht-Deutschen setzen zu lassen.[16]

Die Praxis der Hierarchie

Wie in jeder Organisation bleibt auch in Schiffsbetrieben Spielraum für die Art und Weise, in der eine formale Struktur „gelebt" wird. Tatsächlich wird jedes Schiff - und dies, wie wir noch ausführen werden, heute womöglich sogar noch mehr als früher - in einem besonderen *style* gefahren, gibt es also Unterschiede im Hinblick auf die konkrete Organisation von Arbeiten und auf den Umgangston an Bord, doch gab und gibt es auch einige Entwicklungen, die sich verallgemeinern lassen.

Als Reeder der Bundesrepublik nach dem Zweiten Weltkrieg wieder Schiffahrt betreiben konnten, hatten viele ihrer Führungskräfte Erfahrungen auf Schiffen der Kriegsmarine hinter sich. Unabhängig davon, wie sie zu diesem Dienst gestanden hatten, waren sie dadurch an einen sehr formellen Umgangston und an die alltägliche Repräsentation formaler Hierarchie gewohnt. Für Seemänner, die sich heute an ihren Dienst unter diesen Vorgesetzten erinnern, ist eine Verhaltensweise nachträglich besonders eindrucksvoll. Als Radargeräte eingeführt wurden, sollen viele Kapitäne deren Nutzung als ihr ganz persönliches Vorrecht betrachtet haben. Jedenfalls wurde immer wieder berichtet, das Radargerät sei unter Verschluß gehalten worden, und der Kapitän habe den Schlüssel unter dem Kopfkissen verwahrt oder bei sich getragen. Einer unserer Gewährsleute erinnerte sich an einen Vorfall in seiner Zeit als Jungmann im Jahre 1956. Damals habe er „bei pottendichtem Nebel" als Rudergänger auf der Brücke Dienst gehabt. Außer ihm seien dort der Wachoffizier, der Erste Offizier und der Kapitän gewesen. Da der Nebel wirklich sehr dicht gewesen sei, habe der Wachoffizier den Ersten Offiziere gefragt: „Sollen wir nicht mal das Radar einschalten?" Denn zu jener Zeit habe die Kommunikation zwischen Wachoffizier und Kapitän immer noch über den Ersten Offizier laufen müssen. Als der Erste Offizier nicht reagierte, habe ihn der Wachoffizier immer wieder mal angeschubst und gedrängt. Schließlich habe sich der Erste Offizier durchgerungen und zum Kapitän gesagt: „Der Dritte Offizier bittet um Erlaubnis, das Radar benutzen zu dürfen." Darauf habe „der alte Kapitän Ziegenbein" erwidert: „Radar? Für so einen technischen Kram habe ich jetzt keine Zeit. Wir haben dichten Nebel."[17] Die Kommunikation entlang der formalen Hierarchie sei - so unsere Diskussionsteilnehmer - auf den Schiffen aller großen deutschen Reedereien bis in die sechziger Jahre hinein üblich gewesen: Aus seiner Zeit als Jungmann berichtete einer, ihm sei es während eines Brückendienstes doch tatsächlich passiert, daß der Kapitän zu dem gerade anwesenden Bootsmann sagte:

„'Sagen Sie dem Jungmann, er soll die Fenster putzen.' Anstatt mir direkt zu sagen 'Putz mal die Fenster.'"[18]

Völlig verdattert war ein deutscher Jungmann, als er es auf einem schwedischen Schiff erlebte, „daß ein Kapitän zu einem Matrosen sagte, 'Du brauchst die Zigarette nicht wegschmeißen, Hauptsache, Du arbeitest nachher wieder ordentlich weiter.' Das war nämlich so die deutsche Mentalität, 'Schmeiß die Zigarette weg, wenn der Kapitän kommt' ... Da sagten die Schweden, 'komm laß das'."[19]

Einer berichtete, ein Vorfall aus seiner Kadettenzeit sei ihm „nie wieder aus dem Schädel rausgegangen". Es sei um Decksbeleuchtung „oder was weiß ich" gegangen. Er habe dem Kapitän widersprochen, und daraufhin „eins zwischen die Hörner" gekriegt. Später habe ihn dann der Kapitän gefragt, warum er ihm widersprochen habe. „Ich sag, Herr Kapitän, ich fühlte mich im Recht, und ich wollte mich verteidigen. Da flippte der aus, ... der hat gesagt: 'Wenn der Kapitän zu Ihnen sagt, das ist schwarz und Sie sehen, das ist weiß, dann ist es immer schwarz.' Und das war der Standpunkt dieser alten Leute."

Frage: Sie sind sich alle relativ einig, daß sich das in den sechziger Jahren änderte?

„Ja, nach und nach, ab fünfundsechzig."[20]

In diesen Jahren des förmlichen Umgangs an Bord hätten Reedereien zumeist auch noch verlangt, daß - zumindest in deutschen Häfen - die höheren Dienstgrade nur in Uniform an Land gingen. Dennoch scheint es selbst beim „Norddeutschen Lloyd", einer als besonders traditionsbewusst geltenden Reederei, schon damals Unterschiede gegeben zu haben. Jedenfalls berichtete einer unserer Diskutanten unwidersprochen, auf der „Hessenstein" habe er 1957 selbst als Moses immer Uniform tragen müssen, ein Jahr später, auf der „Trauenstein", habe aber auch der Kapitän an Bord keine Uniform mehr getragen. Die Reederei allerdings habe sich weiterhin um förmliche Verhaltensweisen gesorgt. So hätten angehende Offiziere, wenn sie ihr Patent gemacht hätten, zuerst immer ein paar Monate auf einem Passagierschiff fahren müssen, „damit wir uns die gesellschaftlichen Formen auch richtig aneignen konnten." Erst danach seien sie auf Frachtschiffen eingesetzt worden.[21] Bei kleineren Privatreedereien - so die übereinstimmende Auskunft von Schiffsoffizieren, die sich an diese Zeit erinnern - sei der Stil schon Ende der fünfziger Jahre nicht mehr von den „Muschelbewachsenen" bestimmt worden,[22] seien auch eher nachwachsende junge Kapitäne zum Zuge gekommen. In den großen Traditionsreedereien habe sich dieser Wandel erst in den sechziger Jahren bemerkbar gemacht. Jetzt sei auch dort die Entscheidung über die Benutzung des Radars zumeist dem Wachoffizier überlassen worden.

Vertreter der damals nachwachsenden Generation an Schiffsoffizieren stellen rückblickend fest, in den sechziger Jahren sei „alles freier" geworden. „Zwangsläufig, ... denn in den sechziger Jahren fing es urplötzlich an in der Seefahrt mit

Personalmangel."[23] Ganz so dramatisch wie an Land wird sich der Wandel aber kaum vollzogen haben, denn sehr viele von ihnen haben ihre Ausbildung auf einem Segelschiff begonnen, das als Schulschiff genutzt wurde. Damit hatten sie auf einem Schiff „gelernt", dessen Technologie im Seetransport inzwischen nicht mehr genutzt wurde.[24] Doch galten (und gelten) Segelschiffe seit der Zeit, da sie nicht mehr (oder nur noch zusätzlich) kommerziell eingesetzt werden, als pädagogisches Programm. Da Segelmaschinen die Energie des Windes nur vollständig nutzen können, wenn ihre menschlichen und technischen Elemente reibungslos ineinander greifen, wird Segelschiffen eine besonders disziplinierende Wirkung zugeschrieben. (Daraus erklärt sich der bis heute vielfach übliche Einsatz von Seglern zur Therapie von Drogenabhängigen.) Diesem pädagogischen Programm entsprach auch der sonstige Stil der Ausbildung.[25] Dennoch: Die damaligen kulturellen Aufbrüche in der Gesellschaft der Bundesrepublik wirkten sich, wenn auch in abgeschwächter Form, schließlich auch auf die in der Seefahrt dominante Tonlage aus. Ganz so weit wie jener Kapitän, der sich während der Proben des bordeigenen Chores von den anderen Sängern duzen ließ, gingen zwar die wenigsten Vorgesetzten,[26] doch entwickelte sich im Umgang zwischen Kapitänen und Schiffsoffizieren in jenen Jahren ein eher kollegialer Stil.

Gegenüber der *crew* jedoch seien Kommandoton und die Betonung formaler Hierarchie auf vielen Schiffen fortgesetzt, wenn nicht sogar verstärkt worden. Die Differenz führen Seeleute auf die damals übliche Rekrutierungspraxis zurück. In einer Situation großen Personalmangels hätten Reedereien „einfach jeden" genommen. Damals seien wirklich viele zur See gefahren, die an Land Probleme bekommen hatten. Zumindest in einem Fall stellte ein Kapitän nach dem Auslaufen fest, daß einige der neuen Besatzungsmitglieder mit dem Versprechen „geheuert" worden waren, ihnen werde der Rest der Gefängnisstrafe erlassen, den sie gerade verbüßten, wenn sie bereit seien, als Seeleute zu arbeiten. Viele erinnern sich an sehr ernsthafte Disziplinarprobleme in diesen Jahren. Von Ausnahmen abgesehen, seien sie nicht aufgetreten, wenn ausländische Seeleute geheuert wurden. Zumeist kamen diese aus Portugal, Italien, Spanien oder der Türkei. Sie erhielten deutsche Heuern; zumindest die Südeuropäer unter diesen neuen Kollegen hatten oft schon maritime Erfahrungen als Fischer gesammelt. Ältere Seeleute stimmen darin überein, daß alle diese Ausländer gut in die Mannschaften integriert waren.[27] Ob die Erinnerung die Situation nachträglich etwas schönt, lassen wir dahin gestellt. Lediglich einmal wurde berichtet, auf einem Schiff mit einer jeweils gleichen Anzahl von Spaniern und Portugiesen, sei es dauernd zu einer Art *power play* gekommen.[28] Trotzdem: Die Anwesenheit von Arbeitskräften unterschiedlicher Nationalität bestätigte eine Praxis der Hierarchie, in der die formalen Momente dominierten.

Zwischen Kapitänen und Jungoffizieren veränderte sich der Ton schließlich auch aufgrund der rasanten technischen Veränderungen des Betriebs großer neuer Schiffe seit Mitte der siebziger Jahre.[29] Jetzt kam es immer wieder vor, daß auf Neubauten Nachwuchsoffiziere dienten, denen die neue Technologie vertrauter war als ihren Vorgesetzten. Da Reedereien nur in den seltensten Fällen ausreichende Einführungen oder gar Schulungen für das fahrende Personal vorsahen, mußten sich Schiffsführer und *Chiefs* immer öfter bei jüngeren Kollegen Rat holen, die entsprechende Kenntnisse und Kompetenzen bereits in ihrer theoretischen Ausbildung erworben hatten.

„Ich habe es damals [bis Mitte der sechziger Jahre]noch erlebt, ... das neue *know how* damals: Richtfunkpeiler, Radargeräte und so weiter, das waren für diese alten Kapitäne ... böhmische Dörfer. Was machte der Reeder? Wenn der Reedereiinspektor einigermaßen clever war, suchte der einen guten Ersten Offizier und einen guten Zweiten Ingenieur für diese Führungskräfte an Bord aus, die wurden auf die Schiffe gesetzt, damit das Schiff überhaupt noch fahr- und bedienungsfähig war."[30]

Ein Anderer: „Die modernen ... Maschinen warn für diese Leute praktisch tabu, da hatten die kein *know how* mehr für. Also da mußten die Jungingenieure ran und die jungen Ersten Offiziere."[31]

Manche Kapitäne waren Manns genug, ihre Unkenntnis offen einzugestehen. „dat weet ik nich, dat mut Du machen."[32]

Und noch einmal: Durch die Installation der modernen Navigationsinstrumente und Maschinentechnik sei die Qualifikation an Bord „durchmischt" worden:

„Auf einmal sah der Kapitän, daß der Vierte Offizier mit dem Radar umgehen konnte und konnte zu seinem Ausguck vorne auf der Back sagen: 'Paß auf, da kommt gleich in tausend Meter von Steuerbord einer, da mußt Du gleich'n Nebelhorn hörn, denn ich hab'n Objekt.'... da hat der Alte gesagt: 'Woher weiß der das?' Der konnte also mit der Scheibe mit den Objekten umgehen. Damit hatte er ein gewisses Prä."[33]

Nicht generell, denn nicht alle Inspektoren verhielten sich ebenso wie oben beschrieben. Statt dessen wurde vielfach auch versucht, die formale Hierarchie unabhängig von der Qualifikation durchzuhalten:

„Das war bei den Reedereien so: Wenn da'n neues Gerät an Bord kam, wer wurde denn gefragt, Erfahrungsberichte zum Beispiel über Radargeräte ...? Wer damit arbeitete, das war'n die jungen Offiziere, Zweite oder Dritte Offiziere, eventuell der Erste Offizier. Die wurden aber nicht befragt wegen der Erfahrungsberichte, sondern der Kapitän. Und der Kapitän, der da nicht mit arbeitete, der schrieb dann rein: Alles Blödsinn."[34] Ihrer Position in den Reedereien habe das nicht geschadet. „Das war'n ja alles Verbrüderungsfunktionäre."[35] Diese sozialen Umstände der Einführung neuer Technik haben sich später geändert. Als PCs an Bord kamen, wurden Kapitäne gar nicht mehr um ihre Meinung gefragt. Viele berichten, sie hätten nie eine Einführung erhalten; manche der Älteren kommen bis heute mehr schlecht als recht mit diesem Gerät zurecht. Ohne die Unterstützung der Jüngeren, denen die Nutzung des Computers selbstverständlich ist, wäre oft sehr viel mehr als nur ein einzelnes Programm abgestürzt. Die rasch aufeinander folgende Einführung immer neuer Technik[36] ist für den Umgangston unter deutschen Offizieren nicht ohne Wirkung geblieben.

Die Wiedervereinigung brachte - aufs Ganze gesehen - wiederum ein neues Element in die Praxis der Hierarchie auf Schiffen unter deutscher Leitung. Aufgrund der dramatisch raschen Abwicklung der DSR, der Staatsreederei der DDR, kam eine beträchtliche Anzahl hervorragend ausgebildeter und an förmlichen Umgang gewohnter Schiffsoffiziere[37] auf den Arbeitsmarkt.[38] Für deutsche Reedereien hat sich das Problem des Nachfrageüberhangs nach qualifiziertem Führungspersonal damit um einige Jahre hinausgeschoben. Andererseits sahen manche westdeutschen Jungoffiziere ihre Hoffnung auf schnellen Aufstieg enttäuscht, als ihnen „Ossis" vor die Nase gesetzt wurden. Zumindest vereinzelt gab es Sticheleien, in denen auch darauf angespielt wurde, daß Führungskräfte in der DSR Parteimitglieder gewesen sein mußten und ihre politische Zuverlässigkeit hatten unter Beweis stellen müssen. Verallgemeinernde Aussagen über die Integration von Offizieren, die in einem anderen System groß wurden, sind schwierig, weil die spezifische Prägung je nach individuellem Verhalten, je nach Reederei und je nach Zusammensetzung des Führungspersonals zum Tragen kamen. Wenn auf einem Schiff zwei in der DDR ausgebildete Decksoffiziere und ein in der DDR ausgebildeter Leitender Ingenieur neben ansonsten nicht-deutschem Führungspersonal beschäftigt sind, können Unterschiede zu westdeutschen Sozialisationsmustern gar nicht erst deutlich werden.

Damit ist auch gleich das generelle Muster der Integration benannt. Denn mit dem Übergang zu multinationalen Mannschaften hat sich auf Schiffen unter deutscher Leitung - und in dieser Hinsicht lassen sich wirklich generelle Tendenzen formulieren - die Praxis der Hierarchie an Bord insgesamt erneut ritualisiert. Zwar sind frühere Praktiken nirgends völlig wieder hergestellt worden, doch beschränkt sich der kollegiale Umgangston vielfach auf diejenigen Besatzungsmitglieder, die der selben Nationalität angehören wie der Kapitän.[39] Nicht selten duzen sich heute, je nach Alter und individuellem Verhaltensmodus, der Kapitän mit seinem *Chief Mate* und mit dem Chief, beziehungsweise der *Chief* mit seinem „Zweiten", dagegen werden die nicht-deutschen Offiziere ganz überwiegend in ihrer Position und nur in sehr seltenen Ausnahmefällen mit ihrem Vornamen angesprochen. Im Verhältnis zwischen Offizieren und *ratings*, die aus einem anderen Land kommen, dominiert ein außerordentlich förmliches Verhältnis.

Dieser Prozeß speist sich aus tatsächlichen oder vermuteten Erwartungen des jeweiligen Gegenübers. Ganz überwiegend sind deutsche Offiziere davon überzeugt, daß strikte Hierarchie und soziale Distanz eine Grundvoraussetzung für die Führung eines Schiffes mit multinationaler Besatzung sei.[40] Andernfalls, so wird argumentiert, gehe es schnell drunter und drüber. Insbesondere Besatzungsmitglieder, die aus Gesellschaften kämen, in denen solche Verhaltensmuster selbstverständlich seien, könnten mit Verhaltensweisen, die zumindest eine zeitweise Verringerung von sozialer Distanz mit einschlössen, nicht umgehen. Aufschlußreich war die Reaktion eines deutschen *Storekeepers*, als während eines Grillabends der neu an Bord gekommene Kapitän beim Karaoke nicht nur zuhörte und zusah, sondern auch selbst mitmachte, wobei er den Arm über die Schulter des Decksmanns legte, damit sie zusammen in ein und dasselbe Mikrophon singen konnten. „Das darf er nicht machen", sagte J., „so verspielt er seine Autorität".[41] Tatsächlich hatte dieser *Storekeeper* seinerseits ein auffallend kollegiales Verhältnis zu den beiden philippinischen *motormen*, vom Kapitän aber erwartete er, daß er zu jeder Zeit soziale Distanz wahre. Ob ihn die nächsten Wochen eines Besseren belehrten, wissen wir nicht. Sehr schnell jedenfalls bewältigte der Kapitän ein disziplinarisches Problem innerhalb der Decksmannschaft, mit dem der *Chief Mate* in den Monaten zuvor nicht fertig geworden war. Gibt es also auf Seiten deutscher Seemänner einerseits die Überzeugung, daß nicht-deutsche *ratings* aufgrund ihrer Herkunft eine förmliche Praxis der Hierarchie samt der zu diesem Muster passenden Mischung aus sozialer Distanz, vorbildhaftem Verhalten (oder was dafür gehalten wird) und gelegentlicher Leutseligkeit erwarten, so erfahren *ratings* ihrerseits umgekehrt dann immer wieder von neuem, daß förmliches Verhalten von ihnen erwartet wird.

Aus diesem gegenseitigen Erwartungshorizont erwächst die Basis für die vielen - mehr oder minder lustigen, mehr oder minder gefährlichen - Vorkommnisse an Bord, die entstehen, weil jemand sehr ehrerbietig „*Yes, Sir*" gesagt, den Befehl aber nicht ausgeführt hat. Den Anforderungen der Hierarchie ist Genüge geleistet, der Befehl aber entweder sprachlich oder inhaltlich nicht verstanden worden. Berichtet werden entsprechende Verhaltensweisen überwiegend, aber nicht ausschließlich, von asiatischen *rating*s. Manche deutschen Offiziere unterstellen allerdings nicht Diensteifer, sondern eine hinter den Formen der Höflichkeit verborgene Obstruktion. „Wenn Sie jetzt jemand auf der Brücke haben, sag ich mal, einen schlecht ausgebildeten Filipino, der als Zweiter oder Dritter Offizier fährt. Was wollen Sie dem noch beibringen? Der grinst Sie sowieso nur an und sagt „*Yes, Sir*". Dreht sich um und macht den gleichen Scheiß wie vorher. Die sind so drauf. Das ist einfach so."[42] Nachwuchsoffizieren raten sie dann, jeder Bestätigung eines Befehls zunächst einmal zu mißtrauen: Damit bekommt die tägliche Praxis der Aufrechterhaltung formaler Hierarchie einen ethnischen *touch*. Genau besehen aber wird die in formalen Hierarchien auch sonst durchaus übliche „interessante Lösung" (Niklas Luhmann) der förmlichen Höflichkeit an Bord lediglich um die Möglichkeit der auch mitschwingenden sprachlichen Miß- und Unverständnisse erweitert. Vermutlich hat nahezu jeder deutsche Seemann, der die förmliche Höflichkeit heute für eine Eigenschaft von Asiaten hält, sie früher selbst auch das eine oder andere Mal praktiziert.[43] Das wiederum fördert eine Praxis der Hierarchie, die Differenzen betont. Man könnte meinen, solche Praxis bedeute einen Rückfall in frühere Verhältnisse. Doch handelt es sich heute sehr viel eher um eine neue Interpretation traditioneller Muster entlang nationaler bzw. „kultureller" Grenzen.

Besonders augenfällig wird dies an der Organisation der Tischgemeinschaften. Während auf vielen Schiffen nicht-deutsche Offiziere zusammen mit der *crew* essen, treffen sich in der Offiziersmesse die Deutschen. Die Bedeutung dieser Aufteilung ist nicht zu unterschätzen: An die Stelle einer Trennung nach sozialem Status tritt hier die Trennung nach nationaler Zugehörigkeit. Die Interpretation dieser Formen ist dennoch nicht ganz so einfach, wie es auf den ersten Blick erscheinen mag. Denn nur in Einzelfällen basiert die Überschreitung der formalen Statusgrenzen entsprechend der Nationalität ausschließlich auf einer Anordnung des Kapitäns. Zumindest was die Zuordnung von Offizieren anlangt, die aus dem selben Herkunftsland stammen wie die Mehrheit der *ratings*, ist die Tischgemeinschaft oft freiwillig gewählt. Sie erwächst aus unterschiedlichen Vorlieben für bestimmte Gerichte und aus der Möglichkeit, sich zwischendurch in der eigenen Sprache unterhalten zu können. Ein Kapitän berichtete, auf einem Schiff sei er der einzige Deutsche in einer ansonsten philippinischen Besatzung gewesen. Er habe den philippinischen Offizieren zwar nicht vorschreiben wollen, mit ihm zusammen in der Offiziersmesse zu essen, sie aber doch immer wieder dazu eingeladen. Da das nicht fruchtete, ließ er sich schließlich ebenfalls in der *crew*-Messe servieren. Da er ein geselliger Mensch ist, mag dieser Versuch, Schranken zu überwinden, sogar einigermaßen gelungen sein, im Prinzip erfüllt die Anwesenheit des Kapitäns bei Tisch wohl nicht gerade die geheimsten Wünsche von *ratings*. Auf einem anderen Schiff speisten alle Offiziere in der für sie vorgesehenen Messe, wobei die Asiaten unter ihnen jeweils Reis als Beilage serviert bekamen. Kapitän und *Chief* (beides Deutsche) speisten an einem gesonderten Tisch. Auffallend war, daß es am Offizierstisch kaum je zu einer Unterhaltung kam. In einer anderen Variante aßen alle aus einem asiatischen Land stammenden Offiziere zusammen mit den asiatischen *ratings*. Der einzige nicht-deutsche aber auch nicht-asiatische Offizier aß zusammen mit den deutschen Offizieren. In dieser Offiziersmesse kam es regelmäßig zu angeregter Unterhaltung. Der nicht-deutsche Tischgenosse bekam von ihr nur mit, was er an Deutsch verstehen konnte. Im Beispiel, das wir vor Augen haben, entschuldigte er sich regelmäßig nach dem letzten Bissen und lange bevor die anderen den Tisch verließen. Es braucht einen sehr selbstbewußten und geselligen Menschen, damit einer Tag für Tag an einem Tisch mit überwiegend deutschen Offizieren sehr vergnügt fordert *„English, my* *friend*". Obwohl diese Forderung an Bord des Schiffes, von dem wir diesen Ausspruch mitgebracht haben, als geflügeltes Wort kursierte, hat keiner der anderen nicht-deutschen Offiziere gewagt, ihn zu benutzen.[44]

Für Leser/innen ohne eigene Erfahrungen in der Seefahrt mögen Tischordnungen nebensächlich erscheinen, doch waren Essen und Backschaft an Bord von Schiffen schon immer weit mehr als ein bloßer Vorgang der Nahrungsaufnahme. Essen war und ist vielfach die einzige Zerstreuung während des Tages. Die Tischgemeinschaft war nicht nur zentrales Element der formalen Sozialstruktur an Bord (noch vor einigen Jahrzehnten gab es auf größeren Schiffen eine gesonderte Messe für die Offiziere der unteren Ränge und einen Offizier, der als Messevorstand für die gute Ordnung in den Messen verantwortlich war, also etwa darauf achtete, daß alle in der vorgeschriebenen Kleidung bei Tisch erschienen).[45] Die Tischgemeinschaft war und ist auch jener Ort, an dem die jeweilige Position, die ein Besatzungsmitglied in der informellen Hierarchie anstrebte, bestätigt oder abgelehnt wurde. So waren die Messen schon immer Bühnen, auf denen sowohl die formalen als auch die informellen Aspekte der Schiffsgemeinschaft dargestellt und in einzelnen Aspekten auch neu interpretiert wurden. Die Backschaft ist ein Element der zur Selbstverständlichkeit gewordenen Alltagsroutine an Bord, sie war und ist aber auch eine tagtägliche Aufführung der dort gültigen sozialen Strukturen. Auf vielen Schiffen wird in diesem tagtäglichen Schauspiel auch kulturelle Differenz beziehungsweise kulturelle Einheit dargestellt. Unabhängig davon, ob die jeweilige Aufteilung der Besatzung auf die beiden Messen durch Anordnung oder spontane Zuordnung zustande kam, handelt es sich - im Sinne einer heute in der Kulturanthropologie gängigen Terminologie - um eine Repräsentation, eine soziale Tatsache, die Bedeutungszusammenhänge herstellt.[46] Auf vielen Schiffen wird heute also drei Mal am Tag vorgeführt,[47] wer sich „kulturell" nahe steht.[48] Allerdings kann sich die heute übliche Re-Interpretation der Hierarchie auch durchsetzen, wenn die Aufteilung auf die Messen weiterhin dem klassischen Statusmodell folgt. Auf einem Schiff mit ausschließlich litauischer und philippinischer Besatzung fand sich der litauische Decksmann ganz selbstverständlich gelegentlich auf der Brücke ein, um dort - außerhalb seiner Arbeitszeit - einen Schwatz zu halten. Trotz des insgesamt sehr kollegialen Umgangstons auf diesem Schiff hätten die Offiziere sicher sehr erstaunt reagiert, wenn die beiden philippinischen Decksleute diesem Beispiel gefolgt wären.

Uniform, Handschuhe und Habitus im Niemandsland

Tagelang wurde auf einem Schiff gewitzelt, nachdem ein Schreiben von der Reederei gekommen war, das den Kapitän, den *Chief* und den *Chief Mate* aufgefordert hatte, nachzuprüfen, ob sie eine neue Uniform brauchten. Für den Fall, daß sie zur Zeit des demnächst anstehenden Firmenjubiläums an Land sein würden, sollten sie eingeladen und folglich präsentabel sein. Tatsächlich war die Aufforderung sehr angebracht. Da die Uniformen schon seit Jahren nicht gebraucht worden waren, Schiffskost und mangelnde Bewegung den Erhalt der Figur aber sehr erschweren, hätten nicht alle auf das früher einmal angeschaffte gute Stück zurückgreifen können. Zwar wird - wir haben darauf hingewiesen - gelegentlich berichtet, der eine oder andere leitende Offizier einer bestimmten Reederei ziehe auch heute noch eine Uniform an, bevor er die Messe betrete, insgesamt aber spielen äußere Statussymbole auf Handelsschiffen unter deutschem Management kaum noch eine Rolle.[49] Je nach Witterung sitzen Kapitäne im Pullover oder im T-Shirt am Computer. Zumindest auf kleineren Schiffen haben die meisten auch einen Overall mit im Gepäck und nicht selten auch in Gebrauch. Und vielfach sind die Wohnräume von Kapitänen heute auch auf größeren Schiffen kleiner und nicht entfernt so repräsentativ, wie sie es früher einmal auf manch einem Küstenmotorschiff waren. Für diejenigen, die es noch anders kannten, hat diese Veränderung ihres privaten Raumes an Bord nicht nur eine praktische, sondern auch eine symbolische Bedeutung. Sie vermittelt ihnen ganz handgreiflich, in welchem Ausmaß ihr soziales Ansehen gesunken ist.[50]

Verblieben allerdings ist die räumliche Umsetzung der strikt vertikalen Organisation des Schiffsbetriebs in die Anordnung der Wohnräume. Der Kapitän wohnt auf dem Deck direkt unterhalb der Brücke. Welcher Stellenwert den räumlichen Symbolen des „Oben“ und „Unten“ zugeschrieben wird, zeigt sich nicht zuletzt darin, daß sie in den letzten Jahrzehnten sogar über Erwägungen der Praktikabilität triumphierten. Ungeachtet aller sonstigen kargen Funktionalität von Schiffskonstruktionen ist es inzwischen üblich geworden, die Wohnräume des *Chief Engineers* ebenfalls auf dem Deck direkt unterhalb der Brücke unterzubringen. Vielfach wohnt dort auch der Zweite Ingenieur. Das aber bedeutet, daß Ingenieure, wenn ein Alarm in ihrer Kammer ankommt, zunächst einmal - je nach der Höhe der Aufbauten - fünf oder auch acht Stockwerke hinunter rennen müssen, um klären zu können, ob ein Eingreifen erforderlich ist.[51] „Der *Chief* muß ja mit dem Kapitän gleich.“[52] Früher wohnte er unten in der Nähe der Maschine „Mit seinen Hühnern“.[53] Wenn da ein *black out* war, dann war „ruckzuck Tür auf.“ Jetzt sei zwar sein Status räumlich sichtbar, dafür aber leide der Schlaf, weil man immer mit einem Ohr am Alarm hänge.[54]

Mag der kulturelle Aufbruch der bundesdeutschen Gesellschaft in den ausgehenden sechziger und beginnenden siebziger Jahren auch mit dazu beigetragen haben, die Bedeutung äußerer Statusmerkmale auf Handelsschiffen zu verringern, so war die Reduzierung der Besatzungsstärken doch sicherlich sehr viel ausschlaggebender. Es gibt ihn noch, den Kapitän, der sich sein Essen nicht wie alle anderen auf einem Teller bringen läßt, sondern anordnet, daß eine Platte und Schüsseln vor ihn gestellt werden. Es gibt auch Kapitäne, die erwarten, daß ihre Kammer täglich vom Steward gereinigt wird. Sehr viel häufiger aber sind Kapitäne, die man gelegentlich sehr früh morgens vor der Waschmaschine antrifft, weil sie einen Moment abpassen wollen, zu dem diese nicht benutzt ist. Auch auf größeren Schiffen gibt es heute nur einen Steward. Er hat dem Koch zu helfen, bei Tisch zu bedienen, Kaffee und Tee für die Pausen bereit zu stellen, die allgemeine Wäsche zu erledigen und das Treppenhaus zu putzen. Zumeist leert er einmal die Woche die Abfallkörbe in den Offizierskammern und legt neue Bettwäsche zurecht. Wie oft er die Kammer von Kapitän und *Chief* putzt, hängt von den Gepflogenheiten in einer *company* und von den Anordnungen des Kapitäns ab. Nur in Ausnahmefällen wird ein Kapitän heute einen Steward beauftragen, sich um seine persönliche Wäsche zu kümmern. Derartige Privilegien sind der neuen Personalpolitik zum Opfer gefallen.

Entsprechendes gilt für die Leiter des Maschinenbetriebes. Zwar soll es nach wie vor *Chiefs* geben, die den Maschinenbetrieb überwiegend von ihrer Kammer aus leiten,[55] und auf Schiffen einer bestimmten deutschen Reederei soll es auch in den letzten Jahren noch üblich gewesen sein, daß Leitende Ingenieure weiße Handschuhe überzogen, wenn sie ihre Kontrollgänge im Maschinenraum machten.[56] Viel häufiger aber sind *Chiefs*, die an vielen Tagen schon morgens im Overall in den Maschinenraum gehen, weil sie damit rechnen, daß sie nicht nur mit Berichten, Bestell-Listen und Kontrollen beschäftigen sein werden, sondern auch mit Tätigkeiten, bei denen sie dreckig werden und sich insofern also nicht von den anderen Arbeitskräften im Maschinenraum unterscheiden. Auch früher schon haben *Chiefs* wichtige Messungen selbst durchgeführt und sich an der Suche nach den Ursachen einer Betriebsstörung beteiligt, heute aber kann es durchaus vorkommen, daß einer auch bei einer Separator-Reinigung oder einer anderen Wartungsaufgabe mit anpackt. Das macht die Hierarchie im Maschinenraum durchaus labil. Denn formal ist der Zweite Ingenieur für die Organisation der konkreten Arbeit und die Zuteilung der einzelnen Aufgaben zuständig, die direkte Aufsicht des *Chiefs* über die Arbeit von *motormen* bezieht sich deshalb vor allem darauf, ob sie bei Kontrollgängen Meßwerte korrekt ablesen und eintragen können. Ein kluger *Chief* wird die Kompetenzen des „Zweiten" auch dann nicht beschneiden, wenn er selbst mitarbeitet. Umgekehrt wird ein kluger Zweiter Ingenieur die Hierarchie auch dann beachten, wenn der *Chief* seine formale Zuständigkeit übertritt. Ein brillantes Beispiel für solche Klugheit lieferte ein „Zweiter", der ein neues Schiff mit eingefahren hatte und dieses deshalb sehr viel besser kannte als der annähernd gleichaltrige *Chief*, der erst seit kurzem an Bord war. Obwohl deutlich war, daß sie gegenseitig ihre fachliche Qualifikation schätzten, hätte diese Situation leicht prekär werden können. Doch mühten sich beide, formale Hierarchie, gegenseitige Anerkennung, unterschiedlich intime Kenntnis der Maschinenanlage und kameradschaftlichen Umgang miteinander in Einklang zu bringen. Das zeigte sich auch in Kleinigkeiten. Bei einer Gelegenheit reinigte der *Chief* ein Gewinde und reichte es dann dem „Zweiten" zum Einbau. Dieser nahm die Reinigung noch einmal - sehr viel gründlicher - vor und hielt das Stück dann dem *Chief* „zur Kontrolle" hin, bevor er es einbaute. Sowohl die technischen als auch die sozialen Erfordernisse des Betriebes waren gewahrt worden.

Obwohl es in einzelnen Reedereien noch üblich ist, Führungskräften bestimmte Insignien ihres Status zuzugestehen (genau genommen berichten deutsche Seeleute von einer solchen Praxis nur aus der Reederei, die unter ihnen immer noch als „Gottes eigene Reederei" bekannt ist) und obwohl einzelne Schiffsführer und Leiter des Maschinenbetriebs den Versuch unternehmen, ihren Status an Bord auch äußerlich abzusichern, ist von früheren Praktiken heute ganz überwiegend doch nur noch das „*Yes, Sir*" übrig geblieben, das von *ratings* erwartet wird, wenn sie einen Befehl bestätigen. Alles andere würde schon deshalb mehr oder minder aufgesetzt wirken, weil auch *ratings* wahrnehmen, wie wenig Achtung Schiffsführer von der Welt außerhalb des Schiffsbetriebs zu erwarten haben.

Zumeist ziehen sich Kapitäne vor der Ankunft in einem Hafen um. Sie kombinieren dann beispielsweise Jeans mit einem Hemd, dessen Schulterklappen ihre Position für Außenstehende kenntlich macht. Mehr scheint es nicht zu leisten. Michael Grey von Lloyd's List jedenfalls resümiert viele Berichte, wenn er schreibt: „Behördenvertreter ... kommen die Gangway hoch, verlangen unverzüglich den Kapitän zu sprechen, obwohl dieser nach einer schwierigen Passage womöglich gerade vollkommen erschöpft ist. Der arme Kerl erfährt dann in deutlichen Worten, daß er den eben geäußerten Anforderungen Genüge leisten muß. Auditoren und Surveyer kommen an Bord und verlangen, daß ihnen Schiffsoffiziere zur Verfügung stehen."[57] Wenn sich Kapitäne und Offiziere, die es noch anders kannten, darüber beklagen, daß Agenten heute nur noch für die Ladung und manchmal auch für die Beschaffung dringend benötigter Ersatzteile zuständig sind, nicht aber für das Wohlbefinden von Seeleuten, so geht es ihnen wohl nur zum Teil um die aktuellen Zeitungen und um die frischen Brötchen, die Agenten früher - je nach Hafen - an Bord brachten, sondern um die Gastfreundschaft, die darin zum Ausdruck kam. Selbst wenn die Kontakte mit örtlichen Behördenvertretern und Hafenpersonal nicht durch die Alltagskorruption der „Kanalkultur" belastet sind, müssen Schiffsführer und leitende Offiziere feststellen, daß ihnen nur selten mit Höflichkeit begegnet wird.

Die Erfahrung, die sie unterwegs gemacht haben, wenn das Büro des Charterers verlangte, daß bei schlechtem Wetter stündlich erklärt wird, warum das Schiff beträchtlich unter der in der Charter Partie angegebenen Durchschnittsgeschwindigkeit bleibt oder wenn ein Angestellter des Managements ohne Rücksicht auf die Tatsache, daß sich das Schiff in einer anderen Zeitzone befindet, sofortige Auskunft über einen Tatbestand verlangte der bereits vor Tagen mitgeteilt worden war, sie setzt sich im Hafen nur allzu oft nahtlos fort.

Vielfach gilt dies auch im Kontakt mit Vertretern der Reederei. Früher fanden Kapitäne und Leitende Ingenieure ihren gesellschaftlichen Status nicht zuletzt durch die Art und Weise bestätigt, in denen ihnen ihr Reeder begegnete. „Früher, der Reeder, der kam an Bord; wenn das Schiff von einer Reise wieder kam, kam an Bord, ging zum Kapitän und fragte den Kapitän, 'Wie war die Reise?'"[58] Es gibt wenig Anlaß, diese Vergangenheit zu idealisieren. Auch früher wurden Kapitänen und Leitenden Ingenieuren ausführliche Berichte bis hin zur minutiösen Buchhaltung abverlangt, nicht selten fühlten sie sich ungerecht behandelt oder fanden sich herrisch abgekanzelt. Und doch erhält das noch so autoritäre Gehabe eines Reeders oder technischen Inspekteurs im Rückblick eine andere Qualität, wenn sich ein *Chief* darüber beschwert, daß sich ein junger Mann mit sehr begrenzter seemännischer Erfahrung im Büro ganz selbstverständlich herausnimmt, in Einzelheiten des Maschinenbetriebs hineinzureden, und manch ein älterer Kapitän versteht im buchstäblichen Sinne die Welt nicht mehr, wenn er im Gebäude der Reederei gebeten wird, auf dem Flur zu warten, bis ein junger Angestellter Zeit findet, sich mit ihm zu befassen. In manchen Reedereien wird anders verfahren, aber in Diskussionen unter Schiffsführern werden regelmäßig bestätigende Erlebnisse beigesteuert, wenn einer unter ihnen formuliert, er fühle sich in solchen Situationen gründlich mißachtet.

Derartige Äußerungen ließen sich als Larmoyanz abtun, auch ließe sich darauf hinweisen, daß Schiffsführer schließlich nicht die einzigen sind, deren Erwartung respektvollen Verhaltens immer wieder einmal enttäuscht wird. Ein solches Urteil wäre ebenso zutreffend wie unzulänglich. Denn tatsächlich bedeutet der oben skizzierte Umbruch in der Handelsschiffahrt weit mehr als nur eine betriebswirtschaftliche, insbesondere personalpolitische Anpassung an die Globalisierung der Konkurrenz, mehr als forcierte Automatisierung und verschärftes Zeitdiktat. Für Schiffsführer und Leitende Ingenieure war mit diesem Umbruch auch ein spezifischer Prozeß der Enteignung verbunden. Sie haben in den letzten Jahrzehnten den größten Teil des ihnen bis dato zugestandenen symbolischen Kapitals verloren. Während dies früher auch internationalen Wert besaß, ist es seither sowohl an Bord als auch in Häfen und an Land dramatisch „abgewertet" worden. Als symbolisches Kapital bezeichnet Pierre Bourdieu Formen der Distinktion, die materielle Dominanz beziehungsweise Anweisungskompetenz gerade dadurch rechtfertigen helfen, daß sie diese nicht unmittelbar, sondern statt dessen in Formen zum Ausdruck bringen, die als Ausdruck einer als legitim anerkannten Vormachtstellung verstanden werden.[59] An Bord reichten solche Formen von der Art der Anrede über die Tischordnung, gesonderte Serviceleistungen bis hin zur vergleichsweise freien Verfügung über die eigene Zeit und der Aufwertung jedes Geburtstagsfestes durch die Anwesenheit von Kapitän und *Chief*, im Hafen und an Land wurden sie durch Riten der Höflichkeit und der Gastfreundschaft ergänzt. Seit dem Umbruch des Seetransports und der Organisation von Seefahrt im Niemandsland des Weltmarktes sind die nationalen Traditionen der Seefahrt und damit die Weitergabe von Formen symbolischen Kapitals mehr oder minder abgebrochen, und in der kommerziellen samt logistischen Abwicklung des Seetransports treten ökonomische Interessen zumeist ohne irgendwelche Verbrämungen in Erscheinung. Dieser Verlust an symbolischem Kapital - umgangssprachlich 'Respekt' - hat vielem ein Ende gesetzt, was Schiffsführer früher erwarten konnten. Vieles, worüber sie früher kaum nachdenken mußten, weil es zu den Selbstverständlichkeiten ihres Berufsalltags gehörte, ist seither unsicher geworden. Wenn wir Äußerungen von Kapitänen in theoretische Termini übersetzen, läßt sich dieser Prozeß als eine grundlegende Infragestellung ihres beruflichen Habitus formulieren.

Daß diese Verunsicherung tief geht, ergibt sich aus der besonderen Geschichte dieser Profession. Hatten Seeleute ihre Ausbildung in der Steuermannskunst über Jahrhunderte hinweg gegenseitig und in Eigeninitiative organisiert, so nahmen sich im Verlauf des 19. Jahrhunderts in allen damals führenden maritimen Staaten staatliche Institutionen der Herstellung von Steuerleuten und Kapitänen für die Handelsschiffahrt an. Die Formulierung ist mit Bedacht gewählt, denn neben der Vermittlung von Kenntnissen über Methoden der Navigation ging es regelmäßig auch darum, aus Jugendlichen, die ganz überwiegend aus beschränkten materiellen Verhältnissen kamen, Angehörige eines gehobenen Standes zu machen. In staatlich genehmigten Curricula deutscher Navigationsschulen waren denn auch neben der Bewältigung solcher Probleme wie etwa einer Havarie Grossa, Schönschrift und andere Kulturtechniken vorgesehen, und zu ihrer Zeit berühmte Navigationslehrer legten Wert darauf, ihren Zöglingen den rechten Gebrauch des Zylinders und das Tragen von Handschuhen beizubringen.[60] Diese Kompetenzen sollten einerseits dazu dienen, Schiffsführer zu erfolgreichen kommerziellen Abschlüssen im Interesse ihrer Reeder zu befähigen, zugleich aber dazu beitragen, soziale Distanz zum Rest der Besatzung herzustellen und auf diese Weise Disziplin an Bord zu sichern. Als schließlich - in den deutschen seefahrenden Staaten geschah dies nacheinander um die Mitte des 19. Jahrhunderts - Schiffsführer als Vertreter der Staatsmacht an Bord eines Schiffes eingesetzt wurden, sollte ihr Verhalten auch dieser Rolle entsprechen. In kaum einem anderen Beruf wurde „Benimm“ in einem derartigen Ausmaß zum Inhalt offizieller Ausbildung. Zukünftige Schiffsführer sollten fähig werden, sich sowohl an Bord als auch an Land Respekt zu verschaffen. Das hat, wie könnte es anders sein, nicht immer funktioniert. Und dennoch lesen sich Autobiographien, die nach dem Muster „Vom Schiffsjungen zum Kapitän" geschrieben wurden, zumeist wie Illustrationen und Bestätigungen dieses pädagogischen Programms. Zwar begegneten Seeleute an Land auch weiterhin dem Vorurteil, sie seien allesamt rohe und ungehobelte Gesellen, doch sollten die jungen Männer, denen es gelang, ihr Patent zu machen, dieser Eigenschaften in Zukunft quasi von Staats wegen ledig sein. Als die Leitung des „Norddeutschen Lloyd" Ende des 19. Jahrhunderts dazu überging, die Vorgesetzten des Maschinenbetriebs auf den großen Passagierschiffen nicht länger als „Maschinisten", sondern fortan als „Ingenieure" zu bezeichnen, war auch dies eine bewußte Maßnahme zur Veränderung des gesellschaftlichen Status dieser Gruppe von Angestellten. Anders als im Fall der Kapitäne setzten staatliche Stellen dieser offiziellen Aufwertung zunächst heftigen Widerstand entgegen.

Tatsächlich profitierte von den besonderen Bedingungen des Passagier-Transportes auf Luxuslinern vor allem der soziale Status des Kapitäns. Hatte es ihm in der deutschen Handelsmarine bislang an luxuriösem Beiwerk gefehlt, so wurde diesem Mangel auf den schwimmenden Palästen des ausgehenden 19. Jahrhunderts gründlich abgeholfen. Unabhängig davon, daß Kapitäne - wir haben das oben beschrieben - durch den Wechsel des Antriebssystems viel von ihrer Kompetenz, den Schiffsbetrieb zu leiten, eingebüßt hatten, wurden sie im weit verbreiteten öffentlichen Image dennoch zu einer Mischung aus Held und Salonlöwe. Noch heute verstehen Konsumenten von Fernsehserien, die auf Luxuslinern spielen, ganz ohne weitere Erläuterung, was es bedeutet, am Tisch des Kapitäns speisen zu dürfen. Auch damals gab es Schiffe, auf denen kaum Gelegenheit bestand, eine weiße Uniform anzulegen. Seither hat sich deren Anteil an der Welthandelsflotte noch erhöht. Und dennoch blieb es in der Logik der professionellen Tradition, wenn der „Norddeutsche Lloyd" noch in den fünfziger Jahren des 20. Jahrhunderts frischgebackene Patentinhaber erst auf Passagierschiffe schickte, damit sie den gesellschaftlichen Schliff erhielten, den sich die Reederei auch für die Kapitäne ihrer Frachter wünschte.

Deutsche Schiffsführer, die heute Mitte fünfzig und älter sind, haben sich während ihrer Lehr- und Studienjahre - in beiden deutschen Staaten - Wahrnehmungs-, Denk- und Verhaltensweisen angeeignet, die sowohl aus der Geschichte ihrer Profession als auch aus ihren eigenen Erfahrungen stammten. Dem Vorschlag Pierre Bourdieus folgend werden derartige individuelle „Inkorporationen" der für eine gesellschaftliche Gruppe typischen Schemata heute zumeist als „Habitus" bezeichnet.[61] Auch wenn - wie hier kurz angedeutet - der Erwerb eines spezifischen Habitus durchaus zum bewußten Ausbildungsprogramm für zukünftige Schiffsführer zählte, so befähigt ein Habitus doch nur dann und insoweit zur Bewältigung aller möglichen im Alltag auftretenden Probleme, als er selbstverständlich gelebt wird, anders gesagt, als er nicht nur von anderen, sondern schließlich auch von den Trägern des Habitus selbst als ihre eigene „Natur“ erlebt wird.

Da die regelmäßig zu beobachtenden Verhaltensweisen der Zugehörigen zu einer (Berufs-)Gruppe besonders ins Auge fallen, könnte der Eindruck entstehen, es handle sich beim Habitus um ein tradiertes starres Schema, doch ist der Habitus insgesamt eine aktive Struktur verinnerlichter Erfahrung. Was an Wahrnehmungs- ,Denk- und Verhaltensweisen gelernt wurde, ist im modernen Berufsleben in aller Regel umfassend und virtuos genug, um nicht nur zur Bewältigung eines immer gleichen Alltags, sondern auch zur Anpassung an veränderte Bedingungen zu befähigen. Zwar wird zusammen mit dem Habitus einer bestimmten (Berufs-)Gruppe gewissermaßen die Erwartung erworben, daß die Zukunft eine Verlängerung bisheriger Erfahrungen ist, doch sind auf der Basis eines Habitus auch spontane individuelle Improvisationen möglich. Verändern sich nicht nur die Arbeits- und Lebensbedingungen von Individuen, sondern einer ganzen Gruppe, so wird aus individuellen Anpassungsleistungen an die veränderte Situation vielfach eine Veränderung des Habitus erwachsen, der für eine ganze Gruppe charakteristisch ist.

Was sich auf dem Papier als ein gradueller und harmonisch verlaufender Prozeß beschreiben läßt, nahm sich für die meisten der heute Älteren unter den Schiffsführern ganz anders aus. Viele erlebten die Entwicklung der letzten Jahre als einen Einbruch in einen Berufsalltag, der ihnen bis dahin als selbstverständlich gegolten hatte. Theoretisch gesprochen: Das Milieu ihrer Berufspraxis hat sich in einem solchen Ausmaß verändert, daß ihr erworbener Habitus „nicht mehr paßte“. Bourdieu weist in diesem Zusammenhang auf das bekannte Phänomen hin, daß sich die einmal erworbenen Dispositionen in einer Gruppe länger halten als die ökonomischen und sozialen Bedingungen ihrer Erzeugung. Eine solche Situation könne „Grundlage sowohl von Nichtanpassung wie von Anpassung, von Auflehnung wie von Resignation sein.“[62] Tatsächlich sahen sich viele vor die Aufgabe gestellt, weitreichende Veränderungen von einem Tag auf den anderen zu verarbeiten. Ein Kapitän, der heute noch fährt, erlebt die praktische Verwendung der Kommunikationstechnologie nach wie vor als Angriff auf seine berufliche Identität:

„Es ist alles unfrei geworden. Du bist ewig kontrolliert. Früher, ... wenn Du draußen warst, warst Du auf Dich selbst gestellt, und keiner hat sich drum gekümmert. Im Ausland: Du konntest einkaufen, Du konntest dies machen und jenes machen, einlaufen und nicht einlaufen ... Jetzt wirst Du ja überall kontrolliert. Du mußt Deine Positionsmeldung abgeben, ist ja auch richtig, wenn Du durch den Kanal gehst, dann an den Küsten, die Sicherheitsmeldungen, ob das nun Australien ist, die sind da sehr aktiv drin, Brasilien, ganz konkret und intensiv macht das Peru, Chile ... Das gibt mir persönlich so das Gefühl, daß da jetzt auch 'ne andere Generation reinkommt, die wächst ja damit auf. Für mich persönlich ist das nicht mehr, was ich damals so angestrebt habe."

Frage: Sie haben nicht das Gefühl, daß das die Sicherheit fördert?

„Schon. Muß ja wohl. Ist ja wohl auch richtig. Aber ... wir mit unsrer fachlichen Ausbildung sehen die Gefahren ja überall und handeln entsprechend ... Dieses ganze Sicherheitssystem und Kontrollsystem ist ja für die Zukunft wohl wichtig und sicherheitsfördernd. Bloß, ich persönlich fühl mich da so ein bißchen eingeengt. Jede kleine Ecke, ... das mußte wieder melden usw. ... Meine Filipinos, die ich jetzt habe, die müssen mich schon darauf aufmerksam machen: Mensch, da müssen wir uns wieder melden, da müssen wir das und das machen."[63]

Plötzlich und dramatisch war der Einbruch in bisherige Selbstverständlichkeiten, wenn ein Kapitän mit einem Schiff unter deutscher Flagge und mit einer deutschen Besatzung beispielsweise den Hafen von Hamburg verließ und unterwegs dann die Order bekam, eine neue Flagge aufzuziehen und sich darauf vorzubereiten, an der Schleuse von Brunsbüttel die meisten Angehörigen der jetzigen *crew* zu entlassen und Ersatz an Bord zu nehmen, der ausschließlich aus nicht-deutschen Seeleuten bestand. Alle Schiffsführer mit einer langen Berufspraxis, die heute noch fahren oder bis vor kurzem gefahren sind, haben sich an die neue Situation angepaßt. Auflehnung wäre schlicht verpufft. Aber die Blessuren, die sie erlebten, als sie ihren Arbeitsvertrag plötzlich von Zypern oder von der Isle of Man zugeschickt erhielten und damit unweigerlich erfuhren, daß sie eben dies sind: ein Posten in der Kalkulation, der nach Gutdünken in der Welt hin und her zu transferieren ist, sind merklich. Zwar sagen heute fast alle, diese äußeren Bedingungen seien ohne großen Belang, doch fällt auch immer wieder der Satz: „Für die sind wir doch nur Kutscher." Oder: „Der Kapitän ist doch nur noch ein Transportbegleiter." Die im Vergleich zum leitenden Personal der Fluggesellschaften niedrige Bezahlung trägt nicht dazu bei, den Eindruck abzuschwächen.

Eingedenk der Tatsache, daß im Seetransport inzwischen seit nahezu zweihundert Jahren eine scharfe, zeitweise regelrecht mörderische Konkurrenz herrscht,[64] mag es verwundern, daß viele Schiffsführer (in vermindertem Maße gilt das auch für Leiter von Maschinenbetrieben) heute den Einbruch nackter ökonomischer Interessen in die Schiffahrt beklagen. Tatsächlich ergibt sich diese Wahrnehmung folgerichtig aus der Geschichte ihrer Profession. Denn bis vor wenigen Jahrzehnten war in den stilbildenden Reedereien ein Bild vom Kapitän gepflegt worden, das diesen - allen minutiösen Vorschriften für den Berufsalltag zum Trotz - weiterhin als Heroen und Patriarchen vorstellte, der sowohl Wind und Wellen als auch dem Übermut von Seeleuten zu trotzen weiß. Zu diesem Zweck wurde Kapitänen in gewissem Maß ein eher vorbürgerliches Privileg zugestanden: Ehre. Simpler gesagt handelte es sich um einen zusammen mit der Position verliehenen Anspruch auf Respekt. Daß Kapitäne, auch wenn von dem Rechtsinstitut der staatlich verliehenen „Kapitänsgewalt“ nur noch bestimmte standesamtliche Kompetenzen nachgeblieben sind, an Bord Staatsgewalt repräsentieren und Decksoffiziere in diese Position hineinwachsen sollen, verlieh diesem Privileg zusätzliches Gewicht und zusätzliche Ausstrahlung.

Ausflaggungen, ausbleibende Gehaltserhöhungen und die *remote control* des Berufsalltags durch Reederei und Charterer erlebten und erleben viele der Älteren deshalb nicht nur als eine Bedrohung ihrer zukünftigen materiellen Lage und als Einschränkung ihres aktuellen Entscheidungsspielraums, sondern auch als einen Verlust an Ehre. Kontrolliert und gerechnet wurde in der Seefahrt auch früher, und die Autonomie von Kapitänen sowie Leitenden Ingenieuren an Bord war immer eine abhängige Autonomie. Aber die Kommunikation zwischen leitendem seefahrendem Personal und landseitigem Betrieb verlief doch - zumindest in den großen und angesehenen Reedereien - in sozialen Formen, die Raum ließen, um sich über diesen Sachverhalt gelegentlichen Illusionen hingeben zu können. Heute ist solcher Luxus überall reduziert, vielfach ganz beseitigt. Teilweise trägt dazu bei, daß häufig eingesetzte Kommunikationsmittel, wie etwa die Kommunikation mittels e-mail, kurze und harsche Formulierungen schon aus Kostengründen zu gebieten scheinen. Gefördert wird der Rückbau von Verbrämungen strikter Ökonomie aber insbesondere durch das Ende der klassischen Reederei. In vielen Fällen (insbesondere im Containerverkehr, aber auch im Seetransport gefährlicher Güter) ist der Schiffsbetrieb heute in die Logistik multimodaler Transportketten eingebunden. In diesem Bereich erfolgt die zentrale „Kommunikation“ zwischen schiffahrtsfremdem Personal und Computern. Schiffe werden dabei lediglich als Glieder der logistischen Kette gesehen, deren Ankunft und Abfahrt an den jeweiligen Schnittstellen als feste Daten gehandhabt werden können.[65] Würde ein Kapitän im Kontakt mit Logistikspezialisten darauf dringen, daß ihm so begegnet wird, wie dies der Kapitän eines großen Schiffes vor Jahrzehnten erwarten konnte, so stieße er vermutlich auf schlichtes Unverständnis. Sein inzwischen antiquierter Habitus könnte nicht „gelesen“ werden, seine Gegenüber würden sich nicht so benehmen, wie er das von ihnen erwartete - und umgekehrt. Derartige Situationen sind äußerst selten, weil Anpassung an das Berufsfeld unerläßlich ist. Das heißt aber nicht, daß ältere deutsche Schiffsführer nicht nach wie vor unter dem Verlust des symbolischen Kapitals leiden, das früher einmal zur Ausstattung einer Kapitänsposition gehörte. Manche haben auch aufgehört. So auch einer, der dreiundvierzig Jahre gerne zur See gefahren war.

„Weil wir ja nun dieser zypriotischen Firma unterstellt wurden, eben auch als Kapitän, und das paßte uns ja nun überhaupt nicht. Die ganze nautische und technische Verwaltung wurde mehr und mehr im Detail den ‘Columbus Shipping’ oder wie sie alle hießen, auf Zypern unterstellt. Bei dem wir übrigens auch noch ein *Training* kriegten, um deren

System zu erfassen. Aber das paßte uns ja nun nicht mehr, daß wir das nun alles dahin melden sollten, und da Bericht erstatten, und Kontrolleure kriegten. Die kamen dann überraschend irgendwo an Bord und meldeten sich kurz mit einem Telex an: 'Komme an Bord zum Durchchecken.' Das waren wir irgendwie überhaupt nicht bei HAPAG oder beim Lloyd gewöhnt."[66]

Die Überraschung, daß man jetzt wie jeder X-Beliebige kontrolliert wird, ist Ausdruck einer sehr viel tiefergehenden Erschütterung. Denn Kapitäne westlicher Industriegesellschaften mit nationaler Schiffahrtstradition haben in den letzten Jahren nicht nur Veränderungen ihrer Arbeitsbedingungen, sondern eine Zerstörung sehr vieler früherer Selbstverständlichkeiten ihres Berufslebens erfahren. Dadurch scheint die reale Basis für jene Denk- und Verhaltensmuster weggebrochen zu sein, die diese Berufsgruppe bislang charakterisierten. Der frühere Habitus dauert gewissermaßen nur noch als Erinnerung fort, als Erinnerung derer, die noch eine andere Berufswelt erlebt haben, und als „Erinnerung" jener, die sie nur vom Hörensagen (und aus Büchern) kennen. Damit ist aber die Bestimmung der Berufsrolle eines Kapitäns, soweit sie nicht durch die äußeren Bedingungen vorgegeben ist, zu einem weitgehend individuellen Projekt geworden.

Es gibt ihn, den Kapitän, der uns sagte: „Mir macht das zu 90% immer noch Spaß" und jenen anderen, der zwar immer schimpfte, dann aber doch darauf hoffte, trotz gesundheitlicher Schwierigkeiten noch weiter fahren zu dürfen, und auch den Kapitän, der auf Klagen über mangelnden Landgang regelmäßig entgegnet: „Wir fahren ja nicht zur See, um an Land zu gehen." Aufs Ganze gesehen leiden aber viele nicht nur unter einem oft sehr anstrengenden Beruf, sondern mindestens ebenso sehr unter dem Mangel an Anerkennung, der ihnen überall begegnet.

Jüngere deutsche Offiziere sind in die heutige Situation bereits hineingewachsen. Spätestens nach ihrem ersten Praktikum an Bord wissen sie, daß das Abenteuer der Seefahrt heute nicht mehr „in der Welt", sondern nur noch an Bord und im Niemandsland des Weltmarktes stattfindet, daß ihr Berufsalltag in hohem Maße bürokratisch reglementiert ist und daß auch ihre Vorgesetzten von Land her eben nur als Funktionsträger gesehen werden, die termingerechte und unbeschädigte Ablieferung der Ladung zu garantieren haben. Zur gründlichen Entzauberung ihres Berufsalltags mag auch beitragen, daß sich Hochschulen seit einigen Jahren darauf eingestellt haben, daß die meisten neuen Patentinhaber ihren aktiven Dienst auf See schon nach sehr wenigen Jahren beenden werden. Von Anfang an offerieren sie ihnen deshalb die Chance der zusätzlichen Qualifikation für eine Anstellung an Land. Die neue Generation von Schiffsoffizieren tritt ihren Dienst auf See somit ohne den Ballast der Traditionen an, der diesen Beruf früher kennzeichnete. Das ist jedoch, wie sich inzwischen bereits zeigt, nicht nur von Vorteil. Denn so halsstarrig altmodisch manche Kapitäne früher auch waren, so herrisch und förmlich es auf der Brücke und im Maschinenleitstand zugehen konnte, im traditionellen Habitus von Kapitänen und *Chiefs* waren eben auch Denk- und Verhaltensweisen überliefert, die dem Schiffsbetrieb nützlich sind. Das gilt in doppelter Hinsicht. Zum einen ist Seefahrt nicht nur in ökonomischer Hinsicht ein sehr riskantes Gewerbe. Trotz aller inzwischen möglichen Wetteranalysen läßt sich von Land aus nie völlig bestimmen, wie sich eine konkrete Wetterlage am Schiffsort gestaltet. Ein Schiffsführer muß nicht nur in der Lage sein, eine solche Situation zu beurteilen, er muß auch über das nötige Selbstbewußtsein verfügen, von der durch Charterer oder Reederei vorgegebenen Routenplanung abzuweichen. Arroganz ist in diesem Falle funktional. „Ich lasse mir doch nicht von einem Kaufmann die Route vorschreiben", sagte uns ein Kapitän, der seit neunzehn Jahren Schiffe führt.[67] Jüngere Schiffsoffiziere dagegen wachsen in eine Situation hinein, in der immer mehr Entscheidungen ihres Arbeitsalltags von Land her getroffen werden. Viele von ihnen hat diese Praxis der *remote control* an den Rockzipfel des Managements gebunden. Sie werden nervös, wenn sie eigene Entscheidungen treffen müssen und gewöhnen sich an, selbst für alltägliche Entscheidungen Rat einzuholen.[68] Michael Grey berichtet, manche Fachleute hielten diese Entwicklung für einen Prozeß der De-Qualifikation und weist darauf hin, daß einzelne Unternehmen es inzwischen für notwendig halten, Schiffsoffizieren in besonderen Veranstaltungen Selbstbewußtsein anzutrainieren.[69] In diesem Zusammenhang müßten einige der Sicherheitsvideos eingezogen werden, die auf Schiffen mitgeführt werden. Zwar sind viele dieser Videos ohne Zweifel informativ und praktisch nützlich, doch vermitteln andere vor allem die Botschaft, daß die vordringlichste Aufgabe der Schiffsleitung in einer kritischen Situation darin bestehe, das Management an Land zu informieren, damit alle erforderlichen Entscheidungen von den dort verfügbaren oder mittels Kommunikationsmedien rasch erreichbaren Experten getroffen werden. Lassen wir für den Moment dahingestellt, daß derartige Videos der *crew* keinerlei Kompetenz und Aufgabe zuweisen, so bleibt doch die Tatsache bestehen, daß es durchaus Situationen geben kann, in denen augenblicklich eine Maßnahme erfolgen muß, deren Risiko jemand auf sich zu nehmen wagt. Auch früher gab es Kapitäne, die zu solchen Entscheidungen nicht in der Lage waren, die sich in kritischen Situationen zurückzogen und es ihren Stellvertretern oder anderen überließen, die Verantwortung für Entscheidungen zu übernehmen, deren Erfolg nicht abzusehen war. Und doch war im tradierten Kapitänshabitus eben auch die Anforderung enthalten, in gefährlichen Situationen die Verantwortung für eine riskante Entscheidung zu übernehmen. Im juristischen Sinne ist Schiffsführern diese Verantwortung geblieben, in der Praxis des landseitigen Managements und in der Verhaltensweise manch eines Jüngeren ist sie aufgegeben worden. Das ist ein herber Verlust.

Womöglich noch gravierender wirkt sich aus, daß viele der jüngeren Kapitäne nicht mehr die Chance haben, zum „Alten" zu werden. Damit ist nicht gemeint, daß die meisten von ihnen ihre aktive Laufbahn auf See bereits nach wenigen Jahren aufgeben werden, denn *the old man* mußte auf See auch früher nicht alt an Jahren sein. Zwar wurde man in der Regel später Kapitän als heute, doch spielte diese Redeweise nicht notwendigerweise auf einen eventuellen Altersunterschied an. Statt dessen machte sich die *crew*, wenn sie vom „Alten" sprach, in gewisser Weise die Autorität des Kapitäns kollektiv zu eigen. In der Formulierung schwang vieles mit: Der Vorrang des Schiffsführers samt etwaiger Unberechenbarkeiten, das Grinsen über seine Marotten, aber auch die Anerkennung seiner Position. War sie uneingeschränkt vorhanden, so basierte sie in aller Regel darauf, daß „dem Alten" die Lenkung des Schiffes in schwierigen Situationen zugetraut wurde. Dazu zählte auch, daß er sich als ein guter Hausvater erwies. Von ihm wurde erwartet, daß er, so weit dies in seiner Macht stand, für die Besatzung sorgte und daß er in der Lage war, Konflikte an Bord zu bewältigen. Entsprechendes galt auch für den Leiter des Maschinenbetriebs.

Zwar kann „Friede" am Bord nicht einfach befohlen werden,[70] doch war und ist die Autorität von Kapitän und *Chief* erforderlich, um sich anbahnende oder bereits manifest gewordene Konflikte zu lösen. Befehlsgewalt ist solcher Autorität nützlich, sie ist aber nicht hinreichend. Vielmehr kam gerade in diesem Zusammenhang dem traditionellen Habitus von Kapitänen eine besondere Bedeutung zu, denn nicht nur im Anspruch, sondern vielfach eben auch in ihrer Praxis, waren sie nicht nur Leiter des ökonomischen oder des technischen Betriebs, nicht nur Vorgesetzte, sondern auch Hausväter. Das konnte den Jüngeren gehörig auf die Nerven gehen, so etwa, wenn ein Kapitän in den sechziger Jahren in US-amerikanischen Hafenstädten die Jungen nicht nur begleitete, um ihnen beim Kauf von Jeans sprachlich behilflich zu sein, sondern dabei auch verfügte: „Die nimmst Du", oder wenn andere einen Schiffsjungen mehr oder minder dazu zwangen, einen Teil des Bargeldes, das er sich von Rechts wegen unterwegs hätten auszahlen lassen können, auf ein Sparbuch zuhause überweisen zu lassen. Dennoch wurde die Sorge „des Alten" um den Frieden an Bord trotz der Kritik an einzelnen Maßnahmen zumeist prinzipiell akzeptiert. Solche Autorität können Vorgesetzte kraft ihrer Persönlichkeit auch heute entwickeln. Aber die Basis ihrer Autorität ist heute nahezu ausschließlich ihre individuelle Verhaltensweise und somit sehr labil. Die im Habitus der Schiffsführer früher verankerten Verhaltensmuster bildeten dagegen einen, wenn auch nie garantierten, Schutz gegen individuelle Schwächen. Es ist mehr als zweifelhaft, ob sein Verlust durch Unterweisungen in Personalführung und entsprechende Prüfungen zureichend ersetzt werden kann. Denn mit dem Verlust seiner Privilegien, insbesondere mit dem für die *crew* sichtbaren

Verlust des Privilegs der Ehre, wird der Kapitän (und das gilt in vermindertem Maße immer auch für den Leiter des Maschinenbetriebs) in den Augen der *crew* auf die nackte Vorgesetztenrolle reduziert. Das ist der Seefahrt nicht förderlich.

Vereinzelt gibt es neue Formen: junge Kapitäne, die ihren eigenen Stil eines hausväterlichen Regimes entwickeln, ältere, die dieses Regime neu definieren. Einer nutzte ein schiffahrtsfremdes Bild, als er sagte: „Ich muß meinen Leuten ein guter Häuptling sein".[71]

Der Leiter eines Maschinenbetriebs, der diese Formulierung sicher nicht übernommen hätte, erläuterte seine Praxis einer zurückhaltenden Kontrolle der konkreten Arbeitseinteilung mit dem Hinweis, es komme zwar darauf an, daß die Arbeit gut erledigt werde, er müsse aber auch darauf achten, daß keiner beleidigt sei, weil er zu oft unter seinen Fähigkeiten eingesetzt werde.[72] Wenn er nicht in der Nähe war, sprachen die beiden philippinischen Motorleute über ihn (auf Deutsch) als von „Papa G." - und damit spielten sie nicht darauf an, daß er mehr als zwanzig Jahre älter war als sie selbst.

Die Zerstörung des Anspruchs auf Respekt und auf Privilegien, die Schiffsführern und Leitenden Ingenieuren früher als selbstverständlich galten, war kein bewußtes personalpolitisches Programm, sondern bloßer Nebeneffekt der Einbindung des Schiffsbetriebs in immer striktere Logistik, der Veränderung von Unternehmensformen und der Abwicklung des Seetransports im politischen und kulturellen Niemandsland des Weltmarktes, doch wurden damit eben auch jene Elemente des früheren Habitus von Schiffsführern zerstört, die dabei geholfen hatten, zusammen mit der Ladung eines Schiffs auch das auf den Wassern schwimmende Gemeinwesen heil in den nächsten Hafen zu bringen.

Recht, Erfahrung, Disziplin

„... ich hab mal einen Zweiten Offizier betrunken auf dem Kartentisch vorgefunden, dem hab ich fristlos gekündigt und dann rief er seine Frau an und sagte"Mutti, ich bin jetzt Passagier'. Der war noch ganz fröhlich darüber. Aber irgendwie andere Maßnahmen sieht das deutsche Seemannsgesetz ja gar nicht vor. Der deutsche Kapitän unter deutscher Flagge kann ja nicht irgendwelche Strafen verhängen, daß er jetzt ... sagt: 'Du hast das und jenes gemacht, das ist mir 50 Dollar wert, und die spendierst Du in die Gemeinschaftskasse.' Das gibt's ja im deutschen Seerecht gar nicht."

Einwurf: „Was nicht heißt, daß man es nicht trotzdem machen kann."

„Ja, das ist aber anfechtbar. Wenn man ihn überzeugt, daß er eine freiwillige Spende zu leisten hat."

Einwurf: „Das ist Erpressung!"

„Nee, das überzeugt ..."

Gelächter

„Es ist ja auch manches einfacher geworden durch die Gründung der damals viel gehaßten Bordvertretungen, denn wenn man die Bordvertretung auf seiner Seite hatte, dann konnte man kleine Vergehen elegant über diese Bordvertretung laufen lassen und stand eigentlich immer mit sauberem Hemd da und 'Bitteschön, das müsst ihr regeln, Ihr wisst genau, das ist nicht erlaubt, das ist nicht gut.' Das ging ja nicht nur um disziplinarische Sachen, das ging ja auch um Ableistung von Überstunden, Vergütung von Zuschlägen und und und, viele Kleinigkeiten, die sonst 'raufgetragen worden wären und über Personalabteilung mit Vorladung von Kapitän und wer weiß nicht wat abgeklärt, und in der Bordvertretung konnte man das ganz schön elegant lösen. Ich hab das jedenfalls als angenehm empfunden."

Zwischenfrage: War das seit Beginn der siebziger Jahre ungefähr?

„Anfang der siebziger Jahre, ja. War damals gehaßt, weil das in die alte Hierarchie überhaupt nicht reinpaßte, daß sich der Kapitän mit diesen Vertretern aus dem Mannschaftsbereich zusammentun mußte, aber ich hab sehr schnell gelernt, und die meisten meiner Kollegen glaub ich auch, daß die gesagt haben 'Was Besseres kann uns eigentlich gar nicht passieren.' ... Ich hab es häufig erlebt, daß ich, wenn ich jetzt neu an Bord kam, die Versammlung abgehalten hab, da existierte ja keine Bordvertretung. 'Wollen wir eine wählen?' daß die Besatzung gesagt hat, 'wollen wir nicht'. Da hab ich also richtig überreden müssen, ich sag: 'Mensch, Ihr tut Euch doch 'nen Gefallen mit, wenn Ihr das habt.' Bin trotzdem hie und da ohne Bordvertretung gefahren, aber dann war auf der andern Seite auch klar zu erkennen, daß es wahrscheinlich 'ne ruhige Reise wird."[73]

Einer, der damals auf der anderen Seite stand, hat begreiflicherweise weniger harmonische Erinnerungen:

„Als dann dieser Seebetriebsrat eingeführt wurde und die Bordvertretung, da haben manche Kapitäne aber lange Gesichter gemacht. Ich bin oft in der Bordvertretung gewesen. Hab' mich da also sehr viel engagiert. Das konnten sie nicht begreifen, daß jetzt mit Mal Leute an Bord kamen, die Mitspracherecht hatten."[74]

Alle Äußerungen stammen aus Diskussionen über disziplinarische Probleme und deren Regelung vor der großen Welle der Ausflaggungen. Sie beziehen sich auf den vorläufigen Endpunkt einer langen historischen Entwicklung: die Anwendung der Mitbestimmungsregelungen des Betriebsverfassungsgesetzes auf die Seefahrt unter deutscher Flagge. Nachdem in den Jahrzehnten zwischen 1840 und 1870 in den seefahrenden deutschen Staaten Seeleuten von Rechts wegen ihre alten Privilegien entzogen und keine neuen Schutzrechte gegen eine ungerecht und maßlos angewandte Disziplinargewalt von Kapitänen eingeräumt worden waren, wurden 1872 - nach langer und heftiger Debatte[75] - vier Paragraphen in die neue Seemannsordnung eingefügt, die sich mit Ausschreitungen des Kapitäns gegen seine Mannschaft befaßten. Deren faktische Schutzwirkung war mehr als begrenzt, weil sie bestenfalls nach großer Verzögerung am Ende einer Reise eintreten konnte. Bis zur Übertragung des Betriebsverfassungsgesetzes auf die deutsche Schiffahrt sahen alle modernen disziplinarrechtlichen Regelungen Sanktionen vor, die der Kapitän zwar verhängen konnte, die aber erst nach der Rückkehr wirksam wurden. Entsprechendes galt für die schließlich eingeräumte Möglichkeit, gerichtlich gegen Ausschreitungen von Kapitänen vorzugehen. Insoweit war die Vorschrift, eine Bordvertretung nach dem Betriebsverfassungsgesetz wählen zu lassen, die erste rechtliche Regelung seit Aufhebung der aus dem Mittelalter stammenden Seerechtsordnungen, die praktisch dazu beitrug, den Frieden an Bord während einer Reise zu fördern.

Andererseits war der Friede an Bord eines Schiffes durchgängig nur zu einem geringen Teil von disziplinarrechtlichen Regelungen abhängig gewesen. Statt dessen wurde die gute Ordnung an Bord in hohem Maße durch Umstände bestimmt, die sich rechtlicher Regelung entzogen: Selten beachtet, nichtsdestoweniger aber grundlegend, ist in diesem Zusammenhang die Tatsache, daß auch nach der Abschaffung vormoderner Mitspracherechte die gegenseitige spontane Kontrolle von Seeleuten untereinander die wichtigste Methode zum Erhalt des Bordfriedens blieb. Bestimmte Anforderungen an das Verhalten eines guten Seemannes gaben Seeleute untereinander von Generation zu Generation weiter. Das geschah durch regelrechte Erziehung der Jungens mittels Knüffen, Prügeln und gelegentlichen Erläuterungen[76] sowie durch die mehr oder minder freundliche oder auch drastische Sanktionierung eines nicht akzeptierten Verhaltens, daneben aber auch durch Erzählungen über Erlebnisse und Erfahrungen. „*Yarning provides both entertainment and reaffirmation of what is involved in being a seaman because the stories are collective autobiography*,“[77] schreibt Tony Lane in seinem Buch über britische Seeleute in der letzten Phase nationaler Seefahrt. Durch Erzählungen, an denen sich nach ein paar Jahren dann auch er selbst beteiligen konnte, lernte ein junger Seemann, was Seeleute von einem guten Seemann erwarteten. „Es hat natürlich auch Leute gegeben an Bord, die sich nicht anpassen wollten. Man mußte sich schon anpassen und formen lassen. ... Aber die sind auch schnell wieder weg gewesen. Die ham eine Reise gemacht, und die andern sind sechs Reisen zusammen gefahren, was auch wichtig für das Bordklima war.“[78] Anders als dies eine touristische Vermarktung von sogenannter maritimer Kultur vermuten lassen könnte, standen im Zentrum der Arbeitskultur von Seeleuten nicht maritime Nippes, sondern Verhaltensnormen, die aus dem Wunsch geboren waren, die vielfältigen Anforderungen einer Seereise gemeinsam zu bewältigen. Ritualisierung, Redensarten und Bräuche halfen dabei, die Praxis kollektiver Selbstdisziplinierung von Seeleuten von zufälligen Zusammensetzungen der Mannschaften unabhängig zu machen und sie in eine lange Tradition guter Seemannschaft einzugliedern.

Seemannsbräuche dienten dazu, die beengte Lebenswelt zu ertragen, die daraus resultierenden Spannungen zu minimieren und – was noch wichtiger ist – ihr Übergreifen auf den Arbeitsprozess zu verhindern. Zur ersten Gruppe zählten und zählen alle Bräuche, die darauf abzielen, den einzelnen Seeleuten außerhalb der Wachen jene Rückzugsmöglichkeiten zuzugestehen, die der begrenzte Lebensraum ermöglicht. In den gemeinsamen Schlafräumen früherer Zeiten sollte einer nicht angesprochen werden, wenn er sich zur Wand gedreht hatte, und von Offizieren wurde erwartet, daß sie um Erlaubnis ersuchten, bevor sie die Mannschaftsmesse oder eine Mannschaftskammer betreten wollten. Dieser Brauch wurde auch in der Periode der Einzelkammern nicht aufgegeben. Auf See ist es aus Sicherheitsgründen entweder ausdrücklich verboten oder doch sehr ungern gesehen, die Tür einer Kammer abzuschließen, doch bedeutet eine geschlossene Tür an Bord auch heute noch, daß Zutritt nur auf Einladung oder im Falle dringender betrieblicher Erfordernisse gestattet ist, eine Regel, von der traditionell auch Vorgesetzte nicht ausgeschlossen waren. Im Frühjahr 2002 konnte sich ein Schiffsmechaniker über Stunden nicht beruhigen, als er feststellte, daß der Kapitän in seiner Abwesenheit seine Kammer betreten hatte. Daß der Kapitän ihm die Papiere auf den Tisch gelegt hatte, die er für seine unmittelbar bevorstehende Ablösung benötigte, ließ er nicht als Entschuldigung gelten.[79]

Die Anforderung kameradschaftlichen Verhaltens kam nicht zuletzt in der Erwartung zum Ausdruck, daß um die Rettung eines Kameraden kein Aufhebens gemacht wurde. Zwar zählten zur akzeptierten Repräsentation eines gestandenen Seemannes durchaus Berichte über tatsächliche (oder erfundene) grandiose Abenteuer an Land, womöglich auch noch ausgeschmückte Berichte über besondere Unwetter, aber die Hervorhebung eigenen Heldentums in gefährlichen Situationen war (und ist) verpönt. Ganz besonders galt (und gilt) dies für Ereignisse, bei denen ein Seemann das Leben eines anderen rettet. Daß einer eine Gefahr auf sich nahm, um dadurch das Schiff, das Leben der Besatzung oder auch eines einzelnen Kollegen zu retten, gehörte, um einen modernen Ausdruck zu benutzen, gewissermaßen zu den Basisqualifikationen eines Seemannes. Soweit sie das Schiff, die Ladung und die *crew* betraf, war diese Anforderung früher in Heuerverträgen festgeschrieben, soweit sie sich auf das Leben eines einzelnen, womöglich persönlich wenig geschätzten Kameraden bezog, ließ sie sich nur in den Anforderungen tradieren, die Seeleute in ihren Gesprächen an Bord von Generation zu Generation weiter gaben. „*Shipmates save each other so often that no one thinks it worth mentioning*" schrieb Knut Weibust in seiner 1969 veröffentlichten maritimen Ethnologie.[80]

Von außen betrachtet ist der funktionale Kern all dieser traditionellen Verhaltensnormen leicht zu erkennen: Er schuf und bewahrte den sozialen Zusammenhang an Bord und damit die Voraussetzung dafür, daß Schiff und Mannschaft sicher in den nächsten Hafen kommen konnten. Viele dieser Verhaltensnormen stammen noch aus der Zeit der Segelschiffahrt, als die Bedienung des mechanischen Zusammenhangs der Segelmaschine ein möglichst reibungsloses Zusammenwirken ihrer menschlichen Glieder erforderte,[81] doch wurden sie dann auch den Erfordernissen eines mit Dampf vorangetriebenen Schiffes angepaßt. So entwickelte sich im Wachbetrieb der Maschinenbesatzungen sehr schnell die Anforderung, daß eine sich andeutende kritische Situation sofort zu beheben versucht und nicht etwa „übersehen“ wurde, um sie der nächsten Wache zu überlassen. Obwohl der Maschinenbetrieb heute zeitlich anders organisiert ist,[82] fühlen sich sehr viele Seeleute weiterhin „moralisch“ verpflichtet, ein technisches Problem sofort in Angriff zu nehmen. Schiffsingenieure, die in eine Tätigkeit an Land wechselten, berichten, daß sie sich nur sehr schwer daran gewöhnen konnten, bei sich andeutenden technischen Problemen die zuständige Stelle zu unterrichten, anstatt selbst sofort die Initiative zu ergreifen.[83]

Neben der sozialen Kontrolle von Seeleuten untereinander basierte der Frieden an Bord auch auf dem persönlichen Verhalten des Kapitäns. Wenn er nicht nur darauf achtete, Ungerechtigkeit und unnötige Härte zu vermeiden, sondern auch seine Offiziere dazu anhielt, sich diesem Beispiel anzuschließen, konnte er Unmut vorbeugen. Wenn er aufgetretene Spannungen rechtzeitig zur Kenntnis nahm und sie durch ein ernstes Wort oder die etwas drastischere Variante des „Anpfiffs“ unterband, konnte er vielfach einen gerade einsetzenden Prozeß der Verhärtung unterbrechen. Meistens wurde auch akzeptiert, daß er im Notfall Maßnahmen - wie etwa den Ausschluß vom nächsten Landgang oder die Zuteilung besonders ungeliebter Arbeiten - ergriff, die im Seegesetz nicht vorgesehen waren. Schlug einer gehörig über die Stränge, so wurde etwa von der Möglichkeit Gebrauch gemacht, eine bereits versprochene Beförderung rückgängig zu machen. „Hatte der Kapitän vorher gesagt: ‘Du hast Dich bewährt und wirst jetzt Matrose - nächsten Ersten.’ Nun kam ja dann die Nacht in Lissabon dazwischen. Da war das nun nix mehr.“[84]

Ein dritter friedensstiftender Faktor trat ungeplant auf. Ein Schiff, das viele Probleme macht, war (und ist) übereinstimmender Ansicht zufolge in aller Regel ein „friedliches Schiff“. Sogenannte „Arbeitsschiffe“ machen technische Probleme, glätten dafür aber die Wogen an Bord. Nun wird sich niemand freiwillig technische Probleme „an die Hacke binden“, doch nutzten Vorgesetzte auf See die Jahrhunderte lange Erfahrung der friedensstiftenden Wirkung von Beschäftigung. Irgend etwas fiel ihnen immer ein, was dringend erforderlich war, um das Schiff in einen Zustand zu bringen, den man als *shipshape* durchgehen lassen konnte. Auch heute findet ein guter Bootsmann auf See immer irgend eine Beschäftigung, mit der sich für die Decks-*crew* „ein paar Stunden wegbrennen lassen,“[85] wenn es das Wetter nicht zuläßt, an Deck Rost zu entfernen oder zu malen. Notfalls glänzt ein Schiff eben innen von oben bis unten mit neuer Farbe und werden einige Wartungsarbeiten durchgeführt, die auch noch aufgeschoben werden könnten. Mag solche Praxis auf den ersten Blick auch lediglich dazu beitragen, die Besatzung den Verträgen gemäß zu beschäftigen, so geht es doch auch darum, all das zu verhindern, was sich in Zeiten der Unterbeschäftigung möglicherweise an Störungen des Betriebsfriedens entwickeln könnte.

So weit die Tradition und ihre Ausläufer in die heutige Seefahrt. Wenn wir im Folgenden aktuelle Praktiken zur Erhaltung des Bordfriedens diskutieren, so ist vorab zu bemerken, daß es hier um die Bewältigung der kleineren und größeren Schwierigkeiten geht, die gewissermaßen dem Durchschnitt der Seefahrt entsprechen. Daneben gibt es Schiffe, auf denen Seeleute körperlich und psychisch drangsaliert werden.[86] Umgekehrt erlebten einzelne Schiffsführer die Situation an Bord während des letzten Jahrzehnts als so bedrohlich, daß sie ihren Beruf aufgegeben haben. [87] Was nun diese, freilich nie genau zu bestimmende durchschnittliche Situation anlangt, so waren sich diejenigen unter unseren Gesprächspartnern, die bereits Ende der sechziger Jahre auf bundesdeutschen Schiffen fuhren, einig, daß es in den rein oder doch ganz überwiegend aus deutschen Seeleuten zusammengesetzten Mannschaften sehr viel mehr und vielfach auch gravierendere Disziplinarprobleme gab als in der derzeitigen Seefahrt.[88] Dennoch ist der Bordfrieden auch heute ein durchaus prekäres Gut.

Das ist vor allem zwei Entwicklungen geschuldet. Zum einen fehlt heute in vielen Fällen über Wochen und sogar über Monate hinweg das Ventil des Landgangs. Durch die Beschleunigung der Seefahrt hat das frühere Regime guter Ordnung an Bord einen seiner Stützpfeiler verloren. Die Wirkung dieses fehlenden Auslaufs wird durch die Reduzierung der Mannschaften noch verstärkt. Denn die soziale Enge kann durchaus wachsen, wenn die räumliche Enge gemildert wird, pro Person also mehr Wohnraum zur Verfügung steht als in früheren Zeiten. Die verringerte Besatzung bedeutet gewissermaßen eine zusätzliche Beschränkung des sozialen Auslaufs. Es sind sehr wenige Menschen, mit denen man über Wochen nicht nur Tag für Tag, sondern auch viele Abende, Sonntagnachmittage und die Nachmittage von Feiertagen zusammen sein muß,[89] wenn man es nicht vorzieht, sie alleine in seiner Kammer hinter sich zu bringen.

Noch bedeutsamer ist, daß aktuelle Rekrutierungsstrategien der früheren Praxis gegenseitiger Disziplinierung von Seeleuten den Boden entzogen haben. Diese soziale Kontrolle war ja - wie oben ausgeführt - aus einer seemännischen Tradition erwachsen, in die Seeleute im Laufe ihrer Fahrenszeit hineinwuchsen, woraufhin sie die Verhaltensnormen und Darstellungsformen eines „guten Seemannes“ entweder selbst verkörperten oder sich ihrer doch als Anforderung bewußt waren. Heute treffen an Bord Seeleute mit sehr unterschiedlichen Ausbildungsgängen und Erfahrungen zusammen. Einer oder zwei mögen ihre Ausbildungszeit noch an Bord eines westdeutschen Schulschiffes begonnen, zwei oder drei die sorgfältige traditionelle Ausbildung in der DDR oder in Polen durchlaufen haben, andere haben auf japanischen, iranischen oder saudi-arabischen Schiffen angefangen, und wieder andere sind zum ersten Mal an Bord und haben bislang noch nie in einem Industriebetrieb, geschweige denn im Maschinenraum eines großen modernen Seeschiffes gearbeitet. Einige der Letzteren bringen eine gute Vorbildung mit, andere haben nur das Nötigste gelernt. Jene allgemeinen Verhaltenserwartungen an Seeleute, die auf den Schiffen der Schiffahrtsstaaten rund um den Nordatlantik, die Nord- und die Ostsee früher tradiert wurden, sind den meisten unbekannt. Werden sie mit Anforderungen konfrontiert, die aus dieser seemännischen Tradition stammen, so können sie diese nur als Befehle erleben, dies umso mehr, als kaum je die Chance besteht, daß sie ihnen gegenüber von einem Besatzungsmitglied geäußert würden, das nicht ihr Vorgesetzter ist.

Sind Mannschaften international stark gemischt, so erschweren nicht nur Statusdifferenzen sowie unterschiedliche Erfahrungen von Besatzungsangehörigen, sondern auch die Tatsache, daß sie von Hause aus sehr unterschiedliche Sprachen sprechen, die Entwicklung einer Praxis gegenseitiger spontaner Kontrolle. Denn nicht nur das *yarning*, sondern auch die vielen spontanen spöttischen Bemerkungen, die im langjährigen Erziehungsprozeß von Seeleuten früher eine so große Rolle spielten, sind nur begrenzt möglich, wenn die sprachliche Kompetenz nicht hinreicht, um mittels Ironie oder einer kurzen schlagkräftigen Bemerkung einem *crew*-Kameraden beizubiegen, daß er dabei ist, „aus dem Ruder zu laufen". Damit nicht genug. In den siebziger und achtziger Jahren sehr häufig, und auch heute noch gelegentlich, treffen an Bord Angehörige unterschiedlicher Religionen zusammen, die ihre Glaubenspraxis nicht als eine Privatsache, sondern als Richtschnur ihres Alltags betrachten. Ebenso wie es viele protestantische Seeleute auf Schiffen norddeutscher Staaten zu Beginn des 19. Jahrhunderts noch für ein Unheil erachteten, wenn ihnen zugemutet wurde, mit Katholiken zusammen zu fahren, erleben manche Seeleute auch heute eine „religiöse Mischung" als unerträglich.[90] Und dann sind da noch die gegenseitigen nationalen Vorurteile: „Wenn Sie jetzt einen Kiribati haben und 'nen Filipino, die können sich von Haus aus nicht. Das sagen die ganz offen."[91] Zwar hängt auch in solchen Situationen viel vom Verhalten eines oder mehrerer einzelner ab – die am harmonischsten integrierte *crew*, die wir auf einer unserer Mitfahrten beobachten konnten, bestand aus Weißrussen und Philippinen, eine Zusammensetzung, der viele Seeleute wenig Chancen eingeräumt hätten,[92] – doch gibt es ohne Zweifel gegenseitige Stereotype, die Zusammenarbeit und Zusammenleben erschweren. Auch wenn sich daraus keine manifesten Störungen des Bordfriedens entwickeln, so erschweren gegenseitige negative Stereotype doch die Praxis spontaner Kontrolle. Verbale oder in Gesten vermittelte Kritik werden dann viele „in den falschen Hals" bekommen. Unter solchen Bedingungen wird spontane soziale Kontrolle die trennenden Stereotype eher noch verstärken, als daß sie die Entwicklung gemeinsamer Berufsauffassung fördern könnte.[93] Zusammengenommen bedeuten diese Schwierigkeiten, daß zentrale Voraussetzungen für die traditionellen Formen gegenseitiger spontaner Kontrolle unter Seeleuten heute fehlen. Dieses Kontrollregime aber hatten wir oben als zentrales Element jener Praktiken bezeichnet, die halfen, den Frieden an Bord zu fördern. Auch heute gibt es verbreitete Vorstellungen über die Eigenschaften, die einen guten Seemann ausmachen, werden Marotten von *Chief Engineers* berichtet und Erfahrungen mit „guten" sowie „schlechten" Kapitänen ausgetauscht,[94] „*I have served under fifteen captains, only five of them were gentlemen*," bemerkte ein Offizier während einer unserer Mitfahrten.[95] Durch solche Berichte und Bemerkungen formen sich auch heute, wenn auch viel weniger gefestigt als in früheren Zeiten, verallgemeinerte Vorstellungen von den Erwartungen, die Seeleute untereinander an ihr Verhalten und an das Verhalten ihrer Vorgesetzten haben. Dennoch: Anders als zu Zeiten nationaler Seefahrtstradition transformieren sich verallgemeinerte Erwartungen und die Verbreitung von Informationen nur sehr bedingt in einen allgemeinen Sozialisationsprozeß. Weit mehr als früher hängt die gute Ordnung an Bord deshalb am Verhalten von Vorgesetzten.

Werfen wir zunächst einen kurzen Blick auf die rechtlichen Grundlagen für disziplinarische Kompetenzen des Kapitäns. Auch früher schon gab es in dieser Hinsicht nationale Unterschiede, doch ist die Reichweite dieser Unterschiede inzwischen unvergleichlich größer. Auf Schiffen unter deutscher Flagge, also auch auf Schiffen, die im GIS eingetragen sind, gilt weiterhin das deutsche Seemannsgesetz. Das bedeutet, daß nicht nur Straftaten, sondern auch Ordnungswidrigkeiten nicht etwa vom Kapitän, sondern ausschließlich von einem zuständigen Gericht beziehungsweise vom zuständigen Seemannsamt geahndet werden dürfen. Straftaten, wie etwa die Nichtbefolgung einer dienstlichen Anordnung, die eine Gefährdung von Menschen, Schiff oder Ladung zur Folge hat, werden mit einer Freiheitsstrafe oder eine Geldstrafe bestraft. Entsprechendes gilt, wenn ein Besatzungsmitglied einen Vorgesetzten mit tatsächlicher oder angedrohter Gewalt daran hindert, für Sicherheit und Ordnung an Bord zu sorgen (§§ 115, 116, SeemG). Auch Ordnungswidrigkeiten - darauf bezog sich die zu Beginn dieses Kapitels zitierte Diskussion - dürfen nicht an Bord geahndet werden. Sie sind dem zuständigen Seemannsamt zu melden und werden dann gegebenenfalls mit einem Bußgeldbescheid geahndet.[96] Der Vorgesetzte an Bord hat die Ordnungswidrigkeit unverzüglich ins Schiffstagebuch einzutragen, dem Besatzungsmitglied von diesem Vorgang Kenntnis zu geben und auf Verlangen eine Abschrift auszuhändigen. In manchen, aber keineswegs in allen der heute gebräuchlichen Flaggenstaaten gibt es - formal - entsprechende Regelungen. Wie oft sie faktisch genutzt werden beziehungsweise praktisch überhaupt genutzt werden könnten, ist nicht zu ermitteln. In unseren Diskussionen hat keiner der Kapitäne, die ausgeflaggte Schiffe geführt haben, je auf ein derartiges Verfahren Bezug genommen, sei es, daß einer unserer Gesprächspartner es selbst angewandt hätte oder von einem Kollegen gehört hätte, daß er sich dieser Möglichkeit bediente. Faktisch sehr viel relevanter (waren und) sind Praktiken, die im Notfall auf eine sofortige Kündigung, ansonsten aber auf eine unmittelbare Erledigung an Bord beziehungsweise auf die Verhinderung einer Wiederbeschäftigung hinauslaufen. Häufig gibt es auch die Praxis, daß eine *company* mit der von ihr engagierten *crewing agency* vereinbart, daß auf Anordnung eines Kapitäns eine bestimmte Anzahl von Stunden bei der Berechnung der monatlichen Heuer nicht berücksichtigt werden sollen. Damit wird die *crewing agency* faktisch zu einer Instanz, die Bußgelder verhängt. Für diese „private Rechtssprechung" ist kein Verwaltungsgericht zuständig.[97] Einem Seemann, der überzeugt ist, der gegen ihn verhängte Stundenabzug sei unbegründet, könnte ein Gericht allerdings ohnehin nicht helfen, denn vielfach genügt ein einziger aktenkundig gewordener Vorgang, um seine Chancen, ein weiteres Mal durch diese *crewing agency* vermittelt zu werden, für längere Zeit, wenn nicht sogar dauerhaft, zunichte zu machen. Anders ausgedrückt: Die globalisierte Konkurrenz auf dem Arbeitsmarkt verschärft faktisch jede disziplinarische Maßnahme. Das gilt insbesondere für die vorzeitige Auflösung eines Heuervertrages. Theoretisch könnte sich unmittelbar ein neues Heuerverhältnis anschließen, faktisch wird es für die Betroffenen schwer, erneut durch eine einigermaßen regulär arbeitende Agentur an eine seriöse Gesellschaft vermittelt zu werden.

Was einen Antrag auf sofortige Entlassung anlangt, so berichten Kapitäne von unterschiedlichen Erfahrungen. Während einige sagen, einem derartigen Antrag sei ohne weiteres entsprochen worden, berichten andere, man habe ihnen bedeutet, es sei für die Reederei billiger, einen Kapitän auszuwechseln, als einige *OS* (*ordinary seaman*) nach Hause zu schicken. Ob diese Feststellung einer genauen Überprüfung standhalten würde, sei dahingestellt. Sie macht aber pointiert deutlich, daß disziplinarische Kompetenzen ihre konkrete Ausgestaltung erst durch die konkreten Verhältnisse auf dem jeweiligen Arbeitsmarkt erfahren. (In diesem Fall handelt es sich um eine Kalkulation der anfallenden Gebühren für die erneute Vermittlung einer Arbeitskraft und um die zusätzlich anfallenden Reisekosten.) Schwierigkeiten gab es aber auch, wenn um die Entlassung eines Offiziers ersucht wurde. Mehrere Kapitäne berichteten, ein alkoholkranker Offizier sei auf ihr Ersuchen hin zwar unmittelbar vom Schiff genommen worden, doch hätten sie später erfahren, daß er sofort auf einem anderen Schiff eingesetzt worden sei. Anders verhält es sich mit einem *rating*, dessen Heuervertrag wegen Verletzung dienstlicher Pflichten vorzeitig aufgelöst wurde. Ein derart disziplinierter Seemann hat in den meisten Fällen nämlich nicht nur gegen Pflichten verstoßen, die aus einem privaten Arbeitsvertrag resultieren, sondern gleichzeitig gegen die „nationalen“ Interessen seines Herkunftslandes.

In jenen Staaten, die heute zahlreiche Staatsbürger auf den globalen maritimen Arbeitsmarkt „entsenden“, besteht ein dringendes Interesse an den Devisen, die auf diese Weise ins Land kommen. Disziplinarische Probleme mit einem einzelnen Seemann des betreffenden Landes werden daher leicht als Gefährdung der Marktposition des Entsenderlandes auf dem globalen Arbeitsmarkt betrachtet. Nicht selten ist deshalb das disziplinarische Regime an Bord mit dem Disziplinarregime des Herkunftslandes verwoben. Besonders deutlich ist dies im Falle der Philippinen, wo Seeleute nicht nur verpflichtet sind, der Überweisung des größten Teils ihrer Heuer in das Herkunftsland zuzustimmen, sondern auch einen von der POEA (*Philippine Overseas Employment Agency*) ausgestellten Paß benötigen, um sich legal verheuern zu können. Nach der vorzeitigen Auflösung eines Heuervertrages besteht wenig Chance, in absehbarer Zeit (offiziell ist die Rede von einer zweijährigen Sperre) erneut einen Paß zu bekommen. Von dieser Sanktion betroffen, kann ein Seemann meist nur noch versuchen, sich ohne offizielle Genehmigung zu miserablen Bedingungen direkt zu verheuern. Gewerkschaften können kaum helfen. Häufig müssen sich Seeleute im Heuervertrag verpflichten, sich nicht an eine Gewerkschaft zu wenden. Tun sie es doch, geraten sie - insbesondere in Asien - zumeist auf eine „Schwarze Liste“ und werden künftig nicht mehr vermittelt.[98] In diesen Fällen erfolgt das *blacklisting* infolge eines Heuervertrages, der international geächtete Klauseln enthält, doch kann es zu einem faktischen Ausschluß von einem zukünftigen Heuervertrag auch dadurch kommen, daß sich Bemannungsagenten bei einer (deutschen) Reederei nach einzelnen Offizieren oder *ratings* erkundigen, bevor sie diese vermitteln. Je nach dem Grad der Bekanntheit zwischen Bemannungsagent und Personalchef kann es dann mehr oder minder deutliche Auskünfte geben - mit den entsprechenden Folgen.[99] Angesichts der aktuellen Situation auf dem Arbeitsmarkt muß es aber - zumindest für *ratings* - gar nicht zu Praktiken kommen, die genau besehen unter das Verbot der ILO-Konvention 179 fallen. Insbesondere Reedereien, die bemüht sind, eine Stammbesatzung aufzubauen, gehen derzeit dazu über, von ihren Kapitänen beziehungsweise von den Leitern des Maschinenbetriebs vergleichsweise detaillierte Berichte über die einzelnen Beschäftigten zu verlangen. Ein negativer Bericht hat potentiell sehr viel weiter reichende Folgen als sie ein förmliches Verfahren vor einem Seemannsamt gegen einen deutschen Seemann in den sechziger Jahren gehabt hätte.

Die zentrale Basis des Disziplinarregimes, das außerhalb des Schiffs verankert ist, liegt heute weniger in konkreten gesetzlichen Bestimmungen als vielmehr in der Situation auf dem maritimen Arbeitsmarkt. Auch unter rechtsstaatlichen

Verhältnissen spielen solche Bedingungen eine gewisse Rolle, doch haben sich Arbeitskräfte in entwickelten Industriestaaten im Verlauf von anderthalb Jahrhunderten rechtliche Mittel erkämpft, um sich gegen Maßnahmen wenden können, die sie - sei es zu Recht, sei es zu Unrecht - für unbegründet oder für unverhältnismäßig erachten. Seeleuten im Niemandsland stehen diese Mittel heute faktisch - und vielfach auch rechtlich - kaum noch zur Verfügung.[100] Sofern es sich um Ordnungswidrigkeiten und nicht um regelrechte, vor einem Gericht zu verhandelnde Straftaten handelt, ist nicht etwa eine Behörde, sondern der Markt die eigentliche Disziplinarinstanz.

Daß das deutsche Seemannsgesetz heute auf den meisten Schiffen deutscher Eigentümer keine Geltung mehr hat, ist in gewisser Weise weniger einschneidend als vermutet werden könnte. Denn außerhalb des Schiffes verankerte Disziplinarregimes reichen heute ebenso wenig wie früher völlig hin, um die gute Ordnung an Bord eines Schiffes Tag für Tag zu garantieren. „Die Musik, die wird an Bord gemacht" sagte ein Schiffsoffizier, als es um disziplinarische Fragen ging. Etwas wissenschaftlicher formuliert: Trotz aller disziplinierenden Wirkung der Situation auf dem Arbeitsmarkt entscheidet über die gute Ordnung auf einem Schiffes auch heute noch das Disziplinarregime, das an Bord selbst verankert ist. Und dieser Anker sitzt heute, um im Bild zu bleiben, nicht immer fest. Seit Seeleute keine gemeinsamen Ausbildungserfahrungen mehr haben, unterschiedliche Sprachen sprechen und seit die Besatzungen vieler Schiffe aus sehr unterschiedlichen Kulturkreisen kommen, sind wichtige Voraussetzungen für die oben beschriebene Praxis gegenseitiger Disziplinierung und Kontrolle nicht mehr gegeben. Trotzdem geht es an Bord der allermeisten Schiffe auch heute nicht „drunter und drüber".

Eine erste Erklärung für diesen Sachverhalt offerierte ein philippinischer Bootsmann, der schon seit den siebziger Jahren auf deutschen Schiffen fährt. Er berichtete, damals seien philippinische Seeleute oft sehr ungebärdig gewesen. Häufig sei es zu Schlägereien gekommen und die Disziplin habe ganz allgemein zu wünschen übrig gelassen. (Womit er nebenbei all jenen Äußerungen deutscher Offiziere widersprach, die das jeweilige Ausmaß disziplinarischer Probleme auf konstante Nationalcharaktere zurückführen.) Heute aber seien sie fast alle *educated people*. Er führte zunehmende Disziplinierung also darauf zurück, daß genauer als früher überprüft wird, ob die vorgeschriebenen Kurse absolviert wurden, und daß die Qualität dieser Kurse - einschließlich dabei vermittelter Verhaltensnormen - gestiegen ist.[101]

Eine zweite Praxis, den Bordfrieden zu sichern, muß heute nur in Ausnahmefällen strategisch angewandt werden. Denn die Reduzierung der Mannschaften und der Zeitdruck, dem, wenn auch in unterschiedlichem Ausmaß, die meisten *crews* unterliegen, macht heute quasi jedes Schiff zu einem Arbeitsschiff. Zwar gibt es durchaus Schiffe, auf denen, wie uns ein Kapitän von unterwegs schrieb, im Maschinenraum „an einer Tour etwas kaputt ist, und zwar nicht nur so Kleinigkeiten", doch ist die Arbeit auch auf allen anderen Schiffen heute im Vergleich zu früher intensiviert worden. Das bedeutet zweierlei: Zum einen ist der Alkoholkonsum ganz generell sehr zurück gegangen.[102] „Je mehr die Reduzierung durchgeführt wurde, desto geringer war das Risiko von Alkohol,"[103] zum anderen können sich weder Decks-*crew* noch Maschinen-*crew* Toleranz gegenüber einem Kollegen leisten, der sich „einen faulen Lenz" zu machen versucht oder aus eigenem Verschulden einen Tag lang nur bedingt arbeitsfähig ist.

Daß auf Schiffen heute insgesamt weniger getrunken wird, hängt sicherlich auch mit dem Untergang des Männlichkeitsideals zusammen, das zum traditionellen Selbstbild von Seeleuten zählte, zusätzlich aber auch mit der veränderten Arbeitssituation. Einer widersprach der ansonsten übereinstimmend geäußerten Ansicht:

„Ich weiß, daß eine deutsche Besatzung auf den Schiffen, auf denen ich fahre, in den siebziger Jahren noch circa 200 Kisten Bier vernichtet hat; 220 Kisten Bier - dreißig Mann. Heute ham wir 27 oder 25 Mann, fahrn Ausländer. Wir liegen bei 50 Kästen Bier. Und das liegt nicht an den Filipinos oder an den Arbeitsrhythmen, sondern es liegt, glaub ich doch, [daran], daß die Deutschen damals eben den größeren Durst gehabt haben, ohne dabei extrem viel Exzesse gehabt zu haben. Das war eigentlich auch innerhalb der Grenzen, da wurde gefeiert ... natürlich, es gab hin und wieder Knatsch, und es gab Wochenendreibereien. Aber der Alkoholverbrauch, der Bierkonsum war größer."[104]

Inzwischen sind die hier angesprochenen Grenzen auf jeden Fall enger gezogen. Dabei wirken Arbeitsintensität, allgemeine gesellschaftliche Entwicklung, andere Persönlichkeitsideale, striktere Politik der Reedereien und die Vorschriften großer Ölgesellschaften, die Schiffe chartern, zusammen:

„Damals gab's noch immer diese fruchtlosen Diskussionen, ob jemand betrunken ist oder nicht. Je betrunkener er war, desto intensiver versicherte er, nicht betrunken zu sein. Das gibt's heute nicht mehr, weil heute der Kapitän ... ich hab also'n Alkoholtester in meinem Schreibtisch. Falls das überhaupt mal zu einer Situation kommen sollte, dann pustet der einfach und dann gibt's keine Diskussion mehr. Andererseits ist der nicht zu diesem Zweck an Bord gegeben worden, sondern weil die großen Ölgesellschaften, die haben in ihren Frachtverträgen festgelegt, daß Alkoholkontrollen durchgeführt werden müssen, wann immer sie es fordern. Das heißt also, in jedem Löschhafen kann ich aufgefordert werden, vom Empfänger oder vom Charterer, die Wachhabenden zu testen."[105]

Entsprechende Regelungen gelten auch für sonstigen Gefahrguttransport. Reedereien, die darauf aus sind, Verträge mit großen Verladern abzuschließen, hatten bereits vor der (inzwischen vorgeschriebenen) Entwicklung ihrer Handbücher für das *safety management* eine sogenannte *„Drug- and Alcohol Policy"* für ihre Schiffe formuliert.[106] Trotzdem gibt es auf Schiffen zumeist die Möglichkeit, Alkohol zu erwerben. Allerdings untersagen viele Kapitäne die Ausgabe von Alkohol aus der

Kantine, bevor ein Hafen angelaufen wird. Soweit es sich dabei nicht darum handelt, den Bestimmungen in islamischen Staaten und den USA[107] gerecht zu werden, sollen dadurch wohl vor allem Handelsgeschäfte mit dem Hafenpersonal unterbunden werden. Vor dem Anlaufen eines islamischen Staates müssen zudem (zusammen mit Pornoheften und Heiligenbildern) auch alle bereits angebrochenen Alkoholbestände eingezogen und unter Verschluß genommen werden. Ansonsten berichten Kapitäne von sanften Kontrollen. Da aller Einkauf in der Kantine von der Heuer abgezogen wird, muß der Kantinenverwalter Buch führen. Folglich ist der Alkoholkonsum jedes Einzelnen aktenkundig. Manchmal spricht ein Kapitän den Betreffenden dann an, andere rationieren auch die Ausgaben: „Drei Flaschen Schnaps für die gesamte Mannschaft pro Woche, das hat sich so eingebürgert. Das reicht dann auch."[108] Nichtsdestotrotz: Genau wie an Land gibt es auch auf heutigen Schiffen gelegentliche Gruppenexzesse und einzelne Alkoholiker, letztere allerdings eher unter Offizieren als unter *ratings*.

Trotz aller Veränderungen ist die wichtigste Basis für die Arbeitsdisziplin und den Frieden an Bord noch immer die Tatsache, daß eine Besatzung versucht, Arbeit und Zusammenleben so zu organisieren, daß die Fahrt sicher beendet werden kann. Wenn an Land konstatiert wird: „Wir sitzen alle in einem Boot", so geschieht dies zumeist durch Vorgesetzte und Eigner, wenn sie Härten gegenüber der Belegschaft als unausweichlich rechtfertigen wollen. An Bord eines jeden Schiffes bekommt diese Redeweise den Anstrich der Banalität. Unter Seeleuten selbst ist diese Formulierung deshalb auch nicht gebräuchlich. Sie sagen (in welcher Sprache auch immer): *We all want to get home again*. Das hätte auch als funktionale Quintessenz jener Seemannsbräuche formuliert werden können, durch welche die Situation der Gefahrengemeinschaft früher verarbeitet wurde. Das Bewußtsein dieser Gefahrengemeinschaft ist geblieben. Da heute jedoch die seemännische Tradition fehlt, die der Verarbeitung dieser Situation im Alltag an Bord Stabilität verlieh, ist die Umsetzung dieses Bewußtseins in konkrete Verhaltensweise weit weniger gesichert. Anders gesagt: Der funktionale Ersatz für die früheren Bräuche muß heute quasi auf jedem Schiff und mit jedem Wechsel der Zusammensetzung neu hergestellt werden. Es ist unmittelbar einleuchtend, daß unter solchen Bedingungen die Verhaltensweisen einzelner - und in ganz besonderem Maße die Verhaltensweise eines Kapitäns - eine noch größere Rolle spielen als dies früher der Fall war.

Sofern wir Berichte, Aussagen von Betroffenen und eigene Beobachtungen korrekt deuten, versuchen die meisten deutschen Kapitäne, diese Situation durch einen eher autoritären Leitungsstil im Verhältnis zu den nicht-europäischen Besatzungsmitgliedern zu bewältigen. Das mag im Einzelfall gut gelingen, doch ändert dies nichts an dem Sachverhalt, daß die Führungsqualitäten von Schiffsführern und Schiffsoffizieren eine weit weniger stabile Basis für die gute Ordnung an Bord abgeben, seit diese nicht mehr in kollektiv praktizierte Seemannsbräuche eingebettet ist. Auch früher praktizierte nicht nur jede Reederei einen eigenen Stil, sondern es wurde auch jedes einzelne Schiff in einem besonderen *style* gefahren, und doch halfen in der Ära nationaler Seefahrt die Seemannsbräuche dabei, die gute Ordnung an Bord auch unabhängig von den Führungsqualitäten der Leitung zu stabilisieren. Heute müssen die ungeschriebenen Gesetze, die den Schiffsbetrieb regeln, auf jedem Schiff und mit jedem Wechsel von Besatzungsmitgliedern, Offizieren und Kapitän neu erfunden werden.[109] Das macht sie sehr labil.

Inzwischen fehlt in aller Regel auch jene Institution, die mit dem Betriebsverfassungsgesetz an Bord kam. Trotz dessen Fortgeltung gibt es auf Schiffen unter deutscher Flagge heute nur noch in Einzelfällen eine Bordvertretung.[110] (Diese Ausnahmen scheinen sich auf einzelne Reedereien zu beschränken.[111]) Sicherlich sind viele heute der Ansicht, die zahlenmäßig kleinen Besatzungen ließen eine förmliche Vertretung eher lächerlich wirken, andere denken, die meisten der nichtdeutschen Seeleute könnten mit einer derartigen Institution wenig anfangen, weil sie aus Gesellschaften kommen, in denen gewerkschaftliche Praxis wenig verankert ist. Dennoch wird mit dem Verzicht auf eine Bordvertretung nicht nur die gesetzliche Regelung unterlaufen, die zumindest für Schiffe, die im *German International Register* eingetragen sind, nach wie vor gilt, es wird auch eine Möglichkeit verschenkt, den Frieden an Bord zu verbessern. Läuft es auf einem Schiff gut, so informiert der Bootsmann den *Chief Mate* (und dieser dann gegebenenfalls den Kapitän) über die schludrige Arbeitsmoral eines Einzelnen oder über Konflikte innerhalb der Mannschaft, manchmal wohl auch über Unzufriedenheit mit besonderen Anordnungen. Deren Lösung geht dann über Ermahnung, Befehl, Androhung von Konsequenzen, nur im Einzelfall wohl auch über ein Gespräch. Manches ließe sich aber auch heute noch mit einer Bordvertretung sehr viel „eleganter“ lösen, um die oben zitierte Formulierung eines Kapitäns über seine diesbezüglichen Erfahrungen aufzugreifen. Eine Kapitänin berichtete, sie habe von einem früheren Vorgesetzten die Praxis übernommen, jede an Bord vertretene „Nation“ einen förmlichen Sprecher wählen zu lassen. Das funktioniere sehr gut.[112]

Das Betriebsverfassungsgesetz bezieht sich auf Arbeitsverhältnisse. An Bord aber regeln Vorgesetzte nicht nur die Arbeit, sondern auch zahlreiche Aspekte des Lebens, die an Land der Sphäre des Privaten zugerechnet werden. Gerade für diesen Aspekt der Regulierung wären Vertretungen besonders nützlich. Was ihr Fehlen bedeuten kann, läßt sich an einem scheinbar ganz nebensächlichen Sachverhalt erläutern: Auf einem Schiff unter deutscher Flagge war der *Chief Mate* – womöglich durchaus zu Recht – der Ansicht, es werde mit Waschpulver „geaast“. Also teilte er der gesamten Besatzung pro Woche eine große Packung Waschpulver für ihre private Wäsche zu. Nachdem mehrfach Ende der Woche nicht mehr gewaschen werden konnte, weil das Waschpulver alle war, gingen Einzelne dazu über, sich zu Beginn der Woche eine bestimmte Menge in ein Glas abzufüllen. Nun war das Waschpulver schon Mitte der Woche aufgebraucht. Der *Chief Mate* ließ sich nicht erweichen. Die Mannschaft grummelte. Den Forschern gegenüber[113] meinten einzelne, dann solle man doch wenigstens wieder wie früher kleine Pakete Waschpulver in der Kantine anbieten, die man privat erwerben könnte. So lange wir an Bord waren, deutete nichts darauf hin, daß eine Lösung gefunden werden würde. Im Schiffsbetrieb geht es bei einer solchen Frage aber um mehr als nur um die Möglichkeit, zu jeder Zeit nach Belieben ein frisches T-Shirt anziehen zu können. Da an Bord das Privatleben nicht vom Arbeitsleben gesondert ist - und tatsächlich zeigt sich an diesem Beispiel, daß auch die Möglichkeit beschränkt ist, für „Luxus" Geld auszugeben -, beeinflussen Schwierigkeiten, denen Seeleute begegnen, wenn sie sich um ihre privaten Angelegenheiten kümmern, nur allzu leicht auch die Arbeit. Auch an Land erleben Arbeitskräfte am Feierabend Konflikte über Gartenbenutzung, die Kehrwoche oder die Benutzung einer gemeinsamen Waschmaschine. Vielleicht berichten sie davon sogar am Arbeitsplatz, aber nur in wenigen Ausnahmefällen werden alle Arbeitskräfte in ihrem Privatleben einer gleichartigen und identisch verursachten Belastung ausgesetzt sein. So sehr sie sich ärgern mögen, so leben sie während ihres Arbeitstages doch in einer anderen Welt, und auf gar keinen Fall erläßt ihr Chef im Betrieb eine Regelung für Kehrwochen und Waschmaschinenbenutzung, die für sie alle maßgeblich wäre. An Bord ist das sehr wohl der Fall, und deshalb ist die Organisation des Betriebs sehr viel weniger gegen Übergriffe aus dem Privatleben - und sei es das Reich der Waschküche - gefeit. Gerade deshalb benötigt die Arbeitsmoral hier auch besondere Pflege.

Bereits seit einer Reihe von Jahren verläßt sich eine große deutsche Reederei zu diesem Zweck nicht mehr ausschließlich auf die Klugheit der Führungskräfte an Bord, sondern praktiziert eine spezifische Methode der Personalpolitik: Sie setzt ihre *crews* so international wie irgend möglich zusammen. Während sich ansonsten eher eine Tendenz herausgebildet hat, vergleichsweise wenige und (angeblich) „zueinander passende" Nationen an Bord zu holen, werden hier ganz bewußt möglichst viele „Nationalitäten" zusammen auf ein Schiff gebracht. Begründet wird dies mit dem Bestreben, Gruppenbildungen unter den Besatzungen und auf diese Weise disziplinarische Probleme zu vermeiden. Auf einem derart bemannten Schiff sind wir mitgefahren. Die deutschen Offiziere hielten diese Strategie ausnahmslos für erfolgreich. Auch deutsche Offiziere auf anderen Schiffen, die diese Praxis zwar nicht aus eigener Erfahrung kannten, jedoch von ihr wußten, beurteilten sie, von Ausnahmen abgesehen, eher positiv. Dabei stimmen sie mit der Begründung der Reederei überein.[114] Seien Seeleute aus möglichst vielen

Herkunftsländern an Bord, so verhindere dies Gruppenbildung. In entsprechenden Diskussionsbemerkungen wurde die Tendenz zur Gruppenbildung mit der zu erwartenden Folge gemeinsamer Obstruktion und Widerborstigkeit regelmäßig als Tatsache angeführt, allerdings wurde sie nie durch Hinweise auf eigene konkrete Erfahrungen erläutert. Genau besehen ist die Basis dieser Personalpolitik ein generelles Mißtrauen gegenüber nicht-deutschen *ratings*.

Inzwischen können sich Befürworter einer Personalpolitik, die auf die Anstellung von Seeleuten aus möglichst vielen unterschiedlichen Herkunftsländern abzielt, auch auf eine Arbeit berufen, die am *Seafarers' International Research Center* (SIRC) in Cardiff entstanden ist.[115] In einer offiziellen Publikation der Gewerkschaft Ver.di wurde sie zustimmend referiert.[116] Die Autoren stellen fest, eine international stark gemischte *crew* sei gegenüber der Anwesenheit von nur zwei oder drei Nationalitäten der Vorzug zu geben, weil gegenseitige Lerneffekte größer seien und sich unter diesen Bedingungen auch seltener kolonialistische Strukturen im Schiffsbetrieb etablierten. Sie berichten, Seeleute hätten sich ebenfalls zugunsten dieser Lösung ausgesprochen. Unseren eigenen Beobachtungen und Gesprächen zufolge ist die Situation weit weniger eindeutig. Zum einen scheint es keineswegs ausgemacht, daß Gruppenbildungen, die zu einer Behinderung der Arbeit führen, wirklich statt finden, zum anderen ist zu bedenken, daß an Bord eine kaum je unterbrochene Tristesse in der Freizeit eine mindestens ebenso große Gefahr für das Arbeitsklima darstellen kann wie die Bildung von nationalen Gruppierungen. Angesichts der nach wie vor fast durchgängig beschränkten englischen Sprachkenntnisse ist gemeinsame Freizeitgestaltung unter international stark gemischten *crews*, sieht man von offiziell veranstalteten Ereignissen ab, außerordentlich selten. Finden sich tatsächlich einmal mehr als drei *ratings* nach Feierabend in der *crew*-Messe zusammen, so hängen sie meist in Sesseln oder auf Stühlen und „ziehen" sich stumm einen bereits dutzende Male gesehenen Videofilm „rein". Kommt es dann doch zu einer Kommunikation, so unterhalten sich meist die zwei oder drei Filipinos in Tagalog miteinander, während der eine Seemann aus Sri Lanka und ein anderer, der aus Indien kommt, stumm dabei sitzen, bis sie dann - zumeist nach kurzer Zeit - aufstehen, um den Rest des Abends in ihrer Kammer zu verbringen. Auf einem Schiff, in dessen *crew* portugiesische, polnische und - ein heute seltener Fall - deutsche *ratings*[117] fuhren, gab es in der Messe dreisprachige getrennte Gespräche. Das schien niemand sehr zu stören. Es hatte aber auch jeder zumindest einen Kollegen, mit dem er sich in seiner eigenen Sprache unterhalten konnte. Muß einer immer in einer ihm fremden Sprache reden und verpflichtet er dadurch auch die anderen, sogar außerhalb der Arbeit Englisch zu gebrauchen,[118] verstärkt dies - von Ausnahmen immer abgesehen - die soziale Isolation. Jenes Service-Team, in dem sich der polnische Koch und der philippinische Steward aus purem Vergnügen gegenseitig ein paar Brocken ihrer Muttersprache beibrachten, wird aufs Ganze gesehen wohl auch in Zukunft eine seltene Abweichung von der Regel bleiben.

„Da kam Keiner"

Kapitäne sind für den Betrieb eines Schiffes verantwortlich. Als solche kommen sie sehr oft in die Situation, unterschiedlichen Anforderungen gerecht werden zu müssen. Sie müssen beispielsweise entscheiden, ob eine bestimmte Wetterlage ein Auslaufen noch möglich macht oder nicht, ohne sicher zu sein, ob die Reederei im Falle eines Konfliktes mit dem Charterer ihre Entscheidung mittragen wird. Kurzfristig müssen sie beschließen, ob sie bereit sind, einen Hafen, der erst während der Fahrt als nächster Zielhafen angegeben wurde, ohne zuverlässiges Kartenmaterial anzulaufen und damit zwar ökonomischen Interessen zu entsprechen, aber internationale Vorschriften zu mißachten. Für andere stellt sich die Frage, ob sie aufgrund der – zwar nicht ausdrücklich, aber doch deutlich vermittelten – Anweisungen eines Eigners sogenannte „unerlaubte Einleitungen" von Schadstoffen in das Meerwasser machen, oder solches Ansinnen nicht zur Kenntnis zu nehmen. Kapitäne waren und sind als rechtliche Vertreter eines Schiffseigners auch zunächst rechtlich verantwortlich, wenn ein Schiff aufgegeben wird oder eine Reederei in Konkurs geht. Und dann gibt es da noch all die verschiedenen Gesetze in all den verschiedenen Hafenstaaten. Steht in einem Hafenstaat die Todesstrafe auf dem Besitz einer Waffe, so drohen in einem anderen schwere Strafen selbst für die kleinsten Mengen Rauschgift, die ohne Wissen des Kapitäns an Bord gekommen sind.

„Wenn Sie nach USA kommen – ich erzähle ja nichts Neues – dann müssen Sie nachweisen, daß Sie ihr Schiff so und so oft – jeden zweiten Tage glaube ich – nach Drogen durchsucht haben. Genau aufgeschrieben haben müssen Sie, wo überall ein Loch oder eine Ecke oder ein Dings sein könnte, daß Sie da auch nachgeguckt haben. Wer macht denn so was? Das ist nachher nur noch Papier- und Bleistiftverschwendung. Das tut nämlich letztendlich ernsthaft keiner mehr. Dann hat man dem Papier und Gesetzgeber Genüge getan. Und wenn es wirklich mal so ist, und die finden was, dann heißt es: 'Ja, was nun? Dann hast Du ja auch noch gelogen.' Dann steht man mit einem Bein immer im Knast."[119]

Ein Rechtskonflikt schließlich, den alle Kapitäne kennen, die in den letzten Jahrzehnten afrikanische Häfen angelaufen sind: Stellt sich in einem europäischen Hafen heraus, daß ein blinder Passagier an Bord war, so werden der Reederei die Kosten für dessen Abschiebung aufgebürdet. Für Kapitäne ergeben sich nicht nur Schwierigkeiten mit Behörden, sondern auch mit der Reederei. Viele Kapitäne versuchen deshalb, einem an Bord entdeckten blinden Passagier zu verdeutlichen, daß er keine Chance in Europa haben wird und geben ihm, wenn ihre Route das zuläßt, die Gelegenheit, das Schiff in einem anderen afrikanischen Hafen „heimlich" zu verlassen. Daß ihr Beruf solche Schwierigkeiten mit sich bringt, ist allen erfahrenen Kapitänen bewußt. Doch gibt es neuerdings noch ein paar zusätzliche Dimensionen:

„Mein schlimmstes Erlebnis: Ich komm mit'm Containerschiff von der Türkei zurück und bin in einen Orkan quer über von Lissabon gekommen. Die Container in der Luke sind hochgesprungen durch die unwahrscheinliche See und haben die Lukendeckel beschädigt, so daß also das Wasser da so in die Luke reinlief. Dadurch wurden die Container alle wackelig, und wir hatten vorn und hinten Container mit Baumwolle liegen, und da müssen Funken übergesprungen sein, die Baumwolle fing an zu brennen. Und jetzt kommen wir darauf, von wegen, daß der Reeder mit dem Kapitän kaum noch Kontakt hat und so fort und so fort. Wir sind Antwerpen angelaufen, und ich wollte jemand von der Reederei, einen Inspektor, der zeichnungsberechtigt ist. O.k., ne Rechnung von - sagen wir mal - 10.000 Mark oder 15.000 Mark könnte ich unterschreiben, aber ich kann nicht da für drei/vier Tage die CO_2 Lieferungen, die in die Hunderttausende gehen, das kann ich nicht zeichnen. Da wollte ich jemand haben. Der Reeder sagt ... jedes Mal, wenn ich ihn angerufen hab: 'Sie machen das schon.' ... Ich hab mir dann Anwälte in Antwerpen genommen, die mir zur Seite gestanden haben."

Schließlich sollte „Große Havarie" [ein seit vielen Jahrhunderten übliches Verfahren der Anmeldung und Regelung von materiellen Schäden, die im Zuge von Seetransporten auftreten] gemacht werden. „Die Ladungsbeteiligten mit ihren Rechtsanwälten waren alle da. Sie bestürmten mich mit Fragen. Der Inspektor, der da ankam, das war'n Maschineninspektor ... Ich sag: 'O.k., wenn Sie das nicht machen, dann unterschreib ich alles blind.' Ich hab nie wieder was gehört."

Auf den Einwand eines Diskussionsteilnehmers, da sei doch sicher einer von den Seeversicherern gekommen, den hätte er sich doch erst mal „krallen" können.

„Da kam Keiner. Die ham mit der Reederei telefoniert, und die ham gesagt: 'Wir ham da nen fähigen Kapitän an Bord, der macht alles.'"[120]

Auf diesen Bericht hin wollten nahezu alle Anwesenden ähnliche Erfahrungen berichten.[121] Bei derartigen Verfahren, hieß es, säßen dann immer welche herum, die nur darauf warteten, „daß irgendwie ne dusslige Antwort kommt, ... und die wird nachher zum Verhängnis gemacht ... und Sie sitzen nachher mit dem ganzen Krempel da und können bezahlen."[122]

Ein Kapitän, der seit kurzem in Rente war, stellte fest: „Ich habe als Kapitän nicht mal ein Fahrrad gehabt, geschweige denn'n Auto."[123]

Daß Kapitäne persönlich für Schäden haften mußten, die während einer Reise auftraten und ihnen zugeschrieben werden konnten, ist nicht neu. Wohl aber, daß Kapitäne zwar nach wie vor gesetzliche Vertreter der Reederei sind, sofern sie auf ausgeflaggten Schiffen fahren, aber nicht in einem Rechtsverhältnis zum Reeder stehen, weil sie bei einer *crewing agency* angestellt sind, die ihren Sitz in irgend einem Land der Welt haben kann. „Die haben keinerlei Verpflichtung, der Reeder, auch dem Kapitän gegenüber keinerlei Verpflichtung."[124] Einer, der schon seit Jahren auf ausgeflaggten Schiffen fährt, berichtet, um nicht gegebenenfalls auch noch sein Patent zu verlieren, habe er sich dann schließlich ein Panama-Patent und ein Liberia-Patent angeschafft . „Ich hab mir gedacht, o.k., dein Patent, das legst Du nicht auf den Tisch für die Dusseligkeit irgendwelcher anderer, und daher hab ich dann nachher auch ... bei den deutschen Pseudoreedereien da nur mit diesen entsprechenden Patenten angemustert. Die wußten zwar, daß ich A6 hatte, und in Bremen gemacht, aber eintragen lassen [hab ich] Panama- oder Liberia-Patent."[125] Zwar berichteten fast alle Kapitäne von ihrer ständigen Angst, regresspflichtig gemacht zu werden, etwa auch für den Verlust von Geld, das nicht im Tresor, sondern anderweitig versteckt ist und von Piraten geraubt wird, dennoch stand die Erfahrung mit Verhaltensweisen von Reedern, die Kapitäne als unterlassene Hilfeleistung erleben, im Vordergrund.

Ein Kapitän, der nach einem schweren Schiffsunfall vor der chinesischen Küste keinerlei Hilfe vom dortigen *Consulter* der Reederei bekam, mußte dann auch noch feststellen, daß dieser *Consulter* gleichzeitig der Vertreter der zuständigen Seeversicherung war, also gar kein Interesse haben konnte, ihm während der Havarie Grossa beizustehen. Es habe während der Dauer dieses Verfahrens und der anschließenden Werftzeit in China auch keinerlei Vorsorge für die Mannschaft an Bord gegeben. Die an Bord gebliebene Besatzung habe zunächst kein Wasser und keinen Strom gehabt, es sei ihnen auch keine Verpflegung nachgeliefert worden. Als sich die Werftzeit in Shanghai bis in den Winter zog und die Heizung im Schiff noch immer nicht funktionierte, habe es die Reederei abgelehnt, Heizlüfter zu besorgen.[126] In einem anderen Fall kam ein Kapitän in einen marokkanischen Hafen, ohne von der Reederei darüber unterrichtet worden zu sein, daß ein anderes Schiff dieses Unternehmens dort einen erheblichen Schaden angerichtet hatte. Er wurde sofort auf die Polizeistation befohlen und dort festgesetzt, „ohne irgend eine Kommunikationsmöglichkeit, also außer Fenstereinhauen und Schreien." Solche Verfahren suchen Reeder heute dadurch zu umgehen, daß sie für jedes Schiff ein gesondertes Unternehmen gründen, also auch jeweils nur mit dem Ein-Schiff-Unternehmen haften. Die marokkanische Polizei ließ sich auf diesen Trick mit dem, wie die Beamten sagten, „exotischen Unternehmen", aber nicht ein und nahmen den Kapitän gewissermaßen als Faustpfand. Nach zwei Tagen schickte der Reeder dann eine Zahlungsverpflichtung. Daraufhin kam der Kapitän wieder frei. Gleich danach kam ein Fernschreiben der Reederei an Bord, in dem angefragt wurde, warum sie für den Ladevorgang drei Tage gebraucht hätten, woanders werde die entsprechende Menge Phosphat in dreizehn Stunden geladen.[127]

Vielfach geht es allerdings nicht nur um privatrechtliche Ansprüche, sondern auch um strafrechtliche Verfahren. So etwa, wenn ein Kapitän verhaftet wird, weil auf seinem Schiff ein Container mit Rauschgift gefunden wurde. Ähnliches kann nach einem Todesfall vorkommen: „Ich find' es nur traurig wie im Ausland die Kapitäne dann behandelt werden. Ich hab nämlich auch so etwas gehabt. Ein Matrose, ... der hat die Ankerkette vor den Schädel gekriegt, ... der ist also gestorben. ... Damals fuhr ich noch als Steuermann, ... den Alten ham sie gleich dabehalten im Knast und mich ham sie behandelt wie nen Verbrecher, regelrecht wie nen Verbrecher, nicht höflich und nichts."[128] Besonders empört sind Kapitäne, wenn sie in derartigen Fällen auch keine Hilfe von deutschen Konsulaten bekommen. In vielen Fällen seien die Beamten fachlich nicht genügend qualifiziert, auch der Landessprache für komplizierte Verfahren nicht ausreichend mächtig.[129] Dazu noch ein Beispiel aus der Diskussion zu dieser Thematik: Auf einem Chemietanker unter der Flagge Singapurs war ein deutsches Besatzungsmitglied zu Tode gekommen. Der Konsulatsvertreter im Hafen von Curaçao habe die Papiere des Toten an sich genommen und den Kapitän dann mit der Leiche allein gelassen. Schließlich habe er entnervt gesagt: „Jetzt find ich auch noch ein leeres Ölfaß, dann werd ich ihn selbst verbrennen ... Ich muß ihn ja loswerden."[130]

Über mangelnde Unterstützung durch einzelne Konsuln und deren Vertreter beklagten sich Kapitäne auch schon im 19. Jahrhundert, auch die Tatsache, daß in einem Rechtsfall der Kapitän als gesetzlicher Vertreter der Reederei zunächst derjenige ist, der haftet und greifbar ist, ist eines der durchgängigen Merkmale internationaler Seefahrt. Nun könnte man meinen, die Entwicklung des internationalen Privatrechts, die Möglichkeit rascher und umfassender Kommunikation sowie internationale Verfahren der Strafverfolgung hätte Kapitäne im Vergleich zu früher gewissermaßen „aus der Schußlinie" genommen. Das Gegenteil ist der Fall. Denn die rechtliche Organisation des internationalen Seetransports hat den Zugriff auf die tatsächlich Verantwortlichen in den letzten Jahrzehnten immens erschwert und in vielen Fällen sogar unmöglich gemacht. Die breite Öffentlichkeit erfährt von diesen Mustern der Haftungsvermeidung in aller Regel nur nach einem spektakulären Schiffsunfall. Sicherlich ist die Verschachtelungen des Eigentums und der Haftung, die nach den Verlusten der Öltanker „Erika" und „Prestige" (mehr oder minder) öffentlich wurden, in diesem Ausmaß in der internationalen Schiffahrt nicht allgemein üblich, um Ausnahmen handelt es sich jedoch nicht. Eine Ausnahme ist es leider auch nicht, daß Medienvertreter sich berechtigt fühlen, von der nicht-europäischen Staatsangehörigkeit der Besatzungsmitglieder eines Schiffes mit großer Selbstverständlichkeit auf deren schlechte Qualifikation zu schließen, und eine Ausnahme ist es auch nicht, daß ein Kapitän, der, nachdem er alles unternommen hatte, um den Unfall zu verhindern, gerade heil an Land gekommen ist, sofort verhaftet wird, weil man zunächst einmal eines Schuldigen habhaft werden will.

Beginnen wir mit der „Erika", die am12. Dezember 1999 vor der Küste der Bretagne zerbrach. Da wäre zunächst einmal die italienische Klassifikationsgesellschaft RINA, die das Schiff noch im November 1999 klassifiziert hatte. Damals waren zwar einige Verstärkungen des Rumpfes angemahnt worden, doch wurden diese Maßnahmen nicht ausgeführt. Mitte des Jahres 1998 war die Erika von der französischen Klassifikationsgesellschaft „Veritas" positiv klassifiziert worden.[131] Klassifikationsgesellschaften haften bislang noch nicht für unzureichende Überprüfungen. Wie die französische Untersuchungskommission festgestellt hat, war die „Erika" in den Jahren zuvor mehrfach umgeflaggt worden. Was die Eigentumsverhältnisse betraf, so beschrieb die offizielle Untersuchungskommission diese als „extrem undurchsichtig". Die Firma TOTAL hatte das Schiff von einem Charterer für eine sogenannte spot-Reise unter-gechartered. Vertreter von TOTAL gaben an, ihrer Ansicht nach sei die Firma, die als Eigentümer fungiere, eine Briefkastenfirma. Sie hatten sich vor dem Abschluß des Vertrages nicht bemüht, die Eigentumsverhältnisse zu klären. Die Verfasser des offiziellen Berichtes „glaubten herausgefunden zu haben", daß die wirklichen Eigentümer der „Erika" die beiden neapolitanischen Reeder Vitiello und Savarese waren, die ihr Schiff „vielleicht über den Umweg der griechischen Firma *Dry Tank SA/Cardiff Marine*" von dem griechischen Geschäftsmann Georges Economou managen ließen. Dieser hatte das Schiff an die Schweizer-Bahamische Gesellschaft *Selmont Marship* verchartered, die ihrerseits mit Schiffahrtsgesellschaften in Panama und auf den Bahamas verbunden war. Die Kommission meinte beweisen zu können, daß TOTAL wußte, daß die Firma, von der sie das Schiff „eigentlich" für diese eine Reise charterte, *Selmont Marship* war. Obwohl zur Zeit der Abgabe des Untersuchungsberichtes bereits eine gerichtliche Untersuchung im Gange war, konnten die Eigentums- und folglich Haftungsverhältnisse zwei Monate nach der Katastrophe noch nicht eindeutig belegt werden. Die indische Mannschaft, der in Medienberichten automatisch schlechte Qualifikation bescheinigt worden war, wurde durch die Untersuchungskommission vollkommen rehabilitiert und dem indischen Kapitän, der zunächst als der Hauptschuldige gegolten hatte, wurde bescheinigt, er sei der einzige gewesen, der sich in der Krise sachgemäß verhalten habe und diese, so weit das in seinen Kräften stand, zu verhindern gesucht hatte.[132] Zunächst aber war Kapitän Karun Mathur verhaftet und sowohl vom zuständigen Richter als auch von einem richterlich bestellten Sachverständigen viele Stunden lang verhört worden.[133]

Als zwei Jahre später die „Prestige" vor der spanisch/portugiesischen Küste havarierte, war es wieder der Kapitän, dem die Schuld aufgebürdet werden sollte.

In diesem Fall war die Gesellschaft Total/Fina/Elf Befrachter und Eigentümerin der Ladung. Doch war die Freude der Anwälte von Geschädigten, sie wüßten damit, wen sie auf Schadensersatz verklagen könnten, verfrüht. Denn die Eigentümer, von denen die Ölgesellschaft gechartert hatte, die Firma *Crown Resources*, war zwar im Kanton Zug in der Schweiz ansässig, gehörte aber zu 100% dem sehr mächtigen russischen Konzern *Alfa Group*. Dieser Konzern, gleichzeitig Eigentümer der ersten russischen Privatbank, hatte *Crown Resources* 1996 in Gibraltar gegründet und bei dieser Gelegenheit mit *Crown Trade & Finances* fusioniert, einer Firma, die ihren Sitz auf den Jungferninseln hat.[134] Soweit die Eigentumsverhältnisse für die Fracht. Das Schiff selbst gehörte zum Zeitpunkt des Unglücks *Mare Shipping Inc.*, einem Trust, der von der Reedereifamilie Coulouthros geleitet wird, die Unternehmen mit Sitz in London und in Griechenland hat. Bereits 1979 und 1992 waren Tanker dieses Konzerns in Unfälle verwickelt, die zum Verlust von Menschenleben und zu immensen Umweltschäden geführt hatten.[135] Nach der Havarie der „Prestige" aber war es Kapitän Mangoulass, der wegen einer „möglichen Einbeziehung in ein Verbrechen gegen natürliche Ressourcen und die Umwelt sowie die Mißachtung spanischer Behörden in den ersten Stunden des Ereignisses" angeklagt wurde. Ihm drohten bis zu sechs Jahren Haft.[136] Erst drei Monate später wurde der Kapitän frei- und die Anschuldigung fallen gelassen. Das britische *Nautical Institute* seinerseits beurteilte die Verhaltensweise des Kapitäns nach genauer Untersuchung der Vorgänge folgendermaßen: „*This was the action of a hero, not a criminal.*"[137] So wenig zu bestreiten ist, daß es Schiffshavarien mit der Folge dramatischer Umweltschäden gibt, die auf Fehlentscheidungen und fehlerhafte Praxis von Schiffsoffizieren zurückgehen, so wenig kann akzeptiert werden, daß Kapitäne regelmäßig als Sündenböcke für die Auswüchse der Deregulierung im Seetransport herhalten müssen.[138]

Im Oktober 2000 veröffentlichte das *Nautical Institute* eine Reihe von Fällen, in denen Kapitäne angeklagt und/oder verhaftet worden waren, manchmal mit, manchmal ohne Unterstützung eines Anwaltes oder eines Übersetzers. In dem Bericht, der auf einer Materialsammlung der *International Federation of Shipmasters* basiert, heißt es: „In vielen Ländern der Welt ist es üblich, nach einem Schiffsunglück zuerst den Kapitän des darin verwickelten Schiffes zu verhaften. Beamte dieser Länder lassen sich durch den Umstand, daß dieser Kapitän gerade mit dem Leben davon gekommen ist, daß er verletzt oder nach dem Verlust seines Schiffes traumatisiert ist, nicht weiter beirren. Sogar, wenn es sich um rein wirtschaftliche Konflikte handelt, kommt es nicht selten vor, daß ein Kapitän mit vorgehaltener Pistole von seinem Schiff geholt und das Schiff an die Kette gelegt wird, bis die P&I Clubs, die inzwischen schon zu unfreiwilligen Experten für diese Art des Gelderwerbs geworden sind, die erforderliche Summe hinterlegt haben.

Oft wird auch nach der Maxime 'der Spatz in der Hand ...' verfahren."[139] Es gibt Forderungen an die IMO, eine Konvention auf den Weg zu bringen, die einen internationalen Rechtsschutz für Schiffsführer regelt. Bislang finden sich Kapitäne immer wieder in der Situation, daß sie sich „von Gott und der Welt", vor allem aber von ihrer Reederei, den Konsulaten ihres Heimatlandes und den Instanzen eines Flaggenstaates verlassen fühlen.

Daß sie alleine zurechtkommen müssen, erfahren Seeleute auch nach einem Überfall durch Piraten. Zwar gibt es - wir haben darauf hingewiesen - inzwischen Ansätze für eine internationale Zusammenarbeit in der Piratenabwehr,[140] wenn es aber tatsächlich zu einem Überfall gekommen ist, müssen Seeleute hinterher alleine sehen, wie sie mit ihren Alpträumen zurecht kommen. Unterstützung bei der Bewältigung traumatischer Erfahrungen: kein Thema im internationalen Seetransport. Während es in anderen Bereichen inzwischen vielfach Angebote zur psychologischen Bewältigung traumatischer Erfahrungen in der Ausübung eines Berufs gibt,[141] wird von Seeleuten nach wie vor erwartet, sich „zusammenzureißen" und Manns genug zu sein, um sich von gefährlichen Situationen, von Schiffsunfällen, von Eingriffen in den eigenen Lebensraum und von Angriffen auf die Sicherheit des eigenen Lebens nicht am Funktionieren hindern zu lassen. Auch an Land hat sich die Erkenntnis, daß von Beschäftigten nicht erwartet werden kann, traumatische Erlebnisse, womöglich noch verbunden mit einer öffentlichen Zuschreibung von Schuld, alleine zu verarbeiten, erst allmählich (seit den achtziger Jahren) durchgesetzt. Von einigen Reedereien wird berichtet, sie seien aufgeschlossen für das Thema. Praktische Folgerungen sind noch nicht zu berichten.[142] Dabei kommt der traumatischen Erfahrung eines Piratenangriffs auf ein Schiff noch eine Dimension zu, die in anderen Bereichen fehlt. Denn Seeleute arbeiten nicht nur an Bord, sie wohnen auch dort. Selbst wenn sie nicht verletzt wurden und keine Einbußen an privatem Eigentum hinnehmen mußten, so ist ein Überfall doch immer eine Beschädigung des „Territoriums", in dem sie leben. Deshalb können sie, Erving Goffman hat darauf bereits vor Jahrzehnten hingewiesen, auch in solchen - von außen gesehen „weniger schweren" Fällen - eine Beschädigung ihrer Person davon tragen. Denn die Aufmerksamkeit des Individuums, so Goffman, gilt nicht nur der Abwehr von Eigentumsbeschränkungen, sondern auch der Bedrohung des festen materiellen Rahmens. Das Gefühl der Selbstachtung sei auch an die Herrschaft geknüpft, die ein Individuum über seine festen Territorien ausübe.[143] Die Kammer an Bord ist nicht Eigentum im juristischen Sinne, wohl aber privates Reservat, ein Reservat, dessen man sich auf fast allen Schiffen so sicher sein kann, daß die Tür nicht abgeschlossen wird. Eine Verletzung dieser Sicherheit kann sehr tief greifen. Es gibt keine Statistik, aus der zu erfahren wäre, wie viele Seeleute nach einem Überfall ihre Laufbahn aufgegeben haben.

Qualifikation und Konkurrenz

Erfahrung versus Schiffahrtskonjunktur

„Mein Vater war auch Kapitän ..., mein Bruder ist Kapitän, mein Onkel ... Mein Großvater ist zur See gefahren, mütterlicherseits ... Ich [habe] 55 [die] Realschule abgeschlossen und bin dann ja auf das Schulschiff Deutschland ... Dann anschließend bin ich als Kadett auf'n Ausbildungsschiff vom Norddeutschen Lloyd. Danach auf verschiedenen Schiffen beim Norddeutschen Lloyd als Offiziersanwärter. Anfang 1959 bin ich zur ARGO, weil das mit Schulbeginn und Reisedauer beim Lloyd nicht mehr ganz hinhaute. Dann bin ich kurz bei der ARGO gefahren. Bin 59/60 hier in Bremen zur Schule gegangen, hab dann A5 gemacht. Bin dann weiter zur ARGO gegangen. Von 60 bis 69 als Zweiter Offizier bei der ARGO-Reederei gefahren, hab dann gewechselt zur Reederei Vinnen & Co hier in Bremen, bin da 1970 Erster Offizier geworden, 1976 Kapitän, und seither fahr ich als Kapitän bis 1993."[144]

Auch unter der Generation der Schiffsoffiziere, die um das Jahr 1940 geboren wurden, gab es junge Leute, die zur See fuhren, obwohl das in ihrer Familie nicht üblich war. Dennoch, die Herkunft aus einer Seemannsfamilie ist für diese Generation von Seeleuten durchaus typisch. Viele der damaligen Generation kennen sich untereinander oder haben jedenfalls gemeinsame Erinnerungen an bestimmte Ausbilder, weil sie ihre Laufbahn auf der „Mosesfabrik", dem Schulschiff „Deutschland" oder auf der „Passat" begonnen haben.[145] Typisch aber ist vor allem die lange Dauer des Aufstiegs. Heute kann ein Abiturient vier Jahre später bereits Offizier sein und das erste Engagement als Kapitän noch vor dem dreißigsten Lebensjahr erhalten, für den Absolventen einer Realschule muß dieser Aufstieg kaum sehr viel länger dauern. Unser Gewährsmann aber war neun Jahre lang Zweiter Offizier und sechs Jahre lang Erster Offizier, weil der Beginn seiner Karriere in eine Zeit fiel, in der es ausreichend Offiziere für die noch verhältnismäßig kleine deutsche Handelsflotte gab. Insbesondere Jungoffiziere wurden damals auch noch vergleichsweise schlecht bezahlt, sehr viel schlechter jedenfalls als ihre Kollegen im Ausland. Doch wurde die Möglichkeit der Abwanderung dadurch eingeschränkt, daß Fahrtzeiten auf Schiffen unter fremder Flagge in Deutschland nicht auf die Ausbildungszeit angerechnet wurden. Auf diese Weise sicherten sich Reeder einen vergleichsweise kostengünstigen Personalbestand. Der Unterschied wurde einem Offiziersanwärter deutlich, der in den sechziger Jahren im Rahmen eines der damals häufigen Austauschprogramme zeitweilig auf einem britischen Schiff fuhr. Seine dortigen Kollegen wunderten sich, daß er schon vier Jahre gefahren war, bislang aber noch nicht selbständig hatte Wache gehen dürfen.

„Das hatten wir hier nicht, wir waren Offiziersanwärter ... Wir haben Abrechnungen gemacht, wir haben Verwaltung gemacht, wir haben Seewache mit gegangen, wir haben Hafenwachen gegangen, in alles eingebunden, aber wir hatten ja keinerlei Privilegien oder so. Wir waren beförderte Matrosen! Bei den Briten waren sie *uncertified fourth Officer.*"[146]

Navigation haben sie in Deutschland dann allerdings auch noch gelernt. Von seiner Fahrenszeit Anfang der sechziger Jahre berichtete ein Diskussionsteilnehmer: „Da wurde morgens geschossen, mittags geschossen, abends geschossen. ... Alle Mann, alles, was Hosen hatte. Mit vier Mann auf der Brücke, und was der Kapitän errechnet hatte, war richtig. Das ging noch so richtig hoch her. Jeden Morgen Sterne, mittags die Sonne, abends die Sterne."[147] Diese Art der Astro-Navigation setzt mathematische Kenntnisse voraus, doch wissen alle, die sich darin versucht haben, auf einem schwankenden Untergrund einen Sextanten zu benutzen, daß sie erst nach längerer Praxis wirklich angewandt werden kann.

Mathematik und Erfahrung waren früher auch die selbstverständliche Voraussetzung für Planung und Leitung des Ladebetriebs. In ihrer Zeit als Dritte und Zweite Offiziere wuchsen Schiffsoffiziere allmählich in diese Aufgaben hinein. Ein heutiger Ausbilder stellte fest, man habe früher nicht nur eine relativ lange Ausbildungszeit mit vielen Praxisanteilen gehabt, sondern man sei nach dem Studium eben auch sehr allmählich in eigene Verantwortung hineingewachsen.

„Lange Zeit hat einem immer jemand über die Schulter geguckt bei all den Dingen, die man gemacht hat. Im technischen Bereich hat man als Dritter Ingenieur angefangen. Da hat man die Hilfsdiesel gemacht. Dann wurde man irgendwann Zweiter vielleicht. Dann hat man die Hauptmaschine machen dürfen. Und wenn man irgendwann sozusagen den ganzen Betrieb hochgelaufen ist, wurde man vielleicht *Chief*. Und im nautischen Bereich: Der Dritte fängt an mit den Seekarten neben seiner Wache und macht die Apotheke und der Zweite die Ladung. Und allmählich hat man alle Dinge durchlaufen."[148]

Nicht nur den Ausbildern, die zumeist eine relativ kurze aktive Seemannskarriere hatten, sondern auch Schiffsoffizieren, die lange Jahre gefahren sind, erscheinen rückblickend besonders jene Phasen der Ausbildung bedeutsam, die junge Offiziere an Bord durchliefen, bevor sie in Führungspositionen aufrückten.

„Wir sind unheimlich lange neben unseren Älteren, Erfahrenen, mitgelaufen und haben beobachtet: Was macht er hier? Was macht er da? Was macht der in der Situation? Und das nimmt man auf. Das ist ja auch eine Art Ausbildung, die man sogar bewußt aufnimmt. Sonst brauche ich den Beruf ja gar nicht zu ergreifen. Und die kommt meines Erachtens heute zu kurz."[149]

Ein Beispiel für die Unterschiede zwischen Theorie und Praxis:

„Was mache ich bei schwerem Wetter? Wir haben früher mal gelernt: Auf einem großen Containerschiff: Maschine stoppen. Der hat aber eine 'Segelfläche' wie die 'Passat'. Da passiert gar nichts. Ich habe es erlebt. Ich wäre fast gekentert. Ich war froh, daß ich den Dampfer wieder in den Wind gekriegt hab. Da existieren theoretische Vorstellungen, die in der Praxis nicht funktionieren. Und die kann man meines Erachtens nur mit etwas Erfahrung sammeln."[150]

Diesem Beispiel könnte entgegnet werden, daß sich der Lehrstoff im Laufe der Zeit ja verbessern kann und entsprechende Situationen heute im Simulator durchgespielt werden können. Für das folgende Argument gilt das weniger:

„Ein Schiffsbetrieb besteht ja aus mehreren Dingen ... Es gibt ja auch so ganz simple Vorgänge wie Festmachen eines Schiffes, wo plötzlich dieser unerfahrene junge Offiziere eine Horde von ebenso unerfahrenen Seeleuten beaufsichtigen soll und soll diese dazu bringen, daß sie das Schiff sicher festmachen. Da geht es doch schon los. An sich ist das ein ganz einfacher Vorgang: Schiff geht längsseits. Da kommen 4,3,3, oder was weiß ich, jedenfalls eine bestimmte Anzahl von Leinen raus. Die einen nach vorne, die anderen zur Seite und die anderen nach hinten. Und jetzt müssen die richtig festgemacht werden. Und dieser junge unerfahrene Offizier soll seinen Mitmenschen da vorne vermitteln, was er haben will. ... Und da scheitert es doch. Die wissen alles, die haben ihren Kopf voller Theorie, sind aber nicht in der Lage, das, was sie gelernt haben, jetzt umzusetzen und eine Anweisung zu geben. Ganz schlicht und ergreifend einen Arbeitsvorgang zu beschreiben. 'So, die Leine muß jetzt da raus.' Sondern die stehen dann häufig da, sind ganz verdattert und lassen die Dinge geschehen. Und dann geht die Leine nicht nach vorne raus, sondern plötzlich nach hinten raus. Aus der Vorleine wird eine Spring, oder aber sie stehen viel zu weit, weil die Außenleine zur falschen Seite rausgenommen wird ... Und dann kommen wir wieder zu dem Wort, was er vorhin sagte: 'Erfahrung'. Und die kommt nur mit der Zeit."[151]

Heute werden die Jungen „sehr schnell in sehr viel Verantwortung hineingeworfen. Die kommen an Bord, ... und dann müssen die alles können. ... Und auf seiner ersten Reise, ... er ist auf der Reise von Rotterdam nach Nordhinder, das sind ungefähr drei Stunden, und dann hat es schon geknallt. Ein Trauma! Erste Wache, erste Reise: Kollision. ... Das hätte es früher nicht gegeben. Da waren Leute da, die natürlich über die Schulter guckten ... Das versucht man nach den internationalen Vorschriften von STCW durch Simulatortraining und weiß ich was heute aufzufangen. Das ist nur sehr bedingt möglich."[152]

Als sich in den sechziger Jahren die wirtschaftliche Situation der Seeschiffahrt änderte, blieb das nicht ohne Wirkung auf die Ausbildung. So hat unseren Diskutanten zufolge die große Nachfrage nach Patentinhabern für den technischen Bereich dazu geführt, daß Prüfungen weniger strikt durchgeführt wurden. „Die hätten normalerweise durchfallen müssen. Die sind alle durchgekommen. Ist die Nachfrage da, marschieren die alle durch. Ist die Nachfrage wieder geringer, dann fallen so *peu à peu* welche durch."[153] Von einer anderen Praxis berichtete ein Nautiker (Jahrgang 1939):

„Ich hab ja praktisch mit 'nem kleinen Patent immer mit Ausnahmegenehmigung in der Großen Fahrt gefahrn und auf Schiffen, die zu groß warn, wir hatten immer 'ne Ausnahmegenehmigung und ... auch die Verwaltung hat ja immer den Reedern in die Hand gearbeitet ... und genau so ist es bis heute....ohne daß man die Qualifikation der Leute überprüft hat, wird dann so etwas gemacht, bis's wieder legal ist."[154]

Völlig legal war die erste Verkürzung der Ausbildung für Nautiker im Jahre 1963:

„Da gab es einen Boom ... Es wurden massenhaft Leute benötigt, und die saßen in den Schulen, aber kamen nicht rüber. Also hat man gesagt: 'Ihr kriegt alle ein Semester weniger. Ihr kriegt A 5½. An Bord brauchen wir Dritte Offiziere. Und das eine Semester, das fehlt, das macht ihr hinterher mit.' ... Dann kamen Ende der sechziger [Jahre] sehr starke Jahrgänge in die Schiffahrt. Und diese starken Jahrgänge treten jetzt ja wieder allmählich ab ... und international und auch national haben wir ja durchaus einen Mangel an qualifizierten Führungskräften ... Der war auch abzusehen. Und von diesem Zeitpunkt ab, man kann im Grunde sagen, Anfang der neunziger Jahre, hat man ... die Erfahrungszeit reduziert. Man hat die neuen Zugangsmöglichkeiten geschaffen und, und, und. ... Diese Geschichte des Hochschulzuganges ohne Berufsqualifikation ist auf Drängen der Reeder entstanden ... Und alle sind auf diesen Zug aufgesprungen."[155]

Zuvor allerdings wurden einige andere Modelle erprobt. Angelehnt an die britische Praxis - und lange vor der Verallgemeinerung dieses Karrieremodells - entwickelte der 'Norddeutsche Lloyd' ein gesondertes Programm zur verkürzten Ausbildung von Abiturienten. Sie sollten ihre Laufbahn als Kadetten auf einem speziellen Ausbildungsschiff beginnen. „Die Abiturienten-Gruppierung durfte nun alles ... [berichtet einer, der damals als Offiziersanwärter des üblichen Ausbildungsganges auf dem Kadettenschiff war], kriegte Landurlaub ... und das Beste vom Besten. Die hatten nun endlich auch eine eigene Uniform. Sind alle ... sehr schnell abgesprungen. ... Einer ist jetzt noch Dozent hier an der Hochschule für Nautik ..., aber alle anderen weg ... Eine riesige Enttäuschung für die Reederei, daß keiner von ihren so hoch gepriesenen und selektierten Abiturienten bei der Stange geblieben ist."[156] Die Süffisanz der Bemerkung erklärt sich leicht, denn die Teilnehmer dieser Diskussion, die später als Kapitäne fuhren, hatten alle noch als Schiffsjungen angefangen. Sie waren in einem Ausbildungsmodell groß geworden, in dem ihre Arbeitskraft genutzt wurde, während sie Erfahrungen sammelten. Dieses 'Ganz-Unten-Anfangen' galt insbesondere für angehende Nautiker, technische Schiffsoffiziere dagegen durchliefen zunächst einen Lehrberuf an Land und wurden danach bereits als Ingenieursassistenten geheuert.

War die Konzeption der gesonderten Abiturientenlaufbahn eher der Strategie einer vermehrten Produktion von Patentinhabern zuzurechnen, so gehört die nach der Vereinigung von NDL und HAPAG von der Reederei HAPAG-Lloyd favorisierte Doppelqualifikation bereits eindeutig in den Zusammenhang der Besatzungsreduzierung. Angehenden Schiffsführern wurde angeboten, ein Doppelpatent zu erwerben, neben der nautischen also auch eine technische Ausbildung zu durchlaufen. Umgesetzt wurde diese Strategie zunächst an der Fachhochschule Hamburg, später auch an anderen Ausbildungsstätten.[157] Inzwischen ist sie wieder aufgegeben worden. Zum Teil geschah dies, weil Schiffe nicht entsprechend ausgelegt wurden. Denn die Nutzung von Doppelqualifikationen setzt voraus, daß tatsächlich wesentliche Elemente des Maschinenleitstandes auf die Brücke verlegt werden, so daß der Wachhabende nicht darauf beschränkt ist, die Geschwindigkeit zu regulieren und die Tatsache eines Alarmes zur Kenntnis zu nehmen (ohne dessen Ursache angezeigt zu bekommen). Ebenso einsichtig ist die Feststellung, daß *dual purpose* Patente einen spezifischen personellen Unterbau auf der Mannschaftsebene voraussetzen, den Schiffsmechaniker sowie den Schiffsbetriebsmeister, welcher an die Stelle des traditionellen Bootsmannes hatte treten sollen.[158] Die

Praxis der Ausflaggung hat diese Bemannungsstrategien obsolet gemacht. Schiffsmechaniker und Schiffsbetriebsmeister werden seither bestenfalls noch auf Schiffen, die unter deutscher Flagge (im GIS) fahren, eingesetzt. Ihre Zahl ist beständig gesunken. Der traditionelle Bootsmann aber, der auf ausgeflaggten Schiffen anstelle eines Schiffsbetriebsmeisters gefahren wird, kann, da ihm selbst die Doppelqualifikation fehlt, einen entsprechend eingesetzten Kapitän nicht zureichend unterstützen. Auf einen Schiffsmechaniker wird für ausgeflaggte Schiffe in aller Regel verzichtet. Für den Maschinenbetrieb begnügen sich Reedereien mit einem *Storekeeper* (Vorarbeiter) und mit Motorleuten, für die Decksarbeit mit dem Bootsmann und mit Decksleuten. Allerdings empfanden sehr viele der Doppelqualifizierten die doppelte Verantwortung auch als „viel zu stressig".[159] Sie sind entweder in eine Anstellung an Land gewechselt oder haben sich für eines der beiden Patente entschieden. Andererseits profitieren Schiffseigner, deren Schiffe mit sehr geringer Besatzung die *short range* bedienen, noch heute von der Tatsache, daß einige Kapitäne mit Doppelqualifikation auf dem Markt sind und somit dem in der Regel einzigen Techniker an Bord notfalls beistehen können. Angeregt durch die Diskussionen, an denen er sich im Zusammenhang unseres Forschungsprojektes beteiligte, hat Kapitän Dietrich Willfang, selbst einer der Doppelqualifizierten, gezielt Informationen unter Kollegen gesammelt:

„Wir haben engen Kontakt gehabt, die berühmte 'Quasselwelle', hatten wir uns eine Frequenz gesucht so am Rande der Legalität, dann haben wir Informationen ausgetauscht. ... Wir haben auf ein Jahr bezogen festgestellt, auf diesen Einheiten 4/99 und 9/99, vornehmlich in dicht befahrenen Gebieten, alles deutsche Flagge ... [daß] im Schnitt in unserer Flotte in diesem einen Jahr pro Wache - also in sechs Stunden - die Brücke 48 Minuten nicht besetzt ist, weil bei dem jeweiligen Maschinenalarm oder teilweise auch beim Rausgeben des Proviantes aus der Kühltruhe der Kapitän oder der Steuermann [gemeint ist: *Chief Mate*] die Brücke verläßt."[160]

Seit doppelt qualifizierte Schiffsführer vorzugsweise für sehr gering bemannte Schiffe geheuert werden, hat sich diese Qualifizierungsstrategie somit faktisch zu einem potentiellen Sicherheitsrisiko entwickelt.

Erfahrung versus Technik

Die Verkürzung beziehungsweise Veränderung der Ausbildungsgänge für Schiffsoffiziere hat einerseits krude ökonomische Gründe: Weil mehr Patentinhaber gebraucht wurden, mußte eine Ausbildung angeboten werden, von der erwartet werden konnte, daß sie auch gegenüber beruflichen Aussichten an Land bestehen konnte. Andererseits sollten Ausbildungsmodelle auch dazu helfen, Strategien der Besatzungsreduzierung zu realisieren. Gerechtfertigt wurde diese Entwicklung mit Hinweisen auf die Sicherheit neuer Technik.

Hier soll es nicht darum gehen, inzwischen teilweise schon wieder überholte Ausbildungs- und Bemannungsvorschriften bzw. -modelle darzustellen. Statt dessen beschränken wir uns auf die Diskussion der Frage, in wieweit neue Technologie langjährige Erfahrung tatsächlich zureichend ersetzen kann. Im Zentrum derartiger Diskussionen steht regelmäßig die Navigation. Unsere Experten waren durchaus geteilter Meinung:

„Ich ... war auf einem Holzschiff. Alles was ... da ist, ist ein GPS [*Global Positioning System*] und Radar ... Da kann ich doch von A nach B fahren."

„Hervorragend sogar! Die schreiben alle Stunde die GPS-Position ab und merken gar nicht, weil jetzt die Position falsch ist, daß der Dampfer irgendwo vom Kurs abkommt."

Frage: Was passiert, wenn alles ausfällt?

Gelächter

„... Die wichtigsten Geräte, die sind ja auch doppelt an Bord. Beispielsweise zwei Kreisel[kompasse], wir haben zwei Radargeräte. Die laufen auch weiter, selbst wenn der Strom ausfällt ... Irgendwas geht dann noch und reicht aus, um wieder etwas aufzubauen, und wenn ich es selbst nicht kann, dann habe ich heute immer noch die Möglichkeit über den Satelliten mir diese Hilfe von außen zu holen ..."

„... Aber, wenn jetzt wirklich, es kann ja durchaus sein, daß auch der GPS-Empfänger ausfällt. Auch wenn wir zwei haben, könnte es sein, die fallen beide aus. Wenn wir mitten auf dem Atlantik sind, kommen wir auch mit dem Radar nicht weiter. Da können wir zwar fahren, aber nicht navigieren."

„Ja, mitten auf dem Nordatlantik ..., wenn ich meinen Kurs kenne und habe einen Kreisel, kann ich erst mal bis an die Küste ranfahren. ... Und dann müssen wir eben loten nach alter Väter Sitte ... Das Lot wird irgendwann dann ansprechen. Ich bin ein gläubiger Benutzer des Echolots." [161]

„[War eine] Erleichterung für uns, die Satellitennavigation ... keiner faßt mehr den Sextanten an. Ich hatte beide Sextanten unten bei mir in der Kammer, ... aus Diebstahlgründen, damit sie nicht auf der Brücke rumstehen. Aber, wenn dann was ausfiel, und wir mußten dann wieder nach alter Methode, dann war es sehr, sehr nützlich, wenn wir die HO-Tafeln noch fanden, und die waren dann wirklich noch so richtig bis zu einem Jahr vorher ... und konnten damit weiter navigieren. Wenn wir das zu Hause erzählt haben, wurde natürlich Glückwunsch ausgesprochen, aber mehr auch nicht."[162]

Ein anderer Teilnehmer: „... wenn Radargeräte, jetzt zum Schluß diese übermodernen, ganz dollen von ...., wenn da so ein Ding ausfiel, das war außerordentlich ärgerlich. Und dann hier Malaysia ... einzige Katastrophe. Dann war wirklich herkömmliche Seefahrt wieder."

Frage: Und ist dann der Nachwuchs noch qualifiziert genug?

„Also, den ich hatte: Ja. Habe wohl auch noch Glück gehabt, das waren also auch zum Teil in der DDR ausgebildete Leute, die waren hervorragend. Ganz ausgezeichnet, und bei den eigenen, ja, nun kamen ja die anderen mit ihrem Mischpatent[163] hinzu. Die ... habe ich also nur als Praktikanten erlebt. ... Wenn die jetzt auf diesen ganz modernen Schiffen fahren, doch vieles nicht so drauf haben, da fehlt irgendwie die Praxis ... Das kann man auf dem Simulator einfach nicht beibringen den Leuten."

Eine gegenteilige Meinung: Man brauche die alte Navigationsausbildung nicht noch zusätzlich zu den neuen Instrumenten. „Wenn ich die letzten zwanzig Jahre ... vor einen Hafen komme, zum Beispiel hier vor die Weser, und da fällt alles aus, da bin ich [selbst]so ausgebildet, daß ich mich da irgendwie reinlaviere. Nach Bremerhaven oder sonst wo hin. Wenn das ein Mann heute nicht kann, wenn er mit 25 da oder nach dem Studium ... so eine Sache übernimmt als Kapitän, der legt sich da hin vor die Weser und sagt: 'Hallo Freunde, hier ist alles ausgefallen.' Dann sagt der an Land: 'Moment mal, ich hole Dich da rein. Steuer Du 185, und wenn Du den Kurs ändern mußt, dann sage ich Dir Bescheid.' Und so fährt der da rein! Und das gab's früher nicht! Und deswegen mußte man ausgebildet sein. Nach meiner Auffassung braucht man das heute nicht mehr. Die haben alle Möglichkeiten von Land. ... So eine Funksprechlotserei gibt es ja überall."

„Nein!"

„Aber doch in allen wichtigen Häfen:"

„Ja"

„Neiiin! Neiiin!"

„Natürlich! Wo denn nicht?"

„Ach, da gibt es viele amerikanische Häfen, wo es überhaupt keine Funkberatung gibt. In englischen Häfen auch nicht. Southampton würden Sie auch bis heute, nee, da kriegen Sie keine Beratung. Themseansteuerung ..."

„Aber da kommt doch wenigstens ein Mann raus und holt Sie rein."[164]

Um Hilfe anzufordern, muß erst einmal erkannt werden, daß man Hilfe braucht. Das ist aber nicht der Fall, wenn man sich nur auf die Geräte verläßt. Wieder und wieder berichten erfahrene Kapitäne, daß Schiffsoffiziere sich abgewöhnt hätten, aus dem Fenster zu schauen.

„Ich gucke aus dem Fenster. Vor mir ist eine Insel. Ich mußte da vorher umdrehen. Ich kannte die Insel. Da hab ich meine beiden Mitarbeiter gefragt, Deutsche: Erster[Offizier] und Zweiter[Offizier]) 'Sind wir hier denn richtig? Habt Ihr die Insel schon mal gesehen?' 'Das ist ja ein Ding. Auf der Seekarte ist die gar nicht drauf. Und dort, mitten im Fahrwasser ist da eine Insel'."[165]

Um ein Schiff in einen Hafen zu bringen, muß nicht nur navigiert werden, müssen also nicht nur der Kurs ermittelt und Strömungs- sowie Windverhältnisse berücksichtigt werden, es geht auch darum, den Dampfer zu fahren. Selbst mit zwei Bugstrahlrudern kann ein Kapitän ins Schwitzen geraten, wenn er auf der Nock steht und nach den Angaben des Ersten Offiziers auf dem Vorschiff ein Ro/Ro-Schiff zwischen zwei anderen Schiffen hindurch zentimetergenau an die Pier bringt, damit die Laderampe passgenau ausgefahren werden kann, mindestens ebenso schwer ist es aber, ein Schiff ganz ohne Bugstrahlruder und ohne Schlepperhilfe bei womöglich noch ungünstigen Windverhältnissen in einen engen Hafen zu bringen. Auch gestandene Kapitäne mit vielen Jahren an Erfahrung sind froh, wenn sie eine derartige Situation hinter sich gebracht haben.

„Es ist drei Jahre her, aber es war auch ein 160 Meter Schiff mit 6, 7 Meter Tiefgang an der Ostafrikanischen Küste, anlegen ohne Schlepper.

... Nur mit Leine und Anker! An die Pier ran. So ganz alleine!"

„...Wie oft habe ich angelegt ohne Schlepper."

„Ich weiß nicht, ob man das so kann von der Schule her!"

„Nee!"

„Ich könnte es nicht!"

„Aber wir sollten noch den Reeder dazu holen! Der sagt das ganz klar!"

Gelächter[166]

Briefe und Prüfungen

Bis in die fünfziger Jahre des 20. Jahrhunderts hatten sich Vorschriften über Ausbildung, Prüfungen und Laufbahn in Deutschland ausschließlich auf Offiziere bezogen. Der Aufstieg zum Matrosen und zum Bootsmann verlief dagegen noch nach alter Tradition: durch Erfahrung an Bord.[167] In den fünfziger Jahren wurde eine dreimonatige Grundausbildung für Schiffsjungen eingeführt. Nicht alle, aber doch sehr viele Berufsanfänger, waren damals zunächst auf einer 'Mosesfabrik', einem Schulschiff, bevor sie ihren ersten regulären Dienst an Bord antraten. Danach erhielten sie ihre Ausbildung durch Arbeit an Bord, wobei unterstellt wurde, daß jeweils nach einer bestimmten Fahrenszeit ein bestimmtes Maß an Können und Wissen angesammelt worden war. Der Aufstieg zum Jungmann erfolgte nach einem Jahr auf See. Die Fahrenszeit wurde vom Steuermann bescheinigt. Entsprechend ging der Aufstieg zum Leichtmatrosen vor sich. Der Aufstieg zum Matrosen verlief weniger automatisch. „Matrose" wurde ein Seemann, wenn der Kapitän nach einer bestimmten Fahrenszeit sagte: 'Ich muster ihn zum Matrosen um.' „Das Kriterium war das Urteil des Kapitäns und eine bestimmte Fahrtzeit."[168] So sehr viel änderte sich an dieser Praxis auch noch nicht, nachdem 1957 der Matrosenbrief eingeführt wurde. „Ich kriegte mit, weiß ich noch wie heute, [1958], war ich Urlaubsvertretung hier im Hafen. Man kann Matrosenprüfung machen, wenn man 12 Monate als Leichtmatrose gefahren hat. Da war ich 17. Sofort angemeldet und auch sofort hin und habe hier auf der Baracke ..., die Prüfung gemacht."[169] Allerdings wurden relativ schnell vierzehntägige Vorbereitungskurse angeboten. Sie blieben zunächst jedoch freiwillig. Außerdem wurden sogenannte Lehrbriefe herausgegeben. Unabdingbar war eine zwölfmonatige Fahrenszeit. Im Prinzip wurde auch verlangt, daß darüber Bericht geführt wurde. Einzelne Reedereien hatten Schiffe, auf denen sie einen regelrechten Ausbildungsoffizier mitfahren ließen, andere hielten ihre Offiziere ausdrücklich dazu an, die Jungmänner während der Wache auszubilden.

Im Zuge der Diskussionen, die der Einführung der Matrosenprüfung vorausgingen, war erstmals systematisch diskutiert worden, daß die seemännische Ausbildung für Decksleute nach wie vor durch die Traditionen der Segelschiffszeit geprägt war. Für eine Einordnung dieser Ausbildung in das in Deutschland übliche duale System schien die Zeit aber noch nicht reif, weshalb denn 1954 ein eingetragener „Verein zur Förderung des seemännischen Nachwuchses" mit Sitz in Bremen gegründet wurde.[170]

Rückblickend stellen heutige Ausbilder und damalige Matrosen fest, von ihnen sei damals sehr viel weniger verlangt worden als von heutigen Seeleuten [konkret gemeint sind hier angehende Schiffsmechaniker]: „Ich mußte ja nur spleißen, malen, Waschmaschine fahren, Tauwerk, Ladegeschirr ... Für die Arbeiten war man, denk ich, fit. Nicht durch die Prüfung hinterher, sondern durch die Praxis."[171] Allerdings war die Praxis eben eine Praxis auf speziellen Schiffen. Was einer gelernt hatte, ließ sich nicht einfach auf ein anderes Schiff übertragen. Nicht das „Handwerk des Matrosen" wurde gelernt, sondern die Arbeitsanforderungen auf einem speziellen Schiffstyp.

„Wenn jemand zum Beispiel seine Ausbildungsfahrzeit auf einem Bulker gemacht hätte und er kommt hinterher auf die ... „Birkenfels" [Stückgutfrachter mit eigenen Ladekränen], den kannst knicken. Den kannst Du nicht gebrauchen."[172]

„Das war das Gleiche, wenn einer aus der Fischerei zu uns kam. Der war seefest, und das war's dann."

„Mit Leinen konnte er umgehen."

„Vom Ladegeschirr hatte er keine Ahnung."

„Steuern konnte er auch. Beilegen mit dem Schiff."[173]

Im Unterschied zur lediglich konkreten Befähigung für die Arbeiten auf einem speziellen Schiffstyp zielte die Matrosenprüfung also darauf ab, ein allgemeines Qualifikationsprofil für Facharbeiter an Deck sicher zu stellen.

1975 wurde die Eignungsverordnung von 1956 durch die „Matrosen-Ausbildungsverordnung" abgelöst, wurde „Matrose" also ein regulärer Ausbildungsberuf.[174] „Leichtmatrose" war jetzt ein Matrosenlehrling. „Matrose" wurde, wer nach einer dreijährigen Ausbildungszeit die Matrosenprüfung bestand und daraufhin den Gesellenbrief erhielt. Sehr schnell wurde es dann auch üblich, den Rettungsbootsmannschein gleich noch anzuhängen. Parallel zur - sehr allmählichen - Formalisierung der Ausbildung schufen Reeder jedoch sofort wieder eine Möglichkeit, auch billigeres Personal einzustellen: Deckshelfer ersten und zweiten Grades. Anstelle eines voll qualifizierten Matrosen konnten zwei Deckshelfer oder auch ein Deckshelfer zweiten Grades „gefahren" werden.

Eine Zeit lang löste ein Qualifikationsmodell das andere ab. Besonders markant war die Einführung des sogenannten Mehrzweck-Seemannes. Sie sollte sowohl zur Einsparung von Personal als auch zur Anpassung an neue Anforderungen diesen.

„Das habe ich auch noch mit gemacht! ... Das war ein Ding! Vierzehn Tage hat die Ausbildung gedauert. ... Da mußt Du so und so viel Stunden im anderen Bereich nachweisen! 14 Tage habe ich in der Maschine, nur voll in der Maschine, gearbeitet. Da hatte ich die Stunden voll! ... Ich habe noch ein Zeugnis drüber! 150 Stunden im fremden Bereich ... Ich mußte mit der Ölkanne die Kipphebel schmieren. ... Das war noch ein alter Diesel, und dann Wangenatmung messen. Ich wollte sogar beim Kolben ziehen helfen, weiß ich noch, mit einem langen Roststecher in die Buchse. Und dann hat der *Chief* ... mir beinahe eine gescheuert! ... Ich hatte aber ja auch gar keine Ahnung. Und daraufhin hat er mir das erst genau erklärt, und ich habe mich auch ein bißchen dafür interessiert wie das funktioniert. Also, in vierzehn Tagen."

Frage: Und haben Sie hinterher davon was gehabt? Von der Ausbildung?

„Tut mir leid! Nein!"

Frage: Und die anderen, die das dann gemacht haben? Hatten sie das Gefühl, die sind richtig qualifiziert?

„Nein! Nie gehabt! Diese ganze Mehrzweck-Geschichte, ich war also immer dagegen, weil, sie konnten von allem etwas, aber nichts 100 prozentig."

„Das stimmt!"

„Am Deck konnten sie nicht mal Rost klopfen. In der Maschine wollte der *Chief* manche, manche, nicht alle, man sollte keine Kammschererei betreiben, aber doch überwiegend wollte der *Chief* die schon nicht haben, weil er die einfach zu ganz feinen Sachen nicht gebrauchen konnte."[175]

Nachher fand die Ausbildung auch an Land statt und dauerte sechs Wochen. Dabei wurde auch steuern geübt.

„Das Steuern lernten die dann, einige, mit so einem kleinen Boot, lernten die Schiffe steuern. Und dann kamen die an Bord und ja, was ist nun ein Ruderturn ... Im Dunkeln merkte man das anfangs gar nicht, daß der plötzlich auf dem völlig falschem Ruder liegt, und der war so beeindruckt von der ganzen Geschichte."

Frage: Haben sie sich selbst hinter das Ruder gestellt und dem das gezeigt?

„... Es hat Zeiten gegeben, da habe ich auf dem Mississippi 18 Stunden – mit Kaffee wach gehalten worden – als Bootsmann am Ruder gestanden. Da war ... rein deutsche Besatzung, Mehrzweck-Besatzung. Keiner, der da steuern konnte. Keine Chance! Und der Lotse hat alle abgelehnt. Ich habe 18 Stunden da gestanden! Da hat mich der Lotse aus Mitleid abgelöst."[176]

Während der „Mehrzweck-Seemann", also eine unterste Qualifizierungsstufe, die sowohl für die Aufgaben an Deck als auch in der Maschine befähigen sollte, später wieder aufgegeben wurde[177], gibt es die *multi-purpose* Ausbildung zum Facharbeiter „Schiffsmechaniker", welche die Matrosenausbildung 1983 ablöste,[178] bis heute. Als dieses duale Ausbildungskonzept eingeführt wurde, geschah das in der Erwartung, ein neues Berufsbild zu kreieren. Diese Perspektive wurde durch die

Ausflaggung obsolet. 1999 formulierte ein Teilnehmer einer Diskussion unter Ausbildern unwidersprochen: „Wir sind uns alle darüber einig, jemand, der heute Schiffsmechaniker lernt, hat mittelfristig keine Perspektive als Schiffsmechaniker in der Handelsschiffahrt. ... [Nur]gewisse Nischen, die werden ... bleiben."[179] (angesprochen wurden Schiffahrtsverwaltung und Fährschiffahrt in der Ostsee.) Inzwischen ist die Ausbildung zum Schiffsmechaniker vor allem eine mögliche Durchgangsstation zum nautischen oder technischen Schiffsoffizier. Allerdings wählen die meisten Auszubildenden heute die Möglichkeit, ihre praktische Erfahrung im Wege sogenannter integrierter Praxissemester (von insgesamt 52 Wochen) während des Hochschulstudiums zu sammeln.[180] Tatsächlich ist die reine Bordpraxis im Zuge der dualen Schiffsmechanikerausbildung nicht nennenswert länger. Der wichtigste Unterschied zwischen den beiden Ausbildungsgängen liegt wohl in folgendem Sachverhalt: Ähnlich wie die klassischen Offiziersanwärter sind (oder sollen sein) Praktikanten an Bord bereits „angehende Offiziere", üben sich also in zukünftigen Aufgaben. Dagegen zählen angehende Schiffsmechaniker zu den *ratings*, erleben Seefahrt also während einer gewissen Zeit aus der Perspektive der Mannschaftsangehörigen. Auf Schiffen, auf denen angehende oder fertige Schiffsmechaniker ihrer Nationalität wegen in der Offiziersmesse essen, wird diese Erfahrung jedoch deutlich eingeschränkt. Damit entfällt eine wichtige Voraussetzung für die Ausbildung des Gefühls von Kameradschaft unter allen Seeleuten.

„Da stimmte die Welt noch"

In aktuellen internationalen Diskussionen wird mangelhafte Qualifikation fast immer als Folge der Internationalisierung des Arbeitsmarktes und des damit zunächst verbundenen Wildwuchses an Ausbildungsinstitutionen angesprochen. Deshalb mag es ganz nützlich sein, daran zu erinnern, daß Praktiken, die bestenfalls „neben", oft aber auch in direktem Widerspruch zu gesetzlichen Bestimmungen verliefen, auch zuvor durchaus üblich waren.

„Das war eine rein deutsche Besatzung. Da stimmte die Welt noch! Der Gipfel, den ich mal erlebt habe: ... da konnte das Schiff nicht auslaufen, weil ein Mann auf der Mannschaftsrolle fehlte, und die Wasserschutz[polizei war] an Bord. Innerhalb von einer Stunde war der fehlende Mann da. Der wurde mit einer „Grünen Minna" aus der Jugendstrafvollzugsanstalt Oslebs [Gefängnis in Bremen-Oslebshausen] angebracht, in Handschellen an Bord gebracht mit einem kleinen Bündel. Dann ging die Polizei mit Interpol wieder von Bord. Aber die Besatzung war vollständig! Der konnte nicht runter gehen [gemeint ist: in den Maschinenbetrieb], ..., der konnte rein gar nichts, aber er war an Bord. Das war allerdings der Gipfel. Von da an ging es bergab."

Frage: Bei der „HANSA?

„Ja, mit der Qualität der deutschen Besatzung!"

„... Auch bei der Reederei "HAPAG-Lloyd", da fehlten ja die Patentinhaber. Was wurde da gemacht? Da wurde das Patent an Bord gebracht! Das Patent lag beim Zahlmeister und beim Funkoffizier mit dabei und die Wasserschutz zählte durch. Alles vollzählig! Abgehakt! ... wenigstens, damit wir umzu fahren konnten nach Bremen oder Bremerhaven. Und dann ging das Patent wieder an Land."

„Diese Zustände, das darf eigentlich keiner wissen. Den berühmten Koffer mit Sondergenehmigungen. ... Das war ja auch immer so ein Ding, daß dann einer ... mit einem C2 und einem Koffer voller Sondergenehmigungen, dann das Gehalt eines 1. Offiziers [bekam]."

„Jaa!"[181]

Entsprechende Berichte hätten auch Seeleute im 19. Jahrhundert liefern können. Denn die Praxis, die Vorschriften so zurecht zu biegen, daß ein Schiff termingerecht auslaufen oder ein vom Reeder als nützlich erachteter Seemann ungeachtet fehlender Zeugnisse weiter beschäftigt werden konnte, ist so alt wie die staatliche Regelung der Ausbildung von Schiffsoffizieren und die staatliche Regelung von Bemannungsvorschriften.[182] Reeder wußten, daß sie bei einer derart freizügigen Interpretation der Vorschriften zwar Gefahr liefen, Schwierigkeiten mit staatlichen Stellen zu bekommen, in aller Regel aber davon ausgehen konnten, daß das Schiff den nächsten Hafen sicher erreichen würde, weil die Mannschaft auch eine tatsächliche (und nicht nur formale) Minderqualifikation einzelner Besatzungsmitglieder irgendwie verarbeiten würde. Allerdings gibt es einen sehr großen Unterschied zu heutigen Bedingungen: Besatzungen waren früher durchweg größer. Das gilt auch für die Zahl der Offiziere. Mängel in der Qualifikation einzelner ließen sich deshalb sehr viel eher bordintern ausbügeln, als dies heute durchweg der Fall ist.

„Da fing das ja gerade erst an mit Ausländern"

In den sechziger Jahren gingen viele deutsche Reedereien dazu über, für den Mannschaftsbereich Spanier und Portugiesen, Türken und Italiener zu heuern. Gegen Ende des Jahrzehnts wurden vermehrt auch Patentinhaber aus diesen Staaten eingestellt. Auf Schiffen unter deutscher Flagge erhielten diese Seeleute in der Regel Heuern, die mit der Gewerkschaft Öffentliche Dienste, Transport und Verkehr oder der Deutschen Angestelltengewerkschaft vereinbart worden waren. An Bord wurde Deutsch gesprochen. Von nicht-deutschen Seeleuten wurde erwartet, daß sie sich den notwendigen Wortschatz aneigneten. Allerdings stellten sich auch Vorgesetzte und Kameraden auf das Kommunikationsproblem ein: „Sie müssen einfach 'ne gewisse Mentalität haben, die sich der Seemann sowie so mit der Zeit aneignet ... Der muß ein paar Worte sagen können ... mit ein paar Wörtern muß der andere wissen, was ich meine." Allgemeiner Ansicht zufolge machte die Verständigung in aller Regel keine Probleme. Die Ursache dieser Reibungslosigkeit ergibt sich aus dem Bericht über eine Situation, in der sie fehlte:

„Ich glaube das war 1965. Da war ich noch Zweiter oder Dritter Offizier. Da fing das ja gerade erst an mit Ausländern. Daß die ersten spanischen Seeleute hier auf deutschen Schiffen erschienen. Da kriegte ich einen Matrosen auf meine Wache, der wirklich nur Spanisch konnte. Ich habe Spanisch nie gelernt, habe mir das damals nur auf Grund meiner damaligen dürftigen Französischkenntnisse angewöhnt, kam da so ein kleines bißchen mit klar. Merkte dann, als ich ihm meine Orders gab, daß er sie zum großen Teil falsch ausführte: Flagge über Kopf oder Nationalflagge nicht achtern, sondern im Vorschiff. Oder sonstige Scherze. Als wir dann auf See die ganze Küste hinter uns hatten, ein bißchen zur Ruhe kamen, nahm ich ihn mir mal quasi zur Brust während unsrer Wache abends. Ich sage: 'Wie kommt denn das? Hast Du das denn nie gelernt?' Und unter Zuhilfenahme eines kleinen Langenscheidts haben wir beide uns dann unterhalten. Da stellte sich dann Folgendes heraus: Dieser Mann war bei der spanischen Marine gewesen im Maschinenbereich und genau wie es bei der deutschen Marine den Titel „Matrose" gibt, war er auch „Matrose": *marinero*. Und ist dann nach Hamburg gekommen. Da hieß es: 'Oh *marinero*, wir brauchen Matrosen.' Schon war er Matrose an Deck. Er hat mir dann auch erzählt, daß er vom Deck gar keine Ahnung hat. Er wollte auch viel lieber auf Maschine fahren. Aber das ging so schnell: Zack auf den Dampfer, raus! Wir haben dann nachher sehr gut zusammen gearbeitet, weil er sich bemühte, und dadurch, daß ich immer dieses kleine *dictionary* dabei hatte. Wir haben dann sogar angefangen, Sinusformeln damit zu machen, und er hat dann auch versucht, daß er mich verstand, also mein Englisch oder mein Deutsch oder eben auch mein schlechtes Spanisch. So daß es zum Schluß dann auch einigermaßen lief. Aber ich möchte trotzdem sagen, wenn es zu einer ernsthaften Situation gekommen wäre, hätte es zu Schwierigkeiten kommen können." [183]

Deutlich wird: das größte Kommunikationshindernis ist zunächst nicht mangelhafte sprachliche Kompetenz, sondern mangelnde fachliche Qualifikation, in diesem Fall für den Decksbereich. Aber zutreffend ist sicherlich auch: selbst wenn sich Verständigung auf der Basis ausreichenden Vorwissens bewältigen läßt, so reicht diese Kommunikationsbasis für die Bewältigung kritischer Situationen vielfach nicht aus.

Die meisten, der spanischen und portugiesischen Seeleute, die in den sechziger Jahren eingestellt wurden, waren zu Hause Fischer gewesen und wurden nun als Matrosen geheuert.

Ein Bootsmann: „Wenn Du einen hattest, dann konntest Du wunderbar mit arbeiten. ... Einen konntest Du gut führen. Der hat auch nach einem halben Jahr Deutsch gelernt, aber sobald er einen Landsmann dazu kriegte ..."

Ein damaliger Erster Offizier. „Ich muß im Nachhinein eben ihre Zuverlässigkeit, im Brückenwachdienst zum Beispiel [feststellen]." Im übrigen hätten die Süd(ost)europäer viel weniger Alkohol getrunken als damals die Deutschen.

„Bei „HAPAG-Lloyd" haben sie also auch gesoffen?"

„Aber wie"

„Der Erste, der das zugibt.“

„Das kann er ja jetzt.“

Gelächter

Er sei auch immer sehr froh gewesen, die Türken und Spanier zu haben, denn wenn ein Landausflug organisiert wurde, seien sie die einzigen gewesen, die freiwillig an Bord geblieben seien.[184]

Die Tatsache, daß hier über Sprachkompetenz, Alkohol und Landausflüge diskutiert und die Frage der fachlichen Qualifikation gar nicht angesprochen wurde, ist Indiz für die Tatsache, daß sie nicht als zentrales Problem gesehen wurde. „Die Europäer, die konnten alle was. Auch in der Maschine.“[185] Ganz allgemein, darauf wurde oben schon hingewiesen, sind deutsche Seeleute, die Ende der sechziger Jahre und auch danach noch lange Zeit fuhren, der Ansicht, daß, von Ausnahmen auf beiden Seiten immer abgesehen, nicht-deutsche europäische Seeleute damals eher leichter zu integrieren und auszubilden waren als angelerntes deutsches Personal. Auf eine entsprechende Feststellung hin, kam allerdings einmal der Einwand:

„Das soll man jetzt aber nicht einseitig sehen. Das tun leider sehr viele Seeleute. Weil wir hatten Vollbeschäftigung in Deutschland, und an Land auch. Wie ich bei VW gearbeitet hab', auf Montage und so, da lief wirklich das Allerletzte rum. Nur, die haben krampfhaft Leute gesucht. Und was nahmen die? ... 'Wir wollen zwar gute Leute, aber da habe ich wenigstens einen ...' Das war ja an Land nicht anders. Wenn ich das sehe, mit was für Leuten ich damals auf Montage war, ... die würden heute nicht mal eine halbe Stunde im Betrieb sein.“[186]

Die „DDG Hansa“ war eine der ersten Reedereien, die dazu überging, systematisch Nicht-Europäer in größerer Zahl zu heuern. Einer unserer Diskussionsteilnehmer berichtete aus der Vorgeschichte dieser Entscheidung. Im Rahmen eines Austausches von Offiziersanwärtern zwischen der 'DDG Hansa' und einer britischen Reederei war er ein Jahr auf einem britischen Schiff. („Das war eigentlich das wichtigste und schönste Jahr meiner Seefahrtszeit.“) In dieser Zeit sandte er regelmäßige Berichte an die Reederei.

„Wie die Briten mit ihren ausländischen Besatzungen umgehen. Da ging es nämlich langsam wieder los, wobei die 'HANSA' ja vor dem Krieg schon ausländische Besatzungsmitglieder und pakistanische Besatzungen fuhren. ... Es wurde erst mal ausspioniert: Was bezahlen die Briten? Wie verpflegen sie? Wie bringen sie die Leute unter? Auf wie viel Quadratmetern? Zu welchen Rationen? Wie ist die Sommerausrüstung? Wie ist die Winterausrüstung? ect., etc. Und daraufhin fing die 'HANSA' bald auch wieder mit ausländischen Besatzungen an: Pakistanern und Indern und Ceylonesen. Pakistanis fuhren in der Regel in der Maschine, Inder an Deck, Ceylonesen in der Kombüse und im Servicedienst. Und das hat hervorragend geklappt. Ich hab dann [1965/66]noch zwei Schiffe mit ausländischer Besatzung gehabt.“[187]

Anders als die „DDG Hansa“ heuerten die meisten Reedereien zunächst jeweils nur einzelne Ausländer, erst in den siebziger Jahren „volle Mannschaft“. „Der

'Lloyd' hatte Türken und „HAPAG Lloyd“ hatte [dann] Spanier, Portugiesen und Indonesier, weil die auch viel nach Indonesien gefahren sind. ... und dann natürlich den Chinesen, den Wäschemax. Beim 'Lloyd' hieß er 'Fritz', bei 'HAPAG' 'Max', und bei 'HAPAG-Lloyd' hieß er 'Max'.“[188]

Nicht alle Seeleute haben gute Erinnerungen an die erste Zeit vermehrter Einstellung von Nicht-Deutschen, wobei die Probleme eher bestimmten Reedereien als dem neuen Personal zugeschrieben werden: „Also, das war ganz schlimm. ... 'HAPAG-Lloyd' nahm das Beste und die anderen, wir von 'Neptun' ... kriegten dann die, die bei 'HAPAG-Lloyd' sowieso nicht genommen wurden. So hieß es damals immer: 'Was bei 'Lloyd' nichts taugt und bei 'Hansa' nichts kann, das fällt bei 'Neptun' an'. ... Da haben wir also wirklich acht Nationen schon in den, in den siebziger Jahren gefahren. ... Wir mußten die fahren, sonst hätten die Schiffe gar nicht auslaufen können.“[189]

„Deutsche runter und Philippinen rauf“

„Die ersten freundlichen ausländischen Mitarbeiter, die wir kriegten, das war'n qualifizierte Portugiesen und qualifizierte Spanier. Der Knick nach unten in der Qualifikation kam nachher, als die Reeder ... Seefahrtsschulen auf Samoa Islands und so hatten. Und die wurden im Schnellverfahren, nach einem Jahr nur, von ihren 'japanischen Sicherheitsschuhen'[190] befreit und kriegten jetzt Stahlkappenschuhe an und konnten dann nicht laufen. Hatten mehr Unfälle mit diesem Schuhzeug an Bord als mit den 'japanischen Sicherheitsschuhen'. Wenn die hochgingen in den Masttop, ... dann zogen die ihre Sicherheitsschuhe aus und krabbelten barfuß.“[191]

Für ausgeflaggte Schiffe wurden von Anfang an Nicht-Europäer zu nicht-europäischen Konditionen angeheuert. „Also, die Spanier, Türken und die, die haben wir als Ausländer oder Europäer bezeichnet, während diese Leute, die haben wir, oder viele Leute, als Kanaken bezeichnet.“[192] Das „oder viele Leute“ ist unseren Forschungen zufolge eine sprachlich zwar wenig elegante, inhaltlich aber ziemlich zutreffende Formulierung. Daß „Kanaken“ keinen Bezug zu der gleichnamigen Bevölkerungsgruppe hat, ist selbstverständlich. Es ist aber noch nicht einmal ganz sicher, in welchem Ausmaß die Bezeichnung bewußt diskriminieren sollte. Sicher ist: für viele deutsche Seeleute bedeutete die Tatsache, daß nun plötzlich sie selbst zu einer nationalen Minderheit - insofern also zu „Ausländern“ - an Bord wurden, einen bedrohlichen Einbruch in ihre Welt. Sofern sie zu den Mannschaftsdienstgraden zählten und noch nicht unmittelbar entlassen worden waren, mußten sie ständig darum bangen, ob sie ihre Heuer behalten und eine erneute Heuer finden würden. Auf diese Situation fühlten sich viele von ihnen auch durch vorherige Erfahrungen mit Nicht-Deutschen und Nicht-Europäern an Bord nicht ausreichend vorbereitet. Aber „viele Leute“ waren eben keineswegs alle Seeleute. Und deshalb gibt es auch zahlreiche differenzierende Aussagen.

Ein Bootsmann, der 1969/70 erstmalig mit Kiribatis fuhr:

„Die waren richtig gut geschult, weil da eine Schule auf der Insel unten ist, die von 'Hamburg Süd' aufgebaut wurde ... Solange wir solche Leute bekamen, war das o.k."[193]

Ein damals angehender Schiffsoffizier:

„In den Anfängen waren wirklich sehr gute Philippinen. ... Als es anfing mit den philippinischen Besatzungen, eben Deutsche runter und Philippinen rauf. Die kamen auch von einer Schule."[194]

Tatsächlich haben größere deutsche Reedereien vielfach Seefahrtsschulen in den Entsenderländern gegründet, oder aber sie beteiligten und beteiligen sich finanziell an solchen Schulen. Die meisten dieser Schulen bilden *ratings* aus.

Nahezu ausnahmslos wird festgestellt, Ende der siebziger Jahre sei das Qualifikationsniveau vielfach zurück gegangen. Unser oben bereits zitierter Gewährsmann erklärte sich den Rückgang des Qualifikationsstandards kiribatischer Seeleute mit der erhöhten Nachfrage von Seiten deutscher Reeder: „... dagegen konnten die nicht anproduzieren."

„Der Knick nach unten": international

Seit Mitte der siebziger Jahre sind Ausflaggungen und die Ersetzung von Seeleuten, die im Land des Firmensitzes qualifiziert wurden, durch Seeleute aus einem Herkunftsland mit niedrigem Lohnniveau internationale Phänomene. Damit nicht genug: Diese Personalpolitik setzte sich international in einer Zeit durch, als fast überall Besatzungen weiter reduziert wurden. Zugleich bewirkte die verschärfte Konkurrenz auch verschärften Zeitdruck an Bord. Zwar war ein Teil der Schiffsverluste, die in den siebziger Jahren zu beklagen waren, sicherlich auf Materialprobleme zurück zu führen (das gilt insbesondere für Bulkcarrier), doch entwickelte sich nahezu zeitgleich mit der großen Welle der Ausflaggungen auch eine internationale Debatte über menschliches Versagen als Ursache von Schiffsunfällen und Schiffskatastrophen. Als wichtigste Ursache für diesen Zusammenhang wurde - und wird - mangelhafte Qualifikation von Seeleuten angegeben. Sie sei entstanden, weil mit der neuen Personalpolitik die staatliche Regulierung und Kontrolle des Ausbildungswesens, die sich seit Beginn des 19. Jahrhunderts in den traditionellen Schiffahrtsstaaten des Westens durchgesetzt hatte, dramatisch an Bedeutung verloren habe, und die neuen Flaggenstaaten die Qualifikation der für „ihre" Flotte angeheuerten Seeleute nicht kontrollierten. Dabei wurde und wird vor allem darauf Bezug genommen, daß zunehmend nicht nur *ratings* aus Ländern ohne staatliche Regulierung des Ausbildungswesens für Seeleute kommen, sondern auch Schiffsoffiziere. Zudem hatte - wie oben ausgeführt - die Situation auf dem Markt für Seetransporte Mitte der siebziger Jahre vielen Schiffahrtsunternehmen in Entwicklungsstaaten den Einstieg in diesen Wirtschaftszweig möglich gemacht. Manche dieser Unternehmen heuerten leitendes Personal aus Europa,[195] andere aus dem eigenen Land oder einem anderen Entwicklungsland. Sofern diese nicht ausreichend qualifiziert waren, was ja keineswegs für alle zutraf, bedeuteten sie nicht nur eine Gefahr für das eigene Schiff und dessen Besatzung, sondern für den gesamten Schiffsverkehr. „Wir haben ein entscheidendes Problem nach meiner Einschätzung, daß wir einen geringen Teil hochqualifizierter Nautiker haben, die auf den modernen Schiffen zur See fahren, und einen sehr viel größeren Anteil nicht qualifizierter Nautiker, die auf viel mehr Schiffen fahren, und die prallen in bestimmten Zonen aufeinander. Und dann begegnen sich Schiffe bei dichtem Nebel, von denen ein Teil weiß, was sie zu tun haben, und der andere weiß es nicht."[196]

So und ähnlich sahen das auch internationale Schiffahrtsexperten, weshalb sich denn auch die Auffassung durchsetzte, zusätzlich zu vorhandenen oder eben auch nicht vorhandenen nationalen Ausbildungsregulierungen müsse eine internationale Regulierung von Ausbildungsgängen sowie Ausbildungsinhalten eingeführt werden. Ergebnis dieser Einsicht war die - im Rahmen der IMO entwickelte - Konvention über *Standards of Training, Certification and Watchkeeping* (STCW). Tatsächlich wurde diese Konvention 1978 nicht nur von vielen Flaggenstaaten, sondern auch von vielen der maßgeblichen Entsenderländer ratifiziert. Dennoch hat sie ihren Zweck nicht erfüllt. Die Ursachen sind einfach anzugeben: Zum einen handelte es sich bei den „Standards" um Empfehlungen, deren konkrete Formulierung den jeweiligen nationalen Behörden überlassen wurde. Auch wurden zwar bestimmte Ausbildungsinhalte, nicht jedoch bestimmte Fähigkeiten (*competences*) gefordert. Schließlich gab es außerhalb der hoheitlichen Verwaltung der Flaggenstaaten keinerlei Möglichkeit, die Einhaltung der Konvention zu überprüfen, also etwa zu kontrollieren, ob Besatzungsmitglieder eines Schiffes wirklich über Zeugnisse verfügten, die sie im Rahmen einer STCW-konformen Ausbildung erworben hatten.[197]

Nach einer Reihe von Tankerhavarien im geographischen Umfeld westlicher Industriestaaten wurde zunehmend auch in Medien darüber diskutiert, daß eine sich ständig weiter ausbreitende neue Personalpolitik zur Besetzung von Schiffen mit mangelhaft qualifiziertem Personal geführt habe, eine Situation, die auch in Zukunft Umweltkatastrophen befürchten lasse. Ende der achtziger Jahre befürworteten maßgebliche internationale Schiffahrtskreise eine Überarbeitung der STCW-Konvention. Inzwischen ist diese erfolgt. Die erste Konvention wird seither als STCW 78, die überarbeitete als STCW 95 bezeichnet. Wichtigste Unterscheidung ist deren verpflichtender Charakter. STCW 95 legt einen internationalen Mindeststandard der zu erwerbenden Fähigkeiten fest,[198] bestimmt Pausenzeiten für Seeleute an Bord sowie Kurse (sogenannte STCW-muß-Kurse), die auch nach

Eintritt in die Berufslaufbahn noch absolviert (bzw. aufgefrischt) werden müssen. Die wichtigste Neuerung allerdings ist durch die Abkommen über *Port State Controls* zustande gekommen. Diese - oben bereits beschriebenen - Übereinkommen erlauben eine Kontrolle, wenn auch nicht des tatsächlichen Ausbildungsstandes, so doch der formalen Qualifikation von Besatzungsmitgliedern durch Behörden eines Hafenstaates. Inzwischen wurde dieses internationale Kontrollregime durch den ISM-Code sowie durch die verpflichtende Zertifizierung von Ausbildungsstätten, die STCW95-konforme Zeugnisse ausgeben wollen, ergänzt.

Daß dieses internationale Regime der Regulierung und Kontrolle positive Wirkungen zeitigte, zeigt sich allein schon an der Tatsache, daß in wichtigen Entsenderländern, so vor allem in den Philippinen, zahlreiche der früheren Ausbildungsstätten vom Markt verschwunden sind. Andererseits setzt die Situation auf dem maritimen Arbeitsmarkt der Wirkung internationaler Regulierungen Grenzen; zudem wird die Kontrolle durch Hafenstaatsbehörden in vielen Häfen der Welt mittels Korruption weitgehend außer Kraft gesetzt und vielerorts ist es nach wie vor möglich, Zeugnisse käuflich zu erwerben; überall auf der Welt (wenn auch in unterschiedlichem Ausmaß) gibt es gefälschte Zeugnisse;[199] keine internationale Zertifizierungswelle kann wirklich überprüfen, ob und wie die schriftlich fixierten Curricula wirklich durchgeführt werden; und schließlich: die Qualität jeder Ausbildung ergibt sich nicht durch bloße Regulierung, sondern nur durch die Qualität des Lehrpersonals.

Daß internationale Mindeststandards der Ausbildung nur bedingt umgesetzt sind, läßt sich am einfachsten daran ablesen, daß die sprachlichen Kompetenzen, die als Voraussetzung für die Aufnahme einer Beschäftigung an Bord gelten, nicht generell vorhanden sind. Ein Diskussionsteilnehmer erläuterte:

> „Normalerweise wurden die Leute vor der Anmusterung gefragt, ob sie Englisch können. Und die können dann ganz gezielt. Die wissen ganz genau, was da für Fragen kommen. Und die können sie beantworten. Und sie können auch gewisse Fachausdrücke. Manche Leute brauchten ja nur zu sagen: 'Schlüssel, Klammer, Schraube.' Und das klappte, nur mit diesen Worten so. Unterhalten konnte man sich nicht damit. Und das ist die Gefahr, wenn eine Notsituation entsteht. Wenn die Leute keinen richtig gesprochenen Satz verstehen."[200]

Einige wenige Beispiele zu Erfahrungen in den letzten Jahren: Ein Kapitän, der bereits in Rente ist, wurde, als er eine Urlaubsvertretung übernehmen sollte, im Büro einer deutschen Schiffahrtsgesellschaft gefragt, ob er Russisch spreche, an Bord sei niemand, der Englisch könne. Ein andermal übernahm er ein Schiff an der Kieler Förde, hatte vom Unterschreiben bis „Klar Einlaufen Schleuse" 55 Minuten Zeit. Dann ging er mit dem Schiff durch den Kielkanal. In dieser Zeit waren Kanalsteurer an Bord. Vom Elblotsen bekam er dann eine Anzeige wegen vorsätzlicher Transportgefährdung, weil dieser feststellte, daß die beiden indonesischen Steuerleute nicht steuern konnten. Er hätte also den Kanal eigentlich gar nicht verlassen dürfen. Auslaufend Hamburg hat er dann selbst beide Steuerleute überprüft. Dabei stellte er fest, daß sie zwar steuern konnten, aber keine Zahlen verstehen.

„Eins, drei, null, wenn Du ihm das hinschreibst, er soll 130° steuern. Das geht. Die steuerten akkurater als jede Maschine, als jeder deutsche Matrose. Aber 132° oder 135° ging natürlich nicht, weil das nicht auf dem Kompaß steht. Also: Licht anmachen im Ruderhaus, da steht 130, dann zwei Striche machen, er nickt und steuert wie eine Eins.“[201]

In der selben Diskussionsrunde meinte einer, das mit der Sprache sei nicht so schlimm. Wenn man darauf achte, immer die selben Wörter oder Sätze zu benutzen, dann kämen auch die unteren Dienstgrade mit der Zeit herein.

„Es wird natürlich schwierig, wenn man ... irgendwas erklären will, warum sie etwas machen sollen. ... Wenn man sagt: ‘O.K. Rost klopfen.’ Eine primitive Sache ... [Aber] für manche Teile, da muß man ja ein bißchen gründlicher arbeiten, weil das länger halten soll ... Für andere Sachen, da sagst Du: ‘Mensch, hier brauchst Du nicht so viel Zeit ... aufwenden. Mach das eben sauber. Übermorgen ist das sowie so alles wieder ... kaputt.’ Da wird es schwierig.“[202]

Ein Offizier erzählt, einmal seien sie im Bittersee mit Lotsen an Bord Anker aufgegangen, morgens um sechs kam der Zweite Offizier zur Wachablösung auf die Brücke. „Der Dampfer volle Pulle gefahren“. Da sagt der Lotse auf Englisch „*Slow down*“. Woraufhin sich der Zweite Offizier sehr tief vor dem Lotsen verbeugt und „*Good Morning*“ sagt. Der Rudergänger, ein Kiribati, hatte allerdings die Order verstanden und sie, ohne daß sie ihm, wie eigentlich vorgesehen, durch den Offizier bestätigend übermittelt wurde, ausgeführt.“ Auch dieser Kapitän hatte anschließend Schwierigkeiten, weil der Vorfall gemeldet wurde.[203]

Ein Bootsmann: „Ich fahre auf einem Gastanker, mache den Tank sauber. Ich sage zu dem Filipino in meinem Englisch - und ich habe Probleme, weil ich habe das Englische nicht so gelernt wie Sie, sage aber so mit Englisch - und Spanisch (das spreche ich ziemlich gut) ... er soll eine Kabellampe nicht am Kabel aus dem Tank ziehen, die Lampe könnte verhaken, reißen, Funken, Explosion. Erkläre dem das auch noch mit Händen und Füßen. ‘Yes Sir’ ... Und da zieht er die Lampe noch mal am Kabel hoch, und da habe ich ihm das noch mal gesagt: ‘*Don’t pull a lamp with a cable*’. ... Mein Englisch ist ja wie gesagt nicht so. Und das sind ja die Sprachprobleme eigentlich. Die Sprachprobleme sind ja nicht ganz oben, sondern meist beim Zweiten Offizier. Ich hatte auch Zweite Offiziere, die waren noch schlechter im Englischen als ich ... Und da zieht er sie wieder hoch, und reißt das Kabel: und Funken. Explodiert natürlich nicht, sonst säße ich nicht hier. Mein Herz ist so in die Hose gerutscht. Ich habe etwas gemacht, was man grundsätzlich nicht mit Burmesen, Filipinos machen sollte. Ich habe ihn vor allen Leuten so am Schlips durchgeschüttelt. Der rastet so irgendwie aus. Anfassen, das ist immer so ein Problem. Zog natürlich gleich von einem anderen so ein Messer und wollte mich ... Ich habe das dann anders gemacht, diplomatisch. Ich bin dann erst mal in meine Kammer. Dann habe ich die eine Zeit in Ruhe gelassen, in der haben die nicht gearbeitet. Dann rief der Alte plötzlich bei mir an, der Kapitän, Deutscher: ‘Bootsmann, warum arbeiten die Leute nicht?’

'Kapitän, sage ich, ich habe denen gesagt, sie sollen erst mal fünf Minuten Pause machen, weil denen übel ist.' Was ja bei einem Gastank immer ist. Eine Notlüge. Ich wollte den nicht anschieten, ich wollte mal was anderes machen. Das war meine Idee. Ich bin eine Stunde auf meiner Kammer geblieben und habe den Mann dann auf meine Kammer geholt und habe gesagt: 'Was Du gemacht hast, war nicht richtig, und was ich gemacht habe, war auch nicht richtig.' Habe ich auch ein Schuldeingeständnis ihm gegenüber gemacht. Ich ging nicht zum Kapitän ... Und seit dem habe ich gewonnen gehabt."[204]

Obwohl dieser Vorfall nicht offiziell gemeldet wurde, scheint sich in der Reederei herumgesprochen zu haben, daß dieser Bootsmann besondere Talente besaß. Jedenfalls wurde er noch eine Zeit lang beschäftigt, als es schon längst üblich geworden war, ausländische Bootsleute zu heuern. Die Situation ist in mehrfacher Hinsicht aufschlußreich. Zum einen macht sie deutlich, was auch wir beobachtet haben, daß mangelhafte Englischkenntnisse durchaus auch bei deutschem Personal vorliegen können, zum anderen, daß die sprachlichen Probleme immer dann in den Vordergrund treten, wenn es sich um eine gefährliche Situation handelt. Einer, der als junger Offizier in einer Mannschaft fuhr, in der Peruaner, Kroaten, Serben, Slowenen, „zwei Trinidad-Neger" und ein Schweizer arbeiteten: „Auf der Back beim Festmachen ... Wenn jetzt eine Gefahrensituation aufgetreten wäre, ich hätte „Achtung" schreien müssen in drei Sprachen im selben Moment. Das wäre mir natürlich nie gelungen."[205] Solche Situationen sind der Grund dafür, daß fast alle Nicht-Deutschen, die längere Zeit mit deutschem Führungspersonal gefahren sind, das Wort „Scheiße" kennen (und gelegentlich sogar selbst nutzen). Das ist nämlich genau der Ausdruck, der einem Deutschen, auch wenn er brauchbar oder sogar gut Englisch spricht, herausrutscht, wenn eine Situation plötzlich gefährlich wird. „Scheiße, ich hab' Euch doch gesagt..." und erst dann wird auf Englisch weiter gesprochen. In Gefahrensituationen verfällt fast jeder in seine Muttersprache. Und genau aus diesem Grund ist es so entscheidend wichtig, daß sich Seeleute vor allem über ein gemeinsames Verständnis von technischen Erfordernissen und nicht ausschließlich über Sprache verstehen, anders gesagt, daß man sich auf die Qualifikation des anderen verlassen kann.

„Dafür werde ich nicht bezahlt."[206]

Oben wurden, wenn auch nur sehr kurz, Ausbildungsgänge, Qualifikationsmängel und praktische Ausbildung an Bord in den ersten Jahrzehnten nach dem Zweiten Weltkrieg geschildert. Das geschah weniger um der historischen Vollständigkeit willen, als um deutlich zu machen, daß in dieser Zeit viele deutsche Seeleute an Bord kamen, die weniger Vorkenntnisse und Fähigkeiten hatten als viele der heute beschäftigten nicht-europäischen Seeleute. Diese Situation wurde dann zwar im Laufe der Zeit als unzureichend angesehen und zu ändern versucht, dennoch hat der Schiffsbetrieb auch vorher funktioniert. Und dies nicht nur, weil die

Mannschaften sehr viel größer waren, sondern auch, weil die Tradition seemännischer Ausbildung noch lebendig war: Seeleute wurden in aller erster Linie von Seeleuten ausgebildet. An Bord. Diese Praxis wurde ungebrochen fortgesetzt, solange Personal aus dem europäischen Ausland geheuert wurde. Oben wurde bereits das Beispiel eines jungen Wachoffiziers angeführt, der es im Laufe einiger Wochen und mit Hilfe eines Wörterbuches schaffte, aus einem spanischen Motormann einen Decksmann mit den erforderlichen Qualifikationen zu machen. Viele andere haben sich ganz ähnlich verhalten. Auch der bereits zitierte Bootsmann suchte, als Kiribatis Anfang der achtziger Jahre seiner Ansicht nach schlechter ausgebildet an Bord kamen, mangelnde Qualifikation auf traditionelle Weise auszugleichen, übernahm also selbst die Ausbildung der Seeleute.

„Dann müssen Sie die an die Hand nehmen, dann gehen Sie mit denen los. Das dauert ungefähr zwei, drei Monate, bis Sie sie dann so weit haben: den kann ich für 'was gebrauchen."[207]

Auch sprachlich haben sich viele eben auf die Situation so gut wie möglich eingestellt. Einer verstand nachher ziemlich gut das Pidgin-Englisch seiner Kameruner Besatzung: „Wenn er sagt: '*I go for down to put for down*'. Was meint er dann eigentlich? Es heißt aber nichts weiter als 'Ich geh nach unten, jetzt will ich was essen.'"[208]

Auf einem anderen Schiff, ebenfalls mit Mannschaft aus Kamerun:

„Bedingung war, an Bord war die Sprache Englisch. Kein Zweifel: Englisch, den Deutschen zuliebe, weil die Deutschen sich alle ein bißchen schwer tun mit Französisch. ... Aber das Problem hab ich nachher auch gelöst. Wenn ich wußte, der kam aus Franko [dem frankophonen Teil Kameruns], dann stand immer einer aus dem englischen Teil daneben, da muß er beide Sprachen benutzen. Und da kriegte ich oft genug mit, daß sich die französischen Leute nicht so dumm anstellen. ... Also, dieses Problem war ich später los. Was auch natürlich war, ... ich habe sie immer so behandelt, wie man eben einen Menschen behandelt, daß wir die Gastarbeiter waren auf dem Schiff, und das sind [auch] ... Gastarbeiter."[209]

Unseren eigenen Beobachtungen zufolge ist diese Einstellung an Bord von Schiffen mit deutschem Führungspersonal heute nur noch vereinzelt anzutreffen. Kollegen des *Seafarers' Research Institute* in Cardiff formulieren noch deutlicher. Aufgrund ihrer Mitfahrten stellen sie fest, der Führungsstil auf Schiffen mit europäischem Führungspersonal habe manchmal einen beängstigend kolonialistischen Charakter.[210] Viele Erscheinungsweisen, die wir beobachtet haben, ließen sich unter dieses Raster subsumieren. Doch ist damit unseres Erachtens nur deren Oberfläche beschrieben. Im Kern handelt es sich um den Zusammenbruch einer Tradition, die alle Seeleute - ihrer gemeinsamen existentiellen Gefährdung wegen - über die Hierarchie hinweg zu Kameraden machte. Zu dieser Tradition gehörte auch die Ausbildung derer, die noch nicht ausreichend qualifiziert waren. Das war beileibe kein Zuckerschlecken. Alle der heute Älteren, die diese Ausbildungspraxis noch kennen gelernt haben, können das eine oder andere Beispiel drastischer Erziehungsmethoden berichten. Inzwischen jedoch gibt es diese Verantwortung nur noch sehr vereinzelt. Es wird lamentiert über mangelhafte Qualifikation, daraus aber nicht durchgängig der Schluß gezogen, sie müsse während des Kontraktes verbessert werden. So monierte etwa ein junger deutscher Zweiter Offizier die mangelhafte Ausbildung seines philippinischen Kollegen am Radar. Aber auch während der langen Fahrt über den Pazifik, auf der von Zeitdruck auf einem großen Containerschiff während der Wachen nichts zu spüren ist, hat er ihm nie angeboten, auf eine Stunde seines Schlafes oder seiner Freizeit zu verzichten und mit ihm über die Analyse von Radarbildern zu reden. In wünschenswerter Klarheit formulierte ein Ingenieur auf eine entsprechende Frage hin: „Dafür werde ich nicht bezahlt."[211] Das ist zwar zutreffend, doch galt Ausbildung früher als eine gewissermaßen moralische Verpflichtung von Seeleuten untereinander. Deren wichtigstes Fundament, die gemeinsame Gefährdung durch unsachgemäße Verarbeitung kritischer Situationen, ist nach wie vor vorhanden, die Verpflichtung jedoch ist dem Verdrängungswettbewerb im maritimen Arbeitsmarkt zum Opfer gefallen. Ein Vorfall, den ein Kapitän berichtete, beleuchtet diesen Sachverhalt besonders drastisch. Als er noch Erster Offizier war, stellte er einmal einen ausgemusterten PC in die *crew*-Messe, damit die *ratings* darauf üben konnten. Es gab keinen Drucker dazu. Von seinem damaligen Kapitän aber wurde ihm vorgeworfen, er habe den Ausländern ein PC-Zentrum eingerichtet. Als er nun selbst ein Schiff führte, machte der philippinische Bootsmann ganz selbstverständlich die Stundenabrechnung der Decksmannschaft am Computer, und wann immer einer der *ratings* auf die Brücke kommen wollte, um in die Karte zu sehen oder sonst eine Frage zur Navigation oder zu den nächsten Orders zu stellen, wurde das akzeptiert.[212] Auf einem anderen Schiff war offensichtlich, daß sowohl Decksleute als auch Motorleute froh waren, wenn sie eingeteilt wurden, dem polnischen Elektriker (er war zuvor Funkoffizier gewesen) zur Hand zu gehen. Er war der einzige an Bord, der *ratings* bewußt ausbildete. Nur einmal haben wir ihn diese Situation auch kommentieren hören: „*One should not always say, they are stupid. They do not have sufficient theoretical knowledge, therefore one has to explain and to show things a little bit to them.*"[213]

Daß dies heute überwiegend nicht mehr der Fall ist, erklären nur wenige so krude wie der oben zitierte Techniker mit der Tatsache, daß er dafür nicht bezahlt werde. Statt dessen dominiert unter deutschen Führungskräften heute ein Diskurs über Mentalitäten und über mangelnde theoretische Grundbildung. Er enthält allgemeine Aussagen, wird aber auch mit zahlreichen konkreten Erfahrungen untermauert. Da ist zunächst die wiederkehrende Aussage über Verhaltensweisen in Gefahrenmomenten:

Einer berichtete aus der Versorgerschiffahrt: „Das ist die härteste Seefahrt, ist das, mehr Unfälle, mehr Tote, als bei der ganzen übrigen Seefahrt." Ihre deutschen Matrosen seien sich deshalb ihrer Arbeitsplätze sehr sicher gewesen, aber auch sie seien durch Filipinos ersetzt worden. Die Arbeit sei auch mit den asiatischen Kollegen gelaufen: „Wenn aber irgend etwas war, sie hatten keine Übersicht mehr, die drehten kolossal auf Null."[214]

Ein Anderer: „Auslaufen Richtung Spanien ... Es klopft: '*Captain, Good Evening. May I come in?*' Er kommt rein, macht die Tür hinter sich zu. '*Yes, Captain, maybe there is some fire in the ship.*' Brannte unten alles, war schon alles zu spät. Da hatten sie das Flusensieb nicht sauber gemacht, dann so 20 kg Flauschbettwäsche in den Trockner geschmissen, sich vorn Fernseher gesetzt, und dann sind sie vorm Rauch geflüchtet."[215]

In der selben Diskussion: „Die Erfahrung habe ich auch gemacht. Ein Filipino und ein Kiribati, der hört auf, der bleibt stehen. Wenn es um seine eigene Sicherheit geht, geht er zurück. Aber dann eine Reaktion zu machen, oder zu reagieren auf eine Situation, das, habe ich festgestellt, machen die wenigsten. Wenn sie es gesagt bekommen: 'Der Container muß von da nach da', macht er's, aber ... von sich aus nicht."[216]

Ein *Chief* berichtet von einer Explosion im Maschinenraum. Er selbst sei ganz schwarz gewesen. Die Kiribatis seien alle davon gelaufen. Gefragt, ob er auch einmal andere Erfahrungen gemacht habe, verneint er und fügt statt dessen eine weitere Geschichte an. Einmal habe es einen Feueralarm gegeben. Keiner sei nachschauen gegangen. In diesem Fall sei das nicht weiter schlimm gewesen, weil der Kapitän den Alarm dadurch ausgelöst hatte, daß er direkt vor dem Aufzug gegrillt oder geräuchert habe.[217] Bestätigt werden derartige Beobachtungen auch von einem Kapitän, der sich durch die veränderte nationale Zusammensetzung der Mannschaften nicht davon abbringen läßt, traditionelle Praktiken der Ausbildung aufrecht zu erhalten. Unterwegs erzählte er uns, er habe für das vorige Schiff extra darum gebeten, daß er den philippinischen *First Mate*, den er schon kannte, wieder bekam. In der Notsituation [durch einen Navigationsfehler des Dritten Offiziers kam es zu einer schwerwiegenden Havarie] sei der dann aber völlig ausgefallen. Wenn er ihn jetzt wieder bekomme, werde er versuchen, ihn so zu trainieren, daß man sich auch in einer *emergency* auf ihn verlassen könne.[218]

Weitere häufig gehörte Charakterisierung: Auf eine Order entgegnen „sie" erst mal '*Yes Sir*'. Damit sei aber weder sicher, ob sie verstanden hätten, noch, ob sie die Order tatsächlich ausführen werden. Der Fortgang der Argumentation unterscheidet sich häufig. Entweder wird das '*Yes Sir*' im Zusammenhang einer faktischen Arbeitsverweigerung gesehen oder aber als Ausdruck unbegrenzter Autoritätshörigkeit. „Ich muß natürlich auf diese Mentalität eingehn, dann kann ich auch viel rausholen. Muß aber auch Abstriche machen, weil beispielsweise, hab das erlebt mit einem Pakistani. Dem hab' ich ne Order gegeben, der sauste sofort los: '*Yes Sir.*' Und kam nach fünf Minuten wieder zurück, weil er gar nicht mehr wußte, was er machen sollte, so diensteifrig war der. Und da muß man eben etwas mehr dahinter stehen."[219] Dieser Diskussionsteilnehmer vertrat im übrigen die Ansicht, es sei keineswegs die nicht-europäische Besatzung, sondern es sei vielmehr die Mehrarbeit, die durch die Reduzierung der Mannschaftsstärke auf alle zugekommen sei. „Ich hatte jedenfalls nie das Gefühl, daß die Rechner und Ladungsrechner ... das ausgeglichen haben."[220]

Besonders häufig wird festgestellt, Nicht-Europäer seien nur fähig, Arbeitsvorgänge zu bewältigen, die nach Schema F abliefen.

„Wenn ich dann mal so Fragen stelle, ganz einfach, die Ausweichregel: ... 'Bist Du noch Überhohler oder ist es wirklich ne Kreuzung?' Dann fängt es schon an. Wenn es weiter rein geht ... was wir so ... alle Europäer, so diese tiefe Ausbildung, die wir drin haben, dadurch wird die Qualität gewahrt."[221]

Ein Kapitän: „Die lernen das auswendig, wie es im Buch steht. Und so läuft das auch ab, schematische Arbeiten, Formulare machen und so, das ist alles perfekt."[222]

Ein anderer: „Einer weiß, ein bestimmtes nautisches Problem steht auf Seite 162. Dann schlägt er da nach, kann aber nicht erklären, warum ein Problem auf bestimmte Art gelöst wird."[223]

Manchmal mischt sich in die Beurteilung noch das alte Vorurteil zwischen Technikern und Nautikern: „Nautiker können durch Philippinen ersetzt werden. Die sehen nur gerade aus. In der Maschine geht das nicht. Da fehlt ihnen die Basis. Sie lernen nur durch Erfahrung. Können das Gelernte nicht auf andere Maschinen übertragen."[224]

Der selbe Ingenieur: Die *motormen* kennen den Unterschied zwischen Temperatur und Druck nicht. Er merkt sich die Spalten auf dem Kontrollblatt, in die er etwas einschreiben muß. Mit geändertem Blatt kommt er nicht zurecht."[225]

Manchmal werden nicht nur Beschreibungen, sondern auch Erklärungen geliefert: „Wenn wir hier in Europa aus einer industrialisierten Umwelt ... auf die Schule gehen, dann wissen wir, was'n Telefon ist, und wir wissen, wie Technik aussieht und wie Technik sich anfühlt. Das wissen die aber in dem Busch, den ich eben angeführt habe, nicht. Ich kann mich an einen Fall erinnern, wo ein philippinischer Offizier eine Waschmaschine mit nach Hause genommen hat, und der kam dann an, sie funktioniere nicht. Der hatte kein elektrisch Licht, und er hatte keinen Wasseranschluß. Das ist kein Witz."[226]

Ernsthafter waren die folgenden Überlegungen: „In diesen Ländern, also Indien, Persien und so weiter, die ham diese technischen Ausdrücke nicht, die müssen das immer umschreiben ... Das ist gar nicht im Sprachschatz drin ... Wir sagen einfach; „Luftkanal". Jeder weiß, was das ist. Die müssen das dann so sagen: 'Das ist ein Rohr, da geht Luft durch.'"[227]

Ein Ingenieur berichtet von einer Situation, als er eine Anlage übernahm die „total runtergefahren" war. Auslaufen war für den nächsten Vormittag vorgesehen. Bei den Probeläufen stellte sich heraus, daß der Verdampfer nicht funktionierte. Es waren nur fünf Tonnen Wasser an Bord.

„Da geht es schon mal los. Sie wollen über den Atlantik. Ich glaube, das kann man sich gar nicht richtig ausmalen. Das ganz einfache Ding, das läuft nicht. Sie kennen den Vogel gar nicht ... Wenn Sie den ein Vierteljahr oder ein halbes Jahr fahren, dann wissen Sie gleich: 'Aha, das kann das sein.'...[Aber so] Wo kann nun der Fehler sein? Und da fangen

Sie an. Was Sie heute haben, das ist eben das. Sie stehen da alleine vor. Ich alleine mit Philippinen, mit Kiribatis oder Tuwalu oder so. Und die stehen nur da, die sind nett, die warten auf Sie."[228]

In der geschilderten Situation: ein Defekt in einer ihm unbekannten Maschinenanlage und großer Zeitdruck, hatte der Diskussionsteilnehmer verständlicherweise keine Muße, sich zu verdeutlichen, daß er für die Besatzungsmitglieder ebenso unbekannt war wie die Anlage für ihn selbst, und daß sie womöglich aus diesem Grund erst einmal abwarteten. Auf den Schiffen, auf denen wir für eine gewisse Zeit mitgefahren sind, stellten wir demgegenüber fest, daß das sicherste Anzeichen für ein neu aufgetretenes Problem immer die Tatsache war, daß sich mehrere Besatzungsmitglieder (mit unterschiedlicher Position in der Bordhierarchie) eingefunden hatten, um sich an der Diskussion möglicher Lösungswege zu beteiligen.[229]

Wie immer gibt es auch andere Ansichten: Ein Ingenieur stellte fest, am Ende ihres zehn-Monats-Vertrages könnten Filipinos alles. Dann aber komme ein Neuer und man vergesse, daß der ganz neu eingelernt werden müsse.[230] Und ein Kapitän:„ Ich habe diverse philippinische Mannschaften gehabt, und ich habe ausgezeichnete Leute gehabt, und ich habe natürlich die größten trübsten Tassen gehabt, wie ich sie auch in jeder deutschen Mannschaft finde.[231] Und zum Abschluß noch eine Äußerung, die sich auf die Erfahrung mit einem deutschen Kadetten im Jahre 2000 bezog: „Ein Computerfreak, zwei Jahre beim Bund auf einem Schnellboot. Für sein Patent brauchte er nur sechs Wochen Praxis. Konnte nix, hat nix kapiert."[232]

Angesichts der real vorhandenen Probleme - alle der oben geschilderten Vorfälle und Sachverhalte können ohne weiteres für bare Münze genommen werden -, dokumentieren manche Äußerungen deutscher Vorgesetzter eine bewundernswerte menschliche Größe, andere sind für Außenstehende erschreckend. Und doch ist es ganz und gar unzulässig, die verallgemeinernde Diskriminierung nicht-europäischer Seeleute als individuelles Fehlverhalten zu interpretieren. Sehr viel eher sind sie Indiz einer Entwicklung der Schiffahrt, deren Verarbeitung den Seeleuten an Bord überlassen wurde. Auf diese Problematik werden wir am Ende unserer Analyse noch einmal gesondert eingehen: Hier zunächst nur drei kurze Hinweise: Zum einen sind Vergleiche zwischen deutschem und nicht-deutschem Personal heute nur selten möglich, denn auf der Ebene der *ratings* kommt deutsches Personal heute kaum noch vor. Insofern werden Erfahrungen mit einem schlecht ausgebildeten und wenig anstelligen Besatzungsmitglied sehr leicht in das Raster allgemeiner Eigenschaften bestimmter Staatsangehöriger einsortiert. Der Umstand, daß Sprachprobleme potentielle Ausbildungssituationen zusätzlich erschweren, verstärkt diese Tendenz. Insofern erinnern sich auch diejenigen, die schon lange genug aktiv sind, um entsprechende Erfahrungen gemacht zu haben, kaum je daran, daß es lange Zeit auch viele deutsche Seeleute gab, denen das theoretische Grundwissen fehlte, um Erfahrungen von einem Schiff auf ein anderes übertragen zu können.

Sodann wurde die Fortdauer der Tradition einer Ausbildung von Seeleuten durch Seeleute früher auch dadurch gefördert, daß *crews* längerfristig stabil waren. Zwar gab es immer Seeleute, die diese Tätigkeit sehr schnell wieder aufgaben, andere Seeleute aber fuhren nicht nur über viele Jahre bei der selben Reederei, sie fuhren auch oft immer wieder auf dem selben Schiff. Vor allem aber: Auch wenn Offiziere einen Angestelltenvertrag hatten und Mannschaftsdienstgrade nur für eine Reise geheuert wurden, so blieben sie doch während dieser Reise, von Ausnahmen abgesehen, zusammen. Heute kann es vorkommen, daß ein nicht-europäischer Seemann während seines Vertrages zwei, unter Umständen sogar drei unterschiedliche Vorgesetzte hat. Umgekehrt müssen Schiffsoffiziere noch immer in vielen Reedereien damit rechnen, daß sie nach ihrem Urlaub erneut mit Mitarbeitern konfrontiert sind, die sie neu anlernen müssen. Schon aus der Anfangszeit der Einstellung nicht-europäischer Seeleute berichten manche empört und enttäuscht, sie hätten gut ausgebildet, auch die nötige Schulung in Sicherheitsfragen gemacht, und dann seien ihre Leute von „den Norwegern“ abgeworben worden, weil die bereit gewesen seien, bessere Heuern zu bezahlen.[233] Ein anderer gab an, jedes Mal nach seinem Urlaub habe er wieder von vorn anfangen müssen, Decksleute für den Stückguttransport zu qualifizieren.[234] Dagegen berichten ältere Seeleute zwar manchmal auch von sehr langen Reisen, dafür aber auch von Mannschaften, die während dieser ganzen Zeit zusammenblieben.

„Man wurde auch ein bißchen erzogen. Weil man dann in einer Gemeinschaft war ... Früher war es manchmal ein Jahr, zwei Jahre. Immer dieselbe Besatzung zusammen.“

Frage: Sind Sie von den Offizieren erzogen worden oder von den Andern?

„Nein, untereinander - ham die sich selbst erzogen. Die Reiniger [unterste Stufe in der Hierarchie der Maschinenbesatzung] - da war bestimmt einer dabei, der das Sagen hatte, dann der Lagerhalter, das war der Vorgesetzte, und der Motorenwärter, der schon Wache gehen durfte ...“

Ein anderer: „Da hat man mehr gelernt als in der Lehre [als Elektriker], und dann natürlich Zusammenarbeit mit den Ingenieuren oder auch mit den Reinigern.“

In der weiteren Diskussion berichtete einer, er sei ja als „ganz Naiver aus dem friesischen Moor“ gekommen. Dann sei sozusagen noch so ein unbefahrener „Aussätziger“ an Bord gekommen, ein Augsburger, und sie beide hätten dann gleich zusammen die Hundewache [Wache von null Uhr bis vier Uhr nachts] bekommen. Der Augsburger habe bei MAN gelernt gehabt und an Bord seien lauter MAN-Maschinen gewesen. Mit denen habe es viel Ärger gegeben auf dieser Reise. Aber der Augsburger habe dann gesagt ‘Dem zeigen wir das jetzt.’ „Und da hab ich viel gelernt, und da sagte der da, ‘schiel doch nicht auf den, ... das machen wir jetzt so.’ ... Und da hab ich auch so ein bißchen gelernt ...“. [235]

Nachher kannte man sich dann, und wenn eine Reise sehr lange dauerte und eine Mannschaft sehr lange zusammen war, dann kannte man sich sehr gut. In vielen

Fällen brauchten Seeleute dann all ihre Selbstdisziplin, um sich nicht auf die Nerven zu gehen, gleichzeitig aber hatten sie, ohne daß ihnen das selbst bewusst sein mußte, eine gründliche Kenntnis von den Fähigkeiten und Verhaltensmustern der anderen gewonnen. Diese unbewußte Kenntnis, die *tacit knowledge* von der Beschaffenheit der Mannschaft war eine wichtige Voraussetzung für das reibungslose Funktionieren des Schiffsbetriebs, vor allem für die erfolgreiche Bewältigung von Krisensituationen. Auf bewußter, aber auch auf verinnerlichter und deshalb unbewußt gewordener Kenntnis der Verhaltensmuster aller Teamkameraden fußen erfolgreiche Fußballmannschaften.[236] Ähnlich wie Schiffsmannschaften sind sie heute, zumindest in den oberen Ligen auch auf einem globalen Arbeitsmarkt angeheuert, ähnlich wie in Schiffsmannschaften hapert es oft an der sprachlichen Verständigung. Durch langes gemeinsames Training können trotzdem Mannschaften geformt werden. Auch wenn der Erfolg einer solchen Mannschaft Können und Spielwitz Einzelner voraussetzt, zu den ebenfalls unerläßlichen Voraussetzungen gehört auch *tacit knowledge*. In den allermeisten Schiffsmannschaften ist dies heute nicht vorhanden. Und doch geht es an Bord nicht um Tore, sondern manchmal auch um Leben, um körperliche Unversehrtheit und um die Vermeidung von Umweltkatastrophen.

Der Verzicht auf Stammpersonal ist unseres Erachtens die wichtigste Ursache dafür, daß die Tradition einer moralischen Verpflichtung zur Ausbildung an Bord heute kaum noch fortdauert. Inzwischen gehen einige Reedereien, insbesondere Unternehmen, die auf den Transport gefährlicher Güter spezialisiert sind, wieder dazu über, ein gewisses Stammpersonal zu halten (welches dann umschichtig auf den Schiffen der Reederei eingesetzt wird). Es ist noch nicht ausgemacht, ob diese Praxis dazu beitragen kann, die einmal abgebrochene Praxis wieder aufleben zu lassen.

Schließlich, und dies vor allem, wirkt sich die Konkurrenz auf dem globalisierten maritimen Arbeitsmarkt auch auf die Situation an Bord aus. Bereits nach ihrer Prüfung müssen deutsche Absolventen einer Ausbildung als Nautiker darum bangen, eine Stelle zu erhalten, auf der sie ihr Patent ausfahren können, weil Dritte Offiziere, die nicht aus Europa stammen, sehr viel preisgünstiger sind. Für angehende Schiffsingenieure liegt die Situation anders. Sie werden unmittelbar als Zweite Ingenieure geheuert und müssen dann Dritten Ingenieuren vorstehen, die zwar häufig eine sehr viel schlechtere theoretische Ausbildung genossen, dafür aber viele Jahre mehr an praktischer Erfahrung aufzuweisen haben. Selbst Kapitäne müssen heute damit rechnen, durch preisgünstigere Kollegen ersetzt zu werden. Auch diese fahren ja, wie unsere Gesprächspartner immer wieder feststellten, „Von A nach B". Was Wunder, daß in dieser Situation gerne kulturelle Überlegenheit ins Feld geführt wird.

Kurse und Bordmittel

Als deutsche Reedereien in den Transport von Gas einstiegen, verließen sie sich in aller Regel darauf, daß sich ihre Mannschaften selbst mit den besonderen Gefahren und Erfordernissen dieser Ladung vertraut machten. Dabei trafen sie auf eine Selbstdefinition, vor allem der Ingenieure, die traditionell von sich sagten: „Wir können das“[237] und auch der Auffassung waren, eine gewisse Risikobereitschaft gehöre zum Beruf des Schiffsoffiziers eben dazu. Trotzdem war den „Gasmännern“ und dem Rest der Besatzung damals gelegentlich schwummrig. Ein inzwischen „altgedienter“ Gasmann: „Am Anfang haben der Kapitän und der Erste Mate immer von der Brücke geschaut und mich ängstlich beobachtet. Wenn ich hochgeschaut habe, waren sie schnell weg vom Fenster. Am Anfang habe ich viel Scheiße gebaut. Daraus hab ich dann gelernt.“ Bevor er das erste Mal auf einem Gastanker fuhr, sei er zwei Wochen mit auf einer Werft gewesen. Da habe er einige Fragen gestellt. „Das hat man zwar nicht behalten, fiel einem dann aber wieder ein.“[238] Sehr viel dramatischer empfand ein Bootsmann die Situation, der plötzlich auf Gastankern eingesetzt wurde:

> „Ich sollte das nun plötzlich machen. Ich weiß bis heute nicht, wie ich mich da reingefummelt habe. Am Ende hat der Alte nicht mehr neben mir gestanden. Da ist es wirklich so gewesen, daß einige Offiziere nicht damit klar kamen, daß der Kapitän mit dem Gasmann achtzehn Stunden in der Gasanlage rumfummelte, weil wir mußten ja gewisse Flüssigkeiten tief gekühlt halten - minus 42°.[239] Und das durfte ja nicht zu warm werden durch Expansionen und so weiter. Und dann paß da mal drauf auf. Bis der Alte endlich Vertrauen zu mir hatte und der dann gesagt hat: ‘Bootsmann, mach Du mal.’“[240]

Heutzutage haben Fachkräfte sowohl für die Gasfahrt als auch für den Transport anderer gefährlicher Güter spezielle Kurse zu absolvieren. Und gerade für diese Kurse kann und wird von der Möglichkeit, bestimmte Situationen am Simulator zu verdeutlichen, ausgiebig und mit Gewinn Gebrauch gemacht. Somit ist es heute nicht nur möglich, Sicherheitsprobleme zu verdeutlichen, es können regelrechte Verfahrensweisen (*operations*) erprobt werden.[241] Vorgeschriebene Spezialkurse gibt es auch für das Personal auf *Roll-On/ Roll-Off* Schiffen, das für die Sicherheit und die eventuelle Evakuierung von Passagieren zuständig ist. Auch in diesem Falle werden vielfach Simulatoren eingesetzt und wird in Schulungsmaterial zum Beispiel darauf hingewiesen, daß Passagiere keineswegs überwiegend bemüht sind, so schnell wie möglich von Bord zu kommen.

Weitere Kurse, die durch STCW 95 verbindlich vorgeschrieben wurden, sind neben den Grundkursen, die alle Seeleute zu absolvieren haben, bevor sie erstmalig an Bord gehen, medizinische Kurse für Schiffsoffziere, Funkzeugnisse oder besondere Kurse für Mannschaftsangehörige, die zur Führung von Rettungsbooten eingeteilt werden sollen. Daneben gibt es fakultativ angebotene Kurse, deren

Absolvierung manche Reedereien verlangen. Einzelne deutsche Reedereien organisieren - in Zusammenarbeit mit bestimmten Ausbildungsstätten - auch Spezialkurse (etwa Schweißlehrgänge), zu denen sie *ratings* entsenden, die sie aufgrund guter Berichte ihrer Vorgesetzten auch in Zukunft wieder heuern wollen.[242] Zumindest von einer deutschen Reederei ist bekannt, daß sie nach einer entsprechenden *deficiency*-Notiz im Prozeß der ISM Zertifizierung gesonderte Englisch-Kurse für ihr bereits beschäftigtes und für das in Aussicht genommene Personal eingerichtet hat.[243]

Wie alle anderen Fortbildungsbereiche hat sich auch die berufliche Fortbildung für Seeleute zu einem lukrativen Geschäft entwickelt. Während die sogenannten „STCW-muß Kurse" ausschließlich von Einrichtungen angeboten werden dürfen, die diese Fortbildung im staatlichen Auftrag betreiben, werden viele der anderen Kurse auch von privaten Anbietern offeriert. Deren Qualität ist keineswegs durchgängig gesichert. Damit nicht genug: In einigen Entsenderländern verlangen *crewing agencies* den Beleg über die Absolvierung bestimmter Kurse. Erst wenn sie tatsächlich an Bord sind, stellen Seeleute dann fest, daß sich Kursanbieter und *crewing agencies* ihre Unkenntnis und Notlage zunutze gemacht haben und ihnen Kurse abverlangten, die von STCW keineswegs vorgeschrieben sind. Inzwischen ist allgemein bekannt, daß sich die entsprechenden Einrichtungen den so erzielten Gewinn teilen. In derartigen Fällen sind es immer die Seeleute, die mit den Kosten für einen Kurs belastet werden. Ansonsten gibt es - je nach Reederei und je nach Kurs - unterschiedliche Praktiken. Manche Reedereien bürden Kosten für Fortbildungskurse ihren Mitarbeitern auf, andere zahlen die Kursgebühr, aber nicht den Unterhalt, wieder andere verlangen „lediglich", daß Urlaubstage für die Teilnahme an Fortbildungskursen geopfert werden. (Und dies unabhängig davon, ob es sich um fakultative oder zwingend vorgeschriebene Kurse handelt.) Gefragt, welchen Nutzen sie von Kursen hatten, berichten Seeleute Unterschiedliches. Manche haben sehr gute Erfahrungen gemacht, andere beklagen, daß in bestimmten Kursen Anfänger mit Kapitänen zusammen saßen, die bereits über zwanzig Jahre Erfahrung hatten.[244]

Zusätzlich zu den unterschiedlichen Kursen, die spezielle Kenntnisse und Kompetenzen vermitteln sollen, sind in den letzten Jahren sowohl Videos für das Sicherheitstraining an Bord als auch immer mehr Materialien für das sogenannte *E-Learning* entwickelt worden, Lehrmittel, mit denen sich Schiffsoffiziere an Bord beschäftigen sollen. Die Qualität derartiger Angebote ist höchst unterschiedlich. Vor allem für die Nutzung gibt es darüber hinaus eine Voraussetzung, die oft nicht ausreichend genug bedacht wird. Zum einen ist die Ausstattung mit PCs an Bord keineswegs immer so großzügig, daß ein junger Schiffsoffizier jederzeit einen Bordcomputer zur Durcharbeit von Lehrmaterial nutzen könnte, zum anderen stehen faktische Arbeitszeiten und Belastung auf vielen Fahrten, insbesondere auf Reisen mit vielen Hafenstops in kurzen Abständen, derartigem Selbststudium häufig entgegen. Immerhin aber ermöglichen es solche Angebote, daß sich Interessierte über neue Forschungsergebnisse informieren und dann womöglich in einem nächsten Kurs gezielte Fragen stellen können.

Zusammengenommen sind die Ausbildungsregulierungen und -angebote darauf ausgelegt, Seeleute sowohl auf die Alltagsroutinen ihres Berufes als auch auf die Bewältigung besonderer Probleme vorzubereiten. Manchmal suggerieren Äußerungen von Wissenschaftlern und Ausbildern, die in diesem Bereich tätig sind, im Zusammenspiel von Ausbildung und Fortbildung könne die Seefahrt vom Improvisationsgeschick, vom Erfindungsgeist und von besonderen Talenten der Seefahrer unabhängig gemacht werden. Anders gesagt, die Anforderung, etwas „mit Bordmitteln zu bewältigen," sei heute auf See nicht größer als an Land, wo sich dieser Ausdruck inzwischen ja auch eingebürgert hat. Und tatsächlich, zusätzlich zu Aus- und Fortbildung gibt es heute - zumindest bei großen und gut geführten Reedereien - landseitige Beratung für die Lösung unterwegs auftretender Probleme in einem früher ganz unbekannten Ausmaß. Sie reicht von der Beratung im Falle einer ernsthaften Erkrankung bis hin zu konkreten Anweisungen im Falle eines komplizierten technischen Defekts, von Land aus wird geraten, welcher Kurs in welcher Jahreszeit und bei welchen Wettervorhersagen zu steuern sei und von Land aus wird manchmal eine sogenannte „fliegende Werft" auf den Weg gebracht, um etwa eine dringende Reparatur zu erledigen, für die Gerätschaften und Spezialisten zum Unter-Wasser-Schweißen erforderlich sind. Trotzdem bleibt an Bord genug zu bewältigen, wofür man nicht ausgebildet wurde. Welcher frühere Funkoffizier, der heute als Elektriker fährt, hat gelernt, wie man eine Waschmaschine repariert? Welcher gelernte Elektriker ist an Land wirklich ausreichend darauf vorbereitet worden, komplizierte Elektronik zu reparieren? Wie baut man ein dringend benötigtes Ersatzteil ein, das zwar die richtige Bestellnummer hatte, aber trotzdem nicht den Bedingungen an Bord entspricht, weil die entsprechende Anlage inzwischen in etwas veränderter Form hergestellt wird? „Reinfummeln", „erfinden" und „akute Probleme lösen" sind an Bord noch immer gefragt. So ist auch heute eine Maschinenanlage nur selten wirklich „fertig", wenn ein Schiff in Dienst gestellt wird, gibt es während des ersten Jahres somit häufig technische Probleme in der Maschine. Oft müssen auch noch bestimmte Umbauten vorgenommen werden, um sie wirklich funktionstüchtig zu machen. In manchen Reedereien gibt es einen Ingenieur, der auf diese Aufgabe spezialisiert ist. Von einem wurde berichtet, er habe monatelang auf einer Liege im Maschinenraum übernachtet, „ein richtiges Arbeitstier".[245] In anderen Reedereien muß die Mannschaft ohne solche Hilfe zurecht kommen. Denn die in Aussicht gestellten Werftzeiten kommen meistens zu spät und sind vielfach zu kurz.

Viele kleine Probleme, die zwar nicht für den Schiffsbetrieb, aber doch für das Leben an Bord entscheidend sind, müssen von Personal behoben werden, das dafür nicht ausgebildet ist: defekte Duschen, ein qualmender Toaster oder womöglich gar der Zusammenbruch der *aircondition* mitten in den Tropen. Die meisten Beispiele für Erfindungsgeist, Tüftelei und „Talent", die uns berichtet wurden, bezogen sich auf deutsche Kollegen. Auf einem neu in Dienst gestellten Schiff profitierte der Schiffsbetrieb allerdings sehr nachdrücklich vom umfassenden handwerklichen Können des philippinischen Bootsmanns. Gefragt, wo er das gelernt habe, sagte er, er habe immer gerne in der Maschine geholfen und habe sich dort alles zeigen lassen.[246] Er war einer derjenigen Seeleute, von denen ein Ausbilder sagte, sie hätten das Talent, „aus Scheiße Gold zu machen."[247]

Reinfummeln und selber durchwurschteln gilt aber keineswegs ausschließlich für den technischen Bereich. Viele der älteren Schiffsoffiziere, haben nie an einem Computerkurs teilgenommen, auch sie aber mußten sich binnen kurzer Zeit darauf einstellen, mit dieser Technik zurecht zu kommen.

„Das ging folgendermaßen. Man hat mir so ein Ding hingestellt und hat gesagt. 'So, mach mal'. Und das war es erst mal. Das war Chaos hoch drei. Und dann ... wurde eine Lehrerin aus England eingeflogen. Wir mit zwanzig Mann in einer Runde. Hatten drei Mann einen Bildschirm. ... Und dann stellte sie sich vorne hin, Zigarette im Mundwinkel, und sagte 'Hört mal zu, Leute, das machen wir ganz einfach. Ihr müßt das so und so machen und dann müßt Ihr dreimal klicken, und dann habt Ihr das.' Das darf doch nicht wahr sein, und dann haben wir da vor gesessen. Und dann mußten wir es in Eigenarbeit irgendwo selbst entwickeln."[248]

Auch an Land mußten sich PC-Nutzer selbst reinfinden, anders als an Bord konnten sie sich dann aber zumeist Beratung organisieren. Bis heute kann es vorkommen, daß ein großes Containerschiff in einen Hafen einläuft, die Ladekräne bereits in Betrieb sind und der Ladeoffizier feststellt, daß er die Diskette des Logistikzentrums, die der Agent mit an Bord brachte, nicht öffnen kann, zunächst also keinerlei Information über den Stauplan, das Gewicht einzelner Container, die Beladung von Containern mit gefährlichen Gütern oder die Anzahl der *reefers* (*refrigerated containers*) hat. In solch einer Situation heißt es, Nerven bewahren, fernmündlich Informationen einholen und „etwas versuchen". Detektivarbeit kann auch notwendig werden, wenn eine Reedereien darauf verzichtet, ein einheitliches System der Dokumentation für ihre Schiff zu entwickeln. Kommt unter diesen Voraussetzungen ein *Chief* zur Ablösung an Bord, wenn sein Vorgänger schon „gestiefelt und gespornt" mit gepackten Koffern darauf wartet, vom Agenten mit an Land genommen zu werden, so stellt er oft schon wenige Stunden später fest, daß er „nichts findet", weil sich ihm der sehr persönliche Stil der Datenverwaltung seines Vorgängers nicht erschließt. In einem konkret beobachteten Fall[249] konnte ihm der Elektriker Hinweise geben. Andernfalls hätte er eben suchen müssen, wie er sich durchfindet - immer in der Hoffnung, daß er nicht sehr schnell an bestimmte Informationen kommen muß.

Entsprechende Verfahrensweisen lassen sich auch im Hinblick auf Entwicklungen feststellen, die eigentlich dazu dienen sollen, die Sicherheit an Bord zu steigern. Deren letzte Stufe ist das *„International Safety Management"*. Manche Reedereien praktizierten lange vor dem Erlaß internationaler Vorschriften interne Überprüfungen, hatten Anweisungen für regelmäßige Sicherheitsübungen und regelmäßige Überprüfungen der Sicherheitseinrichtungen erlassen, andere erwarben kurz vor dem entsprechenden Termin bei einem der darauf spezialisierten Unternehmen ein Konzept für ein Sicherheitsmanagement, gaben die entsprechenden Handbücher an Bord und erwarteten, daß die Schiffsleitung damit „klar kam". Im Extremfall stehen an Bord mehrere dicke Bände.[250] Damit konnte das landseitige Management die geforderte Zertifizierung erfolgreich hinter sich bringen. Seeleute mußten selbst sehen, wie sie derartige unternehmensinterne Sicherheitspläne in verbesserte Praxis umsetzten. Niemand wird wohl im Ernst annehmen, daß ein nicht-europäischer *ordinary seaman* oder auch ein Bootsmann mit mangelhaften Englischkenntnissen sich einen der Bände vornehmen, um nachzulesen, wie man korrekt ein rechtsgeschlagenes Tau aufwickelt. Die Ausführungen zu klassischer seemännischer Praxis, die sich in vielen der auf Brücken heute aufgestellten *safety manuals* findet,[251] sichern das Management ab, für die Umsetzung verlassen sich viele Reedereien wie eh und je auf „bordinterne Mittel".

In gewisser Weise war und ist dieses Prinzip des *do it yourself* auch zentrale Leitschnur für die Integration von Crews. Wenn Personalmanagements sparen, müssen Schiffsleitungen eben sehen, wie sie zurecht kommen. Wenn ein Kapitän zu der Ansicht kommt, daß er sich auf einen seiner Wachoffiziere nicht verlassen kann, so sieht er eben zu, daß er sich während der Wache des betreffenden Offiziers immer auf der Brücke befindet. Nur in Ausnahmefällen wird ein schlecht qualifiziertes Besatzungsmitglied auf Ersuchen des Kapitäns sofort abgelöst. So im Falle eines Dritten Nautikers, der am Äquator nicht weiter wußte, weil ihm nicht klar war, daß er die *Plotting Chart* hätte umdrehen müssen.[252] Uns ist auch schon berichtet worden, daß auf einem Drei-Wachen-Schiff über längere Zeit der Kapitän neben allen anderen Aufgaben eine Wache übernahm, weil er sich auf einen der Wachoffiziere nicht verlassen konnte.

Vor allem aber: das Durch-und Zurechtwurschteln gilt auch für die Bewältigung der Arbeitsorganisation mit multinationalen Crews. Zwar gibt es heute Unterricht in Personalführung, und unter Schiffsoffizieren kursieren auch wohlmeinende Handbücher[253] mit Titeln wie: *How to treat your Kiribati seamen*, dennoch wird - aufs Ganze gesehen - von Seeleuten erwartet, daß sie die Auswirkungen des globalen Arbeitsmarktes auf die Arbeits-und Lebenssituation an Bord ebenso bewältigen wie ein undichtes Ventil: irgendwie. Es ist kein Zufall, daß die Vorbereitung auf die Führung multinationaler Besatzungen nicht zu den Ausbildungsinhalten zählt, die das STCW 95 für die Ausbildung angehender Schiffsoffiziere vorschreibt.

Abbildung 5: Die Waschmaschine ist kaputt

4. Kapitel: Der technische Schiffsbetrieb

Vom Schiff der Zukunft zum Schiff der Gegenwart

Seit den siebziger Jahren des 20. Jahrhunderts wurde in vielen traditionellen Seefahrtsnationen über Notwendigkeit und Möglichkeit einer Modernisierung der Schiffahrt diskutiert. Was sich - mit nationalen und zeitlichen Variationen - als Konzept herausschälte, wurde in der Bezeichnung „Schiff der Zukunft" zusammengefaßt. Die Pläne zielten auf eine längerfristige Reduktion von Kosten, doch sollte die Modernisierung nicht allein durch eine Weiterentwicklung der Schiffstechnik erreicht werden, sondern mindestens eben so sehr durch die bessere Qualifizierung und Nutzung der „humanen Ressourcen". Diskutiert wurden deshalb nicht nur neue Möglichkeiten der Arbeitsorganisation, sondern auch neue Ausbildungskonzepte sowie Möglichkeiten zur Verbesserung der Unfallverhütung und des Arbeitsschutzes. Es waren die Jahre, in denen an Land vielerorts über eine „Humanisierung der Arbeitswelt" diskutiert wurde. Folglich sollten auch auf See Interessen von Mitarbeitern größere Berücksichtigung finden. Daneben ging es aber auch um eine Verbesserung der Sicherheit von Schifffahrt sowie um das - gerade erst ins Bewußtsein gekommene - Erfordernis des Umweltschutzes.

In der Bundesrepublik war das „Schiff der Zukunft" zeitweise ein Projekt, an dem viele gesellschaftlichen Kräfte beteiligt waren. Politische Instanzen, Reeder, Gewerkschaftsvertreter und Wissenschaftler konzipierten Strategien für einen modernisierten Schiffsbetrieb. Um herauszufinden, in wieweit die vorhandene Technik hinreiche und lediglich optimiert werden müsse, wurde der Betrieb eines deutschen Motorschiffes, das 1971 gebaut worden war, ein Jahr lang beobachtend begleitet. In Übereinstimmung mit der Klassifikationsgesellschaft „Germanischer Lloyd" wurde festgestellt, daß das technische Potential auf dem Untersuchungsschiff ausreiche, eine „Ein-Mann-Schiffsführung" auf der Brücke und sogar eine „Ein-Mann-Handhabung" an Deck zu praktizieren. Es wurde davon ausgegangen, daß, wenn die technische Bedienung der Mooring- und Ankerwinden auf der Brückennock zentriert werde, ein Mann an den Winden für Festmacher- und Ankermanöver eingespart werden könne. Die Zentralisierung von Steuerungs- und Überwachungseinrichtungen wurde als erstrangige Maßnahme zur Einsparung von Personal angesehen. Deshalb sollte zum Beispiel auch der Maschinenkontrollraum möglichst direkt unter der Brücke eingerichtet werden. Darüber hinaus wurde angestrebt, alle Einrichtungen zur Übernahme von Brennstoff, Schmiermitteln usw. sowie zur Entsorgung von *sludge*, Fäkalien und Müll so einzurichten, daß diese Aufgaben grundsätzlich von nur einer Person erledigt werden konnten.

Der „wachfreie Maschinenbetrieb“ stand außer Frage. Soweit Wartungen betrieblich und technisch erforderlich erschienen, sollten sie in der „Tagesroutine“ erledigt werden. Ansonsten war vorgesehen, daß die Bordbesatzung nur zum kleinen Teil vorbeugende Instandhaltung nach Plan durchzuführen habe. Um die Maschinencrew so gering wie möglich zu halten, sollten feste Servicestellen eingerichtet werden. Befänden sich Schiffe auf Routen ohne Servicestationen, so müßten fliegende Monteure und zeitweilig mitreisende Reparaturteams eingesetzt werden.[1] Insgesamt wurde gefordert, daß Maschinen- und Anlagenbauer vorrangig daran arbeiteten, durch konstruktive Maßnahmen verlängerte Standzeiten der maschinellen Einrichtungen zuwege zu bringen, um längere Instandhaltungsintervalle zu erreichen. Andererseits wurde erwartet, daß das Maschinenpersonal ganz überwiegend mit Beobachtungsroutine beschäftigt sein werde und ansonsten Verbrauchs- und Bestandslisten auszufüllen habe.

Die umfangreiche Dokumentation war zentraler Bestandteil eines Plans, der darauf hinauslief, die relative Autarkie des Maschinenbetriebs aufzuheben. Dazu war ein zuverlässiger und kontinuierlicher Informationsfluss notwendig. Er sollte allerdings nur in eine Richtung laufen: vom Schiff zum Land. Dieses Verfahren sei notwendig, um die nun überwiegend von dem landseitigen Management zu organisierende Instandhaltung zu erleichtern. Das gleiche Informationsprinzip sollte auch für die Ladevorgänge an Deck gelten. Auch von dieser Abteilung wurde eine „umfassende Information“ verlangt. Der Plan sah vor, daß „alle operativen Maßnahmen hinsichtlich der Ladung von der Reederei getroffen werden könnten“. Da traditionelle Bordaufgaben zunehmend von Land aus zu organisieren seien, sollte für Führungskräfte an Bord die Möglichkeit eröffnet werden, im Wechsel zeitweilig an Bord und an Land zu arbeiten.

Auf dem „Schiff der Zukunft“ sollte es sich für Seeleute bequemer wohnen lassen. Infolge der verringerten Besatzung könnten die verbleibenden Seeleute besser und behaglicher untergebracht werden als auf konventionellen Schiffen. Es sei leichter, Kammern nunmehr abseits von Maschinenanlagen schall- und vibrationsgeschützt zu plazieren. Zusammen mit dem neuen Wohnstil sollte auf den Schiffen insgesamt ein neuer Lebensstil Einzug halten. Dazu gehörte auch der Plan, die Verpflegung weitgehend mit Halbfertigerzeugnissen, also mit Tiefkühlkost, bedarfsgerecht zuzubereiten. In den Messen sollte außerhalb der Mahlzeiten Selbstbedienung möglich sein. Mehr oder weniger waren kantinenähnliche Versorgungseinrichtungen mit beispielsweise Kaffeemaschinen und Tabakautomaten vorgesehen. Daß diese - als „Lebensverbesserungen“ gedachten - Einrichtungen alte Kulturformen seemännischen Labens an Bord zerstören würden, stand in den siebziger Jahren nicht zur Debatte. Es wurde ohnehin davon augegegangen, daß die Besatzungen auf dem zukünftigen Schiff nach kürzeren Fahrtzeiten abgelöst werden würden. Das Schiff als Lebensraum würde dadurch an Bedeutung verlieren. Dennoch wurden nicht nur Arbeitsplatzgestaltung, Wohnverhältnisse und Ernährung nach dem neuesten Stand der Erkenntnis geplant, es war auch vorgesehen, gesellschaftliche Isolation durch ausführliche (Presse-) Information zu mildern und dem Seemannsberuf durch Job-Rotation zwischen Reederei und Schiff ein zweites Standbein an Land zu verleihen. Voraussetzungen für eine derartige Organisation des Schiffsbetriebs, darüber herrschte Klarheit, war eine enge Zusammenarbeit zwischen Reederei und Seeleuten. Das eigene Interesse an der Zuverlässigkeit des Schiffes sollte in eine *corporate identity* des Unternehmens integriert werden.

In den Zusammenhang der ursprünglichen Konzeptionen gehört auch eine Studie, die der Verband Deutscher Reeder im Dezember 1972 vorlegte. Sie trägt den Titel „Das zukünftige Schiff und seine Besatzung". Darin wurde die Frage gestellt: „Wie wird das zukünftige Schiff, wie werden seine technischen Anlagen beschaffen, wie werden die Menschen, die es handhaben, ausgebildet sein?"[2] Diese Fragestellung zielte weniger auf technische Innovation als auf den systematischen Zusammenhang zwischen Technik und seemännischem Anwender. In diesem Punkte waren die Reeder den Schiffsingenieuren weit voraus. Sie gingen nicht einmal davon aus, daß technische Neuerungen dringend notwendig seien, um die deutsche Schifffahrt konkurrenzfähig zu halten. Der aktuelle Markt biete hinreichend moderne Technik und Anlagenkonzepte Es komme nur darauf an, sie konsequent zu nutzen. Zusätzliche Entwicklungen seien nicht unbedingt erforderlich. Viel wichtiger sei es, das vorhandene Potential optimal zu nutzen. Und das hieß vor allem: Verringerung der Mannschaftsstärken. Dazu - so die vom Verband Deutscher Reeder publizierte Auffassung - sei es in aller erster Linie erforderlich, die in Deutschland gültigen Besatzungsvorschriften zu ändern. Denn diese bedeuteten einen erheblichen Wettbewerbsnachteil für die deutsche Schifffahrt. In allen anderen Hochlohnländern sei es zulässig, mit geringeren Besatzungsstärken zu fahren. Ob diese Aussage zutreffend war, muß hier nicht interessieren. Richtig ist aber zweifelsohne, daß in allen traditionellen Schifffahrtsnationen bis in die siebziger Jahre des 20. Jahrhunderts Besatzungsstärken üblich waren, die aus heutiger Sicht als sehr groß gelten müssen. Das lag weniger am technischen Niveau der Schifffahrt als an den Ergebnissen kollektiver Verhandlungen und Übereinkommen. Sie waren in allen traditionellen Seefahrtsnationen von großer Bedeutung und hatten zunächst nicht nur Seeleuten, sondern auch Reedern genutzt. Solange in der Nachkriegszeit Welthandel und Seetransport wuchsen, und die maßgeblichen Schiffahrtsnationen unter sehr ähnlichen personalpolitischen Rahmenbedingungen agierten, waren die Besatzungsordnungen akzeptiert worden. In den siebziger Jahren änderte sich das Klima. Zwar war mit dem „Schiff der

Zukunft" eine Verbesserung der Arbeitsbedingungen angestrebt worden, doch ging es von Anfang an auch um die Deregulierung von Arbeitsbeziehungen. Die Basis derartiger Forderungen waren neue technischen Möglichkeiten. Aus der Sicht vieler Reeder machten sie die bisherigen Besatzungsverordnungen obsolet. Fortan interessierten an den Konzeptionen zum Schiff der Zukunft dann nur noch Möglichkeiten zur radikalen Reduzierung der Mannschaft. Sie war nur dadurch zu erreichen, daß die Entwicklung der Schiffstechnik mit Macht vorangetrieben und an Bord von Schiffen auch tatsächlich eingesetzt wurde. Fast alle anderen Aspekte der bisher diskutierten Modernisierungsstrategie wurden in der Mitte der siebziger Jahre mit dem dramatischen Einbruch der Schiffahrtskonjunktur fallen gelassen.

Drei unterschiedliche Strategien zu Einsparung von Personal wurden seither - teils nebeneinander, teils nacheinander und teils in Kombination - verfolgt. Die erste, aus dem Blickwinkel von Landratten ist sie die einfachste - bestand in der Einsparung unnötiger Tätigkeiten. Dazu wurden 1971 sogar Seeleute aller Dienstgrade gefragt, welche Arbeiten ihrer Ansicht nach überflüssig seien.[3] Aufgeführt wurden vor allem unsinnige Konservierungsarbeiten, wie etwa Malen bei feuchtem Wetter. Auch wurde moniert, daß notwendige Konservierungsarbeiten sehr oft mit unzulänglichen technischen Mitteln durchgeführt werden mußten. Und über alle Abteilungen hinweg stimmten Seeleute darin überein, daß das Putzen von Messing keine funktionale Notwendigkeit sei. Ohne ökonomische Notwendigkeit wäre diese ritualisierte maritime Übung am gelben Metall aber sicherlich noch lange beibehalten worden. Denn mit dieser Arbeit war bislang ja auch der Status der Reederei - und damit auch der angestrebten *„corporate identity"* - aufgewienert worden. Auch Offiziere, die sich mit Schrecken an diese Tätigkeit während ihrer Lehrjahre erinnerten, konnten sich den Erwartungen der Reedereioberen nicht entziehen, wollten sie ihre beruflichen Aufstiegschancen nicht verspielen. Der Verfasser der Studie, E. Döring, kam zu dem Ergebnis, eine Reduktion der Arbeit auf das Notwendige erlaube die Einsparung von Bordpersonal.[4] Das wurde auch umgesetzt. In den Folgejahren wurden auf Schiffen, die bislang mit 34 Seeleuten besetzt gewesen waren, drei der vormals zehn Patentinhaber eingespart. In der Fachliteratur wird diese Erfolgsgeschichte der Reduzierung von Mannschaften zumeist auf technische Innovationen zurück geführt. Aber ausgerechnet Seeleute der technischen Abteilungen blieben vorerst weitgehend von der Ausmusterung verschont. Dagegen betraf die Einsparung vor allem die einfachen Mannschaftsdienstgrade. Sie wurden auf sieben Besatzungsmitglieder reduziert. Waren vorher auf einem Schiff bestimmter Größe 34 Besatzungsmitgliedern gefahren, so wurden jetzt insgesamt 20 Mitarbeiter überflüssig gemacht, allen voran das Servicepersonal: Stewards, Kochgehilfen, Bäcker und Schlachter.

Derartige Maßnahmen setzten Veränderungen der Vorschriften für die Besatzung auf Schiffen unter deutscher Flagge voraus. Legal war eine solche Veränderung nur mit Zustimmung einer zugelassenen Klassifikationsgesellschaft möglich. Denn ein Schiff durfte nur mit stark reduzierter Besatzung fahren, wenn es mit anerkannten schiffbaulichen und technischen Einrichtungen ausgestattet war. Seeleute sagen, die in solchen Fällen angestellten Berechnungen basierten seit jeher auf den Anforderungen, die während einer mehrwöchigen Fahrt über den Pazifik bei gutem Wetter zuträfen. Die seien aber weit entfernt vom Normalbetrieb eines Schiffes. So finde etwa der enorme Zeitdruck durch kurze Hafenliegezeiten keine Berücksichtigung. Neben diesen, zwar problematischen, aber legalen Vorgängen, gab und gibt es aber auch sichere Schleichwege, bestehende Vorschriften zu umgehen. Soweit sie die „Ausstattung" von Personal mit Qualifikationsmerkmalen betreffen, wurden derartige Praktiken oben bereits dargestellt.[5] Zusätzlich gab und gibt es aber auch die Praxis einer „Umdefinition" der technischen Voraussetzungen für bestimmte Besatzungsanforderungen. Seeleute verweisen immer wieder darauf, daß die für diese Regelungen in der Bundesrepublik zuständige Instanz, die Seeberufsgenossenschaft, sehr „beliebig" verfährt, wenn Reeder mit höchst eigenwilligen Begründungen um Ausnahmen bitten. In den Zusammenhang der phantasievollen Legalisierung von Besatzungsreduzierung gehört auch die Methode, die tatsächliche Antriebsleistung einer Hauptmaschine beträchtlich herunter zu rechnen, um höher qualifizierte Patentinhaber und weiteres Maschinenpersonal mit entsprechender Entlohnung einsparen zu können.

„Auf dem letzten Schiff, da hatten wir zwei Ingenieure und einen *oiler*. Da kam der Chief denn auch zu mir an und sagt: 'nicht daß Ihnen einfällt, hier sauber zu machen. Ich stehe schon am Rand des [Zusammenbruchs] ... Wir wollen das nicht noch weiter raus schieben. Wenn das denn Herren Inspektoren nicht gefällt, können sie mal selber sauber machen oder einen Mann mehr schicken. Weil sie auch wieder in der Schiffsbesatzungsverordnung beschissen haben.' Eingetragen 2000 irgendwas KW, große Fahrt, vorgeschrieben zwei Ingenieure ein *oiler*. Durch die Gegend geeiert sind wir mit irgendwas über 5000 KW, was auch die reelle Maschinenleistung war. Was mir schon mehrfach aufgefallen [ist], daß es Praxis der deutschen Reeder ist, im kleinen und mittleren Schiffsbereich [Ingenieure mit nicht ausreichenden Patenten einzustellen.]" Verwundert stellte der Ingenieur fest, „wie man mit einen 1000 TEU Schiff mit 22 Meilen durch die Gegend eiert und das mit 2000 KW. Frag mich?"[6]

Die zuständigen Behörden wunderten sich indes nicht über die hohe Dienstgeschwindigkeit von immerhin 22 Knoten, die dieses angeblich sehr schwach motorisierte Schiff erreichte. Aus dem Bericht eines Kapitäns geht hervor, daß mit genügend Dreistigkeit selbst ein angeordnetes Fahrverbot umgangen und die Aufstockung der Maschinencrew verhindert werden kann. Er konnte in kürzester Zeit die Seeberufgenossenschaft dazu bewegen, die Leistung der Hauptmaschine auf weit unter 1800 KW herunter zu stufen.

„Und wie gesagt 1800 KW ... ein Klassenzertifikatzusatz, daß die Anlage bei 625 Umdrehungen 600 KW leistet und etwa bis zur mittleren Fahrt, mein C 2 und das C-Naut von dem Kollegen ausreichend ist.[7] Mein polnischer Motorenwärter, der eine volle Lizens hat als Seemaschinist bis 3000 KW, der zählt nicht, das wird von den Germanen nicht anerkannt."[8]

Es gab damals auch eine ganz andere Strategie. So verließ sich etwa die Reederei HAPAG-Lloyd nicht auf die Möglichkeit, Vorschriften zu umgehen, und entwickelte statt dessen ein Konzept für die möglichst vollständige Nutzung der neuen Technik. Es basierte auf dem Einsatz modernster Technik und hochqualifizierten Besatzungen. In den achtziger und auch noch in den neunziger Jahren des 20. Jahrhunderts orderte die Reederei Schiffe, deren moderne Maschinen- und Brückentechnik zu einem integrierten technischen System verschmolzen war. Für einen optimalen Betrieb dieser Schiffe war es aber notwendig, daß die Seeleute an Bord über eine Doppelqualifikation verfügten. Das heißt, es wurden nur Seeleute an Bord genommen, die sowohl technisch als auch nautisch ausgebildet waren. Genau darauf war das gesamte Betriebssystem zugeschnitten. Damit wurde Realität, was im Zusammenhang der Diskussionen über das „Schiff der Zukunft" unter dem Titel „Gesamtschiffsbetrieb" entwickelt worden war. Im Gegensatz zu konventionellen Besatzungen mit getrennten Decks- und Maschinenmannschaften bildeten Schiffsmechaniker und Schiffsbetriebsmeister einen qualifizierten Unterbau von Facharbeitern, der den Schiffsbetriebsoffizieren, also den doppelt qualifizierten Führungskräften an Bord, zur Seite stand. Tatsächlich gelang es, diesen integrierten Schiffbetrieb so weit zu optimieren, daß es möglich und von der Seeberufgenossenschaft auch erlaubt wurde, statt mit einer Besatzung von 22 Mann wie für ein vergleichbares konventionelles Schiff vorgeschrieben, mit einer Besatzung von lediglich 13 Mann zu fahren. Mitte der neunziger Jahre des 20. Jahrhunderts wurde dieses Konzept aufgeben, weil es im internationalen Wettbewerb keine Vorteile mehr versprach. Statt der wenigen gut bezahlten Fachleute wurden jetzt mehr, aber auch schlechter qualifizierte Seeleute zu wesentlich geringeren Heuern eingestellt. Die technische Auslegung der Schiffe, die es z.B. erlaubt hatte, auch den Betrieb der Maschinenanlage von der Brücke aus zu regeln, machte unter der Bedingung solch einer konventioneller Betriebsführung dann keinen Sinn mehr.

Trotzdem wurde über mehrere Jahrzehnte hinweg immer weiter automatisiert.[9] Und tatsächlich sind die technischen Zukunftsvisionen, die in den siebziger Jahren entwickelt wurden, zwar nicht alle in vollem Umfang, aber dennoch in erheblichem Maße realisiert worden. So ging etwa die japanische Schiffbauindustrie zu Beginn der achtziger Jahre davon aus, daß es bis zum Jahre 1986/87 gelingen werde, die Besatzungsstärke eines Schiffes auf 12 Seeleute zu reduzieren. Für die Jahre 1990/91 wurde ein Grad an Automatisierung prognostiziert, der eine Besatzung von lediglich 9 Seeleuten erfordern würde. Fünf Jahre später 1995/96 sollten dann gerade noch 5 Seeleute genügen, ein Seeschiff mittlerer Größe ausreichend zu bemannen. Damit endeten die utopischen Fünfjahrespläne aber noch nicht. Noburu Hamada, Präsident der *Japan Marine Machinery Development Association* (JMMDA) erwartete für das Jahr 2000, daß: *„A voyage indeed is soon to be made across the North Pacific with an unmanned ship.“*[10]

In den achtziger Jahren gaben Reedereien aus Industrienationen Neubauten in Auftrag, die eine Realisierung dieser optimistischen Zukunftszahlen versprachen. Und tatsächlich gelang es, die Mannschaftsstärken auf Containerneubauten drastisch zu reduzieren. Wurden zum Beispiel um 1969 auf einem 740 TEU[11] Containerschiff der ersten Generation noch 34 Seeleute angeheuert, so konnte deren Zahl um 1977 für ein Schiff mit 1800 TEU Ladekapazität bereits auf 26 Seeleute herunter gesetzt werden. Und um 1989 wurden nur noch 14 Mann Besatzung auf einem immerhin 2290 TEU ladenden Containerschiff benötigt.[12] Der technische Fortschritt ist imponierend. Diese Reduzierung basiert freilich nicht nur auf technischen Entwicklungen, sondern zugleich auf einer erheblichen Intensivierung der Arbeit für die verbliebenen Besatzungen. Nach wie vor gibt es Schiffe, die mit wenig moderner Technik unterwegs sind, der allgemeine Trend jedoch ist durch Einsparung an Personal aus Hochlohnländern, durch Investitionen in Automatisierung und durch Ausnutzung des globalen maritimen Arbeitsmarktes gekennzeichnet.

Der Maschinenbetrieb

„Nice to have“

„Da wurde zuviel automatisiert ... einfach nach dem Motto: *Nice to have.*“[13]

Mit derartigen Kommentaren kennzeichnen viele Seeleute die oftmals hektisch umgesetzen technischen Innovationen, die seit den siebziger und achtziger Jahren des 20. Jahrhunderts die Entwicklung der Schifffahrt geprägt haben. Solche Bemerkungen treffen insofern ins Schwarze, als sie den technischen Diskurs aufs Korn nehmen, der vom Fortschrittsglauben getragen ist. Als leuchtendes Beispiel sei ein Ausbilder für die technische Praxis angeführt. Er ist davon überzeugt, daß bald kein Nautiker mehr gebraucht werden wird und tendenziell auch Techniker auf See überflüssig werden. „Moderne Technik, ... (das) hört sich ein bisschen anspruchsvoll, ein bißchen großkotzig an, aber die geht nicht mehr kaputt.“[14] Diese „großkotzige“ Zukunftsvision ist aber keineswegs nur individuell anzutreffen. Wenn Peter Fuchs in diesem Zusammenhang von einer gesellschaftlich durchgesetzten „grandiosen Simplifikation“, von einer „geläufigen Alltagsannahme“ spricht, so ist ihm im Hinblick auf die Schiffahrt sicherlich zuzustimmen. Dieser vereinfachten Sicht entspricht, daß selbst hoch komplexe Technik lediglich nach zwei Kriterien beurteilt wird: Entweder sie funktioniert oder sie ist kaputt. Fuchs zufolge wird diese extreme Reduktion von Komplexität nicht nur auf Technik, sondern auch auf die „fragile Menschenwelt“ angewandt. Alles werde als reparabel betrachtet. Was sich der totalen technischen Manipulation entziehe, werde als Unglück, als „Restkategorie“, kurz: als menschliches Versagen angesehen.[15] Eine solche Haltung kommt auch in der heute gängigen Bewertung von Seeunfällen zum Ausdruck. In Schiffahrtskreisen gilt als ausgemacht, daß mindestens 80 - 85% der Unfälle auf menschliches Versagen zurückzuführen sind.[16] Was dann als Analyse von Unfallursachen ausgegeben wird, ist in der Regel nichts anderes als eine Demonstration dessen, was Fuchs als fatale Meisterschaft in der Reduktion von Komplexität beschreibt. Eine sich weitgehend selbst kontrollierende Maschinerie hat nur noch eine relevante Schwachstelle: den Menschen. In den Blick kommen dabei freilich weder der Konstrukteur noch der Erbauer, sondern ausschließlich der gemeine Anwender. Unter diesen Bedingungen nimmt es nicht Wunder, daß die allermeisten Seeleute technischen Neuerungen an Bord mit abwartender Skepsis gegenüberstehen. Immerhin gefährden die zu erwartenden Ausfälle ihr professionelles Selbstverständnis und ihre berufliche Ehre. Zwar schildern auch sie häufig mit Stolz die besondere technische Ausstattung von Schiffen, auf denen sie gefahren sind, als „Lieblingsschiffe“ aber bezeichnen sie in der Regel nicht jene *high tech* Schiffe, die auch auf den Hochglanzbroschüren ihrer Reedereien prangen. Nach bevorzugten Schiffen gefragt, geben fast alle der heute älteren Seeleute an, es seien Schiffe gewesen, deren technische Anlagen von der Maschinencrew noch eigenständig gesteuert und geregelt werden konnten. Jede technische Innovation ist eine Gefährdung solcher Fähigkeiten.

Wenn der Einsatz moderner Schiffstechnik immer wieder zu Problemen führt, dann lag und liegt das nicht nur an mangelnder Erfahrung von Besatzungen, sondern mindestens ebenso sehr an der grandiosen Reduktion von Komplexität in den technischen Innovationsschmieden. Sie entwickelt sich auf der Basis jener Grundeinstellung von Ingenieuren, die eine Dominanz von Technik für selbstverständlich hält. Deshalb steht es für sie auch nicht in Frage, daß der seefahrende Mensch dem technischen Objekt Schiff zuzuordnen sei.[17] Der Mangel dieser Konzeption beruht auf zwei Ausblendungen. Erstens wird ausgeblendet, daß der technische Zusammenhang erst über den sozialen Zusammenhang hergestellt wird. So halten zum Beispiel Michel Crozier und Erhard Friedberg der „Versuchung eines technologischen Determinismus“ die Forderung entgegen, Technologie nicht als starre „wenn-dann-Beziehung“, sondern als umfassenden Prozess zu begreifen. Erst durch eine, von den Akteuren selbst zu entwickelnde „angemessene Bearbeitung“ bestätige sich eine Technologie.[18] Zweitens wird ausgeblendet, daß - nimmt man die von Ingenieuren selbst entwickelten Kriterien als Maßstab - in der Phase ihrer Einführung fast jede neue Technik „kaputt" ist.[19] Dieser Sachverhalt ließe sich am Beispiel der Einführung des Dampfantriebs im 19. Jahrhundert ebenso wie an der elektronischen Automatisierung des Schiffsbetriebs studieren. Hier soll - zur Erläuterung des generellen Sachverhalts - beispielhaft auf die Integration von Dieselmotoren in den Schiffsbetrieb eingegangen werden.

Kreativität an Bord

Als die Restriktionen der Alliierten für die deutsche Seefahrt aufgehoben waren, rüsteten Reedereien zunehmend von Dampfmaschinen auf Dieselmotoren um. Mit der neuen Technologie des Selbstzünders waren die meisten Dampfschiffmaschinisten wenig vertraut. Auch hielt die neue Technik nicht, was sie versprach. Denn der simple Selbstläufer entpuppte sich als äußerst anfällig und arbeitsintensiv. Im Grunde waren Maschinen-*crews* gefragt, die sich so tiefe Einblicke in die neue Technik verschafften, daß sie die konzeptionellen Schwächen der Anlagen ohne Hilfe ausbügeln konnten. Altgediente Maschinisten und Ingenieure beschreiben Dieselmotoren noch im Rückblick als reine „Arbeitsmaschinen", als Maschinen also, an denen es ständig viel zu tun gab. Sie selbst, vor aber auch ihre damals älteren Vorgesetzten, hätten erst lernen müssen, mit diesen „anfälligen" Maschinen klar zu kommen. „Diese Leute waren einfach zu alt um, um selber kreativ denken zu können. Denn man muß eines dazu sagen, die haben mehr Dampfererfahrung."[20] Es ging eben nicht nur um den Vollzug gegebener technischer Zusammenhänge, sondern um kreative Eingriffe in die vorgegebene Technik. Nicht jeder leitende Ingenieur war den neuen Anforderungen gewachsen. Das zeigte sich insbesondere, wenn Anlagenteile zerbarsten, mit denen er nicht wirklich vertraut war. So flüchtete sich etwa ein älterer *Chief* nach einer Havarie der Abgasturbine hilflos in seinen Glauben. „Der stand oben und hat sich ..., ich kann es ja ruhig sagen, keiner kennt ihn mehr, und er ist schon lange tot jetzt. Aber er hat sich oben hingesetzt auf Knien und hat gebetet. Ja, und wir haben nur gestaunt."[21] Anders als an Land, wo Spezialisten leicht angefordert werden konnten, mußte das Maschinenpersonal Probleme selbst beheben und sich ohne große Unterstützung in die neue Technologie einarbeiten. Die Fehlerhaftigkeit der Technik war und ist ein bedeutender Lehrimpuls.

Zu den gewiss eher seltenen Ausnahmen dieser selbstorganisierten Form von „Lehre" ist die Erfahrung eines damals jungen Maschinenassistent zu rechnen, der in einem etwa gleichaltrigen Kollegen aus Augsburg einen ausgezeichneten Fachmann zur Seite hatte:

„Das war ein exzellenter Maschinenbauer. Der hatte bei MAN gelernt, und der sprang jetzt an Bord rum mit der Maschine. Der ganze Betrieb war nur MAN. Drei Hilfsdiesel und der Hauptmotor, der kannte die ... Es war viel Ärger in der Zeit, ... und Dieselbau war damals noch nicht so durchkonstruiert wie heute.“ Die Lehrtätigkeit des jungen Experten bestand darin, sich über die Vorgaben seiner Ingenieure hinwegzusetzen: „Dem zeigen wir das jetzt, ... Da waren wir noch voll in Äktschen, und da habe ich viel gelernt, und er sagte ...: schiel doch nicht auf den, ... das machen wir jetzt so“.[22]

Ein solches Maß an Freiheitsgraden ist heutigen Technikentwicklern ein Dorn im Auge. Viele Reedereien verhalten sich in diesem Punkt in der Regel nach dem Motto: Nicht rühren, so lange alles gut geht. Von Seiten der Hersteller wird darauf gedrängt, ihre Anlagen streng nach Vorschrift zu fahren. Das sei die sicherste Garantie für einen problemlosen Betrieb. Dagegen spricht jedoch, daß moderne Schiffsbetriebe auch Jahrzehnte nach Einführung elektronisch gesteuerter Regelkreisläufe keineswegs hundertprozentig funktionieren. An zahlreichen „technischen“ Defekten lässt sich dieser Sachverhalt aufzeigen.

Sie sind von durchaus unterschiedlicher Qualität, doch ist ihnen eines gemeinsam. Sie alle machen deutlich, wie unklar die angeblich genau bestimmbaren Grenzen zwischen „sozial basierten und materiell technisch basierten Prozessen“ in der Realität tatsächlich sind.[23] Es zeigt sich nämlich, daß simple Handlungsnormierung für einen adäquaten Umgang mit Technik nicht ausreicht. Im Gegenteil ist davon aus zu gehen, daß mit zunehmender Vernetzung unterschiedlicher Funktionen die Komplexität von Maschinenanlagen immens zunimmt. „Die Interaktionseffekte, die auftreten können, wenn ein (weiteres) technisches Artefakt eingesetzt wird, ... können niemals alle vorhergesehen werden. Es bleiben Lücken offen, Probleme, an die die Hersteller nicht gedacht haben ...“[24] Was Bettina Heintz hier insbesondere für die Entwicklung der Computertechnologie herausgearbeitet hat, gilt erst recht für das System des gesamten Schiffsbetriebs. Für dessen Funktionieren müssen eben nicht nur die technisch verknüpften Abläufe, sondern auch die sozial erzeugten Handlungsstrategien aufrecht erhalten und in Übereinstimmung gebracht werden.

Herren der Lage

„Oh, die Technik, das ist alles so gigantisch und so toll ... wenn es funktioniert. Aber es ist alles anfällig, und wenn man auf See ist, ist man wirklich alleine.“[25]

Als automatisch gesteuerte Maschinenanlagen eingeführt wurden, waren viele leitende Ingenieure an Bord in Sorge, ob sie für diese neuartige Technik ausreichend qualifiziert waren. Vor allem aber befürchteten sie, es werde ihnen durch diese neue Technologie der direkte Kontakt zur Maschinenanlage genommen, was ihren selbstbestimmten Umgang mit Technik auf ein absolutes Minimum reduzieren würde.[26] Manch einer fühlte sich durch diese neue Situation nervlich überfordert, aber auch viele andere erlebten die Einführung von elektronisch gesteuerten Maschinenanlagen als einen Angriff auf ihre persönliche technische Kunstfertigkeit und auf ihre Identifikation mit bisheriger Technik. Zwar erfolgte der Übergang vom manuellen zum automatischen Schiffsbetrieb selten abrupt, dennoch war er für viele Ingenieure alles andere als sanft. Noch nach Jahren wird die Resignation angesichts des Umbruchs gelegentlich zum Ausdruck gebracht:

„Ich bin so ein altmodisch Gebackener, der Sachen erzählt, die ... letztendlich irgendwo schon 20 Jahre alt sind, sein müssen. ... Ich rede jetzt nur von mir und meinen Kolben und meinen Dieselmotoren."[27]

Jüngere Mitarbeiter nahmen die Verunsicherung ihrer Vorgesetzten durchaus wahr:

„Nein, die alten *Chiefs* hatten überhaupt keine Ahnung davon. Das hieß an Bord immer ... 'schwarze Kunst', 'schwarze Magie' ham die immer gesagt ... und wunderbar ..."[28]

Zumindest vorübergehend war den Leitenden Ingenieuren die Kontrolle über den Maschinenbetrieb entglitten. Zwar hatten auch vorher schon eine Vielzahl von Steuerelementen und Einrichtungen den Lauf der Maschinen reguliert, doch handelte es sich dabei überwiegend um elektromechanische, hydraulische und pneumatische Steuerungen. Deren Funktion konnte ein Ingenieur aufgrund seiner Ausbildung immer noch ohne fremde Hilfe überprüfen. Genau besehen hat sich daran in der ersten Phase der Automatisierung gar nicht so sehr viel geändert. Die neue Technik in den Griff zu bekommen, war somit keineswegs eine dermaßen radikale Angelegenheit, wie es sich zunächst anhört. Tatsächlich weisen auch viele der damals jüngeren Ingenieure darauf hin, daß die Anlagen, die sie seit Mitte der siebziger Jahre des 20. Jahrhunderts fuhren, robuste Geräte mit ein „bißchen Elektronik" waren. „Da konnten wir noch mit umgehen."[29] Da wurde nun zwar die Erschütterung der Älteren verweigert und noch nachträglich kritisiert, doch stehen der behaupteten Souveränität im Umgang mit der neuen Technik auch zahlreiche Berichte über die Praxis an Bord entgegen. Man wagte nämlich nicht ohne weiteres, den Versprechungen der Anlagenbauer Glauben zu schenken. „Die [Anlagen] warn halbautomatisch. Da hat man sich aber nicht richtig getraut, die nachts wachfrei zu lassen."[30] Auch nachdem sich die Wachhabenden an den automatisierten Betrieb gewöhnt hatten, empfanden nicht alle Erleichterung, denn die Elektronik war (und ist) eben nicht immer zuverlässig.

Insgesamt wird aber diese Innovationsphase so dargestellt, als ob es selbst bei ein „bißchen mehr Elektronik" immer noch gut möglich gewesen sei, in den Betrieb einzugreifen. In welchem Ausmaß technische Defekte im Betrieb tatsächlich von den Ingenieuren hätten gemeistert werden können, läßt sich kaum noch rekonstruieren. Für unseren Zusammenhang ist jedoch sehr viel entscheidender, daß sich die Maschinen-*crews* noch als aktiv Handelnde in dem technischen System wahrnehmen konnten. Sich als Herr der Lage fühlen zu können, war aber nicht nur Balsam für die Seele, diese Selbsteinschätzung war für den Maschinenbetrieb auch funktional notwendig.[31] Mit einer Maschinen-*crew*, die sich hilflos den technischen „Elementen“ ausgeliefert sieht, läßt sich ein komplizierter Maschinenbetrieb langfristig nicht aufrecht erhalten.

Kollektives Lernen

Eine geregelte kontinuierliche Weiterbildung gab und gibt es nicht. Ältere Ingenieure berichten, es seien zwar Lehrgänge abgehalten worden, die seien auch gar nicht schlecht gewesen. „Nur, ich bin nie da gewesen. Nur unsere Elektriker, die haben sie geschickt. Das war gut gegenüber ... heute.“[32] Damals wie heute waren und sind somit immer nur die letzten Absolventen von Hoch- und Fachhochschulen adäquat auf die neueste Technik vorbereit. Und selbst für sie gilt das nur, wenn sie Erfahrungen mit aktuellen technischen Neuerungen, die sie in ihrem Praxissemester gemacht haben, im Unterricht zur Diskussion stellen können.[33] Ansonsten herrschte und herrscht an Bord das alte Prinzip des *learning by doing*. Es hat die großen technischen und ökonomischen Revolutionen der Schifffahrt überlebt. Allerdings gab es eine gravierende Änderung: Früher erfolgte die Aneignung von technischem Wissen unabhängig vom jeweiligen Niveau des Einzelnen auf einem breiten Konsens. Denn solange überwiegend national homogene Mannschaften an Bord waren, basierte die Vermittlung auf einer einheitlich erfahrenen Kultur im Umgang mit technischen Fragen. Das heißt, der Rahmen des technische Diskurses war abgesteckt und mußte nicht immer wieder neu bestimmt werden. Das erleichterte gegenseitige Vermittlung und machte Ausbildung tendenziell zu einer kollektiven Angelegenheit. So konnte etwa ein an Land ausgelernter Elektriker feststellen, an Bord habe er durch die Zusammenarbeit mit „Ingenieuren oder auch mit Reinigern“ mehr gelernt als in der Lehre.[34] Gegenseitiges Lernen in derartiger Form ist unter den Bedingungen sehr unterschiedlicher kultureller Herkunft nicht einfach zu praktizieren. Allein schon deshalb nicht, weil der technische Diskurs gerade unter den Mitgliedern der Maschinencrew ganz überwiegend außerhalb des lauten Maschinenraums in der Freizeit stattfindet, in einem Rahmen also, in dem sich Seeleute nach sprachlicher Herkunft separieren. So findet zum Beispiel leichter eine Diskussion zwischen philippinischen Decks- und Maschinenmannschaften statt als zwischen europäischen Ingenieuren, philippinischen Ölern und Reinigern.[35] Die Bedeutung eines kontinuierlichen Diskurses über Technik erläutert Julian Edgerton Orr: *„Narrative preserves such diagnoses as they are told to colleagues; the accounts constructed in diagnosis become the basis for the technicians' discourse about their experience and thereby the means for the social distribution of experiential knowledge through community* *interaction. The circulation of stories among the community of technicians is the principal means by which the technicians stay informed of the developing subtleties of machine behaviour in the field. The telling of these narratives demonstrates and shares the technicians' mastery and so both celebrates and creates the technicians' identities as masters of the black arts ...*"[36]

Heute werden solche *stories* aus zwei Gründen seltener als früher erzählt. Zum einen kommt es immer wieder vor, daß ein Ingenieur nach einigen Monaten auf einem Schiff hastig eine Maschinenanlage übergibt, deren elektronisch gesteuerte Regeleinrichtungen er bis zu diesem Zeitpunkt noch nicht begriffen hat. Selbst wenn dies nicht der Fall ist, die Ablösung aber im „fliegenden" Wechsel und ohne vernünftige Instruktion durch den Vorgänger erfolgte, steht ein Vorgesetzter mitunter ratlos vor dem „spinnenden Paule da unten".[37] Ein neues Schiff mit einer unbekannten Anlage ist immer eine Herausforderung. Angesichts einer defekten Anlage stellen sich dann die Fragen: „Wie funktioniert das? Wo kann der Fehler sein?"[38]

Eine weniger durch formale Hierarchie als durch Handlungserfordernisse dominierte Vermittlung technischen Wissens war auf Schiffen immer schon eine wichtige Voraussetzung für einen reibungslosen Betrieb.

„Ich meine die Technik, rein von der Technik her, ob das maschinell ist oder ob auf der Brücke, das ist ... alle 5 Jahre ist ja was Neues ... Wenn man überlegt, manche *Chiefs*, die kommen auf 'n Dampfer, der ist drei Jahre alt, da ist 'ne Technik an Bord, da stehn die erstmal vor. Da müssen die erst mal 'n Lehrgang machen so quasi, ... und 'n alter Motormann, der muddelt da rum, der braucht gar nicht überlegen ..."[39]

Also ist der neue *Chief* auf „Unterweisung" durch Mitglieder der *crew* angewiesen, die schon länger an Bord sind. Dafür müssen heute nicht nur die Hürden der Hierarchie überwunden,[40] sondern auch kulturelle Distanzen überbrückt werden. Nicht-europäische Untergebene sind dabei fast immer in einer schwierigeren Position. Findet sich etwa ein Motormann von den (Inseln) Kiribatis, der schon seit Monaten an Bord ist, in der Situation, daß er seinem neu eingestiegenen Vorgesetzten vormachen muß, wie dieses oder jenes Aggregat praktikabel zu handhaben ist, so verlangt das von ihm nichts weniger als den Bruch eines Tabus. Schließlich war ihm zuhause beigebracht worden, daß es einem jüngeren Mann nicht einmal gestattet ist, einen älteren Dorfbewohner laut anzusprechen.

Aus diesen Gründen waren und sind Ingenieure immer wieder vor die Aufgabe gestellt, sich auf eigene Faust in die neue Materie „hineinzufuchsen". Mit der Position des *Chiefs* ist deshalb heute sehr oft die Erfahrung „funktionaler Einsamkeit" verbunden.

„[Da] ... stehen Sie da alleine vor. Ich bin alleine mit Philippinen, mit Kiribatis, Tuvalus oder so. Und die stehen nur da, die sind nett, die warten auf Sie."[41]

Und ein anderer: „Als Offizier muß ich sagen, ... die meisten sind auch (heute) noch Nullen. Ich sehe das menschlich ... wahrscheinlich steht denen der Mensch im Weg. Vieles, was die einbringen, ist ihre Mentalität. Die bringen einfach emotionale Sachen rein.“[42]

Abbildung 6: Eine neue Führungsbuchse wird eingeschlagen

Die Zitate machen deutlich: Je nach der persönlichen Einstellung und dem daraus resultierenden Erlebnis großer Fremdheit kommt zu der erwähnten funktionalen Einsamkeit noch ein erhebliches Maß an sozialer Einsamkeit hinzu.

Und diese Erfahrungen werden zu einem Strukturmerkmal der Berufslaufbahn. Da Besatzungen heute selten wieder auf dem selben Schiff einsteigen, kommen viele *Chiefs*, je nach Dauer ihrer Heuerkontrakte und der Personalpolitik einer Reederei, ein bis zweimal jährlich in die Situation des Neueinstiegs. Nicht nur das, sie kommen auch immer wieder in die Situation, sich nicht nur auf einem anderen Schiff, sondern auch mit einer neuen Technik zurecht finden zu müssen.

Der Defekt ist Fakt

„Also AEG: Alles Ein Gammel!"[43]

Entsprechende Aussagen gibt es auch über BBC Steuerungen.[44] Bei derartigen Aussprüchen handelt es sich nicht um die Zusammenfassung abgeklärter Erprobungsberichte, wohl aber basieren sie auf individuellen Erfahrungen, die in der Anfangsphase der Integration von Elektronik in den technischen Schiffsbetrieb gemacht wurden. Ganz unabhängig von der Lieferfirma galt nämlich, daß die gelieferte Elektronik zunächst noch nicht „seefest" war. Sobald das Wetter und die klimatischen Verhältnisse nicht den Betriebsbedingungen an Land entsprachen, versagte sie.

„Größtenteils waren ... die elektronischen Anlagen auch von Land, sag ich jetzt mal, übernommen, aufs Schiff gesetzt, ohne groß daran zu denken, [daß sie an Bord geschüttelt und gerüttelt werden]."

Hinzu kamen die „klimatischen Verhältnisse" in den Maschinenräumen selbst:

„Es wurde irgendeine Elektronik eingebaut in den Maschinenraum und bei 50 Grad ist das Ding halt ausgestiegen."[45]

Faktisch bedeutete diese Situation, daß sehr, sehr viele wichtige und weniger wichtige Alarme anfielen. Und diese Tatsache machte die Mitglieder von Maschinen-*crews* – ganz entgegen der Zielsetzung von Konstrukteuren – zu integralen Bestandteilen des technischen Systems.

„Der Maschinenraum war nachts unbesetzt und ... – zuletzt warn wir nur noch mit zwei Ingenieuren an Bord – also hieß das, jede zweite Nacht hängt man am Alarm, und das kann recht stressig werden, wenn drei- oder viermal oder sogar manchmal noch mehr Alarm kommt und man muß 'runter ..."[46]

Ingenieure machten schnell die Erfahrung, daß es sich in den allermeisten Fällen um einen Alarm von geringer Bedeutung oder auch einfach nur um einen blinden Alarm handelte,[47] von ihrer Kammer aus konnten sie das aber nicht feststellen. Daran hat sich bis heute nichts geändert. Auch die neuesten Anlagen melden immer noch regelmäßig falschen Alarm, und bis heute läßt sich die Bedeutung eines Alarms in der Regel nur im Maschinenleitstand ermitteln. Nach wie vor kann ein „wachhabender" Ingenieur einen Alarm, der auf einer Anzeige in seiner Kammer angezeigt wird, nicht interpretieren. Vereinzelt gibt es verbesserte Alarmanlagen: „Da konnte man (auf einem Display) sehen, ob man mit der Unterbüx fix runter muß oder ob man noch Zeit hatte."[48] Die Anschaffung solcher Anlagen wird jedoch allem Anschein nach von den meisten Reedereien für überflüssig gehalten. Faktisch müssen Angehörige der Maschinen-*crew* somit ständig Geräte kontrollieren, die dem Prinzip der eingebauten Technik zufolge von elektronischen Einrichtungen überwacht werden. Die Seeleute übernehmen somit Funktionen, von denen sie durch die neue Technik angeblich befreit worden sind. In einer Reederei wurden personalpolitische Konsequenzen gezogen und fünf *oiler* eingestellt, von denen einer immer Nachtwache ging. Kleine Fehlalarme konnte der wachhabende *oiler* selbst beheben.[49] Der *Chief,* der von dieser Praxis berichtete, hielt sie für unbedingt nachahmenswert.

Keine der geschilderten Methoden kann Maschinen-*crews* garantieren, daß „wachfrei" auch tatsächlich „wachfrei" bedeutet. Statt dessen müssen sie ihre Verfügbarkeit den Mängeln der Anlagen anpassen. Sehr viel weiter geht die Integration der *crew* in das technische System, wenn „von Hand" in das System der Steuerung eingegriffen wird. Mitglieder von Maschinen-*crews* führen viele Beispiele an:

„Das muß einfach so während des Betriebes gemacht werden, ... Wir haben teilweise uns nur mit Behelfen rüber gerettet über längere Zeit, was natürlich nicht sehr witzig ist, auch bei der Automatisierung und der Fernkontrolle von Anlagen. Diese paar Drähtchen. Du kannst ja eine Anlage heute gar nicht mehr anfahren, wenn du auch alles hast: Druckluft und Schmierung, Ölkühlmittel, Treibstoff, alles da. Du kannst die Anlage gar nicht anfahren, wenn irgendwo ein Drähtchen zerbrochen ist. ... Das man natürlich nicht verfolgen kann. Und das führt dazu, daß wir dann teilweise aus den Alarmkanälen, die eine oder andere [elektronische Steck-]Karte herausnehmen, um den Betrieb überhaupt aufrecht erhalten zu können ... Oder auch die eine oder andere mehr herausnehmen. Weil es tatsächlich oftmals auch Fehlalarme sind."[50] Andere gingen daran, die defekte Elektronik zu kontrollieren: „Oh, was ist das? Rotes Licht. Was ist ausgefallen? Dieser Schmierdruck. Guckst hin. Nee, sind OK. Da geht man bewußt an die [Steck-]Karte ran, und die können Sie ja noch durchmessen."[51]

Was von diesem elektronisch bewanderten Ingenieur noch als leichtes Spiel mit einer defekten Steuerung älteren Typs beschrieben wurde, ist bei der neuen Generation elektronischer Steuerungen selbst von versierten Elektrotechnikern nicht mehr so einfach zu handhaben. Ein mit allen Systemen vertrauter Elektriker auf einem neuen modernen Containerschiff berichtete von Erfahrungen, die ihn über Monate hinweg nicht zur Ruhe kommen ließen. Auf einer Reise habe er es andauernd mit einer defekten Steckkarte zu tun gehabt. Die betreffende Steckkarte war dafür vorgesehen, die Umsteuerung des Wellengenerators auf den Hilfsdieselbetrieb zu regeln. Wenn diese Umsteuerung nicht klappt, ist ein *black out*, also der Zusammenbruch des gesamten Schiffsbetriebs, vorprogrammiert. Er habe eine neue Steckkarte angefordert. Sie sei in Malta an Bord gekommen, habe aber nicht funktioniert. Das Schiff fuhr mit der defekten Umsteuerung nach Singapur. Dort wurde Ersatz geliefert. Auch diese Karte erwies sich als unbrauchbar. Während der nächsten drei Reisen zwischen dem Mittelmeer und Südostasien bemühte sich der Elektriker, die schadhafte Karte in Betrieb zu nehmen. Nichts half, und er zweifelte mittlerweile an sich selbst. Schließlich bekam er in Singapur zwei neue „identische" Karten. Eine davon funktionierte.[52] Das Beispiel zeigt, daß der Rückeroberung von technischen Handlungsräumen, die den Technikern an Bord durch fehlerhafte Technik gewissermaßen abgefordert wird, immer dann unüberwindbare Grenzen gesetzt sind, wenn es sich um hochkomplexe Steuerungssysteme handelt. Um sich in diese Technik „reinzufuchsen", fehlt es den Technikern an Bord sowohl an Spezialwissen als auch an technischen Analyseeinrichtungen. Die technischen *„black boxes"* lassen sich nicht öffnen Der Defekt ist Fakt, der Fehler lässt sich aber nicht ausmachen. In diesem Fall ist es auch nicht möglich, daß das System, in das man eingreift, im Zuge dieses Eingriffs besser begriffen wird. Derartige technische Defekte sind gewissermaßen immun. Sie lassen sich weder erklären noch beheben.

Hatten wir oben noch erläutert, daß in mechanischen Systemen die Bewältigung des „Kaputten" an Bord dazu hilft, diese Systeme zu verbessern, so hat die neue Technologie dieses dynamische Element eingebüßt. Das gilt doppelt. Der Elektriker in unserem Beispiel, aber auch jeder andere Anwender eines derart hochkomplizierten Steuerungssystems, hegt zunächst vielleicht noch Zweifel im Hinblick auf seine Qualifikation, muß sich dann aber damit abfinden, daß seine Position im technischen System neu definiert wird. In der tradierten Berufsrolle von Technikern an Bord waren ja das Prinzip und das Selbstbewußtsein verankert gewesen: Geht nicht, gibt's nicht. Diesem Berufsethos ist heute die Basis entzogen.

Das hat auch Auswirkungen auf die Fortentwicklung von Technik. Wenn es unmöglich ist, sich die neue Technik an Bord kreativ anzueignen, dann fehlt auch das *feed back* an den Hersteller. Das Reden über die Maschine schafft nicht nur eine technische *community* an Bord, es ist auch eine zentrale Instanz zur Bewältigung technischer Entwicklungsprobleme.

„Narrative forms a primary element ... The actual process of diagnosis involves the creation of a coherent account of the troubled state of the machine from available pieces of unintegrated information, and in this respect, diagnosis happens through a narrative process."[53]

Es lässt sich zumindest die Frage stellen, ob fehlende Rückkopplung zum Hersteller einer der Gründe dafür ist, daß die Zuverlässigkeit elektronischer Komponenten nach wie vor zu wünschen übrig läßt.[54] Wenn keiner mehr vom Anderen lernen kann, ist es ganz folgerichtig, wenn der Elektriker im geschilderten Beispiel immer wieder „identische" Ersatzteile bekam. Solange, bis eines davon endlich funktionierte.

Allerdings bieten selbst funktionierende Kommunikationsstrukturen zwischen Experten der technischen Ausrüster und Anwendern keine Gewähr für zufriedenstellende Lösungen technischer Probleme.

„Heute wird eine Elektronik gefahren, da kriegen Sie einen Alarm und schon stellt sich ein Hilfsdiesel ab. Keiner weiß, wieso das passiert. Das konnten auch nicht die Experten klären, die in Singapur, China, Saigon oder sonst wo an Bord kamen. Die finden das nicht, weil sie immer wieder schnell raus müssen. Die fahren nicht mit. Und letzten Endes findet man irgendwann mal was. Und meint, daß es das sicher gewesen ist. Sie sitzen da, wälzen Bücher wie verrückt und kontakten den Hersteller hier bei HDW.[55] Die stehen auf dem Kopf. Auf Fragen an die Experten: 'Kannst Du mir denn wenigsten sagen, was das gewesen ist', bekommt man dann die Antwort: 'Nö, das Ding [i.e. die Steckkarte] schmeiß ich in den Müll.' ... Wir müssen [aber] fahren mit so einem Mist. Was sollen wir denn machen?"[56]

Konzeption und *black-out*

Den meisten Ingenieuren geht die eingebaute Elektronik zu weit. Und das nicht nur, weil sie über die verselbständigte Steuerung keinen Überblick haben können, sondern auch, weil sich immer wieder herausstellt, daß Betriebsabläufe nach Parametern geschaltet werden, die der technischen Logik des Schiffsbetriebs gründlich widersprechen. So wird beispielsweise berichtet, die elektronische Steuerung gehe so weit, „daß sich die Diesel [zur Stromversorgung] automatisch an und ab stellen ..." Eine derart lastenabhängige Steuerung ist an Bord aber alles andere als „intelligente" Technik. Eines der vielen Beispiele:

„So, jetzt ist die Belastung zum Beispiel auf 85 %, da springt der andere [Diesel] mit an. [Sobald die Belastungsgrenze unter 85% fällt, wird ein Diesel wieder abgestellt.] Das klingt jetzt alles etwas einfach. Aber Sie müssen sich jetzt vorstellen. ... Der Kranführer ..., der sitzt da oben ... Und seine *people* da unten, die schlagen [die Lasten] an. Er hat den Kran jetzt im Moment nicht an. So, der läuft ja nur im Leerlauf. Die [Elektronik] unten in der Maschine, die stellt dann einen Diesel ab ... So, der [Kranführer] gibt jetzt volle Kanne. Hebt an. Da kommt ... [die Zuschaltung des zweiten Dieselgenerators] nicht mit. *Black out,* wenn er [der Kranführer] zu schnell ist."[57]

Die geschilderte Problematik ist nicht neu. Vor Einführung der automatischen Steuerung wurde in solchen Situationen das Maschinenpersonal aber darauf aufmerksam gemacht, daß in den nächsten Stunden mit verschärftem Ladebetrieb der Kräne zu rechnen sei. Dann wurden Strommengen nicht nach der augenblicklichen Nachfrage, sondern nach den zu erwartenden Belastungsspitzen produziert. Bricht während eines Ladevorgangs der gesamte Betrieb aufgrund eines Steuerungsfehlers zusammen, so geschieht das zumindest an einem mehr oder minder sicheren Liegeplatz. Tritt ein ähnlicher logischer Schaltfehler jedoch (etwa durch Ausschaltung eines energiehungrigen *thrusters*) auf einer engen, viel befahrenen Wasserstraße auf, so sind Menschen und Schiffe unversehens in großer Gefahr.

Nicht immer ist die Ursache eines Versagens in fehlerhafter Programmierung oder in mangelnder Zuverlässigkeit der elektronischen Bausteine zu suchen. Es gibt auch elektronische Steuerungsfehler, die mechanische Ursachen haben. Sie treten insbesondere dann auf, wenn das Arrangement der gesamten Maschinenanlage nicht wirklich systematisch durchkonzipiert worden ist.[58]

Abbildung 7: Motorman *am Maschinenleitstand*

„Also, diese Elektroniksache, die ist für... einen Bordbetrieb ... gefährlich, insofern, wenn man nicht weiß, was sie an und für sich bewirken soll. Sie kann Ihnen das Schiff in kritische Lagen rein bringen ohne, daß sie es wissen. Sie fahren zum Beispiel auf Revier, unter ... Umständen mit voll Elektronik. Was wir zum Beispiel gehabt haben: Pluskabel löst sich bei [einem Hilfsdiesel] Volvo, daß sind ja heute so Schnell-Läufer ... So rasende Elemente. Das vibriert und ... das ganze Equipment an Elektronik, daß hängt da dran ... Was uns passiert ist: ... Die [Brennstoff] Zufuhr [stoppt], ... der Diesel steht. Der andere Diesel, der kann diesen ganzen Betrieb nicht alleine fahren, ... auf dem Revier, da haben sie einen *black out*. So, und dann treibt die Kiste plötzlich hier auf der Weser, oder wo. Und das passiert eben. Und das müssen Sie genau wissen. Sie fahren also ... [besser] halb manuell oder voll manuell. So wie wir das kennen. Zwei Diesel laufen lassen. So. Wenn jetzt einer verrückt spielt, ... haben sie den Alarm, [und] setzen den Dritten an, oder wenn sie nur zwei Diesel haben, dann informieren sie die Brücke. 'Freunde, ... stellt was ab. Wir fahren nur noch mit einem Diesel.' Sie können eingreifen."[59]

Inzwischen spricht sich kein Seemann mehr gegen Automatisierung aus. Aber alle Schiffsoffiziere, gleichgütig ob sie im Maschinenbetrieb, an Deck oder auf der Brücke arbeiten, fordern eine Ausgestaltung der Automatisierung, die es jederzeit möglich macht, den Betrieb von Hand zu fahren:

„Sie können diese Elektronik ausschalten und machen das manuell. Das ist halb manuell, dann läuft es, wie wir das kennen. Der Parallelbetrieb läuft weiter. Und der Urzustand, den können sie auch noch fahren manuell .... Also, das [ist] schon aus Sicherheitsgründen vom ... GL vorgeschrieben. ... Das muß sein."[60]

Es geht also darum, die Automatik nach eigenem Ermessen ganz abschalten zu können. Und das ganz unabhängig davon, ob Programme für einen Selbstcheck vorhanden sind, mit denen die elektronischen Steuerungen überprüft werden. Denn allzu häufig listen solche Analyseprogramme Reihen von Fehlercodes auf, die in Entwicklungslabors und nicht in der Praxis zusammengestellt worden sind.[61] Somit tun Ingenieure, die auf die Programmierung der Steuerungen zumeist keinen Einfluß haben, gut daran, wenn sie zumindest die ganz wichtigen Funktionen selbst noch einmal durchtesten. Das gilt für den laufenden Schiffsbetrieb, umso mehr aber für ein Schiff, das noch nicht in Dienst gestellt wurde. Ganz in diesem Sinne weigerte sich ein Ingenieur, als er auf einer Werft Bauaufsicht führte, die Zusicherungen der Schiffbauer und die Prüfung der Klassifikationsgesellschaft für ausreichend zuverlässig zu halten. Er wollte selbst erproben, ob die automatische Steuerung der Notstromanlage in Ordnung war:

„Wir sind in China. Ich sag zu den Chinesen, das war eine Woche bevor wir los sind, ich sag: 'So, ... wir haben alles durch. Jetzt schmeißen wir den Notdiesel an.' 'Ja, der Notdiesel läuft.' Ich sag: 'So, und jetzt machen wir Crashmanöver. Wir fahren jetzt auf unserem Hilfsdiesel, und dann wird der abgestellt, und jetzt muß der [Notdiesel] übernehmen.' 'Das hat der GL [Germanische Lloyd] schon gemacht', sagt der. Ich sag: 'Das interessiert mich gar nicht. So, wir machen das ...' [Schlagartig war es] ganz ruhig im Schiff. Das war natürlich noch während der Werft. Und unser Inspektor: 'Was machst du da für einen Blödsinn?' ... wir kennen uns schon länger. 'Was hast du wieder vor? Bist du wieder am Wühlen?' sagt der. Ich sag: 'Hier. Da kommt nichts.' Da haben die vier oder fünf Tage sogar gesucht. Das haben sie nicht gefunden. [Erst nach Rücksprache mit der linzensgebenden Werft HDW in Kiel, konnte die Ursache herausgefunden werden] 'Sag mal, ist das überhaupt programmiert ... in der [Steck-]Karte?' ... wir haben 50 Hertz, und die haben Standardmäßig 60 Hertz. Da lag der Fehler. Und dann haben sie es neu programmiert in ... fünf Minuten. Da lief das. So jetzt passiert Ihnen das auf See."[62]

In diesem Fall hätte alle Ingenieurskunst an Bord nicht weiter geholfen. Denn die elektronische Steuerung und damit die Organisation wichtiger technischer Abläufe im Maschinenbetrieb kann mit Bordmitteln nicht umprogrammiert werden. In vielen derartigen Fällen sind die Ingenieure mit ihrem Latein am Ende. Auch wenn ein erfahrener Elektriker an Bord ist, und „nur" die Steuerung eines Nebenaggregats (etwa der Brenner eines Dampfkessels) nicht schaltet, wie sie soll, ist zu beobachten, wie Ingenieur und Elektriker tagelang Anweisungen und Handbücher wälzen, wie sie im Maschinenraum und in allen Pausen über ihr Problem diskutieren und der Lösung trotzdem keinen Schritt näher kommen, weil es den aufgetretenen Fehler laut *manual* gar nicht gibt.[63]

Völlig „aufgeschmissen" fühlen sich viele Ingenieure, wenn ihre Reeder die Automatisierung des Schiffsbetrieb auch noch zum Anlass genommen haben, den Bordelektriker einzusparen.[64] Nur wenige sind ja in der glücklichen Lage, die Bauaufsicht über einen Maschinenanlage zu führen, die sie später auch leiten werden. Folglich haben sie auch keine Chance, sich ein ähnliches privates Netzwerk von Fachleuten knüpfen, wie dies ein *Chief* während einer Bauaufsicht getan hat. Er machte sich eine Liste mit allen Namen und Telefonnummern von „Experten", an die er sich (direkt) wenden konnte, falls mit der Elektronik Probleme auftreten sollten. Auf dem entsprechenden Schiff gehörte diese Liste zum festen Bestand der Einrichtungen im Maschinenleitstand[65] - ein Quasi-Ersatz für einen Elektriker.

Inzwischen hat die Erkenntnis, daß die Verselbständigung von Technik an Bord Probleme schafft, auch die landseitige Organisation der Schiffahrt erreicht. „Selbst der GL mußte mittlerweile einräumen, daß durch noch mehr Technik und/oder Vorschriften die Schiffssicherheit kaum noch gesteigert werden kann. Der Mensch an Bord ist kaum noch in der Lage, die von der Technik zur Verfügung gestellten Informationen zu strukturieren, zu analysieren und konkrete Handlungen daraus abzuleiten und diese dann auch folgerichtig umzusetzen."[66] In Bezug auf die technische Überfrachtung herrscht Einigkeit. So führt zum Beispiel Günter Lehmann an, daß zwar die relative Sicherheit von Seeschiffen in den letzten Jahren zugenommen habe, die absolute Sicherheit hingegen nicht.[67] Dies bestätigt auch ein Ingenieur und Ausrüster maritimer Anlagentechnik. Es gebe viele technische Spielereien von Ingenieuren. Dazu gehöre das Bestreben, eine Automatik zu entwickeln, die den Menschen dirigiere.[68] Ganz in diesem Sinne wird aus den aufgetretenen Problemen die Schlußfolgerung gezogen, es müßten die technischen Kompetenzen des „Menschen" aktiviert werden. Denn nur durch „gezielte Nutzung der Technik durch den Menschen [kann] die Schiffssicherheit erhöht werden."[69] In der Schifffahrt müsse deshalb eingeführt werden, was in der Luftfahrt seit Jahren erfolgreich praktiziert werde: *„risk management"*. Im Kern bedeutet dies: Die Technik wird nicht geändert, statt dessen wird das „Gefährdungspotential" an der „Schnittstelle Mensch Maschine" ermittelt. Darauf aufbauend sollen konkrete Anweisungen für die unterschiedlichen Ausführungsebenen entwickelt werden. Die einfache Übertragung eine Sicherheitsstrategie, die für den Flugverkehr entwickelt wurde, läßt jedoch spezifische Bedingungen von Seefahrt außer Acht. So wird der technische Betrieb während eines Flugs von einer sehr kleinen, durchweg hoch qualifizierten *crew* bewältigt. Auf Schiffen haben wir es jedoch, abgesehen von der sehr viel längeren Dauer des Einsatzsatzes, mit einer größeren *crew* zu tun, deren Mitglieder höchst unterschiedlich qualifiziert sind. Solange Besatzungen in erster Line nach ökonomischen Gesichtspunkten ausgesucht werden, solange aus diesem Grunde beispielsweise darauf verzichtet wird, einen Elektroniker zu fahren, und solange selbst der Mindeststandard in der Ausbildung nicht generell unterstellt werden kann, machen noch so ausgeklügelte Handlungsanweisungen für die Bewältigung aufgetretener Steuerungsprobleme wenig Sinn.

Seeleute befürworten denn auch durchgängig eine andere Sicherheitsstrategie. Sie fordern eine Ausgestaltung der Schiffstechnik, die sie nicht zu bloßen Vollzugorganen oder - wie sie selbst sagen -, zu schlichten „Transportbegleitern auf See" macht. Eine technische Konzeption, die sowohl die Betriebssicherheit als auch die Handhabung sicherer mache, ist ihrer übereinstimmenden Ansicht zufolge der halbautomatische Maschinenbetrieb.

„Ja, ... also, deswegen diese Halbautomatik. Der Mensch und die Automatik, diese Halbautomatik, das zusammen harmoniert bestens. Letztendlich sollen wir doch noch der Letzte sein, der die letzte Schlusskontrolle, den letzten Handgriff macht."[70] Nur eine derartige Ausgestaltung der Technik entspreche im übrigen den heutigen Verhältnissen an Bord: „Nee, aber ein wichtiger Faktor ist doch bei diesen Sachen, das kann man doch nur bewältigen und fahren, wenn Leute da sind, die wirklich das Handwerk verstehen."[71]

Die einfach formulierte Forderung der Halbautomatik basiert auf praktischen Erkenntnissen. Im Ergebnis treffen sie sich mit Schlußfolgerungen, die in der Techniksoziologie systematisch entwickelt wurden: „Technische Installationen sind also in wichtige Dingen unberechenbar und damit der Kontrolle durch kommunikative Operationen nicht voll zugänglich. Die Techniksoziologie muß theoretisch der Kontingenz, der Unberechenbarkeit der Technik, Rechnung tragen. Irritation bietet wiederum Lernchancen zur Verbesserung von Technik ..."[72]

Von Hand

Der rasante Wandel, der die Schiffahrt seit drei Jahrzehnten prägt, ist sowohl durch neue wirtschaftliche Strategien als auch durch technische Entwicklungen voran getrieben worden. Diese beiden treibenden Kräfte stehen in einem dynamischen Zusammenhang. Allerdings ist die Art der gegenseitigen Beeinflussung von Technik und Ökonomie nicht immer ganz so eindeutig, wie generell vermutet wird. Die wirtschaftliche Entwicklung hat nämlich keineswegs durchgängig eine Beschleunigung des technischen Fortschritts provoziert. Statt dessen zeigt sich, daß technische Potenz nicht selten ökonomischer Omnipotenz unterlag. So berichten beispielsweise Ingenieure und Kapitäne, sie hätten den Bau von Schiffen beaufsichtigt, die weit unter dem Stand der Technik eingerichtet worden seien.

„Jetzt ... im Moment bauen die zwei oder drei Schiffe in Korea, und die werden ganz konventionell wieder gebaut. Bißchen Automatik ist drin, aber im Grunde genommen, so wie früher. Sie müssen jedes Ventil von Hand bewegen ..."

Frage: Und dann ist das nicht so, daß die Automatik hier nachgerüstet wird?

„Nein, nein, ich hab das vorgestern erst erfahren, aufgrund dessen, weil die nun alles Ausländer fahren, und da über dreißig Mann Besatzung haben, das können die Leute machen ... ja: Das kostet der Reederei 'n Haufen weniger Geld ... Man hat die Automatik eigentlich ja mal eingesetzt, um Geld zu sparen ... Leute - und deutsche Leute - zu sparen. Da fuhren aber noch Deutsche, das war's. Die mußten bezahlt werden. Und jetzt fahren sie die ja zu einem Drittel vom Gehalt von den Deutschen. Nun können sie wieder mehr Leute fahren und die können ... ja auch alles von Hand machen ..."[73]

„Ja ... mit 13 Leuten sind wir gefahren, einschließlich Offiziere und *crew*. Mit 13 Leuten, aber das Schiff war vollautomatisch.[74]

Vertreter der maritimen Zulieferindustrie bestätigen, daß es eine Tendenz gibt, auf technische Innovationen zu verzichten. Sie klagen, die Ausrüstung von Schiffsneubauten folge derzeit immer weniger dem Stand der maritimen Technik.[75] Ein Anlagenbauer stimmte dieser Aussage allerdings nur bedingt zu.[76] Das Problem sei differenzierter. Es treffe zwar zu, daß *high end* Produkte heute nur selten verlangt würden, dennoch verlangten Auftraggeber zumeist den Einbau aller technischen „Errungenschaften", dies aber zu minimalen Kosten. „Da wird überall geschnippelt." So würden Anlagen von minderem Qualitätsstandard zusammengefügt. Unter solchen Bedingungen könne aber auch die beste Automatik - so sie denn eingebaut werde - nichts mehr taugen. Was die Ursache des „technischen Rückschritts" auf manchen neuen Schiffe angeht, so herrscht jedoch Einigkeit, daß sie in der Personalpolitik von Reedern zu suchen sei, die sehr niedrige Heuern zahlten und dafür in Kauf nähmen, geringer qualifizierte Besatzungen an Bord zu haben. Sie kalkulierten, daß es günstiger sei, die paar Leute mehr einzustellen, die nötig sind, um ein Schiff wieder „auf Hand" fahren" zu können, als den Automatisierungsgrad zu halten und das dafür erforderliche besser qualifizierte und höher entlohnte Personal zu heuern.

Dieser Einschätzung ist nicht zu widersprechen, doch ist sie zu ergänzen. Denn hinter der geschilderten Strategie mancher Reedereien verbirgt sich auch eine praktische Kritik an der technischen Entwicklung. Auf einem 1997 durchgeführten Lehrgang über Automatik und Elektronik wurde das explizit formuliert. Den Teilnehmern wurde gesagt, es würden fast nur noch die preiswertesten Systeme angeschafft. Und weiter: „Es gibt Reeder, die verzichten wieder bewußt auf die Elektronik und gehen wieder auf diese vor 10 oder 15 Jahren konstruierten Anlagen zurück, weil die sicherer sind."[77] Da allen, die sich in der Materie auskennen, wohl bekannt ist, daß die auf dem Markt angebotene Technik nicht so vollkommen ist, wie ihre Produzenten behaupten, lassen sich Einwände von Reedern nicht einfach als Schutzbehauptungen abtun. Dennoch muß der Erfolg einer Strategie nach dem Motto „Modernisierung rückwärts" begrenzt bleiben. Schlecht qualifizierte Bedienungsmannschaften versagen nicht nur an modernen Maschinenanlagen, sie können auch antiquarische Versionen nicht zuverlässiger machen.

Von Land

In organisationssoziologischen Diskussionen wird das Konzept eines Managements, dem die Überzeugung zugrunde liegt, es ließen sich Organisationen gleich einem mechanischen Räderwerk entwickeln, in dem dann alle relevanten Ereignisse kontrolliert, gesteuert und beherrscht werden können, als „technomorph-mechanistische"[78] Form von Arbeitsorganisation gekennzeichnet. Begründet wurde diese Konzeption durch Frederick W. Taylor, zur industriellen Reife gedieh sie dann in dem unter Henry Ford entwickelten Fabriksystem. In der Fabrik sollte der Arbeitsablauf weder durch die Akteure noch durch die technischen Bedingungen gesetzt werden, sondern durch die Organisation. Deren funktionales, systematisches Gefüge bestimmte jetzt die Planung von Arbeitsabläufen. Es ist fast eine Ironie der Geschichte, daß ausgerechnet die Schiffahrt, in der tayloristische Formen der Arbeitsorganisation nie Fuß fassen konnten,[79] heutzutage daran geht, zentrale Elemente des tayloristischen Organisationsmodells in die Praxis umzusetzen.

Die Basis dieser grundlegenden Veränderung sind sowohl Entwicklungen im Bereich der Kommunikationstechnik als auch Maßnahmen im Rahmen der Bemühungen, die Schiffahrt international zu kontrollieren. Das wichtigste Merkmal dieser Veränderungen ist das Bestreben, nicht nur den ökonomischen, sondern auch den technischen Betrieb von Land aus zu lenken. Bis vor zwei Jahrzehnten, ja sogar noch vor einem Jahrzehnt, war der technische Schiffsbetrieb immer nur bruchstückhaft in das landseitige Management integriert, denn Betriebsabläufe hätten, wenn sie denn lückenlos dokumentiert worden wären, oft erst viele Wochen oder Monate später von den technischen Inspekteuren der Reederei nachvollzogen werden können. Zwar wurden in gut geführten Reedereien auch damals schon Berichte verlangt, dennoch stand die Vorführung gepflegter Fassade im Verhältnis zwischen Schiff und landseitiger Organisation im Vordergrund. Geschmirgelte Handläufe sowie silbergrau glänzende und auf Hochglanz polierte

Messingschilder galten als Belege für eine ordentliche Betriebsführung.[80] Ob die vorgesehenen technischen Vorgänge und Arbeitsschritte eingehalten worden waren, ließ sich in der Regel sehr viel schwerer überprüfen. In den achtziger Jahren des 20. Jahrhunderts wurde auf nationaler und internationaler Ebene über neue Formen des Schiffsmanagements diskutiert. 1984 stellte das *Marine Board* in diesem Zusammenhang fest: „*Although there has occurred on West German vessels a degree of informal work planning, the West German companies remain fairly centralized in their approach; in general, they are not pushing in the area of shipboard management.*"[81]

Als Veränderungen kamen, setzten sie sich sowohl national, als auch im Hinblick auf spezielle Frachten unterschiedlich schnell durch. Überall wurden neue Formen des landseitigen Managements zunächst für Schiffe, die Gefahrengut beförderten, eingerichtet. Demgegenüber wurden Stückgutschiffe vergleichsweise länger nach alter Manier gefahren. Wichtigstes Merkmal des neuen Organisationsmodells war die Dokumentation vorgeschriebener Prozeduren. Sie gehörte fortan zu den selbstverständlichen Aufgaben von Offizieren und Schiffsführungen. Über die ersten spürbaren Auswirkungen berichtet John Spruyt: „*On a visit to one of Gotaas Larsen's chemical tankers in the late 1970s I was reliably informed by a very enthusiastic Norwegian chief officer that if the amount of regulatory paperwork which he had taken on board during the previous year were to expand in geometric progression there would be no room for cargo on the vessel by the year 2000.*"[82] Dabei betraf die landseitige Organisation damals noch gar nicht den gesamten technischen Schiffsbetrieb, sondern ausschließlich den gefährlichen Ladebetrieb.

Seit der Einführung international verbindlicher Vorschriften für das Management von Seeschiffen hat sich das geändert. Wie oben bereits ausgeführt,[83] sah sich die Internationale Schifffahrtsorganisation (IMO) angesichts gravierender Mängel in der Schifffahrt des ausgehenden 20. Jahrhunderts veranlaßt, ein internationales Kontrollregime zu etablieren. Anders als frühere Regelungen bezieht die neueste Version internationaler Regulierung das landseitige Management mit ein. Seit der Verpflichtung, sowohl Schiffe als auch Reedereien nach ISM zertifizieren zu lassen, wird Reedereien ein gläsernes technisches Management abverlangt. Spätestens seit Juni 2002, dem Zeitpunkt der allgemeinen Gültigkeit des sogenannten ISM-Code, müssen Reedereien dokumentieren, daß sie ihre Schiffe nach zuvor genehmigten Organisationsplänen managen. Mit den Vorschriften des ISM-Code ist zu den betriebsinternen Kontrollen durch das Landmanagement noch eine externe Kontrollinstanz hinzugekommen, die nicht nur wesentliche Vorgänge des Schiffsbetriebs kontrolliert, sondern außerdem auch das Sicherheits-Management von Reedereien. Damit wird also ein durchgeplanter, dokumentierter und jederzeit bis in die Büros von Reedereien hinein, nachvollziehbarer Betriebsablauf verlangt.

Mit der Einführung des ISM-Code wurde ein internationaler Standard für das „*Safety Management*“ festgelegt. Da darunter alle sicherheitsrelevanten Vorgänge an Bord fallen, müssen diesbezügliche Arbeitsvorgänge auch dokumentiert werden. Das heißt, Reedereien müssen für zentrale Schiffsoperationen (schiffswichtige Arbeiten und Vorgänge) Verfahrensweisen festlegen und die Ausführungen auch überwachen. Zu dokumentieren sind beispielsweise: Ladevorgänge, die Stabilität des Schiffes, Ballastplanung, Schiffsfestigkeit, Laderaumvorbereitung sowie selbstredend spezielle Ladevorgänge auf Gas- ÖL- und Chemikalientankern; ferner das „Klar Machen“ der Brücke und der Maschine sowie Navigation einschließlich Reiseplanung oder auch Ansteuerungen von gefährlichen Revieren; außerdem Instandhaltungsarbeiten und insbesondere die Durchführung aller gefährlichen Arbeiten. Anders ausgedrückt: Reedereien müssen jetzt dokumentieren, daß jene Verfahrensweisen, die früher im Terminus „gute Seemannschaft“ zusammengefaßt wurden, in ihrem Unternehmen angewandt werden. Die gewissermaßen revolutionäre Neuerung ergibt sich aus der Tatsache, daß die Praxis der „Seemannschaft“ heute Gegenstand zentraler Arbeitsorganisation geworden ist, während sie früher in erheblichem Maße durch die Mannschaft an Bord nicht nur durchgeführt, sondern auch selbst organisiert wurde. Daß dies heute nicht mehr der Fall sein soll, haben wir oben als Einführung tayloristischer Konzeptionen in den Schiffsbetrieb bezeichnet. Diese nachholende Etablierung einer „technomorph-mechanistischen“ Arbeitsorganisation lag nicht in der Intention derer, die den ISM-Code gefordert, beraten und beschlossen haben. Angestrebt wurden vielmehr bessere Kontrollmöglichkeiten, um mangelnde Qualifikation, technisches Mißmanagement und schlechte Ausrüstung nicht nur an Bord, sondern auch an Land beanstanden zu können. Faktisch allerdings fördert der ISM-Code auch Managementstrategien, die darauf abzielen, den technischen Schiffsbetrieb zentral zu steuern.

Diese Strategien erfahren eine zusätzliche Stärkung durch die Praxis der Vercharterung von Schiffen. Sind Reedereien an Chartern für mehrere Jahre interessiert, so müssen sie einen dauerhaft funktionierenden Schiffsbetrieb sicherstellen. Deshalb ist ein durchstrukturierter Plan für den technischen Betrieb und für die *maintenance* ihrer Schiffe unerläßlich. Die Anforderung, eine quasi wissenschaftliche Betriebsführung zu etablieren, ergibt sich zusätzlich auch durch die Vorschriften von Anlagenbauern für den Umgang mit Maschinenanlagen. Andererseits ist es kaum möglich, ein wirklich effektives Managements von Land aus zu etablieren. Teilweise scheitert die *remote control* am Widerstand des Bordpersonals, sehr viel entscheidender sind jedoch Bedingungen der Praxis, die ebenfalls von Land her bestimmt werden. Denn seit der Rücknahme automatisierter Betriebsabläufe, seit der häufigen Einstellung fragwürdig qualifizierter Mannschaften und seit der atemlosen Hetze aufgrund der knapp kalkulierten Fahrpläne, sind Arbeiten nach Plan sowie entsprechende Kontrollen nur sehr bedingt und nur von wenigen Reedereien mit der vorgesehenen Regelmäßigkeit durchzuführen. Dennoch wird - frei nach der für das „Schiff der Zukunft“ unter ganz anderen Bedingungen entwickelten Vision - alles unternommen, den Schiffsbetrieb von Land aus zu managen. Es gibt so viele Namen für die ständig wechselnden bzw. ergänzten Organisationssysteme, daß Schiffsleitungen, die diese Managementsysteme an Bord zu implementieren haben, grade mal die Namen der letzten beiden behalten können.[84] Besonders unbeliebt ist es, auf einem Schiff zu arbeiten, dem gerade die Ehre widerfährt, das neueste „*perfomance system*“ der Reederei auszuprobieren.[85]

Noch so viele Probeläufe mit tatsächlich oder angeblich optimierten Organisationsmodellen können aber nichts daran ändern, daß sich der konkrete Schiffsbetrieb an Bord mit mangelhaft qualifiziertem Personal nicht nach Vorschrift gestalten läßt. Müssen Vorgesetzte jeden Handgriff ihrer schlecht qualifizierten Motormänner kontrollieren oder kommen gar zu dem Schluß, es sei besser, bestimmte Arbeiten gleich selbst zu machen, so ist es schlechterdings kaum möglich, einen Betrieb nach Plan aufrecht zu erhalten. Bei den heute durchweg sehr geringen Besatzungen kommen derartige Situation aber oft schon dadurch zustande, daß nur einer unter den Motorleuten nicht wirklich einsatzfähig ist. Dann können sich Ingenieure glücklich schätzen, wenn sie daneben *motormen* haben, die so gut sind, daß sie den Mangel kompensieren können. In der Regel wird auf die fachliche Qualifikation der unteren Dienstgraden in den Personalabteilungen an Land kaum geachtet.[86] Ein *Chief* berichtete: Früher, als in der Maschine noch genügend Personal vorhanden gewesen sei, habe die Zeit meistens gereicht, um einen eigenen Arbeitsplan abzuarbeiten. (So habe man über den technischen Zustand des Schiffes gut Bescheid gewusst, und habe, wenn etwa die Inspekteure des GL zur Bestätigung des Klassenerhalts an Bord kamen, auch wenn etwas noch nicht ganz den Vorschriften entsprochen habe, damit überzeugen können, was alles getan worden war. Das sei meistens so plausibel gewesen, daß, wenn überhaupt Zweifel aufgetreten seien, diese mit einer Flasche Schnaps hätten zerstreut werden können. Heute strichen einige vom Landmanagement beauftragten Instandsetzungstruppen von Land durch die Maschine, wischten hie und da ein bisschen herum, machten aber nicht viel. Komme die Kontrolle, seien dann aber die Papiere auf dem Stand der Dinge. „Die [Klassifikations-] Gesellschaften haben ja schließlich die Reeder im Nacken.“[87] Heute ist die Zeit so knapp bemessen, daß Ingenieure abwägen müssen, was getan und was bis auf Weiteres liegen gelassen werden muß. Für solche Entscheidungen halten sich verantwortliche Ingenieure an die Maxime: Die wesentlichen Elemente der Maschinenanlage müssen auf dem Laufenden gehalten werden, denn „das holt man nicht wieder ein.“[88]

Daß diese Formulierung so vage ist, ergibt sich aus dem Umstand, daß sich Ingenieure nur „in etwa" an die Wartungsvorschriften von Herstellern halten können, wenn sie ihre eigene Maxime umsetzen wollen. In den tatsächlichen Wartungsplan gehen immer auch die unmittelbaren Erfahrungen der Maschinen-*crew* mit den an Bord vorhandenen technischen Anlagen mit ein. Es handelt sich also auch um eine spontanes Organisationsmodell, das der Situation an Bord und nicht den Planungen an Land entsprungen ist. Solche spontanen Arbeitspläne können sich mit den Vorgaben der Reederei treffen, müssen es aber nicht. Wichtig ist jedoch, daß am Ende alle durchgeführten Arbeiten in einer Form dokumentiert sind, die sie mit den Organisationsprinzipien der Reederei harmonisiert. In diesem Punkt treffen sich die Anforderungen des landseitigen Managements mit der Praxis von ISM *audits*. Auch in solchen *audits* werden Verstöße vor allem dann registriert, wenn die vorgeschriebene Dokumentationsform mißachtet wurde. Das liest sich dann etwa folgendermaßen: „Der Landbetrieb muß eine vorschriftsmäßige Besetzung des Schiffes sicherstellen (6.2). [Ein Verstoß gegen das Element Nr. 6.2 besteht beispielsweise darin:] Die Prüfung der Qualifikationsdaten auf (Formular) Fo-024[89] *„Datasheet Seagoing Personnel"* und der Qualifikationsnachweis ist nicht auf Fo-024 bzw. den Kopien der Nachweise dokumentiert."[90] So oder so ähnlich könnte auch ein Protokoll über einen Verstoß gegen die von der Reederei beschlossenen Organisationsprinzipien aussehen. Sollten statt Papier die konkreten Betriebsbedingungen des technischen Schiffbetriebs überprüft werden, so müßte an Land zusätzliches Fachpersonal samt einer entsprechenden Ausstattung bereit gestellt werden.[91]

Die Leitungsfunktionen einer Reederei sind prinzipiell in zwei Aufgabenbereichen aufgeteilt: In das *commercial management* und in das *technical management*. Das *technical management* kann durch gute Planung die Ausgaben für den Betrieb von Schiffen in gewissen Grenzen reduzieren. Nun betreiben Reedereien ja heute immer seltener eigene Schiffe. Das heißt, sie managen einen technischen Betrieb, auf dessen konstruktive Gestaltung sie zumeist keinen Einfluß hatten. Da beim Schiffbau gespart wird, wo es eben geht, laufen auch Schiffe vom Stapel, deren technische Ausrüstung so bemessen ist, daß die Prospektangaben über ihre Dienstgeschwindigkeit eigentlich nur bei Schönwetterbedingungen zutreffen. Wenn nun aber die technische Anlage eines solchen Schiffs dauerhaft an den technischen Leistungsgrenzen gefahren wird und nicht selten durch Tricks die Automatik überrumpelt werden muß, um nicht einen Notstop einzuleiten, dann haben wir es nicht mehr mit einem planbaren Betriebsablauf zu tun. Dann werden über kurz oder lang auch die Arbeitspläne für Instandhaltung und Wartung durcheinander kommen. Gäbe es in jedem Fall eine gute technische Unterstützung von Land, dann könnten auch solche Probleme im Rahmen eines entsprechenden

Organisationsplans behoben werden. Das ist aber selten der Fall. So können beispielsweise zwei Jahre heftigen Briefverkehrs vergehen bis brauchbarer Ersatz eines zentrales Maschinenelementes für einen Separator an Bord kommt. Die zuständigen technischen Inspektoren wollten einfach nicht einsehen, daß das betreffende Maschinenelement schon abgenutzt war.[92] Das Beispiel macht deutlich, daß eine noch so intensive und regelmäßige Kommunikation zwischen Schiff und Land die Techniker an Bord nicht davon entlasten kann, eine (im heutigen System nicht vorgesehene) bordinterne Organisation des technischen Betriebes zu entwickeln. Je mangelhafter die landseitige Organisation auf die konkreten Probleme an Bord eingeht, um so weiter driften die beiden Organisationen auseinander. Häufig wird die Zuverlässigkeit des technischen Schiffbetriebs aber nur durch dieses Nebeneinander gesichert. Dennoch bergen derartige - schlecht aufeinander abgestimmte Parallelstrukturen - auch ein Gefahrenpotential in sich. Vieles deutet nämlich darauf hin, daß die Feststellung: „Papier ist geduldig", längst Programm geworden ist.

Abbildung 8: Abstimmung am Kompressor

Kooperation

So wichtig die technische Qualität einer Anlage auch ist, ob sie gut läuft oder nicht, hängt überwiegend davon ab, ob sie an Bord von einem Team qualifizierter Mitarbeiter gewartet wird, anders gesagt: Mitglieder einer Maschinen-*crew* müssen sowohl fachlich in der Lage als auch willens sein, miteinander zu kooperieren. Auf die formale Qualifikation einer Besatzung kann ein Reeder Einfluss nehmen, dagegen läßt sich die Entwicklung effektiver Zusammenarbeit durch keine wie immer geartete formale Arbeitsorganisation herstellen. In Zeiten nationaler Seefahrt, das haben wir bereits mehrfach erläutert, wurde „Mannschaftsgeist" durch tradierte Formen der „Eingewöhnung" und Erziehung neuer Seeleute an Bord reproduziert. Die heutige Rekrutierungspraxis würfelt dagegen *crews* zusammen, die aus unterschiedlichen technischen und arbeitsethischen Traditionen kommen.[93] Zudem wird heute die bislang übliche relative Autonomie der Maschinen-*crew* durch Kontroll- und Überwachungsstrategien permanent und gründlich in Frage gestellt.

Wenden wir uns zunächst diesen Kontroll- und Überwachungsstrategien zu. Ihnen allen ist gemeinsam, daß sie nicht in Betracht ziehen, welche Arbeitsanforderungen tatsächlich an die Bordbesatzungen gestellt werden. Diese sind nämlich nicht durch Technik, sondern zu einem erheblichen Teil durch technische Fehler im System strukturiert.[94] In den inzwischen international durchgesetzten Regulierungen zum Zwecke verbesserter Schiffssicherheit wurden diese Grundbedingung der Arbeit an Bord aber nicht berücksichtigt. Vielmehr gelten die realen Arbeitsbedingungen als wegzuregulierendes Chaos. Deshalb soll den Mängeln der Technik durch Verhaltensvorschriften begegnet werden. Die Verhaltensvorschriften betreffen inzwischen nicht mehr nur Seeleute. Weil die Praxis der Ausflaggung das gesamte Gewerbe in Mißkredit gebracht hat, zielt das System der Kontrollen - wie es im ISM-Code verankert ist - jetzt auch auf Reedereien. Von dort aus wird es auf die jeweiligen Schiffe verlängert.[95] An Bord kommen diese Regulierungen dann als sytematisiertes Mißtrauen an. In gewisser Weise bündeln die schriftlichen Direktiven des weltweit gültigen *Safety Management Code* die betrieblich fixierten technischen Anweisungen. Heraus kommt ein administratives System, dessen Perfektion Diskussionen überflüssig machen soll. An Bord ist es üblich, dieses Kontrollsystem zu unterlaufen. Auf einigen Schiffen stand dieser Praxis eine Zeit lang entgegen, daß Reedereien die neuen Medien nutzten, um von Land aus einen lückenlosen Zugang zu allen Betriebsdaten zu bekommen. Von diesem Informationssystem waren seine Befürworter in den Reedereien allerdings nur kurze Zeit begeistert. Dann nämlich stellte sich heraus, daß die Daten auch von Charterern abgerufen werden konnten. Technische Defekte konnten dem Charterer gegenüber somit nicht mehr verheimlicht werden. Diese Form der zentralen Kontrolle wurde wieder aufgegeben.[96]

Abbildung 9: Ein Auslaßventil wird ausgewechselt

Obwohl die internationalen Regulierungen seemännischer Arbeit von vielen Seeleuten als Ausdruck des Mißtrauens gegenüber ihren Fähigkeiten und Leistungen verstanden werden, setzt sich dies an Bord nur selten in die Haltung um: gemeinsam werden wir es „denen" schon zeigen. Solcher Stärkung des Mannschaftsgeistes durch äußere Widrigkeiten steht das an Bord vieler Schiffe heute herrschende gegenseitige Mißtrauen unter den Mitgliedern der Besatzung entgegen. Viele Vorgesetzte beargwöhnen die Arbeit ihrer nicht-europäischen Untergebenen. Immer wieder läßt sich beobachten, daß europäische Schiffsoffiziere einen „zerrissenen" Umgang mit ihren nicht-europäischen Untergebenen haben. Solche Zerrissenheit ist auch in dem Diskussionsbeitrag eines Schiffsoffiziers zu erkennen, dem seine anwesenden Kollegen einmütig zustimmten. Zunächst berichtete er von seinem eigenen Umgang mit philippinischen Mitarbeitern. Er sage immer:

„Wenn irgendwas auftritt oder wenn er was falsch gemacht hat. 'Sofort zu mir kommen, daß nicht noch was Größeres passiert.' Ich sag: 'das ist überhaupt kein Problem, das bleibt auch unter uns' Weil: die Filipinos [haben Angst, daß sie] sonst ihr Gesicht verlieren. Ich sag: ... 'Wenn du irgendwelchen Mist baust, dann sag mir das, dann versuchen wir zusammen, das auf die Reihe zu kriegen, bevor was Größeres passiert. Und das hat funktioniert."[97]

Fast im selben Atemzug erklärte dieser Diskussionsteilnehmer dann, daß philippinische Seeleute in Führungspositionen an Bord versagen müssen, weshalb sie denn auch keinesfalls länger als sechs Jahre bei ein und derselben Reeder fahren sollten.[98] Andernfalls würden sie, „benommen von ihrem technischen Wissen," über die Stränge schlagen und womöglich den Gehorsam verweigern.[99] Der Ethnologe Homi Bhabha charakterisiert solche Interpretationsmuster als „Paranoia zwischen Wachsamkeit und Blindheit."[100] Für unseren Zusammenhang übernehmen wir die Auffassung, daß es sich nicht um individuelle Wahrnehmungsmuster, sondern um die typische Wahrnehmung in einer sozialen Großgruppe handelt. Der weitgehend unverstandene Fremde paßt nicht in die Selbstverständlichkeiten der etablierten technischen *community* europäischen Maschinenpersonals, weshalb seine konkreten Verhaltensweisen denn auch nicht selten als „schlaue Höflichkeit" interpretiert werden. Das macht die Bewältigung der hohen Anforderungen an das technische Schiffspersonal nicht einfacher.

Dabei haben sich die technischen Bedingungen für die Entwicklung einer gemeinsamen Arbeitskultur des Maschinenpersonals gegenüber früheren Epochen nicht grundlegend geändert. Denn entgegen dominanter Auffassung ist das „Pannenpotential" der Anlagen, das früher nicht nur individuellen, sondern in Kooperation entwickelten Erfindungsgeist erforderte, trotz aller technischen Neuerungen nach wie vor beträchtlich.[101] Auch heute verlangt der Maschinenbetrieb Selbstbestimmung, Kooperation und technische Phantasie von den Technikern aller Dienstgrade an Bord.

Maintenance

Geplanter Verschleiß

„Darf ich das mal vom Technischen her versuchen ... Es gibt den Begriff 'Instandhaltung'. Instandhaltung impliziert Wartung, Inspektion und Instandsetzung. Instandsetzung und Inspektion kostet Geld. Deswegen muß immer versucht werden, diese zwei Sachen zu umgehen. Die dürfen beim modernen Schiffsbetrieb nur noch gewollt zu einem gewissen Zeitpunkt gemacht werden. Es kann nimmer so sein: 'Fahr mal. Hör mal, ob es ein bißchen rüttelt. Wenn es dann wirklich kaputt ist, gehst du bei und reparierst das.' Das gibt's nicht mehr. Das ist Asbach! 'Dreh mal die Pumpe auf. Guck da mal rein.' Das sind altmodische Fahrweisen. Das sind alte Sachen. Das darf heute nicht mehr sein. Ich übertreib mal. 2004 an der und der Pier muß das und das Schiff von HAPAG-Lloyd festmachen. Es ist scheiß egal was für ein Wetter das ist, das ist ganz egal, was für ein Zustand, daß die Leute sehen wie die Maschinenanlage, die läuft, die funktioniert, geht gelenkt in die Inspektion und wird instandgesetzt zu einem Zeitpunkt, den der Reeder oder der *Chief* oder der Inspektor bestimmen."[102]

Der Realisierung solcher Pläne steht nicht nur die Zuverlässigkeit der Anlagen, sondern gelegentlich auch die Praxis von *Chiefs* entgegen. Nicht immer ist sie so markant wie bei jenem Vorgesetzten, an den sich einer seiner damals Untergebenen noch immer lebhaft erinnert: Er „ließ den Hauptmaschinen III. Ingenieur auf seine Kammer kommen und sagte, dies und das muß getan werden. Der *Chief* legte Patiencen. Die Karten sagen voraus [der Kolben] Backbord sechs muß raus. Das war ein fürchterlicher Kampf zwischen dem III. [Ingenieur] und dem *Chief*. Das passiert heute nicht mehr. Es kann [aber immer noch] Auseinandersetzungen geben."[103] Doch kann es bis heute vorkommen, daß sich ein *Chief* durch „Wühlerei" bei seiner Reederei beliebt machen will und auf diese Weise eine Anlage in Grund und Boden repariert. Ein I. Ingenieur erläuterte, das seien oft jene *Chiefs*, die lediglich über ein sogenanntes „Reederei-Patent" verfügten und deshalb von ihrer Reederei abhängig seien: Die „reißen wie verrückt", um ihre fachliche Unfähigkeit zu vertuschen.[104] Tatsächlich besagen Statistiken, daß auch heute noch ein hoher Prozentsatz von Maschinenschäden kurz nach einer Reparatur auftreten. So kommt beispielsweise DNV zu dem Ergebnis: *„More than 50% of 4 stroke diesel crank shaft failures occurs shortly after major overhauls maintenance work."*[105]

Von solchen Unwägbarkeiten sehen Maschinen- und Anlagenbauern ab, wenn sie sich darum mühen, exakte Standzeiten fest zu legen, indem sie heraus zu finden suchen, wie lange einzelne Maschinenelemente ihre Funktion zuverlässig erfüllen. Maschinen-*crews* machen freilich auch ihre eigenen „Testreihen". So war es zum Beispiel früher üblich, daß Kolben vom Hauptmotor generell nach 3000 Stunden gezogen wurden. Mitglieder von Maschinen-*crews* sagen übereinstimmend, das sei „Quatsch" gewesen. Die Kolben seien wie neu, und auch die Kolbenringe seien nicht abgelaufen gewesen. „Und dann gingen wir von Bord aus schon selber dabei und hatten die Stundenzahl höher gesetzt." Auf die Frage, ob die Laufzeiten von der Reederei oder vom Hersteller vorgegeben waren: "Die Laufzeiten waren vom Hersteller. Eigentlich. Die Reederei hat sich bedeckt gehalten. Laß die man an Bord machen. Der Hersteller schreibt natürlich so oft wie möglich [auswechseln], der will ja [mit der Wiederaufarbeitung] Geld verdienen."[106]

Schiffe sind nicht nur Einsatzorte, sondern auch Testlabore für technische Neuentwicklungen. Und Reedereien sind gerne bereit, die Entwicklung maritimer Technik durch Weitergabe von Erfahrungen im Bordbetrieb zu fördern. Dazu bedarf es aber nicht nur des einseitigen Informationsaustauschs von der Schiffsführung zur Reederei. Vielmehr benötigen auch Offiziere und Ingenieure ausreichend freie Wahl, um entscheiden zu können, ob die Vorschriften der Hersteller genau eingehalten werden oder nicht. In diesem Zusammenhang kann die strikte Befolgung eines Wartungsplans gar nicht erwünscht sein. Würden die vorgeschriebenen Instandsetzungszeiten genau einhalten, ergäben sich wohl kaum breit fundierte Erkenntnisse über die Zuverlässigkeit der technischen Ausrüstung. Wagt ein Ingenieur zum Beispiel, den offiziell fällig gewordenen Austausch eines Auslaßventils[107] hinaus zu zögern, weil alle technischen Daten vermuten lassen, daß es noch einige Zeit einwandfrei arbeiten wird, dann triff er diese Entscheidung auf eigene Verantwortung. Bestätigen sich seine Vermutungen, so ist ihm die Zustimmung seiner Reederei gewiß. Selbst wenn diese Erfahrung nicht einfach auf alle Schiffe des Unternehmens übertragen werden kann, sind der Vorteil für die Reederei und die Information für den Maschinenhersteller bedeutend. In der Folge fällt die Kalkulation notwendiger *maintenance*-Intervalle dann günstiger aus.

Obwohl *maintenance*, also vorschriftsmäßige Instandhaltung und Betrieb einer technischen Anlage, einerseits ungeregelte Arbeit an Bord minimiert und den notwendigen Arbeitsaufwand vorhersehbar macht, ist andererseits das genaue Gegenteil notwendig: sich nicht an die Vorgaben zu halten, um die Berechnungsgrundlage kontinuierlich zu optimieren. Daß irgendwann ein optimaler Zustand erreicht sein wird, ist kaum anzunehmen. Die Ermittlung notwendiger *maintenance* fängt auch nicht erst von neuem an, wenn neu entwickelte Maschinentypen zum Einsatz kommen. Sie wird gewissermaßen schon dadurch verstetigt, daß Maschinenhersteller in sehr kurzen Zeitabständen x-fach „verbesserte Versionen" eines zuverlässigen Bauteils einsetzen.

Diese Bemerkung weist nicht nur darauf hin, daß die Ermittlung von Wartungsintervallen eine permanente Aufgabe ist, sie macht auch deutlich, daß die Erwartung, der moderne Maschinenbetrieb lasse sich mit gering qualifiziertem Maschinenpersonal bewältigen, ein Trugschluss ist. Zukunftsoptimisten der siebziger und achtziger Jahre des 20. Jahrhunderts gingen davon aus, daß mit Hilfe eines zuverlässigen Wartungsplanes der weniger qualifizierte Teil der Besatzung von Schiffen auf ein absolutes Minimum gesenkt werden könne. Das hat sich als Illusion erwiesen. Auch dreißig Jahre technischer Fortschritt haben nicht dazu geführt, daß Besatzungen mit vollautomatisierten und technisch durchkalkulierten Gefährten gelangweilt über die Meere schippern.

Runterfahren

Es gibt zwei Grundtypen des technischen Managements von Schiffen. Ein Diskussionsteilnehmer bezeichnete die eine als „die klassische Form der Reederei", die andere als die „moderne Form des technischen Managements". In einer Reederei des ersten Typs würden langfristige Ziele verfolgt, weshalb denn auch Wert darauf gelegt werde, daß an Bord ausgebildet wird. Diese Reedereien stellten in der Regel technische Inspektoren ein, die Erfahrung und das nötige Wissen mitbringen, um Besatzungen beraten und von Bord kommende Ratschläge annehmen zu können. Im zweiten Typus der Reederei werde wenig Wert auf einen fähigen technischen Stab gelegt. In solchen Unternehmen werde nur reagiert, „wenn etwas auseinander fliegt". Weil dann aber nicht genügend eigene technische Kompetenz zur Verfügung stehe, brauche man außerbetriebliche Fachleute vor Ort. Solche Reederein entwickelten zudem eine spezifische Form des technischem Managements: die kalkulierte Vernachlässigung des technischen Betriebs. Seeleute sprechen von einer Strategie des „Runterfahrens". [108]

„Esso hatte Folgendes: ... zwei Jahre war das, komplett deutsche Besatzung, ... und dann wurden sie wieder entlassen, weil die zwei Jahre Kontrakt machen ... und dann fuhrn sie wieder wilde Mannschaften. ... Ich kenn nur einige, [deutsche Mannschaften] die haben die Anlagen wieder aufgefitzt. Sechziger Jahre ... , also die Anlagen sind immer - übertrieben gesagt - kaputt gefahrn ... Ja, runtergefahrn. Ja, dann hat man deutsche Fachleute geholt. In ähnlicher Form hat - das kann ich jetzt noch sagen - Fisser von Dorum - eigentlich 'ne gute Firma mal gewesen -, die ham das in ähnlicher Form gemacht, und ich glaub auch ... die ham zwei Jahre ausgeflaggt.[109]

Seeleute berichten, einige Schiffsbetreiber heuerten besonders billige und somit auch zumeist unqualifizierte Mannschaften und setzten diese dann so lange auf ihren Schiffen ein, bis der Betrieb in „Grund und Boden gefahren" sei. Dann würden vorübergehend qualifizierte Kräfte mit einem höheren Gehalt eingestellt. Ihre Aufgabe sei es, den „Betrieb wieder hochzufahren". Sobald der Zustand der Maschinenanlage wieder dem Stand der Technik entspreche, würden die qualifizierten *crews* erneut gegen weniger gut ausgebildete Seeleute ausgewechselt. Manchmal würden solche Fachleute lediglich für eine Überholung der Anlagen angeheuert, dann aber gegen alle Abmachungen „gekapert" und auch während einer Reise eingesetzt.[110] In welchem Umfang diese Strategie angewandt wird, und ob sie tatsächlich alle „modernen" Reedereien praktizieren, war nicht zu ermitteln. Wichtig ist in diesem Zusammenhang auch nur der empirische Befund, daß ein Schiffsbetrieb nicht dadurch ausreichend aufrecht erhalten werden kann, daß an Land einige qualifizierte „Vollzugsorgane" beschäftigt werden.

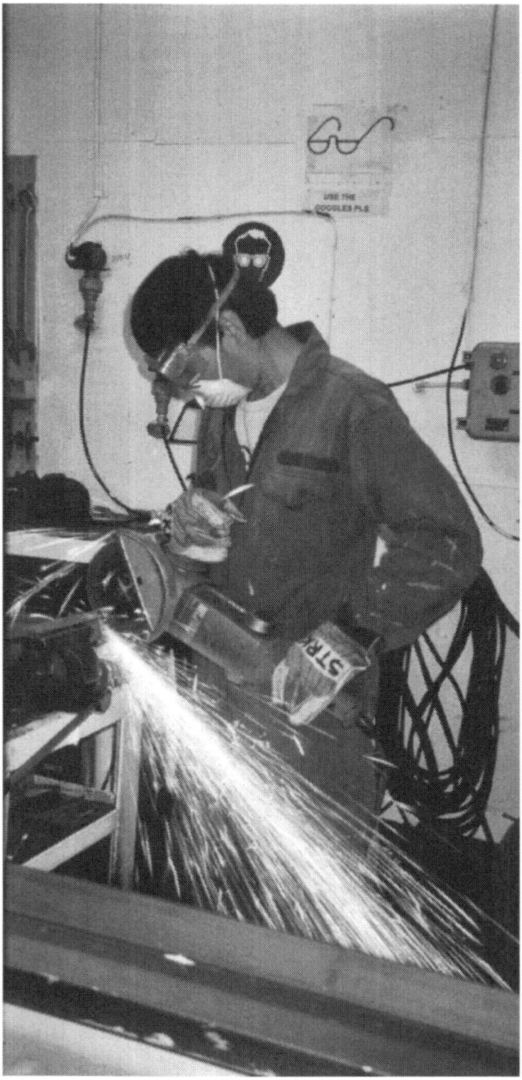

Abbildung 10: Maschinenbau an Bord

Arbeit für den Rest

Anders steht es um die Zukunftsvision radikaler Besatzungsreduzierungen. Sie hat sich weitgehend erfüllt. Wie viel davon auf schlichte Intensivierung der Arbeit fällt und wie viel als Folge technischen Fortschritts möglich wurde, läßt sich kaum ausmachen. Häufig läßt sich allerdings der Eindruck nicht von der Hand weisen, daß die Festlegung der notwendigen Besatzungszahl in erster Linie auf Basis der Angaben in Werftprospekten, nicht aber im Hinblick auf die realen Bedingungen der Arbeit an Bord erfolgt. Zudem dokumentieren die Vorschriften für Besatzungsstärken, die je nach technischer Ausrüstung und Größe eines Schiffes durch die verantwortlichen Behörden bestimmt werden, einen unerschütterlichen Glauben an die Zuverlässigkeit verfügbarer Technik und an die arbeitssparende Wirkung technischer Entwicklungen. Darüber hinaus aber basiert ein Gutteil der Besatzungsreduzierung schlicht auf einer Intensivierung der Arbeit. Wie anders ließe sich beispielsweise erklären, daß eine Maschinenanlage, die inzwischen über zwanzig Jahre alt ist, früher mit drei Personen gefahren wurde und heute offiziellen Festlegungen zufolge von einer Person gefahren wird. An dieser Maschine hat seit ihrem ersten Einsatz keine andere technische Veränderung stattgefunden, als daß inzwischen so manches Ersatzteil „handgefeilt" ist. Dieser Umstand bleibt auf das Ausmaß anfallender Arbeit nicht ohne Wirkung.

Gibt es innerhalb einer zahlenmäßig ohnehin zu knapp bemessenen *crew* noch einen oder zwei, die nicht ausreichend qualifiziert sind, so potenziert sich das Problem. So erklärte etwa ein Ingenieur: „Was mir schon mehrmals aufgefallen ist, daß es Praxis der deutschen Reeder ist: Die Eintstellung, wenn ich unfähiges Personal habe, dann bleiben Arbeiten liegen."[111] Wie oben bereits angeführt, können Bestimmungen der Besetzungsverordnung durch die Seeberufgenossenschaft verhältnismäßig großzügig interpretiert werden. Daß dies häufig geschieht, vermerken auch Mitarbeiter von Klassifikationsgesellschaften, so sie sich zu diesen Fragen äußern. Auf der Basis ihrer Erfahrungen in zahlreichen *audits* sowie ihrer Untersuchungen von Schiffsunfällen benennen sie als wichtigste Schwachstelle in der Organisation des technischen Betriebs von Schiffen die Personalpolitik von Reedern. Wenn es infolge dieser Politik an den erforderlichen Arbeitskräften an Bord mangelt, und die wenigen auch noch überwiegend schlecht qualifiziert sind, dann wird auch ein noch so fein ausgetüftelter *maintenance*-Plan zur Makulatur.

Das heute allgegenwärtige *maintenance*-Management wird aber nicht nur durch groteske personalpolitische Entscheidungen konterkarriert. Vielmehr ist es auch kaum je überzeugend gelungen, die Wartung des Maschinenbetriebs mit Fahrtbedingungen in Einklang zu bringen, wie sie heute insbesondere im Container- und im Feederverkehr herrschen. In diesen – für den heutigen Seetransport besonders wichtigen Bereichen – sind die Hafenliegezeiten so sehr verkürzt worden, daß kaum noch Zeit bleibt, jene *maintenance*- Arbeiten zu bewältigen, die sich nur durchführen lassen, wenn die Hauptmaschine steht:

„Als die „Containerschiffahrt anfing, da fielen die Liegezeiten. Die wurden ja wesentlich kürzer gehalten. Landgang war praktisch gar nicht mehr möglich, weil man in der kurzen Zeit da, die Reparaturen eben machen mußte, die anfielen. Und ... dann die Reduzierung der Besatzung und dadurch wesentlich mehr Arbeit für die ..., sagen wir mal für den Rest."[112]

Eine derartige Beschreibung ist typisch für Ingenieure, die in der „alten Seefahrt" groß geworden sind. Junge Ingenieure auf Containerschiffen haben es schon gar nicht mehr anders kennen gelernt. Sie würden sich deshalb eher wundern, wenn sie nach vier oder fünf Aufenthalten in Yokohama, beim Ein- oder Auslaufen auch einmal die Zeit hätten, an Deck zu kommen, um womöglich den Fudschijama zu Gesicht zu bekommen. Hafenzeit ist Arbeitszeit.

Einzelne Reedereien organisieren von Land aus einen Servicebetrieb:

An Bord „geht dann an bestimmte Arbeiten keiner ran. Das wird außer auf kleineren Schiffe nicht von der Besatzung gemacht. Nur in Notfällen. Dann dauert es aber auch relativ lange. Das beste Beispiel: das letzte Schiff, zwölf Zylinder V-Maschine. Wie lange wollen wir denn mit drei Hanseln dafür brauchen? Wir müßten da ja wirklich in jedem Hafen mindestens drei Tage liegen, ... dann sind wir aber auch beschäftigt. Da sollen dann wirklich Spezialisten kommen, die das auch öfters machen. Weil, wir müssen die ganzen Handgriffe uns erst wieder aneignen. Von uns dreien hat noch nie einer eine Brennstoffdüse gewechselt. Die erste hat zwei Stunden gedauert. Nachher, weil wir ein paar Probleme hatten mit dem Brennstoff, ne halbe Stunde, war das Ding gegessen. Aber so muß man sich an jede Arbeit ja erst mal rantasten. Oder es werden zusätzlich Leute für eine Reise [an Bord geholt]: zum Beispiel Hilfsdiesel Grundüberholung. Da kamen eben zwei von Deutz, und dann wurden auch noch zusätzliche Schiffsmechaniker gefahren, daß eben das gemacht werden konnte. Normalerweise sind die an der Küste mitgefahren. Die kamen ... in Hamburg an Bord und [sind] dann bis Antwerpen mitgefahren. Die haben natürlich ordentlich gearbeitet. [Bis] spät abends. Aber die wußten, daß sie das schaffen."[113]

Eine derartige Organisation ist aber keineswegs die Regel. Selbst auf großen Containerschiffen neuester Generation fordern leitende Ingenieure, bei den wenigen Arbeitskräften müsse es einen Service an Land geben, um größere Arbeiten in der Maschine durchführen zu können. Dann würden auch die wenigen Leute besser ausreichen, um den Maschinenbetrieb auf dem Laufenden zu halten.[114]

Diese Zuversicht könnte allerdings nur bestätigt werden, wenn Schiffseigner davon abkämen, mechanisch minderwertige Technik in *high-tech* Systeme einbauen zu lassen. Derzeit wird nämlich nicht nur an Automatisierung und Personal gespart, vielfach werden auch Maschinen von gerade ausreichender Qualität eingebaut. Ein Anlagenbauer kommentiert diese Praxis drastisch: An Bord finde man nur inkonsequente technische Ausführungen. Wer einen zuverlässigen Betrieb wünsche, müsse mehr Geld in haltbare und stabile Apparate investierten.[115] Diese Aussage wird untermauert, wenn etwa Det Norske Veritas (DNV) auf die Häufigkeit von: „*Component failure occurring close to the end of expected service life*," hinweist. „*Breakdowns happen close to the end of stipulated service intervals*."[116]

Immer wieder machen Besatzungen die Erfahrung, daß technische Anlagen eher im Hinblick auf die Dauer von Abschreibungsmöglichkeiten als auf technische Notwendigkeiten in der Praxis konzipiert werden:

„Nee, es kommt drauf an, wie der baut oder bauen lässt, wenn er da ein Sonderangebot von irgendeiner Maschinenbaufabrik hat, denn hat man dauernd Ärger, da kommt man aus dem Ärger nicht 'raus, weil das ja ... und dann kriegen sie es ja billiger und ... Reeder - das sind ja Kaufleute, die sind ja empfänglich für was, was billiger ist, und denn bauen die das da einfach 'rein, weil im Grunde interessiert es die ja nicht, wie die Leute auf dem Schiff klarkommen müssen ..."

Frage: Haben sie jedes Mal die Situation in den Griff bekommen?

„Manchmal nicht. Aber das hab ich selber noch nicht erlebt, daß die [oben auf der Brücke] irgendwie in Seenot gekommen sind. ... Das ist dann immer so gelaufen, daß wir dann gerade eben noch in den Hafen [kamen] ... und dann einen einfliegen lassen mußten.“[117]

Der Nachsatz des Diskussionsteilnehmers zielt auf das Projekt der fliegenden Werften. Darunter wird verstanden, daß Spezialfirmen wichtige Wartungsarbeiten und Reparaturen an Bord ausführen. Für dieses Konzept - es basiert darauf, daß nur die nötigsten Arbeiten an Maschinenanlagen von der Schiffsbesatzung selbst erledigt werden - hat sich der Terminus „Duales System“ eingebürgert. Bislang wird das „Duale System“ erst sehr vereinzelt praktiziert. Ein *Chief* erwartete dennoch, daß in Zukunft mehr und mehr *maintenance*-Arbeiten von Spezialisten an Land übernommen werden. Außerdem würden dann Fachleute, also etwa Mitarbeiter von Maschinen- und Anlagenherstellern, eingeflogen, die im Hafen oder auf See Separatoren, Motoren, Brennstoffsysteme etc. überholen, Elektromotoren und Elektronik erneuern sowie Schweißarbeiten und andere qualifizierte Aufgaben durchführen. Unter solchen Bedingungen könne es dann ausreichen, wenn für die unteren Dienstgrade an Bord schlecht qualifiziertes Personal eingestellt werde.[118] Auch wenn sich Ansätze dieses Systems zweifelsohne realisieren lassen und auch bereits realisiert worden sind, bleibt doch bestehen, daß an Bord manche Reparaturen sofort durchgeführt werden müssen, und dies auch dann, wenn sich ein Schiff gerade nicht im Bereich möglicher Hubschraubereinsätze von Land aus befindet. Ein Anlagenbauer gab auch zu bedenken, daß seriöse Maschinenhersteller Service und Garantie für die Gebrauchsdauer einer Maschine nur zu kaum bezahlbaren Bedingungen übernehmen könnten, da ihnen ja nicht zugesichert werden könne, daß der Fahrbetrieb tatsächlich von ausreichend qualifiziertem Maschinenpersonal geleitet werde. Deshalb sei es genau genommen Augenwischerei, wenn unterstellt werde, ein solches System lasse sich unter den Bedingungen der heute dominanten Personalpolitik etablieren.[119]

Ein von Klassifikationsgesellschaften neu entwickeltes Angebotssegment deutet darauf hin, daß Fachleute, die für diese Unternehmen arbeiten, auch in Reedereien einen Mangel an Qualifikation erkannt haben. Sie scheinen vielfach unfähige Inspekteure und ein unzureichendes technisches Management anzutreffen. Anders läßt sich ihre Offerte an Reedereien, ihnen eine effektive und sichere Organisation für das technische Management ihrer Schiffe zu entwickeln, kaum erklären: „*Owners & Crew [are] not aware of ... the consequences of an ever changing technical world ... that designers & „hightech“ often are way ahead of Class / legislators. That designers are also often way ahead of manufacturing capabilities. Making ... it not without consequences to install ‘tailor made’ machinery and/or continue by generations old „sledge hammer engineer procedures.*“[120] Solche Angebote bestehen aus einem „*machinery survey arrangement*“, in dem alle

Überwachungs- und Entscheidungsprozeduren sowohl auf der Ebene des Managements als auch auf der Ebene des technischen Betriebs durchstrukturiert sind. Einzelne Klassifikationsgesellschaften bieten dazuhin spezielle Einführungen an und sagen die Pflege des nach ihren Richtlinien eingeführten technischen Managements zu. Dazu werden regelmäßig Kurse abgehalten und jährliche *audits* durchgeführt.

Reedereien, die sich derartige Unterstützung ins Haus holen, sind überzeugt, auf diese Weise den technischen Betrieb ihrer Schiffe optimieren zu können. Ob die selben Unternehmen, die somit ja immerhin in den Bereich des technischen Managements investieren, auch für eine auf allen Ebenen qualifizierte Besatzung sorgen und vielleicht sogar zusätzliche *oiler* anheuern, darüber lässt sich spekulieren. Vorerst stellen Ingenieure fest: „Wie soll das jetzt mit wenigen Leuten - und die wenigen die da sind, sind so gut wie nicht erfahren und nicht in der Form qualifiziert - wie soll das funktionieren? Das kann nicht funktionieren. Die fahren alle auf unmöglichste Art und Weise.“[121] Das Problem mangelnder Qualifikation, so diese Aussage, läßt sich durch kein wie immer geartetes Organisationssystem beheben. Genau besehen geht es in den offerierten Programmen auch gar nicht um konkrete Arbeit, angeboten werden vielmehr Prozeduren der Kontrolle. Im Zentrum stehen Checklisten, die Betriebsabläufe unterstützen und vor allem dokumentieren sollen. Es handelt sich somit lediglich um die Formalisierung von Arbeitsprozessen.[122] Zusätzlich ist festzuhalten: Wie immer das technische Management einer Reederei strukturiert ist, an Bord wird es keinesfalls vollständig umgesetzt. Selbst auf großen Schiffen unterlaufen Ingenieure Planungen, die an Land gemacht wurden. Schiffe werden, so wurde uns immer wieder erläutert, weitgehend nach eigenem Ermessen und nicht nach den Vorgaben der technischen Abteilung einer Reederei gefahren. Deren Vorschriften würden kaum als brauchbare Richtlinien zur Kenntnis genommen. Umgekehrt nehme aber auch das technische Management an Land Hinweise, Einsprüche und Vorschläge der Praktiker an Bord kaum je zur Kenntnis.[123]

Maschine fahren

Mit allen Sinnen und Taschenlampe

Trotz aller technischen Fortschritte, manche tradierten Praktiken sind bis heute in Gebrauch. So legen junge wie alte Ingenieure großen Wert darauf, daß sie bei all den blinkenden *displays* mit Anzeigen, die bis zur x-ten Stelle hinter den Komma genau sind, den direkten Kontakt zur Maschine nicht verlieren. Anders gesagt: nach wie vor verstehen sie sich durchaus als menschliche Sensoren im Räderwerk der Maschine. Ganz unabhängig vom Automatisierungsgrad der Maschinen halten viele Ingenieure ihre eigenen Sinneswahrnehmungen für zusätzlich erforderlich (oder sogar: ausschlaggebend), wenn es darum geht, den zuverlässigen Lauf der Maschinen zu kontrollieren. Wie ihre Vorgänger in einer weniger automatisierten Maschinerie, halten sie es für unabdingbar, im Maschinenraum zu sehen, zu schmecken, zu horchen, tasten und fühlen. „Das kann man nicht lernen. Es muß diese Fähigkeit mitgebracht werden", erläuterte ein junger Ingenieur und ergänzte, es reiche nicht aus, nur mit Checklisten zu arbeiten. Er habe schon „die besten naturwissenschaftlichen Talente im Maschinenraum beobachtet", die aber Veränderungen nur wahrgenommen hätten, wenn sie auf den Anzeigen erschienen seien.[124] Ob das Gefühl im Umgang mit Maschinen durch irgendeinen genetischen Code vorbestimmt ist, soll uns hier nicht interessieren.[125] Unzweifelhaft ist jedoch, daß das wie immer entstandene Ergebnis, das „Gespür" für die Maschine, ein für den Schiffsbetrieb relevanter Faktor ist. Wer sich nur auf die Anzeigen verläßt und sich von den „übergenauen" Anzeigen auf den Monitoren verrückt machen läßt,[126] kann nach Ansicht vieler Ingenieure die technischen Spielräume des Maschinenbetriebs nicht nutzen.[127] Hektische Nachregulierungen brächten den Betrieb nur durcheinander. Statt sich das eigene Handeln von Anzeigen vorgeben zu lassen, sei es ratsam, die betreffenden Anlagen direkt zu inspizieren und auf Veränderungen von Vibrationen, Schwingungen und Geräuschen zu achten. Entsprechende Praxis war an Bord zu beobachten, an Land wurde die ihr zugrunde liegende Einstellung von Schiffstechnikern bestätigt:

„Die Hände sind immer noch wichtig, [und das] Gefühl, da ist irgendwas anders."

Dazu ein Kollege: „Also ich höre sofort, wenn ich im Maschinenraum bin, es ist irgendwas anormal."

Und ein Dritter: „Wenn man lange Erfahrung hat, merkt man das. Irgend ein anderes Geräusch oder wenn man um die Ecke kommt, dann ist da irgend etwas komisch. Das merkt man tatsächlich ... Wenn man das Gefühl dafür hat."[128]

Geräusche und Gerüche des Normalbetriebs sind gewissermaßen in körperlicher Erinnerung abgespeichert. Zusammen mit den Kenntnissen über mögliche Schwachstellen und frühere Probleme ergeben sie häufig eine brauchbare Basis für die Entscheidung, ob und welche weiteren Maßnahmen notwendig sind. Wobei die Sensibilisierung der Wahrnehmung mit der wachsenden Vertrautheit eines Technikers mit einer ganz bestimmte Maschine noch wachsen kann. Beispielsweise erklärte ein II. Ingenieur, die Maschinenanlage arbeite gut. Sein *Chief*, der die Anlage seit ihrer Indienststellung kannte, stellte dagegen fest, am Steuerbordpropeller sei irgend etwas nicht in Ordnung. Ihm seien nicht nur der hohe Druck und der zunehmende Verbrauch im Sternbuchsenlager aufgefallen, seit einiger Zeit könne er bei bestimmten Seegangsbedingungen und Fahrstufen auch ungewohnte Schwingungen feststellen.[129]

Es gibt auch abweichende Ansichten zu dieser - unseren Beobachtungen zufolge - unter europäischen Ingenieuren dominanten Einstellung.[130] Vereinzelt wird festgestellt, die neuen Maschinen seien in ihrer mechanischen Komposition so ausgelegt, daß schleichende Dyskfunktionen gar nicht mehr wahrnehmbar seien. Zwischen der ersten wahrnehmbaren Veränderung und dem „Knall", beziehungsweise einer Schädigung der Anlage verbleibe kaum noch Zeit zum Eingreifen. Die Toleranzen, in denen ein Betrieb geregelt werde, seien viel zu unscheinbar geworden, um sie mit menschlichen Sinnen wahrnehmen zu können. Beispielsweise habe ein alter *Chief* Kesselwasser abgeschmeckt und festgestellt, es schmecke gar nicht nach Salz. Die Widerstandsmessung des Solimeters zeigte aber einen zu hohen Salzgehalt an. Das erkläre sich dadurch, daß heutzutage so geringe Mengen Salz zugegeben würden, daß diese mit den menschlichen Sinnen gar nicht mehr wahrnehmbar seien.[131] Der Elektriker, der diesen Vorfall berichtete, strich allerdings ebenso tastend und fühlend wie die Ingenieure um die Maschinen herum. Wer seine Werkstatt betrat, konnte zusehen, wie er kleine Geräte rüttelte und schüttelte, ihnen gewissermaßen zuhörte, bevor er sie aufschraubte.

Daß alte Praktiken auch in hochmodernen Anlagen noch nicht ausgedient haben, wird gewissermaßen handgreiflich an der Benutzung von Taschenlampen. Kaum ein Vorgesetzter tut im Maschinenraum auch nur einen einzigen Schritt ohne seine Taschenlampe. Dieses Gerät macht ihn gewissermaßen als Vorgesetzten kenntlich. Die ausgebeulte Gesäßtasche der sonst bis zur Unkenntlichkeit einheitlichen Arbeitskluft des Maschinenpersonals verrät den Vorgesetzten. Hat dieser seine Taschenlampe gerade nicht in der Hand, so kann ein neuer *wiper*, *oiler* oder *storekeeper* seinen neuen Vorgesetzen im Maschinenraum doch von hinten erkennen. Die Taschenlampe ist aber nicht nur ein Statussymbol. Auch ein Untergebener darf dieses meist schmierige und lieblos behandelte Leuchtinstrument benutzen, wenn er wichtige Arbeit verrichtet. Bei einem Rundgang etwa, auf dem Temperaturen, Drücke und Peilstände kontrolliert werden. Dann erhellt der Leuchtkegel der Lampe nicht nur die dunklen Ziffern der Anzeigen, dann sieht auch jeder, daß der Träger „schiffswichtige Arbeit" verrichtet. Doch dient der Lichtkegel der Taschenlampe nicht nur zur Erhellung dunkler Ecken. In der „Maschine" fungiert er auch als Kommunikationsmittel. In der höllisch lauten Welt „des Maschinenraums nutzen Maschinenbesatzungen die Taschenlampe als Zeigestock.[132] Jeder weiß, daß dort, wo der Lichtstrahl hinweist, etwas zu tun ist. Damit sind die Funktionen dieses Dirigentenstabs aber noch nicht erschöpft. Denn zur Not dient die Taschenlampe, zwischen Ohr und Maschine gepresst, auch als Horchinstrument, mit dem sich genauer bestimmen läßt, ob und wo etwas nicht klingt, wie es soll. Diese kleine Universalmaschine hat bisher noch jede technische Innovation überlebt. Sie funktioniert auch dann noch, wenn alles zusammenbricht. Die Vorstellung, einen *black out* ohne Taschenlampe bewältigen zu müssen, ist für einen Schiffsingenieur vermutlich der größtmögliche aller denkbaren Alpträume.

Maschine voll voraus

Eine Schiffsmaschine muß nicht nur kontrolliert, gewartet und notfalls repariert, sie muß auch „gefahren" werden. Die Art, wie das geschieht, hat immense Auswirkungen auf die Arbeit der Maschinen-*crew*, kann vom Leiter eines Maschinenbetriebs aber vielfach nicht zureichend beeinflußt werden. Denn Charterverträgen zufolge müssen Schiffe unter allen Umständen mit Dienstgeschwindigkeit laufen. Unter „Dienstgeschwindigkeit" wird heute in der Regel die Spitzengeschwindigkeit des Schiffes, reduziert um einige zehntel Knoten, verstanden. Reeder, die bestrebt sind, eine gute Charter zu bekommen, sehen sich veranlaßt, die Spitzengeschwindigkeit eines Schiffes als dessen Dauergeschwindigkeit anzugeben. „Aber, und das ist ja bei diesen modernen Schiffen, die sind ja alle untermotorisiert. Dann heißt das, also hier volle Kanne Kachel."[133] Auch früher haben sowohl die allgemeinen ökonomischen Bedingungen des Reedereigeschäftes als auch spezifische betriebswirtschaftliche Strategien von Reedern nicht selten dazu geführt, daß Maschinen ständig an der oberen Leistungsgrenze gefahren werden mußten, nur war es für Ingenieure damals einfacher, die Maschine trotz allem ein wenig zu „schonen". Sie meldeten einfach eine höhere Drehzahl, als die Hauptmaschine tatsächlich lief. Da solche Mogeleien heute nicht mehr möglich sind, wird genau besehen technisch riskant gefahren. Denn auch, wenn der Hauptmotor den hohen Dauerbelastungen einigermaßen stand hält, so ist noch nicht gesagt, daß das gesamte Ensemble der Maschine solche Betriebsbedingungen dauerhaft aushält. Auf die Frage, ob eine konkrete Anlage zuverlässig sei, hört man denn auch mit großer Regelmäßigkeit: „Die Maschinenanlagen sind zu eng ausgelegt."[134] Dem stimmen auch Ingenieure zu, die solche Anlagen auf Werften nach Vorgabe der Eigner bauen.[135]

Die Wirkungen der angesprochenen „zu engen Auslegung" lassen sich mitunter schon bei mittlerem Wind von vorne, bei etwas Seegang oder bei höheren Seewassertemperaturen beobachten Bei Sturm tun Ingenieure gut daran, sie für wahrscheinlich zu halten. Die technische Problematik läßt sich einfach erklären. Es geht immer darum, mit Hilfe der gegebenen Seewassertemperatur die Temperaturen der Maschinenanlage konstant zu halten. Wird einer Maschine mehr Leistung abgefordert, so wird mehr Energie zugeführt und somit auch mehr Wärme produziert. Diese muß in Zaum gehalten werden. Es ist leicht einsichtig, daß sich diese Anforderung in gemäßigten Breiten selbst bei ungünstigem Seegang problemloser erfüllen läßt als in den Tropen. Steigen jedoch die Wassertemperaturen an, so können Betriebszustände erreicht werden, die aufgrund folgender Zusammenhänge äußerst labil sind: Bei starkem Gegenwind wird die Brennstofffüllung der Hauptmaschine automatisch hochgefahren, um die Geschwindigkeit zu halten. Durch die vermehrte Verbrennung steigen auch die Wärmeabstrahlung an das Kühlwasser und die Abgastemperaturen. Die Abgase werden ausgenutzt, indem sie durch einen Abgaskessel streifen, das Kesselwasser erhitzen und somit Dampf erzeugen. Bei übermäßiger Hitze wird übermäßig viel Dampf produziert. Sind nun Bypassleitungen für die Ableitung der überschüssigen Abgase in den Schornstein eingespart worden, so muß der Dampfkessel als Puffer herhalten. Dampfkessel sind nur für eine bestimmte Dampfspannung auslegt. Außerdem sind auf vielen Schiffen die Dampfkessel sehr klein ausgelegt. Übersteigen die Dampfdrücke die maximale Spannung, so regelt die Automatik die Hauptmaschine zurück. Das Schiff wird dann langsamer. Es kann aber auch vorkommen, daß die Maschine so weit herunter gefahren (oder sogar gestoppt) wird, daß der Wellengenerator, der das gesamte Schiff mit Strom versorgt, „abschmeißt". Für solche Fälle ist ein automatischer Start der Hilfsdiesel vorgesehen, die dann die Stromversorgung übernehmen. Nur dauert dieser Vorgang bisweilen so lange, daß die Stromversorgung während der automatischen Startphase ganz zusammenbrechen kann. Ein *black out* macht aus jedem Schiff ein treibendes Stahlgefäß. Solange es nicht gelingt, den Betrieb zu reanimieren, funktioniert auf einem solchen Schiff nichts mehr. Von der Hauptmaschine bis zu den Duschen ist alles außer Betrieb, und im Bauch des Schiffes ist es zudem stockdunkel.

Gute Ingenieure sind sich der geschilderten Problematik selbstverständlich bewußt. Sie müssen deshalb überlegen, wie sie eine unzureichend ausgestattete Anlage so austricksen können, daß sie den „Normalbetrieb" (die Durchschnittsgeschwindigkeit) aufrecht erhalten. So kann mit etwas Fingerspitzengefühl die Kühlwassertemperatur sämtlicher Aggregate leicht erhöht werden, um genügend Kühlkapazität übrig zu haben. Gelingt dies, kann dem Kondensator mehr Kühlwasser zugeführt werden, um auf diese Weise überschüssigen Dampf zu vertilgen. Unterstellen wir eine betriebswirtschaftlich durchkalkulierte Maschinenanlage, so sind auch die teuren Plattenkühler knapp bemessen. Dann ist der Spielraum, den es gibt, um die Anlage in solch labilem Zustand auszubalancieren, sehr gering. Nur wenn der automatisierte Regelkreis in ausreichender Bandbreite manipulierbar ist, ergibt sich ein hinreichender Handlungsspielraum, um den Betrieb auch unter den geschilderten, keineswegs ungewöhnlichen, Bedingungen aufrecht zu erhalten. Je höher das Niveau der Automatisierung, umso schlechter steht es um die notwendigen Eingriffmöglichkeiten. Ein *Chief* stellte zu dieser spezifischen Variante des technischen Fortschritts fest, man habe es hier nicht mit Ergebnissen mangelnder Ingenieurskunst zu tun, sondern mit Produkten, die mit dem Rotstift von Reedern und Eignern gezeichnet worden seien.[136]

Während einer Seereise müssen Temperaturen, Drücke usw. abgelesen und Peilungen gemacht werden. Mit Checklisten, wie sie seit hundert Jahren in Gebrauch sind, werden Rundgänge durch den Maschinenraum unternommen, um die elektronisch angezeigten Daten im Maschinenkontrollraum mit den persönlich erfaßten und von Hand notierten zu vergleichen.

Checkliste für einen Wachfreien Maschinenbetrieb

1.	Düsenkühlwassertank für	HM (Hauptmotor)	Niveau auf Max.:	Temp.:
2.	Zylinderkühlwassertank	HM	Niveau auf Max.:	Temp.:
3.	Kolbenkühlwassertank	HM	Niveau auf Max.:	Temp.:
4.	Ausgleichtank für Hilfsdiesel		Niveau auf Max.:	Temp.:
5.	Kondensatsammeltank kontrollieren		Niveau auf Max.:	Temp.:

6. Kesselchemikalien Dosiertank auffüllen ...
7. Automat. Schmierölfilter von Hand auslösen ...
8. In Betrieb befindliche Separatoren Ölstand kontrollieren ...
9. Brennstofftanks entwässern (richtiges Schließen beachten) ...
10. Füllstand Stevenrohrtank u. Ölvase vordere Kammer kontrollieren ..."

Diesem Muster folgend, finden auch Kontrollen von Klima-, Kühlanlagen und Luftkompressoren sowie von Abgasturboladern und Hydraulikanlage statt. Je nach Schiff und Kontrollplan sind rund 50 Typen von Meßdaten zu erfassen.

Auch wenn alles automatisiert ist, reicht es nicht, lediglich die programmierte Datenerfassung zu überprüfen. Bei aller Mechanisierung bleiben immer noch „Handlangerdienste" übrig, die nicht so nebensächlich sind, wie der Terminus zu suggerieren scheint. So müssen beispielsweise täglich Kesselwasseranalysen durchgeführt werden, woraufhin – je nach dem Ergebnis der Analysen – dem Kesselwasser Chemikalien zugesetzt werden. In regelmäßigen Abständen werden auch die Zentrifugen (Separatoren), die gewissermaßen die Brenn- und Schmierstoffe der Maschinen sauber schleudern, demontiert. Ist der Schwerölseperator an der Reihe, so muß dieser besonders mühselig und sorgfältig gereinigt werden. Das ist dann eine sehr schmierige und ungesunde Arbeit. Weiterhin muß täglich Brennstoff getrimmt (umgepumpt) werden. Das ist schon deshalb nötig, weil der Schwerölverbrauch einer Maschine, die ein Containerschiff von mittlerer Größe mit 40 bis 50 tausend PS (etwa 35.000 KW) antreibt, bei rund 100 Tonnen, (das sind ca. 110 tausend Liter) pro Tag liegt. (Das Umtrimmen des Schweröls wird selbstverständlich mit dem Ladeoffizier, der für die Stabilität des Schiffes verantwortlich ist, abgestimmt.) Dieser kleine Ausschnitt muß genügen, um eine Ahnung davon zu vermitteln, was zur täglichen Routine des Maschinenbetriebs auf See gehört.

Der Arbeitstag auf See reduziert sich jedoch nicht auf die Aufgaben, die sich aus dem reinen Fahrbetrieb ergeben. „Nebenher“ müssen Arbeiten erledigt werden, die laut *maintenance*-Plänen an der Reihe sind. Hinzu kommen kleine und große Reparaturen, die unaufschiebbar sind oder aber endlich zu Ende gebracht werden müssen.

Dazu ein Auszug aus einem Arbeitsbuch, in dem Arbeiten zusammengestellt sind, die in einer Woche auf See und während einer für Containerschiffe relativ langen Hafenzeit von zwölf Stunden erledigt wurden.

„Auf See:

Erster Tag:

- Begleitheizung der Brennstoffleitung Zylinder II Hauptmaschine reparieren und zum Teil erneuern.
- Brennstoff-Einspritzventil Zyl. I Hauptmaschine wechseln
- Siebe der Expansionsventile von Fleisch- und Fischkühlraum überholen
- Anfahrluftflasche I und II; Entwässerungsventile überholen.
- Entlüftungsventile Hauptmaschine Schmierölkühler reparieren.
- Rückschlagklappe in der Fäkalien-Ablaufleitung ausbauen, reparieren und einbauen.

Zweiter Tag:

- Frischwasserdrucktank; Luftpolster auffüllen, defekte Luftleitung erneuern,
- diverse Wasserarmaturen und Spülkastenventile in den Wohnräumen überholen.
- Schwerölseparator II; Saugfilter reparieren.
- Brennstofffilter Hilfsdiesel I und III reinigen.
- Mooringwinde IV; verbogene Lüfterklappe reparieren.
- Ausgebaute Brennstoff-Einspritzventile Hauptmaschine überholen.

Dritter Tag:

- Hilfsdiesel II; Brennstoff-Einspritzventile auswechseln und überholen.
- Fäkalientank aufnehmen und reinigen.
- Hauptmotor und Hilfsdiesel I und III Öl- Wasseruntersuchungen vornehmen
- Kolbenkühlwassertank X Ltr. spezielle Chemikalien zusetzen Zylinderkühlwassertank X Ltr spezielle Chemikalien zusetzen

Vierter Tag (Samstag):

- Brennstoffpumpe Zylinder IV Hauptmotor ausgewechselt und überholt.
- Provisorische Abdichtungen an Seewasserleitung vorgenommen

Fünfter Tag (Sonntag):

- Schmierölfilter Hilfsdiesel III reinigen.
- Filter der Maschineraumbilge reinigen.
- Aggregat an Kühlcontainer reparieren.
- 3 Brennstoffeinspritzventile an Hilfsdiesel IV auswechseln und überholen.

Sechster Tag:

- Vorwärmer Dieselölseparator, Dampftemperaturregler auswechseln.
- Seewasserleitung Hilfsdiesel III auswechseln und Thermometerstutzen erneuern.

- Anfahrluftkompressor II; Kühlschlange reparieren.
- Schwerölseitentank VI Steuerbord, Drehschieber wegen starker Hydraulikölleckage auswechseln.
- Isoliermatten über den Kondensatsammeltank zwecks Lokalisierung von Leckagen entfernen.
- CO_2- Kühlanlage II vorn; Frigenstand ergänzen und Anlage auf Undichtigkeit untersuchen.
- Zentrifugen Hilfsdiesel I,II,II und IV, Schmierölfilter III, und Hauptbrennstofffilter reinigen.

Siebenter Tag (Ende der Seereise, Hafenaufenthalt 12 Stunden):
- Ladeluftkühler I und II Hauptmotor spülen und reinigen.
- Hilfskessel; Feuerraummauerung kontrollieren und ausbessern, Schlacke entfernen, Brennerschrank warten, Automatik reparieren und Probelauf.
- Anlaßluftkompressor III demontieren, reparieren und montieren. Kühler 3. Stufe und Lüfterrad auswechseln.
- CO_2-Kühlkompressor I vorn, Motorfundament Schrauben gangbar machen, Keilriemen spannen.
- Feuermelder und CO_2 Anlage prüfen.
- Lichtrufsäule kontrollieren (teilweise)
- Filter von Trinkwasseruhr aufnehmen und reinigen.
- Klimakompressor I bis III, Fundamentabläufe reparieren
- Fäkalienbelüftungskompressor, Keilriemen erneuern
- Anfahrluftkompressor IV reparieren, da keine Leistung; Anfahrentlastung und Entwässerung prüfen und Magnetventil auswechseln.
- Leckagen am Kondensatsammeltank beseitigen.
- Betätigungsteil (Luftsteuerung) von Signalhorn im Vordermast ausgebaut und demontiert. Nicht zu reparieren, da keine Ersatzteile vorhanden.

Auf See

Stopp der Hauptmaschine, da Kolbenbelüftungspumpe ausgefallen und Notbelüftung defekt.
- Notbelüftungsanlage reparieren. Magnetventil und drei Belüftungsnadeln auswechseln.
- Abdichtung der Austrittsposaunen Zylinder III,IV,VII und IX ausgebaut, überholt und eingebaut.
- Defekte Kolbenbelüftungspumpe ausgebaut und demontiert. Pumpe kann nicht repariert werden, da kein Ersatzteil vorhanden. Auch eine provisorische Reparatur ist nicht möglich.
- Leckagen an der Seewasserleitung provisorisch beseitigt.“[137]

Das Maschinenpersonal eines mittleren Containerschiffs umfaßt - je nach Besatzungsordnung, technischer Ausrüstung und Flagge - drei Ingenieure und drei bis vier Mitarbeiter unterschiedlicher Dienstgrade. Auf vielen Schiffen, die nur über einen Schiffsmechanikermeister, einen *oiler* und einen *cleaner* für den Maschinenbetrieb verfügen, müssen diese drei Mitglieder der Maschinen*crew* auch beim An- und Ablegen auf den Windenstationen helfen. In den Arbeitsbüchern tauchen diese „nebensächlichen“ Arbeitseinsätze, die sowohl am Tage als auch in der Nacht anfallen können, nicht auf.

„Liegezeit"

In den letzten Jahrzehnten wurde die Produktivität der Umschlagstechnik im Hafen dramatisch gesteigert. Dadurch konnten die Liegezeiten in Häfen immens reduziert werden. Am deutlichsten, aber keineswegs ausschließlich, hat sich das für die Containerschiffahrt ausgewirkt. Da viele Reparatur- und Wartungsarbeiten nur bei Stillstand der Hauptmaschine möglich sind und deshalb nur im Hafen erfolgen können, bedeuten sehr kurze Liegezeiten zweierlei: Erstens müssen Reparatur- und Wartungsarbeiten unter äußerstem Zeitdruck durchgeführt werden. Dadurch reicht zweitens die Zeit so gut wie nie aus, um auch Mitgliedern der Maschinenbesatzung Landgang zu ermöglichen. Manchmal bemüht sich ein II. Ingenieur zumindest, seinen Mitarbeitern einen Arbeitsausgleich zu schaffen. So gab etwa ein Ingenieur seiner *crew* ab Mittag frei, weil sie nach der Ankunft, die gegen 20 Uhr erfolgen sollte, Brennstoffdüsen des Hauptmotors auswechseln mußte.[138] Diese Arbeit dauerte bis nach Mitternacht. Gegen Ende der schweißtreibenden Arbeit ließ die Konzentration bei allen Mitarbeitern nach, und auch die Handgriffe wurden ungenauer. Zu allem Überfluss traten in der letzten Phase auch noch Probleme auf. Obwohl die Arbeiten dadurch noch nicht zufriedenstellend abgeschlossen waren, erfolgte die Abfahrt termingerecht. Nach kurzer Revierfahrt, gegen 3 Uhr morgens, teilte der *Chief* dem Kapitän auf der Brücke mit, daß die Maschine so schnell wie möglich noch einmal angehalten werden müsse. Zu diesem Zeitpunkt befand sich das Schiff aber noch mit einem Lotsen an Bord auf Revierfahrt. Ein Aufstoppen war also nicht möglich. So einigten sich Kapitän und *Chief* darauf, vorsichtig durchzufahren, bis eine „stille Ecke" unter der Küste erreicht sein würde. Der *Chief* hatte angekündigt, daß die Nacharbeit zwei Stunden in Anspruch nehmen würde, der Kapitän gestand der Maschinenbesatzung nur eine Stunde zu. Obwohl lediglich die Mitarbeiter geweckt wurden, die unbedingt erforderlich waren, wurde diese Vorgabe erfüllt. Bis zum Dienstantritt am selben Morgen blieben den Nachtarbeitern gerade noch drei Stunden Ruhe.

Ein anderes Beispiel: Für eine Hafenzeit wurden mehrere Wartungsarbeiten geplant. Der Arbeitsplan war prall gefühlt. Sobald das Schiff ruhig lag, wurden tonnenschwere Ersatzteile mit Kränen zum Einsatzort gehievt. Kleinteile wurden zusammengetragen und schwere Apparate wurden herangewuchtet. Kaum waren die ersten Schrauben an Abgaskanälen, diversen Leitungen, Ventileinsätzen und Zylinderdeckeln gelöst, stellte sich heraus, daß der Flansch eines Schiebers im Kreislauf der Primärkühlung leckte. Da der ganze Maschinenbetrieb vom Kühlkreislauf abhängig ist, war diese Reparatur nun eindeutig vorrangig. Besondere Schwierigkeiten ergaben sich dadurch, daß es in diesem Schiff keinen Bypass in dem Leitungssystem gab. Aus Gründen der Sparsamkeit war beim Bau des Schiffes darauf verzichtet worden, einige Meter Rohr, ein paar zusätzliche Flansche

Abbildung 11: Streichquartett

und Schieber einzubauen. Diese Einrichtung hätte es erlaubt, den Hauptstrom des Kühlwassers umzuleiten und den Schaden „in aller Ruhe“ zu beheben. Für die jetzt erforderliche Reparatur am Schieberflansch wurden zwar nur zwei bis drei Mitarbeiter benötigt, dennoch waren dadurch zu wenig Mitarbeiter übrig, um die bereits begonnenen Arbeiten auf der Zylinderstation fort zu führen. Da es die verantwortlichen Ingenieure nicht wagen konnten, noch eine weitere Arbeitstelle aufzureißen, versammelten sich schließlich alle an der vordringlichsten Reparaturstelle. Zunehmend wurde deutlich, daß die Reparatur sich zu einem langwierigen Vabanquespiel auswachsen würde. Immer wieder mußte die Kühlung der gesamten Maschinenanlage für wenige Minuten unterbrochen werden, um die defekte Leitung zu entwässern. Kaum daß eine Schweißnaht gesetzt war, schrillten die Alarme überhitzter Maschinenkühlungen. Dann hieß es: Wasser auf! - und das Leck war noch größer als zuvor. „Eigentlich“, sagte der Chief, „müssen wir in die Werft.“[139] Irgendwie hat die Reparatur schließlich geklappt, und irgendwie ist auch die *maintainance* auf der Zylinderstation zu Ende gebracht worden. Selbst unerfahrenen Reinigern braucht an solchen Tagen nicht erklärt werden, daß sie mit ihrer Arbeit nicht nur technische Defekte beheben, sondern auch Fehler des Managements von Land korrigieren.

Die Schiffsführung

Navigation von Land zu Land

Im Verlauf des 19. Jahrhunderts wurde der Sextant nicht nur zunehmend gebraucht, Schiffsführern galt er auch als Insignie ihres Berufsstandes, weshalb sie sich denn auch mit Vorliebe an diesem Gerät hantierend abbilden ließen. Das verfestigte die Vorstellung, Nautiker seien in allererster Linie Pfadfinder auf See. Tatsächlich aber war die Bestimmung des Schiffsortes auf hoher See, weit ab von jeder Küste, nicht ganz so wichtig, wie es an Land gerne propagiert wurde. Erst mit der Verschärfung der Konkurrenz im internationalen Seetransport im Verlauf des 19. Jahrhunderts und dem damit entstandenen Erfordernis, ein Schiff nicht nur sicher, sondern auch so schnell als irgend möglich in den Zielhafen zu bringen, mußten Kapitäne bemüht sein, die schnellste Route zu nutzen, folglich auch zu jeder Zeit die jeweiligen Schiffsorte möglichst genau zu kennen. Damit wurde es auch zunehmend unerläßlich, die Methoden der Astronavigation zu beherrschen.

Heutzutage „schießt" ein angehender Nautiker während seiner Ausbildung, wenn es hoch kommt, etwa sechs mal mit einem Sextanten in den Himmel.[140] Nur noch für Notfälle - „wenn wirklich alles ausfällt" - werden diese Technik und die entsprechenden Berechnungen angewandt. Ansonsten gilt, daß die Entwicklung technischer Navigationsgeräte wie Kreiselkompass, Radar, Autopilot, GPS (*Global Positioning System*), elektronische Seekarten, samt der Vernetzung all dieser Geräte zum ARPA (*Automatic Radar Plotting Aid*), die früheren Anforderungen an Nautiker obsolet gemacht haben.

Tatsächlich gibt es seit Anfang der neunziger Jahre Visionen und Prognosen, die noch sehr viel weiter gehen, gewissermaßen die Daseinsberechtigung für Nautiker anzweifelnd. So sagte etwa Hasso B. Koch voraus, die technische Entwicklung werde die Navigationsausbildung überflüssig machen, Navigation werde sich zunehmend auf ein „Nichtproblem" reduzieren.[141] Nicht wenige meinen, mit der Einführung der - seit dem Jahre 2003 auch auf Schiffen unter deutscher Flagge zugelassenen - elektronischen Seekarte sei diese Vision heute schon annähernde Wirklichkeit geworden. Technisch gesehen sei es in wenigen Jahren durchaus machbar, auf eine nautische Schiffsführung ganz zu verzichten.

Hubertus Wentzell, ein Mitarbeiter von STN ATLAS *Marine Electronics*, malt die nicht allzu ferne Zukunft folgendermaßen aus aus:

„An einem nebligen Tag im Jahre 2025 drückt Dispatcher Müller von der Reederei '*Global Unlimited*' auf die Starttaste. Das Internet transportiert seinen Startbefehl zusammen mit den Daten der Reiseplanung ... in den Bordcomputer der MS 'Lonley Star'. Dort wird das Selbstcheck-Programm gestartet, das alle Bordsysteme auf korrekte Funktion überprüft.

Maschine: o.k. Ladung o.k. ...“ Die Reise könne los gehen. Nur wenn der Zentralrechner der Hafenbehörde feststelle, daß gefährliche Fracht an Bord sei, müssten als Ladungsbegleiter doch noch Menschen an Bord. Wie diese bei der Überwachung einiger Chemiecontainer für die Dauer der Reise motiviert blieben, sei dann auch nicht mehr eine Frage von Navigationstechnik. [142]

Auf einer internationalen Tagung zum Thema „Information und Informationssysteme auf Schiffen“ vertraten Detlef Nielsen und Gotthardt Gauci die Auffassung: *„In the near future the use of an ECDIS [Electonic Chart Display and Information System] may enable the master to navigate a vessel exclusively in reliance of ECDIS and other equipment. The use of ECDIS will enable the navigation in areas previously perceived as unnavigable and may allow port approaches in reduced visibility which are at present not attempted."*[143] Folgerichtig diskutierten sie die Nutzung des ECDIS denn auch vor allem unter dem Gesichtspunkt einer rechtlichen Verantwortung der Hersteller von Hard- und Software für Schäden, die entstehen könnten, wenn das System einmal nicht funktioniere. Solche Diskussionen unterstellen, daß sich die Anwender blind auf derartige Systeme verlassen.

Diese Unterstellung ist keineswegs aus der Luft gegriffen. Denn oft klagen erfahrene Kapitäne: „Es wird sich nur noch auf diesen GPS verlassen. Weil, das ist

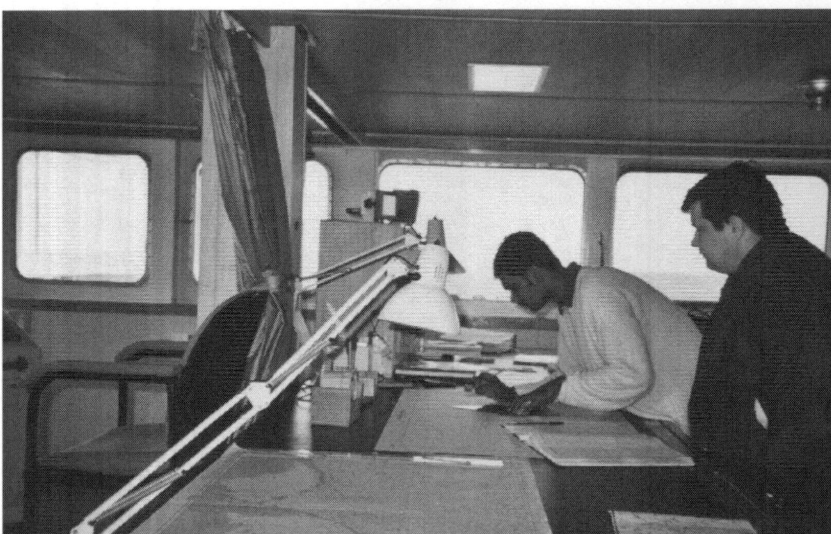

Abbildung 12: Der Schiffsort wird eingetragen

ja ein Computer, der spuckt das aus, und das muß ja auch richtig sein. Daß das dann auch mal kontrolliert wird, das erlebt man dann nicht mehr so oft. ... Da wird nicht mehr aus dem Fenster geguckt, da wird nur noch das hingeschrieben, was sie irgendwo auf dem Bildschirmen sehen."[144] Ältere Kapitäne weisen ihre Offiziere immer wieder darauf hin, daß es nach wie vor notwendig sei, auch die eigenen Sinne zu gebrauchen. Junge Offiziere, so sagen sie, seien doch erschreckend technikgläubig.[145]

Erstaunlicherweise warnen ausgerechnet Entwickler von Navigationstechnik davor, die Technik so weit voran zu treiben, daß sich Nautiker überflüssig fühlen und infolgedessen zur bedrohlichsten Fehlerquelle im System werden könnten. Diese Gefahr ist nicht von der Hand zu weisen. Denn heute geben Navigatoren Wegepunkte und Bahnsteuerung ein. Diese werden vom GPS und vom Autopilot dann so genau angesteuert, daß Schiffe der selben Reederei mit einem gleichen Routenplan[146] in so engen Korridoren durch die Weltmeere pflügen, daß die Wachgänger selbst auf dem weiten Pazifik Ausschau halten müssen, um sich nicht gegenseitig in den Bug zu fahren.

Doch liegen die Probleme nicht allein in der Technik selbst und in der Einstellung technikgläubiger Nachwuchskräfte. Auch Sparmaßnahmen von Reedereien spielen eine Rolle. Schon heute versäumen es viele Reedereien, das elektronische Navigationssystem ihrer Schiffe durch zusätzliches Equipment abzusichern. So ist etwa ein so zentrales Gerät wie der Kreiselkompass vielfach nur einmal an Bord vorhanden. Alle elektronischen Geräte, GPS, Radar und elektronische Karte erhalten aber ihren *input* vom Kreiselkompass. „Wenn der dicke Backen macht, da geht nichts mehr. Die meisten Geräte kann man dann auf den magnetischen Kompass umschalten. Dann geht es los, dann haben die Leute in all den Jahren auf See vergessen, wie das mit der magnetischen Abweichung war und so. Dann kann es auch leicht in die Hose gehen."[147]

Und dann gibt es auch noch ganz banale Probleme. So weist der Vorsitzende der internationalen Lotsenvereinigung darauf hin, daß Lotsen auf Schiffen mit einem sogenannten *modern navigation equipment* in besonderer Weise herausgefordert sind. Nicht nur müßten sie oft feststellen, daß eine Brücken-*crew* nur unzureichend im Umgang mit der modernen Technik geschult sei, so daß die Möglichkeiten eines modernen *integrated brigde system* nicht wirklich genutzt werden könnten, vielfach klaffe auch eine Lücke zwischen dem hoch ausgerüsteten Brückendesign und praktischen Anforderungen an die Navigatoren. So sei es auf vielen Schiffen kaum möglich, ans Fenster zu treten.[148]

Küstennavigation

In einer Hinsicht ist in der Navigation alles beim Alten geblieben: Navigatorische Fähigkeiten sind in Küstennähe wichtiger als auf hoher See. Denn: Was auf dem offenen Meer funktioniert, ist nicht automatisch auch für die terrestrische Navigation ausreichend. Wie eh und je stellen Küstenreviere und Flussläufe mit veränderlichen Untiefen und tückischen Strömungsverhältnissen die größeren Anforderungen an navigatorisches Können. In unbekannten Revieren ist die Gefahr navigatorischer Fehleinschätzungen besonders groß. Nicht immer sind sie so krass - und in der Folge so kostspielig - wie im Fall jenes Kapitäns, der einen großen Bulkcarrier führte. Nach einer langen Revierfahrt stellte er fest, daß er eine falsche Ansteuerung gewählt hatte und dadurch in eine Sackgasse geraten war. Das Schiff mußte bis zum Ansteuerungspunkt zurück gefahren werden. Der Irrweg hatte einen Zeitverlust von insgesamt sechs Tagen zur Folge. Der Kapitän, der von diesem Fehler eines Kollegen berichtete, stellte fest. „So etwas bezahlt keine Versicherung, und soviel Geld hat auch kein normaler Kapitän. Der Reeder muß das schlucken oder einen blauen Brief schreiben."[149] Es komme eben vor, daß fremde Häfen ohne Karten angesteuert werden müssen. Dann müsse man Seehandbücher auswerten und selbst eine Ansteuerungskarte zeichnen. Mit großen, schwierig zu manövrierenden oder voll beladenen Schiffen sollte man so eine Ansteuerung aber auch dann nicht wagen. Sind Schiffe nicht im Liniendienst eingesetzt, sondern werden kurzfristig dorthin geschickt, wo gerade Ladung vorhanden ist oder abgeladen werden kann, so kommt es immer wieder einmal vor, daß für den vorgesehenen Hafen keine detaillierten Seekarten an Bord sind. Jeder Kapitän weiß, daß es nicht erlaubt ist, „weiße Flecken" anzusteuern. Oft steht dann aber Druck von Reeder und Charterer gegen seemännische Verantwortung und gegen Recht. „Wäre ich nicht eingelaufen, wäre ich im Recht gewesen, hätte aber einen Anpfiff bekommen, weil ich die neue Jahrescharter versaut hätte. Ich bin eingelaufen. Wäre dabei ein Sachschaden entstanden, hätte mich die Reederei wohl gedeckt, bei Personenschaden wäre ich sicher persönlich verantwortlich gewesen."[150] Die Entscheidung liegt offiziell immer beim Kapitän, denn in solchen Fällen gibt es keine direkten oder gar förmlichen Anweisungen.

Wegen der Schwierigkeiten der Küstennavigation sind die meisten Schiffe verpflichtet, im „Revier" einen Losten anzunehmen. Ausnahmen werden insbesondere Kapitänen im Feederverkehr zugestanden. Da sie oft für lange Zeit in sehr kurzen Abständen die selben Reviere befahren, wird davon ausgegangen, daß sie deren besondere Schwierigkeiten kennen. Folglich erhalten sie nach einer gewissen Zahl von Durchfahrten mit ein und demselben Schiff einen sogenannten „Freifahrtschein". Das bedeutet aber, daß Kapitäne dort, wo sie „Freifahrer" sind, eigentlich ununterbrochen auf der Brücke stehen müssen. Das kann zu Wachzeiten von vierundzwanzig Stunden und mehr führen - und zwar in sehr kurzem Abstand hintereinander. Kapitäne kommen mit dieser Belastung in sehr unterschiedlicher Weise zurecht. Während einer, kaum daß er sich hinsetzt, in einem Minutenschlaf (eine Art Hasenschlaf) fällt, erklärt ein anderer: „Wenn ich keine 48 Stunden mehr an einem Stück Wache gehen kann, höre ich mit der Seefahrt auf."[151]

Abbildung 13: Ein Decksmann am Ruder

Schiffsmanöver

In engen Hafenbecken kann sich das An- und Ablegen eines Schiffes am Pier selbst dann als schwierig erweisen, wenn es sich um ein hervorragend zu handhabendes Zweischraubenschiff mit einem Bugstrahler handelt und ein Hafenlotse an Bord ist. In solchen Situationen können Beobachter auf jede Nachfrage verzichten. Das Minenspiel des Kapitäns, der das Manöver fährt, ist aufschlußreich genug.[152] Weil „Revierfahrten" - die unter Umständen Stunden dauernden An- und Abfahrten zu Häfen - oft sehr genaue Ortskenntnisse erfordern, besteht für Schiffe ab einer bestimmten Größenordnungen (sieht man von den oben erwähnten Ausnahmegenehmigungen ab), in vielen Revieren der Welt Lotsenzwang. Rechtlich sind Lotsen immer nur Berater des Kapitäns (eine Ausnahme von dieser Regel besteht lediglich für die Durchfahrt durch den Panama Kanal). Die Verantwortung für die sichere Schiffsführung bleibt grundsätzlich beim Schiff. Dennoch geben in Revieren praktisch die Lotsen die Kommandos für Kurse und Manöver. Wenn sie an Bord kommen, werden sie über die jeweiligen Daten des Schiffes - vor allem über den aktuellen Tiefgang - informiert, daneben aber auch über besondere technische Eigenheiten. Mit diesem Wissen ausgestattet, sollten ihre Kommandos den navigatorischen Anforderungen des Reviers entsprechen. Das ist nicht immer und auf allen Revieren der Fall. Deshalb kann es auch immer wieder vorkommen, daß sich ein Kapitän veranlaßt sieht, das gegebene Kommando dem Steuerer gegenüber zu korrigieren, oder sogar selbst ein Kommando zu geben, wenn der Lotse seiner Ansicht nach nicht rechtzeitig auf eine gefährliche Situation reagiert. Besonders häufig komme es vor, daß etwa das Kommando „zurück" viel zu spät gegeben werde. Kommt das Schiff dann in Hafennähe, so ist zusätzlich zur Lotsenunterstützung vielerorts Schlepperhilfe vorgeschrieben oder wird - etwa bei ungünstigen Windverhältnissen - vom Kapitän angefordert. In diesem Fall muß er die entstehenden Kosten dem Charterer oder/und der Reederei gegenüber vielfach gesondert rechtfertigen.

Es gibt aber auch Reviere und Häfen ohne Lotsen- und Schlepperzwang. In entlegenen Gewässern werden sie meist, aber nicht ausschließlich, von kleineren Schiffen angefahren, die nicht im Container- oder Liniendienst fahren. Die Kapitäne müssen dann in der Lage sein, ihr Schiff ohne Lotsen und ohne Schlepper unbeschadet an die Pier oder vor Anker zu bringen und dann wieder hinaus auf die See zu steuern. Da lerne man, auf kleinstem Raum zu manövrieren, und das mit und ohne *thruster*[153] sagte einer, der eine Zeit lang genügend Gelegenheit hatte, sich in dieser Kunst zu üben.

Wetternavigation

Die Führung eines Schiffes verlangt Wetternavigation, mit anderen Worten, die Anpassung des Kurses an Wetterverhältnisse. Auch sie ist durch technische Hilfsmittel heute sehr viel einfacher zu handhaben als zu der Zeit, da Wetterkarten noch an Bord gezeichnet werden mußten. Heute werden nicht nur regelmäßig Wetterkarten an die Schiffe übermittelt, viele große Charterer beauftragen auch besondere Institute damit, die allgemeinen Routenvorgaben für die in ihrem Auftrag fahrenden Schiffe den Wettervorhersagen entsprechend zu überprüfen und gegebenenfalls abzuändern. Dieses sogenannte *weather routing* wird den Schiffen dann als Anweisung übermittelt. Dabei wird leicht übersehen, daß sich dieser Teil der navigatorischen Aufgaben trotz der neuen Hilfsmittel nicht automatisieren läßt.[154] Obwohl Wettervorhersagen heute viel genauer sind als früher, bleibt ein Rest an Unsicherheit in Bezug auf die Wetterentwicklung. Zudem kennen diejenigen, die an Land „Wetternavigation“ anbieten, nie die konkrete, sich unter Umständen schnell ändernde Situation am Schiffsort. Nach wie vor verlangt Wetternavigation nicht nur Information, sondern auch Erfahrung.

Das hindert Charterer nicht, sich massiv in diesen Teil der Schiffsführung einzumischen. Ausgerechnet jene Betriebe, welche die Logistik multimodaler Transportketten entwickeln, die also Land- und Wassertransporte organisieren, verlangen, daß Kapitäne den von Land her vorgegebenen Routen folgen und den zuvor ermittelten Fahrplan einhalten. Nicht selten fordern Charterer tägliche *weather reports*. Darin muß jede Abweichung vom Kurs und jede Geschwindigkeit, die unter der in der Charterpartie zugesagten Geschwindigkeit liegt, plausibel gemacht werden. Ein große Ölfirma etwa fordert von den Kapitänen auf den Schiffen in ihrer Charter, daß sie, sobald der Wind auf drei Beaufort aufbrist, (also auf eine für unerfahrene Hobbysegler ideale Windstärke), den momentanen Brennstoffverbrauch, die aktuelle Drehzahl der Hauptmaschine und die augenblickliche Geschwindigkeit des Schiffes übermitteln. Auf der anderen Seite werden Wetterverhältnisse kaum je als plausible Begründungen für die Abweichung von einem vorgeschriebenen Kurs akzeptiert.

„Schlimm sind natürlich die Schiffe, bei denen die Reeder immer gleich aufs Äußerste gehen[155] und [die Nautiker] dann keine Möglichkeiten haben, den Fahrplan wieder auszugleichen. Und dann kann es natürlich passieren, daß wetterbedingt ... Schäden oder Gefährdung des gesamten Schiffes [in Kauf genommen] werden. Aber ich glaube, insgesamt ist das auch besser geworden.“[156]

„[In der Novelle] 'Taifun',[157] glaube ich, da konnte der Kapitän oder wollte den Kurs nicht ändern, weil er ja nicht beweisen konnte, daß überhaupt schlechtes Wetter da war. Ich habe ... schon seit langem ... diese etwas provokante These vertreten. Der Kapitän müßte mit etwas Geschick provozieren, daß also ein kleiner Schaden entsteht. [Daß] so ein lütt'scher Kopf da richtig zerschmettert wird, und dann kann er den Kurs ändern, denn, wenn er dann zu spät kommt, kann er sagen: 'Guck mal da!' Und die Menschen sind so primitiv, kann man sagen. ... also ... Kaufleute oder von der Charterseite, wenn die sehen, da ist was kaputt, dann kriegen sie einen richtigen Schrecken und sagen: 'Ah, Gott, aber das Schiff ist ja heil da. Hast du gut gemacht, Kapitän.' Nech. Wenn aber nichts da ist, dann sind sie frech wie Dreck und sagen: 'Was hast du dich auch da rum getrieben? Was bist du für ein Mensch? Kannst du nicht einmal ein bißchen schlechtes Wetter ab?' Und so weiter. Das ... kippt von einem Extrem zum anderen. Und ein bißchen Schaden zum Vorzeigen wirkt Wunder. Das haben alle Kapitäne natürlich abgestritten: 'Nein, das würden wir niemals riskieren. Das geht nicht.' Und so weiter, aber ich bin fest überzeugt, wenn man da so eine zerschmetterte Windhuze im Kabelgatt hat, die holen sie jedes Mal vor. Oder man zeigt was vor, was kaputt ist, dann ist es in Ordnung. Das ist so, die Menschen sind, wie soll ich sagen, beeindruckbar oder willig, auch dann zurück zu stecken, aber wenn nichts da ist, dann sind sie hartnäckig und pochen darauf und ... Wir haben beste Wetterinformationen heute schon. Die Kapitäne, die können was machen. Aber, wenn sie da zu spät kommen, und ... alles ist heil geblieben, dann macht man ihm Vorwürfe. Machen sie nichts, und es ist alles zerschlagen, dann macht man natürlich auch Vorwürfe, und es gibt dann irgendwie, ich will nicht sagen, den Mittelweg, aber so am linken Rand sich da entlang zu lavieren und einen kleinen Schaden vorweisen."[158]

Soweit in die logistischen Planungen multimodaler Verkehre überhaupt irgendwelche „maritimen Gesichtspunkte" eingehen, beschränken sie sich zumeist auf die schlichte Vorstellung, mittels Technik sei Natur zu beherrschen. Daß außer Waren auch noch Menschen „mit im Boot" sitzen, steht ohnehin nicht zur Debatte. Seeleute sind damit nicht nur Wind und Wellen, sondern auch Vertragsbedingungen ausgesetzt, an deren Formulierung sie nicht beteiligt waren.

Diesen Gegebenheiten entsprechend, bemühte sich beispielsweise ein Kapitän, sein Schiff durch eine stürmische See zu treiben. Dabei brachen Brückeneinrichtungen aus ihren Verankerungen, und im Maschinenraum rissen festverschweißte Halterungen, die samt den schweren Ersatzteilen für die Maschinenanlage mit unkontrollierbarer Wucht durch den Maschinenraum brausten. Als schließlich der *Chief* auf der Brücke vorstellig wurde, um zu erklären, daß seiner Ansicht nach im Maschinenraum zu viel zu Bruch gehe, wenn das Schiff weiter auf dem aktuellen Kurs bleibe, entschied sich der Kapitän schließlich, einen Kurs abzustecken, der moderatere Bewegungen des Schiffes zur Folge hatte. Diese Abweichung vom Kurs mußte er ausführlich schriftlich erklären. Kaum jedoch war die Treibjagd durch den Sturm beendet, erhielt der Kapitän ein Fax vom Charterer, in dem angefragt wurde, ob er den Ankunftstermin am Bestimmungsort um zwei Tage verzögern könne.[159] Als diese Order eintraf, war das Schiff noch etwa eine Stunde und fünfzehn Minuten vom vorbestimmten Ankunftsort entfernt.[160]

In kaum einem anderen Bereich des internationalen Handels läßt sich derzeit ebenso deutlich ablesen, daß Vertragsabsprachen als oberste Gebote gelten. Selbst in Gerichtsurteilen erhielten Vertreter von Charterern, die unberechenbare Naturgewalten nicht als Entschuldigung für eine Abweichung vom Kurs akzeptiert hatten, nachträglich noch Recht.[161] Schließlich sei im Chartervertrag festgelegt, daß das betreffende Schiff unter allen Bedingungen so und so viel Meilen zurück zu legen habe und dementsprechend seefest sein müsse. Berichten des nautischen Personals zufolge gehört es inzwischen zum Standardrepertoire des Seeverkehrs, daß Schiffe wider aller seemännische Vernunft durch Schlechtwetterfronten getrieben werden. Dabei werden die Vertragsklauseln nicht nur über den Sachverstand des einzelnen Kapitäns, sondern auch über den von Experten in technischen Klassifikationsgesellschaften gestellt. Auf der Basis ihrer Erfahrung in der Begutachtung von Seeunfällen weisen Klassifikationsgesellschaften immer wieder darauf hin, daß unsachgemäße Führung der Schiffe (d.h. keine Anpassung von Kurs und Geschwindigkeit an die Seegangsbedingungen) eine häufige Ursache von Seeunfällen sind.[162]

Geht etwas schief, ist es dann doch immer der Kapitän, der für die Folgen „seiner" navigatorischen Entscheidung verantwortlich gemacht wird. Und dann werden plötzlich auch wieder seine Kenntnisse und seine Erfahrung angemahnt. So hat sich etwa der Kapitän eines australischen Tankers aufgrund der vorhergesagten Zugrichtung eines Wirbelsturms darauf verlassen, daß er seinen Kurs beibehalten kann. Dabei war einkalkuliert, daß er dem Zentrum des Sturmes ziemlich nahe kommen könnte. Doch sollte das Schiff den Berechnungen zufolge das weniger gefährliche Viertel des Sturmes durchkreuzen. Das Wetter entwickelte sich anders, und das Schiff lief mitten in das Auge des Sturms hinein. Der dabei entstandene Schaden machte das Schiff nahezu manövrierunfähig. Aufgrund der Untersuchung dieser Havarie durch die australische „*Marine Incident Investigation Unit*" wurde dem Kapitäne vorgeworfen, er habe die umfangreiche Literatur über Wirbelstürme in der betreffenden Region nicht ausreichend studiert. Andernfalls hätte er wissen müssen, daß die Zyklone im Golf von Carpentaria an der Küste Nordaustraliens unberechenbar seien. So aber habe er seinen Kurs leichtfertig viel zu nahe an das Zentrum des Wirbelsturms abgesetzt.[163]

Doch gibt es in dem Netz der Bestimmungen von Charterpartien, in dem Kapitäne heute gefangen sind, eben auch andere Erfahrungen. So wurde die Entscheidung eines Kapitäns, der sich geweigert hatte, einen Kurs beizubehalten, der ihn in das Auge eines Orkans geführt hätte, zwar von seiner Reederei akzeptiert, doch wurde er gleichzeitig aufgefordert, eine sehr überzeugende Begründung zu schreiben, die man dem Charterer vorlegen könne.[164] Andere berichten, es sei keineswegs ausgemacht, daß man sich bei derartigen navigatorischen Entscheidungen auf die Rückendeckung der Reederei verlassen könne. Da helfe nur, stur zu bleiben.[165] Diese Haltung ist jedoch keineswegs allgemein verbreitet.

Ladung und Logistik

Völlig aus der Ruhe kommt die Besatzung eines Schiffes im Feederverkehr, wenn das Schiff - beispielsweise durch einen Maschinenschaden - aus dem sehr engen Fahrplan gerät. Die angespannten Bemühungen des Kapitäns, wieder in den vorgesehenen Fahrplan zurück zu kommen, erfassen die gesamte Mannschaft. „Der Alte macht uns alle verrückt". Wer das nicht selbst sagt, sieht doch aus, als ob er dem nur zustimmen könne.[166] Aber nicht nur die Besatzung bekommt den Stress zu spüren. So werden auf Revierfahrten auch Lotsen gebeten, in Gebieten mit Geschwindigkeitsbegrenzungen, die maximal zugelassene Geschwindigkeit nicht zu unterschreiten und diese oder jene Kurve bei freier Bahn zu schneiden. Auf der Brücke und beim Essen ist das Hauptthema vom Kapitän vorgegeben: Wetterprognosen, navigatorische Strategien und die Ausschöpfung aller technischen Antriebsleistungen werden diskutiert. Wenn es dann allerdings um das Ausfahren der vollen Maschinenleistung geht, ziehen der Kapitän und der *Chief* nicht unbedingt am gleichen Strang. Anders als der Kapitän findet der *Chief* die Idee, den Wellengenerator auf einen zusätzlichen Hilfsdiesel umzuschalten, nur „affig": „Die drei bis vierhundert Kilowatt bringen doch nicht mehr Schub zustande."[167] Massiv wird der Widerstand des *Chiefs*, wenn die Leistungsgrenze „seiner" Maschine überschritten werden soll. Der I. Offizier seinerseits widerspricht der Erwägung, die Ballasttanks weiter zu lenzen, weil seiner Ansicht nach dann nicht mehr ausreichend Stabilität vorhanden ist. Der Kapitän aber sieht sich in der schwierigen Lage, zwischen dem immensen ökonomischen Druck und einer Fahrweise abzuwägen, die dicht an der Grenze der Schiffssicherheit oder auch schon darunter liegt. Jeder an Bord weiß, daß der Erhalt der Charter auf dem Spiel steht, wenn das Schiff den Zeitverlust nicht in kürzester Zeit aufholt. Der Kapitän aber ist es, der für die Entscheidung zwischen einer ökonomisch oder einer seemännisch riskanten Fahrt gerade stehen muß.

Wie immer er sich in einer solchen Situation entscheidet: er ist unweigerlich der Verlierer. Geht alles gut, braucht er sich zwar nicht vor Gericht zu verantworten, doch macht ihm dann womöglich die Mannschaft im Stillen „den Prozess". Für die weitere Arbeit mit der Mannschaft hilft ihm dann auch kein Schulterklopfen von Seiten der Reederei oder des Charterers. Wie wenig kooperativ dieses Bündnis mit der landseitigen Organisation oft ist, wird gerade während solcher „Aufholjagden" immer wieder deutlich. Hat sich das Schiff gerade wieder einige Stunden im Fahrplan vorgearbeitet, durchkreuzt womöglich schlechtes Wetter den Zeitpunkt der Ankunft im nächsten Hafen. Und bis kurz vor dem Einlaufen weiß niemand an Bord, ob die Stauer im Hafen bereit sind, eine außerordentliche Nachtschicht einzulegen oder nicht. Weigert sich die Reederei, Nachtzuschläge für die Hafenarbeiter zu zahlen, nimmt der Druck auf die Schiffsführung noch zu. Schon aus Erfahrung stellen sich Schiffsleitungen darauf ein, daß sie trotz ihrer Unterordnung unter die Reedereipolitik nicht prinzipiell auf Unterstützung von Land her bauen können.[168] Gerade in solchen Situationen wird deutlich, daß sich navigatorische Kompetenz Logistikplänen unterzuordnen hat. In den Planungsbüros an Land wird offensichtlich nicht einmal gewagt, an technische Defekte, Jahreszeiten und schlechtes Wetter zu denken, viel weniger, solche maritimen Aspekte tatsächlich zu berücksichtigen. Eine flexiblere Gestaltung von Fahrplänen, die derartige Unwägbarkeiten berücksichtigte, liegt noch weit hinter dem Horizont.

Doch wird heute nicht nur die Abwicklung sehr eng vereinbarter Fahrpläne für den Feederverkehr den Kapitänen der eingesetzten Schiffe überlassen, selbst der Aufbau von neuen Linien wird heute nicht selten in den „Geschäftsbereich" von Kapitänen großer Containerschiffe verlagert. Die Schiffsführung kann keineswegs damit rechnen, auf eine derartige Situation vorbereitet zu werden. So schreibt ein Kapitän: „Habe gerade erfahren, daß ich am ... eingesetzt werde. ... Mieser Trip, aber übersichtlich, wenn es dabei bleibt. Glaube ich aber nicht. Das sind doch heute nur noch *Sub-Voyage-Charter* 2 oder 3 Reisen, und dann fängt der ganze Firlefanz eines Routenaufbaus wieder von vorne an. Auf [einem ca. 4000 TEU Containerschiff] habe ich es, in 5 Monaten, 'nur' 3 mal mitmachen dürfen. Übergeben habe ich zum Schluss, ein 'Feederschiff' [Im Original hervorgehoben] mit 21 Häfen in drei Wochen. Der ablösende Kapitän wusste davon nichts. ... Die Trampfahrt auf einem Mehrzweckfrachter mit Schwergutgeschirr war gemütlicher."[169]

Daß Seeleute den Umgang mit Ladung und Logistik beherrschen müssen, zeigen auch Anforderungen, die beim Transport von Gas auftreten können. So kommt es zum Beispiel nicht selten vor, daß ein Gastanker an einem Terminal eine Gasladung mit einer Temperatur von etwa 15° einnimmt. Im nächsten Hafen, der nur ein oder zwei Reisetage entfernt liegt, kann die Ladung aber nur mit einer Temperatur von minus 20° entladen werden. Die Kompressoren an Bord schaffen es jedoch nicht, die großen Mengen in so kurzer Zeit herunter zu kühlen. Jedem Fachmann, der die technischen Zusammenhänge auf einem Gastanker kennt, müßte das klar sein. Deshalb unterstellen *Chiefs* und *Chief Mates*, daß allen Beteiligten bewußt ist, zu welchen Methoden die Mannschaft greifen muß, um ein derartiges Problem in den Griff zu bekommen. Die Lösung besteht darin, daß beim Laden darauf geachtet wird, mehr Gas in die Bordtanks zu nehmen, als offiziell angegeben wird. Auf See werden dann ein paar Tonnen Gas möglichst schnell abgeblasen. Durch die rasche Vergasung des flüssigen Gases kühlt die Ladung unabhängig von den laufenden Kühlkompressoren ab. Die Seeleute machen sich die physikalischen Eigenschaften der Thermodynamik zunutze, indem sie den Entzug von Wärme durch Verdunsten beschleunigen. (Einfacher gesagt: Sie wenden das

Prinzip von Erfrischungstüchern bzw. Kölnisch Wasser auf der Haut an.) Der Verlust von Ladung werde gewöhnlich nicht bemängelt, da er durch die formale Ladungsberechnung eh schon reduziert erscheint, sagen Seeleute. Sie vermuten deshalb, daß alle Zuständigen über die geschilderte Prozedur Bescheid wissen. Der Ladungsverlust sei wohl leichter zu verschmerzen als zusätzliche Liegekosten oder Geldbußen, wenn Umweltbehörden mitbekommen, daß im Hafen derartige Gasmengen abgeblasen werden. Anders sieht es dagegen aus, wenn Besatzungen etwa bei Gaswechsel ein oder zwei Tonnen mehr verlieren als es üblich ist. Dann werden Rechenschaftsberichte verlangt, und es wird mit Entzug der Charter gedroht.

Die berichteten „Freiräume" - sie sind nicht die Regel, andererseits aber dennoch relevanter Bestandteil des modernen Seetransports - verdeutlichen, in wieweit Seeleute in die faktische Gestaltung von Logistik mit einbezogen sind oder - wie im dargestellten Fall - hineingezogen werden können. Eine solche Beteiligung der Mannschaft an der Konkretisierung von Logistik fehlt andererseits völlig, wenn es sich um die Organisation des Seetransports im Intercontinentalverkehr oder auf traditionellen Linien handelt. In diesen Bereichen des Seetransports werden Kapitäne, wie viele von ihnen sagen, zu bloßen „Transportbegleitern" degradiert, welche die Lade- und Fahrpläne, die in Logistikzentralen erarbeitet wurden, nur noch umzusetzen haben. Oft ist das kaum zu machen. Denn während den Schiffsführungen präziseste Ausführung der Planungen abverlangt wird, inklusive eines den Vorgaben entsprechendes Ballastmanagements sowie ständiger Informationen über die an Bord vorhandenen Brennstoffmengen, werden an Land nicht selten maritime Laien damit beauftragt, Lade- und Staupläne für den Seetransport auszuarbeiten.[170] Was Wunder, wenn diese dann immer wieder einmal den Anforderungen eines sicheren Seetransports widersprechen. Auch ist es keineswegs die Ausnahme, daß der für die Ladung zuständige Erste Offiziere mit unvollständigen Ladepapieren eingedeckt wird und die endgültigen Ladepapiere erst wenige Minuten vor dem Auslaufen, mitunter sogar erst im übernächsten Hafen, erhält. Noch nicht einmal zu reden von der Situation, daß der Stauplan zwar rechtzeitig an Bord kommt, sich die entsprechende Diskette aber nicht öffnen lässt. Über Staupläne, die zeitraubende und teure zusätzliche *moves* von Containern erfordern, regen sich die meisten Ladeoffiziere schon kaum noch auf. Solche Gemütsregungen behalten sie sich für die Situation vor, in der ihnen wieder einmal ein Stauplan ausgehändigt wurde, der die Sicherheit des Schiffs gefährdet. Will ein *Chief Mate* eine solche Beladung nicht verantworten, müssen er und sein Kapitän sich erst dazu durchringen, förmlichen Protest einzulegen. Denn zeitraubendes und kostenintensives Umstauen sehen Reeder und besonders Charterer nicht gern. Die Verantwortlichen an Bord wissen, daß Einwände gegen Staupläne, und seien diese Pläne noch so unverantwortlich, nicht opportun sind. Und sie wissen auch, daß es in derartigen Situationen nicht nur um die Sicherheit des Transports geht, sondern immer auch um die Sicherheit ihrer Arbeitsplätze. Für solche Fälle steht Schiffsleitungen derzeit kein internationales Kontrollsystem zur Seite. Denn obwohl wiederkehrende Fehlkalkulationen in der Berechnung der Schiffsstabilität immer wieder deutlich machen, wie unerlässlich ein kontrolliertes Sicherheitsmanagement auch für Ladebüros und Logistikzentren wäre, erstrecken sich die Bestimmungen des ISM-Codes merkwürdigerweise nur auf Reedereien und ihre Schiffe. Die für die Befrachtung maßgeblichen Charterer agieren derzeit noch außerhalb des internationalen Sicherheits- Codes.

Konkrete Erfahrungen: „Ich guck mir so das MG [Megazentrische Anfangshöhe][171] an, denk: 'Da stimmt doch was nicht.' Denn unsere Schiffe mußten ein MG haben von mindestens 1,05 Meter. Die hatten eins von 0,30 oder so was. Ich sag: 'Wer hat das denn [gemacht]?' 'Alles fertig. Bei uns macht ja alles der Computer.' Na, ja. Ich habe sie [die Kollegen, die der Berichtende ablöste] kommen lassen. Fliegender Wechsel, wie es so ist. Der erste Offizier schon in Panik, daß er seinen Flieger nicht mehr kriegte. Runter und weg war er. 'Liegt alles auf dem Schreibtisch. Alles fertig. Alles auf dem Schreibtisch. Ansonsten kennst das Schiff.' Na ja, gut. Er hatte es wohl eilig. Der Alte gleich die Tür zu. Der zweite Offizier auch. .... Legen sich alle hin. Ich sag zu so einem *tallyman*[172]: 'Du bleibst hier. Du gehst mir nicht von der Ferse hier.' Ich habe mich hin gesetzt und bin erst mal angefangen zu rechnen. Müde war ich auch. Und dann hab ich den Kapitän geweckt. Den Zweiten geweckt. 'Komm, du rechnest sofort nach.' Raus gegangen. Stoppen lassen, die ganze Beladung. Dann haben wir ... die komplette vierte Lage gelöscht. Haben die dritte Lage zum Teil gelöscht. Nur soviel drauf gelassen, wie Partien zusammen gehörten. ... Der wär' uns an der Pier umgekippt. Und wer in Singapur zwei Stunden unbeschäftigt an der Pier liegt, wird zwangsweise von Schleppern auf Reede gezogen. Damit der nächste ran kann. ... Und dann am nächsten Morgen die ganzen *United States Line General Manager von Far East*. Und der lokale Manager. ... Wir sind liegen geblieben ..., die mußten erst mal Container sortieren. Und ... dann haben wir erst mal morgens zwei Stunden Stabilität mit denen geübt. Und dann sagt er nachher: 'Mit so einem Schiff kann ich nichts anfangen.' Ich sag: 'Das ist bitte nicht mein Problem. Dafür kann ich nicht. Aber ich hielt es für meine Pflicht.' Gut, haben sich alle bedankt. Habe auch so eine kleine Uhr gekriegt von der *United States Line*. Ja, was soll's. Das ist auch diese Computergläubigkeit gewesen.“[173]

Das Beladen eines Containerschiffes beschränkt sich in der Regel eben nicht auf einen kurzen *check* am Bordcomputer und auf einige Unterschriften in den Ladepapieren. Allem Anschein nach ist eine solche Ansicht aber auch in einigen Reedereien verbreitet. Anders, so die mehr oder weniger ironischen Kommentare von Kapitänen, lasse sich kaum erklären, warum manche Reedereien neuerdings überlegen, welche Aufgaben sie zur besseren Auslastung von Schiffsoffizieren an Bord verlagern können. Zuerst habe es immer geheißen, es würden jetzt alle Entscheidungen an Land getroffen und die Kapitäne seien wirklich nur noch so eine Art Transportbegleiter. Als dann aber die Verschlankung in den Büros der Reedereien angefangen habe, sei da kaum noch einer gewesen, „der dem Kapitän was sagen konnte". Umgekehrt heiße es heute:

„'Wozu haben wir einen Kapitän. Der soll sagen, was gemacht wird. Dafür haben wir die Kommunikationseinrichtung.' Das heißt, er soll sagen, was er braucht in den Häfen. Und die Konsequenz, die sieht so aus, daß zumindest in dieser Feederfahrt im Mittelmeer [einige Reeder] schon dazu übergehen, daß sie nicht mehr irgendein Planungsbüro an Land unterhalten, welches die stauenden Container plant, sondern sie buchen nur und schicken dann per Telekommunikation dem Ersten Offizier die Buchungssätze und sagen: 'Mach mal den Stauplan, aber bis morgen früh um sechs. Da muß er fertig sein, denn dann ist das Schiff da.' [Ein völlig übermüdeter Erster Offizier] muß sich [dann] hinsetzen und den Stauplan machen. Und dann schläft er noch mal zwei Stunden, dann ist das Schiff da, und dann geht es los. Und das wiederholt sich dann Tag um Tag. Also, es ist schon wirklich haarsträubend, und dann kommt noch hinzu, daß diese Liste natürlich immer noch nicht stimmt. Wenn das Schiff da ist, dann ist es wieder zweimal geändert worden. Bloß, einen Planer an Land zu beschäftigen, das geht unter diesen Umständen auch nicht, weil die haben ja ihre Arbeitszeiten. Ein Büro im Mittelmeerraum, den werden sie kaum nachts rausschmeißen können."[174]

Ein Offizier kommentierte die Strategie, Administration an Bord zu verlagern, sehr drastisch. „Die Bürobock-Kapitäne, von Reederei und Charterer, die montags bis freitags von 9:00 bis 15:00 Uhr dicke Sprüche kloppen, schieben alles an Bord."[175]

Verwaltungskräfte mit Patent

Der Verwaltungsdienst an Bord kennt keine festen „Bürozeiten". Durch die neuen Kommunikationsmittel ist die Schiffsführung 24 Stunden am Tage sieben Tage in der Woche erreichbar. Diese Dienstzeit wird von Reedern, Charterern, Agenten und sonstigen Personen und Institutionen im maritimen *business* rege genutzt. So ist es heute durchaus möglich, daß beispielsweise ein Inspektor vom Kapitän verlangt, er solle aus den technischen Zeichnungen an Bord bestimmte Details herauskopieren und in sein Büro faxen. Auf die Erwiderung des Kapitäns, es sei doch einfacher, die wenigen Schritte ins Archiv der Reederei zu gehen, ließ der Inspektor sich nicht ein. Es überzeugte ihn auch nicht, daß die Zeichnung mit einem Faxgerät versendet, schlecht zu gebrauchen sein werde. So hatten der Kapitän und der *Chief* zwei Tage zu tun, Detailzeichnungen auf die Rückseite einer alten Seekarte zu übertragen, diese Zeichnung wiederum in ein DIN 4 Format zu bringen und dann auf ein Papier zu kopieren, das vom Faxgerät angenommen wurde. Der Inspektor beklagte sich später, daß die Zeichnung nicht zu gebrauchen sei.[176] An den täglichen Informationsaustausch haben sich selbst Schiffsführer der älteren Generation, die sich noch gut erinnern, wie es war, als sie auf See in Ruhe gelassen wurden, längst gewöhnt. Woran sich Schiffsführungen jedweder Generation jedoch nicht gewöhnen können, sind nächtliche Anfragen in Fahrgebieten, in denen sie eh kaum zu Schlaf kommen. Häufig sind es Anfragen, die von Bord aus gar nicht beantwortet werden können. So verlangen beispielsweise Charterer von Kapitänen mitunter Entscheidungen, die nur von Reedereien getroffen werden können, weil für Streitigkeiten über Einzelheiten der Charterpartie ausschließlich die Geschäftspartner an Land verhandlungsberechtigt sind. Dennoch erleben es Schiffsführungen immer wieder, daß Charterer ihre Auslegung der Charterpartie zunächst an Bord durchsetzen wollen. Derartige „Verhandlungen“ sind nervenaufreibend und zeitraubend.

Viele Kapitäne beschweren sich auch darüber, daß ihnen wichtige Informationen vorenthalten oder nicht rechtzeitig übermittelt werden. Andererseits kommen sie häufig gar nicht umhin, Dinge selbst zu regeln, für die sie eigentlich nicht zuständig sind, so etwa, wenn es ein Agent versäumt hat, das Schiff rechtzeitig für die Passage eines Kanals anzumelden.

Auch früher wurde von Schiffsführungen nicht nur die Führung des Schiffes und die Dokumentation aller nautisch relevanten Umstände sowie Entscheidungen verlangt. Zur Schiffsführung zählte auch Administration. Von Kapitänen wurde erwartet, daß sie alle relevanten Vorkommnisse und Entscheidungen ins Journal eintrugen. Spätestens am Ende einer Reise mußten sie auch Berichte und Abrechnungen vorlegen. Und seit langem zählt es zu den Aufgaben einer guten Schiffsführung, alle Änderungen von Seezeichen, die ihnen mitgeteilt wurden, in die an Bord vorhandenen Seekarten einzutragen. Alle diese Tätigkeiten gibt es auch heute noch. So werden auch bis heute die Seekarten vom Wachoffizier nach alter Manier berichtigt. Direkt neben nautischen *high tech* Einrichtungen ist ein Offizier stundenlang mit Bleistift, Radiergummi, Schere und Klebestift beschäftigt, um Seekarten, Leuchtfeuerverzeichnisse und andere nautische Unterlagen zu berichtigen. Auch nach der Zulassung elektronischer Seekarten sind Seeschiffe weiterhin verpflichtet, eine aktuelle Seekarte aus Papier zu führen. Heute wäre allerdings eine automatisierte Berichtigung konventioneller Seekartensätze technisch leicht machbar. Für eine Notfalleinrichtung, zu der die konventionelle Seekarte nunmehr geworden ist, erscheint der erforderliche Arbeitsaufwand einer manuellen Berichtigung heute nicht mehr angemessen.

Werden auf Kongressen Referate über moderne Navigations- und integrierte Brückensysteme gehalten, so stehen zumeist Risiken des automatischen Systems im Vordergrund, die in den „Dunstkreis“ der technischen Systeme gehören. Genauer gesagt: Das *man-machine-environment-system* wird als zentrale Schwachstelle moderner Brückenarbeit ausgemacht. Folgerichtig werden von Entwicklern elektronischer Brückenequipments technische Lösungen vorgeschlagen, die praktisch darauf hinauslaufen, den wachhabenden Offizier auf der Brücke durch ein ebenfalls automatisiertes Wach- und Kontrollsystem dauerhaft in das elektronisch gesteuerte System hineinzuziehen. Sie erwarten, daß eine solche – von der Technik erzeugte –

Verbindung von Mensch und Maschine die Zahl der *human errors* deutlich mindern werde. Zwei wesentliche Merkmale der Integration von geschalteter Technik und lebendiger Entscheidungskraft des Anwenders werden dabei außer Acht gelassen. Erstens wird unterstellt, Technik bewirke eine sehr viel zuverlässigere Integration des Menschen in Technik als es umgekehrt dem Menschen möglich sei, Technik in seine Handlungsabläufe zu integrieren. Und zweitens wird angenommen, Brückenarbeit reduziere sich ausschließlich darauf, die installierte Technik zu bedienen.[177]

In den neunziger Jahren des 20. Jahrhunderts wurde eine neue Kommunikationstechnik eingeführt. Diese Technik, das sogenannte GMDSS (*Global Maritime Distress and Safety System*) ermöglicht einen automatisierten Funkverkehr. Das heißt für unterschiedliche Rufmeldungen in klar definierten Seenotsituationen laufen einprogrammierte Prozeduren ab, die dem Anwender Schritt für Schritt nur jeweils zwei vorgegebene Optionen lassen. Mit dem Einsatz dieser Technik wurden Funker an Bord überflüssig. Nautische Offiziere und Kapitäne absolvierten einen Funkkurs, erlangten GMDSS-Zertifikate und konnten damit die Funkerei übernehmen. Auf einigen Schiffen wurden Kapitäne „dazu verdonnert, laufende Ausbildung der Wachoffiziere, in der Benutzung der GMDSS Seenotanlagen zu betreiben."[178] Damit ist für die Brückenbesatzung aber nicht nur die Aufgabe hinzugekommen, ein paar Funksprüche abzusetzen.

> „Dann kommt da so ne schöne ... Konsole ran, die ganze Technik, und die ersetzt nun den Funker. Da macht sich kein Mensch Gedanken darüber, daß der viel geschmähte Funker trotz allem ja immerhin 250 Mannstunden pro Monat abgearbeitet oder geleistet hat, die ja heute verteilt werden müssen. ... Ja, was können wir denn? ... Die ham doch alle schon was zu tun. ... Die Verwaltung ist mehr und mehr geworden. Die Bürokratie heute ist wahnsinnig. Was da alles für Schreibkram erledigt werden muß im Rahmen des ISM. Was für Papierkram, auch für *reports* geschrieben werden müssen. Und diese Stunden, die fallen an. Diese Abrechnungen ..., diese Telekommunikation, das macht ja der Kapitän selbst. Der hat das Ding auf'm Schreibtisch stehn, und der Funker hat Verwaltung gemacht, Mannschaftslisten, Heuerabrechnungen, Kantine und dies und das, und das muß jetzt verteilt werden. Jetzt hab' ich geworben, nen Sekretär zu kriegen, jetzt ham sie mir versprochen, einen Bankangestellten, der auch ne Heuerabrechnung machen kann. Der Vorschlag ist eben, die Heuerabrechnung im Büro zu machen. Warum sollen wir die Heuerabrechnung machen. Das ist ja technisch gar nicht notwendig. Man gibt die Variablen über Telex an die Firma, und die machen die Dinger dann."[179]

Ob dieses Modell, also die Verlagerung eines Teils der administrativen Tätigkeiten an Land, schon realisiert wurde, konnten wir nicht erfahren, wohl aber, daß eine Reederei, die auf Gefahrguttransporte spezialisiert ist, derzeit erste Versuche unternommen hat, einen Teil der administrativen Tätigkeiten einem Sekretär (einer Sekretärin) mit Patent zu übertragen.

Die sehr viel stärkere Belastung von Kapitänen und *Senior Officers* mit Verwaltungstätigkeiten ergab sich aber nicht nur aus der Abschaffung des Funkers, vielmehr haben die internationalen Regulierungen der Seefahrt den Schiffsbetrieb insgesamt in erheblichem Maße bürokratisiert. Regelmäßig werden Schiffe daraufhin kontrolliert, ob die Bestimmungen internationaler Abkommen wie die SOLAS Convention (*International Convention on Safety of Life at Sea*), *Marpol* (*International Convention for the Prevention of Pollution from Ships*), das STCW 95 Abkommen und der ISM-Code - zu denen neuerdings auch noch der ISPS Code (*International Ship and Port Facility Security Code*) hinzu gekommen ist[180] - eingehalten werden. Für die unterschiedlichen Schiffstypen und Ladungen gibt es noch eine ganze Reihe zusätzlicher Kontrollen. Ob Gas- oder Öltanker, ob Bulkschiffe[181] mit Massengütern oder Schiffe mit gefährlichen Gütern befrachtet werden, für die Handhabung ihrer spezifischen Ladungen sind Prozeduren vorgeschrieben, deren Einhaltung dokumentiert und auf dem Stand gehalten werden muß, weil seit der zunehmend umfassenden Verbreitung von Abkommen über *Port State Controls*[182] in nahezu jedem Hafen der Welt Kontrollen erfolgen können.

Im ISM-Code sind unter der Überschrift *suggested subject matter for operations documentation* 47 Punkte angeführt, die mehr oder weniger aufwendig dokumentiert und präsentiert werden müssen. Dazu zählen beispielsweise die Kommunikation zwischen Schiff und Reeder, die Zusammenarbeit mit Landbehörden, Tests von Hauptmaschinen, Ruderanlagen, Navigations- und Kommunikationseinrichtungen, Generatoren, Notbeleuchtung und Ankereinrichtungen. Die eben aufgeführten Positionen beziehen sich lediglich auf drei Punkte aus der Liste. Ein Kapitän muß somit eine Menge Papier bereit halten, um solche Kontrollen zu bestehen. Aber nicht nur das, er muß auch „nebenher", derweil der Lade- und Schiffsbetrieb weiter läuft, Agenten, *Port Authorities*, *Immigration Officers*, Vertreter der Gesundheitsbehörde usw. usw. abfertigen. Fallen in einem Hafen verschiedene Inspektionen zusammen, gibt es für einen Kapitän keine Ruhe mehr. Ein Beispiel für einen Hafenaufenthalt mit diversen *audits* findet sich in der Zeitschrift *Seaways*:

„Auszug aus dem Schiffstagebuch eines Tankers:

12. 0600 *Load Master* zum Leichtem an Bord
1000 USCG *Pollution Prevention* an Bord
1300 Leichterende
1400 USCG von Bord
1800 Lotse an Bord
2000 Einfahrt Kanal

13. 0345 Schiff längsseits an Pier, alles fest
0730 Behörden und *Vetting Inspector* an Bord
0800 Beginn Vetting Inspection[183]
1200 Fortsetzung Löschen und Fortsetzung *Vetting Inspection*
1800 Fortsetzung Löschen, 2. *Vetting Inspector* an Bord
2300 Ende *Vetting Inspection*

14. 0300 Löschende
0430 Ladungspapiere vom Kapitän unterschrieben
0700 Lotse an Bord zum Verholen an eine andere Pier
0830 alles los, Verholen zur anderen Pier
1230 Schiff längsseits an Pier Nr. 2, alles fest
1330 Löschbeginn der zweiten Teilladung, *Vetting Inspector* an Bord
1830 *Vetting Inspection* beendet
2300 Löschende
2400 Ladungspapiere vom Kapitän unterschrieben

15. 0050 alles los, Abfahrt Pier Nr.2
0255 geankert zum Bunkern
0600 Bunkerende, Lotse an Bord
0630 Einfahrt Kanal
1630 Lotse von Bord
2100 Ende der Kanalpassage
2130 Anfang der Seereise

Captain Ute Hannemann benutzte diesen Auszug in ihrem Vortrag über den *Human Factor* in der Schiffahrt den sie auf dem Bremer Kapitänstag des Jahres vortrug. Sie merkte an, aus den Aufzeichnungen gehe natürlich nicht hervor, wie die Wetterbedingungen gewesen seien, als das Schiff die freie See erreicht hatte. Aber in einer Region, die dafür bekannt ist, daß je nach Jahreszeit Nebel und Sturm sehr häufig vorkommen, ist die Wahrscheinlichkeit eben groß, daß ein Kapitän auch die folgenden Tage ganz überwiegend auf der Brücke verbringen wird.

Zur Ergänzung der Bericht eines Kapitäns. Zunächst stellte er fest, man komme als Kapitän „vom Schreibtisch gar nicht mehr weg". Dann ging er auf das von vielen beklagte Problem der Mehrfachkontrollen ein:

„Zum Beispiel [in der Seattle Bay]: Kam irgendwann die [US] *coastgard* an Bord. Hat dann ... [ähnlich wie hier] ihre *Port State Control* und solche Scherze gemacht. [die haben einen lange aufgehalten, obwohl] man schon eine heiße Nacht hinter sich [hatte], weil in diesen langen Buchten, da steht man dann ja stundenlang auf der Brücke. Dann hat man die endlich so weit, daß die abhauen. Meinst du, jetzt kannst du dich endlich hinpacken, denn in drei Stunden läufst du wieder aus. Dann klopft es an die Tür, steht einer [da]: *'I am Captain* so und so' ... er müsse das Schiff kontrollieren und zwar genau das Gleiche ... So, da wird zweimal die gleiche Kontrolle gemacht. Meine ganzen nautischen Bücher und Unterlagen, Seekarten und durchs Schiff gerannt. ... [Warum] sie sich [nicht] verabredeten? 'Nein, wir haben nichts mit [einander] zu tun.' Dann, wenn Sie nach USA kommen, ich erzähl ja nichts Neues, dann müssen sie nachweisen, daß Sie ihr Schiff so und so oft, jeden zweiten Tag glaube ich, nach Drogen durchsucht haben. ... Genau aufschreiben müssen, wo überall ein Loch oder eine Ecke ... sein könnte. Daß Sie da auch nachgeguckt haben. Ja, wer macht denn so was? Das ist nachher nur noch Papier- und Bleistiftverschwendung. Das tut nämlich letztendlich ernsthaft keiner mehr. Ja, ... dann hat man dem Papier und Gesetzgeber Genüge getan." Natürlich stehe man für den Fall, daß doch etwas gefunden werde, immer mit einem Bein im Knast.[184]

Eine *coast guard* gibt es nur in den USA, aber Mehrfachkontrollen durch die Vertreter unterschiedlicher Instanzen erleben Schiffsführungen heute in vielen Häfen der Welt.

Ein Zweiter Offizier mit langer seemännischer Erfahrung, der in einem Hafen zunächst die Beamten der *Port State Control* bei ihrem Rundgang begleitete und kurze Zeit später den gleichen Rundgang mit einem für den ISM-Code Zuständigen zu absolvieren hatte, wies ganz am Ende der Kontrolle den letzteren darauf hin, daß er im Augenblick sehr relevante Vorschriften verletze. Er habe seine zulässige Arbeitszeit nämlich bereits mit Wachdienst und Revierfahrt überschritten und sei nun auch im Hafen nicht dazu gekommen, sich während seiner Freiwache ein oder zwei Stunden schlafen zu legen. Laut ISM-Code Appendix 4, Abschnitt 1.9 hätte der Kontrolleur auch *Fitness for duty and avoidance of excessive fatigue*[185] überprüfen müssen. Das hatte er sich wohl für ganz zum Schluß aufgehoben.[186]

Die letzte Instanz

Es gibt Situationen an Bord, da helfen weder *risk management* noch *safety management plan*, und administrative Vorschriften sind genauso wenig hilfreich wie die Vielzahl kluger Leitlinien zur Bewältigung besonderer Probleme. Zu solchen außerordentlichen Bedingungen des Schiffbetriebs zählen schweres, zerstörerisches Wetter. Unter solchen Bedingungen sollte sich die Aufmerksamkeit der Schiffsführung nicht nur auf die technische, sondern auch auf die menschliche Bewältigung der Situation konzentrieren. Manche Kapitäne ermuntern ihre Besatzung, sich auf der Brücke aufzuhalten.[187] Andere Kapitäne versuchen unauffällig, gruppendynamische Prozesse von Angstbewältigung zu organisieren, indem sie mehrere *ratings* auf die Brücke beordern, und ihnen dort kleinere Aufgaben zuweisen. Dann wird nicht nur gefegt und gewischt, dann werden auch kleine handwerkliche Arbeiten verteilt, die mehrere Hände erfordern.[188]

Vielleicht noch häufiger treten jedoch Situationen ein, die in den Szenarien der diversen Codes überhaupt nicht vorgesehen sind. Ein Prozedere, wie solche Situationen korrekt „abzuarbeiten" sind, ist nirgends nachzuschlagen. Kapitäne sind dann ganz auf sich allein gestellt. Mit gehörigem Unmut berichtete ein Kapitän, wie ein Notfall, der den Rahmen aller Regulierungsvorschriften sprengte, dennoch nach allen Regeln der Kunst gemanagt wurde:

„Leckender Gefahrengutcontainer. 'Giftig, leicht entzündlich. IMO 3.1, 3.2, 6,2. *Marine Pollutant.*' DG- und *Oil Spill* Trupp mit Atemschutzgerät und Auffangmittel unterwegs ... Kaffee und Zigarette beiseite, Overall angezogen und nach vorne getapert. Dort schwamm an Deck eine ziemliche üble Brühe. Also wurde der Hafen informiert. Gegen 8 Uhr Feuerwehr mit Blaulicht längsseits. 9 Uhr noch mehr Feuerwehrautos längsseits. Nur, an Bord zu kommen, trauten sich die Brandspezialisten nicht. Eigentlich fehlte nur noch die Blaskappelle von der Feuerwehr, denn inzwischen reichte man sich [auf der Pier] schon die Buddel rum. An Bord liefen die Kommunikationseinrichtungen heiß, weil ja jeder wissen wollte, wann der Dampfer endlich auslaufen wird. Von der [Reederei] kam prächtige Unterstützung. 'Also, Kapitän, dat bißchen kann doch wohl die *crew* wegmachen! Keine

Zeit, keine Zeit! Es ist Feiertag und da haben wir keine Landarbeitskräfte zur Verfügung. Das müssen Sie doch verstehen.'"

Auf den Einwand des Kapitäns, dies sei ein Notfall, und warum habe der Hafen keine Notfall-Regulation, warum stünden im Hafen für diese Fälle keine Arbeitskräfte zur Verfügung, wurde ihm geantwortet:

„Aber darüber müssen wir uns doch jetzt nicht unterhalten." Auf die Frage: „Wann denn sonst," erhielt er die Antwort: „Also Kapitän, wie viel Geld benötigen sie, damit die *crew* das beseitigt?"[189]

Ein derartiges Krisenmanagement, kann einen Kapitän schon an den Rand der Fassung bringen. Solche Vorkommnisse als vereinzelte Ausnahmesituationen abzutun, verbietet sich. Denn in Diskussionen mit Kapitänen und Offizieren kommt immer wieder zum Ausdruck, daß sie aufgrund ähnlicher Erfahrungen daran zweifeln, daß internationale Regulierungen bei der Bewältigung von Notfällen tatsächlich wirksam sind. Der Kapitän, dessen Schilderung oben wieder gegeben ist, stellte sich die Frage: „ISM/QSE/ISO 9002 ?? Was steckt dahinter, wenn man doch allein gelassen wird?" Seine Antwort: „Nur Schiffe werden belangt, und dort gibt es eine Person, die man für alles verantwortlich halten kann."[190]

An Bord gibt es eine klare Aufgabenteilung. Daß sie nicht auf allen Schiffen identisch ist, erklärt sich zumeist eher durch Besatzungsstärke und Besatzungsstruktur als durch rein funktionale Erwägungen im Hinblick auf die Arbeitsteilung. In der Regel jedenfalls überwacht der *Chief Mate* die ordnungsgemäße Ladung und die Stabilität des Schiffes. Wenn es jedoch zu Problemen kommt, wird der Kapitän dafür zuständig. Der II. Offizier ist für die Routenplan zuständig und für die Schiffssicherheit verantwortlich. Kommt es zu Problemen, übernimmt der Kapitän diesen Part. Je nach Schiff ist entweder der III. oder der II. Offizier für die medizinische Versorgung von kranken und verletzten Besatzungsmitgliedern zuständig. Treten Komplikationen auf, geht die Zuständigkeit auf den Kapitän über, gleichgültig, ob er nun der bessere Fachmann ist oder nicht. Die Verantwortlichkeit auf Schiffen ist dem ersten Eindruck nach nicht viel anders geregelt als in Betrieben an Land. Dennoch gibt es einen wesentlichen Unterschied. An Land übernimmt der Vorgesetzte die Verantwortung für seine Untergebenen, an Bord übernimmt in Krisensituationen der Kapitän die Arbeit seiner Untergebenen. Er ist immer die „letzte Instanz", und dies keineswegs nur symbolisch.

An Bord lassen sich Aufgaben immer nur bedingt delegieren. Denn Kapitäne erleben es immer wieder, daß sie für die Sicherheit, den Frieden und die Wohlfahrt an Bord ganz persönlich gerade stehen. Das gilt auch für Umstände, die ein Kapitän kaum beeinflussen kann.

„[Die letzten 12 Tage] haben wir uns um die Ohren gehauen. Zwischen [zwei Häfen] hatten wir dann einen medizinischen Notfall an Bord, und es ging wieder rund. Rettungszentrum ... und Notarzt ... angerufen. Morgens um 2 Uhr im Hafen fest. Natürlich kein Notarzt da. 7 Uhr wieder los. Diagnose, wahrscheinlich vom Patienten selbst gestellt, Lebensmittelvergiftung. Aber es ist schon die vierte, in kürzester Zeit???? [sic] Einmal soll es italienischer Käse gewesen sein, und jetzt war es eine verdorbene Mango. Dabei wäre mir der Mann um ein Haar von der Schippe gesprungen."[191]

Die Einstellung zur persönlichen Verantwortung und zur Aufgabe wird in dem angeführten Beispiel so selbstverständlich ausgedrückt, wie sie nebenher formuliert wird: „Dabei wäre mir der Mann beinahe von der Schippe gesprungen."

Stirbt ein Seemann unterwegs, so sind Kapitäne auch für die Bestattung zuständig. Seebestattungen kommen heute nur noch in seltenen Ausnahmefällen vor. Denn seit Einführung der Kühltechnik können Leichen auf Schiffen transportiert werden. Allerdings ist es eher unwahrscheinlich, daß ein Schiff ausgerechnet das Heimatland eines Verstorbenen ansteuert. Gewöhnlich müssen Landesvertretungen informiert und etliche andere Institutionen eingeschaltet werden. Dabei wird mitunter drastisch bestätigt, was Seeleute auch zu Lebzeiten vielfach zu spüren bekommen: An Land sind sie nicht erwünscht. Früher stand Seeleuten auch im Ausland eine würdige Bestattung zu. Heute müssen Kapitäne das genaue Gegenteil erfahren, wenn sie in Konsulaten, Botschaften und Konsularabteilungen Unterstützung holen:

„Nicht vorhanden war der Mitarbeits- und Unterstützungswille beim Todesfall eines Germanen auf einem Singapur-Schiff. Er [der Konsularbeauftragte] kassierte die Papiere und die Mappe mit den Wertpapieren. [Der Tote] war ein Junggeselle, der zu Hause seinen Wohnsitz hatte und kein Schließfach. Ich weiß es nicht, und [man] ließ mich dann mit der Leiche allein. Ich sag, okay, ich habe hier Beladung - Chemietank - und einen Platz erobert, an der Pier in Curaçao, ich sag: 'Jetzt find ich auch noch ein leeres Ölfass, dann werd ich ihn selbst verbrennen.' Ich sag: 'Ich muß ihn ja loswerden. Außerdem muß ich noch einen katholischen Geistlichen holen.'"[192]

Decksarbeit

Qualifikationsprofile

Schiffe werden in erster Line als Transportbehälter konstruiert. Werden Neuerungen im Deckdesign eingefügt, so handelt es sich ganz überwiegend um Einrichtungen, die den Umschlag beschleunigen und - wenn eben möglich - dazu dienen, die Besatzung zu reduzieren.[193] In den letzten Jahrzehnten ist die Verringerung der Decksmannschaft durchgängig mit verstärkter Mechanisierung begründet worden. Diese Entwicklung setzte ein, als - zu Beginn der achtziger Jahre - der „Matrose" beziehungsweise der *AB* für Schiffe der Zukunft „abgeschrieben" wurde. Statt dessen sollten wenige, dafür aber besonders gut ausgebildete, Seeleute an Deck eingesetzt werden. Das „Traditionsgewicht", so wurde festgestellt , welches den Matrosen aus der Segelschiffszeit in die Gegenwart hinein gerettet habe, gehöre jetzt endgültig der Vergangenheit an.[194] Die technische Gestaltung moderner Schiffe erfordere Seeleute, die außer traditionellen seemännischen Techniken auch moderne Gerätetechnik beherrschten. Resultat dieser Überleglegungen waren Konzeptionen für den Beruf eines Schiffsmechanikers. Bereits zu Beginn der siebziger Jahre des 20. Jahrhunderts war im Verband Deutscher Reeder ermittelt worden, über welche Qualifikationen „einfache" Matrosen in Zukunft verfügen müßten.[195] Aufgeführt wurden: die Bearbeitung von Metallen; die Instandsetzung von Maschinenanlagen, Bauteilen und Baugruppen; das Bedienen von Arbeitsmaschinen, Apparaten und Rohrleitungsanlagen; die Handhabung von pneumatischen und hydraulischen Steuerungs- und Regelanlagen; die Ausübung von Brücken- und Wachdiensten, das Los- und Festmachen sowie die Bedienung des Ankergeschirrs, die Handhabung von Ladung. Ferner wurden Konservierungsarbeitung und der Umgang mit Sicherheitseinrichtungen zu den - hier nur in Ausschnitten angeführten - erforderlichen Qualifikationen gerechnet. Damit war das Ausbildungsprogramm für Schiffsmechaniker vorweg definiert worden. Es handelte sich um ein anspruchvolles, auf die technischen Anforderungen des modernen Schiffsbetriebs zugeschnittenes Programm. Ausbilder versichern, von den Lehrinhalten her sei die Ausbildung zum Schiffsmechaniker eine der vielseitigsten und anspruchvollsten im gesamten Bereich technischer Berufe.

Kaum jedoch war 1983 der Ausbildungsgang des Schiffsmechanikers in Deutschland eingeführt, stellte sich heraus, daß seine Absolventen kaum nachgefragt werden würden. Denn die Besetzungsverordungen jener Flaggenstaaten, die zunehmend zur Heimat „deutscher Schiffe" wurden, schreiben solch eine breitgefächerte Qualifikation nicht vor. Folglich gingen deutsche Schiffahrtsunternehmen dazu über, für ihre ausgeflaggten Schiffe statt der vergleichsweise teuren deutschen Schiffsmechaniker kostengünstige *deckhands* im Ausland anheuern zu lassen. Schiffsmechaniker - das wurde oben bereits ausgeführt - sind heute nur noch sehr begrenzt vermittelbar. International gefragt sind Arbeitskräfte mit einer Ausbildung zum „Matrosen", wie sie in den fünfziger Jahren Standard gewesen war. Allerdings ist ihre Zahl gegenüber der damaligen Zeit auf heutigen Schiffen beträchtlich geringer.

Eine genauere Betrachtung des Arbeitsplatzes „Deck" zeigt, daß dort tatsächlich technische Neuerungen eingeführt wurden, die es ermöglichen, daß ein *AB* heute Tätigkeiten ausführt, für die vor wenigen Jahrzehnten mehrere Arbeitskräfte erforderlich waren. Es gibt zum Beispiel keine hölzernen Lukenabdeckungen mehr, die aufwendig zusammengefügt, mit Persenningen abgedeckt und dann mit Längs- und Querriegeln sowie etlichen Keilen rund um den Lukenrand wasserdicht verschlossen werden müssen. Lukenabdeckungen werden seit langem mit Hilfe mechanischer Einrichtungen wie Seilzugsystemen oder hydraulischen Antrieben von einem Mann innerhalb weniger Minuten geschlossen und geöffnet. Damit ist beispielsweise das Festschlagen von Keilen entfallen. Statt dessen muß nun allerdings die neue Mechanik qualifiziert bedient, gepflegt und betriebsbereit gehalten werden. Genau besehen hat sich am insgesamt erforderlichen Arbeitsaufwand somit kaum etwas geändert. Und nach wie vor sind größte Sorgfalt und eine Mitverantwortung für die zu verrichtende Aufgabe erforderlich. Funktional würde moderne Technik an Deck durchaus den Qualifikationsstandard eines Schiffsmechanikers erfordern. Solange jedoch Schiffahrtsverwaltungen in Ländern, die ihre Flaggen weltweit vermarkten, derartige Ausbildungsstandards nicht fordern, mustern Personalabteilungen von Reedereien nicht nach technisch sinnvollen Kriterien. Statt dessen orientieren sie sich an den - anhand von Zeugnissen formal zu überprüfenden - Minimalqualifikationen, die heute in STCW95 auch international festgelegt sind. Damit hat sich eine Rekrutierungspraxis etabliert, die allen Innovationen der Schiffstechnik zum Trotz, eben gerade nicht Matrosen mit einer breitgefächerten Ausbildung nachfragt. Vielmehr wird - ohne erneute Analyse der tatsächlichen Anforderungen an Decksarbeiter - nunmehr davon ausgegangen, daß technischer Fortschritt die weitere Dequalifizierung von Arbeit an Deck ermögliche. Werde an Bord „intelligenter Technik“[196] eingesetzt, so seien lediglich einige „Restarbeiten“ zu erledigen.

Ungereimtheiten

Daß moderne Schiffe *hightech*-Betriebe sind, ist auf den allermeisten Brücken heute augenscheinlich. Dagegen finden sich an Deck häufig Arbeitsbedingungen, die mit diesem Programm nur bedingt harmonieren. Ein etwaiges Bestreben, den Arbeitsplatz der Decks-*crew* ergonomisch zu optimieren, läßt sich kaum je feststellen. Einige Beispiele zur Verdeutlichung: Es gibt ganze Serien von Schiffen, deren Gangbord oder *passageway* jeden zum Slalom zwingen, der zwischen Lukendeckel und Reling unterwegs ist. Auf Segelschiffen war der sogenannte *passageway* ein „von Beschlägen frei gelassener Weg auf dem Deck von Segelschiffen, vom Achterschiff bis zum Vorschiff verlaufend.“[197] Auf heutigen Schiffen ist der Terminus zwar immer noch in Gebrauch, doch ist eine ungehinderte und stolperfreie Passage häufig nicht möglich, weil exakt auf der Mittellinie des „Weges“ vom Aufbau achtern bis zur vorderen Back in kurzen Abständen Hunderte von Festmacheraugen an Deck geschweißt sind. So ist selbst bei gutem Wetter der Transport eines unhandlichen Arbeitsgerätes vom Vor- zum Achterschiff auch dann nervenzerrend und kraftaufreibend, wenn dieses Gerät zur leichteren Beförderung mit Rädern ausgestattet ist.[198] Improvisationsgeschick und gewisse artistische Fähigkeiten werden aber auch *deckhands* auf modernen Containerschiffen abverlangt, deren Lüfter an der Rückseite der Aufbauten so geschickt eingebaut sind, daß im Betrieb permanent ein kleiner Strom brauner Brühe mit austritt. Sollen diese Aufbauten nicht völlig verdrecken, müssen sie gereinigt werden. Dafür müssen *deckhands* auf irgend eine Weise mit sehr scharfen Reinigungsmitteln an den hohen und schwankenden Wänden arbeiten. Beide Beispiele dokumentieren konzeptionelle Nachlässigkeiten der Schiffsarchitekten, die Arbeit an Deck nicht nur dauerhaft erschweren, sondern auch riskanter machen. Ähnlich wirken Konstruktions- und Baufehler, die vermutlich erst während der Bauausführung entstehen. Manche dieser schiffbaulichen Mängel sind mit Bordmitteln nur unter lebensgefährlichen Bedingungen in den Griff zu bekommen. Nicht immer ist es dann möglich, Hilfe von Land zu holen: „Durch Stampfen des Schiffes, ist der Anker in der Klüse verklemmt gewesen. Der fiel also nicht. Der mußte rausgezogen werden. Was sich nicht anders bewerkstelligen ließ, als in Le Havre einen Schlepper zu bestellen ... Und dann haben wir einen Draht [drum herum gewickelt] und haben kurz angeruckt, und dann fiel er auch raus. Weil er sich einfach durch diesen Seeschlag, dieses Einstampfen, fest verklemmt, ... Die Ankerröhre war etwas zu groß für den Anker, ... „Klüse" heißt das Ding richtig."[199] Für dieses eine Mal war der Fall geklärt. Da an der technischen Einrichtung aber nichts geändert wurde, war absehbar, daß ein nächster Ankerklemmer kommen würde. Das konnte aber durchaus in einer Situation geschehen, in der sich die Decks-*crew* gezwungen sieht, den Anker selbst herauszureißen. In solchen Fällen riskiert sie Kopf und Kragen. Dafür reichen aber auch schon weniger schwerwiegende Konstruktionsfehler an der Decksausrüstung. Nachdem wir an Bord Zeugen einer derartigen Situation geworden waren, erklärten uns mehrere der Schiffsoffiziere, sie komme nicht nur auf diesem Schiff, sondern auf Schiffen des selben Typs immer wieder einmal vor. Weil die Ankerklüse falsch konstruiert ist, besteht die Gefahr, daß sich beim Einholen des Ankers die Ankerkette unter der Ankerwinde vertörnt.[200] In der beobachteten Situation scheiterten alle Versuche, die aufgeholte Kette mit einem Kettenhaken in die vorgesehene Öffnung zu bugsieren. Der Anker war schon aus dem Grund gebrochen und das Schiff mit einem Lotsen an Bord, steuerte bereits in die Hafeneinfahrt. Der Anker schleifte unter dem Rumpf durchs Wasser. Die beiden Decksleute, die an der Ankerwinde beschäftigt waren, öffneten schließlich den Kettenkasten, um die aufgetürmte Kette mit einen Kettenhaken auseinander zu zerren. Dabei polterten die schweren Kettenglieder mit Wucht herunter. Der Matrose hatte eine sehr gutes Reaktionsvermögen, ansonsten wäre er nämlich von der Kette erschlagen worden.[201] Derartige „Feinheiten" werden von Audits zur Überprüfung des *safety management* in aller Regel nicht wahrgenommen. Dafür sind sie zu oberflächlich. Die beiden Seeleute wußten durchaus, wie gefährlich ihre Maßnahme war. Entsprechendes Wissen ist auch bei ihren

Kollegen auf anderen Schiffen zu vermuten, die mit diesem Konstruktionsmangel leben müssen. Es war auch kein falsch verstandener Ehrgeiz, der sie dazu veranlaßte, sich derart in Gefahr zu bringen. Vielmehr wußten sie sehr genau, was es bedeutet, wenn ein Schiff in einem engen Revier unkontrolliert umher treibt. Unter nicht zu verantwortenden Bedingungen stehen die Decksleute dann selbst bei Lebensgefahr für die Sicherheit des Schiffes ein.

Manche Konstruktionsmängel bergen keine Gefahren für Leib und Leben, sie machen die Arbeit an Deck nur umständlicher und erfordern Erfindungsgeist. So etwa auf einem modernen Containerschiff ohne Lukendeckel. Auf diesen Schiffen müssen regelmäßig die Saugkörbe in den Bilgen, den tiefsten Stellen der Laderäume, gereinigt und gespült werden, um sicher zu stellen, daß einkommendes Wasser jederzeit abgepumpt werden kann. Weit unten in den dunklen unbeleuchteten Bilgenräumen ist es aber dem Bootsmann nicht möglich, die Zufuhr von Spülwasser mit dem an Deck postierten Matrosen per *Walkie Talkie* abzusprechen, weil diese Kommunikationstechnik dem dazwischen liegenden Gewirr von Stahlwänden nicht gewachsen ist. Also „unterhalten" sich die beteiligten Seeleute per Trillerpfeife. Soll das Spülwasser dann abgepumpt werden, so hält der Matrose an Deck eine Trillerpfeife in der einen und ein *Walkie Talkie* in der anderen Hand. Der wachhabende Offizier auf der Brücke wird mit dem *Walkie Talkie* angerufen, damit er von dort aus die entsprechen Pumpen im Maschinenraum und die dazu gehörenden Ventile direkt zu- und abschaltet. Diese Kommunikationstechnik ist auf hochmodern ausgerüsteten Schiffen Standard.[202] An Land dagegen hat es sich längst eingebürgert, daß die Kommunikation in unübersichtlichen Arbeitsplätzen mit modernen technischen Mitteln sichergestellt ist.

Fast immer bedeuten die Kühlcontainer, die in wachsen der Zahl auf Containerschiffen transportiert werden, eine zusätzliche Arbeitsbelastung für die auf diesen Schiffen fahren Decksleute. Eigentlich dürfte das nicht der Fall sein, denn unter Logistikexperten gilt die zentrale Kontrolle von Kühlcontainern, gleichgültig ob sie an oder unter Deck stehen, schon seit Jahren als technisch durchgesetzt. Auch wenn solche Kontrolleinrichtungen an Bord vorhanden sind, ist damit jedoch noch keineswegs gesagt, daß sie auch funktionieren. Nähme man die Klagen von Seeleuten für bare Münze, handelte es sich, ganz im Gegenteil, bei einer funktionierenden zentralen Kontrolleinrichtung um eine sehr seltene Ausnahme. Faktisch haben auch wir auf Containerschiffen beobachtet, wie Matrosen zweimal am Tag in herkömmlicher Weise die Temperaturen von Kühlcontainern kontrollierten. Weil die Container jedoch nach Kriterien der Logistik und nicht nach Kriterien der konkreten Schiffsbetriebstechnik gestaut werden, stehen viele von ihnen in der zweiten und dritten Lage. Decksmannschaften sind also gezwungen, an den Stangen aufzuentern, mit denen die Container gesichert sind. Nachdem sie die Temperatur abgelesen haben, rutschen sie an den Stangen hinunter an Deck, um dort den beobachteten Wert auf Zetteln und in kleine Bücher zu notieren. Ab einer bestimmten Anzahl von *reeefers,* die in der zweiten oder dritten Lage gestaut sind, ist diese Arbeit sehr ermüdend. Bei Sturm und/oder starkem Wellengang sind diese Klettereien zudem gefährlich. Selbst bei gutem Wetter können diese Kontrollen für Seeleute gefährlich werden, wenn viele Container mit Kühlaggregaten unter Deck verstaut wurden. Schon nach kurzer Zeit wird die Luft an diesem Arbeitsplatz dann so knapp, daß eine Ohnmacht droht. Auch wenn Seeleute dann behelfsmäßige Belüftungssysteme konstruieren, können sie die *reefers* unter Deck nur gemeinsam, gewissermaßen unter Aufsicht, kontrollieren, wenn sie sicher gehen wollen, daß nicht einer von ihnen dort unten unbemerkt mit einem Schwächeanfall liegen bleibt. Diese Verbindung von *hightech* und altertümlicher Ladekontrolle schmälert aber auch die notwendige Zeit für *maintenance*-Arbeiten. Denn die Größe der Decks-*crew* wird selbstredend nicht der Anzahl der an Bord transportierten *reefers* angepaßt. Das ist auch nicht zwingend, weil sich die maßgeblichen Schiffsbesetzungsverordnungen an dem jeweils vorhandenen technischen Equipment, nicht aber an der Realität des Schiffsbetriebs orientieren.

Derartige „Ungereimtheiten" im Verhältnis zwischen den Gesamtkonzepten eines modernen Schiffsbetriebs und der konkreten Ausgestaltung des Arbeitsplatzes „Deck" ließen sich vergleichsweise leicht abändern. Dafür wären „lediglich" besseres Augenmerk auf die Arbeitsbedingungen der Decks-*crew* und die Anforderung entsprechender technischer Lösungen erforderlich. Sehr viel weniger leicht zu verändern erscheinen unter heutigen Bedingungen jene Faktoren, die üblicherweise eher für „weich" gehalten werden als die technische Auslegung. Da sich Leitungsstrukturen und entsprechende Qualifikationsprofile heute jedoch unmittelbar aus der Konkurrenz auf dem globalen maritimen Arbeitsmarkt und aus internationalen Regulierungen ergeben, sind sie sehr stabil. Eine der Konsequenzen dieser Situation ist ein zusätzlicher Unsicherheitsfaktor für die Arbeit an Deck. Es steht zu befürchten, daß er auf absehbare Zeit erhalten bleiben wird. Während in jenen Entsenderländern aus denen heute die meisten Seeleute der Welthandelsflotte stammen, zukünftige Decksoffiziere ihre berufliche Laufbahn überwiegend als *ordinary seamen* beginnen, ist in den traditionellen Seefahrtsstaaten des Westens die Zeit, da einer zunächst Schiffsjunge, dann Jungmann und Matrose wurde, bevor er sich durch ein Studium und Prüfungen für eine Offiziersstelle qualifizieren konnte, längst vorbei. Heute wird angehenden Offizieren dieser „Umweg" über die praktische Arbeit an Deck nicht mehr abgefordert. Ihre Ausbildungszeit ist deshalb sehr viel kürzer als in früheren Zeiten. Dadurch wurde aber auch die praktische seemännische Erfahrung nachwachsender Decksoffiziere auf ein

Mimimum gekappt. Für Decks-*crews* bedeutet dies, daß der ihnen vorgesetzte *Chief Mate* ihre Arbeit plant, selbst aber nur wenig davon versteht. In einer solchen Situation muß der Bootsmann, eine Mischung aus Meister und Vorarbeiter in in der Lage sein, die angeordnete Arbeit nicht nur auf die Mitglieder der Decks-*crew* zu verteilen, sondern auch zu beurteilen, wie sinnvoll sie ist und ob, beziehungsweise in welcher Weise, sie sich durchführen läßt. Nicht formal, aber doch kollegial, trägt der *Bosun* somit eine doppelte Verantwortung. Manche - aber eben nicht alle - Bootsleute sind dieser Aufgabe gewachsen. Sie sind, mit anderen Worten, in der Lage, die Schwächen der heute dominanten Konzeptionen des Schiffsbetriebs auf der Basis ihrer Erfahrung einigermaßen auszugleichen. Daß sie im tagtäglichen Betrieb mit dieser Anforderung konfrontiert sind, steht in krassem Widerspruch zu der an Land verbreiteten Expertenmeinung. Diese unterstellt, aufgrund überragender Technik würden an Bord heute nur einige gut qualifizierte Führungskräfte benötigt, daneben aber nur Mitarbeiter, die in der Lage sind, Anweisungen zu befolgen. Im Rahmen dieser Vorstellungen von „intelligenter" Technik erübrigt sich die Frage nach der Prozeßoptimierung. An dieser Expertenmeinung orientiert sich die Personalpolitik der meisten Reedereien. Für jene Arbeiten, die auch dieser Konzeption zufolge an Bord immer noch anfallen, lassen sie Arbeitskräfte anheuern, die auf möglichst kostengünstige Weise die für

Abbildung 14: Ein kleiner Ladekran wird gängig gemacht

das jeweilige Schiff geltenden Besetzungsvorschriften erfüllen. Ebenso wie im Maschinenraum gibt es jedoch auch an Deck erhebliche Unterschiede zwischen jener „Arbeit für den Rest", die im Konzept von einem auf „intelligenter Technik" basierenden Schiffsbetriebs vorgesehen sind und den tagtäglichen Anforderungen an die *crew*.

Ungelernte Generalisten

Tatsächlich ist für viele der Tätigkeiten, die an Bord regelmäßig anfallen, an Land eine gesonderte Ausbildung vorgesehen. Das gilt für den Korrosionsschutz und für Malerarbeiten. Auch Kranführer und Fachleute für Schwerguttransporte werden an Land als Spezialisten angesehen. Ähnlich verhält es sich mit dem Personal, das für die Bekämpfung von Bränden zuständig ist. An Bord wird die angeordnete Arbeit vom Bootsmann dann verteilt - entweder an *ablebodied seamen*, also „Vollmatrosen", oder aber an *ordinary seamen*, (auf deutschen Schiffen hätten sie früher „Leichtmatrosen" geheißen). Von ihnen allen wird, wenn auch mit Unterschieden im Hinblick auf ihre durch Fahrenszeit erworbene Erfahrung - erwartet, daß sie alle anfallenden Aufgaben erledigen. Spezialisten gibt es bestenfalls im Hinblick auf Schweißarbeiten. Denn dafür ist eine besondere Ausbildung und Berechtigung erforderlich. Erfüllt sie keiner aus der Decksmannschaft, werden für notwendige Arbeiten Mitglieder der Maschinen-*crew* zugezogen. Sofern alles den Vorschriften entspricht, verfügen *ABs* über eine Grundausbildung, in der sie beispielsweise auch klassische seemännische Fähigkeiten wie das Spleißen von Tauen aus unterschiedlichen Materialien lernen. Zudem werden sie darauf vorbereitet, mit besonderen Gefahren an Bord umzugehen.[203] Zusätzlich müssen Decksleute dann allerdings ein Befähigungszeugnis (Schein B) als Rettungsbootsmann, ein Befähigungszeugnis (Schein F) als Feuerschutzmann sowie einen Nachweis über eine Sicherheitsgrundausbildung (Schein SGU) erbringen und ferner belegen, daß sie in fortschrittlicher Brandbekämpfung geschult sind. Sicher werden sie durch diese kurzen Lehrgänge nicht zu Experten, es soll jedoch immerhin so weit reichen, daß auch ohne äußere Hilfe beispielweise eine fachgerechte Evakuierung durchgeführt oder ein Brand an Bord unter Kontrolle gehalten werden kann.[204] In der Praxis entsprechen die Fähigkeiten von Decksleuten im Hinblick auf die Bewältigung von Gefahren - aus den von uns zitierten Bemerkungen von Vorgesetzten geht dies ebenso deutlich hervor wie aus unseren Beobachtungen - oft nicht den Anforderungen. Das heißt aber nicht, daß sie für einen sicheren Schiffsbetrieb nicht dringend erforderlich wären.

Anders verhält es sich in aller Regel mit den Arbeiten, die Decksleuten zugeteilt werden, damit ein Schiff und seine Ladung sicher „von A nach B" kommen.

Sie lernen sie im Laufe einer oder mehrerer Reisen. Am schwierigsten ist das sicherlich im Hinblick auf die Anforderungen, die sich aus spezifischen Ladungen ergeben. Matrosen können sich nicht aussuchen, auf welchen Schiffstyp sie heuern. So kann es dem Einen passieren, daß er während seines Seemannslebens nur auf Containerschiffen eingesetzt wird, der Andere hingegen muß sich im Laufe der Zeit mit der Deckstechnik von Öltankern, Gastankern, Bulk Carriern, Containerschiffen usw. vertraut machen. Auch wenn die Ent- und Beladung sowie das Reinigen von Tanks auf Öl- und Gastankern unter Anleitung geschieht, so müssen doch auch die Decksleute die entsprechenden Prozeduren samt den dabei einzuhaltenden besonderen Vorsichtsmaßnahmen kennen. Die *International Shipping Organisation* (ISF) und die *International Chamber of Shipping* (ICS) unterscheiden zwischen *special operations* und *critical operations*. Während bei letzteren ein Fehler in aller Regel unmittelbar einen Unfall herbeiführt, wird bei ersteren die Tatsache des Fehlers oft erst nachträglich deutlich, wenn eine gefährliche Situation oder ein Unfall eingetreten sind.[205] Zur Durchführung solcher *operations* müssen also Seeleute ans Werk gesetzt werden, die bei plötzlich auftauchenden Problemen unaufgefordert in der Lage sind, sofort und richtig zu reagieren. Dieses Erfordernis der Eigenständigkeit hat durch die Reduzierung von Besatzungen noch weiter zugenommen. Zwar ist es in vielen auf Gefahrguttransporte spezialisierten Reedereien heute üblich, Matrosen, welche die Arbeitsweisen und Verhaltensmuster auf solchen Schiffen erlernt haben, immer wieder anzuheuern, das heißt aber nicht, daß nicht auch Matrosen ohne diese Spezialkenntnisse auf solche Schiffe verschlagen werden.

Matrosen, die auf Schwergutschiffen fahren, müssen das ganze Repertoire klassischer seemännischer Arbeit beherrschen. Sie müssen also in der Lage sein, gekonnt mit Tau und Takel zu hantieren und die aufwendigen technischen Einrichtungen an Deck zu zerlegen, zu pflegen und wieder zu montieren. Ziehen, Zerren und Reißen schwerer Kolli wirken zwar wie grobe Tätigkeiten, die lediglich körperliche Kraft erfordern, genaueres Zusehen läßt aber erkennen, daß sie mit Feingefühl verrichtet werden müssen. Werden große Lasten an den Trossen von zwei Ladebäumen angeschlagen, so müssen die beteiligten Decksleute die wuchtigen Teile präzise, mit Überblick und mit Gespür haargenau an dem vorbestimmten Platz absetzten. Ähnlich den Seeleuten im Rigg eines Segelschiffs arbeiten sie zwar nach Anweisung, müssen aber dennoch eigenverantwortlich für einen synchronen Arbeitsablauf sorgen. So etwa, wenn ein 200 Tonnen schwerer Koloss von den Ausmaßen eines zwei Familienhauses an Bord gehievt wird. Das ist gefährlich und kompliziert, und es verlangt Erfahrung. Aus diesem Grund fühlen sich Matrosen, die auf Schwergutschiffen gefahren sind, gewissermaßen als „Kap Horniers“[206] ihres Berufsstandes. Sie berichten gerne und mit Stolz über ihre außergewöhnliche Arbeit: „Wenn wir Schwergut sagen, dann muss man ja erst mal fragen: Was ist Schwergut? Wenn das Lokomotiven sind ... dann mußten die beiseite gezogen werden. Das sind 80 bis 90 Tonnen. Dann mußte Holz besorgt werden. Da gab es zentnerschwere Blöcke, Spannschrauben und das [Lade-] Geschirr. Das hat alles was mit Arbeit zu tun. Aber dann fing auch die Überlegung an: Wie kann ich mir das erleichtern? Wo setz ich den Block, oder: Wie schere ich die Leine, damit das leichter geht. Das waren alles so Sachen, die nicht vom Bootsmann kamen. Da waren auch die Matrosen gefragt. Der Bootsmann hat gesagt: 'Ihr geht in Luke 2 mit vier Mann und bereitet das vor.' Und er ging dann dahin, wo es etwas schwieriger war. Aber er konnte sich darauf verlassen, daß die Besatzung das vorbereitet hatte in seinem Sinn. Es war Präzisionsarbeit. Wenn das Schwergut dann übernommen wurde ... da mußte man wirklich 100% aufpassen: Was zeigt der Erste Offizier oder der Bootsmann an - muß ich hieven, muss ich fieren? - da konntest du keinen Mist machen."[207]

Auch wenn es sich nicht um ausgefallene Schwertransporte handelt, ist einzusehen, daß effektive Arbeit an Deck vielfältige Kompetenz und unentwegte Kreativität verlangt. Das hat Tradition. So schrieb T.F.M. Richter zu Beginn des 19. Jahrhunderts über die „Generalisten" an Deck: „Überhaupt zeigt der Seemann ein außerordentliches Talent zu mechanischen Arbeiten. Außer seinem Handwerk, welches gewiß nicht leicht zu erlernen ist, versteht er gewöhnlich die Kunst, Segel und Taue so gut zu verfertigen, als der gelernte Segelmacher und Reepschläger. Überdies pfuscht er, wenn es die Noth erfordert, in alle Handwerke, ohne je eine Anleitung dazu erhalten zu haben; er unterzieht sich sogar weiblichen Arbeiten. ... Ich habe mehrmals gesehen, daß Matrosen die feinen Oberhemden ihrer Offiziere so geschickt wuschen, plätteten und die Busenstreifen in Falten legten, als es nur von weiblichen Händen geschehen kann."[208]

In andere Berufe „hinein zu pfuschen", gehört bis heute zum Handwerk der Matrosen. So gibt es inzwischen zwar den eigenständigen Beruf des Schiffszimmermanns nicht mehr, doch fällt auch auf modernen Schiffen Zimmermannsarbeit an. Denn nicht nur auf Schwergutschiffen müssen immer wieder Holzkonstruktionen an Deck errichtet werden, um irgend etwas zu sichern.

Im Hinblick auf die Sicherung von Ladung gab und gibt es Überschneidungen von Verantwortung. In der Regel wird das Be- und Entladen von Hafenunternehmen übernommen. Dazu gehört auch die fachgerechte Sicherung der Ladung. Seeleute tun aber gut daran, sich nicht ohne zusätzliche Kontrolle darauf zu verlassen, daß die Stauer im Hafen ordentlich gearbeitet haben. Das gilt auch für Containerschiffe. Dort ist neben der Kontrolle inzwischen auch die nachträgliche Sicherung der Ladung zur Routinearbeit an Deck geworden. Und das hat seinen Grund. Es gibt Regionen und Häfen, von denen bekannt ist, daß dort nachlässig gearbeitet wird. So kann man regelmäßig beobachten wie Matrosen, sobald das Schiff in Fahrt ist, anhaltend damit beschäftig sind, schlecht gespannte oder falsch angebrachte *Lashing*-stangen mit Spannern nachzuziehen oder sie ganz und gar umzusetzten. Das heißt, ein Großteil von Containerschiffen verläßt den Hafen, ohne daß sie, wie es früher hieß, „nach Seemannsbrauch" bereits vollständig seesicher wären. Die Sicherung übernehmen Matrosen.

Für Massengutschiffe ist die Zuständigkeit auch in der Realität klarer geregelt. Ausgenommen sind selbstladende und -entladende Bulk-Schiffe. Auf diesen Schiffen müssen Decksleute auch im Hafen zeigen, daß sie mit der komplizierten Technik der Förderbänder an Bord klar kommen. Ansonsten ist die Decks-*crew* auf Bulk-Schiffen zum Beispiel gefragt, wenn schwere Erzladungen entladen worden sind und vor der Übernahme einer neuen Ladung die am Boden festgepressten Rückstande mühselig abgekratzt werden müssen. Dann geschieht, was auch der Seemann für die Arbeit an Deck eines Schwergutfrachtern oben beschrieben hat: Harte Arbeit macht erfinderisch. Da wird dann die eindeutige Funktionsbestimmung von Werkzeugen aufgehoben. Sie werden gedreht und gewendet und es wird so lange probiert, bis sich mit einem gar nicht für die anstehende Aufgabe vorgesehenen Gerät die Arbeit effektiv vorantreiben läßt.

Solche „Innovationen" finden tagtäglich an Bord unterschiedlichster Schiffstypen statt. Zwei Beispiele müssen hier zur Erläuterung genügen: An einer langen Stange, die mit einem Haken zum Öffnen halbautomatischer *twistlocks* versehen ist, wird dieser Haken als Auflage für einen kleinen Handspiegel genommen. Mit dünnem Garn wird der Spiegel festgebunden. Nun kann der Matrose, der die Temperaturen von den Kühlcontainern ablesen muß, zwar nicht bei jedem, aber doch bei vielen Containern das kleine *display* mit den Daten zumindest spiegelverkehrt ablesen und erspart es sich, jedes Mal fünf, sechs oder sieben Meter an den glatten *Lashing*-Stangen empor klettern zu müssen. Ein anderer Trick wird angewandt, wenn es darum geht, blinde Ecken zu streichen. Ohne daß es notwendig wäre, sich mit einem Pinsel voller Farbe in der Hand zu verrenken, können tote Winkel eingesehen und ordentlich konserviert werden, wenn ein kleiner Spiegel zum Einsatz gebracht wird. In den Taschen der Arbeitskleidung vieler Matrosen warten nicht nur die Resultate früherer Improvisationslust, sondern auch einige universal zu gebrauchende Gegenstände auf ihren nächsten Einsatz. Auch deshalb findet sich in manchem Waschraum über der Waschmaschinen folgender Aushang: „Before you put clothes in washing machine doubelcheck pockets for nails, screws and other things not to be washed!!!"[209]

Während einerseits ganz selbstverständlich erwartet wird, daß Decksleute Tätigkeiten ausführen, die sie nicht gelernt haben, wird andererseits oft behauptet, viele von ihnen seien heutzutage kaum noch fähig, traditionelle seemännische

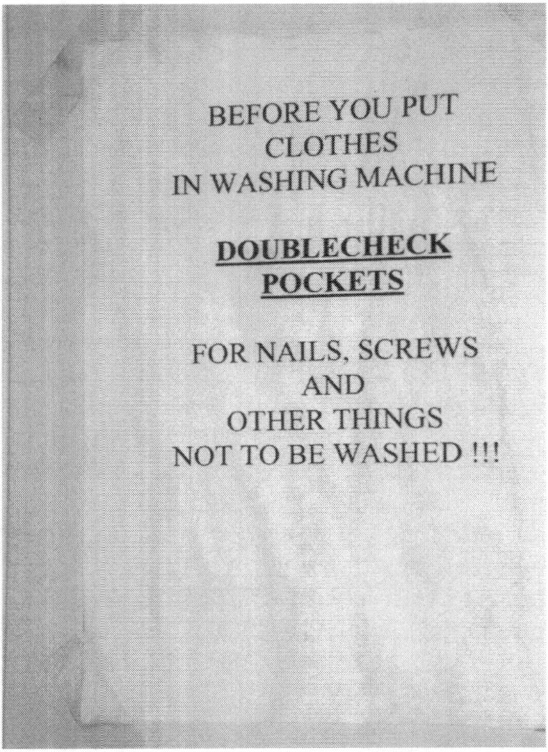

Abbildung 15: Anschlag

Arbeiten zu erledigen. „Und spleißen und so weiter, ist ja nicht. Es ist nur wenig vorhanden. Und wenn sie einen, der länger auf einem Tanker fährt, ... nehmen ..., einen Matrosen und sag[en]: 'Mensch spleiß mir mal einen Stropp, ich brauch einen in der Maschine.' Das machen sie nicht mehr. Sie machen das selber in der Maschine. ... Weil der Spleiß, der hält garantiert nicht mehr. Das kann der [Matrose] gar nicht mehr. Die Übung fehlt."[210] Wird hier von einem Ingenieur seemännische Inkompetenz noch mit Nachsicht als Folge der Verhältnisse in der modernen Seefahrt erklärt, so gibt es auch Kapitäne, die Matrosen grundsätzlich für unfähig erklären. „In meinen Augen, da steh ich heute noch zu, sind die damaligen Matrosen, die meisten waren eigentlich Hilfsarbeiter, die warn zwar sehr stolz, wenn sie 'n Schwebebaum auf- und abtakeln konnten etc., das hätte wiederum 'n gelernte Kraft in meinen Augen auch machen können. Das bißchen Rudergehn ..., ob das was gebracht hat, ich weiß es nicht. Jedenfalls wer was auf sich gehalten hat, ist dann zur Schule gegangen. Entweder hat er das kleine Patent gemacht oder ... Wo sind die denn alle abgeblieben, die Herrn Matrosen, die sich nicht weitergebildet haben? Entweder sind sie im Hafen gelandet als Festmacher oder ..., das Niveau möcht ich sagen, das war doch relativ unten."[211] Ob vor Jahrzehnten oder heute, der Zweifel an den Fähigkeiten von Matrosen ist Legende. Allerdings hat sich inzwischen die Überzeugung durchgesetzt, daß die Anforderungen an Decksleute irgendwie geringer geworden seien. Unsere Gesprächspartner zogen sehr unterschiedliche Schlußfolgerungen im Hinblick auf frühere und aktuelle Anforderungen:

„Das war ja nicht zu vergleichen mit [dem] was unsere Leute heute können müssen, sondern ich mußte ja nur spleißen, malen, Waschmaschine fahren, Tauwerk, Ladegeschirr".

Ein Anderer: „Es gab also den Matrosen, und wenn man vom Matrosen sprach, dann war er auf einem Stückgutschiff Matrose und, äh, nur als solcher war er [richtiger Matrose]"

„Völlig richtig, was Sie sagen. Natürlich sind die herkömmlichen Tätigkeiten eines Matrosen verschwunden. Was ist denn an Deck noch übrig geblieben auf einem Containerschiff, wenn man sich die Arbeit anguckt. Und die Schiffe, die wir heut noch haben, sind ja entweder Containerschiffe oder es sind Ro/Ro, die hinten eine Klappe haben. ... Wir haben noch Tankschiffe und wir haben noch Kühlschiffe, die konventionell funktionieren. Alle herkömmlichen Arbeiten, die ein Matrose gemacht hat an Deck, sind verschwunden im Grunde genommen. Was haben wir an Deck heute? Wir haben relativ einfache Lukensysteme. Das sind entweder Pontons oder Falldeckel oder weiß ich was, die mit Metall zu warten sind eher richtig von einem Techniker. An Deck haben wir einen umfassenden Spielplan und Wartungsplan, der muß in bestimmten Intervallen abgearbeitet werden. Von der Panama Klüse vorne bis hinten zum Flaggenstock im 14-tägigen Intervall. Vielmehr ist das nicht mehr im reinem Decksbereich. Was wir da haben, wir haben zweifelsohne noch gewisse Decksmaschinen, die natürlich genauso gewartet werden müssen: Mooringwinden und weiß ich was. Kräne haben wir. Das sind alles Arbeiten, da hast du natürlich Recht auf der Facharbeiterebene, die eher von einem Facharbeiter, der in Richtung Metall ausgebildet ist, zu machen sind. Das heißt also für diesen Bereich ist der Schiffsmechaniker im Grunde der richtige Beruf an Deck, ob der nun in der Maschine eine Pumpe aufnimmt oder an Deck eine Winde wartet als Beispiel, das ist ganz egal. Nech! Da ist der Mann richtig. ... Aber die Arbeitsbedingungen, die haben sich doch so geändert, daß, ich sag

Abbildung 16: Traditionelle Seemannsarbeit

mal, dieser Wartungsbereich im Decksbereich mit gemacht wird von Technikern und was im Decksbereich übrig bleibt, sind Tätigkeiten, die über Anlernen funktionieren, sprich: Sicherung der Ladung und Dergleichen oder andere Dinge, die vielleicht im Decksbereich anfallen, ja, Kran fahren, fällt da noch an oder eben das Festmachen."[212]

Maintenance

Trotz aller Klagen funktioniert der Decksbetrieb in der Regel, und das, obwohl es keinen „Deckstechniker" gibt. Hin und wieder hilft das technisch geschulte Personal der Maschinen-*crew* an Deck aus, über weite Strecken sind Decksleute aber weiterhin als „ungelernte Generalisten" gefragt. So ist es nicht verwunderlich, wenn sich an Bord beobachten läßt, daß Decksleute in der Maschinenwerkstatt erscheinen, um sich zeigen zu lassen, wie defekte mechanische Teile, die sie an Deck abmontiert hatten, zu reparieren sind.[213]

Entgegen aller Unkenrufe sind auch auf modernen Containerschiffen, Gastankern und Bulkschiffen Decksleute zu beobachten, die in gleicher Weise Taue und Drähte spleißen, wie „klassische Matrosen" früher auf einem Segelschiffe[214]

Gleich geblieben ist im Prinzip auch der Umgang mit Leinen, gleichgütig ob es sich dabei um Hanf oder synthetisches Tauwerk handelt. In welcher Uhrzeigerrichtung Leinen aufgeschossen (zusammengelegt) werden, entscheidet wie eh und je ob es sich um links- oder rechtsgeschlages Tauwerk handelt. Viele seemänni-

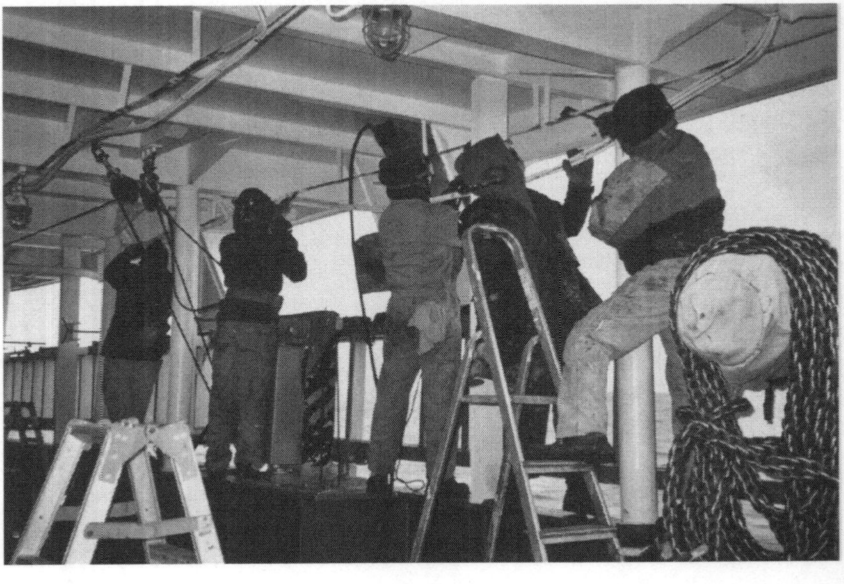

Abbildung 17: Rost klopfen

sche Techniken werden auch heute noch ganz selbstverständlich ausgeführt. Es fällt nur auf, wenn sie einer wirklich nicht beherrscht.

Abbildung 18: Eine Winde wird überholt

Zu den ebenfalls klassischen Aufgaben an Deck gehört das Malen des Schiffes. Korrosionsschutz ist bei allem technischen Fortschritt noch immer eine zentrale Arbeit. So sind, sobald es das Wetter auf See zuläßt, stete einige Matrosen dabei, „Rost zu klopfen".

Andere überpinseln die frei gelegten Stahlflächen und Flecken mit Grundierung, während eine dritte Gang die endgültige Farbe aufträgt. Heutzutage werden nur ganz selten größere Flächen von Rost befreit und anschließend mit Farbe geschützt. Dafür reicht das vorhandene Personal nicht aus. So wird im *patchwork*-Verfahren gearbeitet. Behandelt werden zumeist nur die schlimmsten Stellen.

„Da wird ein Pott Farbe genommen, wird übergerollt. Heute sind die meisten nur rostbraun angemalt. Nur um den Rost zu vertuschen. Damit es nicht so aussieht. ... Wenn mal ruhig Wetter ist, wird da Farbe rüber gehauen und dann, ja, sieht ja doof aus, wenn da nur Rost ist."[215]

Daß die Zeit überhaupt noch zum Streichen reicht, hat mit den mittlerweile entwickelten Farben zu tun. Sie trocknen extrem schnell. So ist es angebracht, wegen der giftigen Lösungsmittel, die bei der Verarbeitung verdunsten, trotz der meist vorherrschenden Brise einen Mundschutz zu tragen. Den Umgang mit gesundheitsbelastenden Materialien nehmen heutige Seeleute zumeist sehr viel genauer als ihre Vorgänger. Da braucht es keinen Vorgesetzten, der ihnen sagt, wie mit diesen oder jenen Stoffen um zu gehen ist. Nicht selten studieren sie die Inhaltangaben sogar intensiver als ihre Vorgesetzten und schützen bzw. vermummen sich dann so gut es eben geht.

Wenn es das Wetter auf längeren Seereisen zuläßt, werden auch Decksmaschinen überholt, deren Demontage und Montage einige Zeit in Anspruch nimmt. Zu diesen Arbeiten wird nur ungern jemand aus der Maschinen-*crew* hinzugezogen. „Die haben doch selbst genug zu tun", erklärte ein Bootsmann die Zurückhaltung.[216] So wurden zum Beispiel neue Bremsbeläge für eine Winde zurechtgeschitten, gebohrt und dann vernietet. Gleichzeitig wurden die Innengehäuse neu konserviert und alle mechanischen Teile gängig gemacht, wo es nötig war, Ersatz eingebaut und geschmiert.

Altes Festmachertauwerk wurde bis auf den letzten Meter kontrolliert, beschädigte Teile wurden ersetzt. Gut verwertbare Enden wurden für untergeordnete Zwecke zu Leinen zusammengespleißt. Auf einem anderen Schiff, dabei ging es allerdings um die Reparatur einer beschädigten Mooringwinde, versuchten Decksmannschaft und Machinen-*crew* gemeinsam, den Schaden zu beheben. Die Schweißarbeiten wurden entgegen aller formalen Qualifikation von einem Decksmann ausgeführt.[217] Alltäglich sind diese Arbeiten nicht, dennoch bestimmen auch sie die Routinearbeit an Deck.

Zwischen Back und Brücke

Auf Revierfahrt wird ein Matrose, gewöhnlich ein AB, auf die Brücke als Rudergänger abgestellt. Er steuert dann das Schiff nach den Angaben des Lotsen. Jedes Ruderkommando des Lotsen muß der Rudergänger laut und deutlich wiederholen, und sobald der neue Kurs anliegt, muß er dies dem Lotsen melden. Die ganze Prozedur hat einen militärisch hierarchischen Charakter, der sich in der Regel auch in der körperlichen Haltung der Rudergänger ausdrückt. Obwohl kein Kraftaufwand notwendig ist, stehen die Matrosen meistens breitbeinig, beide Hände fest am Ruder. Hin und wieder wird diese Haltung durchbrochen. Sei es, daß ein Rudergänger in engen kurvenreichen Gewässern seine Steuerkunst dadurch unterstreicht, daß er spielend und lässig mit einer Hand, aber dennoch konzentriert, die Bewegungen des Schiffes bestimmt. Manchmal lässt sich auch beobachten, daß ein sehr geübter Rudergänger, der die Reaktion des Schiffes auf das Ruder genau kennt, es beispielsweise ein bißchen weniger hart oder langsamer einschlägt, als es der Lotse fordert. Es gibt auch Matrosen, die so souverän sind, daß sie einen Lotsen, der sich nicht an die Regeln der Kommunikation hält, durch wiederholte Meldung dazu herausfordern, ihre Meldungen zu bestätigen.

Schließlich zählt zu den zentralen Aufgaben von Decks-*crews* das Fest-und das Losmachen von Schiffen. Auf der Back und auf dem Achterschiff sind die Windenstationen angeordnet. Um die Mooringwinden herum befinden sich etliche Umlenkrollen und nahe dem Schanzkleid sind Poller zum Belegen von Tauwerk angebracht. Um diese technisch wohl überlegte Ausrüstung zu einem sinnvollen Ganzen zu machen, werden Decksleute benötigt, die das System verstehen.

Wer von Land aus Schiffe in einen Hafen einfahren sieht, nimmt häufig stoisch oder scheinbar gelangweilt, jedenfalls müßig herumstehende Seeleute an Deck war und denkt sich sein Teil über die Anforderungen an Seeleute. Tatsächlich sind die Seeleute in solchen Situationen auf *stand by,* um an Ort und Stelle zu sein, falls ihr Einsatz bereits vor der Ankunft am Pier für ein plötzlich notwendiges Manöver gebraucht wird. Ist das Schiff dann schließlich an dem ihm zugewiesenen Platz angekommen, sieht der Laie wiederum nur Matrosen, die darauf warten, daß ihr Vorgesetzter endlich den Befehl gibt, die Festmacherleine an Land zu werfen und sie auf Geheiß dicht zu holen. Tatsächlich aber ist nicht nur Erfahrung, sondern es sind auch Kenntnisse vonnöten, damit diese ganze Aktion genau aufeinander abgestimmt durchgeführt werden kann. Gehen etwa sechs oder acht Leinen vom Vorschiff zum Land über, so müssen diese Leinen vorher „klar gemacht" werden; dann muß ein fester Plan existieren; es muß allen klar sein, nach welchem System festgemacht wird, wohin also welches Tauwerk durch welche Klüse in welche Richtung auf welcher Umlenkrolle zu welcher Winde geleitet wird, ohne sich gegenseitig zu beklemmen oder zu einem Wuhling zu werden. Wer um diese Anforderungen nicht weiß, kann das Festmachen eines Schiffes leicht als einen fast spielerischen Vorgang wahrnehmen. Auch wenn ein Bootsmann oder Offizier die Arbeiten dirigiert, so kann er doch nicht auf jeden Einzelenen aufpassen, sondern muß sich vielmehr darauf verlassen, daß seine Anordnungen nicht blind ausgeführt werden. Sonst wird dieser Vorgang nicht nur für das Schiff, sondern auch für die Mannschaft gefährlich. Denn wenn beispielsweise eine Festmacherleine unkontrolliert aus einer Bucht ausrauscht, so kann sie durch ihr eigenes Gewicht so viel Wucht erzeugen, daß einem Matrosen, der in der Bucht steht, alle Knochen brechen. Selbst das „Rumstehen" muß an Bord gekonnt sein.

5. Kapitel: Das Meer, die Zeit, der Stahl

Von der Welt aufs Schiff

Aus einer Diskussion mit Seeleuten, die schon in den sechziger, manche sogar schon in den fünfziger Jahren zur See fuhren: „Eigentlich sind wir nur zur See gefahren, um in den Hafen zu kommen, das war so meine Intention."[1] Andere erwarteten sich guten Verdienst, manche träumten auch von der Seefahrt als solcher. Auch sie aber machten, sofern sie nicht schon Offiziere und damit fest angestellt waren, manchmal von der Möglichkeit Gebrauch, sich eine Heuer nach dem Ziel einer Reise auszusuchen: Hinzufahren, wo man noch nicht gewesen war.

„Ging zur Reederei hin und dann ging es los: 'Wo willst du denn hin?', der Münzer, oder wie er da hieß. 'Wo willst du denn hin?' 'Ich möchte in die Karibik.' 'Ja, alles klar.' Zwanzig Minuten später: 'Zwei Mann Karibik.'"[2]

Berichte über Erfahrungen an Land lassen sich in drei Gruppen einteilen. Da sind zunächst die Ausflüge und die Abendteuer: Die „kleine Frau", die man kennen gelernt und mit der zusammen man dann auch einen Ausflug gemacht hat, Erzählungen von „Klimmzügen die Pyramide hoch", von Ausfahrten mit dem an Bord mitgebrachten eigenen Motorrad, von individuellen Unternehmungen: „Vierzehn Tage. Von Alexandria aus nach Kairo rein."[3] Es gab auch Erlebnisse, die zu denken gaben: 1955 auf dem ersten deutschen Schiff, das nach dem Krieg einen israelischen Hafen anlief. Vor der Ankunft im Hafen wurde das Zeichen der deutschen Reederei übermalt. Der Mannschaft war untersagt, mit irgend jemand zu sprechen, der an Bord kam. Trotzdem dann ein Landausflug mit dem Bus. „Da haben wir uns den Ölberg und alles angeguckt" Hinterher bekamen sie von Israelis Apfelsinen geschenkt, „immer eine Kiste für zwei Mann. Aber trotzdem, wir durften mit niemanden reden, weder an Land noch an Bord, das war streng verboten."[4] Und dann ein Erlebnis in Japan, als der Kapitän von Kobe aus eine Fahrt ins Inland organisiert hatte:

„Und dann fuhren wir auch los mit dem Bus. Wir hatten so feuchtfröhlich ... Auf einmal kommen wir auch an, da sagt er zu uns: 'Sagt mal, wißt Ihr ... denn jetzt, wo wir jetzt sind?' Lagen da unten wohl so ein paar Trümmerhaufen und so weiter. Und keiner wußte. 'Ja', sagt unser Kapitän, sagt er, 'Jungs, Helm ab zum Gebet', sagt er, 'wir sind in Hiroshima'. Bumbs, da waren wir alle mit einem Schlag stocknüchtern. Ja, weil keiner vorher gewußt hatte, wo es hinging. ... und auch diese Begegnung, die ist bei mir auch noch..."[5]

In die zweite Gruppe der Erzählungen fallen Berichte über Kontakte von Mensch zu Mensch. Besonders häufig und auch nachträglich noch begeistert wird von gemeinsamen Feiern berichtet:

„Wir liegen in Jamaika, Kingston - da war das noch nicht so berüchtigt wie jetzt die letzten zwanzig Jahre, - und wir gehen an Land, spazieren rum und denn sehn wir: oh, da ist 'ne Hochzeit. Und das muß man denn ja sagen, man hat sofort Kontakt mit den Brüdern. Das warn denn so richtige Schuppen, diese Zwei-Meter-Neger da. So hab ich blabla gemacht, wir ham praktisch die halbe oder - ich würd sagen - ziemlich die ganze Hochzeit da bezahlt. Wir haben Bier und alles rangeholt vom Dampfer, ham wir da Fete gemacht. Und das war ein schönes Erlebnis, und für die garantiert auch. Da ist keiner ausfällig geworden, die ham Musik gemacht. Ich hatte meine Quetsche auch da, und ... ach Mensch, das ging bis nach andern Tag morgens. Das möchte ich mal wissen, wer das hier einfach so ohne weiteres aus'm Stand bringt."[6]

Kommt in solchen Berichten oft eine selbstverständlich gelebte Einstellung materieller und folglich kultureller Dominanz zum Ausdruck „In Cuba lebten wir damals wie die Götter", so trifft das für Begegnungen in der Sowjetunion weit weniger zu. Im Gedächtnis geblieben sind viele kleine Freundlichkeiten:

„Ich habe nie Probleme da gehabt. Wir waren dreißig Mal da oben."[7]

„Also, meine ganz persönliche Meinung ist: ... durch die Seefahrt ... man kriegt 'n ganz anderen Horizont, egal, was Du früher für 'ne Schulbildung hattest. ... Mit den Russen, da war schwerster Krieg, da war kältester Krieg, oder was, wir ham Fußball gespielt, wir ham zusammen gefeiert, da warn Georgier und Ukrainer, die ham Deutsch gesprochen und den alten Politkommissar, der immer mitrannte, den ham se abgefüllt ... ganz gezielt ham se den betrunken gemacht und dann ham wir mit denen ohne Ende gefeiert ... Und das bestätigt eigentlich nur das, was man ja weiß, der kleine Mann hat nichts gegen den andern ... Kriege oder Differenzen oder so ... das ist, aber das verändert einen schon. Ich meine, daß Seeleute also ... Es gibt natürlich auch verbiesterte Typen, die findet man überall. Mein Sohn hat zum Beispiel sieben Reisen mitgemacht. Der hat 'n ganz anderen Horizont, der war den Kindern in seiner Altersklasse in der Schule weit voraus durch dieses Mitfahrn und Reisen und so. Und ich selbst hab das an mir auch festgestellt, man hat 'n ganz annern Blick und 'ne Einstellung zu annern Leuten und ganz besonders zu Fremden."[8]

Hier kommt ein Selbstbild zum Ausdruck, das für die Seeleute dieser Generation sehr typisch ist: „Man ist menschlicher, irgendwie toleranter. ... und das betrifft, na, wenn man sagt, gut 85% der Seeleute."[9] Doch machten die Älteren auch Erfahrungen, die ihnen den Genuß dieses Selbstbildes verdarben. Manche von ihnen berichten von Erlebnissen, die nicht ganz so einfach zu verdauen waren.

„Negativ gesehen waren das Holland, Belgien und Frankreich."

„Ja, ja, Rotterdam sowieso ... Da waren wir 1953 überhaupt noch nicht beliebt...Wir wurden beschimpft. Also, immer mit Nazi. ... Obwohl, wenn die ein kleines bißchen gerechnet hätten, dann hätten sie gewußt, daß ich kein Nazi sein konnte ..., aber wir waren irgendwie Nazis."[10]

Einer erinnert sich, als sei es gestern gewesen, daß ihn damals ein Taxifahrer in New York bat, wieder auszusteigen, nachdem er gemerkt hatte, daß er Deutscher war.[11]

In späteren Jahren wurden Seeleute auch in anderen Ländern mit der Frage nach der deutschen Vergangenheit konfrontiert:

„Wo sich ein Seemann auch mit abfinden muß, daß man sich in einigen Ländern, wenn die merken, daß man Deutscher ist, dann doch auf Diskussionen einlassen muß, die einen doch etwas berühren. Ich hab das mehrfach gehabt, und ich muß sagen, die ersten paar Mal hab ich doch ‘n bißchen geschluckt. Das war in Venezuela. Dazu muß ich sagen, mit den Tankern sind wir hauptsächlich ... Mittelamerika-Europa gefahr'n, und einer unserer Haupthäfen war Puerto Cabello ... hatten auch gute Beziehungen, und fast regelmäßig wurd' ich von irgendeinem auch angesprochen in Bezug auf unser Nazitum. Ob ich Nazi war, ganz einfach. Eben, weil die das so frei aussprechen schon, ist man so ‘n klein bißchen ... Denn versucht man das irgendwie klarzustellen. Man redet, und denn schmeißen die mal das Video rein. Dann ham se das aufgenommen, und da laufen dann diese Dachau Dinger. Da geht das über TV, und das haben die aufgenommen, und das spielen die einem denn vor und sagen, ‘Habt Ihr das gewußt?' Ich sag ‘Okay, ich muß dazu sagen, ich war 45 ... zehn Jahre alt, aber ich weiß nicht, ob meine Eltern das gewußt haben. Das kann ich leider nicht sagen, ich geh mal davon aus: nein. Aber, behaupten kann ich es nicht.' ... Und dann geht das Diskutieren los. Also, man muß sich da schon etwas mit auseinandersetzen. ... Das akzeptieren die nicht, selbst der einfache Mensch akzeptiert das nicht.“[12]

Hatten Seeleute in den fünfziger Jahren den Haß auf alles Deutsche, der ihnen in manchen Hafenstädten begegnete, noch ganz überwiegend als eine ihnen unverständliche und ungerechte Abweichung vom allgemeinen Muster freundlicher menschlicher Kontakte betrachtet, so wußten nach Anbruch des Fernsehzeitalters nicht nur manche Beschäftigte in Venezuela, sondern eben auch manche deutsche Seeleute mehr über die jüngste deutsche Vergangenheit. Das ermöglichte ihnen die Kommunikation „von Mensch zu Mensch“, die sie als allgemeines Verhaltensmuster erlebt und erlernt hatten. Nicht immer wurden Verletzungen kommunikativ bewältigt:

„Wir haben viel Afrikaner gehabt, besonders auf den Afrika-Schiffen. Und durch die Westafrikafahrt waren wir ja auch oft in Afrika drinnen. Was wir über uns ergehen lassen mußten von den Afrikanern, als sie frei wurden. Nun kriegten wir plötzlich Afrikaner als Gastarbeiter, und da gab es schlimme Dinge. Da sind zwei Schwarz-Afrikaner ... so behandelt worden, daß sie über Bord gesprungen sind bei unserer Reederei - man will ja hier von Tatsachen reden - und auch umgekehrt. Das vertrug sich einfach nicht. Und die hatten keine eigenen Wohnräume. Die mußten ja bei uns in den Gängen Duschen und Schlafen und Essen.“[13]

Seit Etablierung der Kanalkultur treffen sich, wir haben das oben bereits ausgeführt, Menschen in Häfen nahezu ausschließlich als Träger einer bestimmten Funktion im Prozeß des Seetransports. Eine Auseinandersetzung über die jeweilige nationale Geschichte würde heute die Logistik der Abwicklung in fast allen Bereichen des Seetransports durcheinander bringen. Seeleute erfahren deshalb weder fremde Kulturen, noch die Provokation ernsthafter Fragen, die den Bereich des Seetransports transzendieren. Verletzungen kommen trotzdem vor. Sie resultieren aus dem unverbrämten Verfolg jeweiliger ökonomischer Interessen. Und wenn ältere Seeleute überzeugt sind, ihre Erfahrungen hätten sie Toleranz gelehrt, so faßte ein Kapitän in einer größeren Runde die Wirkung der Erfahrungen, die Seeleute in den letzten Jahren in vielen Häfen mit dem dortigen Personal und mit Vertretern dortiger Behörden gemacht haben, unwidersprochen in dem Satz zusammen: „Na ja, wir sind nicht gerade die Anti-Rassisten."[14] Eine solche Haltung folgt aus den Umständen des Seemannslebens, die Erol Kahveci folgendermaßen charakterisiert: *„Opportunities to sample other lives and other geographies have not entirely disappeared - they have just become highly improbable for most seafarers for most of the time."*[15] Das stört zwar die Entwicklung einer internationalen Zivilgesellschaft, nicht jedoch die Abwicklung des Seetransports. Doch hat die Ursache für den Wegfall solcher Gelegenheiten zur Erkundung fremder Welten, die dramatische Beschleunigung des Seetransports, inzwischen eben nicht nur eine kulturelle Verarmung von Seeleuten bewirkt, sondern auch dazu beigetragen, die Seefahrt selbst riskanter zu machen. Denn Landgang war eben nicht nur Abenteuer und Vergnügen, Landgang war auch Ausgleich für die Anstrengungen an Bord und im Hafen. Heute sind diese Anstrengungen gewachsen, und der Ausgleich fehlt. Seefahrt mit übermüdeten Seeleuten ist weniger sicher als sie es vom technischen Standard her sein könnte.

Stress und Resignation

Spätestens seit der Veröffentlichung des *Donaldson Reports* im Jahre 1994[16] gibt es in Schiffahrtskreisen eine Diskussion über *human error* als Ursache von Unfällen und Katastrophen in der Schiffahrt. Daß 80%, manche sagen „über 90%" oder sogar „so gut wie alle" Unfälle auf menschliches Versagen zurückgehen, ist inzwischen feststehende Ansicht bei Fachleuten. Erst allmählich setzt sich auch die Einsicht durch, daß menschliches Versagen, so weit es nicht an Land, sondern an Bord auftritt, nicht in Charakterschwäche, mangelnder Intelligenz oder Motivation und anderen persönlichen Eigenschaften begründet ist, vielfach sogar nicht einmal in mangelhafter Ausbildung, sondern zumeist am Ende einer langen Kette von untragbaren Bedingungen eintritt.[17] In den letzten Jahren ist *sleepiness* als eines der größten Risiken für einen sicheren Schiffsverkehr ausgemacht worden. Damit wurde - sehr verspätet - registriert, daß Erkenntnisse aus Forschungen zur Sicherheit der Luftfahrtindustrie und des Überlandverkehrs auf Straßen,[18] auch auf den Seetransport anzuwenden sind.[19] Zwar liegen auch für die Seefahrt bereits aus den achtziger Jahren Arbeiten zum Problem der Überlastung vor,[20] offiziell registriert wurde das Problem aber erst nach mehrfachen Schiffskatastrophen, die eine Gefährdung der Umwelt in der Nähe westlicher Industriegesellschaften mit sich brachten.

Seit Mitte der neunziger Jahre ist das Recht von Seeleuten auf ausreichende und zusammenhängende Ruhezeiten in mehreren internationalen Konventionen verankert worden.[21] Ab 1.7.2002 ist in der Bundesrepublik die „Arbeitszeitnachweisverordnung-See“ in Kraft, die nun (für Schiffe unter deutscher Flagge) erstmalig auch den Nachweis der geleisteten Stunden für die Schiffsführung fordert. Einen indirekten Kommentar zur Wirksamkeit dieser Regulierungen lieferte das Schreiben einer Reederei, in dem die Schiffsleitungen aufgefordert wurden, die Arbeitszeitnachweise so zu erstellen, „daß sie STCW 95 entsprechen“. Manche Kapitäne haben uns gesagt, daß sie zusätzlich zu den offiziellen Arbeitszeitnachweisen auch die tatsächlich geleisteten Arbeitsstunden aufschreiben.[22] Auch wenn Behördenvertreter das gelegentlich nicht wahr haben wollen,[23] in manchen Bereichen der Schiffahrt stehen die Anforderungen an Seeleute der Umsetzung dieser Vorschriften strikt entgegen.[24] Insbesondere im Feederverkehr in einem eng begrenzten Fahrtgebiet, daneben aber auch in allen anderen Transporten mit kurzen *turnaround*-Zeiten ist die Arbeit in den letzten beiden Jahrzehnten in einem Maße intensiviert worden, wie dies in entwickelten Industriegesellschaften des Westens an Land sonst nur ausnahmsweise anzutreffen ist.[25] Wann immer Hafenzeiten in schneller Folge auf kurze Seereisen folgen und ständig unter dem Druck weiterer Beschleunigung stehen, reicht die Zeit der Seereise kaum je aus, um sich bei regulärem Wachdienst und einigen Stunden zusammenhängenden Schlafes von der Hektik im Hafen zu erholen. Auf „Selbstentladern“ ist die Intensität der Arbeit dadurch noch zusätzlich gesteigert, daß die Mannschaft, wie die Bezeichnung für diesen Schiffstyp bereits sagt, selbst die Arbeit des Entladens und des Ladens übernimmt.[26] Auch auf Autotransportern ist die Besatzung beim Entladen und Laden voll mit eingespannt, und in engen Fahrtgebieten lässt sich auch hier die Arbeitszeit der zahlenmäßig knapp bemessenen Mannschaften nicht den internationalen Vorschriften entsprechend organisieren. Je nach Fahrtgebiet kann eine solche Situation auch auf Tankern eintreten. Ein Kapitän, der nach dem Ende seiner aktiven Zeit eine Urlaubsvertretung auf einem Tanker übernahm, welcher auf einem Törn mit vielen Hafenzeiten und kurzen Seereisen eingesetzt war, sagte anschließend, da habe er nicht mehr gewußt, „wann nachts, morgens oder abends war. ... Dermaßen Hektik im Winter hier in der Nord- und Ostseefahrt auf so einem kleinen Tanker mit zwei Löschstellen oder Ladestellen am Tag und verschiedenen Sorten. Ich wußte gar nicht mehr, wo mir der Kopf stand! Das waren vierzehn Tage, und ich dachte, das wäre ein halbes Jahr Knast was ich da hatte.“[27] Und immer wieder erzählen Lotsen, wenn sie an Bord eines Feederschiffes kämen, dann seien da diese „jungen Männer mit den alten Gesichtern“. Manchmal fielen denen einfach die Augen zu. Obwohl die langen Arbeitszeiten, die sich auf einem Zwei-Wachen-Schiff, [Kapitän und *Chief Mate* wechseln sich alle sechs Stunden ab] mit vielen Hafenzeiten und Revierfahrten faktisch ergeben, rechtlich unzulässig sind, und obwohl Lotsen den Kapitän von Rechts wegen nur beraten und nicht ersetzen dürfen, fungieren Lotsen ihren eigenen Aussagen zufolge auf solchen Schiffen faktisch sehr oft als Ablösung. „Die können einfach nicht mehr“ heißt es dann in entsprechenden - inoffiziellen, inzwischen aber durchaus öffentlichen - Berichten.[28] Kapitän Hein Mehrkens, Präsident der *International Maritime Plilots' Association (IMPA)* wurde sehr deutlich: Ein hoch-motiviertes und kompetentes Brückenteam, das nicht von Müdigkeit übermannt sei, treffe man inzwischen nur noch selten. Es sei gewissermaßen die berühmte Ausnahme in den Besatzungen der Handelsschiffahrt, in denen heute weltweit Demotivation und Frustration verbreitet sei.[29] Insbesondere Kapitäne seien heute physisch erschöpft und mental *overstressed*.[30] Vor allem im Feederverkehr kommt eine zusätzliche Belastung hinzu. Denn wenn in einem Hafen tatsächlich einmal mehrere wachfreie Stunden anfallen, so verhindert der Lärmpegel erholsamen Schlaf. Derzeit sind Seeleute von Lärmschutzverordnungen noch generell ausgenommen.[31] Eine Änderung der Rechtslage ist nicht in Aussicht. Statt dessen gibt es neuerdings eine „Richtlinie zur Linderung von Fatique“.[32] Dieses Überlastungssyndrom wird darin nicht nur auf mangelnden Schlaf, sondern auch auf emotionale Faktoren, Arbeitsbelastung, Angst, mangelndes Wissen sowie mangelhafte Ausbildung in Bezug auf die Tätigkeit, schlechtes Wetter, zwischenmenschliche Beziehungen an Bord und anderes mehr zurückgeführt. Reduziert werden könnten - wiederum der Richtlinie zufolge - Ursachen von Fatique durch eine günstige Schiffsgestaltung, die Verlässlichkeit der Ausrüstungen, Verringerung des Lärms sowie der Vibrationen und vieles mehr. Eine Umgestaltung von Schiffen und Arbeitsbedingungen, die diese Erkenntnisse berücksichtigt, deutet sich zur Zeit noch nicht an. Allerdings haben einzelne Schiffahrtsgesellschaften die Heuerverträge für die Besatzungen von Feederschiffen - zumindest für europäisches Personal - auf vier Monate begrenzt.[33] Eine längere Beschäftigung, das ist auch dem Management an Land bewusst, bedeutet ein Sicherheitsrisiko. Neueren wissenschaftlichen Forschungen zufolge ist von einem derartigen Risiko bei fehlender Veränderung aller anderen Arbeitsbedingungen allerdings schon nach einer sehr viel kürzeren Zeit nahezu ununterbrochener nervlicher Anspannung und unzusammenhängender Ruhepausen auszugehen.[34] Das Schlimmste an dieser Art der Seefahrt sei, so wurde uns immer wieder gesagt, daß sich der Körper auf keinen Rhythmus einstellen könne.[35] Auch wenn Seeleute lernen, zu jeder Tages- oder Nachtzeit zu schlafen, so ist der oft tägliche Wechsel der Zeiten ohne eine gründliche Ruhepause zwischendurch eine immense körperliche und psychische Belastung: „Das Problem bei den kurzen Törns ist nicht die Arbeit an sich, sondern die Tatsache, daß der Körper in keinen Rhythmus kommen kann. Oft dreißig Stunden und mehr, dann wieder normaler Dienst, dann erneut.“[36]

Nun könnte man meinen das Problem der *Fatique* sei in erster Linie ein Problem der Verkehre mit kurzen *turnaround*- Zeiten und stelle sich im Normalfall sehr viel weniger für Seeleute auf Schiffen, die längere Seereisen zu bewältigen haben, beziehungsweise im *round the world service* eingesetzt sind. Tatsächlich liegen die Probleme auf diesen Schiffen etwas anders: Die Arbeit ist oft hart, aber das sind viele Beschäftigungen an Land auch; der Zwang zur Dokumentation hat Schiffsoffizieren viel „Nervkram" beschert, aber davon sind Beschäftigte auch an Land nicht verschont; manchmal stehen Seeleute unter großem Zeitdruck, aber diese Situation kennen auch viele Arbeitskräfte an Land, und auch die langen Arbeitszeiten, die entstehen können, wenn sich in einem Abschnitt der Reise lange Revierfahrten mit Hafenzeiten und kurzen Seereisen abwechseln, sind an Land, etwa beim Personal einer chirurgischen Abteilung, keine Seltenheit.[37] Andererseits gibt es während solcher Seereisen auch Phasen, in denen die Arbeit, im Vergleich zu vielen Formen der Arbeit an Land, eher geruhsam vor sich geht, kein unmittelbarer Zeitdruck existiert, und sich, wenn alle erforderlichen *reports* gerade abgeliefert wurden, auch die Bürokratie in Grenzen hält. Und doch müssen Seeleute in diesen Zwischenphasen ihres Arbeitslebens heute Belastungen verarbeiten, von denen die meisten Arbeitskräfte an Land verschont sind. Die wichtigste dieser Belastungen ist die ununterbrochene Dauer, die ohne nennenswerte Ablenkung bewältigt werden muß. „Nach sechs Wochen stört einen alles. Auch der Koch, den man anfangs ganz gut fand, geht einem auf die Nerven. Jede Woche das gleiche Programm."[38]

Ein Dritter Ingenieur sagte, zuhause in Rumänien hätten seine Freunde anfangs manchmal gefragt, wie sein Leben an Bord sei. Er habe nie gewusst, was er ihnen erzählen solle, denn:

> „Ich mache hier jeden Tag das Gleiche. Morgens stehe ich auf, dann gehe ich zum Frühstück, dann in den Maschinenraum. Dort mache ich jeden Tag das Gleiche. Dann zum Mittagessen. Dann in den Maschinenraum, dann Abendessen. Dann ein Video, ein paar Seiten lesen, schlafen."[39]

> Ein deutscher Zweiter Ingenieur: „Abends lese ich noch ganz kurz, dann schlafe ich."[40]

> Und ein *rating* aus Sri Lanka: *„Here I get up at five thirty, then I work, then I am tired, then I sleep."*[41]

Es gibt auch heute noch einzelne Seeleute, die an Bord basteln oder bewußt und viel lesen, die meisten betäuben sich mit Videos, auch wenn sie diese nach einiger Zeit bereits auswendig kennen. Insgesamt sind die allermeisten Abende beziehungsweise Freiwachen „stumpfe" Zeiten. Das schränkt dann auch diejenigen Möglichkeiten noch ein, die es tatsächlich gäbe.[42] Wo Sporträume oder Saunas vorhanden sind, werden sie selten genutzt. Auf manchen Schiffen ist es üblich, Tischtennis zu spielen, auf anderen finden sich öfter zwei zusammen, um Schach zu spielen, gelegentlich wird sogar noch Musik gemacht. Die allermeiste Zeit aber wird die arbeitsfreie Zeit „herumgebracht". Mit Händen zu greifen ist diese Stimmung an vielen Sonntag-Nachmittagen auf See. Die meisten Mitglieder der Besatzung schlafen. Selbst zur Zeit der *coffee-break* findet sich selten jemand in der Messe ein. Es ist ohne weiteres möglich, alle Stunde einen Gang übers Schiff und durch die Aufbauten zu machen, ohne irgend einen Menschen zu treffen.

Müssen Seeleute, die in kurzen Abständen viele Hafenzeiten zu bewältigen haben, sich dagegen wappnen, von Hektik zermalmt zu werden, so gehört es zu den beruflichen Anforderungen an Seeleute auf langen Seereisen, daß sie sich nicht in Depression sacken lassen. Die allermeisten scheinen dieser Anforderung durch ein gewisses Maß an Resignation zu genügen. Man hat sie nicht in der Reisetasche, wenn man an Bord kommt. Obwohl deutsche *Senior Officers* und Kapitäne im Gespräch immer wieder feststellten, wenn man nach dem Urlaub wieder an Bord komme, sei man sofort „voll da", - „Ich komme mir vor, als wenn ich nie weg war."[43] - formulieren sie auch Erfahrungen und Beobachtungen zu einem derzeit in der Forschung häufig behandelten Problem. Ihre verallgemeinerte Meinung über die Kurve der Leistungsfähigkeit auf Schiffen, die auf längeren Seereisen eingesetzt sind: Mindestens einen Monat dauert die Eingewöhnung an Bord, einen weiteren Monat, bis man in der Arbeit „zu Hause" ist, dann ist man einen Monat, bestenfalls zwei, voll arbeitsfähig, danach baut man nur noch ab.

Zur Eingewöhnung gehört die Einübung in eine gewisse stoische Haltung. In diesen Zusammenhang gehört wohl auch, daß uns nicht-europäische *ratings* ge-

Abbildung 19: Freizeit

sagt haben, wenn ein junger Kamerad neu an Bord komme, weine er in den ersten Wochen manchmal vor Heimweh.[44] Danach höre das auf. Von einer anderen Reaktion berichtete ein österreichischer *Chief*: Die ersten drei Wochen fluche er nur. „Danach stumpft man ab."[45] Auf den heutigen schnellen Container-Schiffen im *round the world service* wird Eingewöhnung teilweise auch noch durch körperliche Erschöpfung unterstützt. Denn im Ost-West-Verkehr muß heute auf See, sieht man von Zwischenzeiten wie Revierfahrten in Nord-Südrichtung oder auch der Durchfahrt durch den Panama- oder den Suezkanal ab, die Uhr zumeist viermal die Woche um eine Stunde vor- beziehungsweise zurück gestellt werden. Das hört sich wenig an und leichter zu verkraften als die *time lags,* denen Flugpersonal ausgesetzt sind. Doch kommen auch hier die Rhythmen nach einiger Zeit völlig durcheinander. Seeleute leiden darunter in unterschiedlichem Ausmaß, die meisten kommen besser zurecht, wenn es westwärts geht, viele sagen, mit zunehmendem Alter werde der ständige Wechsel belastender. Flugpersonal muß nach einem Langstrecken-Flug aus Sicherheitsgründen mindestens zwei Tage Pause bekommen, damit sich der Biorhythmus erholen kann. Wissenschaftliche Untersuchungen hatten ergeben daß eine ständige Veränderung des Zeitrhythmus ohne ausreichende Zeit, sich dazwischen jeweils umzugewöhnen, eine Schwächung der kognitiven Fähigkeiten und eine Verlangsamung des Reaktionsvermögens ergeben. Symptomatisch sei ein eindeutiger Anstieg von Stress-Hormonen.[46] Inzwischen gibt es auch Untersuchungen zur Wirkung vieler kleiner, aber ständiger Anpassungen der Arbeits- und Pausenrhythmen an die jeweilige Zeitzone. Auch hier sei mit negativen gesundheitlichen und psychischen Wirkungen zu rechnen. Seeleute berichten davon, daß sie nachts aufwachen und während der Arbeit müde sind. Diese Zermürbung verstärkt wohl noch die resignative Haltung, die uns während längerer Seereisen bei vielen an Bord aufgefallen ist. Sich richtig aufzuregen, ist ein Luxus, den sich die meisten eher selten leisten.

So nützlich die an Bord gebräuchliche Umwandlung von Empörung in Resignation für das Management des Schiffsbetriebs auf der einen Seite sein mag, für die Sicherheit der Seefahrt bedeutet sie auch eine Gefahr. Denn eine derartige Haltung verträgt sich nicht eben brillant mit der Konzentration, die im Seemannsberuf oft sowohl von *ratings* wie von Offizieren von einem Moment auf den anderen gefordert ist. Ein junger Decksmann: Die größte Gefahr sei: „*Inattention, just once.*"[47]

Vom Verlust heilsamer Gegenmittel

Es muß einer schon ein sehr lustiger Mensch sein, wenn er hier nicht den Humor verliert.“[48]

Auch früher kannten Seeleute auf Küstenschiffen die Kombination von kurzen Seereisen und vielen Hafenzeiten. Trotz aller damit verbundenen Anstrengungen fehlte jedoch die ununterbrochene Hektik, die in den Zulieferverkehren heute den Alltag bestimmt.[49] Andere Seeleute waren lange von zuhause fort und hatten während dieser Zeit oft Seereisen zu bewältigen, die beträchtlich länger dauerten als eine heutige Pazifiküberquerung. Ebenso wie ihre beruflichen Nachfahren mußten Seeleute also, das wurde oben bereits ausgeführt, auch früher schon ein hohes Maß an Selbstdisziplin und an gegenseitiger sozialer Kontrolle aufbringen, damit die Zeiten auf See ohne größere Konflikte durchgestanden werden konnten. Sicherlich herrschte auf jenen Schiffen, von denen Seeleute unter sich sagten, sie seien kein *happy ship,* auch stumpfe Resignation. Und doch wartete am Ende einer jeden langen Seereise ein Hafen, und nur in Ausnahmefällen wurde die Hoffnung auf Landgang ganz und gar enttäuscht. Dieser „Auslauf“, die Aussicht darauf und das nachträgliche Erinnern und Berichten aller tatsächlichen oder erfundenen Erfahrungen an Land, waren sicherlich das heilsamste Gegenmittel, das die Seefahrt früherer Zeiten gegen Abstumpfung und Resignation im Angebot hatte. Noch erfolgreicher war eine Praxis, von der manch einer bis heute mit leuchtenden Augen erzählt:

„Väterchen Lloyd sorgte ja für uns. Und auch ganz phantastisch im Mannschaftsbereich. ... Wir wurden von Antwerpen bis Antwerpen manchmal abgelöst. Da kamen zwei große Taxen oder ein Bus hin, und dann ..., selbst Moses und Leichtmatrose, alles ging ein paar Tage nach Hause. Und stieg dann nachher in Antwerpen wieder ein. Das schaffte natürlich ein unglaubliches Vertrauensverhältnis zur Reederei.“[50]

Daß Hafenzeiten heute sehr verkürzt sind und neue Häfen zumeist weitab vom nächsten Stadtzentrum gebaut werden, bedeutet nicht nur, daß Seeleute eine Urlaubsreise planen müssten, wenn sie die Welt sehen wollten, es bedeutet vor allem, daß die Eintönigkeit des Bordlebens kaum je unterbrochen wird. Uns ist von Seeleuten berichtet worden, daß sie während zwölf Monaten nicht einmal aus einem Hafengebiet herauskamen. Ein Kapitän schrieb uns, er sei im vorigen Jahr zweimal für je fünf Monate auf See gewesen. Beide Male sei er nur zu Musterungen[51] an Land gekommen.[52] *Ratings* sprachen von sehr langen Zeiten ohne Landgang. Hier handelt es sich ganz eindeutig um eine Erschwernis der Seefahrt gegenüber früheren Zeiten. Sie wird durch die Verringerung schwerer körperlicher Arbeit nicht aufgewogen. Auch früher waren viele Seeleute ein ganzes Jahr oder noch länger unterwegs, aber in den Häfen in Übersee, die während dieser Zeit angelaufen wurden, lagen Schiffe nicht nur einige Stunden, sondern mehrere Tage oder gar Wochen. Organisierte Landausflüge mit Besichtigungsprogramm fanden zumeist auf Initiative einzelner Kapitäne statt (lediglich in der DSR scheinen sie offizielle Reedereipolitik gewesen zu sein). Auch ohne solche Programme konnten Seeleute eine Stadt und womöglich auch deren Hinterland erkunden. Sie hatten auch die Zeit, um eine Frau nicht nur zu benutzen, sondern sie kennen zu lernen. Noch in den siebziger Jahren des letzten Jahrhunderts wohnten Seeleute bei längeren Aufenthalten in südamerikanischen Häfen manchmal für Tage bei der Familie eines Mädchens, mit dem sie sich angefreundet hatten.[53] Ältere Seeleute unterhalten sich gelegentlich über Kameraden, die nach dem Ende ihrer Seefahrt in ein südamerikanisches oder südeuropäisches Land gezogen sind, um dort mit der Frau zu leben, die sie während ihrer Zeit als Seemann getroffen und dann immer wieder besucht haben.[54] Solche Biographien sind Ausnahmen, allgemein aber ist heute die Empfindung des Eingesperrtseins. „*It's a prison, a real one.*"[55]

Und gelegentlich schlägt die Enttäuschung, daß nach einer längeren Seereise in schlechtem Wetter kein Landgang möglich ist, und dies, obwohl mehrere Tage Liegezeit im Hafen anfallen, eine Stadt mit öffentlichen Verkehrsmitteln erreichbar wäre und im Hafen abends nicht gearbeitet wird, in Empörung um. Denn der Landgang kann auch scheitern, weil der Agent nicht bereit ist, lokales Geld für die Mannschaft mit an Bord zu bringen, sich Mitglieder der selben Mannschaft in diesem Land aber schon einmal auf einer Polizeiwache wiedergefunden haben, nachdem sie versucht hatten, in einem Bus mit Dollar zu bezahlen. Wenn sich dann noch herausstellt, daß es in diesem Hafen auch keine Möglichkeit gibt, nach Hause zu telefonieren, so funktioniert die Resignation manchmal nicht mehr: „*Jesus Christ, we are human beings*," empörte sich bei einer solchen Gelegenheit ein Seemann und riß damit die Barriere nieder, die an Bord üblicherweise verhindert, daß man sich selbst leid tut.[56]

Daß ein tatsächlich möglicher Landgang heute – selbst unter den allergünstigsten Bedingungen – nur noch entfernt an Erlebnisse früherer Zeiten heranreicht, geht aus Stellungnahmen hervor, die Erol Kaveci gesammelt hat:

„A car carrier loaded cars in South Korea and then called to Japan to top up its cargo. With over 4,000 cars on board the carrier crossed the Pacific through the Panama Canal to Mobile Alabama in the USA to discharge some of its cargo. The crew members spent there 5 hours without any shore leave. The next port of call was Sandhaven. They spent six hours there. I have taken some of the Philipino crew to the nearest motorway service station. They spent less than half an hour in the service station to make phone calls to their homes and bought some papers and confectionaries. Before Sandhaven they were on board for 43 days without any shore leave."[57]

Ein australischer Seefahrer, der seinen Beruf inzwischen aufgegeben hat:

„It's a major problem, there's no social life when you go to sea, it's total isolation. You might say that the cabin of an aeroplane do something similar, but a seafarer might go from – for example I've done runs from say Singapore to Philippines to Zealand and back to western Australia, so for maybe fifteen weeks you get no mail, you do not go ashore, and by the end of it there's a certain madness that attacks some crew. Very small things become very big things. Things like insomnia – many of the crew will be pacing the alleyways at 3 o'clock in the morning, alcoholism can rise a great deal if alcohol is available. Many seafarers are on different types of medication, valium and that kind of thing and anti-depressant – much bigger than the regular population."[58]

Auf einem der Schiffe, auf dem Heide Gerstenberger und Ulrich Welke mitgefahren sind, gab es in einem Hafen, nachdem die erforderlichen Wartungsarbeiten erledigt waren, für drei *ratings* der Maschinencrew Landgang. Sie bestellten sich ein Taxi und zogen, frisch geduscht, umgezogen und nach Rasierwasser duftend, zusammen los. Die Taxenfahrt zum nächsten Ort dauerte etwa zwanzig Minuten. Als sie zurückkamen, hatten sie für mehrere andere Besatzungsmitglieder Einkäufe gemacht, zusätzlich noch im Fischmarkt für einen Grillabend eingekauft, und waren, wie sich im Laufe der nächsten Tage an Bord herumsprach, auch noch anderen Vergnügungen nachgegangen. Unglücklicherweise waren sie aber nicht nach genau zwei Stunden, der Dauer des ihnen zugestandenen Landgangs, sondern erst zwanzig Minuten später zurückgekommen. Obwohl *departure* erst für 40 Minuten später geplant gewesen war, befand sich der Lotse bereits an Bord. Das Schiff hätte auch tatsächlich bereits ablegen können. Zwar wurde die Ursache der Verzögerung dem Lotsen gegenüber vertuscht, das änderte jedoch selbstverständlich nichts an dem gewaltigen Donnerwetter, das über die Dreie niederging und sie in den mehr öffentlichen Räumen des Schiffs noch eine ganze Zeit lang mit eingezogenem Kopf herumlaufen ließ. Der direkte Vorgesetzte der drei Missetäter aber, ein *Chief*, der Seefahrt noch ganz anders erlebt hatte, erteilte ihnen nicht auch noch seinerseits eine Rüge, sondern empörte sich über die heutigen Zustände: „Für Tiere demonstrieren sie, wer demonstriert für Seeleute? Auch wir sind eingepfercht auf viel zu langen Transporten." Seiner Ansicht nach müßte man nach drei Wochen Seefahrt Anspruch auf einen vollen Tag Landgang haben.[59]

Es gab früher aber nicht nur die Aussicht auf einen Aufenthalt im Hafen, es gab auch Geselligkeit an Bord. Die vielen seemännischen Rituale und die Traditionen des Feierns an Bord hatten ja auch die Funktion, die Eintönigkeit einer langen Reise zu unterbrechen. Noch immer schwärmen Seeleute von Weihnachtsfeiern an Bord, die sie in den sechziger und siebziger Jahren erlebten. „Ich hab nie so schöne Weihnachtsfeiern erlebt wie zum Beispiel an Bord."[60] Diese Feiern zu planen, gehörte gewissermaßen zu den Dienstaufgaben der Vorgesetzten. Wenn es einer tatsächlich versäumte, sich auf dieses Gewohnheitsrecht der Mannschaft einzustellen, konnte es zu „Terror an Bord" kommen.[61] Kommt heute ein Kapitän kurz vor Weihnachten als Ablösung auf ein Schiff und muß dort feststellen, daß sein Vorgänger noch nicht einmal ausreichend Zigaretten für die kommenden Tage, geschweige denn irgend welche „Extras“ bestellt hat, so „bricht er sich einen ab“, um diese Situation notdürftig zu retten, wenn er selbst noch immer an der Tradition hängt. Einen Aufstand müßte er kaum befürchten.[62] Viele Bräuche sind aufgrund der internationalen - und von der Offziersseite her auch rasch wechselnden - Zusammensetzung der Mannschaften untergegangen, manches fiel der Intensivierung seemännischer Arbeit zum Opfer, die deutlichste Einschränkung aber ergibt sich aus der zahlenmäßigen Verkleinerung von Mannschaften. Vermutlich kämen sich Seeleute, die mehrmals im Jahr den Äquator überqueren, bei der Durchführung von Äquatortaufen ohnehin komisch vor, heute aber wären sie schon deshalb unmöglich, weil gar nicht genug Personen zur Verfügung stünden, um die Rollen des traditionellen „Spiels“ zu besetzen und dann noch einen oder zwei Täuflinge übrig zu haben. Auch die Amateur-Photo-Gruppen, die es auf vielen DSR-Schiffen gab, kämen heute schon „mangels Masse“ nicht mehr zustande.

Mindestens ebenso wichtig wie traditionelle oder programmierte Geselligkeiten aber waren früher die Formen spontaner Geselligkeit an Bord. Insbesondere in heißen Regionen traf man sich abends „hinten auf dem Schweinedeck.“[63]

Irgendeiner habe immer „eine Gitarre mit gehabt, irgendeiner hat ein Akkordeon mit gehabt.“

„Man saß abends, und wenn noch so geknüppelt wurde, und es wurde hart gearbeitet auf einem Schiff. Also Traumschiff-Athmosphäre gab es nicht, hat es und wird es auch nicht geben. Und dann haben wir auf der Luke doch abends gesessen. Unser Feierabendbier nannten wir das immer. Und irgendeiner hat dann was angestimmt, und manchmal wurde eine halbe Nacht und länger draus.“[64]

„Wir haben zwar gearbeitet, trotzdem war es schön.“

„Ja“

„Ja“[65]

Manche meinen, diese Bräuche seien mit Einführung der *air-condition* untergegangen:

„Nachdem dann diese *air-condition* da war, dann war das Bordleben oder die Gemeinsamkeit an Bord, so abends zusammen sitzen, draußen an Deck sitzen, das war vorbei. Jeder verkroch sich in seine Kabine. Sollte natürlich schön kalt sein, und nun wusste man nicht, schläft er schon oder schläft er nicht ... Auf der Seefahrt war das ja nun mal so, wenn die Tür zu ist, will ich nicht gestört werden, und wenn die Tür auf war, konnte jeder rein kommen. ... Ich habe die *air-condition* immer als sehr großen Nachteil empfunden. ... Nun hatten wir auch ... hervorragende Schiffe. Schöne Holzdecks noch ..., da hatten wir auch unsere Deckstühle ... Man konnte schön draußen sitzen. Die Bänke und Tische. Das war ein angenehmer Aufenthalt.“[66]

Ganz ähnlich: Für den Sommer in Afrika habe es keine Klimaanlage gebraucht, 35° trockene Hitze, „ist das herrlich.“

Außerdem habe es ja diese Windhutzen vor den Bullaugen gegeben, so daß man sich den Fahrtwind in die Kammern habe leiten können. [67]

Gegen diese Position gab es heftige Einwände:

„Vier Wochen rund um die Uhr ... bei 50 Grad am Tage. ... Geselligkeit hin, Geselligkeit her. Wenn Sie sechs, sieben Stunden durchgehend schlafen können, dann sieht die Welt anders aus, als wenn sie neben einer Dampfwinde in einer Hängematte versuchen, ein Auge zu zu machen. Und das wochenlang. Oder Sie liegen in den Rotmeerhäfen im Süden irgendwo, ... die heißesten Punkte der Erde.“[68]

Ein anderer: Die Hitze habe ihm nichts ausgemacht, solange er jung gewesen sei und in der Maschinenanlage gearbeitet habe: “Das war schon eine Abkühlung, wenn man nach oben kam.“ Später sei er dann auf der Funkstation gesessen und sei dann ja auch schon älter gewesen. Da habe er es doch sehr begrüßt, daß die Klimaanlage nicht mehr nur für die Kammern des Kapitäns und des leitenden Ingenieurs vorgesehen gewesen sei. „Eine feine Sache.“ Aber auch er: „Was natürlich darunter gelitten hat, war natürlich, was vorher so schön war, dieses miteinander sitzen.“[69]

Diese Diskussionen bezogen sich auf Erfahrungen in den siebziger Jahren. Damals wurde *air condition* zunächst nur für Schiffe vorgesehen, die in sehr heiße Regionen entsandt wurden. Inzwischen ist *air-condition* auch auf anderen Schiffen Standard. Ob diese Technik Geselligkeit hindert oder nicht, ist jetzt aber kein Thema mehr, denn zum einen sind heute Schiffe ohnehin keine Orte, an denen spontane Geselligkeit gedeiht, zum anderen ist das System aus technischen Gründen unentbehrlich geworden. Selbst wenn *bull-eyes* auf Containerschiffen zu öffnen sind, so stehen die hoch aufgetürmten Containerwände einer Belüftung durch Fahrtwind entgegen. Auf Tankern müssen die *bull-eyes* schon aus Sicherheitsgründen geschlossen bleiben. Heutige Seeleute sind sich über den Nutzen der *air-condition* grundsätzlich einig. Das hindert jedoch nicht, daß sie auf fast jedem Schiff Konflikte provoziert. Denn Menschen mit unterschiedlichen Temperaturempfindungen und -bedürfnissen wünschen sich unterschiedliche Einstellungen. Der *Chief*, der die Temperatur regelt, sieht sich ständig konfligierenden Wünschen ausgesetzt. Manchmal greifen Seeleute zur Selbsthilfe, versuchen in ihren Kammern durch allerlei Tricks die Zufuhr kalter Luft zu bremsen. Die Spannweite dieser Manipulationen wird aber schon dadurch begrenzt, daß es sich um die einzige Zufuhr an Frischluft handelt. Noch schlimmer ist es freilich, wenn die *air condition* in den Tropen kaputt geht. Zwar gehen dann auch heute „alle an Deck“,[70] aber heutigen Seeleuten stehen weder die klassischen Formen der Durchlüftung zur Verfügung, noch können sie auf Hängematten zurückgreifen. „Die beiden Tanker, wo ich zuletzt drauf fuhr, also wir haben das ein paar Mal gehabt, daß sie ausfiel. Das halten Sie nicht aus. Das halten Sie weder auf der Brücke aus noch sonst.“[71] Ein Elektriker, zuständig für das technische Funktionieren des Systems, schrieb uns:

„Last months were a little different in crew life ... Because unfortunately air condition system failed (serious damage of compressor) and temperature in cabins raised to 30 degs with high humidity in tropical areas. Try to imagine life on ship in Bombay (mid July) during loading cargo without air condition! ... All these long months of suffering due to lack of air condition I had a good soul to keep my spirits high. This was the Captain, brilliant man ... All crew (11 nationalities) were very friendly and cooperative during these long hot days."[72]

Daß der Ausfall der *air-condition* etwa Geselligkeit an Deck gefördert habe, schrieb unser Informant nicht. Doch wird das System längst als eine notwendige Einrichtung zur Aufrechterhaltung der Arbeitsfähigkeit gesehen. „Es geht gar nicht anders."[73]

Im übrigen wurde während der Diskussion unter älteren Seeleuten auch die Ansicht vertreten, der eigentliche Niedergang der Geselligkeit habe nicht mit der *air-condition*, sondern erst mit den Tonbändern eingesetzt. Einer erinnerte sich, daß sie sich auf einem „Afrika-Fahrer" trotz Klima-Anlage abends immer noch „auf Luke 3" getroffen hätten. Mit den Tonbändern sei das dann aber immer seltener geworden. „Ich weiß noch, wie ich mein erstes Tonband hatte, da saß ich stundenlang auf der Kammer mit Kopfhörer ... Drafi Deutscher und wie sie alle hießen. Also ehrlich."[74] Solch einsamen Musikkonsum gibt es nach wie vor, manchmal treffen sich auch zweie oder dreie auf einer Kammer, um Musik zu hören, wichtigstes Unterhaltungsmittel aber sind heute Videos. Die meisten sehen sie zusammen mit anderen in einer der Messen oder aber, sofern vorhanden, in einem der Aufenthaltsräume. (In aller Regel haben nur *Senior Officers* einen Apparat in ihrer Kammer stehen, der ihnen individuellen Videokonsum erlaubt.) Theoretisch kann auch die gemeinsame Betrachtung eines Videos eine gesellige Veranstaltung sein. Unseren Beobachtungen zufolge ist sie an Bord eher das Gegenteil. Der zusammen verbrachte individuelle Konsum eines zumeist schon bekannten Videos schützt gegen die Depression, die einen alleine in der Kammer überfallen könnte, oder schiebt sie jedenfalls hinaus, ein Gegenmittel gegen die dominierende resignative Stimmung ist er nicht.[75]

Das gilt sehr viel eher für die Karaoke Abende, die sich entweder aus einem Geburtstagsfest oder einem anderen veranstalteten Beisammensein ergeben, oder aber spontan entstehen. Die Praxis, mit einem Mikrophon die *Songs life* zu singen, zu denen ein Video Begleitung und Bebilderung liefert, ist von asiatischen Seeleuten in die Seefahrt eingeführt worden, inzwischen beteiligen sich daran manchmal aber auch europäische Seeleute. Die Globalisierung der Unterhaltungsindustrie, die bewirkt hat, daß manche Schlager weltweit bekannt sind, hat hier Ansätze einer übernational gemeinsamen kulturellen Praxis ermöglicht. Zu diesen Ansätzen zählt auch der auf vielen - aber keineswegs auf allen - Schiffen geübte Brauch, während längerer Seereisen und gutem Wetter gelegentlich ein Grillfest für die gesamte Mannschaft zu veranstalten. Auch dabei gibt es unterschiedliche Praktiken. Von den Schiffen einer deutschen Reederei wird berichtet,

Grillfeste würden dort mit großem Aufwand an Ausschmückung zelebriert. „Alles muß Stil haben. Die Decksmannschaft ist einen ganzen Tag nur mit Vorbereitungen beschäftigt. ... Das ist dann nur einmal in zwei Monaten möglich. Öfter gar nicht zu schaffen". Unser Gesprächspartner, *Chief Engineer* auf einem Schiff, das in der europäischen Fahrt eingesetzt war, fand das keine gute Regelung: „Lieber öfter kleinere Feste. Das ist besser für die Stimmung an Bord."[76] *Ratings*, die auf dem selben Schiff arbeiteten, äußerten sich ganz ähnlich. Und einer faßte dann schließlich die Funktionsweise derartiger Veranstaltungen treffend zusammen: „Das muß schon sein, daß man das mal bissel auflockert. Dann lässt sich das alles auch besser ertragen."[77] Auch auf diesem Schiff der häufigeren „Auflockerungen" ließ es sich die Besatzung dann aber nicht nehmen, das Deck, auf dem gefeiert werden sollte, trotz kalten Nordwinds mit bunten Lichtern und den auf der Brücke ja ausreichend vorhandenen Fahnen „aller Herren Länder" zu schmücken.[78] Wie vieles andere hängen auch derartige Maßnahmen zur Hebung der Stimmung an Bord von den Vorgaben des jeweiligen Kapitäns ab.

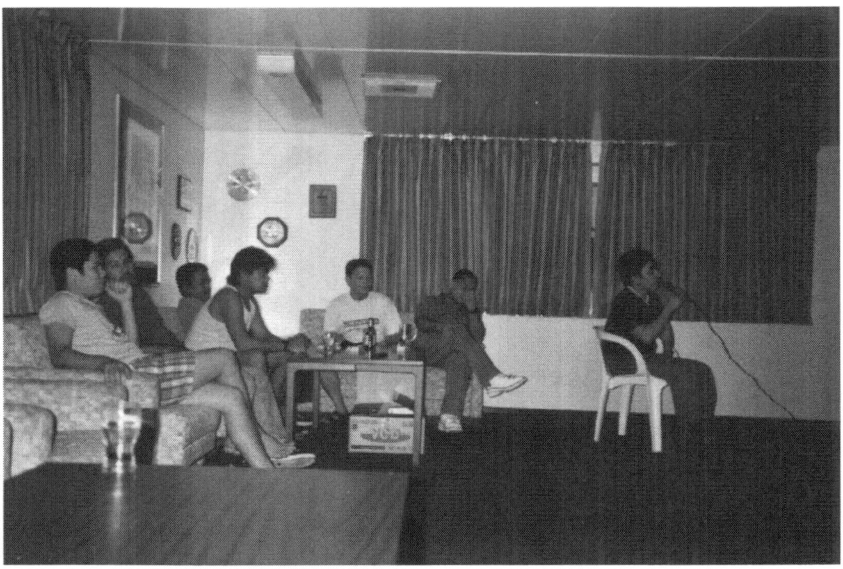

Abbildung 20: Karaoke

Cargo first

Mitte der sechziger Jahre, in der Zeit der großen Personalknappheit, wurden angehende Offiziere in „Menschenführung" geschult. „Da kamen die mit solchen Fibeln an ..., wenn Sie das gelesen hätten, hätten Sie sich kaputt gelacht."[79] Zeitgleich mit sozialen Reformen an Land kam es in der Seefahrt der westlichen Industriestaaten jedoch auch zu materiellen Verbesserungen der Arbeits- und Lebensbedingungen. Das betraf den Verdienst der Seeleute, schlug sich aber auch in der Konzeption und Einrichtung von Schiffen nieder. Zunehmend wurden Einzelkammern mit eigenen sanitären Einrichtungen geplant, gab es größere Messen, vereinzelt sogar schon Schwimmbäder. „Früher hast du in der Messe gar nicht hocken können, da liefen die Kakerlaken; da mochtest du gar nicht sitzen ... ich kann nur von Seiten der Besatzung reden."[80] Auf älteren Schiffen waren Maschinen- und Decksmannschaft im Achter- bzw. im Vorschiff untergebracht gewesen, waren also dem Stampfen des Schiffs bei schlechtem Wetter und (im Achterschiff) dem Lärm des Schiffspropellers besonders ausgesetzt gewesen. Seit Ende der fünfziger Jahre wurden auf immer mehr Neubauten die Unterkünfte für die gesamte Mannschaft in die Mitte des Schiffes verlegt. Damit verringerte sich das Ausmaß der Vibrationen und des Stampfens, das in den Kammern ertragen werden mußte. Zudem verkürzten sich die Wege zwischen Kombüse und Mannschaftsmessen.

In den letzten Jahren mußten Seeleute dann aber wieder erleben, daß ihre Unterkunft der variabelste Posten im Entwurf von Schiffsneubauten ist. Nachdem eine Zeit lang die Aufbauten mit Brücke, allen Messen und allen Kammern überwiegend in die Mitte von Schiffen platziert worden waren, hat sich inzwischen die Überzeugung durchgesetzt, daß auf diese Weise zuviel *cargo-space* verschwendet wird. Also rückten die Aufbauten entweder ganz aufs Vorschiff, wo dann die Wohnräume der Seeleute – jetzt aber der gesamten Besatzung – gewissermaßen als Wellenbrecher zum Schutz der Ladung fungieren,[81] oder aber sie rücken weiter nach achtern, vielfach ganz aufs Achterdeck. Damit wissen Seeleute wieder, wie es ihren Vorgängern erging, die dort lebten, wo die Vibrationen und das Stampfen eines Schiffes besonders ausgeprägt sind. Einen Vorteil allerdings hat diese Platzierung der Aufbauten. Sind sie ganz achtern, so kann man nicht nur aus den Messen, sondern auch von dem unter Umständen vorhandenen Sonnendeck aus sowohl den Himmel als auch das Meer sehen. Auf großen Containerschiffen bekommen nämlich die Räume, deren *bull-eyes* nach vorne gehen, – bei voller Beladung des Schiffes – kaum Licht, weil die hohe Wand der gestapelten Container so nahe an die Aufbauten heranreicht, daß man den Eindruck bekommt, wenn man das Bullauge öffnen könnte, wären sie fast mit der Hand zu erreichen.

Sind die Aufbauten weiter mittschiffs, so herrscht diese Düsternis auch in den rückwärtigen Räumen, weil auch das Achterschiff mit Containern vollgestellt ist. Eine der Ehefrauen, die früher mit Begeisterung mitgefahren waren, wurde nach einer Mitfahrt auf so einem Schiff von einem Angestellten der Reederei ihres Mannes gefragt, wie es gewesen sei.

„Hab ich gesagt: 'Das waren fünf Wochen Knast.'"

Frage: Wie kommen Sie auf die Formulierung?

„Das kann ich Ihnen sagen. In dem Schiff konnte man nicht mal die Fenster aufmachen."[82]

Ehefrauen, die seit den achtziger Jahren immer wieder einmal mitgefahren sind und Schiffe verständlicherweise in erster Linie unter dem Gesichtspunkt ihrer Bewohnbarkeit betrachten, stellen viele weitere Sparmaßnahmen fest: „Der Schornstein ist auch so niedrig, das Abgas wird runter gedrückt. Also ich hab' es da keine fünf Minuten ausgehalten. ... Man konnte nur in dieser Blechbüchse sitzen."[83] Dann: Die Räumlichkeiten für den Kapitän seien auf einem dieser großen neuen Schiffe oft kleiner gewesen als früher auf einem Küstenmotorschiff.[84]

Von schlimmen Ausnahmen abgesehen haben Seeleute auf neueren Schiffen eigene Kammern und eine eigene Waschgelegenheit. Gegenüber dem Standard der Neubauten, die in den sechziger und siebziger Jahren fertiggestellt wurden, ist die Ausstattung heute allerdings meist karg. Viele Seeleute empfinden sie als lieblos. Als wir einen Kapitän kurze Zeit nach der Beendigung seiner aktiven Laufbahn fragten, was man verändern müsste, damit Schiffsoffiziere bereit wären, länger in ihrem Beruf zu bleiben, sagte er als Allererstes: „Es würde ja schon helfen, wenn Teppichboden in die Kammern gelegt würde."[85] Sicherlich lässt sich über die Nützlichkeit von Teppichboden streiten, es ist aber kein Zufall, daß sich ältere Seeleute immer wieder einmal mit leuchtenden Augen von Schiffen erzählen, auf denen es „richtiges Holz" in den Messen gab.[86] Auf einem Ro-Ro-Schiff berichteten die *ratings,* deren Kammern ohne nennenswerte Isolierung über dem Autodeck lagen, daß sie sich im Winter kaum duschen könnten, weil das Wasser, das oben warm aus dem Duschkopf komme, um ihre Füße herum gefriere. Und der Koch ergänzte, wenn ihm Suppe aus dem Topf schwappe, könne er anschliessend auf dem Eis in der Kombüse Rutschen spielen. Dieses Schiff hat Eisklasse A, ist also für Fahrtgebiete vorgesehen, in denen es sehr kalt wird. Seeleute fanden es wenig einleuchtend, daß zwar alle Vorkehrungen getroffen waren, um Autos möglichst unbeschädigt „von A nach B" zu bringen, an ihre Lebensbedingungen aber kaum gedacht worden war.

Die Verkopplung von technischen und lebenden Körpern

Wer je seekrank war, weiß, daß Menschen, die übers Wasser fahren, mit dem Schiffskörper[87], der ihnen dies möglich macht, verkoppelt sind. Je nach dem Wellengang, aber auch je nach den besonderen Eigenschaften eines Schiffes und dem augenblicklichen Aufenthaltsort eines Seemannes unter oder über Deck wird einer entweder sanft gewiegt, hin und her geschleudert oder sogar mehr oder minder durchgerüttelt. Wenn man Seeleuten ihren Beruf auch an Land manchmal noch eine Weile ansehen konnte (und ansehen kann), so zeigt sich darin, daß es in der Verkopplung von menschlichen Körpern mit dem Körper eines Schiffes, der Mensch ist, der sich anpassen muß.

Daß die Art und Weise, in der diese Verkopplung jeweils erlebt wird, nicht ausschließlich durch wechselnde Wind- und Wellenverhältnisse, sondern auch durch den Charakter eines Schiffes bestimmt ist, wissen Seeleute seit alters her. So weit also nichts Neues. Neu wären allerdings die inzwischen gewachsenen wissenschaftlichen Erkenntnisse und technischen Möglichkeiten, die genutzt werden könnten, um die Wohnqualität eines Schiffes zu verbessern. Vibrationen sind ein schwieriges Kapitel und trotz aller inzwischen gesammelten Erkenntnisse nicht völlig voraus zu berechnen. Auch ändern sie sich mit dem Grad der Beladung eines Schiffes. Dennoch, wenn nur gerade so viel Stahl verbaut wird, wie für den Gebrauch eines technischen Körpers zum Transport von Boxen erforderlich ist, dann kann das für jene anderen Körper an Bord, die keine Schachteln sind, manchmal äußerst unangenehm werden. Post eines Kapitäns von unterwegs: „Das Schiff ist nur halb beladen und rappelt und vibriert wie Teufel."[88] Manchmal läßt sich Vibrationen eine lustige Seite abgewinnen, so etwa, wenn man feststellt, daß diejenigen, die Zucker zum Kaffee nehmen, auf das Umrühren ohne weiteres verzichten können, weil das schon das Schiff für sie erledigt. Sehr viel öfter werden sie als eine ständige Belastung empfunden. Wenn Vibrationen so stark sind, daß sie den sicheren Schiffsbetrieb gefährden, wird Abhilfe versucht. Auf einem Schiff, so der Bericht eines Kapitäns, waren die Vibrationen so stark, daß die Position nur auf 10 Meilen genau bestimmt werden konnte. Sie hätten sich dann eine Vorrichtung gebaut, um eine genauere Kursbestimmung zu ermöglichen. Auf einem anderen Schiff mußte nachträglich mehr Stahl eingebaut werden, damit die Hauptmaschine ruhiger stand.[89] Daß Seeleute durchgerüttelt werden, stört weniger. Viele Seeleute aber führen ihre Gelenkerkrankungen darauf zurück, daß sie über Jahre hinweg starken Vibrationen ausgesetzt waren. Auch der Neigungswinkel eines Schiffes in schwerer See ist nicht vollständig vorab zu berechnen. Wenn sich ein Schiff aber immer wieder bis zu 40° zur Seite legt, sind zumindest

Seeleute der Ansicht, daß nur berechnet wurde, bis zu welchem Grad die Ladung noch stabil bleiben kann, nicht aber wie sich in den Aufbauten leben läßt. Ein Kapitän erzählte, auf einer Reise habe er allen Besatzungsmitgliedern, deren Kammern auf tieferen Decks lagen, angeboten, für ein paar Tage mit ihm zu tauschen, damit er wieder einmal schlafen könne. Wahrscheinlich habe niemand geglaubt, daß das Angebot ernst gemeint gewesen sei.[90] Und dann gibt es auch noch die Reiseplanungen: „Keiner kümmert sich darum, ob ein Schiff unbeladen im Januar über den Atlantik muß oder nicht. Der Charterer verlangt: Beginn der Charter in Norfolk, USA. Also wird das Schiff dort hingeschickt, und daß der Kapitän herumläuft und frägt, ob es nicht noch irgendetwas mitzunehmen gibt, ist wirkungslos. Was so eine Fahrt für die Mannschaft bedeutet, interessiert auch nicht.“[91]

Ältere Seeleute haben noch Schiffe kennen gelernt, die ruhiger waren und weniger vibrierten als die Neubauten, auf denen sie heute arbeiten. Sie wissen somit aus eigener Erfahrung, daß manche der Belastungen, die sie körperlich zu ertragen haben, vermeidbar sind, daß sie aber nicht vermieden werden, weil in den Kosten-Nutzen-Analysen, die in den Managements an Land angestellt werden, die Tatsache, daß Menschen sechs, sieben, ja zwölf und mehr Monate ohne Unterbrechung auf einem Schiff wohnen müssen, keine Rolle spielt. Einem Kapitän wurden diese unterschiedlichen Kalkulationen anhand eines etwas ausgefallenen Beispiels besonders deutlich. Er hatte einmal vorübergehend ein Schiff zu führen, das ebensolche Stabilisatoren hatte, wie sie auf Kreuzfahrtschiffen gebräuchlich sind, damit das Schiff auch bei heftigem Wellengang ruhiger im Wasser liegt. Er fand das „herrlich“. Bei seinem nächsten Besuch in der Reederei machte er den (vermutlich nicht ganz ernst gemeinten) Vorschlag, so etwas doch für alle Schiffe anzuschaffen, damit es die Seeleute genau so ruhig hätten wie Passagiere auf Kreuzfahrtschiffen. Daraufhin sei ihm entgegnet worden „Du spinnst, das kostet zwei Millionen.“ Unser Gesprächspartner im Rückblick: „Was sind zwei Millionen?“[92] Damit stellte er eine Kosten-Nutzen-Analyse an, die in Schiffahrtsunternehmen nicht gebräuchlich ist. Zwei Millionen sind auch im Horizont eines Kapitäns eine große Summe, doch könnten Stabilisatoren dazu führen, daß viele Seeleute über Jahre weniger körperliche Kraft aufwenden müssten, um in starker See ihr Gleichgewicht zu halten, daß sie viele Nächte ruhiger schlafen könnten, die Suppe im Sturm vielleicht nicht aus dem zum Mund gehobenen Teller trinken müßten und - je nach Bauart der Inneneinrichtungen - nach einem Sturm weder Regale an der Wand befestigen noch herausgerissene Schranktüren reparieren müssten. Einem Seemann gegenüber müsste schon ein anderes Argument als das der zwei Millionen ins Feld geführt werden, um ihn zu überzeugen. Technisch, das ist diesem Kapitän in seiner Zeit auf einem Schiff mit Stabilisatoren jedenfalls sehr deutlich geworden, ließe sich die Verkopplung von Schiffskörper und Seemann in mancher Hinsicht durchaus zugunsten des letzteren verändern.

Deutlicher als früher ist die Verkopplung der beiden sehr unterschiedlichen Körper von Schiff und Mensch auch in den wechselnden Rhythmen des Lebens zu erfahren, von denen oben schon gehandelt wurde. Zwar sind diese Wechsel unterschiedlich bedingt, in der *short range* durch die kurzen Seereisen zwischen den Häfen, auf langer Fahrt durch die Tatsache, daß in rascher Folge unterschiedliche Zeitzonen durchfahren werden. In beiden Fällen aber handelt es sich um eine Auswirkung der immensen Beschleunigung der Schiffe und des Hafenbetriebs. Diese technischen Entwicklungen körperlich zu bewältigen, scheint noch schwieriger zu sein, als die Anforderung, sich „Seebeine" anzuschaffen. Das macht sich unter anderem daran bemerkbar, daß ein Seemann, der einmal gelernt hat, auf schwankendem Boden sein Gleichgewicht zu halten, diese Fähigkeit im Laufe seines Lebens eher noch verbessert, was dagegen die Anpassung des eigenen Körpers an ständig wechselnde Zeitrhythmen betrifft, so berichten fast alle länger befahrenen Seeleute, daß sie ihnen mit zunehmendem Alter größere Schwierigkeiten bereitet.

Und dann der Lärm. Zwar sind Ohrenschützer nur für den Maschinenbetrieb vorgeschrieben, aber auch an Deck ist der Lärm auf modernen Schiffen manchmal ohrenbetäubend. Zum Krach der riesigen Lüfter an Deck, der Kompressoren an Reefern und dem Geräusch des Fahrtwindes, den diese sehr schnellen Schiffe erzeugen, kommt hier noch der Lärm der Container hinzu. Dieser Lärmpegel erschwert die verbale Kommunikation an Deck. In normaler Lautstärke ist sie kaum über mehr als zwei Meter Entfernung hinweg möglich. Von „Natur" werden die Geräusche des Schiffes nur übertönt, wenn der Wind brüllt und die Wellen peitschen. Zusammen mit der Größe vieler Schiffe vermittelt der dort ständig herrschende Lärmpegel den Eindruck, man befinde sich auf einer schwimmenden Fabrik. So ist die Alltagswelt von Seeleuten zwar nach wie vor durch Naturkräfte bedroht, doch liefert Natur nicht ihre wichtigste Prägung. Für die Mitglieder eines Maschinenraums hat der Lärm auch früher schon den Aufenthaltsort definiert, hat die Arbeitskräfte - zumindest in Phasen des Routinebetriebs - vergessen lassen, daß ihre Maschinenhalle von Wasser umgeben ist, auf modernen Schiffen gilt dies trotz ihres anderen Horizontes auch für Decksleute. Auch für sie errichtet der Lärm heute in gewisser Weise eine Wand zwischen dem Seemann und der ihn umgebenden Natur. Da nimmt es kaum Wunder, daß die meisten Seeleute die sie umgebende Natur heute ausschließlich unter dem Gesichtspunkt wahrnehmen, ob sie ihren Arbeitsplatz mehr oder weniger zum Wackeln bringt, sie mehr oder weniger schwitzen oder frieren. Daß immer weniger Schiffe dazu einladen, in gemäßigten oder heißen Regionen einen Teil der Freizeit an Deck zu verbringen, verstärkt sicherlich den Eindruck, auf einer schwimmenden Fabrik untergebracht zu sein.

Legt eine solche Fabrik im Hafen an, erweitert sich die Reichweite sinnlicher Eindrücke kaum. Anstelle der „Gerüche des Orients", von denen frühere Seefahrer berichten konnten, stinken die meisten Häfen heute nur noch nach Weltschiffahrt, nach verbranntem Schweröl vor allem. Zwar gibt es noch Schiffe, die lebendes Vieh transportieren, und Häfen, in denen man das riecht, es gibt auch den typischen Geruch von Getreide- Holz- und Fischereihäfen, in Containerhäfen aber bietet sich der weltweite Warenverkehr den Sinnen nur in abstrakten Formen dar: ohne spezifische Gestalt, ohne spezifischen Geruch.[93] Lediglich Kisten werden hin und her bewegt, und dies unter ohrenbetäubendem Lärm. Aber auch diese Art von Lärm ist globalisiert, die gelegentlichen Frotzeleien zwischen philippinischen Decksleuten und südamerikanischen *lashing gangs*, die sich aufgrund der gemeinsamen kolonialen Vergangenheit ihrer Herkunftsländer miteinander verständigen können, werden überlagert vom Krach der Kräne, vom Scheppern der *lashing gears*, von einschnappenden *twistlocks* und von an- und abfahrenden Lastwagen. In Öl-und Gashäfen ist es zwar ruhig, fast gespenstisch ruhig sogar, doch sieht die Besatzung vom Schiff aus nur eine „Landschaft" aus Rohrsträngen, kann überdies der gefährlichen Ladung wegen das Schiff nur in Begleitung des lokal zuständigen Sicherheitspersonals verlassen. Gelegentlich einmal erzählt ein Seemann, man könne das Land schon einen halben Tag vor der Ankunft an einer Küste riechen, und nach einer langen Seereise sei das auch jedes Mal wieder genau so aufregend wie die Ankunft der ersten Vögel.[94] Wenn das Schiff dann tatsächlich im Hafen angelangt ist, werden die Verheißungen, die das Land verspricht, meist schal.

Schiffskost

Alle, die in den sechziger Jahren auf deutschen Schiffen zur See fuhren, erinnern sich daran, daß mit zunehmender Vollbeschäftigung an Land nicht nur die Heuern stiegen und mehr Duschen eingebaut wurden, sondern daß sich auch die Verpflegung an Bord verbesserte. In den fünfziger und beginnenden sechziger Jahren war üblicherweise noch jedem Mannschaftsmitglied pro Woche eine bestimmte Menge an Kaffee und Butter zugeteilt worden. „Margarine ... konnte man, so viel wie man wollte. Aber Butter gab es nur ein halbes Pfund."[95] „In der Messe war eine Schrankwand, da hatte jeder so ein Fach, und ich als Moses mußte das dann rausholen, bei jedem ein bißchen Kaffee raus, jedem seine Butter rausgeholt und alles, was zu der Zuteilung gehört, und dann mußte ich einiges auch wieder reinstellen, damit da ja kein anderer beigeht und hat ihm die Butter rausgenommen oder was."[96] Ältere Seeleute aber können sich gut daran erinnern, daß man die Butter dann „mit dem Pinsel [draufschmierte], so auf Deutsch gesagt, weil die ja weglief. ... Später kriegten wir dann einen Kühlschrank. Einen großen Kühlschrank ..., und da waren dann mehrere Fächer, und da mußte ich immer den Namen dran machen. Und der Kühlschrank war abgeschlossen, daß da nicht zwischendurch einer dran konnte."[97] Die Zuteilung wurde unterschiedlich lange beibehalten. In einzelnen Reedereien gab es sie noch bis in die zweite Hälfte der sechziger Jahre: „die eiskalte Zuteilung nach der Speiserolle."[98] Mehr und mehr allerdings wurde es damals üblich, dem Koch eines bestimmte Menge für die gesamte Mannschaft auszuhändigen. Und auch diese Zuteilung wurde dann vielfach nicht mehr „eiskalt" gehandhabt. „Wenn jetzt Kaffee alle war, und das war Frühstück am Freitag, und Freitag Mittag gab es erst neuen, dann kriegte ich fürs Frühstück natürlich noch Kaffee wieder zu, extra."[99] Und dann, so erinnern sich Köche: „Schlagartig waren diese Zuteilungen vorbei. ... 1967, 1968 ... war schlagartig Ende damit. Da kam also Proviant ohne Ende, egal, was wir bestellt haben." Zwar hätten „die" manchmal bei Kleinigkeiten erst ein bißchen verrückt gespielt, dann aber sei schließlich doch alles geliefert worden, „ein Katenschinken oder irgend so ein Zeugs." Das habe zwar nicht für alle Frachtschiffe gegolten, aber doch für die neuen Containerschiffe. „Auch Milch ... plötzlich, Fruchtsäfte. Was hat der Alte und der *Chief* hinter seinem Orangenjuice hergejagt."[100] Und dann gibt es noch eine Formulierung, die sich bis ins 21. Jahrhundert gehalten hat. Wenn heute ein philippinischer Koch morgens das an diesem Tag offerierte Frühstücksmenü aushängt, so benutzt er auf einem Schiff unter deutscher Leitung manchmal zwei Sprachen, kündigt also beispielsweise mittwochs an: „Stramer Maxe [sic]" und donnerstags: „Eier nach Wahl". Ältere deutsche Seeleute könnten ihm erzählen, daß es „beim Lloyd" schon anfangs der sechziger Jahre „Eier nach Wahl" gab, - „bei HAPAG gab es die nur sonntags" -, ein Umstand, der nicht wenig dazu beigetragen hat, daß Seeleute, die damals „beim Lloyd" fuhren, noch heute manchmal von „Väterchen Lloyd" reden.[101]

Inzwischen wird am Tagessatz für die Verpflegung zwar vielfach wieder gespart, einen Rückschritt bis in die frühen sechziger Jahre hat es - von schlimmen Ausnahmen abgesehen - aber nicht gegeben. Erhalten geblieben ist auch die Kühltechnik. Sie mußte allerdings auch deshalb Standard werden, weil viele Schiffe heute kurze Liegezeiten in Häfen haben, die weitab von jeder Einkaufsmöglichkeit sind. Selbst wenn ein Schiff einen Koch hat, dem der Kapitän zutrauen würde, unterwegs sinnvoll einzukaufen, kann er ihn unter diesen Bedingungen nicht an Land schikken.[102] So sind die meisten Köche und Mannschaften auf Kühlräume oder Gefriertruhen sowie auf die Lieferungen eines von der Reederei beauftragten Schiffshändlers angewiesen. Dieser versorgt das Schiff - oft für mehrere Wochen oder gar Monate - mit sämtlichen Vorräten. Über Schiffshändler kursieren unterschiedliche Ansichten. Manche, so heißt es, versuchten, besondere Wünsche zu erfüllen, andere kümmerten sich zwar ordentlich um den Nachschub an Schrauben, seien bei der Lieferung von Nahrungsmitteln aber vor allem aufs Geldverdienen aus. Verarbeitet wurden diese Eindrücke auch in einem Witz, der unter deutschen Seeleuten kursiert: Ein Lehrer trifft seinen früheren Schüler. Der fährt einen großen Wagen. Auf die Frage des Lehrers, was er denn für einen Beruf habe, kommt die Antwort, er sei Schiffshändler. Aber dafür müsse man doch rechnen können. Das sei nicht so schwierig, er lebe durchgängig von 5%. Er kaufe etwas für 5 DM und verkaufe es für 10 DM weiter. Mit diesen 5% Gewinn komme er ganz gut hin.[103]

Die Jahre, in denen das Essen an Bord gerade reichlicher und besser wurde, waren auch jene Jahre, in denen immer mehr deutsche Reedereien dazu übergingen, Seeleute aus dem europäischen Ausland zu heuern. Die Kost an Bord blieb aber deutsch. Spanier und Portugiesen hätten sich im Hafen dann ihren Stockfisch meist selbst gekauft, sagen ältere Seeleute.

„Von 'Neptun' wurde mit Proviant ja sowieso gegeizt bis zum Schluß, kannst Du bald sagen." [104]

„Und dann kamen die Türken."

Am Anfang, so Seeleute, die damals als Köche fuhren, sei auf deren religiöse Vorschriften keine Rücksicht genommen worden. Dann aber habe man eben noch Corned Beef eingekauft.

„Wenn die anderen nun Schweinefleisch hatten, hatten die ihr Corned Beef."[105]

Und „der Chinese" bekam eine größere Portion Reis.

Es habe aber auch durchaus Reeder gegeben, die gesagt hätten: „Wir kaufen kein Corned Beef."

„Genau so ist es gewesen."

„'Wir haben kein Geld' oder 'wir müssen sparen' oder 'Dein Proviantsatz ist 5.30 DM'."
Frage: Also hat man auf Mohammedaner einfach keine Rücksicht genommen?

„Am Anfang nich."[106]

Für deutsche Seeleute änderte sich zunächst noch nichts. Das war erst der Fall, als dann statt deutscher Köche billigere nicht-europäische Köche geheuert wurden. Da gleichzeitig auch zunehmend nicht-europäisches sonstiges Personal geheuert wurde, wurde auf den meisten Schiffen zu allen Mahlzeiten des Tages (zusätzlich) Reis gekocht. Generell bestanden die verbliebenen deutschen Seeleute aber auf deutscher Kost. In gewisser Weise wurde in den Kombüsen von Handelsschiffen ausgefochten, in welcher Art und Weise an Bord Kulturtransfer stattfinden sollte. Genauer gesagt, über die Kombüse wurde kulturelle Dominanz behauptet und kulturelle Identität der Führungskräfte definiert. Das hat einen jener Widersprüche hervorgerufen, die nur im Zusammenhang solcher Konflikte um Identität entstehen können.[107] Während nämlich einerseits in den siebziger Jahren auf vielen Schiffen deutscher Reeder die materielle Möglichkeit gegeben war, die Schiffskost abwechslungsreicher zu gestalten und von den alten Mustern etwas abzuweichen, setzte sich andererseits ein Prozeß der strikten Definition „deutscher Küche" durch. Dazu gehört etwa „samstags Eintopf generell."[108] Gleichzeitig, so jedenfalls ein sorgfältiger Beobachter der Entwicklung,[109] wurde es immer seltener, daß deutsche Seeleute aus Neugier die Gerichte probierten, die für die *crew*-Messe gekocht wurden. Heute ist diese Abwehr des Fremden, von Ausnahmen abgesehen, das dominante Muster.[110] Ihm folgen, auf der anderen Seite, auch nicht-europäische Seeleute. Während sich an Land kulinarische Vorlieben und Essensgewohnheiten international zunehmend angleichen, - und es auch durchaus vorkommen kann, daß ein deutscher und ein nicht-europäischer Seemann bei einem kurzen Landgang gemeinsam zu MacDonalds gehen -, wird dieser Prozeß auf den meisten Schiffen unter deutscher Leitung verweigert. Das macht Köche zu Prellböcken im „Kampf um Differenz".[111] Sofern es noch europäische Köche gibt,[112] haben sie es leichter, weil sie die Führungskräfte auf ihrer Seite haben. Sie kochen zusätzlich zur „deutschen Küche" Reis und ersetzen Schweinefleisch durch Rindfleisch oder Huhn. Schwieriger ist es für nicht-europäische Köche, die nicht bereits an Land entsprechende Erfahrungen gesammelt haben. Ihnen wird „deutsche Küche" abverlangt, bestenfalls einmal die Woche wird in der Regel ein asiatisches Hühnergericht mit Reis akzeptiert. Nun gab und gibt es auf Schiffen gute Köche, schlechte Köche und miserable Köche.[113] Manche Köche sind schlicht ein Graus. Viele Reedereien scheinen *crewing agencies* auch im Hinblick auf das Kombüsenpersonal anzuweisen, vor allen Dingen billig einzukaufen. Einzelne Reedereien richten Schulungskurse ein. Deren Erfolg scheint sich in Grenzen zu halten.[114] „Heute ist Sonntag, da gibt es Chicken. Eigentlich gibt es jeden Tag Chicken in irgendeiner Form, aber trotzdem: Sonntags gibt es Chicken."[115] An Bord kommt es dann häufig zu Rettungsmaßnahmen. Kapitäne oder Offiziere betätigen sich als Ausbilder. Da wurde dann beispielsweise zunächst Rotkohl mit Roulade geübt. Als der Koch das einigermaßen gelernt hatte, servierte er dieses Gericht - auch in den Tropen - zumeist dreimal wöchentlich.[116] Auf einem Schiff, so wurde uns berichtet,[117] hatte ein Koch sieben Gerichte gut gelernt. Die gab es dann aber jede Woche in der gleichen Reihenfolge.[118] Auch diejenigen, die nur einen Vertrag über sechs Monate hatten, waren mit der Zeit ziemlich *„fed up"*. Ein Kapitän von unterwegs: „Unser *Cookie* hat sich auch wieder ein paar prächtige Rezepte ausgedacht: 'Ravioli auf Toast', 'Remoulade auf Toast', Gulasch mit Kartoffelsalat etc. Na, auf dem Rückweg werde ich mich ein wenig um die Küche kümmern. Sie ist mir außerdem viel zu schmuddelig."[119] Absurditäten von Köchen hätten manche Seeleute, sofern ihr Schiff nicht auch zur Beförderung von

Passagieren genutzt wurde, auch früher erzählen können. Auch schmuddelige Küchen gab es bereits vor der Globalisierung des Arbeitsmarktes. Ärgerlich war das dann auch damals. Heute jedoch füllen derartige Erfahrungen ganz unweigerlich die Schubladen kultureller Stereotype, die sich an Bord herausbilden und immer wieder bestätigen. „Der wußte noch nicht mal, daß wir mit Messer und Gabel essen," sagte ein Kapitän von einem Steward, der zum ersten Mal für diese Funktion geheuert worden war. Das war dann nicht nur ein Urteil über die Per-

Abbildung 21: Ergänzung der Schiffskost

sonalpolitik der Reederei, sondern auch über den Grad an Zivilisation des sehr freundlichen jungen Mannes.[120]

Auch schlechte Köche halten sich an gewisse Standards. Standard sind heute (auf Schiffen mit einem passablen Tagessatz) drei warme Mahlzeiten am Tag, Standard ist Fleisch (oder Wurst) zu jeder Mahlzeit, und Standard ist eine sehr fette Küche. Ein Diskussionsteilnehmer sagte, seit er Mitte dreißig sei, halte ihm der Vertrauensarzt der Berufsgenossenschaft bei den vorgeschriebenen regelmäßigen Untersuchungen immer vor, er habe zu viel Gewicht. „'Ja, das erzählen Sie nicht mir, Doktor, da gehen Sie mal an Bord und erzählen das den Köchen. Ich würde morgens zum Frühstück auch mal lieber ein Quarkbrötchen essen.' Aber das war nie möglich. Es gab eben nur Eier und Speck."[121] Ein anderer: „Belastend ist hier alles. Belastend ist das Essen. Ich kann keine Banane essen, wann ich möchte, nicht so viel Gemüse, wie ich möchte."[122] Manche der Seeleute machen heroische Anstrengungen, ihr Gewicht zu halten: „*Cancel, my friend*", war die auf einem Schiff gängige Formulierung, wenn dem Koch mitgeteilt wurde, daß entweder auf die Suppe, das Hauptgericht oder den Nachtisch verzichtet wurde. Dennoch, als Gipfel mangelnder Fürsorge empfinden alle die Tatsache, daß es inzwischen auch Schiffe gibt, - vereinzelt wird das nicht nur von Schiffen in der *short range*, sondern sogar von großen Containerschiffen auf langer Fahrt berichtet, - auf denen es gar keinen Koch mehr gibt, sondern nur noch Mikrowellen, in denen dann die abgepackten Gerichte, die eine Catering Firma geliefert hat, aufgewärmt werden. Auch wenn einzelne Köche Gerichte herstellen, die mit großer Wahrscheinlichkeit unter dem Standard derart vorgefertigter Menüs liegen, für Seeleute gilt diese Entwicklung, selbst wenn sie den meisten vorläufig nur vom Hörensagen bekannt ist, als Ausdruck einer Reedereipolitik, die sich ausschließlich auf das Funktionieren des Transports konzentriert. Typisch ist der Galgenhumor eines Kapitäns, dem ein Kollege berichtet hatte, er sei auf einem Schiff mit derart tiefgefrorenen Menüs bis nach Singapur gefahren. Das Essen sei dann jeweils von einem Decksmann in die Mikrowelle gesteckt worden. Darauf der Kommentar unseres Gesprächspartners: „In ein paar Jahren machen sie gar keine Aufbauten mehr. Dann gibt es Wohncontainer, die man zwischen die andern an Deck stellt: Für die Nautiker macht man es vorne etwas breiter. Dann können sie navigieren."[123]

Einsamkeit

An Bord gab und gibt es beides, die aufgezwungene Gemeinschaft mit einer Gruppe von Menschen, aber auch die große Einsamkeit. Traf sie im 19. Jahrhundert am ehesten Kapitäne, denen abverlangt wurde, soziale Distanz zur Mannschaft zu halten, was auf Schiffen mit wenig Offizieren bedeutete, daß sie viele Stunden des

Tages alleine waren,[124] so hat sich diese Erfahrung durch die internationale Zusammensetzung der *crews* und die Verringerung der Mannschaftsstärken heute verallgemeinert.

Manches ist dienstlich bedingt. Auf einem Drei-Wachen-Schiff kommt der *Chief Mate* nach dem Ende seiner Wache zum Frühstück, wenn alle anderen schon bei der Arbeit sind, und der Zweite Offizier kommt zum Mittagessen, wenn sich außer ihm bestenfalls der Steward in der Messe aufhält, der noch nicht ganz damit fertig geworden ist, den Tisch zu decken. Dennoch: Einsamkeit wird zumeist nicht in der Arbeit erfahren. Diese erfordert Kooperation und gegenseitige Information.

Was an Bord los ist, erfährt man meist eher nebenbei, manchmal während der Mahlzeiten, sehr viel öfter aber während der beiden halbstündigen *coffee-breaks* (um 10 Uhr und um 15 Uhr). Diese Pausen sind gewissermaßen Veranstaltungen zur Verbreitung von Neuigkeiten. Hier erfahren die Offiziere „aus der Maschine", ob der Charterer den Zielhafen geändert hat, welches Wetter erwartet wird und vieles mehr.[125] Techniker besprechen oft irgend ein neu aufgetretenes Problem. Je nach der Zusammensetzung der Runde werden auch Geschichten erzählt, Witze gerissen, über den Koch gelästert oder Methoden der Alterssicherung diskutiert. Und noch immer kann es geschehen, daß einer schon kurze Zeit nach Dienstantritt „unten durch" ist, weil er angeberisch eine Geschichte erzählt, von der alle anderen annehmen, daß sie so nicht stimmen kann. Auf manchen Schiffen treffen sich, soweit sich das mit der Arbeit vereinbaren läßt, alle Offiziere und manchmal auch der Kapitän[126] bei diesen Pausen, auf anderen trinken die nichteuropäischen Offiziere ihren Kaffee in der Mannschaftsmesse. Auch dort fungiert die Kaffeepause als Informationsbörse.

Einsamkeit ist vor allem ein Problem der Freizeit. Es gibt Schiffe, - genauer gesagt: eine spezifische Zusammensetzung von Individuen in einer Besatzung - auf denen es möglich ist, die Sprachbarrieren und die empfundenen Kulturbarrieren zu überspringen und damit der Vereinsamung zu begegnen. Sie sind bislang eher selten. Ein Umstand, der, wir haben bereits darauf hingewiesen, bedacht werden sollte, wenn die Vorteile der Zusammensetzung einer Mannschaft aus möglichst vielen Nationalitäten gepriesen werden. Denn wenn auch einer unserer Diskussionsteilnehmer sagte, er habe an Bord nicht gelebt, sondern fünfundvierzig Jahre lang nur gearbeitet, so widersprachen in der entsprechenden Diskussion ihm doch alle anderen. Auch an Bord beträgt die Arbeitszeit nicht Tag für Tag 24 Stunden. Zwar ist mit Essen, Schlafen und „Schlaf nachholen" zumeist schon der größte Teil der freien Zeit verbraucht, auch muß der Seemann seine Wäsche Waschen, bügeln und manchmal flicken, seine Kammer aufräumen und sich manchmal von einem anderen die Haare schneiden lassen,[127] doch bleibt dann immer noch die eine oder andere Stunde.

In dieser - nun tatsächlich „freien" - Zeit sitzen Offiziere - von bemerkenswerten Ausnahmen abgesehen -, selten mit einem Kollegen anderer Nationalität (bzw. Sprachgemeinschaft) zusammen. *Ratings* treffen sich öfter zu mehreren auf einer Kammer, auch dann aber meist nicht in internationaler Zusammensetzung. Ist ein Kapitän der einzige Deutsche an Bord oder ist der andere Deutsche an Bord jemand, mit dem er nicht seine Freizeit verbringen mag, so werden beide außerhalb ihres Dienstes alleine in ihrer Kammer hocken. Entsprechend geht es auch *ratings*, die eine unter den Kameraden sonst nicht vertretene Muttersprache haben. Sie kommen zum Video-Konsum, sitzen auch beim Karaoke-Abend dabei, ziehen sich zumeist aber früh zurück. In einer besonderen Situation fand sich ein deutscher Bootsmann, der an die frühere Geselligkeit gewöhnt gewesen war, und nun plötzlich der einzige Deutsche auf Mannschaftsebene war.

„Als Deutscher, wenn Du nicht Kapitän oder Offizier bist, ... das merken Kapitäne gar nicht, vereinsamst Du. Ich war wirklich nur noch das einzige Besatzungsmitglied als Bootsmann. ... Und ich bin ja einer von diesen Alten, die auch diese Hierarchie selbst akzeptiert haben, und da schlug einem das Herz bis zum Halse. Damals konnte man zu dem einen oder anderen auch mal jammern gehen. Das gehört doch auch zum Leben. Nun bin ich dann immer zum Kapitän gegangen, ..., der war eigentlich ein Pfundskerl, und so weiter. Aber was hat er mir als Antwort gegeben? 'Bootsmann, sieh zu, daß du klar kommst. Du weiß doch, wer nicht klar kommt, fliegt. Und ... denk daran, nur noch drei Tage oder nur noch ein Monat.' So wurde das gemacht."[128]

Sind auf einem Schiff mehrere deutsche Offiziere und ein oder zwei Deutsche auf der Mannschaftsebene, so essen letztere heute zumeist in der Offiziersmesse und sind auch abends ganz selbstverständlich zum Aufenthaltsraum der Offiziere zugelassen.

Zwar lernen Seeleute, mit vielen ihrer Kümmernisse zurecht zu kommen, aber manchmal muß man eben auch „mal jammern gehen." Und das, so jedenfalls unsere Beobachtung, geschieht an Bord, soweit es nicht den Schiffsbetrieb betrifft, eben nur in Ausnahmefällen in Englisch. Der Decksmann, der sich sorgt, ob die junge Frau, mit der er sich gerade vor der Abfahrt noch verlobt hat, auf ihn warten wird, erzählt das eben nicht einem Kameraden aus Indien, sondern dem Offizier, der wie er selbst aus Sri Lanka stammt.[129] Und der Zweite Ingenieur aus Deutschland, dem es genau so geht, vertraut sich auch nicht dem Dritten Ingenieur aus den Philippinen an, sondern dem Schiffsmechaniker aus Deutschland. Die Auswahl an Personen, die dafür in Frage kommen, daß ihnen ein Kümmernis oder eine Hoffnung erzählt werden kann, ist an Bord ohnehin nicht sehr groß. Für die meisten Seeleute begrenzt sie sich aber zusätzlich auf jene Besatzungsmitglieder, die ihre Sprache sprechen. Die Begrenzung privater Kontakte mag dem einen oder anderen Beobachter als wenig zwingend erscheinen, doch ändert solche von außen formulierte Kritik nichts an der abgrundtiefen

Einsamkeit, die manchen Seemann nur gelegentlich, andere aber Abend für Abend überfällt.

Frau an Bord

„Und dann ist ja der Reeder auf die glorreiche Idee verfallen, Ehefrauen mitfahren zu lassen. Das ist ein ganz heißes Thema bei der Seefahrt gewesen!“[130]

Mitfahrende Ehefrauen gibt es seit mindestens zwei Jahrhunderten. Schiffahrtshistorikerinnen sind sich weitgehend einig, daß Mitfahrten ab Mitte des 19. Jahrhunderts keine Besonderheit mehr waren.[131] Allerdings kamen sie ausschließlich für die Ehefrauen von Kapitänen in Frage. Besonders häufig fuhren Ehefrauen auf Schiffen mit, die ihrem Mann (zumindest teilweise) selbst gehörten. Da waren dann oft ganze Familien über Jahre hinweg zusammen auf Trampfahrt unterwegs.[132] Vereinzelt gab es auch immer schon einmal die Genehmigung des Reeders, daß eine Frau ihren Mann für kurze Zeit begleitete. Während dies im Verlauf des 20. Jahrhunderts, etwa bei skandinavischen Reedereien, Gang und Gäbe wurde, genehmigten deutsche Reedereien in den fünfziger Jahren eine solche Mitfahrt nur in seltenen Ausnahmefällen. Nach Ansicht von Seeleuten rückten sie von diesem Prinzip erst ab, als es in den sechziger Jahren schwierig wurde, Personal zu bekommen und zu halten.

„Das war bei der Seefahrt so. ... Der Reeder hatte kein Personal, und da haben die gesagt: 'O.k., du brauchst gar nicht nach Hause. Du brauchst nicht anlegen. Du brauchst Weihnachten nicht nach Hause. Du kannst deine Frau an Bord holen.' Und dann haben die mit vier, fünf Frauen da auf so einem Dampfer rum gesessen.“[133]

Manche erlebten die neue Regelung als eine Art Druckmittel:

„Also, ich habe das auch bei 'Hapag-Lloyd' erlebt. Ein zweiter Offizier, keine Kinder, verheiratet. ... Der Mann wurde immer wieder eingesetzt. Es fehlten ja auch zwei Ladungsoffiziere. 'Ist das nicht phantastisch? Herr so und so. Unser bester Mann. Wir müssen bald sehen, daß wir den befördern. Immer wenn wir ihn brauchen, er macht alles.' Ich kam ja auch mit ihm zurück. Heiligabend waren wir in Hamburg angekommen. Nun fiel der aus, der ihn eigentlich ablösen sollte. ... 'Klar', sagt der, 'ich nehme meine Frau wieder mit und fahr noch eben nach Hause.' Der Mann wurde nachher gleich befördert.“[134]

Trotzdem, manche Reedereien verlangten, daß ein halbes Jahr vorher ein schriftlicher Antrag gestellt wurde. Genehmigt wurde er prinzipiell nur für die Ehefrau des Kapitäns, des *Chiefs* und des Ersten Offiziers. In den achtziger Jahren sei das dann aber „gar kein Thema mehr“ gewesen, sondern ganz unkompliziert möglich.[135] Es gab aber auch grundsätzlichere Einwände:

„Ich habe immer dafür plädiert, also grundsätzlich keine Frau an Bord. ... Also, wenn der Moses seine Frau nicht mitnehmen darf, braucht der Kapitän das auch nicht.“[136]

Ein anderer: „Die konnten da ein halbes Jahr durch die Gegend fahren. Und das war in meinen Augen ungerecht. Und die Steuerleute durften das, die Ingenieure, der Kapitän, bloß die Leute an Deck, die durften ihre Frauen nicht mitnehmen."

„Nein. Grundsätzlich nicht."

„Auch der Bootsmann schon nicht mehr."

„Nein."

„Keine Chance."[137]

Aus solchen Stellungnahmen läßt sich jener Neid auf das Privileg von Sexualbeziehungen an Bord herauslesen, für die sich auch Belege in Aufzeichnungen von Seeleuten gefunden haben, die im 19. Jahrhundert zur See fuhren.[138] Faktisch sind dann Ehefrauen von Kapitänen und Offizieren, die keine Kinder hatten oder deren Kinder noch nicht schulpflichtig waren, relativ häufig, auch über längere Zeit, mitgefahren. „Wenn mein Mann eingestiegen ist, bin ich noch einen Monat zu Hause geblieben. Alles in Ordnung gebracht, meinen Kater geschnappt und hinterher geflogen."[139] Zunehmend wurde die Mitfahrt auch Frauen von Unteroffizieren gestattet, einige Reedereien ließen auch Lebensgefährtinnen zu. „Da waren Kinder an Bord, und manchmal hatten wir fünf, sechs Ehefrauen ... Und da waren übrigens diese Spanier und Türken, die waren also ... Ganz toll. Galant und höflich und so ... Das hat irgendwie zum Bordklima mit beigetragen."[140] Waren mehrere Frauen an Bord, so waren gemeinsame Unternehmungen möglich: „An Land gehen, wenn die Männer keine Zeit hatten. Miteinander reden. In Swimmingpool gehen, und - ach -, da haben wir es uns recht gemütlich gemacht."[141] Manch eine hat über Jahre jeweils lange Reisen mitgemacht. Eine fing nach längerer Pause wieder damit an, als die Tochter groß war: „meistens um die Weihnachtszeit, zwei bis drei Monate. ... Mein Mann ist quasi Linie gefahren: Nordamerika Ostküste, Südafrika, Elfenbeinküste und dann wieder zurück: Südamerika, Brasilien, Venezuela."[142] Andere sind immer nur mit den Kindern zu einem europäischen Hafen gefahren, um dort den Mann kurze Zeit zu sehen. Manche Reedereien haben in den letzten Jahren auch die Mitfahrt einer Braut genehmigt.[143] In vielen Reedereien werden zudem engen Verwandten ermäßigte Preise eingeräumt. Auch die Zeiträume, in denen entweder kostenlose oder ermäßigte Mitfahrt genehmigt wird, differieren. In den letzten Jahren sind sie bei mehreren Reedereien verkürzt worden. In manchen Reedereien werden (manche) Ehefrauen nicht als Passagiere, sondern als *supernumeraries* auf der *crew list* geführt.[144] „Die meisten hatten so ein Zertifikat, da stand *AB* [*able bodied seaman*] drauf. Ich war eigentlich immer die einzige, die als *OS* [*ordinary seaman*] fuhr."[145] Im Prinzip gilt die Möglichkeit, daß die Frau mitfährt, heute bei vielen Reedereien für alle Besatzungsmitglieder. Über das Maß ihrer Nutzung gibt es keine Statistik. International scheinen vor allem indische und griechische Offiziere gelegentlich ihre

Ehefrauen mit an Bord zu bringen.[146] Auf einem Schiff, das in europäischen Gewässern verkehrte, wiesen europäische *ratings* mehrfach darauf hin, daß sie ihre Frauen nie mitbringen könnten, weil ihre Kojen viel zu schmal seien.[147]

Die Mitfahrten von Ehefrauen haben mindestens drei Seiten: das Erlebnis für die Frauen selbst, das Erlebnis für die besuchten Seeleute und die Wirkung auf die Mannschaft. Kaum etwas davon läßt sich verallgemeinern, weil es von den Umständen einer Reise, mehr noch von den jeweiligen Persönlichkeiten sowohl der Ehefrauen als auch ihrer Männer abhängt. Eines allerdings ist sicher: die Möglichkeit, eine solche Reise als Urlaubsreise zu nutzen, die auch Gelegenheit zu Ausflügen bietet, ist kaum noch vorhanden. Wenn Frauen von früheren Reisen schwärmen, welche Ausflüge - „im Jemen bis ins Hochgebirge" - sie machten, oder daß sie in Indien jeden Abend vom Agenten abgeholt und in ein Restaurant geführt wurden, so ist das zwar erst zehn oder fünfzehn Jahre her, aber doch ein Bericht aus einer ganz anderen Zeit. Heute muß dann schon einmal in einem südamerikanischen Hafen der Kran kaputt gehen. „Das ist dann natürlich ein Glücksfall."[148] (Für die Ehefrau jedenfalls) Auch an Bord, das wurde oben bereits erwähnt, ist die Möglichkeit, die Reise als Urlaubsreise zu genießen,[149] sich etwa mit einem der mitgebrachten Bücher an Deck in die Sonne zu setzen, auf sehr vielen Schiffen nicht mehr gegeben. „Man konnte nur in dieser Blechbüchse sitzen."[150] Im übrigen erfahren Ehefrauen unterwegs den Ärger und die Belastungen ihrer Männer, die diese eigenem Bekunden zufolge „an Bord lassen", wenn sie in Urlaub gehen, ganz unzensiert.[151] Fast jede Frau sagte, sie habe während der Mitfahrten festgestellt, daß das Leben ihres Mannes „viel, viel anstrengender war" als er das je beschrieben hatte. [152] Denn „über die Arbeit hat er nicht so viel erzählt."[153] Und dann stellen sie auch fest: „Mein Mann ist einsam oben in seinen Räumen. Er ist einsam. Das ist fürchterlich. Ich empfinde das persönlich mit, wenn ich an Bord bin. Wie schrecklich das ist. So alleine in der Kammer sitzen oder auf der Brücke. Gut, da wird geredet über das Schiff. Kein persönliches Gespräch."[154] Für die Ehemänner an Bord ist der Besuch manchmal zweischneidig.[155] Da ist zunächst das Wissen darum, daß zumindest die eine oder andere Ehefrau erwartet, daß ihr Mann den einen oder anderen ausgiebigen Landgang für sie beide zuwege bringt, er selbst aber gerade im Hafen heute oft sehr unter Zeitdruck steht und unerwartete Probleme lösen muß. Es kann auch vorkommen, daß eine Ehefrau sich auf besonders „schöne Abende" in Zweisamkeit - bei mitgebrachter Kerze - freut, ihr Mann dazu aber „keinen Nerv" hat. Und dann können die Gespräche über die Anforderungen an die Arbeitskraft auch noch zusätzlich anstrengend sein.

„Für mich war das eine schöne Zeit, aber für ihn war das eine harte Zeit. Da wurde ja auch nachts gefahren, und morgens dann wieder um sieben oder sechs Uhr an Deck, um die Ladungs- und Löscharbeiten zu koordinieren. [Der Ehemann war damals noch zweiter

Offizier.] Das war ein harter Job. Das war ein ganz harter Job. Daß ich sogar zu ihm gesagt hab: 'Sag mal, willst Du das denn Dein Leben lang machen? Wo sind denn hier die Perspektiven? Wie viel Jahre mußt Du denn das hier noch machen? Das lohnt sich überhaupt nicht.' Und dann sagte er: 'Ja, das ist immer so. Das ist neu für Dich. Du mußt Dich da reindenken.' 'Ja, sag ich, Du mußt es auch mal wirtschaftlich sehen. Bringt das denn überhaupt noch was?' 'Ja, man muß das mal von allen Seiten sehen.'"[156]

Am einfachsten sind Aussagen über die Wirkung auf die Mannschaft. Sie hängen so gut wie ausnahmslos vom Verhalten des Gastes ab. Da die allermeisten Seeleute an Bord heute froh über Ablenkung sind, freuen sie sich prinzipiell auch über die Anwesenheit verträglicher Passagiere. Vereinzelt, so wird jedenfalls kolportiert, hat ein Kapitän die junge Frau oder die Braut eines Offiziers aufgefordert, ihren Aufenthalt an Bord vorzeitig abzubrechen, weil sie „in der Gegend herum flirtete" und dadurch Unruhe aufs Schiff brachte. Gelegentlich, so gestehen Mannschaftsmitglieder, wünschen sie sich, daß eine „Frau Kapitän", die den Betrieb „aufmischt", möglichst schnell wieder geht.[157] Umgekehrt freuten sich auf einem Schiff alle, die sie schon von früheren Besuchen her kannten, auf den Besuch der Frau eines Technikers. Einhellige Meinung: Sie bringe immer so gute Laune mit. Fast alle Ehefrauen wurden von ihren Männern angewiesen, sich aus dem Schiffsbetrieb heraus zu halten. Das galt umso strikter, je größer das Schiff war. Eine berichtete, es sei ihr einmal „so herausgerutscht", daß sie von „wir" geredet habe. „Wir löschen". Da habe sie ihr Mann nur sehr seltsam angesehen.[158] Für die Kombüse gab es manchmal Ausnahmen. Doch war das immer „eine Gradwanderung". "Sie sind also sehr, sehr empfindlich. Und dann auch noch als Frau. Dann hab ich erst mal gefragt: 'Wie machst Du denn das?' Oder ich habe gesagt: 'Weißt Du, ich möchte mal was für die Europäer kochen. Kann ich das denn mal machen?' Und dann guckte er es sich an. Und dann habe ich gesagt: 'Kannst Du mir nicht helfen?'"[159] Lediglich das Angebot, einen Kuchen zu backen, sei prinzipiell ohne Schwierigkeiten akzeptiert worden. Auf sehr kleinen Schiffen mit einer sehr kleinen Besatzung gibt es manchmal andere Erfahrungen. Dort „paßt" es unter Umständen eher, wenn die mitfahrende Ehefrau besser in den Schiffsbetrieb integriert ist, beispielsweise Gesellschaftsspiele von zuhause mitbringt und für Abendunterhaltung sorgt.

In der Seefahrt gibt es nicht nur Frauen auf Besuch, sondern auch als Seeleute. Die allermeisten von ihnen arbeiten allerdings als Servicepersonal auf Kreuzfahrtschiffen[160] und fallen deshalb aus dem Rahmen der hier vorgelegten Untersuchung heraus.[161] Auch historisch gab es die ersten weiblichen Seeleute auf Passagierschiffen.[162] Für Frachtschiffe ohne - oder mit nur wenigen - Passagieren wurden dann aber in den sechziger Jahren von einigen deutschen Reedereien auch Stewardessen eingestellt. Diese Periode endete, als außereuropäisches Personal geheuert wurde. Im Servicebereich gibt es auf Handelsschiffen in deutschem Eigentum inzwischen wieder keine Frauen mehr. Wohl aber gibt es weibliche Auszubildende, Schiffsoffiziere und Kapitäne. Ebenso wie ihre männlichen Kollegen der letzten Jahrgänge, verlassen manche nach wenigen Jahren den aktiven Dienst, wechseln in die maritime Wirtschaft oder in andere Beschäftigungen. Frauen aber, die dabei bleiben, es zum Kapitän bringen, mehrere Jahre fahren, womöglich auch Bauaufsichten machen, sind in ihrem Beruf mit denselben Problemen konfrontiert wie ihre männlichen Kollegen und erleben auch die selben vergnüglichen Seiten. Fragen mit dem Tenor „Sie als Frau an Bord" halten sie aus gutem Grund für unangebracht.[163] International berichten weibliche Auszubildende von Genderproblemen. Insbesondere Frauen, die sich auf den technischen Bereich spezialisieren wollten, fanden die ersten drei Monate vielfach sehr hart. Es gibt auch Vorgesetzte und Reedereien, die weibliche Seeleute - mit den in solchen Zusammenhängen üblichen Argumenten - prinzipiell ablehnen. Dafür gibt es auch Unternehmen, die weibliche Kapitäne sogar bevorzugen.[164] Sie seien überdurchschnittlich gut, schafften oft auch ein besseres Klima an Bord.[165]

Ship shore connection

Auf den meisten Schiffen stehen heute Fernsehapparate, zumeist in den jeweiligen Messen beziehungsweise Aufenthaltsräumen sowie beim Kapitän und beim *Chief*. Genutzt werden sie überwiegend, um Videos zu sehen. Oft stellt die *crew* im Hafen einen lokalen Sender auch dann ein, wenn niemand die Sprache versteht, in der gesendet wird. Wenn es eine Auswahl an Programmen gibt, erhalten Übertragungen von Sportveranstaltungen den Zuschlag. Auf manchen Schiffen im europäischen Verkehr und auf manchen der großen Schiffe im überseeischen Verkehr gibt es eine Satelliten-Antenne. Keineswegs auf allen. Damit ist zwar nicht immer, aber doch manchmal, ein Sender zu erreichen, der Sendungen in englischer, deutscher oder sonst einer an Bord verstandenen Sprache ausstrahlt. Zu den selbstverständlichen Einrichtungen großer moderner Schiffe gehört eine solche Antenne nicht. Auf einem war sie vorhanden gewesen, in einem schweren Sturm aber eingebüßt worden. Der Kapitän einige Zeit später von unterwegs:

> „Wir konnten somit auch im Mittelmeer keine deutschen Programme im TV empfangen. 3 Tage vor Lieferung unseres Stores in Genua bekam ich ein Angebot für eine Sat.-Antenne: 2.600 DM. 2.600 DM aus der Freizeitkasse konnte ich nicht bezahlen. Bei 100 USD per Monat[166] kommt das nicht zustande. Dabei habe ich geschrieben, daß sie mir eine einfache Satellitenantenne aus dem Baumarkt mitschicken sollen. Preis ca 400 DM. Glaubst Du, das ist geschehen? Glaubst Du, daß auf diesem Truck ein paar Zeitschriften und Zeitungen gewesen wären? Wen interessiert es?"[167]

In aller Regel steht auf der Brücke ein Rundfunkapparat, außerdem in den Kammern von Kapitän und *Chief*. Viele Seeleute bringen sich einen privaten Apparat mit an Bord beziehungsweise nutzen das Gerät, das sie unterwegs gekauft haben, um es mit nach Hause zu nehmen. Unterwegs gibt es manchmal die wildesten Antennenerfindungen - aus einem *bull-eye* heraus, an den Aufbauten hoch, bis ganz nach oben - und immer wieder Diskussionen, welche Frequenz jetzt Erfolg verspricht.[168] Während der Pausen und der Mahlzeiten werden gelegentlich Neuigkeiten weiter gegeben. Bei deutschen Offizieren waren das fast ausschließlich Fußballergebnisse.[169] Eigenem Bekunden zufolge hören einzelne nicht-deutsche Offiziere so oft wie möglich BBC-Nachrichten. Auf manchen Schiffen kommt täglich ein Telex mit „vermischten Nachrichten". Sie reichen von großen politischen Ereignissen über die Gesundheit des Papstes, eine Naturkatastrophe, die Scheidung eines Stars bis zu sonstigen Wichtigkeiten. Der Empfang dieser Nachrichten ist davon abhängig, ob der Kapitän „Sat. Com." eingestellt hat.[170] Auf der Brücke liegt das jeweilige Telex dann entweder herum oder kommt an die Pinwand. Ob und inwieweit die Nachrichten gelesen und - mündlich und in Ausschnitten - an Techniker sowie *ratings* weiter gegeben werden, bleibt dem Zufall und individuellem Verhalten überlassen.

Tatsächlich hatten sich die meisten der Seeleute, mit denen wir über diese Thematik gesprochen haben, an ihren weitgehenden Ausschluß von aktuellen Nachrichten gewöhnt. Ein dritter Offizier aus den Philippinen: Wenn er nach Hause komme, lese er zumindest einen Teil der alten Zeitungen und sehe regelmäßig die Nachrichten im Fernsehen. An Bord aber sei er „*fed up with politics*".[171] Etwas anders ein Decksmann aus den Philippinen: Hier erfahre man nichts. Wenn er nach Hause komme, frage er nach Neuigkeiten und sehe regelmäßig die Nachrichten im Fernsehen.[172] Bei den meisten hat sich Entwöhnung eingestellt: Ein *Chief Mate* aus Deutschland. Früher sei er „ganz wild" gewesen auf den neuen „Spiegel" und den „Stern". Heute lasse er sie liegen oder blättere sie gelangweilt durch. Man verliere das Interesse. Dazu ein Techniker: „Man wählt sowieso nicht."[173] Vereinzelt scheint letzteres auch mit negativen Erfahrungen zusammen zu hängen. Einer hatte versucht, sich die Unterlagen für Briefwahl nach Singapur schicken zu lassen. Als das nicht klappte, hat er daraus geschlossen, daß das passive Wahlrecht von Seeleuten zwar in der Theorie, nicht jedoch in der Praxis besteht.[174] Ein junger Nautiker aus Deutschland sagte von sich, er sei während seiner Schulzeit politisch sehr aktiv gewesen. Jetzt habe er jedes Interesse verloren. Und dann lieferte er eine Erklärung, die wohl für viele so oder ähnlich zutrifft. „Man ist hier nicht so von Medien bombardiert." Als er das letzte Mal zu Hause gewesen sei, habe Schröder gerade die Arbeitslosigkeit zur Chefsache erklärt. Jetzt sei sie immer noch so hoch. Wenn man weg sei, werde einem noch deutlicher bewußt, daß man eh keinen Einfluß habe. Er vermisse zwar seinen Freundeskreis, nicht aber regelmäßige Nachrichten. Das ändere sich auch nicht, wenn er in Urlaub sei. Er könne schon gar nicht mehr verstehen, daß sein Vater täglich eine Stunde aufwende, um Zeitung zu lesen.[175] Andererseits wird die lokale Zeitung in englischer Sprache, die ein Lotse während des Wartens auf seinen nächsten Einsatz gelesen hat und sie dann mit an Bord bringt, zumeist sehr gründlich studiert, und die Monate alten Ausgaben von Nachrichtenmagazinen werden zumeist nicht etwa weggeworfen, sondern immer wieder einmal „gelangweilt durchgeblättert." Auch versucht der eine oder andere, der die Gelegenheit bekommt, für zwei oder drei Stunden an Land zu gehen, sehr häufig, eine englischsprachige Zeitung mit zurück zu bringen. Und *ratings* sagen, wenn sie erfahren, daß in ihrem Heimatland heftige politische und womöglich gar bewaffnete Auseinandersetzungen statt finden, so versuchten sie, auf alle möglichen Weisen genauere Nachrichten zu bekommen. Sieht man von den immer zu berücksichtigenden individuellen Ausnahmen ab, so hat der geäußerte Überdruß wohl mindestens drei Ursachen: einerseits die Resignation, mit der die Entbehrungen, die einem an Bord begegnen, generell verarbeitet werden, zum anderen die Tatsache der Entwöhnung und schließlich, und dies wohl vor allem, der zumindest zeitweise technische Ausschluß aus der heutigen Mediendemokratie. Die Konjunkturen bestimmter politischer Debatten, ihr „Hochkochen" und ihr Abflauen wirken abgestanden, wenn sie erst Wochen später „nachgelesen" werden. Skandale wirken nur noch halb so skandalös und selbst Katastrophen sind dann ja oft schon „vorbei". Dadurch entsteht fast notwendig ein Blick „von außen", dem der politische Betrieb, diese Konkurrenz um die Position im politischen Feld,[176] unnötig und vielfach abstoßend erscheint. In einer Mischung aus kühler Beobachtung und Abscheu stellen Seeleute immer wieder fest, die meisten politischen Auseinandersetzungen seien für das Alltagsleben der Bevölkerung gänzlich irrelevant. Politikern gehe es ja nur um ihren Erfolg, und wenn es darauf ankomme, hielten sie ohnehin zusammen.[177] Der Blick von außen desillusioniert. Der Ausspruch: „Die Politiker sollte man alle peitschen,"[178] war zwar nicht ernst gemeint, sollte in dem Gespräch während einer *coffee break,* in dem er fiel, aber auch nicht nur als Witz verstanden werden.

Bei manch einem scheint sich der Blick von außen auch nach dem Ende der aktiven Laufbahn noch erhalten zu haben. Jedenfalls kam er in einer Diskussion unter Seeleuten, von denen die meisten bereits im Ruhestand waren, sehr deutlich zum Ausdruck:

„Einige Deutsche, die jetzt in führenden Positionen sind, die sollten alle zwei Jahre zur See fahren, weltweit."

Und ein anderer: „Das sagen wir auch immer."

„Die setzen wir auf so'n Schiff, was wir aber aussuchen. ... und denn so Elfenbeinküsten und so, ... Englischen Kanal rauf und runter und so weiter. Das würden wir regeln. ... Also nach sechs Monaten, ... da betteln die, daß sie wieder nach Hause dürfen."[179]

Anders formuliert: Von den Anforderungen im richtigen Leben da draußen haben „die" ja keine Ahnung.

Während der weitgehende Ausschluß aus den politischen Diskursen des Herkunftslandes nur manche ständig, die meisten aber nur gelegentlich belastet, trifft dies für den weitgehenden Ausschluß von den Segnungen der Kommunikationstechnik nicht zu. Es ist jener Punkt, an dem, wie wir festgestellt haben, die resignative Haltung am ehesten ins Wanken kommt. Während an Land immer mehr Menschen ausgiebigen Gebrauch von *Handies* machen, immer mehr Schulkinder schon im frühen Alter lernen, sich mittels SMS zu verabreden, während an Bord der Anschluß des Schiffbetriebs auf See an den Schiffsbetrieb an Land manch einem schon allzu eng und lückenlos, vor allem aber selbstverständlich geworden ist, bleibt für sehr viele Seeleute die direkte Kommunikation mit Familie und Freunden noch immer eine Ausnahme und selbst deren Realisierung ständig gefährdet. Beginnen wir mit den Einrichtungen an Bord, die zwar vorhanden, aber nicht generell nutzbar sind. Auf modernen Schiffen, die weltweit eingesetzt werden, ist ein Satellitentelefon inzwischen selbstverständlich. Seine Benutzung ist aber viel zu teuer, als daß sie sich ein Seemann außer in Notfällen leisten könnte.[180] Auf manchen Schiffen muß ein solcher Notfall auch zunächst gegenüber dem Kapitän erklärt werden, denn für ihn bedeutet jedes Telefongespräch zusätzliche Arbeit. Da er heute alle Abrechnungen zu machen hat, muß er auch die Kosten für die private Nutzung des Telefons aus den für den Schiffsbetrieb angefallenen Kosten heraussuchen und den Betrag dann am Monatsende von dem Anteil der Heuer, der an Bord ausbezahlt wird, abziehen. Kommt hinzu, daß das Telefon auf der Brücke oder womöglich sogar in der Kammer des Kapitäns steht. Selbst wer ziemlich sicher sein kann, daß der Kapitän und ein gerade Wachhabender die eigene Sprache nicht verstehen, ist unter diesen Bedingungen doch eher gehemmt. Noch schlimmer ist es, wenn ein Konflikt zwischen Ehepartnern oder Verlobten im Beisein eines Wachhabenden verhandelt werden muß, der die eigene Sprache versteht, oder wenn sich einer gerne mal so richtig beklagen würde. Auch für die Nutzung des Fax-Gerätes gilt: Zu teuer und für den Kapitän mit zusätzlicher Arbeit verbunden. Viele, wenn nicht die meisten Schiffahrtsunternehmen untersagen derzeit noch die Nutzung des Internetanschlusses für die Versendung privater e-mails. Sofern also die Familie und die meisten Freunde zuhause einen Anschluß hätten, bliebe er zumeist doch auch von dieser Art der Kommunikation ausgeschlossen.[181] *Handies* funktionieren nicht immer und sind vor allem nur innerhalb eines identischen Systems nutzbar. Viele Seeleute berichten, sie hätten sie wieder abgeschafft.[182] Gegen die Nutzung von *Handies*, die eine Verbindung über Satelliten erlauben, sprechen die Kosten. Bleibt das Telefon im Hafen. Und dies ist tatsächlich nicht nur ein besonders düsteres, sondern auch ein entlarvendes

Kapitel der gegenwärtigen Organisation des Seetransports. Denn überall auf der Welt gibt es heute Häfen, in denen Seeleute nicht telefonieren können. Entweder gibt es gar kein Telefon oder man braucht eine Telefonkarte, die aber in den wenigen Nachtstunden, in denen ein Schiff im Hafen liegt, nicht erworben werden kann, oder aber es gibt zwar einen funktionierenden Automaten für Telefonkarten, aber nur ein Telefon, das außer Betrieb ist.[183] Findet sich dann tatsächlich eine Einrichtung und sind auch Karten erhältlich, so kann es durchaus vorkommen, daß drei Apparate an einer Säule hängen, die weder gegeneinander noch gegen den infernalischen Lärm in einem riesigen Containerhafen abgeschirmt sind. Da stehen dann hinter jedem solchen Telefon Schlangen von Seeleuten, die versuchen, sich mit ihrer Frau, einer kleinen Tochter oder ihrem Großvater zu unterhalten. Daß Seeleute auch früher oft viele Monate und Jahre unterwegs waren, und es dann überhaupt keine Möglichkeit der direkten Kommunikation gab, ist kein triftiger Einwand gegen die Klagen heutiger Seeleute. Denn heute verweist der weitgehende Ausschluß von regelmäßiger Kommunikation eine Berufsgruppe an den Rand der Gesellschaft. Da sich zahlreiche organisatorische sowie technische Möglichkeiten denken ließen, mit denen diesem Notstand abzuhelfen wäre,[184] verdeutlicht der aktuelle Zustand Seeleuten immer wieder von neuem, daß ihr Wohlbefinden für die Organisation des Seetransportes nur eine sehr untergeordnete Rolle spielt. Die einzigen Institutionen, die systematisch versuchen, diesem Ausschluß von Seeleuten entgegen zu wirken, sind Seemannsmissionen. In ihren Häusern stellen sie Telefonapparate zur Verfügung, die gegen Lärm abgeschottet sind, sie verhandeln mit lokalen Gesellschaften über billigere internationale Telefonkarten, bringen solche Karten auch an Bord, wenn sie wissen, daß eine Mannschaft keine Chance haben wird, den Hafen zu verlassen, es dort aber einen Apparat gibt.[185]

Noch immer gibt es Briefpost. Und tatsächlich wartet manchmal ein Stapel Briefe im *office,* wenn sich ein Schiff einem Hafen nähert. Von manchen Orten der Welt aus dauert Briefpost sehr lange, einmal berichteten Seeleute, sie hätten gesehen, wie der Agent ihre Briefe an der nächsten Ecke in einen Abfallkorb warf.[186] Auch hierüber gibt es keine Statistiken, wohl aber Äußerungen von Seemannspastoren, die es zu ihren wichtigen Aufgaben zählen, Briefe von Seeleuten in Empfang zu nehmen und sicher auf den Weg zu bringen.

Und dann gibt es noch die Situation, daß Nachricht von einem Unglück oder Todesfall in der Familie an Bord eintrifft, ein Seemann beantragt, beurlaubt zu werden, das aber verweigert wird. In manchen Reedereien wird, sofern das möglich ist, anders verfahren, in den meisten geht die vertragliche Verpflichtung vor. Unbezahlter Urlaub, nachholende Mehrarbeit oder was immer sonst vielen Arbeitskräften an Land in solchen Situationen zur Verfügung steht, sind Möglichkeiten, von denen Seeleute in aller Regel ausgeschlossen sind. Sie bekommen dann

- Wochen später - ein Foto von der Beerdigung, an der sie so sehr gerne teilgenommen hätten. Auch hier wiederum sind Hinweise auf Entbehrungen, die Seeleute „schon immer" akzeptieren mußten, nicht am Platz. Auch an Land vergleichen Menschen ihre Erwartungen ja nicht mit den Möglichkeiten, die ihren Vorfahren und Vorgängern zur Verfügung standen. Die meisten heutigen Seeleute, insbesondere unter den nicht-europäischen *ratings,* arbeiten nicht etwa auf Schiffen, weil sie Lust auf Abenteuer hatten oder das Meer lieben. Ihre Entscheidung für diesen Erwerbszweig hat zumeist ausschließlich materielle Gründe. Das schließt nicht aus, daß sie damit auch die Hoffnung verbinden, sich mit ihrem Verdienst, gewissermaßen *off shore* für zu Hause einen gehobenen Status zu erringen.[187] Doch erleben sie immer wieder Situationen, in denen ihnen der Preis, den sie zusätzlich zu ihrer Arbeitskraft für den Verdienst zu entrichten haben, sehr, sehr hoch erscheint. Manche dieser Situationen lassen sich kaum verhindern, andere machen deutlich, daß Fürsorge für die Menschen, die Schiffe übers Meer transportieren, im Prozeß des *outsourcing* der Personalpolitik nicht nur verloren gehen kann, sondern vielfach auch tatsächlich verloren gegangen ist.

Unzweifelhaft ist die wichtigste Form der Kommunikation nach wie vor der Urlaub an Land. Allerdings sind hier die Interessen sehr uneinheitlich. Zwar wünschen sich alle, öfter und länger an Land zu sein, aber nur manche können es sich leisten, diesen Wunsch auch zum Ausdruck zu bringen. Die wichtigsten Unterschiede ergeben sich aus der jeweiligen Wahrscheinlichkeit, nach dem Urlaub eine neue Heuer zu erhalten. Diese Wahrscheinlichkeit stellt sich je nach nach der Reedereipolitik, nach der Position eines Seemannes und nach seiner Spezialisierung auf eine bestimmte Art des Transports (etwa auf die Arbeit auf einem Gastanker) anders dar. Generell gilt heute, daß mit zunehmender Ausflaggung auch immer mehr Offiziere keine feste Anstellung mehr haben, sondern nach ihrem Urlaub jeweils neu geheuert werden müssen. Da jedoch der globale maritime Arbeitsmarkt für Schiffsoffiziere derzeit immer mehr zu einem Anbietermarkt wird, können Offiziere - aufs Ganze gesehen - eher längeren Urlaub fordern und dennoch sicher sein, anschließend wieder eine Heuer zu erhalten. Für *ratings* birgt der Arbeitsmarkt sehr viel weniger Sicherheit. Allerdings helfen ihnen Spezialisierungen für bestimmte Schiffe und die Bemühungen mancher Reedereien, einen qualifizierten Stamm an Beschäftigten aufzubauen. So weit die theoretischen Schlußfolgerungen aus der aktuellen Situation auf dem globalen Arbeitsmarkt. Die Realität sieht oft anders aus. Sofern es sich ein Offizier nicht mit dem Personalmanagement der Reederei verderben will, kann auch er es sich kaum leisten, die Anforderung, schon nach sehr kurzer Urlaubszeit wieder einzusteigen, abzuschlagen. „In La Spezia ausgestiegen. Koffer standen da. Nach zehn Tagen konnte ich, da war noch nicht mal alles ausgepackt. Vier Monate Urlaub in der Tasche. Da konnte ich wieder hinterher fliegen nach Boston. Da war einer krank geworden. Einsteigen für die nächsten drei Monate."[188] Ein *Junior Officer* aus den Philippinen sagte, im Prinzip versuche er, so lange zu Hause zu bleiben, bis sein Geld alle sei. Aber mehr als einmal dürfe er die Aufforderung der Reederei, vorzeitig zurück zu kommen, nicht ablehnen.[189] Ein deutscher *Storekeeper* berichtete, als er einmal nicht schon nach zwei Wochen wieder einsteigen wollte, habe man ihm gesagt, so einen wie ihn müsse man jetzt ja nicht mehr fahren, es warteten genügend Ausländer auf seine Stelle.[190] Daß es sich für Offiziere heute international um einen Arbeitsmarkt handelt, der sie in Vorteil bringt, bedeutet für den einzelnen in einer konkreten Situation oft keinen Schutz. Umgekehrt werden vielen nicht-europäischen Seeleuten auf der einen Seite zwar Heuerverträge über eine Länge abverlangt, die sie nur gezwungenermaßen akzeptieren, andererseits gibt es immer wieder den einen oder anderen, der gar nicht so unwillig ist, sogar einer darüber hinausgehenden Verlängerung zuzustimmen. Er arbeitet dann beispielsweise sechzehn Monate, um einen größeren Betrag in die Ausbildungsversicherung für seine Kinder einzahlen zu können,[191] gleichzeitig freilich auch, weil er sich nicht die Chance verderben will, erneut von dieser Firma beschäftigt zu werden.

Irgend wann aber kommen alle, und sei es auch nur für kurze Zeit, nach Hause. An Bord können viele ganz genau aus dem Kopf sagen, wie viele Tage es noch bis zum Ende des Vertrages sind.[192] Ein Zweiter Offizier aus den Philippinen: Jetzt hat er noch 59 Tage von seinem Kontrakt. Das nächste Logbuch wird er noch anfangen, aber nicht mehr fertig machen.[193] Und vom Steward bis zum Kapitän wird kaum eine Nachricht so sehr gefürchtet wie die Information, daß es mit der Ablösung nicht zum vorgesehenen Zeitpunkt klappt.[194] Im übrigen provoziert die Situation auch Philosophie: „Absolut ist es besser, jetzt in Urlaub zu gehen, relativ aber nicht, weil man dann der Urlaub noch vor sich hat."[195] Ein wenig freilich gestaltet sich der tatsächlich eingetreten Urlaub für viele dann allerdings so ähnlich wie die Annäherung des Schiffes an einen Hafen: Den Erwartungen folgen nicht selten auch Enttäuschungen. Denn viele Seeleute stellen fest, daß sie von den Möglichkeiten, die sie sich ausgemalt haben, eben nur manche realisieren können. Das galt vermutlich nicht für die Urlaubspläne eines sehr jungen Stewards. „Zuerst werde ich bei meiner Mutter ein paar Tage schlafen und ganz viel essen. Dann werde ich mit der Mutter zusammen Besuche bei den Verwandten machen und auch sehr viel essen."[196] Ein Zweiter Offizier aber hatte schon Erfahrungen hinter sich, die ihn etwas nüchterner hatten werden lassen: „Im Urlaub tut er nix. Morgens fährt er mit dem Rad zum Schwimmen, aber etwas weiter, nicht da, wo man die Schiffe sieht. Wenn seine Freunde vorschlagen, zum Hafen zu gehen, kommt er nicht mit. Nicht einmal reden will er im Urlaub über Schiffe. Manchmal könne man es nicht vermeiden, weil die Mutter frage. Oft sei es langweilig, weil die Freunde eben erst abends Zeit hätten.[197] Trotzdem habe er sich jahrelang nicht aufraffen können, im Urlaub zu lernen und seine *licence* zu machen. Dann habe ihm ein Kapitän ins Gewissen geredet, und im nächsten Urlaub habe er dann die *licence* gemacht.[198] Einige wenige Seeleute - keiner von ihnen wohnte in einer größeren Stadt - haben wir getroffen, die von sich selbst sagten, sie seien zuhause nach wie vor voll in einen Freundeskreis integriert. Typischer scheint die Erfahrung zu sein, die ein Kapitän folgendermaßen beschrieb. Wenn er an Land komme und Bekannte treffe, sagten sie immer: „Wie schön, daß Du da bist. Wann mußt Du wieder einsteigen?" Das mache ihm dann immer deutlich, daß er eben nur als Besuch angesehen werde.[199]

Diese Erfahrung machen viele Seeleute auch in ihrer eigenen Familie. Seemannsfrauen müssen sich daran gewöhnen, alle Behördengänge, Hausfinanzierungen, Elternabende und Reparaturen selbst zu organisieren, sie müssen - insbesondere wenn ihre Männer „ausgeflaggt fahren" -, sich mit Finanzämtern herumschlagen, sich um private Alterssicherung kümmern und vieles mehr. „Als wir das Haus gemacht haben. Meine Frau hat alles alleine gemacht. ... Ich hab das nur telefonisch machen können. Dann bin ich nach Hause gekommen. ... Ich wollte was ändern. Sagt sie: 'Wieso? Das ist bis jetzt auch hervorragend gelaufen. Warum willst Du das denn ändern?' Das war ein Problem, das auf die Reihe zu kriegen."[200] Manchmal drehen sich die Konflikte um scheinbare Kleinigkeiten wie die Terminierung der Mahlzeiten genau zu den Zeiten, die auch an Bord üblich sind. Nur einzelne sagen, sie hätten das genossen, „daß es nicht diese Zeiten gab."[201] Und dann gibt es das „umgedrehte Eheproblem". „Ich hab mir nen schönen Tag gemacht, die andern ham gearbeitet, und wenn man abends mal was vorhat, haben sie gesagt, nee, ich bin zu müde, heute keine Lust, muß morgen früh raus."[202] Allerdings kann es auch zu Schwierigkeiten kommen, wenn die Initiative von der Ehefrau ausgeht. Denn heutige Seemannsfrauen bauen sich zumeist auch einen eigenen Freundes- und Bekanntenkreis auf.[203] Sind ihre Männer an Land, so kommen sie in diese Kreise als Anhängsel ihrer Frauen. Hero Feenders, Generalsekretär der Deutschen Seemannsmission, stellte aufgrund seiner Erfahrungen als Seemannspastor zudem fest, wer lange an Bord gewesen sei, verliere durch die dort fest vorgegebenen Strukturen der Gemeinschaft, die Fähigkeit, aus eigenem Antrieb neue Bekanntschaften zu schließen.[204] Trifft man sich dann tatsächlich mit Bekannten, so kann sich das Gefühl, nur „auf Besuch" zu sein, noch zusätzlich verstärken. Da denke man manchmal: „Mein Gott, was reden die da eigentlich?" Denn wenn man länger weg gewesen sei, dann habe sich in der Zwischenzeit der „Sprachschatz an Land" geändert. „nicht völlig, aber der hat sich geändert gegenüber dem, was wir vorher gesagt haben." Und wenn man's dann wieder hat, „dann fährt man wieder los".[205] Diese Art der Erfahrung samt all ihren Folgen für das Verhältnis zu den eigenen Kindern, zu Bekannten und zum Partner ließen sich durch engere Kommunikation, vor allem aber durch kürzere Heuerverträge mildern.

Nicht-europäische Seeleute sprachen nicht über ähnlich weitreichende Fremdheitserfahrungen,[206] ausnahmslos aber sagten Väter aus nicht-europäischen Herkunftsländern, daß ihre Kinder sie vor allem als Verdiener „guten Geldes" sehen und keine Vorstellung davon haben, wie diese Einkommen verdient werden. Und fast alle Väter von Söhnen sagen, sie wollten ihre Söhne daran hindern, auf See zu gehen. Wie sich die erzwungene Selbständigkeit von Frauen, deren Ehemänner ja noch sehr viel länger auf See sind als europäische Seeleute, auf die Urlaubsehe auswirkt, wissen wir nicht und verzichten auf Spekulationen.

In drei Jahren höre ich auf

Derzeit wird erstmalig eine international angelegte Untersuchung zum Verbleib von Seeleuten in ihrem Beruf durchgeführt.[207] Vorläufig lassen sich noch nicht einmal Angaben über die Dauer der Berufstätigkeit der eigenen Staatsangehörigen machen, denn sobald jemand durch eine ausländische *crewing agency* für ein ausgeflaggtes Schiff geheuert wird, fällt er oder sie aus der nationalen Statistik heraus, jedenfalls dann, wenn nicht eine vorher schon vorhandene Mitgliedschaft in der nationalen Renten- und Kranken-Versicherung freiwillig weiter geführt wird. Wo solche Institutionen fehlen und den etwa vorhandenen zentralen Stellen keine Verpflichtung zur Führung von Statistiken auferlegt wird, gibt es noch weniger Datenmaterial. Folglich kursieren Gerüchte. Vor ein paar Jahren galt noch als gesicherte Schätzung, daß Patentinhaber nach dem Ende ihrer Ausbildung ihren Beruf noch sieben Jahre auf See ausüben. Inzwischen ist - wiederum nach Schätzungen, die so oft wiederholt wurden, daß sie in Vorträgen bereits als Tatsache angeführt werden -, diese Zahl nach unten korrigiert worden. Die Rede ist jetzt von drei bis vier Jahren, und dies nicht nur für europäische, sondern auch für nicht-europäische Schiffsoffiziere. Ziemlich gesichert ist, daß sich die meisten anschließend eine Beschäftigung in der maritimen Wirtschaft beziehungsweise in den für die Seefahrt zuständigen öffentlichen Behörden suchen. Manche steigen auch ganz aus. Aus unserer eigenen Untersuchung läßt sich zu diesen vorläufig noch sehr vagen Auskünften nur beisteuern, daß wir von jüngeren Seeleuten der unterschiedlichsten Nationalität kaum einen Satz so oft gehört haben wie: „In drei Jahren höre ich auf"; „*Three more years*," im übrigen auch erfahren haben, daß manche diese Ankündigung inzwischen wahrgemacht haben. Ältere sagen, wenn man bis 35 den Absprung nicht geschafft habe, sei es zu spät. Dann müsse man vollends durchfahren. Gelegentlich sagen Väter aus einem nicht-europäischen

Land, sie wollten noch fahren, bis der *education plan* für ihre Kinder, eine Art Ausbildungsversicherung, ausreichend aufgefüllt sei, um auch ihren Jüngsten eine ordentliche Ausbildung zu garantieren. Einige derjenigen, die schon sehr jung aufgehört haben - „ich wollte nicht, daß meine Kinder Onkel zu mir sagen" - haben wir kennen gelernt. Manche romantisieren rückblickend ihre Fahrenszeit und würden „sofort wieder einsteigen". Andere sind froh, nicht mehr den heutigen Arbeitsbedingungen auf See ausgesetzt zu sein.

Aus der Einsamkeit in die Fremde

Keiner von den in jungen Jahren Ausgestiegenen berichtete von größeren Anpassungsschwierigkeiten. Ganz anders Seeleute mit langer Fahrenszeit:

„Das hat lange, lange gedauert. Ich hab' die ersten zwei Jahre richtig Probleme gehabt. Sag ich ganz ehrlich."[208]

Zunächst ging es immer darum, daß man sich in der eigenen Familie als „Fremdkörper" erlebte:

„Auch wenn es früher im Urlaub gut gelaufen ist, aber jetzt, wo man ganz normal ..."[209]

„Mich stört schon das ewige Gequatsche übers Essen. Da wird so viel übers Essen gequatscht. ... Es wird gegessen, was auf den Tisch kommt. Basta."[210]

Überhaupt das Essen: „An Bord ist man gewohnt, morgens von halb acht bis halb neun ist Frühstück. Halb zwölf bis halb eins ist Mittag, und halb sechs bis Viertel nach sechs meinetwegen Abendbrot. Mach ich heut auch noch, mehr oder weniger."

Ein anderer: „Ja, ich versuch das auch zu Hause durchzusetzen, aber das klappt nicht immer. ... weil meine Frau ganz andere Vorstellungen hat."[211]

Solche Irritationen machten zwar vielen im Alltag zu schaffen, ganz besonders Kapitänen, die am Ende ihrer Schaffenszeit, wie es ein unter Seeleuten gängiger Witz formuliert, wieder als Schiffsjungen unter dem Kommando ihrer Frau anfangen müssen, doch wurden sie von den meisten unter „Reibereien" verbucht. Tiefer gingen Erfahrungen der Fremdheit, die außer Haus gemacht wurden.

„Die Leute an Land, nach meinem Dafürhalten, sind, ja, wie soll ich sagen? Die sind unaufrichtiger. Oder vertuschen. Versuchen irgendwelche Sachen zu vertuschen. Also, wenn man so mit Landleuten zusammenkommt, da steigt man nie so ganz, also, die fangen erst mal an zu blenden."[212]

Ergänzung durch einen anderen: „Mit einem Mann, der Jahrzehnte lang gefahren hat, das ist ein ganz anderer Gesprächspartner, als wenn ich mit irgend einem anderen, nicht nur berufsspezifisch, auch in anderen Sachen. Ich habe immer das Gefühl, als wenn die nicht so aufrichtig sind."[213]

Manchen Ehefrauen scheint aufzufallen, daß ihre befahrenen Seeleute in den Kommunikationsformen an Land nicht zu Hause sind:

„Ich muß unheimlich meine Zunge hüten."

Zustimmung in der Runde

„ Wenn wir irgendwo hingehen, was weiß ich, zur Silberhochzeit oder sonst irgendwas, dann sagt meine Frau: „Paß auf, was Du sagst."

Aus der Runde: „Ja, genau."

„Erzähl nicht so viel."

„Nach dem fünften Glas Bier krieg ich einen in die Seite gepufft. Also, da muß man vorsichtig sein. Das hat man bei der Seefahrt nicht gelernt."[214]

Erst mit dem Wechsel in eine Beschäftigung an Land wurde manch einem auch die besondere Form der Arbeit an Bord nachdrücklich bewußt. Einzelne berichten davon wie von einer unfreiwilligen kulturanthropologischen Feldforschung. Dazu ein etwas ausführlicherer Bericht.

„Das war an und für sich für mich ein richtiger Schock. ... Als Maschinist guckt man natürlich Pumpen, Pumpen und die ganze Anlage, was lief. Da habe ich auch eingegriffen: 'Oh, was ist denn da? Da geht gleich was schief.' Werkzeug, und dann ... kam der Werkschutz und hat mich erst mal fürchterlich zusammengefegt. Ich hab den angeguckt und gesagt: 'Was ist denn mit Dir los?' Da stand ein Uniformierter vor mir, was ich sowieso nicht ab kann, und der quakt mich an. Ich sag: 'Ja, ja, o.k., machen Sie weiter.' ... Nächsten Tag mußte ich dann nach oben zum *report*, und der sagt - das war übrigens ein Fahrensmann gewesen, der zwar schon länger da ist -, und der sagt: 'Das kannst Du hier nicht machen. Du kannst hier nicht anfangen, die Pumpen zu überholen. Dafür ist die Werkstatt da.' Ich sag: 'Da ist Nachtschicht, und das soll morgen früh laufen. Und wir machen den Testlauf, und ich seh', das geht daneben, und dann mach ich das.' So 'Nein, da hast Du die Werkstatt.' Ich sag: 'Die Werkstatt ist in Aurich. Das ist ganz in Aurich.' Das läuft. Die Farbumsatzpumpe war eine ganz wichtige Sache, das so nebenbei. 'Das begreif ich nicht.' 'Ja, Du wirst Dich dran gewöhnen.' Und so. Und ich habe mich nicht dran gewöhnt."[215]

Nach ein paar Monaten hat dieser Maschinist den Versuch, sich in derartig formal geregelte Kompetenz- Arbeitsverhältnisse einzupassen, aufgegeben. Nach einem weiteren kurzen Versuch an Land ging er zurück an Bord. Als er von seinem Abstecher in die Arbeitswelt an Land berichtete, lag dieser schon einige Zeit zurück, aber die Erfahrung der völligen Fremdheit, der - aus seiner Sicht - widersinnigen Organisation, waren noch immer nicht verblaßt. Vermutlich kamen sie ihm ähnlich exotisch vor wie Ethnologen früher bestimmte Riten ihnen fremder ethnischer Gruppen. Anders als sie wäre unser Berichterstatter allerdings gezwungen gewesen, sich in sie einzufügen. Und dann noch eine andere Feststellung zum Arbeitsleben: In der Arbeit müsse man auch an Land „Schulter an Schulter arbeiten", dann aber „haut man ab und man lernt den nicht weiter kennen. ... Das ist so kahl."[216]

Auf den ersten Blick stehen derartige Formulierungen der Erfahrung von Fremdheit im Widerspruch dazu, daß viele länger befahrene europäische Seeleute sagen, sie fühlten sich in der heutigen Schiffahrt nicht mehr „zuhause". Mit der Möglichkeit, die Flagge eines Schiffes von heute auf morgen zu ändern oder Besatzungsmitglieder im Mannschaftsrang das eine Mal aus diesem Teil der Welt und dann aus einem ganz anderen zu heuern, sind nicht nur rechtliche Eindeutigkeit und Traditionen untergegangen, sondern auch die sichere Basis der eigenen Verortung, die nicht nur in Hierarchie und Arbeitsaufgaben, sondern auch in „ungeschriebenen Gesetzen" und in dem Selbstbewußtsein gründeten, ein von anderen Seeleuten respektierter Seemann zu sein. Solche Identität setzte die Beherrschung der jeweils spezifischen beruflichen Anforderungen voraus, gleichzeitig aber auch die Verinnerlichung bestimmter Verhaltensweisen und Normen. Respekt mußte an Bord erworben und konnte an Bord auch verspielt werden. Dennoch konnte auch ein fremder Seemann erwarten, daß ihm die anderen zunächst mit dem Respekt begegneten, der einem Seemann gebührte. Denn zur großen Gruppe der „Seeleute"[217] wurde - bis zum Beweis des Gegenteils, daß einer nämlich eine „richtige Trantüte" war[218] - zunächst auch jeder noch unbekannte Seemann gezählt. Diese besondere Art der „Internationale" basierte weder auf Organisation, noch auf freundschaftlichen Gefühlen, sondern auf der existentiellen Notwendigkeit der Kooperation an Bord und aus dem Wissen gleichartiger Gefährdung. In der moralischen (und rechtlichen) Verpflichtung, sich in Seenot über alle politischen Differenzen hinweg beizustehen, ist dieses Verständnis bis heute aufgehoben.

Ansonsten aber - die Schiffahrt steckt voller Widersprüche! - hat die internationale Zusammensetzung von Schiffsmannschaften die Internationale der Seeleute vorderhand aufgelöst. Zwar gibt es auch heute eine gegenseitige Wertschätzung fachlicher Qualifikation, gibt es den Respekt, den sich ein Individuum erwirbt, aber an die Stelle der Identität als Seemann (wenn auch mit durchaus relevanten Rangunterschieden) tritt heute in den sozialen Strukturen an Bord sehr viel eher eine Identität, in der das Herkunftsland die größte Rolle spielt. Darauf werden wir zurückkommen. Hier geht es zunächst um den Sachverhalt, daß sich manch ein Seemann, der lange gefahren ist und dann für längere Zeit oder dauerhaft an Land kommt, gerade dort fremd fühlt, wo er doch dachte, verwurzelt zu sein. Es gibt Ausnahmen. Manche sagen, sie machten diese Erfahrung der Fremdheit nicht. Unter jenen Seeleuten, die sich an unserer Untersuchung beteiligten, waren das - wir haben oben bereits darauf hingewiesen - in der Regel Seeleute, die aus kleineren Orten stammten, dort wohnen geblieben waren und über Jahrzehnte hinweg auch eigene Freundschaften und Bekanntschaften gepflegt hatten. Die Größe des Ortes ist sicherlich nicht ausschlaggebend, wohl aber die Gewißheit, im sozialen Umfeld an Land auf Anerkennung rechnen zu können. Früher einmal, so lange nämlich, als geographisch eng begrenzten Muster der Rekrutierung noch sicherstellten, daß sich an Land herum sprach, ob einer ein guter Seemann war oder nicht, konnten Seeleute den Respekt, den sie sich an Bord erworben hatten, gewissermaßen mit an Land nehmen. Zwar mußten vermutlich auch sie ihren zeitweise frei gebliebenen Platz in der Familie erst wieder erringen, doch waren die Welten der Land- und der Seeleute über das in beiden gültige „soziale Kapital" miteinander verzahnt.

Heute scheint die ökonomisch schwierige Situation in vielen der Herkunftsländer nicht-europäischer Seeleute dazu beizutragen, daß sich diese an Land weniger als Fremde fühlen als viele europäische Seeleute. Das „gute Geld", das viele von ihnen, - wenn auch keineswegs alle! - nach Hause bringen, kann zwar auch dort nicht Anerkennung kaufen, sichert aber doch eine gute Ausgangsposition für ihrem Erwerb.[219] Diesen Vorteil haben europäische Seeleute nicht. Im Vergleich zu Positionen mit ähnlicher Belastung und Verantwortung haben sie einen eher bescheidenen Verdienst. Darüber hinaus erfahren sie seit Jahren, daß ihrem Beruf in ihren Herkunftsländern keine Achtung, ja noch nicht einmal Interesse entgegen gebracht wird. Sie verfügen also kaum über soziales Kapital, das sie einsetzen könnten, wenn sie an Land auf eine Art und Weise dazu gehören wollen, die sich mit ihrem Selbstbild verträgt.

In dieser Situation der eigenen sozialen Unbehaustheit an Land, werfen viele einen Blick zurück auf See und sehen sich nun nicht mehr als „deutscher Seemann", sondern als Seemann *tout court*. Historisch gesehen ist das keine neue Erfahrung. Migrationsforscher(innen) haben lange darauf hingewiesen, daß Männer und Frauen, die aus Neapel, Kalabrien oder Umbrien kamen, aus dem Königreich Württemberg oder der Grafschaft Oldenburg, in den USA zu Italienerinnen und Italienern beziehungsweise zu Deutschen wurden. Wenn Seeleute über Landbewohner sagen, „die versuchen zu vertuschen", die sind „unaufrichtig", sie „blenden" und sind „schrecklich umständlich", so berufen sie sich auf Verhaltensweisen einer Allgemeinheit von „Seeleuten". Im Alltagsdiskurs an Bord allerdings meinen sehr viele deutsche Schiffsoffiziere, wenn sie von Seeleuten im Allgemeinen reden, lediglich Seeleute aus einem europäischen Herkunftsland. Die übrigen sind ihnen „Ausländer"[220] oder aber „Philipinos", „Tuvalus", „Kiribatis", „Andere" eben.

6. Die Weltbefahrer

Codes und Kulturen

Auf Schiffen in internationalen Registern traditioneller Seefahrtsstaaten sind (nahezu) alle *ratings* Arbeitsmigranten. Auf ausgeflaggten Schiffen gilt dieser Status für jedes Besatzungsmitglied. Vom Steward bis zum Kapitän sind sie bei einer im Irgendwo lokalisierten Agentur angestellt und arbeiten für ein im Irgendwo rechtlich ansässiges Unternehmen. Arbeitsmigration ist kein historisch neues Phänomen,[1] doch ist sie in den letzten Jahrzehnten zur Existenzweise einer weltweit wachsenden Zahl von Menschen geworden. Die meisten von ihnen migrieren legal oder illegal in ein anderes Land, manche in eine sogenannte Freihandelszone, also in die politisch geschaffene Exklave vom Rechtsraum eines Nationalstaates, die Seeleute in ihrer Mehrzahl ins Niemandsland.

Nach Auffassung von Kultursoziologen - besonders deutlich Stuart Hall[2] - ist das früher von Migrationsforschern entwickelte Konzept der Assimilation, also der Anpassung an die Verhaltensmuster des Aufnahmelandes, nicht geeignet, die kulturellen Umstände und Wirkungen der Arbeitsmigration zu erfassen. Hätten Migranten früher zumeist tatsächlich versucht, sich möglichst schnell und möglichst weitgehend an die Kultur des Landes anzupassen, in das sie eingewandert seien, so sei mit der Globalisierung die Zahl derer gewachsen, die sich zwar mühten, zeitweise in einer ihnen fremden Kultur zurecht zu kommen, sich aber dagegen wehrten, ihre in einer anderen Kultur ausgebildete Identität aufzugeben. Es seien Menschen mit mehr als einer Heimat, und die Kultur, in der sie leben, sei eine „Kultur der Hybridität".[3] Das Konzept der „Hybridisierung" wird aber nicht nur auf Individuen bezogen, sondern als ein generelles Resultat von Kulturkontakt beschrieben. Träten Menschen unterschiedlicher kultureller Herkunft miteinander in einen wie immer gearteten dauerhaften Kontakt, so gebe es eben nicht nur eine einseitige Anpassung der neu Hinzugekommenen an die dominante Kultur, vielmehr entstehe ein neues, ein „hybrides" Produkt. Mit dem Terminus „Hybridisierung" bezeichnen Hall und andere die Mischung von Kulturen mit einem Begriff, der auch zur Kennzeichnung ganz anderer „Zusammensetzungen" genutzt wird: Zur Formung eines Wortes, dessen Bestandteile aus unterschiedlichen Sprachen stammen, zur Herstellung von Wein aus Trauben, die in unterschiedlichen Lagen gewachsen sind, oder zur Züchtung einer neuen Pflanze aus bisher getrennten Beständen. In all diesen Vorgängen treffen feste Einheiten aufeinander, aus denen dann etwas Neues entsteht.[4] Eine solche Theorie des Kulturkontaktes macht Kultur gewissermaßen zur Quasi-Natur von Menschen.[5] Das Aufeinandertreffen von Menschen unterschiedlicher kultureller Herkunft würde, wäre diese Konzeption zutreffend, zu einer Mischkultur aus einzelnen Elementen der jeweiligen Ausgangskulturen führen.

Unzweifelhaft treten an Bord eines Schiffes mit einer multinationalen Besatzung Menschen unterschiedlicher kultureller Herkunft und unterschiedlich geprägter Identitäten über Monate hinweg in einen vergleichsweise engen Kontakt. Allerdings gibt es kaum Anzeichen dafür, daß dadurch eine neue Mischung, eine „hybride Seefahrtskultur" zustande käme, die aus Elementen der unterschiedlichen Herkunftskulturen besteht. Sieht man davon ab, daß auf manchen Schiffen, die im Winter in kalten Regionen unterwegs sind, der asiatischen Besatzungsmitglieder wegen eine Viertelstunde früher geweckt wird, weil sich diese mit vielen Lagen von Kleidung gegen die Kälte zu schützen suchen und deshalb länger brauchen, und nimmt dann noch die gelegentlichen Karaoke-Abende hinzu, an denen sich Besatzungsmitglieder ganz unterschiedlicher nationaler Herkunft beteiligen, so ist das Ausmaß der „Hybridisierung" wohl schon mehr oder minder vollständig erfaßt.

Im Schiffsbetrieb selbst ist zwar eine Anpassung von Arbeitsprozessen und technischer Ausrüstung an mangelhafte Qualifikationen zu beobachten, damit aber nicht die Entstehung hybrider, also durch den Einfluß aller Beteiligten geprägter neuer Normen der Arbeitskultur.[6] Das ist auch leicht erklärlich. Denn die technischen und bürokratischen Elemente des Schiffsbetriebs entstammen einer ganz spezifischen Kultur. Damit stärken sie an Bord auch die Position derjenigen, die in dieser - durch und durch technisierten und industrialisierten - Kultur aufgewachsen sind und ausgebildet wurden.

Nun sind gewiß nicht alle Seeleute, die heute außerhalb Europas für die von Deutschland aus betriebene Seefahrt angeheuert werden, „in den Bergen eingefangen worden" noch haben die meisten nicht-europäischen Schiffsoffiziere „ ihr Patent von der Palme gepflückt," wie dies gelegentlich von deutschen Offizieren formuliert wird.[7] Dennoch braucht man sich nur einmal Fotos von den Heimatorten vieler Seeleute anzusehen, um erahnen zu können, welch völlig fremde Welt der moderne Schiffsbetrieb für viele von ihnen trotz Coca Cola, Jeans und anderen globalisierten Industrieprodukten sein mußte. In diesem Zusammenhang ist der theoretische Hinweis bedeutsam, daß es sich in solchen Situationen eben nicht nur um die Konfrontation mit Menschen handelt, die andere Gewohnheiten und andere Ansprüche haben, sondern auch - und vielleicht sogar noch mehr - um die Konfrontation mit einem Betrieb, der nur aus Sachzwängen zu bestehen scheint: aus Technik, Bürokratie und Zeitregime. Diese Elemente sind zwar nicht selbst Akteure, oder auch - um einen in der neueren techniksoziologischen Diskussion gelegentlich gebrauchten Terminus zu zitieren, - „Aktanten"[8], doch können sie - zusätzlich zu ihrer Funktion als Elemente des Betriebes - auch als Repräsentationen einer bestimmten Deutung der Welt, einer „Kultur" wirksam werden. Unter Umständen, nämlich immer dann, wenn die auf einem Schiff beschäftigten *ratings* in einer Umwelt aufgewachsen sind, in der die formale Organisation industrieller Arbeit und die rationale Organisation des Lebens keine selbstverständlichen Elemente des Alltags waren, fungiert die Technik an Bord zugleich als Rechtfertigung der innerbetrieblichen Hierarchie. Während Vorgesetzte aus Industriegesellschaften den Schiffsbetrieb als eine besondere Ausprägung ihnen gewohnter Muster erleben, sich in dieser technisch-organisatorischen Umwelt deshalb so selbstverständlich bewegen können wie Fische im Wasser, ist er für manch einen der heutigen *ratings* zumindest anfänglich eine sehr fremde Welt. Zwar bedeutete die Besetzung von Schiffen mit internationalen Mannschaften auch für viele deutsche Offiziere einen Verlust an Heimat. Fühlten sie sich zuvor in der Seefahrt zu Hause, so wurde ihr gewohnter Alltag eben nicht nur durch die allgemeinen Veränderungen des Seetransports, sondern auch durch den Zwang, sich an Bord größtenteils auf Englisch zu verständigen und mit Besatzungsmitgliedern sehr unterschiedlicher Herkunft und Ausbildung zurecht zu kommen, erschüttert. Inzwischen ist die neue Situation für viele, aber keineswegs für alle, zum Alltag geworden. Trotz dieser allgemeinen Anforderung an Umgewöhnung besteht ein großer Unterschied. Denn die kulturelle Praxis des internationalen Seetransports - darin gleicht sie anderen transnationalen Kulturen (wie etwa den kulturellen Formen des internationalen Wissenschaftsbetriebs) - ist gewissermaßen eine Verlängerung westlicher Kultur. Auch wenn die Mehrzahl der Handelnden inzwischen aus anderen Regionen kommen, können sich diejenigen, die aus Staaten „des Westens" stammen, deshalb in transnationalen Kulturen doch eher „daheim" fühlen.[9] In solch einem Zusammenhang sind Klagen über mangelndes technisches (einschließlich navigatorischem) Grundverständnis - und seien sie noch so berechtigt - mehr als die bloße Feststellung einer Erschwernis des Schiffsbetriebs, es sind immer auch Formulierungen, in denen der eigene kulturelle Vorrang in der transnationalen Kultur betont und damit verteidigt wird.

Wie wir in den vorangehenden Kapiteln ausgeführt haben, hält sich die kulturelle Hybridisierung auch außerhalb der Arbeit sehr in Grenzen. Was die Schiffskost, eines der Zentren sozialer Praxis und kultureller Repräsentation an Bord anlangt, so kann - auch und gerade in bezug auf deutsche Führungskräfte - sogar von einem Rückgang gegenseitiger Beeinflussung[10] und statt dessen von Praktiken gesprochen werden, die üblicherweise einer Situation der Diaspora zugerechnet werden. In der Kirchengeschichte, aus deren Zusammenhang dieser Terminus entlehnt ist, wird als „Diaspora" die Situation einer kleinen (womöglich sogar noch verfolgten) religiösen Gruppe innerhalb einer dominanten anderen Religion bezeichnet, zugleich aber auch die Tendenz der Mitglieder solcher Glaubensgemeinschaften, den eigenen Glauben besonders streng zu praktizieren und ihn nach Möglichkeit gegen alle fremden Einflüsse zu verteidigen.[11] Ähnlich verhalten sich manchmal Angehörige kultureller Minderheiten. Sie erbringen zwar die im Alltag erforderlichen Assimilationsleistungen, verteidigen andererseits aber ihre Herkunftskultur, indem sie sich in mehr oder minder abgeschlossene Gruppen zurückziehen und dort ihre mitgebrachte Kultur auf eine Art und Weise leben, wie sie im Herkunftsland gar nicht existiert hatte, ohne regionale Variation nämlich und ohne die Abwandlung oder sogar Abschaffung überkommener Formen, wie sie in jeder nicht nur zelebrierten Kultur ständig erfolgen.[12] Damit kulturelle oder religiöse Diaspora bewußt gelebt wird, braucht es mehrere. So auch an Bord: „Ein einzelner, der hat persönlich wohl auch nicht so sehr viel Wert da drauf gelegt, aber wenn mehrere Mohammedaner an Bord waren, dann haben die also gegenseitig aufgepaßt, und es wurde auch extra gekocht."[13]

An Bord ist Diaspora in der Arbeitszeit nicht zugelassen.[14] Zwei Beispiele eines versuchten Diaspora-Verhaltens sind uns berichtet worden.[15] Auf einem Schiff mit überwiegend mohammedanischer Besatzung hatte deren inoffizieller Anführer die Losung ausgegeben, der Ramadan sei einzuhalten. In diese Zeit des religiösen Fastens bis Sonnenuntergang fiel dann ein Hafenaufenthalt mit sehr anstrengender Arbeit für die *crew*. Sie hat das Fasten abgebrochen.[16] Auf einem riesigen Gastanker, der sich auf dem Weg nach Lake Charles befand und gerade einmal einen Fuß Wasser unter dem Kiel hatte, fragte der an Bord anwesende Vertreter der *Coast Guard* plötzlich den Kapitän, wo der Steuermann sei. Denn in solchen Situationen wird von Hand gesteuert. Der Kapitän drehte sich um und stellte fest, daß der Steuermann zum Beten auf die Nock gegangen war, weil gerade die Sonne unterging. Der Steuermann war Zweiter Offizier und hatte ein französisches Kapitänspatent.[17] Über seine Reaktion brauchte der Kapitän nicht zu berichten. Wollen Seeleute aus einem Land, in dem die Chancen auf bezahlte Arbeit gering gesät sind, auch weiterhin auf Schiffen arbeiten, und wollen sie, weil sie auf anderen Schiffen schlechtere Erfahrungen gemacht haben, weiterhin auf „deutschen" Schiffen und womöglich gar bei der selben *company* beschäftigt sein, so müssen sie, wie immer ihnen in dieser neuen Welt zumute sein mag, sich zumindest deren *code* aneignen. Theorien der Hybridisierung hin oder her, von morgens 5.30 Uhr bis abends 18 Uhr, während jeder Revierfahrt und im Hafen ist an Bord eines Schiffes unter deutschem Management Assimilation angesagt.

Selbst wenn manche bis ans Ende ihres Vertrages nicht wirklich verstehen, welchen Unterschied es macht, ob auf einer Tafel, die sie ablesen müssen, der Druck oder die Temperatur angegeben ist, so müssen *ratings* doch lernen, die Anzeige jeweils genau zu notieren und auf relevante Veränderungen aufmerksam zu machen, bevor sie zu einem Schrillen der Alarmglocke führen. Ziemlich schnell müssen sie auch lernen, welches Werkzeug sie holen und anreichen sollen, wenn jemand - um den Lärm in der Maschine durch die Gestensprache zu überlisten - eine bestimmte Handbewegung macht. Eine solche Einübung in die besondere Welt des modernen Arbeitslebens einschließlich der Einübung in den dort üblichen *code* wird auch an Land von jedem Neuling verlangt. Um eine Arbeitssituation als „fremd" zu erleben, muß man nicht unbedingt das Land wechseln. Es genügen fehlende - oder auch: wieder eingebüßte - Gewöhnung. Für Arbeitsmigrantinnen und -migranten in untergeordneter Position wirkt die sachliche Struktur des Arbeitslebens aber auch als eine Bestätigung der von Vorgesetzten beanspruchten kulturellen Dominanz. Insoweit machen sie beständig die Erfahrung des *code-switching* von dem in einer Gesellschaft dominanten *code* und dem im engeren sozialen Umfeld eines Migranten - unter „Seines- und Ihresgleichen" - praktizierten *code*. Der Terminus *code switching* kommt aus der Sprachforschung und bezeichnet zunächst ganz simpel die Tatsache, dass im Arbeitsleben und im Privatleben unter Umständen unterschiedliche Sprachen gesprochen werden. Doch ist damit mehr gemeint als Worte und Grammatik. Viele wechseln mit der Sprache gleichzeitig ihre Gesten, unter Umständen auch ihren Wertehorizont.

Die Wirkung solcher täglicher, wöchentlicher oder doch gelegentlicher Wechsel zwischen unterschiedlichen *codes* ist von Sprachforschern und Soziologen unterschiedlich beurteilt worden. Zu vermuten steht, daß die Unterschiede in der wissenschaftlichen Interpretation sehr eng mit den Ausschnitten aus sozialer Realität zusammenhängen, die Wissenschaftler(innen) jeweils vor Augen stehen. Während etwa John Gumperz die *code-alternation*, den Wechsel zwischen der Sprache, die im gesellschaftlich dominanten Umfeld erforderlich ist, und der im Privatleben gebrauchten Sprache vor allem unter dem Gesichtspunkt der besonderen Belastung betrachtet und die Tendenz zur Gleichsetzung mangelhafter Sprachkompetenz mit anderen Fähigkeiten diskutiert,[18] scheint Richard Sennett das Leben in unterschiedlichen Welten auch für eine mögliche Quelle mehrfacher Selbstbestätigung zu halten. Das Beispiel des Hausmeisters, das er anführt, bezieht sich auf unterschiedliche private Welten. Als „Rico", wie er ihn nennt, für sich und seine Familie ein Haus im Vorort von Boston hatte erwerben können, lebte er unter seinen neuen Nachbarn im Vorort als unauffälliger Jedermann, der wie sie Haus und Garten pflegte, kam er des Sonntags jedoch zur Messe in seine italienische Gemeinde zurück, so wurde er dort als ein Familienvater, der es zu etwas gebracht hatte, respektiert.[19] Für Seeleute, die Feststellung ist banal, aber deshalb noch nicht nebensächlich, gibt es weder des Abends noch in ihren arbeitsfreien Stunden des Sonntags die Chance, in jenes Milieu zurück zu kehren, in dem sie aufgewachsen sind, oder in das sie sich in ihrer Freizeit sozial integriert haben. Keiner, der sich tagsüber bei der Wartung eines Hilfsdiesels ungeschickt angestellt hat, kann abends als *goalkeeper* beim Basketball auftrumpfen. Anders gesagt, auch wenn sich Seeleute in ihrer freien Zeit unter Umständen in ihrer eigenen Sprache unterhalten können, so ist doch die Möglichkeit, einen eigenen Lebensbereich auszubilden, ausgesprochen begrenzt, damit zugleich aber auch die Chance, die eigene Identität in einer „eigenen Welt" außerhalb der Arbeit zu stabilisieren. Damit fehlen Seeleuten gewissermaßen die Vorteile, die aus der Separierung unterschiedlicher Lebensbereiche erwachsen können.

Mit dieser Feststellung schließen wir uns den Hinweisen Bernard Lahires auf Schwächen im Habituskonzept von Pierre Bourdieu an.[20] Während Bourdieu die Einfärbung aller Lebensbereiche eines Handelnden durch die soziale Position, die jemand in der Welt der Arbeit einnimmt und durch die Art der Tätigkeit, die er dort ausführt, in den Mittelpunkt seiner Darstellungen gerückt hat,[21] betont Lahire die Relevanz der eben doch vorhandenen Separierung. Wertet Bourdieu die Vorstellung, man könne im Verein, in der Kirchengemeinde, in der eigenen künstlerischen Praxis ein Anderer sein, als Illusion, so entwickelt Lahire den Gedanken, daß die bloße Vorstellung, es könnten einmal all die unterschiedliche Handelnden, die in ein und derselben Person enthalten sind, an ein und demselben sozialen Ort gleichzeitig zusammentreffen, einem Alptraum gleichkomme.[22] An Bord ist dieser Alptraum zumindest in Teilen Realität. Zwar bleiben Seeleute auch unterwegs Väter, Liebhaber oder Hausbauer, dies aber doch nur aus der Ferne und insoweit fiktiv. An Bord sind manche bei Gelegenheit Freizeitfischer, einzelne betätigen sich als begabte Bastler. Nur in einem Fall haben wir beobachtet, daß ein Schiffsmechaniker, dessen fachliche Qualitäten an Bord allgemein eher gering eingeschätzt wurden, anders wahrgenommen und folglich behandelt wurde, wenn er bei Grillabenden als Hilfskoch fungierte. Aber wie oft finden an Bord schon Grillabende statt?

Die Chance, sich selbst als anerkanntes Mitglied der sozialen Umwelt zu erleben, ist an Bord fast ausnahmslos auf den Arbeitsbereich beschränkt. Manchen außer-europäischen Seeleuten merkt man an, daß sie diese Anerkennung bereits erfahren haben. Gelegentlich läßt sich dies beobachten: Ein *oiler*, neu auf ein Schiff gekommen, nahm die Maschinenanlage bei Dienstantritt für kurze Zeit gründlich in Augenschein, vergewisserte sich, daß ihm der Typ der Hauptmaschine bereits von einem anderen Schiff her bekannt war, und fügte sich, seiner Kenntnisse und Fähigkeiten sichtlich bewußt, bereits eine halbe Stunde nach Dienstantritt ohne Probleme in die Gruppe ein, die mit einer Reparatur beschäftigt war. Das ist nicht die Regel, aber auch kein Einzelfall. Aufgrund der Mängel in ihrer Ausbildung und dem Kulturschock, den sie in der hoch-technisierten Welt des modernen Schiffsbetriebs zunächst erleiden und dann bewältigen müssen, starten viele der außereuropäischen *ratings* heute von einer sehr schlechten Position, um sich in dieser Berufswelt Bestätigung und Selbstbewußtsein zu erwerben. Treffen sie auf Vorgesetzte, die, wie oben dargestellt, bordinterne Ausbildung auf das für die Funktion des Betriebes Nötige beschränken, so haben sie wenig Chancen, dieser mißlichen Lage zu entwachsen.

In welchem Ausmaß Äußerungen und Verhaltensweisen, in denen Kritik an ihren Kenntnissen und Fähigkeiten zum Ausdruck kommen, ihre Achtung vor sich selbst beschädigen, müßte in anderen Forschungszusammenhängen ermittelt werden.[23] Hier soll abschließend lediglich darauf hingewiesen werden, daß sich Identität trotz allem nicht nur aus dem Leben im *contract*, so sehr es über Monate hinweg dominiert, sondern auch aus dessen kleinen Lücken speist, vor allem aber aus der Erfahrung vor und den erwarteten Erfahrungen nach dem *contract*, aus Vergangenheit und Zukunft also.

Da ist zunächst die Beobachtung, daß auch heutige Seeleute, so zeitlich begrenzt ihre Chancen auf Wahrnehmung der Welt außerhalb des Niemandslandes auch sind, über eine gewisse Weltgewandtheit verfügen. Sie kommt von den Orientierungsleistungen, die bei Hin- und Rückreisen zu einem *contract* auch dann notwendig werden, wenn die Flüge durch die *crewing agency* gebucht wurden und für den Transfer vom Flughafen zum Schiff ein Schiffsagent zuständig ist. Doch geht die Fähigkeit, sich überall auf der Welt irgendwie zurecht zu finden, darüber hinaus. Ein sehr junger Decksmann, dessen Englisch gerade eben ausreicht, um im Routinebetrieb an Bord sprachlich zurecht zu kommen, zögert keineswegs, für einen kurzen Landgang in Großbritannien Aufträge für Besorgungen zu übernehmen, die ihm seine Kollegen aufgetragen haben. Er bestellt sich in einem Lokal etwas zu Essen und zu trinken und bittet dann auch noch, den Fernseher für ihn anzustellen. Ein Koch aus den Philippinen, der gerade auf einem Schiff in einen deutschen Hafen eingelaufen ist und einen halben Tag Landgang vor sich hat, macht sich nach einer Stunde Aufenthalt im Hafen auf den Weg, um in einem Vorort einen philippinischen Einzelhändler zu besuchen. Gefragt, woher er denn wüßte, daß und wo ein Landsmann einen Laden habe, antwortet er: *philippine telephone*. Mit diesem Terminus wird die Kenntnis und die Nutzung von Netzwerken der Information angesprochen, deren Vorhandensein auch Vorgesetzten aus anderen Herkunftsländern bekannt ist, deren Funktionsweise ihnen aber zumeist verborgen bleibt. „Selbst in Abidjan haben sie noch philippinische Frauen aufgetrieben“ stellte ein Kapitän belustigt und bewundernd fest.[24] Die Voraussetzung dieses Erfolgs allerdings war auch ihm bekannt: die gegenseitige Verschränkung eines weiblichen und eines männlichen Strangs der Arbeitsmigration aus den Philippinen. In vielen Orten der Welt arbeiten heute Philipinas in Krankenhäusern, in Haushalten, in der Altenpflege oder in anderen

Berufen.[25] Manchmal kommt eine Verwandte (von *nearby Bonn* nach Bremerhaven) für ein kurzes Treffen angereist, in manchen Hafenstädten kommen Philipinas, die (wie?) erfahren haben, daß ein Schiff mit philippinischen Besatzungsmitgliedern einläuft, an Bord, um die Mannschaft mit Telefonkarten zu versorgen. Und gelegentlich einmal fällt ein Hafenaufenthalt günstig und ist nicht ganz so knapp. In solchen Fällen informiert unter Umständen - wenn der Kapitän dies zuläßt - ein philippinischer Offizier Philipinas an Land, die dann für einen ausgedehnten Abend an Bord kommen. „*It is a little bit like family reunion*" erläuterte eine der Besucherinnen beim Karaoke in der *crew* Messe.[26] In diesen Netzwerken, die es für andere Herkunftsländer womöglich auch, aber keinesfalls in einem so ausgeprägten Maße wie für die Philippinen gibt, kann eine - vom Territorium (und sogar von der jeweiligen Diaspora) gelöste - gemeinsame Zugehörigkeit zu einer Nation erfahren werden. Das ergibt vergnügliche Stunden und manchmal auch Unterstützung, womöglich aber auch eine Möglichkeit, sich zumindest kurzzeitig eine Anerkennung zu verschaffen, auf die an Bord oft verzichtet werden muß.

Schließlich kann vermutet werden, daß sich zumindest ein Teil des Selbstbewußtseins nicht-europäischer Seeleute aus ihrem Verdienst ergibt. Eine solche Annahme folgt aus der Übertragung von Forschungsergebnissen, die bei der Untersuchung anderer Formen von Arbeitsmigration gewonnen wurden, auf die Seefahrt. Vor allem eine Forschungsgruppe um Douglas Massay hat darauf hingewiesen, daß Arbeitsmigrantinnen und Arbeitsmigranten ihren eigenen sozialen Status sehr viel weniger in Bezug auf ihre Situation in der Aufnahmegesellschaft als vielmehr aus der Wirkung ihres Einkommens in ihrem Heimatland ziehen. Solange die Lebenshaltungskosten dort vergleichsweise niedrig seien, könne auch ein schlechter Verdienst im Ausland einen Status versprechen, der es möglich mache, die augenblickliche Situation besser zu überstehen.[27] Für die Seefahrt gibt es unseres Wissens keine Forschungen, die dieser Frage nachgehen. Doch steht zu vermuten, daß auch Seeleute aus nicht-europäischen Herkunftsländern einen Teil ihres Selbstbewußtseins aus ihrem (tatsächlichen oder erwarteten) sozialen Status in ihrer Heimat ziehen, insoweit also aus Quellen außerhalb der Arbeitswelt.[28] Dieser Vermutung stehen allerdings auch einige Vorbehalte entgegen. Zum einen ist der Verdienst vieler Seeleute selbst in Bezug auf die Lebenshaltungskosten in ihrem Herkunftsland nicht so hoch, daß er über lange Zeit gewissermaßen die Wahrnehmung der eigenen aktuellen Situation an Bord auspolstern könnte. Diese Einschränkung wird deutlicher, wenn sich im Herkunftsland neue, ähnlich oder sogar besser entlohnte Beschäftigungsmöglichkeiten auftun, die in der Vergangenheit gewonnenen Einschätzungen also ihre Basis verloren haben.[29] Schließlich bleibt auch zu fragen, ob die zu Hause erwartete Wirkung des Verdienstes überhaupt ausreichen kann, um die langen Monate an Bord in einer eng begrenzten sozialen Situation zu überdauern. Die wichtigste Einschränkung aber ergibt sich aus dem Umstand, daß diese Fernwirkung des Verdienstes bestenfalls für jene Decksleute, Mitglieder einer Maschinencrew oder *Junior Officers* gelten kann, die sich keine (weitere) Karriere in der Seefahrt erhoffen. Ziehen sie diese Möglichkeit aber in Betracht, so sind sie für ihre Zukunftsperspektiven unweigerlich auf die Anerkennung ihrer fachlichen Kompetenzen durch ihre Vorgesetzten angewiesen, müssen sich also auch wünschen, in vielen Hinsichten so zu werden, wie diese „Anderen".

Die Anderen

„Ich bin gerne gefahren, nur die Schwaben, die waren mir irgendwie zuwider."

Gelächter

„Die waren ja so was von sparsam. Die sind drei Jahre zur See gefahren und haben ein Haus gebaut. ... Und ich bin fünf Jahre zur See gefahren. Ich bin abgemustert mit 12 Mark Schulden. Ich bereue keinen Tag! Und die waren nur am Schimpfen! Mußtest du aufpassen, daß sie dir die Seife nicht weggenommen haben. So schlimm war das!

Gelächter

„Aber die haben gespart! Alle! ... Das war keine Sparsamkeit, das war schon Geiz."

Gelächter [30]

Diese Ansicht über „Schwaben" war noch nach Jahren ganz frisch. Ganz offenbar hatte der Sprecher Erfahrungen mit einzelnen (zwei?, drei?) Schwaben gemacht, die er als empirische Bestätigung eines weit verbreiteten Stereotyps über „Schwaben" erlebt hatte. Ihm mag es bitter ernst gewesen sein, die übrigen der anwesenden Seeleute hielten seine Ausführungen aber für einen gelungenen Witz. Womöglich hatten sie selbst entweder gar keine oder andersartige Erfahrungen mit „Schwaben" gemacht hatten, entscheidender aber war sicher, daß ihnen „Schwaben an Bord" auch im Rückblick nicht als relevantes Problem erschienen.

Mit Tuvalus, Kiribatis, Pakistanis oder Philipinos und anderen Seeleuten nichteuropäischer Herkunft verhält es sich anders. Die weitaus größte Zahl der heute noch fahrenden oder bis vor kurzem in ihrem Beruf auf See tätigen deutschen Seeleute sind sich darin einig, daß von Arbeitskräften eines bestimmten Herkunftslands jeweils sehr spezifische Eigenschaften und Verhaltensweisen zu erwarten sind. Mit dieser Erwartung und den daraus folgenden Verhaltensweisen wollen wir uns abschließend beschäftigen.

„Sie stecken alle unter einer Decke, vor allem, wenn der Bootsmann die selbe Nationalität hat,"[31] sagte ein deutscher Offizier, der gerade auf einem Schiff fuhr, dessen Besatzung ausschließlich aus Philipinos und Deutschen bestand. Der

Bootsmann, also der direkte Vorgesetzte der philippinischen Decksleute, kam ebenfalls aus den Philippinen. Er war fachlich gut qualifiziert, hatte aber, - wie auch dem neu eingestiegenen Kapitän bereits nach drei Tagen aufgefallen war - keinerlei Autorität gegenüber der *crew*. Daß er mit irgend jemand zwecks Arbeitsverweigerung unter einer Decke stecken sollte, erschien geradezu absurd. Trotz des augenscheinlichen Widerspruchs zur aktuellen Realität wurde hier ein Stereotyp reproduziert, das teilweise aus eigener Anschauung, teilweise aus Berichten von Kollegen stammte und inzwischen beinhart geworden war.[32] Der Erwerb solcher Stereotype, und die daraus folgende Wahrnehmung der Kollegen als „Ausländer", die nicht nur Träger einer jeweils national geprägten Kultur sind, sondern auch bestimmte körperliche und charakterliche Eigenschaften aufweisen, gehört heute, um einen Terminus von Tony Lane aufzugreifen, zur „kollektiven Autobiographie" europäischer Seeleute.[33] Durch ihre regelmäßige Verwendung in Erfahrungsberichten umreißen die Nutzer des Stereotyps in gewisser Weise auch ihre eigene Identität.[34]

Unzweifelhaft handelt es sich bei den Stereotypen, die einem heute in jeder Diskussion mit deutschem Führungspersonal begegnen, um ein Gemeinschaftsprodukt. Es läßt sich auch relativ genau bestimmen, wie und wo diese Stereotype entstehen und ihre spezifische Form gewinnen: In den Pausen an Bord, beim Bier nach Feierabend, auf der Brücke oder im Maschinenleitstand werden nicht nur aktuelle Probleme und Beobachtungen besprochen, sondern auch Vorkommnisse und Beobachtungen von anderen Schiffen und mit national anders zusammengesetzten Mannschaften berichtet. Da die heute dominanten Methoden der Rekrutierung die meisten Besatzungsmitglieder gewissermaßen auf Wanderschaft schicken, organisieren sie - ganz ähnlich wie vor Jahrhunderten der Wanderungszwang für Gesellen - die Verbreitung von Nachrichten, Meinungen und Urteilen unter Seeleuten. Mit gutem Grund läßt sich behaupten, daß unter Seeleuten niemals zuvor so weitreichende Kenntnisse und feststehende Ansichten über die Praxis der Schiffahrt auf den Schiffen einer bestimmten Nation[35] und über spezifische Praktiken größerer Reedereien vorhanden waren. Auch Seeleute, die nie bei der in einer Unterhaltung gerade angesprochenen Reederei gefahren sind, geben Erfahrungen und Ansichten von Kollegen als Fakten weiter. Mit noch größerer Sicherheit werden spezifische Eigenschaften von Kiribatis, Burmesen, Pakistanis, Philipinos, Koreanern oder Seeleuten aus anderen nicht-westeuropäischen Herkunftsländern benannt. Die entsprechenden Formulierungen treten nahezu ausnahmslos als Schlußfolgerungen aus Erfahrungen des Sprechers oder der Sprecherin auf, enthalten aber regelmäßig auch die Erfahrungen, die von anderen berichtet worden sind:

„Ich fahre am liebsten mit Burmesen."

„Mit Pakistanis habe ich nie Schwierigkeiten gehabt."

„Ich fahre am liebsten mit Leuten von den Kap Verden oder den Malediven. Die denken nicht, aber sie arbeiten“[36]

Wer so redet, hat feste Erwartungen, wenn er die *crew list* zugeschickt bekommt, bevor er nach seinem Urlaub wieder „aufsteigt“. Selbst wer noch nie mit einer der an Bord anwesenden „Nationen“ gefahren ist, verfügt über die Orientierungshilfe des Stereotyps, das aus dem großen Fundus von Erfahrungen und Ansichten deutscher Führungskräfte gebildet wurde.[37]

Dieser Fundus hat eine große inhaltliche Bandbreite. An seinem einen Ende stehen das Bemühen - und die Fähigkeit -, den einzelnen Seemann in erster Linie als ein Individuum wahrzunehmen, das zwar einige Verhaltensweisen mit anderen Seeleuten seines Herkunftslandes teilt und eine gleichartige Ausbildung wie viele von ihnen durchlaufen hat, ansonsten aber spezifische Fähigkeiten und Verhaltensweisen an den Tag legt:

„Ich habe ausgezeichnete Leute gehabt, und ich habe natürlich die größten, trübsten Tassen gehabt, wie ich sie auch in jeder deutschen Mannschaft finde.“[38]

„Manchmal ist da schon 'ne Backpfeife bei, wie überall. Bei den Philipinos auch“[39]

Oder auch: „Es gibt auch Deutsche, die lernen's nie.“[40]

Am anderen Ende geht die Bandbreite der Einstellungen in Rassismus über. Wenn ein Vorgesetzter die asiatischen Seeleute an Bord ihrer Vorliebe für Zehensandalen wegen als „Breitfüße“ oder „Plattfußindianer“ bezeichnet,[41] so werden zwei historische Stränge der Diskriminierung miteinander verschmolzen. Die Bezeichnung „Fippse“ ist häufig wohl weniger krass gemeint, gehört aber dennoch in die selbe Sparte. Daß dies manchen auch bewußt ist, ging zumindest auf einem Schiff aus der Tatsache hervor, daß der Terminus nicht genutzt wurde, sobald philippinische Seeleute in der Nähe waren. In solchen Situationen war es üblich, von „Schweden“ statt von „Fippsen“, zu reden.[42] Auf alle Mühen der Verbrämung verzichten Vorgesetzte, die es sich ersparen, die Namen ihrer vier oder fünf Untergebenen zu lernen, und statt dessen einen indischen Seemann beispielsweise „Fakir“ rufen[43] oder sich mit „Blacky One“, „Blacky Two“ und so weiter behelfen.[44]

Auf vielen Schiffen der heutigen Welthandelsflotte ist rassische Diskriminierung nicht auf den Sprachgebrauch beschränkt. Tony Alderton und Nick Winchester zufolge kommen sie auf ausgeflaggten Schiffen (und auf Schiffen unter besonders schlecht eingestuften Flaggen) häufiger vor als auf Schiffen unter der Flagge traditioneller Seefahrtsstaaten unter den Industrieländern.[45] Allerdings beklagten sich ihrer Umfrage zufolge auch ein Fünftel der Seeleute auf Schiffen unter insgesamt positiv bewerteten Flaggen über rassistische Diskriminierung.[46]

Trotz dieses erschreckend hohen Anteils von Seeleuten, die sich selbst rassisch diskriminiert fühlen, und trotz erschütternder Berichte über diskriminierende

Praktiken,[47] konzentrieren wir uns im Folgenden nicht auf diese Auswüchse, sondern auf die stereotype Wahrnehmung, die - soweit sich das aufgrund unserer Beobachtungen und zahlreichen Diskussionen mit Seeleuten schließen läßt - unter deutschen Seeleuten dominant ist.[48] Diese Entscheidung orientiert sich an praktischen Zielsetzungen. Wer Rassismus und diskriminierende Praktiken beobachtet, wird sie - wenn auch nicht während des Forschungsprozesses selbst - kritisieren. Aus zwei Gründen verzichten wir hier auf solche Kritik. Zum einen haben es die wirtschaftlichen Träger und die politischen Instanzen, welche die Globalisierung des maritimen Arbeitsmarktes vorangetrieben und akzeptiert haben, den Menschen auf See überlassen, mit der dadurch geschaffenen Situation irgendwie zurecht zu kommen, sie gewissermaßen mit Bordmitteln zu bewältigen. Wenn manche sich in dieser Situation nur mit krassen Vorurteilen und Diskriminierung zurecht finden, ihre eigene, ja ebenfalls erschütterte berufliche Identität in Abwehr stabilisierend, so läßt sich dies nicht nur wissenschaftlich erklären, sondern auch politisch kritisieren. Viel helfen wird das nicht. Insoweit erscheint es uns auch aus praktischen Gründen sinnvoll, für die Interpretation der empirischen Ergebnisse jene kognitive Wende nachzuvollziehen, die in der wissenschaftlichen Disziplin der Sozialpsychologie zu diesen Fragen stattgefunden hat. Anstatt, wie dies in der früheren Vorurteilsforschung üblich war, den individualpsychologischen oder gesellschaftlichen Ursachen negativer Einstellungen nachzuspüren,[49] weisen wir deshalb zum einen darauf hin, daß und auf welche Weise Stereotype Wahrnehmung prägen, zum zweiten werden wir erläutern, daß und auf welche Weise Stereotype in der Praxis an Bord „funktionieren". Auf dieser Basis ist dann nicht nur Kritik an Individuen, sondern an jenen Umständen zu formulieren, die ständig von Neuem eine Bestätigung von Stereotypen fördern.[50]

Als Stereotype bezeichnen Sozialpsychologen die kognitive Seite eines Vorurteils, also die Wahrnehmung sozialer Realität in einem gewissen vorgegebenen Raster. Ein Stereotyp läßt sich definieren als „die von einer Gruppe geteilte implizite Persönlichkeitstheorie hinsichtlich dieser oder einer anderen Gruppe."[51] Zwei Kennzeichen dieser Definition sind besonders wichtig: Es sind nicht Individuen, die ein Stereotyp entwickeln, sondern es ist immer eine - mehr oder minder eng umschriebene Gruppe -, und: ein Stereotyp ist immer eine Theorie über die Persönlichkeitseigenschaften einer ganzen Gruppe, seien es Schwaben oder Tuvalus.

Die spezifische Wahrnehmung „der Anderen" ist eine grundlegende Voraussetzung für die Art und Weise, in der Kommunikation und damit soziale Praxis statt finden kann. Dennoch übersetzen sich Stereotype nicht vollständig und in allen Situationen in konkrete Verhaltensweisen. Beispielsweise kommt ein negatives Stereotyp keineswegs der Norm in die Quere, einen anderen Seemann unter Gefahr des eigenen Lebens zu retten, noch ist auszuschließen, daß einer, der sich gerade kritisch über „Burmesen" geäußert hat, mit einem individuellen burmesischen *oiler* gut und vergnügt zusammen arbeitet.

Nun sind die unter Seeleuten verbreiteten Stereotype von besonderer Art. Bis vor gar nicht langer Zeit hätten sich ihre Nutzer nämlich auf lange etablierte wissenschaftliche Konzeptionen stützen können. Denn in der Ethnologie wurden Kulturen als (weitgehend widerspruchsfreie) Ensembles bestimmter Standardisierungen von Sprache, Verhalten, Denken und Empfindungen verstanden, und in der Sozialgeographie galten Kulturen als das Resultat von Anpassungen an die spezifischen physikalischen Eigenschaften einer Region. Individuen, die in einem bestimmten (regional verorteten) Kulturkreis lebten, wurden als Träger dieser Kultur gesehen. Wurden die kollektiven Träger solcher Kultur früher vielfach als „Stämme" oder „Völker" verstanden (daher die deutsche Bezeichnung „Völkerkunde"), so wurden sie in neuerer Zeit oft mit den rechtlich konstituierten Staats"völkern" gleichgesetzt.

Wissenschaftlich sind diese Zuschreibungen inzwischen gründlich kritisiert worden.[52] Im Zuge der Auseinandersetzungen, die in den letzten Jahren über die theoretischen Grundlagen der Sozialgeographie stattgefunden haben, wurde das Konzept der „erdräumlich gekammerte(n) und klar begrenzbare(n) Entitäten"[53] ad absurdum geführt, in der Ethnologie kann die Kritik am sogenannten essentialistischen oder auch re-ifizierten Kulturbegriff inzwischen als durchgesetzt gelten.[54] Kultur wird jetzt also nicht mehr als eine Bestandsgröße verstanden, schon gar nicht als die Eigenheit einer politisch fixierten und territorial verankerten Nation. Das kritisiert die Vorstellung, Bürgerinnen und Bürger einer bestimmten Nation „verkörperten" eine genau zu beschreibenden Kultur[55] und trügen diese ihr Leben lang mit sich herum. Im folgenden Ausspruch eines Kapitäns kommt diese frühere Auffassung gut zum Ausdruck: „Wir haben uns nun einmal für diese Nationen entschieden, also müssen wir auch mit ihnen zurecht kommen."[56]

Leider wird die Gleichsetzung von nationaler Herkunft mit kulturell fixierten Eigenschaften auch durch gutgemeinte Pädagogik noch stabilisiert. Das Handbuch *„How to treat your Kiribati seamen"* haben wir zwar nie zu Gesicht bekommen, doch ist uns davon - sowie von ähnlichen Ratgebern für andere „Nationen" - mehrfach berichtet worden. Die Kollegen von SIRC haben entsprechende Ratgeber auch auf Schiffen angetroffen, auf denen sie mitgefahren sind.[57] Zusammen mit entsprechendem Unterricht können sie leider bewirken, daß sich angehende Schiffsführer als bestens vorbereitet für ihre Aufgaben an Bord empfinden.[58] Diese Art von Ratgebern sind im Zuge des Aufschwungs einer regelrechten Kulturschocksvermeidungsindustrie heute auch in anderen Lebensbereichen verbreitet.[59] Ihr Studium kann sicherlich dabei helfen, die schlimmsten *faux pas* im Umgang mit Menschen zu vermeiden, die einen anderen kulturellen Hintergrund haben, doch ist sehr zu bezweifeln, ob sie zum Verständnis der anderen Verhaltensweisen beitragen. Man lernt, sich zu verhalten, doch macht das den anderen zunächst nicht weniger fremd.[60]

Nun ist selbstverständlich wenig damit gewonnen, Seeleuten, die ihre soziale Nahwelt mittels nationaler Stereotype ordnen, mit dem Hinweis entgegen zu treten, sie praktizierten eine Zuordnung, die wissenschaftlich überholt sei. Das müßte schon deshalb fruchtlos bleiben, weil diese Stereotype ja tatsächlich funktionieren. Sie dienen nicht nur dazu, die soziale Nahwelt in spezifischer Weise wahrzunehmen, sondern sie auch - in spezifischer Weise - zu bewältigen. Sie prägen die aktuelle und (für die allermeisten) auch die zukünftige Praxis. Deren Kennzeichen ist - im günstigsten Falle - ein hohes Maß an Alltagstoleranz. Sie gründet in dem gemeinsamen Wunsch, wieder nach Hause zu kommen. Aber diese Alltagstoleranz verträgt sich durchaus mit dem Fortbestand von Stereotypen.[61]

Um dieser spezifischen Logik sozialer Praxis auf die Spur zu kommen, verdeutlichen wir uns im Folgenden einige besonders markante Elemente der Stereotype, die unter deutschen Seeleuten verbreitet sind. Dabei stützen wir uns auf jene Stereotype, die uns besonders häufig begegnet sind. Sie betreffen insbesondere Seeleute, die aus verschiedenen asiatischen Ländern sowie von den pazifischen Inselgruppen Kiribati und Tuvalu kommen.

Nur sehr wenige Seeleute äußern sich negativ über den menschlichen Wert der Angehörigen einer Nation. Nicht nur, daß in allen Diskussionen zu dieser Thematik der Satz fiel „Ich bin ja kein Rassist",[62] worauf vielleicht nicht ganz so viel zu geben wäre, sondern es wird auch in Äußerungen zu konkreten Verhaltensweisen betont, „die sind nett", oder: „Die meisten [Offiziere] sind auch [heute] noch Nullen. Ich seh' das nicht menschlich. Ich meine das wirklich."[63] Regelmäßig folgt dann die exemplarische Wiedergabe einer Situation, die auch allen anderen deutlich machen soll, daß die Einschätzung korrekt ist. Ein anderer in der selben Diskussion: „Das sind liebe Menschen und toll dabei, aber ..."[64] „So von Mensch zu Mensch sind die ja auch o.k."[65] Aber! Die „Abers" beziehen sich - von Ausnahmen wie immer abgesehen - auf die Arbeit.

Da ist zunächst das Stereotyp eines Mangels an Standhaftigkeit in Notsituationen. „Das Stehvermögen bei denen ist nicht vorhanden."[66] Dieser, von vielen berichtete Sachverhalt, wird von den meisten schlicht auf Angst zurückgeführt. Auch „der" europäische Seemann gesteht sich durchaus zu, gelegentlich Angst zu bekommen, es wird, ganz im Gegenteil, sogar geäußert, nur die Dummen hätten niemals Angst. Was sich europäische Seeleute selbst und untereinander jedoch nicht zugestehen, sind Kopflosigkeit und Aktionsunfähigkeit in einer Notsituation. In dem oben wiedergegebenen Bericht über einen *Chief*, der nur noch zu beten wußte, wurde deshalb auch betont, daß dieser Vorfall nur berichtet werde, weil der Betreffende inzwischen ja schon lange tot sei. Von „Ostasiaten" heißt es:

„Kopflos. Werden grau im Gesicht. Sitzen in der Ecke und zittern und beten. Es ist also unglaublich, was man da schon erlebt hat."[67]

„In den Notsituationen sind die nicht mehr in der Lage, zum großen Teil, rational zu denken. Das hört auf."[68]

„Ich neige sozusagen nicht so sehr zu Kollektivurteilen, aber bei den Ostasiaten, also gar nicht mal bei Indern und Pakistanis, aber bei Indonesiern, bei Malayen und Philipinos - die stecken sich wechselseitig an. Panik ist etwas Grausiges im Ernstfall ... Das ist absolut phantastisch, es passen zweiundzwanzig Philipinos und zweiundzwanzig Rosenkränze in eine normale Zwei-Mann-Kammer, und da halten sie fast vierundzwanzig Stunden aus ... eine absolut irre Situation, wo man die Leute brauchte ..."[69]

Fast immer wird in derartigen Situationen nicht nur auf „Mentalität" abgehoben, sondern es werden auch mangelnde Ausbildung und die Bedingungen heutiger Seefahrt angesprochen. So auch ein Diskussionsteilnehmer, der berichtete, welche Gedanken er sich zu einem schweren Schiffsunfall gemacht hatte, von dem er aus den Medien wußte:

„Da ist eine Fähre aus Göteborg ausgelaufen und hat Feuer gefangen. Ich hab den Namen vergessen ... 109 Tote. Da wurde dem Kapitän vorgeworfen, daß er zu früh ausgelaufen ist, die Leute nicht geschult hat und so weiter, und so weiter. Und nachher, als ich hörte, es waren Philipinos an Bord, da konnt' ich mir nicht helfen, ... Einmal der Druck von dem Charterer. Wenn der Kapitän gesagt hat, ich hab hier drei Stunden vor dem Auslaufen 'ne völlig neue Mannschaft gekriegt, jetzt muß ich erst mal vierundzwanzig Stunden liegen bleiben, um die in den Sicherheitseinrichtungen zu schulen, dann hätte der Charterer gesagt, 'Kapitän, guten Tag. Das war's. Da ist der Nächste' ... Und denn kommt dazu, wenn das Feuer dann ausgebrochen ist, das ist die Mentalität dieser Ostasiaten, sie nehmen den Rosenkranz, wie Sie sagten, und rennen in die nächste Kabine oder ... nach ganz oben, und dann stehen sie da bis das Wasser ..."[70]

Auf die Nachfrage, ob sie keine Ausnahmen kennen gelernt hätten, sagten fast alle 'Nein".

Nur sehr gelegentlich: „Mal so ein oder zwei, wo man gedacht hat 'Ja, das könnt anders sein'."[71]

Einer, der sich sicher gewesen war, in seinem philippinischen *Chief Mate* eine solche Ausnahme getroffen zu haben und deshalb auch darum gebeten hatte, ihn auf der nächsten Reise wieder zu bekommen, mußte dann - wir haben oben davon berichtet - erleben, daß dieser in einer Notsituation „völlig ausfiel." Er änderte nicht seine Ansicht, sondern zog daraus den Schluß, daß er, sollte er ihn wieder bekommen, versuchen werde, ihn so zu trainieren, dass man sich auch in einer *emergency* auf ihn verlassen könne.[72] Diese Äußerung zeigt ziemlich genau, warum es sich Vorgesetzte heute kaum leisten können, das unter ihren Kollegen verbreitete Stereotyp der wenig standhaften „Ostasiaten" zu mißachten. Denn nur wenige bekommen die Chance, zu wiederholten Malen mit ein und demselben Offizier, geschweige denn *rating,* zu fahren und sie dann so gut auf eine *emergency* vorzubereiten, daß kein Ausfall befürchtet werden muß. Sich darauf zu verlassen, daß die vorschriftsmäßig durchgeführten Sicherheitsübungen alleine ausreichen könnten, um Kopflosigkeit im Ernstfall zu verhindern, grenzte an Leichtsinn. Unter solchen Umständen tun Vorgesetzte leider gut daran, zunächst einmal zu unterstellen, daß sich Seeleute „aus Ostasien“ so verhalten, wie sie es selbst bislang erfahren und von anderen berichtet bekommen haben.[73] Das Stereotyp der Kopflosigkeit wird sich, so jedenfalls unsere These, immer wieder empirisch bestätigen, solange Reedereien nicht dazu übergehen, ihre Rekrutierungspraktiken darauf auszurichten, längerfristig stabile Schiffsbesatzungen herzustellen. Erst danach kann mit einiger Aussicht auf Realisierung von deutschen Vorgesetzten erwartet werden, daß sie die Zuversicht entwickeln, verändertes Verhalten sei durch Ausbildung zu erreichen.

Das nächste große „Aber“ ist im Verlauf unserer Darstellung bereits mehrfach aufgetaucht: mangelndes theoretische Grundverständnis. Wer dieses Stereotyp nutzt, unterscheidet in aller Regel nicht zwischen Pakistanis, Kiribatis, Philippinen und anderen, macht aber manchmal eine Ausnahme für Inder. Fast immer, das ist in den zitierten Bemerkungen deutlich geworden, wird nicht nur auf mangelnde Qualifikation für den Beruf des Seemanns, sondern auch auf die Tatsache abgehoben, daß viele dieser Seeleute (manche sagen „alle“) aus einer Umwelt stammen, in denen sie das Grundverständnis einer hoch technisierten Welt nicht bereits von Kindesbeinen an erworben haben. Wenige ziehen daraus die Schlußfolgerung, nun müsse man diese Vermittlung an Bord eben sorgfältig nachholen. Die Tendenz, Qualifikation stereotyp als mangelhaft zu beurteilen und die vorhandenen Arbeitskräfte auf der Basis dieser Einschätzung zu nutzen, anders gesagt, auf bewußte Qualifikation *on the job* eher zu verzichten, hat unseres Erachtens zwei Gründe. Zum einen kam und kommt hier bei manch einem die Tatsache zum Ausdruck, daß deutsche Seeleute durch nicht-deutsche und später dann durch nicht-europäische Seeleute ersetzt wurden.

„Portugiesen ... Das war die erste Kategorie von Ausländern, die dem deutschen Seemann praktisch ... die Konzession strittig machte ...“[74]

Oder auch: „Man sollte denen vielleicht auch nicht so viel zeigen.“[75]

„Rationalisierst deinen eigenen Arbeitsplatz damit weg.“

„Ja, das kommt dabei raus.“

Gelächter

Ja, aber man muß [sie] trainieren ...“[76]

Anders gesagt: Man muß sie so weit fördern, daß sie nutzbar sind, die Vermittlung von Zusammenhängen aber vermeiden.

Wie immer gibt es auch andere Auffassungen und eine andere Praxis. Gegen die Haltung „Nee, die mache ich nicht schlau. Die schießen mir meinen Arbeitsplatz kaputt", müsse man erst einmal eine Bereitschaft bei den Vorgesetzten herstellen, den *ratings* nicht nur das „wie", sondern auch das „warum" zu erklären, damit man dann auch eine Mitverantwortung und eben auch ein bleibendes Wissen bei denen erzeuge, die vorher nichts wußten.[77] Manchmal geht es allerdings auch um das Ausmaß des „wie". Ein Kapitän berichtet von einem Gespräch mit einem Kollegen, der ihn auf einem Schiff abgelöst hatte. Dieser habe ihm anschließend berichtet, sie hätten einen totalen *black out* gehabt. Da sei einer nach hinten gerannt und habe den Notdiesel angeschmissen. Ein Kiribati habe da herum hantiert „wie ein Ing." Auf die Frage des Kollegen, „Was hast Du denen eigentlich alles gezeigt?" habe er geantwortet. „An und für sich ganz normale Sachen." Darauf: „So, o.k., aber das kann natürlich auch zu viel sein, weil, na ja, o.k."[78]

Die zweite Ursache für die Stabilität des Stereotyps ergibt sich aus der Tatsache, daß Stereotype Kommunikation und Praxis prägen, wodurch ständig von neuem Bestätigungen für das Stereotyp produziert werden. Ein in dieser Hinsicht typisches Beispiel lieferte ein deutscher Zweiter Ingenieur, der zur Vorbereitung einer komplizierten Reparatur im nächsten Hafen, für deren Durchführung nur wenig Zeit zur Verfügung stand, kleine Zettel an jeden einzelnen *rating* aus der Maschinencrew verteilte. Auf diesen Zetteln waren die verschiedenen Aufgaben notiert, die der Betreffende im Verlauf der Reparatur zu erfüllen haben würde. Tatsächlich klappte alles hervorragend. Hätten die Beobachter das von den Zetteln nicht gewußt, es wäre ihnen lediglich eine sehr selbstständige Beteiligung aller an der gemeinsamen Arbeit aufgefallen.[79] Der betreffende Ingenieur, der im übrigen wie auch viele seiner Kollegen nicht etwa den Verstand seiner Untergebenen anzweifelte, nahm das Stereotyp mangelnden theoretischen Wissens und folglich mangelnder Übersicht über die erforderlichen Tätigkeiten als Faktum und organisierte die Arbeit entsprechend. Nun war allerdings gerade auf diesem Schiff auch zu beobachten, daß in der Situation eines aufgetretenen und mit ersten Maßnahmen nicht behobenen Problems ein philippinischer Motormann einen Vorschlag machte, der dann vom deutschen Schiffsmechanikermeister aufgegriffen wurde und der auch tatsächlich zum Erfolg führte. Dieser Schiffsmechanikermeister, er war ja derjenige, der am engsten mit den *ratings* zusammen arbeitete, sagte auch, bei der Arbeit falle ihm die unterschiedliche Herkunft überhaupt nicht mehr auf. Da das nur möglich ist, wenn sich nicht ständig ein negatives Stereotyp bestätigt, läßt sich wohl schließen, daß der Zweite Ingenieur, als er die Reparatur vorbereitete, nicht nur auf seine eigenen Erfahrungen mit den gerade anwesenden *ratings*, sondern auch auf frühere Erfahrungen[80] und auf die unter deutschen Vorgesetzten verbreiteten Stereotype zurück griff. Damit mußten sich die außereuropäischen *ratings* aber als Kollegen erfahren, denen bestimmte Dinge eben nicht zugetraut werden.

Ein weiteres negatives Merkmal betrifft körperliche Kraft und körperliche Geschicktheit. Hier gibt es Unterschiede. Kiribatis, Tuvalus, auch Seeleuten aus Afrika wird große Körperkraft zugesprochen. „Die ... ja vor Kraft strotzen“[81]. Allerdings fehle ihnen die körperliche Geschicklichkeit: „Denen mußtest Du den Schlüssel noch aus der Hand nehmen, sonst ham sie's überdreht.“[82] Immerhin könne man von Seeleuten aus diesen Herkunftsländern aber Durchhaltevermögen erwarten.

„Die Kiribatis ..., wenn ich die nehm und sag: 'So, jetzt machen wir das.' Die ziehen das mit durch. Dann merkt man, oh, er geht auch schon knickebeinig. Aber, die wollen. Also, da ist was drin. Das kriegen Sie bei den Philipinos nicht.“[83]

„Wir ham festgestellt, daß unsre Philipinos, wir ham immer gesagt, die ham ein Relais, nach wirklichen Belastungen, von ungefähr drei oder vier Stunden. Da war'n die fertig. Da kam nichts mehr. Null Leistung. Nichts mehr.“

Frage: War das körperlich zu schwer, oder...?

„Ja, ja, einmal das, dann aber auch - sie wolln auch nicht ... es ging einfach nicht. Die lagen in den Gängen nachher und ...“[84]

Deutlich ist, es geht nicht nur um die tatsächlichen körperlichen Kräfte, es wird auch mangelnder Wille unterstellt. Besonders markant kommt das in den folgenden Ausführungen zum Ausdruck:

„Wahrscheinlich steht denen der Mensch im Weg. Vieles, was die einbringen, ist ihre Mentalität. Die bringen einfach emotionale Sachen rein, ... jetzt will ich mal ein Beispiel nennen. ... Wir müssen die Laufbuchse und den Kolben ziehen ... und das innerhalb von 24 Stunden ... 'Das schaffen wir. Das machen wir.' Da haben wir dann ein paar Kribatileute, die sind willig. Aber zwei Philippinen, der Dritte und der Zweite. Und jetzt kommt Folgendes. Den Kolben raus und dann ... das Übliche, Sauber machen und alles Mögliche. Und so. Um sechs Uhr, ... da stehen die beiden Philipinos da und sagen: 'So, wir hören jetzt auf. Wir fangen morgen früh wieder an.' Ich sag: 'Ihr habt versprochen, hier wird durchgemacht.' 'Wir können nicht mehr.' Und das glauben Sie vielleicht nicht, die können wirklich nicht. Ich sag zu dem Zweiten: 'So, jetzt legt sich einer hin von Euch. Zwei Stunden. Und Ihr wechselt Euch jetzt ab.' Das haben die gemacht. O.k., er plumpste wirklich hin. Der hat nicht mal ans Essen gedacht. Der haut sich hin, und sein Kumpel denn hat ihn wachgerüttelt wie verrückt, daß er hoch kommt. Den konntest Du gleich vergessen. ... Und das ist bei allen das Gleiche. Bei allen.“[85]

Hier ist alles enthalten. Die Beobachtung tatsächlicher körperlicher Schwäche und die Überzeugung, daß das eigentlich eben doch mit Willenskraft zu tun habe. Dieser argumentative Widerspruch hat viel mit dem Selbstverständnis körperlich arbeitender Männer in westlichen Kulturen zu tun. Wie Paul Willis meisterhaft gezeigt hat, werden körperliche Kraft und körperliche Geschicklichkeit für Jugendliche, die in einem solchen Beruf landen, zu einer Quelle von Selbstbewußtsein. Auch wenn ihnen die innerbetriebliche Hierarchie einen niedrigen Rang zuschreiben und der ihnen zugestandene Verdienst sie in einem niedrigen sozialen Status gefangen halten wird, so kann die Entwicklung und Beherrschung ihrer körperlichen Kräfte die *lads* aus der Arbeiterschicht nicht nur stolz machen, sondern ihnen auch ein Gefühl der Überlegenheit über die sozial höher stehenden Schwächlinge verschaffen.[86] Nun sind, anders als von Land her oft unterstellt, körperliche Kraft und körperliche Geschicklichkeit im Maschinenbetrieb eines modernen Schiffes nach wie vor von Nöten. Zwar ist das Kolbenziehen einfacher geworden, aber nahezu täglich müssen schwere Teile bewegt, festsitzende Teile gelöst und Schrauben festgezogen werden. „Ne Schraube, die ich fast mit der Hand lose gedreht hatte, da mußten die 'nen Schlüssel oder Hammer und so ungefähr ... ham alle kein Durchhaltevermögen."[87] Ingenieure sind durch ihre Ausbildung dem Status der körperlich Arbeitenden entwachsen, an Bord aber ist heute vielfach nicht nur ihr Wissen, sondern es ist auch ihre Geschicklichkeit und manchmal sogar ihre Kraft gefragt. Manch einer legt an sich selbst deshalb den Maßstab an, noch immer alle Fähigkeiten zu besitzen, die einen guten Motormann auszeichnen.[88] In jedem Fall sind beides Anforderung an „gute Motorleute". Tatsächlich trifft man in Maschinencrews auch philippinische *ratings,* denen sehr viel Körperkraft zur Verfügung steht, die sie im Einzelfall sogar durch Hanteltraining noch bewußt steigern. Es sind also keineswegs „Alle" körperlich schwach, wie das Stereotyp unterstellt. Andererseits läßt sich an anderen „ostasiatischen" Seeleuten vielfach ein Verhalten beobachten, das westlich sozialisierte Arbeitskräfte irritiert. In gewisser Weise verhalten sie sich ähnlich wie in westlichen Gesellschaften viele Frauen. Ist körperliche Kraft gefragt, so mühen sie sich nur manchmal übermäßig ab.[89] Ist gerade ein Stärkerer in der Nähe, so rufen sie ihn völlig ungeniert. Und wenn unter den Decksleuten einer ist, der überschüssige körperliche Kraft hat oder zu haben scheint, so ist es ziemlich ausgemacht, daß ihm auch jeweils die entsprechenden Tätigkeiten zugeteilt werden. Es kann auch vorkommen, daß ein Motormann einen in der Nähe stehenden Zweiten Offizier von sich aus um Hilfe dabei bittet, wenn es darum geht, mit Hebelwirkung eine Mutter fest zu ziehen.[90] Deutschen Seeleuten wäre das peinlich gewesen. Die Tatsache, daß das Eingeständnis körperlicher Schwäche vielen Kollegen aus Ostasien nicht peinlich zu sein scheint, interpretieren deutsche Seeleute deshalb leicht als Charakterschwäche. Geht ein deutscher Schiffsmechaniker bereits dazwischen, bevor sich herausstellt, daß die Kraft eines Motormannes für eine bestimmte Aufgabe nicht ausreicht, so kann das - je nach sonstigem Kommunikationsklima in der Arbeitsgruppe - entweder eine schlichte kollegiale Unterstützung sein oder aber auch die (im Einzelfall sicher unbewußte) Demonstration einer zugleich körperlichen und charakterlichen Überlegenheit.

Wie immer ist nicht alles ganz so eindeutig, wie es sich auf den ersten Blick präsentiert. Denn die kleinen und schmächtigen Seeleute aus einem ostasiatischen

Abbildung 22: Maschinenteile müssen bewegt werden

Herkunftsland machen sich ohne weiteres darüber lustig, daß in US-amerikanischen Häfen, wo ein solches Verfahren gewerkschaftlich durchgesetzt worden ist, die vom Schiff an Land gegebenen Festmachertaue von gewichtigen Hafenarbeitern an einem Auto befestigt werden, das sie dann zu den entsprechenden Pollern fährt. An Bord aber wird das Windenmanöver von der *crew* durchgeführt. Dafür stehen auf großen modernen Schiffen zwar auch motorisierte Winden zur Verfügung, dennoch müssen immer wieder einmal die schweren Tauen gezogen werden. Das erledigen die Mannschaften in der Geschwindigkeit, die während eines solchen Manövers aus Sicherheitsgründen immer geboten ist. Und dann kann es auch einmal zu einer Situation kommen, in der kein einziges Mitglied einer Deckscrew in das Stereotyp paßt. In einem panamesischen Hafen erledigten die *stevedores*[91] ihre Aufgabe sehr schlecht oder gar nicht. Gegenüber der Beobachterin wurde diese Situation kommentiert. Ein Decksmann: „Ich habe ihnen schon immer die *lashings* hingebracht, sie haben trotzdem nur geredet und nicht richtig gelascht." Ein anderer, knapp 1,40 m groß: „Es sind kräftige junge Kerls, aber sehr langsam." Tatsächlich war jeder der lokalen *stevedores* mindestens zwei Kopf größer als irgend einer aus der Decksmannschaft. Als sich die *stevedors* – wiederum nur herumstehend – über die schmächtigen Philipinos lustig machten und ihre tollen Muskeln vorführten, wurde es einem der Decksleute schließlich zu bunt. Er lachte zwar, ließ aber dennoch nichts an Deutlichkeit zu wünschen übrig, als er ihnen (auf Spanisch) sagt, er hätte zwar nicht solche Muskeln wie sie, könne aber ohne Muskeln genau so gut arbeiten.[92] Selbstbewußt stellte er hier fest, daß sie zwar alle schmächtig, deshalb aber doch sehr wohl in der Lage seien, die für das Schiff erforderlichen Tätigkeiten zu erledigen. Sicherlich war dieser Decksmann eben so wenig Repräsentant eines für alle ostasiatischen Seeleute zutreffenden Selbstbewußtseins wie es die vereinzelten kräftigen „Brocken" unter den Seeleuten aus einem ostasiatischen Herkunftsland sind. Immerhin aber könnten sie als Einwände gegen das unter Seeleuten verbreitete Urteil des fehlenden „Knüffs" gelten. Doch hindert das Stereotyp deutsche Seeleute vielfach daran, solche praktischen Einwände überhaupt wahrzunehmen. Wiederum ist allerdings festzuhalten, daß der häufige Wechsel von Besatzungen die Stabilität der Stereotype fördert. Wer als Vorgesetzter neu an Bord kommt und alsbald unter Zeitdruck Wartungen und Reparaturen durchführen lassen muß, tut gut daran, sich nicht darauf zu verlassen, daß sich in seiner Mannschaft Abweichungen vom Stereotyp befinden. Da seine Verhaltensweise aber seinen Erwartungen entspricht, richten sich häufig auch seine Gegenüber in dem Bild über sich selbst ein, das sie bei ihm und seinen Kollegen vermuten.

Zum Inhalt des negativen Stereotyps gehört auch die Art und Weise der Kommunikation. Zwar steht die weite Verbreitung einer mangelhaften Beherrschung des Englischen im Vordergrund entsprechender Diskussionen, doch geht es dann sehr schnell auch um Verhaltensweisen, Mentalität und Charakter. Nicht selten wird Kritik dabei in einer positiven Feststellung verpackt. „Sonst war'n die so willig, aber da kommt noch was mit der Sprache dazu .... sag ich 'hol mal die Schlüssel' oder was...fehlte, da hat der 'Ja' gesagt. Das hat der gar nicht verstanden. Dann ist er los gegangen und hat irgendwas gebracht, nur, um was zu bringen."[93] Immer wieder wird festgestellt, wenn jemand einen Befehl bestätige, dürfe man sich keineswegs darauf verlassen, daß er auch ausgeführt werde. Entweder sei falsch verstanden worden, oder man habe zwar bestätigt, wie es sich gehöre, aber deshalb nicht vor, den Befehl jetzt sofort (oder überhaupt) auszuführen. In manchen Unterhaltungen schwingt hier ein Ton mit, der nahe legt, Höflichkeit könne auch als Mittel der Täuschung dienen. Nun sind die Form und in gewisser Weise auch der Schein in jeder Kultur Merkmale von Höflichkeit. Deutsche Seeleute aber haben von sich selbst das Bild, offen und direkt zu sein. Das erschwert ihnen, wie wir oben berichtet haben, manchmal den Umgang mit „Landleuten". Für die Seefahrt halten sie Offenheit nicht nur für üblich,[94] sondern auch für funktional erforderlich. Nur sie erlaube es, Entscheidungen in der oft gebotenen Geschwindigkeit zu treffen und umzusetzen. Formen der Höflichkeit, wie sie an Seeleuten aus ostasiatischen Herkunftsländern beobachtet werden, gelten ihnen deshalb nicht nur als belastend, weil sie darauf achten müssen, das jeweilige Gegenüber nicht unbedacht zu verletzten, sondern auch als dysfunktional für den Schiffsbetrieb. Aus diesem Grund erleben manche den Umgang mit Seeleuten aus anderen Weltgegenden als sehr viel einfacher.

„Philipinos, um das mal so pauschal zu sagen, die sind bißchen pflegeleichter, wenn man das so einstufen will. Auf der einen Seite ist es schwieriger, mit denen umzugehen, wenn wirklich mal was los ist. Also man kann die nicht mal - ja, anschreien tu ich die sowieso nicht, die Jungs, - aber, daß man mal ein bißchen heftiger wird oder sagt 'Was hast Du denn da für 'nen Mist gemacht?' Das geht dann nicht, weil sie ja Asiaten sind, und dann ihr Gesicht verlieren, und das sollte man tunlichst vermeiden, weil dann fällt die Klappe runter, und dann geht gar nichts mehr. Da muß man so bißchen vorsichtig sein und so seine westliche Mentalität auch so ein bißchen vergessen. Das ist so ein bißchen anstrengend. ... das ist eben bei den Kiribatis bißchen anders, das ist - gut, da muß man immer drauf aufpassen, daß die Jungs nicht zu viel trinken, weil die da in der Regel nicht mit umgehen können. Aber das kann man ja unterbinden, es sei denn im Hafen. Und sonst ist es einfacher mit denen ... Das sind ganz schöne Schränke. Die sehen so bißchen furchteinflößend aus, sind aber eigentlich ganz liebe Jungs. Da ist es eben einfacher. Da kann man sagen: 'Mein Gott, was hast Du denn da für 'ne Scheiße gebaut?' Das verstehen die auch. Und dann ist er bißchen kleinlaut, und denn macht er das das nächste Mal bißchen anders. Ist 'ne Mentalitätssache." Und dann noch abschließend. „Daß man bei den Asiaten bißchen aufpassen muß, daß die ihr Gesicht nicht verlieren ... das ist für 'ne Langnase bißchen schwierig."[95]

In dieser Bewertung von Verhaltensweisen in Bezug auf den Schiffsbetrieb wurde die Schwierigkeit im Umgang mit „Asiaten" nicht nur bei diesen selbst, sondern auch bei den eingefahrenen Verhaltensweisen von „Langnasen" gesucht. Dieser *Captain,* eine Kapitänin, unterschied sich zusätzlich auch darin von vielen ihrer Kollegen, daß sie der Auffassung war, das Problem mit dem Alkoholkonsum von Kiribatis sei leicht zu bewältigen. Auf anderen Schiffen wurden dagegen körperliche Angriffe auf Schiffsoffiziere im Zustand der Trunkenheit (vom Hörensagen) berichtet und auch davon, daß eine deutsche Reederei, die Kiribatis beschäftigt, den Alkoholkonsum an Bord ganz untersagt habe.[96] Aus eigener Erfahrung berichtete ein *Chief,* auf einem Schiff, das Lastwagen und Busse transportierte, habe er einmal um 8 Uhr abends acht Kiribatis in einem vollgepafften Bus gefunden. Und der Zweite Ingenieur ergänzte, er würde auch nicht gerne *Chief Mate* sein wollen, weil man da das ganze Deck unter sich habe.[97] Eher repräsentativ ist wohl die Ansicht: „Die Kiribatis sind für robuste seemännische Arbeit sehr gut zu gebrauchen. Kann man sagen. Wenn die keinen Alkohol in die Finger bekommen, funktioniert das auch."[98]

In Bezug auf das potentielle Bedrohungspotential mancher „Nationen" ist das Raster offensichtlich uneinheitlich. „Und denn grad die Kiribatis, die kommen wie Kinder an Bord. Wirklich. Man hat denen die Seelen kaputt gemacht, indem man sie quasi in diese Zivilisation rein geholt hat."[99] Während manche nur von gelegentlichen Schwierigkeiten berichten, andere die Untergebenen bedauern, die Kulturschock und sehr lange Verträge zu bewältigen haben, gibt es auch manch einen deutschen Seemann, der ein mehr oder minder offenes Mißtrauen gegenüber den „Fremden“ hegt. Festgemacht wird das nicht selten an der Praxis, die Türen der Kammern zu schließen. War das in den Diskussionen über die siebziger Jahren noch auf die *aircondition* zurückgeführt worden, so wird es jetzt in einen Zusammenhang mit Seeleuten nicht-europäischen Herkunft gebracht: „Die Türen waren zum Beispiel überall bei uns an Bord auf. Das hat sich nachher auch geändert. Die waren immer mehr zu.“ Ergänzung durch einen anderen Diskussionsteilnehmer: „Ich weiß nicht, das Vertrauen war irgendwie weg. Es ist das eine oder andere schon mal geklaut worden, oder sonst solche Sachen. Früher waren die Türen immer, also es war offener. Also, es war unkomplizierter.“ Der Einwand eines weiteren Diskussionsteilnehmers, er habe es in zweiunddreißig Jahren nur zweimal erlebt, daß gestohlen worden sei, blieb gegen grundsätzliches Mißtrauen wirkungslos.[100]

Vielfach erfahren Seeleute eine Bestätigung ihrer Praxis, die Persönlichkeit nicht-europäischer Seeleute aus deren nationaler Herkunft herzuleiten, durch die Tatsache, daß außereuropäische Seeleute untereinander ganz entsprechend verfahren. Auch sie machen ihre stereotype Wahrnehmung anderer „Nationen“ durch Worte und Verhaltensweisen öffentlich. Dadurch angeregt hat es sogar Forschungsarbeiten über „Unverträglichkeiten“ und günstige nationale Zutaten für den „Besatzungsmix“ gegeben.[101] Viele deutsche Seeleute würden derartige Fragestellungen aufgrund ihrer eigenen Erfahrungen für sinnvoll halten:

„Das war mit Neger und Pakistani. Es funktionierte nicht. Die Neger, vom Senegal waren die, es ging nicht. Die bekommt man nicht in eine Gemeinschaft rein.“[102]

Oder auch: „Kiribatis und Philippinen, ... die können sich nicht ab. Das ist wie Feuer und Wasser. Die akzeptieren zwar, daß sie leben, aber sonst. Und die akzeptieren das nur in Verbindung mit Europäern. ... Dann geht das.“[103]

Im gleichen Sinne: „Wenn Sie jetzt einen Kiribati haben und 'nen Philipino, die können sich von Haus aus nicht. Das sagen die auch ganz offen.“

Frage: Warum steckt die Reederei die dann zusammen?

„Das ist denen doch egal.“

Gelächter [104]

Nicht die Inhalte, wohl aber die Art und Weise, soziale Realität wahrzunehmen, erweisen sich somit als global weit verbreitet. Sowohl aus eigener Beobachtung als auch aus Diskussionen kennen wir bemerkenswerte Ausnahmen, die Mehrzahl der Äußerungen kann jedoch als empirische Illustrationen einer Hypothese gewertet werden, die unter Sozialpsychologen diskutiert wird. Der sogenannten Wahrnehmungs-Erwartungs-Hypothese zufolge wird die Wahrnehmung sozialer

Realität weniger durch die tatsächliche, als durch die erwartete Reizsituation determiniert. Diese Erwartung resultiert aus früheren Erfahrungen, in unserem Zusammenhang zusätzlich aus Berichten über die Erfahrungen anderer. Vertreter dieser Hypothese sehen Stereotype als eine Art der Wahrnehmung, die auf einer besonders extremen Selektion von Reizen beruht.[105] Wir hatten oben bereits die These vertreten, daß Stereotype auch deshalb so stabil sind, weil sie funktionieren. Einen wichtigen Grund für dieses Funktionieren hatten wir in dem Umstand gesehen, daß die allermeisten Reedereien heute nicht darauf aus sind, personell längerfristig stabile Schiffsbesatzungen zu haben. Insoweit, so unsere These, ist es naheliegend, wenn sich Vorgesetzte, aber auch Besatzungsmitglieder, ihre Aufgabe dadurch zu erleichtern suchen, daß sie von ihnen bislang unbekannten Besatzungsmitgliedern zunächst jene Verhaltensweisen erwarten, die ihnen von Seeleuten eines bestimmten Herkunftslandes berichtet wurden, oder die sie selbst erfahren haben. Entsprechend verhalten sie sich dann und verbauen sich dadurch auch selbst die Chance, andere Erfahrungen zu machen oder wahrzunehmen.

Eine zusätzliche Färbung erhalten die unter deutschen Seeleuten verbreiteten Stereotype über ihre nicht-europäischen Kollegen durch ein bemerkenswertes Ausmaß an Unkenntnis über deren Lebensumstände.[106] Auf Nachfragen wußte kaum einer, was die an Bord anwesenden *ratings* tatsächlich verdienten, nahezu alle aber „wußten", daß „die" zuhause *kings* sind. „So und so viel Bedienstete. ... Häuschen ... Die spritzen da alle um ihn herum für das Geld."[107] Auch früher erstreckte sich die Kameradschaft an Bord nur sehr selten auf das Leben an Land. Einem Seemannsschnack zufolge endet die Freundschaft unter Seeleuten an der *gangway*. Immerhin waren in Zeiten nationaler Seefahrt aber die Kenntnisse über Heuern und Sozialversicherung verbreitet. Heute wären sie schwieriger zu erlangen. Vielfach sind sie - trotz ITF-Verträgen - unterschiedlich, die Kaufkraft ist nicht in allen Herkunftsländern gleich und auch die Möglichkeit (und Notwendigkeit) privater Absicherung gegen Krankheit und für das Alter stellt sich je nach nationaler Herkunft unterschiedlich dar. Nichtwissen erklärt sich also leicht. Doch füllen sehr viele deutsche Seeleute diese Lücke mit der festen Überzeugung, daß ein Seemannsverdienst ausreiche, um zu Hause grandios zu leben, im Vergleich besser als man selbst. *„If I would not go to sea, my children would be very hungry"*[108] paßt da ebensowenig ins Bild wie die Verpflichtung vieler Seeleute außer-europäischer Herkunft, eine große Verwandtschaft zu unterstützen. Unbestreitbar aber ist, daß Seefahrer nicht-europäischer Herkunft zumeist ein eigenes Haus haben, was immer das konkret auch bedeutet, daß sie in der Lage sind, ihre Familie zu unterstützen und Kredite an Geschwister, Schwäger oder Onkel zu geben, die ein Geschäft aufmachen wollen. Wie *kings* leben sie dann meist trotzdem nicht, weil von ihnen auch erwartet wird, Krankenhauskosten, Beerdigungen und Ausbildung von Verwandten zu finanzieren. Viele philippinische Seeleute allerdings kommen der Studie des SIRC zufolge, auf die wir diese Aussagen stützen,[109] von einem *contract* mit zahlreichen Geschenken zurück und verhalten sich ähnlich wie früher auch manch ein europäischer Seemann: als „Millionär für einen Tag". Über die Dienstboten, die im Stereotyp regelmäßig enthalten sind, wissen deutsche Seeleute wenig. Ihr Urteil stützt sich auf die Wirkung des Terminus in ihrer eigenen Herkunftsgesellschaft. Weder wird gefragt, ob überall *servants* vorhanden sind, noch, worin sich diese von den Babysittern oder Putzfrauen unterscheiden, die womöglich auch von den berufstätigen eigenen Ehefrauen beschäftigt werden beziehungsweise beschäftigt wurden, so lange die Kinder noch kleiner waren. „Haus", und „Dienstboten" irritieren, weil sie der kollektiven Wahrnehmung außer-europäischer Kollegen als generell Unterlegene im Wege stehen.

Als solche werden sie, das kommt in der Rede über nationale Kollektive zum Ausdruck, von deutschen Seeleuten nach wie vor ganz überwiegend wahrgenommen. Es sind nicht Seeleute, sondern „Ausländer", differenziert nach nationaler Herkunft und nicht nach Individuen. Alle zusammen sind sie „die Anderen." Damit wird eine Praxis vorgegeben, in der auch Diskriminierung gedeihen kann. Selbst wenn die Beteiligten das nicht so empfunden haben, so deklariert ein Grillabend nur unter deutschen Besatzungsmitgliedern (einschließlich der deutschen *ratings*) dem Rest der Besatzung doch sehr deutlich, daß sie „die Anderen" sind. Und wenn sich zwei deutsche Offiziere währen der Kaffeepausen im Beisein dreier nicht-deutscher Kollegen durchgängig auf Deutsch unterhalten, so müssen das die anderen, wenn es sich um ein Schiff unter deutscher Leitung handelt, als Ausschluß wahrnehmen.

Derartige Praktiken sind belastend für die Stimmung an Bord eines Schiffes. Ob es sie gibt oder nicht und ob dazuhin einzelne Vorgesetzte auch sprachlich diskriminieren oder nicht, ja selbst, ob sich bordinterne Ausbildung entwickelt oder nicht, hängt unserer Beobachtung zufolge entscheidend vom Sprachgebrauch und vom Verhalten eines Kapitäns ab. Zwar werden die konkrete Organisation der Arbeit und auch die in der Decks- und in der Maschinen*crew* jeweils herrschende Arbeitsatmosphäre in hohem Maße von den jeweils zuständigen Offizieren geprägt, doch gibt der Kapitän sowohl verbal als auch non-verbal gewissermaßen die Richtschnur vor. Alte Seeleute könnten einwenden, das sei nichts Neues, hätten aber Unrecht. Denn wohl prägte auch früher ein Kapitän die Stimmung an Bord, doch geschah dies im Rahmen der vielen ungeschriebenen Gesetze, die in nationalen Seefahrtstraditionen und im Selbstverständnis von Seeleuten verankert waren. Seit der oben beschriebenen Auflösung nationaler Seefahrtstraditionen müssen die „ungeschriebenen Gesetze" gewissermaßen an Bord eines jeden Schiffes neu „geschrieben" werden. In manchen Reedereien gibt es dafür einige allgemeine

Vorgaben, dennoch hängt die Art und Weise, wie Seeleute an Bord jedes einzelnen Schiffes zusammen arbeiten und leben, heute in einem sehr hohen Maße am Kapitän. Der Spielraum seiner Verhaltensweisen ist durch Charterer, *crewing agencies* und Reederei beschränkt - wenn die Reederei nicht zum Ende des Kontraktes ablösen läßt, kann kein Kapitän der Welt die Stimmung an Bord retten, - sie sind dennoch entscheidend. Die Globalisierung des maritimen Arbeitsmarktes hatte nicht nur die Herauslösung betriebswirtschaftlicher Strategien aus nationalstaatlichen Regulierungen, sondern auch die Herauslösung seemännischer Praxis aus nationalen Traditionen zur Folge. So koppelt sich an Bord von Schiffen Globalisierung mit Individualisierung.

Eine Änderung dieser Situation kann möglich werden, wenn und insoweit sich Seeleute untereinander als Angehörige eines transnationalen Berufes verstehen. Grundlagen für eine solche Entwicklung sind die transnationalen Vorschriften für die Ausbildung von Seeleuten und die Einrichtung transnationaler Kontrollen. Das reicht nicht hin. Zusätzlich werden Seeleute in den Stand gesetzt werden müssen, sich gegenseitig als Individuen und nicht nur als Träger einer nationalen Kultur wahrzunehmen. Dabei könnte schon helfen, wenn in der Ausbildung - anstatt einer Verfestigung nationaler Stereotype Vorschub zu leisten -, darauf hingewiesen würde, daß inzwischen immer mehr Seeleute aus sehr verschiedenen Herkunftsländern jahrelang gemeinsame Erfahrungen gemacht haben. Bislang sind die von deutschen Seeleuten verwendeten Stereotype zwar nicht durchweg statisch - „Philipinos sind schwierig geworden." Oder: „Die ersten Kiribatis waren ja noch ganz gut" -, doch haben wir nur sehr wenige getroffen, denen aufgefallen wäre, mit welcher Selbstverständlichkeit sich viele außereuropäische Seeleute heute auf einem „deutschen" Schiff bewegen. Tatsächlich hat ein heute dreißigjähriger Seemann, der gleich nach seinem Grundlehrgang an Bord eines „deutschen" Schiffes kam, dort schon ein Gutteil seines Lebens verbracht. Nicht nur „Mahlzeit" geht ihm und seinen Kollegen flott von den Lippen, wenn sie einen deutschen Offizier auf dem Weg zur Messe treffen, längst sind viele von ihnen auch in der Arbeit nicht mehr nur Ausführende von Anweisungen, sondern, in welcher formalen Position auch immer, selbst Träger von Routinen des Schiffsbetriebs.

Sichere Seefahrt ist eine der wichtigsten Voraussetzungen des internationalen Warenverkehrs. Internationale Regulierungen und Kontrollen alleine werden solche Sicherheit jedoch nicht garantieren können. Dazu bedarf es auch Menschen, die nicht nur deshalb auf Schiffen arbeiten, weil sie zuhause keine anderen Verdienstmöglichkeiten sehen. Da Schiffe aber nicht nur Arbeits- sondern auch Wohnstätten sind, werden sich Menschen aus aller Herren Länder nur dann in der Seefahrt „zuhause" fühlen, wenn sich die Beschäftigten in den schwimmenden Betrieben des Welthandels gegenseitig als Seeleute anerkennen und respektieren. Respekt kann man nicht, [110] oder jedenfalls nur in gewissem Maße, befehlen.[111] Manchmal aber kann man an Bord lernen, wie das gehen könnte.

„Das waren Kiribatis, Philippinen, Spanier, und der Kapitän war deutsch. So. Vier Nationen. Also, ganz normal. Und in Indonesien lagen wir zwei Tage, ... Kleine Party. ... Ich komme aus der Maschine raus. Blieben alle ruhig. Und dann: 'Mensch *Chief*, komm her. Trink ein Bier mit.' Ich sag: 'Gut. OK.' Und dann komm ich. Einige waren dann so'n bißchen angeheitert schon. Und der eine Kiribati, Matrose, der war schon mit dem einen im Gefecht, mit dem von den Philippinen. Die unterhielten sich über ihre Nationen. Also, Kiribati so und Philippinen so. Und denn, nicht daß da eine Prügelei, aber die kabbelten sich. Ich habe mich bei den beiden hingestellt und hab' zu denen gesagt: 'Sagt mal, wir sind doch in erster Linie Seeleute. Und ihr unterhaltet auch jetzt über eure Nation.' Der Kiribati hat sofort gesagt: 'Mensch, ja. Entschuldigung. Das stimmt auch. Ich habe das vergessen', sagt er. 'Wir sind auf einem Schiff. Wir sind alle zusammen.' Das hat eine Zeitlang gedauert, bis der Philipino das begriffen hat. Also, das ist nicht so, daß man jetzt sagen kann, daß es problemlos ist, mit denen zu fahren. Die Gemeinschaft, das muß denen auch mal gesagt werden. 'Hört mal zu. Wir sind hier an Bord. Das spielt keine Rolle, was du bist. Ob du jetzt aus dem Sudan kommst, oder sonst was. Du bist hier erst mal an Bord Seemann. Und das ist, jetzt sind vier, fünf oder zehn Mann oder fünfzehn Mann. Egal wie viel. Und wir sind auf dem Schiff, und wir haben das Schiff zu fahren. So, jeder hat seinen Job zu tun. Das ist klar. Aber in erster Linie sind wir Seeleute. Und das spielt überhaupt keine Rolle, wo wir herkommen. Das mußte aber mal gesagt werden."[112]

Abbildung 23

Anhang: Bemerkungen zur Forschungsmethode

Forscherinnen und Forscher, die zur aktuellen Schiffahrt arbeiten, geben ihre Informanten aus dem Kreis der Seefahrenden in aller Regel nicht namentlich preis. Wir folgen dieser Praxis, zitieren also das Datum der (aufgenommenen und archivierten) Diskussion, in der bestimmte Äußerungen gefallen sind und benennen (verschlüsselt) die Reise, auf der eine bestimmte Beobachtung oder Formulierung von Heide Gerstenberger oder Ulrich Welke notiert wurde. Die Abkürzungen H.G. beziehungsweise U.W. verweisen auf das jeweilige Beobachtungs- beziehungsweise Gesprächsprotokoll.

Gruppeninterviews

Zu der hier vorgelegten Thematik gibt es, das geht auch aus dem Text hervor, wenig vorliegende Literatur. Zu Beginn des Forschungsprozesses haben wir deshalb nahezu ausschließlich mit Gruppendiskussionen gearbeitet. Die Entscheidung für diese Methode war aus Diskussionen mit anderen Schiffahrtsforschern erwachsen, die gute Erfahrungen damit gemacht hatten, daß auf diese Weise eine Kontrolle der Äußerungen einzelner möglich ist. So werden im Text zwar oft individuelle Äußerungen zitiert, doch ist dabei zu bedenken, daß sie fast immer im Rahmen einer Gruppe von Seeleuten gefallen sind. Sofern nichts anderes vermerkt ist, handelt es sich um eine Äußerung, der nicht grundsätzlich widersprochen wurde.

Beginnend mit dem 20.11.1998 haben wir insgesamt 14 Gruppendiskussionen mit Seeleuten (deutscher Staatsangehörigkeit) durchgeführt. In Abstimmung mit den Beteiligten wurden diese Diskussionen jeweils auf Band aufgezeichnet. Die Diskussionsrunden waren unterschiedlich zusammengesetzt. Zwar haben wir von Anfang an entweder Nautiker oder Techniker eingeladen, doch haben wir am Anfang stärker gemischt, was die Fahrenszeit anlangt, mit anderen Worten, wir haben Seeleute, die bereits in den siebziger Jahren ihren aktiven Dienst beendeten, zusammen mit Seeleuten eingeladen, die bis vor kurzem aktiv waren oder auch heute noch zur See fahren. Daß wir von dieser Praxis wieder abgekommen sind, entsprach bereits einem ersten Ergebnis unserer Forschungen. Denn tatsächlich ist der Umbruch, der die Handelsschiffahrt seit Mitte der siebziger Jahre des 20. Jahrhunderts erfaßt hat, so umfassend und tiefgreifend, daß in der Schiffahrt heute fast nichts mehr ist, wie es vor dieser Zeit war. Nun „kennen" selbstverständlich auch Seeleute, die vor diesem Umbruch gefahren sind, Schiffahrt. Dennoch reden derzeit aktive Seeleute und Seeleute, die vor mehr als zwanzig Jahren in einen Beruf an Land gewechselt oder inzwischen pensioniert sind, nicht von der gleichen Sache. Das zeigt sich auch an dominanten Gesprächsthemen. Während frühere Seeleute darauf eingestellt sind, an Land von besonders aufregenden Erlebnissen zu berichten, reden heutige Seeleute eher über „Papierkram", Doppelbesteuerungsabkommen und Zeitdruck. Schiffe sind immer noch Schiffe, und Stürme sind immer noch Stürme, aber der Beruf des Seemanns ist nicht mehr der frühere Beruf des Seemanns. Als sich diese Erkenntnis zunehmend aufdrängte, sind wir von dem ursprünglichen Plan, die Veränderungen der Seemannsarbeit auch mehr oder minder chronologisch zu beschreiben, abgerückt, um uns statt dessen auf die wirtschaftlich-politischen Ursachen des Umbruchs und aktuelle Formen der Schiffahrt zu konzentrieren. Lediglich an einzelnen Stellen wird - zur Illustration des großen Wandels - auf frühere Bedingungen und frühere Praxis Bezug genommen.

Die Durchführung der Gruppendiskussionen hat sich aber auch in einer anderen Hinsicht verändert. Zu Beginn waren sie vollkommen offen angelegt. Zunächst haben wir den Teilnehmern erläutert, daß wir sie als Mitarbeiter in einem großen gemeinsamen Forschungsprojekt betrachten und ihnen deshalb nicht Fragen vorgeben wollen, sondern von Ihnen erfahren möchten, welche Fragen sie selbst für wichtig erachten. Begonnen wurden die Sitzungen (sie dauerten zwischen zwei und vier Stunden) mit der Bitte an jeden Teilnehmer, die anderen über seinen Ausbildungs- und Berufsweg zu informieren. In aller Regel wurden diese Berichte durch Diskussionen über gemeinsame Erfahrungen, bestimmte Schiffe, Vorgesetzte oder Ähnliches unterbrochen. Aus den Berichten ergaben sich dann aber auch jeweils bereits Ansatzpunkte für systematische Fragestellungen. Sie wurden von der Diskussionsleiterin vorgeschlagen. Im weiteren Verlauf wurde die Diskussion vorsichtig durch Nachfragen beziehungsweise durch den Hinweis auf neu aufgekommene Themen strukturiert.

Seit den ersten Diskussionen haben sich tatsächlich mehrere der Eingeladenen als Mitwirkende des Forschungsprojektes verstanden, haben Material geschickt, auf Veranstaltungen aufmerksam gemacht, mit Empfehlungen geholfen, zu einem Seegerichtsverfahren mitgenommen und in einem Fall sogar selbst eine kleine Untersuchung gestartet.

Einen etwas abweichenden Versuch haben wir unternommen, als wir zweimal nacheinander Frauen deutscher Seeleute eingeladen haben, die mehrfach für eine Weile auf den Schiffen mitgefahren sind, auf denen ihre Ehemänner arbeiteten. Wir hatten angenommen, Frauen hätten einen Blick auf das Zusammenleben mit ausländischen Seeleuten, der etwas weniger von den unmittelbaren Arbeitsanforderungen geprägt ist, als der ihrer Männer. Im Großen und Ganzen hat sich diese Erwartung nicht bestätigt. Von wenigen Ausnahmen abgesehen, verstanden sich die Seemannsfrauen als Besuch ihrer Männer und haben sich für den Schiffsbetrieb als solchen nicht sehr interessiert. Dennoch waren diese Gruppendiskussionen in zweierlei Weise für die weitere Arbeit hilfreich: Zum einen ist uns im Gespräch mit Seemannsfrauen zum ersten Mal der Ausdruck „Fippse“ für philippinische Seeleute begegnet, der in den Gruppendiskussionen mit Seeleuten nie gefallen war. Wenn ihn aber Ehefrauen deutscher Schiffsoffiziere benutzten, hatten sie ihn auch von ihren Ehemännern gehört. Damit war deutlich, daß die Gruppendiskussionen zwar leisteten, was wir von ihnen erhofft hatten: die Formulierung von Ansichten, die in der Großgruppe „Seeleute“ verbreitet sind, daß sie aber die Zensur der eigenen Formulierungen gegenüber Außenstehenden intakt gelassen hatten. Zum anderen bemerkten mehrere Seemannsfrauen, ihre Männer wollten an Land nicht über Schwierigkeiten reden, die sie an Bord hatten. Diese Sorte der „Zensur" haben wir inzwischen auch auf andere Weise bestätigt erhalten. „Man nimmt den Ärger nicht mit an Land", haben uns mehrere Seeleute unterwegs gesagt. Damit bleibt aber auch einiges an Bord, was für die Arbeit auf See besonders charakteristisch ist. Einer der Kapitäne, mit dem wir mitgefahren sind, hat sich angewöhnt, uns von unterwegs eine e-mail zu schreiben, wenn gerade wieder ein besonders ärgerlicher Vorfall oder eine besondere Schwierigkeit aufgetreten war. Diese Post enthält oft Einzelheiten, die wir auf keine andere Weise hätten erfahren können.

Im Verlauf der Zeit, und besonders nach den ersten Mitfahrten auf Schiffen, haben wir die Gruppendiskussionen nicht mehr so offen gestaltet wie am Anfang, sondern sie mit sehr konkreten Fragen eingeleitet. Das hat inzwischen weniger gestört, sondern im Gegenteil häufig eine präzise Diskussion in Gang gesetzt, weil die Teilnehmer feststellen konnten, daß wir wußten, wovon wir redeten. Mehr und mehr haben wir sie also gebeten, Eindrücke zu bestätigen oder zu revidieren, Fachfragen genauer zu klären, technische Entwicklungen zu beurteilen usw.

Die Gruppendiskussionen wurden bis zum Abschluß der Untersuchung kontinuierlich fortgesetzt. Da wir nun aber zumeist versucht haben, Seeleute zu beteiligen, die noch aktiv sind, war die Teilnehmerzahl in der Regel sehr viel geringer als zu Beginn unserer Untersuchung.

Experteninterviews

Gegen Ende der Untersuchung haben wir vereinzelt auch Experteninterviews durchgeführt, so etwa mit einem Hafenarzt zu gesundheitlichen Belastungen, mit einem Techniker zu speziellen Fragen des Arbeitsablaufs, mit einem Gerätebauer, mit Reedern und mit Ausbildern. Es handelte sich durchweg um offene Interviews, die durch bestimmte Fragen eingeleitet wurden. Hilfreich wurden zudem die Interviews über die Rekrutierungs- und Personalpolitik deutscher Reedereien, die Edin Mujkanovic mit den für die jeweiligen Personalabteilungen Zuständigen durchgeführt hat.

Beobachtungsinterviews

Als wir dieses Forschungsprojekt konzipierten, hatten wir bereits Mitfahrten auf Handelsschiffen ins Auge gefasst, diesen aber einen eher sekundären Stellenwert zugeschrieben. Sie sollten dazu dienen, die Ergebnisse, die aus dem Studium vorliegender Materialien und aus den Gruppendiskussionen gewonnen wurden, zu überprüfen. Bereits während der ersten Mitfahrt ist deutlich geworden, daß diese Forschungsmethode dem Gegenstand nicht hätte gerecht werden können. Die Gruppendiskussionen waren zwar eine – wie sich an Bord immer wieder herausstellte – unerlässliche und hilfreiche Vorbereitung für die Beobachtungen an Bord, als zentrale Forschungsmethode hätten sie jedoch gründlich in die Irre geführt. Eine der Ursachen wurde bereits benannt: die Selbstzensur, die sich (viele) Seeleute auferlegen, wenn sie von Bord kommen und an Land gehen. Der zweite, sehr viel wichtigere Grund ist die internationale Zusammensetzung der Mannschaften. Heute sind kaum noch deutsche ratings aktiv. Köche und Bootsleute, die an den Gruppendiskussionen teilnahmen, fahren längst nicht mehr zur See. Aussagen über die Zusammenarbeit und das gemeinsame Leben an Bord erfolgten demnach ausschließlich durch Offiziere. Aufgrund unserer Beobachtungen ist nachträglich festzustellen, daß sie kein zureichendes Bild vermitteln konnten. Ist schon die ausschließliche Sicht „von oben" ein generelles Hindernis bei der Erforschung von Kommunikation und sozialer Praxis, so ist sie dies umso mehr in einem Feld, in dem sich nahezu jeder Gesprächsteilnehmer verpflichtet fühlt, an der einen oder anderen Stelle zu bemerken: „Ich bin kein Rassist." Die Realität an Bord wird auf diese Weise nur unzureichend erfaßt. Kurzum: Die Analyse der Arbeitswelt in einem globalisierten Gewerbe kann nur gelingen, wenn Erfahrungen von Menschen, die aus unterschiedlichen Ländern kommen und unterschiedliche Positionen ausfüllen, nicht nur aus zweiter Hand berichtet werden. Im Verlauf der Untersuchung wurde deutlich, daß die Mitfahrten auf Handelsschiffen nicht nur nützlich, sondern für diese Art der Fragestellung unerlässlich sind. Selbstverständlich wäre es hilfreich, wenn auch mit ausländischen Seeleuten außerhalb ihrer Verträge in ihrem Heimatland und möglichst sogar in ihrer eigenen Sprache diskutiert werden könnte. Hilfsweise waren die Beobachtungen aber bereits äußerst aufschlußreich.

Heide Gerstenberger und Ulrich Welke sind insgesamt sechs mal (jeweils gemeinsam) auf einem Handelsschiff mitgefahren. Alle Schiffe waren in deutschem Eigentum. Eines fuhr im German International Ship Register und damit unter deutscher Flagge, alle anderen waren ausgeflaggt. Auf allen Schiffen gab es eine international zusammengesetzte Mannschaft, auf einem Schiff war gar kein deutscher Seemann beschäftigt. Die Mitfahrten dauerten einmal eine Woche, einmal zwei Wochen, einmal drei Wochen und zweimal vier Wochen. Sie erfolgten auf zwei Containerschiffen, einem Gastanker, einem großen Massengutfrachter, einem kleinen Massengutfrachter im Küstenverkehr sowie einem Autotransporter.

Wir haben die Schiffahrtsunternehmen, die uns die Mitfahrt gestatteten, zuvor von unserer Fragestellung unterrichtet und sie jeweils gebeten, die Zustimmung des Kapitäns zu unserem Aufenthalt an Bord einzuholen. Trotzdem herrschten an Bord zunächst die wildesten Vorstellungen über unsere Forschungen, So wurde angenommen, wir würden die Offiziere „verkabeln", um ihren Stress messen zu können, ein andermal wurden „Spione der Company" erwartet. Wir sind jeweils sehr zurückhaltend aufgetreten, haben uns aber prinzipiell spätestens am zweiten Tag in der Mannschaftsmesse vorgestellt und dort erläutert, daß wir weder von der Company noch vom Charterer kommen, sondern daß es uns darum geht, den Menschen an Land zu verdeutlichen, wie Seeleute arbeiten und wie sie leben. Über unsere Forschungsmethode haben wir gesagt: „Wir werden während der nächsten Wochen herumstehen und zusehen, während Sie arbeiten." Faktisch haben wir nicht nur zugesehen, sondern auch zugehört – und gelegentliche Nachfragen gestellt oder um Erläuterungen gebeten.

H.G. und U.W. haben jeweils täglich Beobachtungsprotokolle bzw. Gesprächsprotokolle geführt, teilweise über identische Gegenstände (etwa die Gespräche während der Coffee-Break), teilweise über unterschiedliche Gegenstände. (Auf die erste Reise hatten wir noch einen Laptop mitgenommen, danach aber die Protokolle von Hand in ein Heft eingetragen. Die Erfahrung hatte gezeigt, daß sie dann zeitlich näher an den Beobachtungen und Gesprächen erfolgten. Seither haben wir diese Notizen transkribiert, um sie uns gegenseitig zur Verfügung zu stellen.)

Drei Dinge vor allem haben dazu geführt, daß wir relativ schnell an Bord akzeptiert waren. Zum einen haben wir die Formulierung, daß wir „zusehen, wenn die anderen arbeiten" tatsächlich wörtlich genommen. Begann also etwa eine Revierfahrt um 4:30 Uhr morgens, so kamen nicht nur die Seeleute auf stand by, sondern auch die beiden Forschenden. Gab es im Hafen dann eine lange Reparatur, so kamen die beiden Forschenden nicht nur quasi zu Besuch in den Maschinenraum, sondern blieben die acht oder zehn Stunden, die diese Reparatur dauerte, auch dabei (unterbrochen lediglich von den Pausen, die für alle galten), erfolgte danach wieder eine Revierfahrt mit dem unerlässlichen stand by von Besatzungsmitgliedern, so waren wir inzwischen mit diesen zusammen müde.

Das zweite, zunächst gar nicht systematisch geplante Hilfsmittel, der Einsatz einer Videokamera, hat sich nicht nur als unerlässliches Hilfsmittel für die Nachbearbeitung erwiesen, sondern die Forschungen bereits an Bord ganz ungemein erleichtert. Bereits nach zwei, drei Tagen hatten sich fast alle Besatzungsmitglieder an die Kamera gewöhnt. Hilfreich war, daß wir schon in der ersten Woche unserer Anwesenheit das erste Video in der crew-Messe vorführten. Auf diese Weise wurden die Seeleute nicht nur davon überzeugt, daß wir ihre Privatsphäre respektierten und auch nicht filmten, wenn etwa einer einen Verweis erhielt, uns statt dessen aber sehr genau für die konkreten Abläufe ihrer Arbeit interessierten. Hierbei hat geholfen, daß Ulrich Welke früher selbst zur See gefahren ist und deshalb schon zuvor in etwa wußte „worauf es ankommt". In der Regel kam es während der Vorführungen zu Diskussionen, (denen wir sprachlich leider nicht immer folgen konnten), aber auch zu Erläuterungen (etwa wenn die Maschinencrew der Deckscrew eine Arbeit erläuterte, und umgekehrt.) Besonders aufschlußreich waren manchmal non-verbale Äußerungen, wie etwa allgemeines Gelächter, wenn einer, der sich gerne vor Arbeit drückte, dramatisch kräftig an einem Tau zog. Für uns bedeuteten viele dieser Äußerungen eine Bestätigung unserer Beobachtungen.

Zusätzlich geholfen hat uns an Bord, daß wir uns auch insofern als „supernumeraries" der Besatzung (so der Fachausdruck für die Einwanderungsbehörden) verstanden, als wir auf Viedeoaufnahmen und bloßes Zusehen verzichteten, wenn gerade einmal eine zusätzliche Hand gebraucht wurde.

Nach einigen Tagen haben sowohl ratings als auch Offiziere auf allen Schiffen begonnen, uns zu informieren, wenn gerade eine komplizierte Reparatur oder eine andere Arbeit anstand, von der sie dachten, daß sie uns besonders interessieren könnte. Oft mußten wir Erläuterungen gar nicht erbitten, weil sie Seeleute von sich aus lieferten. Dem stand häufig die Sprachkompetenz im Wege, aber wie für so vieles andere finden Seeleute auch dafür einen Ausweg. Ein junger philippinischer wiper, dessen Englisch nicht sehr weit reichte, nahm in der zweiten Woche unseres Aufenthaltes an Bord Heide Gerstenbergers Hand und tauchte ihren Zeigefinger nacheinander in zwei Dosen, um ihr die unterschiedliche Konsistenz der nacheinander anzuwendenden Paste für die Einschleifung eines Ventils zu verdeutlichen. Auf einem Schiff, auf dem gar niemand Deutsch sprach, erwähnte der Kapitän nach einigen Tagen beiläufig, sie kämen mit Englisch ja zurecht, hätten aber große Schwierigkeiten, sich mit Engländern zu verständigen. Als sich darauf auch H.G. bemühte, keine ganzen Sätze zu formulieren, sondern sich auf wenige Ausdrücke zu beschränken, kamen die Gespräche sehr gut in Gang. Der Leiter der Maschinenanlage, der sich zunächst sehr zurückgehalten hatte, erläuterte dann beispielsweise, wie es gewesen war, als er zum ersten Mal auf dieses Schiff kam, auf dem er ganz alleine für die Maschine zuständig ist. „First: problema, problema, problema; then six weeks: looky, looky, looky; after: normal, normal, normal."

Während wir an diesem Forschungsprojekt arbeiteten, hat Michaela Draginic die praktische Durchsetzung des ISM-Codes untersucht. In diesem Zusammenhang konnte sie mehrfach an *Port State Controls* sowie an reedereiinternen Audits teilnehmen. Ihre Beobachtungen und Schlußfolgerungen sind mit in diese Arbeit eingeflossen.

Bemerkungen zu Vor-und Nachteilen der Beobachtungsinterviews

Über die Forschungsmethode, die H.G. und U.W. während ihrer Mitfahrten angewandt haben, kann man sich streiten. Zum einen haben wir, anders etwa als die Projektgruppe des SIRC, die im Auftrag der ILO eine Untersuchung über multinationale crews durchgeführt hat, auf förmliche Interviews an Bord verzichtet. Wenn einer gerade herumstand und wartete, daß er durch eine Trillerpfeife Bescheid erhielt, ob er den Hahn zudrehen soll, an den für die Pumpenüberprüfung ein Schlauch angeschlossen war, so war Gelegenheit zu einem längeren Gespräch über Familie, Hoffnungen für die Kinder, Erfahrungen auf anderen Schiffen und auch für eine vorsichtige Nachfrage nach bestimmten Bedingungen auf dem gegenwärtigen Schiff. Erhielt ein Offizier während der Nachtwache Besuch von einem Forschenden, so berichtete er schon von sich aus manchmal auch Erlebnisse, die etwas „neben dem Gleis" der Alltagsarbeit lagen. Insgesamt aber hatten wir den Eindruck, daß wir während der Gespräche bei den Kaffeepausen oder bei der Arbeit mehr erfuhren, als durch förmliche Interviews hätte erfragt werden können. Vor allem hätten letztere unsere Position an Bord grundlegend verändert. Wir wären nicht mehr „mitgelaufen". Seit die Ergebnisse der Forschungsgruppe des SIRC publiziert wurden, sind wir zudem davon überzeugt, daß deren positive Beurteilung national sehr stark gemixter crews nicht unwesentlich durch die Tatsache beeinflußt wurde, daß sie an Bord von Schiffen Interviews durchführten. Auch uns wäre im Rahmen einer Interview-Situation sicherlich gesagt worden, es gebe keine Probleme, die auf dem aktuellen Schiff vorgefundene Situation sei gut und Schwierigkeiten bestünden lediglich im Hinblick auf Sprachkompetenz. Unsere eigene abweichende Einschätzung stützt sich dagegen überwiegend auf Beobachtungen.

Wie haben nicht nur auf förmliche Interviews verzichtet, sondern uns zudem den unter Seeleuten üblichen Gepflogenheiten angepasst und deren ohnehin begrenzte Privatsphäre peinlich genau respektiert. Nur auf einer Reise haben wir berichtet, daß wir, wenn wir an Land Videos von unseren Mitfahrten vorführten, immer gefragt werden, wie denn die Kammern aussehen. Deshalb würden wir zu der Zeit am Sonnabend, wenn die meisten ihre Kammer putzen, gerne mit der Kamera vorbeikommen. Wer nicht wolle, daß wir seine Kammer filmen, möge dann doch bitte einfach die Tür schließen. Von dieser Möglichkeit, sich unterschiedlich zu verhalten, wurde Gebrauch gemacht.

Da wir die Videos grundsätzlich nie in der Offiziersmesse, sondern immer in der crew-Messe vorführten, ergab sich im Anschluß meist eine kurze Geselligkeit, die es uns im Laufe der Zeit auch ermöglichte, sonst einmal einen Besuch zu machen. Vielfach verbringen aber auch die ratings ihre Freizeit alleine oder zu zweien und dreien auf ihren Kammern. Da Freizeit auf See heute auch in gemäßigten Gegenden kaum noch an Deck verbracht wird, also insgesamt kaum schiffsöffentlich statt findet, haben wir auf eine systematische Beobachtung von Freizeitbeschäftigungen verzichtet.

Daß die Mitfahrten immer zu zweit erfolgten, war in vieler Hinsicht günstig. Daß die Forschungsgruppe aus einer Frau und einem Mann bestand, wirkte sich insoweit positiv aus, als Besatzungsmitglieder von sich aus in Gesprächen manchmal unterschiedliche Themen ansprachen. Außerdem hatten die beiden Forschenden unterschiedliche Zugänge zu Problemkomplexen. Vor allem aber ermöglichte die gemeinsame Mitfahrt eine unmittelbare gegenseitige Kontrolle der Beobachtungen.

Grenzen der in diesem Forschungsprojekt genutzten Methoden

Eine Mitfahrt auf Schiffen ist nur mit Zustimmung des jeweiligen Schiffahrtsunternehmens möglich. Vereinzelt untersagen auch Charterer die Mitfahrt. Damit kommen nur Arbeits- und Lebensbedingungen in den Blick, deren Veröffentlichung von den Unternehmen nicht gefürchtet wird. Tatsächlich halten wir diese Begrenzung des Aussagewertes für wenig problematisch. Denn seemännische Arbeit wird besser von ihrem Durchschnitt her analysiert als durch die Konzentration auf jene menschenunwürdigen und konstant lebensgefährlichen Bedingungen, unter denen Seeleute auf manchen Schiffen (auch deutscher Eigner) zu leiden haben.

Eine zweite Begrenzung ist gravierender. Das jetzt durchgeführte Forschungsprojekt war sehr deutlich auf „deutsche“ Verhältnisse fokussiert. Beobachtungen wurden ausschließlich auf Schiffen deutscher Eigner durchgeführt, zu den Gruppendiskussionen an Land wurden ausschließlich deutsche Seeleute eingeladen. Nur auf einem der Schiffe, auf denen wir mitgefahren sind, war gar kein deutscher Seemann tätig. Nahezu alle, die heute noch aktiv sind, kennen den Dienst auf ausgeflaggten Schiffen, einzelne fuhren schon seit Jahrzehnten bei ausländischen Reedereien. Da es heute nur noch in wenigen Ausnahmefällen deutsche *ratings* gibt, waren unter jenen Beteiligten der Gruppendiskussionen, die heute noch aktiv sind, ausnahmslos Offiziere oder angehende Offiziere vertreten. Nun äußerten sich zwar deutsche Offiziere freimütig über (aktuelle und frühere) Untergebene, redeten also etwa über die Arbeitsmoral „der“ Kiribatis, Inder oder Philipinos, demgegenüber gab es auch an Bord nur sehr wenige Äußerungen ausländischer Vorgesetzter über ihre Untergebenen und überhaupt keine Bemerkung ausländischer *ratings* über Vorgesetzte oder gar über „die“ Deutschen. Bestenfalls ließen sich aus Gesprächen über Erfahrungen auf Schiffen unter saudiarabischer, griechischer oder japanischer Leitung Rückschlüsse ziehen. Wir haben auch nie nachgefragt, denn ausländische Seeleute wären sehr unklug, wenn sie sich über Vorgesetzte auf dem aktuellen oder einem anderen Schiff unter deutscher Leitung äußern würden. Auch nach vierwöchiger freundlicher Bekanntschaft wollten wir niemand in die Verlegenheit bringen, eine ausweichende Antwort geben zu müssen. Wichtigste Basis der in diesem Zusammenhang formulierten Schlußfolgerungen sind deshalb die Beobachtungen von Verhaltensweisen durch die Forschenden. Sie sind unweigerlich durch die vorübergehende Integration in die Besatzungen geprägt. Durch die gegenseitige Kritik von Beobachtungsergebnissen wurde den beiden Forschenden bewußt, daß sie zeitweise dazu tendiert hatten, die (sprachlich und sozial) gegebene größere Distanz zu den ausländischen Besatzungsmitgliedern dadurch auszugleichen, daß sie deutschsprachigem Führungspersonal gegenüber besonders kritisch waren. Auch wenn später bewußte Anstrengungen unternommen wurden, diese Tendenz zu vermeiden, bleibt die Aussagekraft der Ergebnisse insoweit begrenzt, als sie sich ganz überwiegend auf deutsches Führungspersonal beziehen. Eine vergleichende Untersuchung, die diesen Mangel behebt, also mehr Schiffe einbezieht, die nicht von Deutschen geführt werden, wäre dringend erforderlich. Aussagen von *ratings* über ihre Erfahrungen in einer radikal internationalisierten Arbeitswelt könnten nur in deren Herkunftsländern gewonnen werden

Zusammensetzung der Diskussionsrunden

An diesen Diskussionen haben ausschließlich deutsche Seeleute und deutsche Experten teilgenommen. Manche Seeleute waren schon seit längerem im Ruhestand oder hatten in eine Tätigkeit an Land gewechselt, andere waren noch bis vor ganz kurzer Zeit gefahren oder befanden sich zum Zeitpunkt der Diskussion lediglich auf Urlaub.

An Bord der Schiffe, auf denen wir mitgefahren sind, haben wir 97 Seeleute aus neun verschiedenen Herkunftsländern getroffen.

16.10.1998: Expertendiskussion zum aktuellen Stand des Lotswesens: Vorbereitete Beiträge von: Uwe Schnall (Deutsches Schiffahrtsmuseum), Hein Mehrkens, Eltermann der Lotsenbrüderschaft Elbe), Garrit Leemreijze (Geschäftsfüherndes Mitglied des Deutschen Nautischen Vereins, Redakteur der „Hansa"), Volker Knudsen (Verband Deutscher Schiffsmakler), Detlef Mehnke (Verband Deutscher Reeder), Holger Tessenow (Eltermann der Lotsenbrüderschaft Bremen), Eckart Well (Ministerialdirigent im Bundesministerium für Verkehr), Capt. Willi Wittig (Hochschule Bremen), Herr Firnhaber (Vorsitzender der Bundeslotsenkammer), Herr Arndt (Dezernatsleiter der Wasser- und Schiffahrtsdirektion Weser Ems), außerdem beteiligten sich an der Diskussion: Mitarbeiter der Wasser- und Schiffahrtsdirektion Weser Ems, Reeder, Experten für Schiffsrecht, sowie zahlreiche Lotsen

30.10.1998: Neun Techniker (Ingenieure, Storekeeper, Motorenwärter, Elektriker) und ein Matrose

06.11.1998: Sieben Kapitäne

13.11.1998: Drei Matrosen, ein Motorwärter, zwei Kapitäne, ein Ingenieur, ein nautischen Offizier

20.11.1998: Drei Stewards, zwei Köche, ein Matrose

27.11. 1998: Drei Bootsmänner, zwei Nautische Offiziere, zwei Kapitäne

04.12.1998: Zwei Ingenieurs-Assistenten, zwei Ingenieure, zwei nautische Offiziere, vier Kapitäne

22.01.1999: Drei Ingenieure

15.01.1999: Drei Nautische Offiziere, sieben Kapitäne, ein Elektriker/Funker, drei Ingenieure

05.02.1999: Expertendiskussion über *„Port State Control*": Jan Dirks (Universität Bremen), Holger Tessenow (Eltermann der Lotsenbrüderschaft Bremen), Hugo Kozlowski (Wasserschutzpolizei Bremen), die Kapitäne Herr Albig, Helmut Buck, Hans-Dieter Kellmereit, Folker Mathes, Günter von Oertzen, Jürgen Rossmaneck, Jörg Peter Schulz, Gert Stehnken, Dietrich Willfang, die Schiffsoffiziere Manfred Leopold, Ronald Südel, Erich Weiggand (Elektr.), außerdem weitere Lotsen und Beamte der Wasserschutzpolizei

09.02.1999: Ein Bootsmann, zwei Matrosen, ein Kapitän

03.11.1999: Ein Bootsmann, ein Nautischer Offizier, ein Elektriker, drei Ingenieure, fünf Kapitäne

19.11.1999: Sechs Seemannsfrauen

04.02 2000: Acht Seemannsfrauen aus dem Verband der Seemannsfrauen

24.05.2000: Eine Seemannsfrau

28.07.2000: Drei Ingenieure

10.11. 2000: Expertengespräch zum Thema: „Der ISM- Code in der Praxis". Vorbereitete Beiträge von: Roland Arp (Germanischer Lloyd), Hans-Jürgen

Golchert (Verband Deutscher Reeder), Capt. Siegfried Ottinger (Marcare-Maritime Consulting and Research GmBH), Prof. Kapt. Hermann Kaps (Gesellschaft für Angewandten Umweltschutz und Sicherheit im Seeverkehr), Dozent/Capt. Willi Wittig (Hochschule Bremen), Prof. Dr. Hans-Joachim Jensen (Fachhochschule Flensburg, Hochschule für Technik und Wirtschaft), Capt. Siegfried Fritz, Capt. Christian Gladfeldt, Capt. Folker Mathes, Capt. Jürgen Rossmanek, Capt. Niels Ruef, Capt. Dietrich Willfang, Jan Dirks (Universität Bremen), Hans-Hermann Diestel (Capt. und *Designated Person*),

14.08.2001: Ein Reeder, ein Kapitän

22./23.6.2001: Tagung : Globalisierung und Seefahrt Teilnehmer/innen: 96 Expertinnen und Experten aus dem In- und Ausland

29.11.2001: Expertendiskussion zum Thema „Qualifikation in einem globalisierten Gewerbe“: Kapitän Dozent an der Bremer Fachhochschule für Nautik, Leiter der Berufsbildungsstelle Seefahrt, Prof. Kapitän Leiter der Hochschule Bremen FB Nautik, Kapitän, Leiter der Schiffsmechanikerausbildung Bremen, Kapitän, ehemaliger Leiter der Berufsbildungsstelle Seefahrt, Prof. Kapitän, Leiter der GAUSS, Dozent der Staatl. Seefahrtsschule Cuxhaven, Professor an der Hochschule Bremerhaven, Prof. An der Hochschule Bremerhaven, Prof. An der Fachhochschule Oldenburg FB Seefahrt

21.05.2002: Ein Nautischer Offizier, ein Kapitän

29.05.2002: Ein Kapitän

20.02.2003: Ein Kapitän

27.02.2003: Ein Kapitän

29.08.2003: Experte für nautische Ausbildung

25.08.2003: Ein Kapitän

Anmerkungen

Einleitung

1 Besonders beeindruckend: T.E.M. Richters, Reisen zu Wasser und zu Land in den Jahren 1805-1817, Bde 1-11, (Arnoldsche Buchhandlung) Dresden 1821-1829

2 Zu dieser Entwicklung gibt es ein laufendes Forschungsprojekt von Jan Oberg. Erste Ergebnisse in: Jan Oberg, Was there a maritime culture in Bremen?, Bremen, Juli 2003, Manuskript

3 „Der Weltseehandel - gemessen an der Tonnage, macht er etwa 90% des gesamten Welthandels aus - hat sich im Zeitraum 1985-1994 nahezu unbeeinflußt von Rezessionseffekten mit einem jährlichen Wachstum von 3,1% entwickelt" Heinz-Werner Hof, Bündelung internationaler Kompetenzen - dargestellt am Beispiel der Allianz Globus Marine Versicherung-AG; in: Schiffsversicherung. Allianz-Report 70 (1997), H1, S. 6; C.G. Alvestam & G. Lundin (1978) geben an, 95% der international gehandelten Güter würden per Schiff transportiert. Hier zitiert nach: Peter Bielig, Seeverkehrswirtschaft, 2. Aufl., (Oldenbourg) München & Wien 1995, S. 14; Trotz der Rückschläge nach dem 11.9.2002 und den wirtschaftlichen Krisenerscheinungen wächst der Weltseehandel weiter. Allerdings kam es in den verschiedenen Branchen vorübergehend zu - unterschiedlich stark ausgeprägten und unterschiedlich schnell überwundenen - deutlichen Einbußen.

4 Noch vor wenigen Jahren hätte eine derartige Formulierung mißbilligendes Sternrunzeln bei Vertreterinnen und Vertretern der Disziplinen Ethnologie bzw. Kulturanthropologie hervorgerufen. Waren sie doch darauf orientiert, begrenzte Lebenszusammenhänge (Kulturen) in territorial fixierten Einheiten zu untersuchen. Seit sich diese Forschungsbasis im Zuge der Globalisierung aufgelöst hat, stellen sich manche Ethnologen ganz andere Aufgaben. Besonders deutlich ist diese Fragestelle entwickelt in: George E. Marcus, Ethnography in/of the World System: The Emergence of Multi-Sited Ethnography; in: Annual Review of Anthropology (1995) , 24. Jg., S. 95-117. Für Marcus ist das Globale die Integration zusammenhängender lokaler Situationen (a.a.O., S. 102). Schiffahrt ist eines der zentralen Mittel dieser Integration. Zugleich sind Schiffe Orte, an denen Lokales und Globales besonders deutlich zusammenfallen. Vgl. außerdem: Mike Featherstone, Undoing Culture. Globalization, Postmodernism and Identity, (Sage), London usw. 1995, Kapitel 6. Mehr zu dieser Thematik in Kapitel 6.

5 Für die betriebswirtschaftlichen Aspekte sind in der Bundesrepublik in den letzten Jahren insbesondere die Mitarbeiterinnen und Mitarbeiter des Instituts für Seeverkehr und Logistik (ISL) in Bremen zuständig, für die letzteren vor allem die zuständige Abteilung der Bundesanstalt für Arbeitsschutz und Arbeitsmedizin (Außenstelle Bremen).

6 Besonders markant das vielbändige Ergebnis einer großangelegten Untersuchung: Gabriele Bohne & Michael Kiefer & Wolfgang Mehte & Detlef Roth, Untersuchung der Arbeits- und Lebensbedingungen auf Schiffen mit reduzierter Besatzung, Forschungsbericht 01/ HB 0210, 8 Bände, Hamburg 1984/85; Detlef Roth, Schwimmender Betrieb. Schiff (Diss) Bremen 1988; vgl. ferner: Hans-Joachim Jensen, Der Seemann und seine Beziehung zu Arbeit und Führung auf Seeschiffen, Frankfurt/Main 1983; H.B. Koch, Funktions-und Sozialstrukturen auf Containerschiffen, Europäische Hochschulschriften, Reihe Soziologie, Bd. 119, Frankfurt/Main usw. 1986; David H. Moreby, The Human Element in Shipping, 1975; J.M.M. Hill, The Seafaring Carreer (Tavistock CASR) London 1972; E. Ingenhoven & W. Kleemann & H.

Rünger, Zur sozialen und beruflichen Situation des seemännischen Personals in der deutschen Handelsschiffahrt. Ergebnisse einer sozialpädagogischen und berufssoziologischen Strukturanalyse, Hamburg 1967

7 Vgl. dazu Kapitel 4

8 vgl. insbesondere: A.D.Couper with C.J.Walsh & B.A.Stanberry & G.L.Boerne, Voyages of Abuse. Seafarers, Human Rights and International Shipping, (Pluto Press) London & Sterling, Virginia 1999

9 Bekannt wurde vor allem: Paul K. Chapman, Trouble an Board, (ILR Press) 1992

10 Der Terminus wurde zuerst in Australien benutzt als das dortige Handelsministerium damit begann, eine jährliche Liste von *ships of shame* zu veröffentlichen. Inzwischen hat sich der Terminus eingebürgert, die australische Liste ist inzwischen aber durch die Veröffentlichung der bei *Port State Controls* festgehaltenen Schiffe ersetzt worden.

11 International Commission on Shipping, Ships, Slaves and Competition, Charleston, Australia 2001, abrufbar über: www.icons.org.au

12 Auftragsforschung für die IMO (*International Maritime Organisation*): Ergebnisse siehe: Erol Kahveci, Fast turnaround ships and their impact on crews, Seafarers International Research Centre, October 1999 sowie: IMO News Nr. 1 (2000), S. 22-23

13 vgl. Tony Alderton & Nick Winchester, Internationale Regulierungen und die Praxis von Flaggenstaaten. Eine vergleichende globale Analyse; in: Heide Gerstenberger & Ulrich Welke, Hg., Seefahrt im Zeichen der Globalisierung (Westfälisches Dampfboot) Münster 2002, S. 180-196

14 Erol Kahveci & Tony Lane & Helen Sampson, Transnational Seafarer Communities, SIRC o.J. (2002)

15 vgl. den Bericht von Tony Lane auf dem 2. SIRC-Symposium, Proceedings 2001, S.15 (abzurufen von der web-Seite des SIRC); Erste Ergebnisse: Tony Lane & Bernardo Obando-Rojas & Mols Sorenson & Bin Wu & Ali Tasiran, Crewing the International Merchant Fleet, SIRC, Lloyd's Register-Fairplay Ltd and Cardiff University Cardiff 2002

16 ILO, JMC/29/2001/3,2001, abrufbar über: www.ilo.org/public/english/dialogue/sector/techmeet/jmc 01

17 Eine ganze Reihe dieser Arbeiten werden im Verlauf der Untersuchung zitiert, hier deshalb nicht gesondert angeführt.

18 Auf den ersten Blick scheint der Titel einer im Auftrag der Bundesanstalt für Arbeitsschutz und Arbeitsmedizin im Institut für Sicherheitstechnik/Verkehrssicherheit e.V. in Warnemünde durchgeführten Analyse darauf hinzudeuten, daß die Autoren eine identische Fragestellung verfolgen, doch basiert diese Arbeit auf Ergebnissen von Audits und auf Reedereibefragungen und ist ganz konkret darauf ausgerichtet, den Stand der Umsetzung des ISM-Codes zu ermitteln. Vgl: Joachim Hahne & Gisa Baaske & Rajko Rothe, Bilanzierung arbeitsorganisatorischer Defizite in der Seeschiffahrt. Schriftenreihe der Bundesanstalt für Arbeitsschutz und Arbeitsmedizin Fb 839, Dortmund/Berlin 1999

19 Eric W. Sager, Seafaring Labour: The Merchant Marine of Atlantic Canada 1820-1914, (McGill-Queen's U.P.) Kingston & Montreal & London 1989; Rosemary Ommer & Gerald Painting, Eds., Working Men Who Got Wet. Proceedings of the fourth conference of the Atlantic Canada Shipping Project, (Univ. of Newfoundland) St. John's Newfoundland 1980

20 Typisch ist beispielsweise, daß das anspruchsvolle neue Forschungsprojekt mit dem Titel „Die Entgrenzung der Arbeit" nicht etwa Fragen der Internationalisierung, sondern Pro-

zesse der Auflösung des klassischen (Normal-)Arbeitsverhältnisses thematisiert. Projektverbund: „Grenzen der Entgrenzung von Arbeit"; Bericht in SOFI-Mitteilungen, Nr. 30, (2002) S. 197-205

21 Zu theoretischen Konzepten vgl. Kapitel 6

22 Zur Forschungsmethode vgl. Kapitel 8

1. Kapitel: Das Schiff

1 Vilhelm Aubert & Oddar Arner, On the Social Structure of the Ship; in: Acta Sociologica, III, (1958), S. 200-219

2 Einige Beispiele: Knut Weibust, Deep Sea Sailors. A Study in Maritime Ethnology, (P.A Norstedt & Söner) Stockholm 1979; Ralf Lisch, Totale Institution Schiff (Duncker & Humblot), Berlin 1976; David H. Moreby, The Human Element in Shipping (Seatrade) Colchester, Engl., 1975; Eric W. Sager, Seafaring Labour: The Merchant Marine of Atlantic Canada, 1820-1914 (McGill-Queens U.P.) Kingston & Montreal & London, 1989. Sager allerdings benutzte dieses Konzept nicht durchgängig, sondern wollte es auf die Interpretation von Verhältnissen zu Beginn des 20. Jahrhunderts beschränkt wissen, a.a.O., S. 103

3 Tony Lane, Grey Dawn Breaking. British Seafarers in the Late Twentieth Century, (Manchester Univ.Press), Manchester 1986

4 Erving Goffman, Asylums. Essays on the Social Situation of Mental Patients and Other Inmates, 1961, hier zitiert nach der deutschen Übersetzung: Asyle. Über die soziale Situation psychiatrischer Patienten und anderer Insassen (suhrkamp) Frankfurt/Main 1977

5 Erving Goffman. Asyle, loc.cit., S.23. Anthony Giddens' Lektüre von Goffman gibt der Fehlinterpretation zusätzliche Nahrung. Er nennt die „erzwungene Kopräsenz" mit anderen Insassen zwar nur „ein definierendes Merkmal einer 'Totalen Institution', da dies aber das einzige Merkmal ist, das er anführt, legt er die Identität beider nahe. Vgl. Anthony Giddens, Die Konstitution der Gesellschaft (Polity Press 1984) deutsch: (Campus) Frankfurt/Main 1988, S. 176

6 E. Goffman, op.cit., S. 23

7 E. Goffman, op.cit., S. 17

8 z. Bs. a.a.O. S. 20 und S. 115

9 Herman Melville, White Jacket, (Grove Press) New York, o.J. hier zitiert nach der deutschen Übersetzung. Sie ist enthalten in dem Sammelband: Typee, Omoo, Weissjacke (Winkler Verlag), München 1970

10 Ganz zu schweigen von der Tatsache, daß sowohl Goffman als auch seinen Nachfolgern unter den Schiffahrtsforschern die Ironie in manchen der Ausführungen Melvilles entgangen ist.

11 Insbesondere Kapitel 33, 34 und 35.

12 Ebenda, S. 702

13 Ebenda, S. 600

14 Heide Gerstenberger & Ulrich Welke, Vom Wind zum Dampf. Sozialgeschichte der deutschen Handelsschiffahrt im Zeitalter der Industrialisierung (Westfälisches Dampfboot) Münster 1996, passim (vgl. Stichwort: Desertion)

15 Ralf Lisch (1976), op.cit. S. 57ff. Es verwundert kaum, daß Lisch einräumen muß, sein Plan, diese These durch Befragungen von Seeleuten an Bord zu untermauern, sei wegen großen Widerstands von Kapitän und Besatzung leider gescheitert. (op.cit. S. 31)

16 Siehe auch: „*Now and again someone will even compare his stint on board lasting several months with a prison sentence which is almost humane.*" Cap. Hein Mehrkens, (President of the International Pilots' Association), Future needs for pilotage and bridge manning; in: Schiff & Hafen 7/2003, S. 63

17 Wichtige Stationen dieser Debatten sind die Arbeiten von: Henry Lefebvre, La production de l'espace, (éditions anthropos) Paris 1974; David Harvey, The Condition of Postmodernity: An Enquiry into the Origins of Cultural Change, (Blackwell) Oxford usw. 1989; Benno Werlen, Sozialgeographie alltäglicher Regionalisierungen. 2 Bde, (Frantz Steiner) 1995 und 1997

18 Michael Dickhardt & Brigitta Hauser-Schäublin, Räumlichkeit: Eine Theorie kultureller Räumlichkeit als Deutungsrahmen, Einleitung zu dem Sammelband: Brigitta Hauser-Schäublin & Michael Dickhardt, Hg., Kulturelle Räume - räumliche Kultur. Zur Neubestimmung des Verhältnisses zweier fundamentaler Kategorien menschlicher Praxis, (Lit) Münster, Hamburg, London 2003, S. 13-42, insbes. S. 27

19 Reise IV, H.G.

20 Seit 2001 arbeitet in Großbritannien eine Forschungsgruppe an der Entwicklung alternativer Besetzungsmodelle. Dabei geht es nicht lediglich um Personal, das sowohl für den Decksbereich wie für die Maschine qualifiziert ist, wie dies in früheren Versuchen bereits angeregt und ausprobiert wurde, sondern insgesamt um die Abkehr vom starren Rollenmodell zugunsten einer Organisation, die aufgabenzentriert ist. Ziel ist nicht die Reduktion von Besatzungsstärken, sondern die Entwicklung einer Organisationsstruktur, die qualifizierte junge Menschen dazu bringen kann, sich die Schiffahrt als Arbeitsbereich auszusuchen. In Zusammenarbeit mit Seeleuten und anderen Spezialisten wurden bereits einige (alternative) Vorschläge entwickelt. Ein Merkmal dieser Vorschläge ist die Sammlung von Management-Funktionen in der Aufgabe des Schiffsmanagements. Der Schiffsmanager könne Kapitän heißen, müsse aber nicht notwendig in der Lage sein, den Schiffsort zu bestimmen. Die Leitung des Projektes hat das *Anglo Eastern Crew Management* (Direktor Douglas W. Lang). Direkten Kontakt mit der Forschungsgruppe erhält man über den Mitarbeiter des Warsah Maritime Centre in Southampton Colin Stevenson (Colin.Stevenson@solent.ac.uk).

21 Davon ausgenommen waren - und sind auch heute noch vereinzelt - Schiffe, deren Eigner ein Schiff nicht nur selbst bereedern, sondern auch selbst führen.

22 Wir werden später erläutern, daß ihnen das durch die neuen wirtschaftlichen Strukturen des internationalen Seetransports nicht leicht gemacht wird.

23 Heide Gerstenberger, The Disciplining of German Seamen; in: International Journal of Maritime History, Vol. XIII, Nr. 2 (2001), S. 37-50

24 Den Terminus „Segregation" nutzt Fürstenberg. Vgl. Friedrich Fürstenberg, Einführung in die Arbeitssoziologie, (Wissenschaftliche Buchgesellschaft) Darmstadt 1977, Kap. 7

25 Diskussion am 27.11. 1998

26 An- und Abfahrt zu und von einem Hafen. Je nach Lage eines Hafens kann sie viele Stunden dauern.

27 Detlef Roth, Soziale Situation an Bord von Containerschiffen; in: Holm Gottschalch & Michael Stadler, Hg. Seefahrtspsychologie, (Wirtschaftsverlag NW) Bonn 1990, S. 157

28 Diskussion am 12.11.1998

29 Ein guter Überblick über neuere Forschungsansätze findet sich in: Nicolas Flamant & Monique Jeudy-Ballini, Le charme discret des entreprises. L'ethnologie en milieu industriel; in: Terrain, Nr. 39, September 2002, S. 5-16

30 Ebenda, S. 12

31 Michel de Coster und François Pichault, Traité de Sociologie du Travail (de BoekWesmail) Brüssel 1994, S.454 ff

32 De Coster und Pichaud sprechen davon, daß ihnen der Raum ihrer Arbeit (espace du travail) nicht gehöre. a.a.O., S. 459ff

33 Auch auf kleinen Schiffen kennen deshalb die Zugehörigen zu den Arbeitsbereichen „Deck" und „Maschine" die Arbeit der jeweils anderen nur „von Ferne". Wenn H. G. und U.W. an Bord Teile ihrer Videoaufnahmen von Arbeitsprozessen zeigten, kam es ganz regelmäßig vor, daß ein Motormann den anwesenden Decksleuten eine der gerade gezeigten Arbeiten erläuterte, ihnen erklärte, was die besondere Schwierigkeit war und worauf man achten mußte - und umgekehrt.

34 Weshalb denn auch vor dem Einlaufen in den Hafen eines Staates mit islamischem Recht sorgfältig kontrolliert werden muß, ob zusammen mit den Heiligenbildchen in den Kammern auch die anzüglichen Darstellungen auf den Bildschirmschonern und die auffälligsten Plakate mit Abbildungen wenig bekleideter Frauen vorübergehend beseitigt worden sind.

35 Obwohl in der DDR die Schiffahrt wie alle anderen Bereiche der Gesellschaft reglementiert wurde, Offiziere Parteimitglieder sein mußten und insbesondere Seeleute, die ins Ausland fuhren, strikt kontrolliert wurden, haben sich auf Schiffen der DSR, die ja nicht ausgeflaggt wurden, manche alten Traditionen bis zur Wende erhalten. Diese Entwicklung ist schön dargestellt in der Arbeit des früheren Seemanns und heutigen Volkskundlers: Wolfgang Steusloff, Bordleben auf Rostocker Handelsschiffen 1950 bis 1990 (Kabel), Hamburg 1995

36 Kein Offizier konnte Seeleute bestrafen, die es unterließen, beim Hieven eines Ankers ein Arbeitslied anzustimmen, aber jeder Offizier mußte einsehen, daß ein Ankermanöver weniger gut klappte, wenn die rhythmisierte Abstimmung der Tätigkeit fehlte.

37 Tony Lane, Grey Dawn Breaking, op.cit., S. 51

38 Eine ausführlichere Darstellung der ökonomischen Ursachen dieses Umbruchs findet sich in: Heide Gerstenberger, Ein globalisiertes Gewerbe; in: H. Gerstenberger & U. Welke, Hg., (2002) S.10-42

2. Kapitel: Handelsschiffahrt an der Wende zum 21. Jahrhundert

1 Für einen Überblick über die Entwicklung vgl. Frank Broeze, The Globalisation of the Oceans. Containerisation from the 1950s to the Present, Research in Maritime History, Nr. 23, St. Johns (Newfoundland) 2003; Thomas Pawlik, Seeverkehrswirtschaft. Internationale Containerlinienschiffahrt. Eine betriebswirtschaftliche Einführung (Gabler), Wiesbaden 1999

2 Für das Folgende vgl.: Stig Tenold, Crisis and Changes - Topics in Late 20th Century Shipping History, Dissertation. Manuskript, Bergen, Norwegen 2001, passim

3 Stig Tenold, a.a.O. S.9

4 Diesem Zweck galt auch der 1974 von der UNCTAD (*United Nations Conference of Trade and Development*) beschlossene Verhaltenskodex für Linienschiffahrtskonferenzen. Er setzte eine Verteilung des Ladungsaufkommens unter Reedereien mit Sitz in unterschiedlichen Staaten fest und etablierte ein Streitschlichtungsverfahren. Um flaggenprotektionistische Maßnahmen von Entwicklungsländern zu verhindern, fanden sich OECD-Staaten bereit, den Entwicklungsländern einen Anteil an dem weltweit zu befördernden Frachtvolumen zuzugestehen. Für die Europäischen Staaten wurde der Kodex in die Verordnung 954/79 (1975) eingearbeitet. Vgl. ausführlicher (allerdings ohne eine Diskussion der tatsächlichen Wirkung): Eberhardt Kühne, Kooperationen in der internationalen Seeschiffahrt und europäisches Kartellrecht, (Peter Lang), Frankfurt am Main; Berlin; Bern; New York; Paris; Wien 1996, 2. Kapitel

5 Aktueller Stand der Ausflaggungen: 60% der Welthandelsflotte; vgl. Marc Roche, Les Flottes de navires sous pavillon de complaisance devront se plier à de nouvelles règles de sévérité; Le Monde, 25-5-02

6 Ausführlicher zu diesem Zusammenhang: Heide Gerstenberger, Ein globalisiertes Gewerbe; in: Heide Gerstenberger & Ulrich Welke, Hg. (2002), S.12-16

7 Zwar ging es in der *United Nations Convention on the Law of the Sea* vom 10. Dezember 1982 in erster Linie um die ausschließliche territoriale Hoheit von Küstenstaaten (12 Seemeilen) sowie um die Reichweite der Zone ausschließlicher ökonomischer Hoheitsrechte von Küstenstaaten (200 Seemeilen), doch wurde auch festgelegt, daß „fremden Schiffen" (will sagen. Schiffen unter fremder Flagge) das Recht der *innocent passage* zusteht. Neuerdings wird dieses Recht auf „*innocent passage*" immer wieder einmal eingeschränkt. In einer Erklärung aus Anlaß des Treffens der Signatarstaaten, welche die *United Nations Convention on the Law of the Sea* (UNCLOS) ratifiziert haben, am 12. Juni 2003 in New York stellte Douglas B. Stevenson, Leiter des Zentrums für die Rechte der Seefahrer, fest, neuerdings untersagten einige Küstenstaaten bestimmten Typen von Schiffen die Durchfahrt durch ihre Küstengewässer. Das erhöhe die Gefahr für Seeleute und verteure den Schiffsbetrieb. http://www. seamenschurch.org/CSR%20Website/UNCLOS2003speech.htm vom 19.10.2003

8 In der Information über das Register, die von der Marine Administration der Isle of Man verbreitet wird, heißt es: „*The Isle of Man is not part of the United Kingdom but forms part of the British Isles. Its own parliament controls all internal issues affecting the Island, whilst the United Kingdom acts on its behalf on International matters ... Isle of Man registered ships fly the British Red ensign and as such are entitled to all British support including consular services throughout the world.*" Dieses Schiffsregister entspricht den Internationalen Registern anderer traditioneller Seefahrtsstaaten.

Jeder Offizier muß ein Zertifikat der Isle of Man besitzen. Die Bedingungen führen auf, aus welchen Ländern Zertifikate generell, bzw. nach individueller Prüfung, akzeptiert werden. Zertifikate für *Junior Officers* werden akzeptiert sofern sie STCW Bedingungen entsprechen. „*In the case of ratings, there is no restriction on nationality providing that they hold the appropriate certifications.*"

9 So etwa im Jahre 2002 die Register von Kambodscha und Bolivien, die zuvor immense Zuwächse zu verzeichnen gehabt hatten. Gerüchten in Schiffahrtskreisen zufolge wurde dieser Beschluß in Kambodscha durch den Vorwurf ausgelöst, Schiffe dieser Flotte hätten

Waffen nach Nord Korea transportiert, in Bolivien soll sich ein Streit um den Zugriff auf die Einnahmen aus dem Register entwickelt haben.

10 Angabe nach: Doug O'Keefe, Evolution of the deep-sea fleet that supports Canada's international trade, Transportation division, 54FOOO2XIE, S.6. Dieser Umstand erklärt sich leicht, weil Schiffseigner in Entwicklungsländern vielfach im eigenen Staat die Bedingungen vorfinden, die FOCs bieten.

11 In Deutschland war und ist oft von „Billigflaggen" die Rede, andere häufig gebrauchte Bezeichnungen sind etwa *Funny Flags*, *Flags of Necessity*, *Shadow Flags*.

12 United Nations Convention on Conditions for the Registration of Ships, Art.1

13 Zusammen mit anderen Konventionen sowie Beispielen für maritime Gesetzgebung von Flaggenstaaten abgedruckt in: N.P. Ready, Ship Registration, (Lloyd's of London Press), London usw. 1994

14 Bedingungen ändern sich häufig, im Jahr 2000 aber verfügte in Vanuatu Tom Bayer über das dortige Schiffsregister. Tom Bayer leitete außerdem eine Bank, verwaltete zahlreiche Investmentfonds, organisierte den Handel mit sog. exotischen Devisen, war Direktor der Entwicklungsgesellschaft von Vanuatu, sowie Präsident der Kommission für Finanzdienstleistungen (einer Institution, die zur Kontrolle von off shore Banken geschaffen worden war). Le Monde: Economie, 23-5-2000

15 Die *bareboat charter* ist eine Zeitcharter. Die Schiffseigner stellen dem Befrachter (Charterer) das „nackte" Schiff für eine Reise oder für eine bestimmte Zeit (etwa mehrere Jahre) zur Verfügung. Im Falle langer Zeitchartern tragen Schiffe zumeist die Farben des Charterers und einen Namen, in dem auch der Name des Charterers vorkommt. Die genauen Bedingungen eines Vertrages werden in der sogenannten Charterpartie festgelegt.

16 Tatsächlich sichern eine ganze Reihe von Schiffsregistern *„no disclosure of beneficial ownership"* zu. Die einzelnen Bedingungen der Registrierung in den unterschiedlichen Registern (zum damaligen Zeitpunkt) sind in einem Bericht der OECD aufgeführt: Directorate for Science, Technology and Industry. Maritime Transport Committee, Ownership and Control of Ships, März 2003, Appendix B

17 Angela S. Bergantino & Peter B. Marlow, An Econometric Analysis of the Decision to Flag out. SIRC, Cardiff, June 1997, S. 5

18 Offiziell sind Klassifikationsgesellschaften neutral. Basierend auf langjähriger eigener beruflicher Praxis in der Überprüfung der Einhaltung von Vorschriften des MARPOL zeigt Stefan Wendelin Douvier auf, daß Klassifikationsgesellschaften vielfach auch dann im Interesse ihrer Kunden (der Reeder) agieren, wenn sie staatliche Kontrollmaßnahmen durchführen. Die Verschärfung des Wettbewerbs hat die „Kundenbindung", insbesondere im Heimatmarkt, noch verstärkt. Vgl. Stefan Wendelin Douvier, MARPOL. Technische Möglichkeiten, rechtliche und politische Grenzen eines internationalen Übereinkommens, Diss. Bremen, 2004, Manuskript, Abschnitt 4.3.

19 Die mangelnde Kontrolle der Kontrollinstanzen „Klassifikationsgesellschaften" ist eine der größten Sicherheitslücken des aktuellen Systems. Das gilt nicht ausschließlich im Hinblick auf Klassifikationsgesellschaften, die einen generell schlechten Ruf haben. Während ihrer Mitfahrten wurden H.G. und U.W. vereinzelt von Ingenieuren darauf hingewiesen, daß bestimmte Konstruktionen, die sie selbst unter Sicherheitsaspekten für problematisch hielten vom GL (Germanischen Lloyd, in Deutschland ansässige Klassifikationsgesellschaft) anstandslos akzeptiert worden seien. Inzwischen wird international zwar auch eine Zertifizie-

rung von Klassifikationsgesellschaften vorgeschrieben, doch gründen Klassifikationsgesellschaften beispielsweise Tochtergesellschaften, die dann (auch für die eigenen Muttergesellschaften) als Zertifizierungsagenturen fungieren.

20 ICONS, a.a.O., 2.27, S. 32 Die kritischen Anmerkungen über Klassifikationsgesellschaften machen einen großen Teil dieses Berichts aus. So wurde unter anderem auch bemängelt, daß Klassifikationsgesellschaften nicht für fehlerhafte Überprüfungen haften (S. 101). Auch in einem Bericht der OECD von 1998 ist das Fehlen der rechtlichen Verantwortung von Klassifikationsgesellschaften als einer der Punkte benannt, die geändert werden müßten. Bislang hätten Gerichte jeweils zugunsten der Klassifikationsgesellschaften entschieden. Aber *„further challenges seem certain"*. Wenn nicht entschieden werde, wie weit die Verantwortung von Klassifikationsgesellschaften reiche, sei zu erwarten, daß Gerichte demnächst die gesamte Basis, auf der die Gesellschaften heute ihre maßgebliche Rolle in der internationalen Schiffahrt ausüben, in Frage zögen. Vorläufig sind *Principles of Conduct for Classification Societies* entwickelt worden. Vgl.: OECD. Directorate for Science, Technology and Industry. Maritime Transport Committee, Safety and Environment Protection, OLIS 08-July 1998, S.15; Bislang gibt es lediglich bei den Berichten über *deficiencies*, die im Zuge von *Port State Controls* (dazu unten) festgestellt wurden, Hinweise auf fehlerhafte Arbeit von Klassifikationsgesellschaften Vgl. etwa Report Paris MoU, Januar 2003 (die Reports der jeweiligen *Memoranden of Understanding* über Ergebnisse von PSCs sind im Internet abrufbar.)

21 vgl. hierzu: Clifford B. Donn, Working for the Stateless Corporation: Employment in the Maritime Industry. Institute of Industrial Relations. Research Paper Nr. 21, Syracuse, N.Y. Dec. 1999, passim

22 Da das zuständige Personal in Liberia nach dem Sturz des Diktators Taylor zunächst nicht geändert wurde, steht zu befürchten, daß mit dem Geld aus der Vermarktung der Flagge weiterhin dessen Anhänger unterstützt werden. Vgl. dazu: Eva-Maria Thoms, Unter fremder Flagge. Deutsche Reeder finanzierten das gestürzte liberianische Regime von Charles Taylor mit; in: DIE ZEIT Nr. 41, 1.10.2003, S. 32; Erst mehrere Veröffentlichungen mit einem ähnlichen Tenor bewogen den Verein deutscher Reeder dazu, eine Empfehlung abzugeben, die Wahl der Flagge zu überdenken.

23 Roberto Tiangco & Russ Jackson, der erstere war jahrelang Mitarbeiter in der *Mission to Seafarers* in Halifax, haben einen Ratgeber für Seeleute geschrieben. Darin heißt es zu Beginn von Kapitel 16 (Making a Complaint): *„For many seafarers who need employment to support their families, the decision to make a complaint can be difficult because taking this action risks employment-related repercussions. Masters, placement agencies, or owners' representatives may threaten you with employment-related or even physical retaliation."* Roberto Tiangco & Russ Jackson, Handbook of Rights and Concerns for Mariners, (Cornell Maritime Press) Centreville, Maryland 2002, S. 187. Die Autoren raten nicht ab, geben aber Hinweise, wie die Chancen des Erfolgs erhöht werden können. In jedem Fall solle nicht alleine gehandelt, sondern die ITF kontaktiert werden.

24 Würde dies berücksichtigt, müßten beispielsweise auch die Unterbringung von Seeleuten sowie deren Verpflegung kontrolliert werden. Während der Hafenstaatskontrollen, die Mitglieder der „Forschungs-und Kooperationsstelle Schiffahrt" beobachten konnten, waren die Bestimmungen dieser Konvention jedoch nie Gegenstand der Kontrolle.

25 In einem OECD Bericht wird festgestellt, vor allem die Linienschiffahrt und die Bulkschiffahrt seien sehr viel weniger reguliert als andere Bereiche des Verkehrs. Außerdem wird zu Recht darauf aufmerksam gemacht, daß in diesem Bereich keine genaue Unterscheidung

zwischen formellen Vorschriften und ökonomischen Praktiken möglich, die Entwicklung aber vor allem durch letztere geprägt worden sei. Siehe: OECD, Directory for Science, Technology and Industry, Division of Transport, o. J. (aber nach 2000), S. 2

26 Auskunft Ali Memmon, ITF

27 Daß sie auf Schiffen bestimmter Flaggen jedoch häufig sind, ist Ergebnis der Forschungen von Tony Alderton & Nick Winchester, Internationale Regulierungen und die Praxis von Flaggenstaaten; in H.Gerstenberger & U. Welke, Hg., (2002), S. 180-196

28 Diese Zeit kann durch *bareboat* Vercharterungen unterbrochen werden.

29 Großbritannien und Frankreich brauchten keine Internationalen Register einzurichten, weil - wie oben bereits ausgeführt - die Registrierung zu FOC- Bedingungen in überseeischen Besitzungen erfolgen konnte. Für die Isle of Man, Bermuda und die Cayman Inseln beispielsweise galten zunächst die Bestimmungen des United *Merchant Shipping Act* von 1988, inzwischen wurden sie teilweise in lokale Regulierungen übernommen.

30 Nach deutschem Recht (Flaggenrechtsgesetz §1) sind Schiffe deutscher Eigner nicht nur berechtigt, sondern verpflichtet, die deutsche Flagge zu führen. Wollen deutsche Schiffseigner ausflaggen, müssen sie in dem gewählten Flaggenstaat eine Tochtergesellschaft gründen. In der Regel wird aus Gründen der Haftungsbeschränkung heute für jedes Schiff ein gesondertes Unternehmen gegründet. Eine weitere Möglichkeit bietet die *bareboat*-Vercharterung. Wird ein Schiff für mindestens ein Jahr *bareboat* verchartert, so ist das Schiff berechtigt, in dieser Zeit die Flagge des Charterers zu tragen. Die entsprechende Genehmigung durch den Bundesminister für Verkehr gilt maximal zwei Jahre, wird aber routinemäßig verlängert. Das Schiff bleibt im deutschen Schiffsregister, wird aber unter ausländischem Recht betrieben. Zu Einzelheiten vgl. Hans-Jürgen Puttfarken, Seehandelsrecht, (Verlag Recht und Wirtschaft) Heidelberg 1997, S. 294 ff.; Rolf Herber, Seehandelsrecht (Walter de Gruyter) Berlin & New York 1999, S. 95 ff; siehe auch: J.P. Harbrecht, Das 2. Deutsche Schiffsregister. Eine Studie zu den sozialen Auswirkungen des deutschen „internationalen Schiffsregisters (ISR) Univ. Bremen 1992

31 Inzwischen ist für das *German International Shipregister* die Möglichkeit der Ausnahme geschaffen worden. In die Schiffsbesetzungsverordnung ist eine sogenannte konditionierte Öffnungsklausel eingefügt worden. Sie soll es Reedern ermöglichen, Schiffsoffiziere aus Drittstaaten in größerer Anzahl als bisher auf deutschflaggigen Schiffen zu beschäftigen, wenn die benötigten deutschen oder europäischen Schiffsoffiziere auf dem deutschen Arbeitsmarkt nachweislich nicht zur Verfügung stehen. Bundesrat-Drucksache 846/03 Kann ein Reeder glaubhaft machen, daß die erforderlichen Kräfte auf dem hiesigen Arbeitsmarkt nicht zur Verfügung stehen, so muß auf einem Schiff unter deutscher Flagge gar kein deutscher oder europäischer Seemann mehr beschäftigt werden.

32 Auszug aus: Entscheidung vom 10. Januar 1995. Bundesverfassungsgericht E 92, 96, I.S. 26-53

33 Nicht nur das. Inzwischen ist sogar die Bestimmung, daß auf Schiffen unter deutscher Flagge alle Besatzungsmitglieder sozialversichert sein müssen, aufgehoben worden. Neuerdings wird für die nicht-europäischen Besatzungsmitglieder nur noch der Abschluß einer Unfallversicherung gefordert.

34 Tatsächlich ist das wirkliche Eigentum an Schiffen (*beneficial ownership*) nach wie vor überwiegend in OECD-Ländern lokalisiert. Im Jahr 2001 waren 19% der Bruttoregister Tonnen der Weltflotte im Besitz griechischer Eigner, Deutschland stand 2001 mit über 4% an siebter Stelle der Länder mit dem meisten *beneficial ownership*. Quelle: UNCTAD

Review of Maritime Transport 2001; OECD Report: Regulatory Issues in International Maritime Transport (2000) S. 14: 65% der Container und Bulk-Schiffe der Weltflotte gehören *beneficial owners*, die ihre Basis in OECD Staaten haben.

35 Gelegentlich wird in Veröffentlichungen die Fiktion des Flaggenstaates beiseite gelassen, so etwa, wenn in einer Pressemitteilung des Verbandes deutscher Reeder von der 2 200 Schiffe zählenden deutschen Handelsflotte die Rede ist. (Weser-Kurier, 26.10.2002). Nur 560 dieser Schiffe führen zum Zeitpunkt der Veröffentlichung aber unter deutscher Flagge.

36 Zwar muß das Erfordernis des *genuine link*, das in Art. 91 von UNCLOS, (UN Convention of the Law of the Sea) enthalten ist, heute von allen Flaggensaaten anerkannt werden, die entsprechende internationale Konventionen ratifiziert haben, doch geht es inzwischen um eine Interpretation dieser Forderung. Immer häufiger wird - insbesondere von Entwicklungsländern - die Auffassung vertreten, der *genuine link* sei als *genuine economic link* zu interpretieren, der Vorschrift könne folglich durch minimale Beteiligungen am Schiffseigentum, an Management und *manning* Genüge getan werden. Vgl. dazu: OECD Report: Regulatory Issues in International Maritime Transport (2000) Annex C

37 Doug O'Keefe, a.a.O.; S.5: „Many charterers are increasingly selective in the flag of the ships they use. Vessel and cargo insurance may be prohibitively expensive for FOC ships."

38 Tony Alderton & Nick Winchester, Internationale Regulierungen und die Praxis von Flaggenstaaten. Eine globale vergleichende Analyse; in: H.Gerstenberger & U.Welke, Hg. (2002), S.187 Belize hat seither wieder annähernd 9% an Schiffen unter seiner Flagge eingebüßt, dafür wuchs im Jahr 2001 die Flotte der Kanarischen Inseln um 292% und diejenige von Gibraltar um 40%. Lloyd's Register, World Fleet Statistics

39 Insoweit gilt weiterhin, was in einem OECD-Report von 1996 festgestellt wurde. Vgl.: Competitive advantages obtained by some shipowners as a result of non-observance of applicable international rules and standards, Paris 1996, General Distribution OECD/GD (96)4

40 Neuerdings ist die Flagge der Mongolei hinzugekommen. „Heimathafen" der Schiffe unter dieser Flagge ist Ulan-Bator, ein Ziel, das von keinem Seeschiff erreicht werden kann.

41 Tony Alderton & Nick Winchester, op.cit.

42 Angela S. Bergantino & Peter B. Marlow, An Econometric Analysis of the Decision to Flag Out, SIRC, Cardiff, June 1997, S. 14

43 Ebenda

44 Wir berufen uns auf Gespräche mit deutschen Eignern von Küstenschiffen.

45 Zwar hoffen viele philippinische Seeleute, irgend wann einmal eine Heuer auf einem philippinischen Schiff zu ergattern. Doch geht es ihnen dabei in erster Linie um die Tatsache, daß diese Schiffe überwiegend in der Region eingesetzt werden und folglich häufigere Treffen mit der Familie möglich erscheinen.

46 The impact on seafarers' living and working conditions of changes in the structure of the shipping industry. Report for discussion at the 29th Session of the Joint Maritime Commission, Genf 2001, ILO IMC/29/2001/3, S.15. Die Konzentration ist besonders stark in jenen Bereichen, in denen derzeit immer größere Schiffe gebaut werden, im Containerbereich also. Die oben angeführten kleinen Betriebe managen ganz überwiegend Bulk-Carriers. Im Jahr 2000 waren die zwanzig größten Container-Service Operators für mehr als 60% der gesamten Container Kapazität der Welt zuständig. Dieser Konzentrationsprozeß wird sich fortsetzen. Vgl. dazu auch: OECD: Regulatory Issues in International Maritime Transport, 2000, S. 14

47 Umgekehrt gab es auch Bindungen an die Reederei und daraus folgend, Konkurrenz zwischen den einzelnen Besatzungen: „Wer bringt das schönste Schiff nach Hause? Das ist so ausgeufert, das kann sich heute überhaupt keiner mehr vorstellen. Daß wir, ohne Überstunden anzuschreiben, nachts auf der Elbe ... den Schornstein gestrichen haben, damit der in Hamburg morgens glänzt." Diese Art der Konkurrenz und der Bindung können in den heutigen Strukturen des maritimen Arbeitsmarkts nicht mehr gedeihen. Diskussion am 20.11.1998

48 Reise III, H.G.

49 Diskussion am 14.8.2001

50 Im Seetransport hat sich Ende des 19. Jahrhunderts eine besondere Form der Konkurrenzbeschränkung herausgebildet. In sogenannten Konferenzen trafen Linienreedereien Absprachen über Preise, Mengenquoten und andere Bedingungen des Transportgeschäftes. Einige Konferenzen ließen kaum Neuzugänge zu, andere waren vergleichsweise offen. In den letzten Jahrzehnten haben Zahl und Bedeutung von Konferenzen abgenommen. An ihre Stelle sind - wechselnde - Allianzen beziehungsweise Kooperationsvereinbarungen zwischen großen Befrachtungsfirmen getreten. Vgl. Rainer Dombois & Heiner Heseler, Globalisierung, Privatisierung und Arbeitsbeziehungen in Seehäfen; in: H.Gerstenberger & U. Welke, Hg. (2000), S.117-123; Zur neueren Entwicklung der Konferenzen vgl. Hermann H. Rathjen & Jana Ruffmann, Konferenzen und Konsortien in der Linienschiffahrt; in: Internationales Verkehrswesen 52. Jg., Nr. 12 (2000), S. 547-551

51 Die Beispiele basieren auf eigenen Beobachtungen sowie auf Berichten von Kapitänen und von Rechtsanwälten mit entsprechender Spezialisierung.

52 Ein Resultat dieser Empfindungen ist ein Band, in dem Erinnerungen zusammengestellt sind: Frauke Wilhelm & Hartmut Emig, Hg., Mit der HANSA in die Welt. Erinnerungen an eine Bremer Reederei, (Edition Temmen), Bremen 2002

53 Diskussion am 29.5.2002

54 Da in den USA die Küstenschiffahrt einheimischen Schiffen vorbehalten ist, müssen Schiffe unter fremder Flagge, die sich an diesem Geschäft beteiligen wollen, zwischendurch nach Kanada fahren.

55 Aussage eines Kapitäns, der selbst vorübergehend einen Selbstentlader führte.

56 Häufig verändern sich Charterraten in Jahresfrist nicht etwa um 3-5%, sondern um 10-20% oder sogar noch mehr. Reeder orientieren ihre Aufträge für Neubauten noch immer überwiegend an der aktuellen Situation. Kaum ein anderes Gewerbe liefert ein so eindrucksvolles Beispiel für den ökonomischen Sachverhalt des sogenannten Schweinezyklus wie die internationale Handelsschiffahrt.

57 Aussage eines ITF-Mitarbeiters. In der ITF Publikation Flags of Convenience. Campaign Report 2001/02, S. 51 sind die angegebenen Unterschiede nicht ganz so dramatisch, aber trotzdem entscheidend. Danach verdiente im Jahr 2000 ein *rating* (einschließlich Überstunden und Urlaubsgeld) nach norwegischem Tarif $ 4.000 monatlich, ein philippinischer Kollege $1 250 und ein chinesischer Kollege $ 930. Bei den Kapitänsheuern lagen Philippinen bei der Hälfte der (höchsten) norwegischen Sätze, Chinesen bei etwas weniger als einem Drittel.

58 Dabei handelt es sich überwiegend um Schiffe, die für Regierungsaufträge eingesetzt werden (also etwa für die Wasserschutzpolizei). Nach wie vor wird europäisches Personal aber auch auf Fahrgastschiffen im Linienverkehr beschäftigt.

59 Aussage mehrerer Offiziere auf einem Schiff mit hohem „Nationalitätenmix“.

60 ICONS, a.a.O., S. 29

61 Ebenda, S. 48

62 Abdruck der Ergebnisse in: Schiff & Hafen, 55. Jg. September 2003, S. 89

63 So gibt es immer wieder Berichte über eine selbstverständliche Alltagskorruption.

64 Vgl. hierzu: The impact on seafarers' working and living conditions of changes in the structure of the shipping industry, ILO report 2001, S.49

65 Reise IV, H.G.

66 Die Schiffsbesetzungsverordnung der Bundesrepublik Deutschland schreibt in ihrer Fassung vom 26. August 1998 vor, daß der Kapitän eines deutschen Schiffes Deutscher im Sinne des Grundgesetzes zu sein hat. Auf Schiffen mit einer Bruttoraumzahl von über 500 bis 1.600 muß mindestens ein Offizier des nautischen oder technischen Schiffsdienstes Deutscher oder Staatsangehöriger eines Mitgliedsstaates der Europäischen Union sein. Für Schiffe einer Bruttoraumzahl zwischen 1.600 und 3.000 muß mindestens ein Offizier des nautischen oder technischen Offiziersdienstes Deutscher im Sinne des Grundgesetzes oder Staatsangehöriger eines Mitgliedsstaates der EU sein, dazuhin ein Schiffsmechaniker nach der Schiffsmechaniker-Ausbildungsverordnung oder ein anderes wachbefähigtes Besatzungsmitglied. Für Schiffe mit einer Antriebsleistung bis zu 750 Kilowatt Maschinenleistung entfällt das Erfordernis des deutschen Schiffsmechanikers bzw. europäischen wachbefähigten Schiffsoffiziers. Lediglich auf Schiffen mit einer Bruttoraumzahl über 8 000 müssen mindestens zwei Offiziere des nautischen oder technischen Schiffsdienstes Deutsche im Sinne des Grundgesetzes oder Staatsangehörige eines Mitgliedsstaates der EU sein.

Wird Polen Mitglied der EU, kommen polnische Seeleute auf Schiffen unter deutscher Flagge - nach einer politisch vereinbarten Übergangszeit - von Rechts wegen in den Genuß deutscher Heuern, faktisch werden wohl viele der derzeit als Elektriker oder Ingenieure auf deutschen Schiffen beschäftigten polnischen Seeleute ihre Chance auf eine Heuer einbüßen. Oben wurde bereits ausgeführt, daß im Jahre 2003 in die Schiffsbesetzungsverordnung eine Öffnungsklausel eingefügt wurde, die es möglich macht, unter deutscher Flagge ganz ohne deutsches bzw. europäisches Personal zu fahren.

67 ICONS, a.a.O., S. 39

68 Angabe Personalmanagement Hamburg/Süd/Columbus Ship Management, Interview von Edin Mujkanovic am 8.1.2003

69 BIMCO/ISF (Baltic Maritime Council/International Shipping Federation) 2000 Manpower Update - The Worldwide Demand for and Supply of Seafarers, April 2000

70 Ibid

71 Artikel in Lloyd's List vom 6.5.2002

72 Gemeinsame Studie des Verbands der Verkehrsgewerkschaften in der Europäischen Union (FST) und des Verbandes der Reeder in der Europäischen Gemeinschaft (EGSA). Improving the Education Priorities, 1998, zit. nach: Kommission der Europäischen Gemeinschaften, Mitteilungen der Kommission an das Europäische Parlament über die Ausbildung und Einstellung von Seeleuten, Brüssel 6-4-2001, KOM (2001) 188 endgültig, S. 7

73 Tatsächlich ist der Praxisanteil dieser Ausbildung nicht so sehr viel höher. Nimmt man die Schul-und Urlaubszeiten hinzu, kommen angehende Schiffsmechaniker nur auf wenig mehr Praxisanteile als die Offiziersanwärter.

74 vgl. Heide Gerstenberger & Ulrich Welke (1996), a.a.O., S.108, 227f

75 Aussage eines ITF-Vertreters, Interview Edin Mujkanovic

76 Vgl. hierzu, ILO-Report 2001, a.a.O., S. 50

77 Information Edin Mujkanovic

78 Auskunft eines Reeders: „Da stand ich nun da mit meinem [gerade gekauften] Schiff, und fragte mich: 'Wie kommst Du jetzt bloß zu einer Mannschaft?'" Da habe sich einer gemeldet und angeboten, das *crewing* zu übernehmen. Gespräch im September 2002

79 Obwohl die Standardverträge der ITF eine Vertragsdauer von sechs Monaten vorsehen, stimmt die ITF auch längeren Verträgen zu, wenn diese etwa von der (oben zitierten) SPMS mit Hinweis auf die teuren Reisekosten gefordert werden, die für Kiribatis und Seeleute aus Tuvalu anfallen. (Interviews Edin Mujkanovic)

80 ILO-Report 2001, a.a.O., S. 64

81 So berichtete ein portugiesischer Bootsmann, der fließend Deutsch spricht und seit Jahren für die selbe Reederei gefahren war, daß ihm nach seinem letzten Urlaub von der *crewing agency*, gesagt worden sei, für seine Stelle sei schon jemand anders vorgesehen, er könne nicht wieder bei der selben Reederei fahren. Er hat dann im Büro der Reederei angerufen. Die Angelegenheit wurde zu seinen Gunsten geregelt. Einen solchen Anruf hätte nicht jeder gewagt, und er hätte auch nicht in jedem Fall Erfolg gehabt.

82 Seeleute, die auf Schiffen geheuert sind, die im GIS registriert wurden, waren bis Anfang 2004 in der Seekasse zwangsversichert. Für den Fall, daß sie während der Dauer ihres Vertrages erkrankten, übernahm die Krankenversicherung die Kosten. Grundsätzlich übernahm die Kasse keine Kosten, die im Heimatland anfielen. Das galt auch für die Kosten der Folgebehandlung für eine Operation, die in Deutschland durchgeführt wurde. Trotz der zeitlich begrenzten Heuern können auch ausländische Seeleute in der Bundesrepublik arbeitslos werden, dann etwa, wenn ein Unternehmen Konkurs macht und ihre Beschäftigung endet, bevor der Vertrag ausgelaufen ist und sie auf Kosten des Unternehmens die Rückreise angetreten haben. Da die Aufenthaltsgenehmigung von Seeleuten aber auf den Aufenthalt auf einem Schiff unter deutscher Flagge für die Dauer der Heuer begrenzt ist, machte sich ein Seemann eines Passvergehens schuldig, wenn er sich zum Arbeitsamt begab, um Arbeitslosengeld zu beantragen. Ohne die Unterstützung von Mitarbeitern der Seemannsmissionen oder der ITF war es ihnen meist nicht möglich, ihren Rechtsanspruch geltend zu machen. (Auskunft eines früheren ÖTV-Mitarbeiters und eines Seemannspastors) Wurde Arbeitslosengeld bezahlt, so war damit auch eine Aufenthaltsberechtigung verbunden. Sie erlosch mit dem Ende des Anspruchs. Seeleute, die Sozialhilfe beziehen, sind grundsätzlich von Ausweisung bedroht. Erwerben sich Seeleute im Dienst deutscher Unternehmer einen Rentenanspruch, so wird die Rente, wenn sie ins Ausland überwiesen wird, um 30% gekürzt. Will aber einer in der Bundesrepublik bleiben, so bekommt er keine Aufenthaltsgenehmigung, auch wenn er, wie in jenem Fall, von dem Michael Leitl im Weser-Kurier vom 27.12.1998 berichtete, 18 Jahre für deutsche Unternehmen gefahren ist. Für die Ausführungen über die aktuelle Rechtslage stützte sich der Autor des Zeitungsberichtes auf die Aussagen des Rechtsanwaltes Volker Ohm. Obwohl die Pflicht zur Sozialversicherung aller an Bord eines deutschen Schiffes dienenden Seeleute in der Entscheidung des Bundesverfassungsgerichtes über die Zulassung des *German International Shipregister* vorgeschrieben wurde, ist diese Versicherungspflicht mit Wirkung zum 1. Januar 2004 aufgehoben worden. Damit soll, wie es in einem Rundschreiben der SeeBG vom 30.12.2003 heißt, „die Seeschiffahrt unter deutscher Flagge nachhaltig gefördert werden." Die Versicherungspflicht für die Unfallversicherung gilt fort.

83 Die Unterschiede ergaben sich aus der zeitversetzten Anpassung an die neue Schiffstechnik. Was auf alten Segelschiffen logisch gewesen war, ein Kommando, das sich auf die Stellung der Ruderpinne bezog, war für die meisten Steuerräder widersinnig. Ausführlicher in: Heide Gerstenberger & Ulrich Welke (1996) a.a.O., S.263-265

84 Neben vielen anderen Abkommen bereitete dieses Komitee zum Beispiel die sogenannten „Haager Regeln" über Hilfeleistung und Bergung in Seenot vor.

85 Das Grundmuster späterer Regulierung wurde 1914 mit der *Convention for the Safety of Life at Sea* (SOLAS) geschaffen. Veranlaßt wurde diese Konvention durch den Untergang der *Titanic* im Jahre 1912, beschlossen wurde sie auf einer internationalen Konferenz, die 1914 in London abgehalten wurde. Die ersten drei Revisionen von SOLAS (1929, 1933 und 1948) erfolgten wiederum durch internationale Konferenzen. Seit dem Inkrafttreten der 1948 beschlossenen Gründung einer *Inter-Governmental Maritime Consultative Organization* (IMCO) - sie wurde 1982 in *International Maritime Organisation* (IMO) umbenannt - wurden weitere drei Versionen beschlossen. In der letzten, 1974 beschlossenen Fassung ist unter Artikel VIII die Möglichkeit der stillschweigenden Annahme von *Amendments* vorgesehen. Seither muß nicht mehr gewartet werden, bis zwei Drittel der Signatarstaaten zugestimmt haben. SOLAS enthält Vorschriften über Rettungseinrichtungen und deren regelmäßige Überprüfung, besondere Vorschriften für Chemie- und Gastanker. (Sie müssen den für diese Schiffe jeweils geltenden gesonderten Sicherheitsbestimmungen entsprechen.) In neueren *Amendments* finden sich konkrete Vorschriften über den Rumpf, über Notbeleuchtungen, Vorschriften über sichere Staumethoden, spezielle Vorschriften für den Transport von Holz, von Getreide und vieles mehr. vgl. http://www.mss-int.com/solas.html sowie. http://www.imo.org/Conventions/contents

86 *Port State Controls* beruhen auf der Übereinkunft einer Anzahl von Nationalstaaten. Die entsprechenden Verabredungen werden von der IMO gefördert, sind aber keine direkten IMO-Instrumente.

87 Eine der am schnellsten und am umfangreichsten ratifizierten Konventionen ist die Konvention Nr. 26 über „Medical Examination of Young Persons" (1921 beschlossen, 1922 in Kraft getreten), dagegen ist die Konvention Nr. 71 über „Seafarers' Pensions" (1946 beschl., seit 1962 in Kraft) nur von 13 Staaten ratifiziert worden.

88 Über den Sachverhalt, daß sich Regulierungen fast ausschließlich in Folge großer maritimer Katastrophen durchsetzen lassen und die Notwendigkeit einer pro-aktiven Politik: Harilos N. Psaraftis, Maritime Safety: To be or Not to Be Proactive; in: WMU Journal of Maritime Affairs, World Maritime University, Malmo, Schweden 2002, S. 3-16

89 Zit. von Daniel Dombey & Lesley Crawford & Toby Shelley, As the clean-up begins on the polluted Spanish coastline, scrutiny falls on a heavily globalised industry; in: Financial Times, Thursday, Nov. 21st, 2002, S. 12

90 Beschlossene Abkommen: 1992 für Lateinamerika; 1993 für den asiatischen und pazifischen Raum; 1996 für die Karibik; 1997 für den südlichen Mittelmeerraum; 1998 für die Anrainerstaaten des Indischen Ozeans. In Vorbereitung: Raum Persischer Golf und West/Zentralafrika

91 ICONS, International Commission on Shipping, Abschlußbericht unter dem Titel: Ships, Slaves and Competition, Charlestown, NSW, Australia 2000, S. 3

92 Nach dem Untergang der „Prestige" kündigte der französische Staatspräsident an, ab 1. Januar 2003 würden die Kontrollen in französischen Häfen verstärkt. Jean-Paul Hellequin,

Sprecher der Seefahrergewerkschaft in der Stadt Brest weist darauf hin, daß dafür 2000 Inspektoren erforderlich wären. Frankreich hat aber nur 54. Im selben Interview (taz 6.1.2003) weist Hellequin darauf hin, daß jährlich 150 Schiffe über 70 m Länge sinken, oft mit ihren Besatzungen und nicht selten mit gefährlicher Ladung. „Weil das aber nicht die europäischen Küsten verseucht, spricht hier niemand davon."

93 Diese Feststellung bezieht sich insbesondere auf MARPOL, ein internationales Abkommen zur Verhütung von *Marine Pollution*. Die Kontrolleure (in Deutschland: die Wasserschutzpolizei) sind gehalten, die illegale Abgabe von *sludge* (Abfall, der vor allem bei der Verbrennung von Schweröl anfällt) zu kontrollieren. An Bord (von Schiffen über 400 BRT) muß ein Öltagebuch geführt werden, in dem festgehalten werden muß, wo wie viel *sludge* abgegeben wurde. Anhand der verbrauchten Menge kann ermittelt werden, wie viel Abfall angefallen sein muß und wie viel davon, wenn er nicht ordnungsgemäß abgegeben wurde, illegal eingeleitet wurde. Entsprechend ist das Verfahren bei Chemikalien (Ladungstagebuch) und bei Schiffsmüll (Mülltagebuch). Bei Verstößen sind Bußen fällig. Betroffene der Bußgeldverfahren sind der Kapitän und der Leitende Ingenieur. (Die Höhe richtet sich nach der Dauer ihrer Anwesenheit an Bord.). Verwarnungen können von den kontrollierenden Beamten ausgesprochen werden, soll ein Schiff allerdings wegen schwerwiegender Mängel festgehalten werden, so ist dafür die - von der Bundesregierung hiermit beauftragte - Seeberufsgenossenschaft zuständig.

94 Aufgrund dieser Zertifizierung sind einige Ausbildungsstätten geschlossen worden, doch weisen Fachleute darauf hin, daß bei der Zertifizierung die Pläne der Ausbildung überprüft werden, nicht aber deren tatsächliche Qualität.

95 Der ISM-Code (*International Code for the Safe Operation of Ships*) ist in Kapitel IX von SOLAS 1974 enthalten. Er wurde zeitlich gestuft verbindlich. Zum 1.7.1998 für Passagierschiffe jeder Größe, für Öl-Gas-und Chemikalientanker über 500 BRT, zum 1.7.2002 für alle anderen Frachtschiffe und mobile Offshore Bohreinheiten über 500 BRT. Ist ein Landunternehmen zertifiziert, erhält es ein sogenanntes *Document of Compliance.* Es ist fünf Jahre gültig, erfordert allerdings jährliche Zwischenprüfungen. Jedes Schiff einer Firma muß gesondert zertifiziert werden (dabei werden insbesondere Kenntnisse des Sicherheitsmanagements der Firma sowie Sicherheitseinrichtungen überprüft). Ist die Zertifizierung erfolgreich, erhält das Schiff eine *Safety Management Certificate.* Auch dieses ist fünf Jahre lang gültig, doch ist nach dem 2. und dem 3. Jahr ein Zwischenaudit erforderlich. Das Vorhandensein der Zertifikate wird bei *Port State Controls* überprüft. In der Bundesrepublik ist die Seeberufsgenossenschaft für *Port State Controls* zuständig.

96 Allerdings betrifft diese Verpflichtung nur Schiffe unter der Flagge eines Staates, die der Konvention beigetreten sind. Dennoch, auch in diesem Fall werden sie bei PSCs wie Schiffe behandelt, die zertifiziert sein müssen. Faktisch allerdings waren im Juli 2003 20% der Welthandelsflotte weder zertifiziert, noch führten ihre Eigner eigene Schiffsinspektionen durch. Arne Sagen in „Seaways", Juli 2003

97 Tatsächlich haben eine ganze Reihe von Unternehmen bereits ISM-Zertifikate erworben, bevor sie dazu gesetzlich verpflichtet waren. Zum einen konnte damit gegenüber Charterern geworben werden, zum anderen, so jedenfalls die Vermutung einiger juristischer Spezialisten, sollte mit Hinweis auf das Sicherheitssystem in Schadensfällen Haftung abgewehrt werden.

98 Safety Digest. Lessons from marine Accident Reports. Department for Transport, Local Government and the Regions, abzurufen über: http://www.maib.detr.gov.uk/sd/digest/03.htm

99 Beobachtungsprotokoll H.G., Reise III

100 Stefan Wendelin Douvier, MARPOL. Technische Möglichkeiten, rechtliche und politische Grenzen eines internationalen Übereinkommens. Diss. Bremen 2004, Manuskript, Abschn. 6

101 Allerdings hat die EU-Kommission aus den Absichtserklärungen des PMU tatsächliche Verpflichtungen gemacht. Ende 2002 war in der Europäischen Kommission ein Verfahren anhängig, in dem geprüft werden sollte, ob Frankreich wegen Nichterfüllung seiner Verpflichtungen belangt werden kann. Daniel Dombey & Lesley Crawford & Toby Shelly (2002), a.a.O.

102 Nach Möglichkeit sollen jeweils ein Nautiker und ein Schiffsingenieur gemeinsam ein Schiff kontrollieren. Hielte die Bundesrepublik die Verpflichtung nach PMU ein, müßten aber alleine in Hamburg täglich rund 30 Schiffe kontrolliert werden. Das ist mit einem Personal von derzeit (2003) insgesamt sieben Personen nicht zu bewerkstelligen.

103 Information: Michaela Draginic.

104 Übereinstimmende Aussagen von Schiffsoffizieren auf einer Expertentagung über PSCs, die am 5.2.1999 von der „Forschungs-und Kooperationsstelle Schiffahrt" durchgeführt wurde

105 Ebenda

106 Die Ergebnisse sind veröffentlicht in: Schiff & Hafen, 55. Jg. Mai 2003, S.8

107 ICONS, a.a.O., S. 191

108 Die *International Commission on Shipping* kam zu dem selben Ergebnis und stellte außerdem fest, daß mangelnde Überprüfung auch in Bezug auf das *Safety Management* festzustellen sei. Vgl. ICONS, S. 191

109 ILO, Press Release 19. February 2001; ILO/01/02)

110 Dieses System, das *Liberian International Ship and Cortporate Registry (LISCR)* bedeutet die Ausgabe von Ausweisen mit biometrischen Daten. Es betrifft derzeit rund 500 000 aktive Seeleute. Bericht in „Seaways" August 2003, S. 12f

111 ITF, Seeleute Bulletin, Nr. 17, 2003, S. 20 f. Die entsprechenden Passagen finden sich in: IMO, Conference of Contracting Governments to the International Convention For the Safety of Life At Sea, 1974, 12. Dec. 2002,Präambel, Absätze 10 und 11

112 Abzurufen über die web-site des *Center for Seafarers' Righ*ts http:// www.seamenschurch.org/ CSR%20 Website/Chemical.htm (12.10.2003 abgerufen)

113 *„Although crews serve as essential allies in the war against terrorism, often they are treated like potential terrorists rather than possible victims of terrorism or allies."* Douglas D. Stevenson, Statement to the Meeting ..., op.cit. Punkt 6

114 Nachdem die Anzahl der gemeldeten(!) Überfälle vorübergehend etwas zurückgegangen war, insbesondere die Zahl der bei Piratenüberfällen getöteten Seeleute gesunken war, ist die Zahl der gemeldeten Fälle im Jahre 2003 um 20% gegenüber dem Vorjahr gestiegen. Überdies wurden doppelt so viele Seeleute als Geiseln genommen als im Jahr 2002, insgesamt 359. Wie auch in den Jahren zuvor machten viele Piraten von Schußwaffen Gebrauch. Siehe: Piracy and Armed Robbery Against Ships 2003 Annual Report, ICC International maritime Bureau, ICC Commercial Crime Services, a division of the International Chamber of Commerce

115 Siehe den systematischer Beitrag zum Zusammenhang von Globalisierung und Piraterie mit einem Schwerpunkt auf Südost-Asien: J.N.F.M. à Campo, Gauging the Historical Di-

mension of Globalization: The Case of Maritime Piracy in Insular Southeast Asia; in: International Journal of Maritime History, Vol XV, No 1, June 2003, S. 159-175; Über die Entwicklung der internationalen Piraterie-Statistik und das *„Piracy Reporting Center“*: Peter Ullrich, Es gibt sie immer noch: Piraten an Bord! In: Waterkant Nr. 4 (2003), S. 25-29

116 Im Jahr 2001 wurden 365 Unfälle gemeldet. Allein von Januar bis Juni 2002 wurden 98 Seeleute als Geiseln genommen, 21 wurden verletzt, 6 getötet und 23 waren auch Monate später noch vermißt.

117 Vgl. dazu auch Kapitel 3

118 Hierzu ausführlich: Heide Gerstenberger & Ulrich Welke, Piraterie und Logistik; in: Piraten. Abenteuer oder Bedrohung, Bremen, 0.J.(2002), S.163-175; außerdem: Jack A. Gottschalk & Brian P. Flanagan, et al., Jolly Roger with an UZI. The Rise and Threat of Modern Piracy (Naval Institute Press) Minneapolis, Maryland 2000. Die regelmäßigen Nachrichten des *Piracy Centre* in Kuala Lumpur sind über das Internet abrufbar.(www.maritime-security.com/maritime-piracy.htm)

119 Die Feststellung beruht sowohl auf Notizen während eines Vortrages von Kapitän P. Mukundan als auch auf einem Fernsehfilm zur Piraterie, für den Mitarbeiter des IMNB befragt worden waren.

120 Da wir von vielen Seeleuten über die entwürdigenden Verfahren bei der Einreise in einen Hafen der USA gehört hatten, haben wir uns für eine unserer Mitreisen gewünscht, daß wir in einem Hafen außerhalb der USA an Bord gehen und dann mit dem Schiff einen US-amerikanischen Hafen anlaufen können. Der Vorgang im Hafen von Miami hat leider alle Berichte, die wir zuvor gehört hatten, bestätig. Der zitierte Satz fiel während der Kontrollen durch den Einwanderungsbeamten an Bord.

121 Reise III, H.G.

122 Diskussion am 20.11.1998

123 Eigene Beobachtung und Aussagen von Seeleuten, vor allem Reise III, H.G., U.W.

124 Vgl. hierzu auch: Heide Gerstenberger, Öffentliche Staatsgewalt? Zum Verhältnis von Korruption und Staatsform; In. Prokla Nr. 124, 31. Jg. Oktober 2001, S. 461-463

125 Reise IV, H.G.

126 Schmunzelnd wurde auf einem Schiff erzählt, daß der Lotse, als er, wie das üblich ist, gefragt wurde, ob er eine Erfrischung wünsche, sich „etwas Obst“ bestellt habe. Nachdem der Kapitän diese Bestellung durchgegeben hatte, erschien kurze Zeit später der Steward mit einem Teller, auf dem ein Apfel lag. Er leistete sich keine Provokation, sondern servierte, was an „Obst“ den Seeleuten zur Verfügung stand. Indem der Vorfall berichtet wurde, machten die Schiffsoffiziere aus diesem ganz sachlichen Vorfall nachträglich doch eine Art „Retourkutsche“. Weil sie verpflichtet sind, alles zu unterlassen, was den schnellen Fortgang der Fahrt behindern könnte, müssen sie schlucken, ständig als Repräsentanten des reichen Teils der Welt betrachtet und „ausgenommen“ zu werden.

127 Reise I, H.G.

128 Der Fall ist geschildert in: Roberto Tiangco & Russ Jackson, Handbook of Rights and Concerns for Mariners (Cornell Maritime Press) Centreville, Maryland, 2002, S. 100ff

129 Der Fall ist ausgeführt im Bericht von SIRC für die ILO, a.a.O., S. 89f.

130 Konkrete Beispiele für die „Aufgabe“ von Schiffen und Seeleuten sind aufgeführt in ITF Seeleute-Bulletin Nr. 17, 2003, 22-24

131 In den Jahren 1996 bis 2000 waren Mitarbeiter der ITF in 210 Fällen involviert. Sie betrafen 3 500 Seeleute. Nicht alle Fälle von *abandonment* werden der ITF gemeldet. Zahlenangaben nach ICONS, op.cit., S. 52

132 „*When ship owners become insolvent, they can walk away from their crews with impunity.*" Douglas B. Stevenson, op.cit., Punkt 4

133 Zum Problem der Heimschaffung vgl. Heide Gerstenberger & Ulrich Welke (1996) , a.a.O., S. 52-54

134 Dem *Singapore Stranded Seafarers' Fund* sind einige weitere Staaten beigetreten. Norwegen verlangt von den Eignern der Schiffe, die im Internationalen Norwegischen Schiffsregister registriert sind, eine Bank Garantie oder eine Versicherung, die eingesetzt werden können, wenn die Repatriierung einer Besatzung erforderlich werden sollte. In Panama etwa wird neuerdings von jeder in Panama aktiven *manning agency* verlangt, daß sie zwischen 50 000 und 100 000 Balboas (1 Balboa = 1 US $) hinterlegt, die (unter anderem) für die Versorgung und Heimführung von Seeleuten zur Verfügung stehen müssen, falls diese Kosten nicht anderweitig bezahlt werden. In den Philippinen liegt die Verantwortung bei der *manning agency*, welche die Verträge abgeschlossen hat. Angaben nach den Informationen des *Center for Seafarers' Rights*.

135 ICONS, a.a.O., S. 54

136 itf, Seeleute-Bulletin, Nr. 17, 2003, S.24

3. Kapitel: Besatzung und Besetzung

1 Systematisch ist diese Entwicklung von Max Weber abgehandelt worden. Vgl. Max Weber, Wirtschaft und Gesellschaft, (zuerst 1921), 5. Aufl., hrsg. Von Johannes Winckelmann (J.C.B.Mohr) Tübingen 1972, insbesondere: Erster Teil, Kapitel III, § 3.4.; Vgl. außerdem vor allem: Reinhard Bendix, Herrschaft und Industriearbeit (zuerst 1956: Work and Authority in Industry), (Europäische Verlagsanstalt) Frankfurt am Main 1960, S. 269-340

2 Ein *OS* verfügt heute, wenn alles mit rechten Dingen zugegangen ist, über das Zeugnis eines sechsmonatigen Grundlehrganges, den er vor seiner ersten Heuer absolvieren mußte. Auch wenn er danach bereits zwei Jahre gefahren ist und einen weiteren Kurs absolviert hat, kann es durchaus vorkommen, daß er weiterhin als *OS* geheuert wird. Ähnlich wie in der deutschen Seefahrt früher der Status als „Matrose" (vgl. dazu unten genauer) wird heute der Status eines *AB* durch Fahrtzeit und die Heuer als *AB* erlangt.

3 Zu dieser Entwicklung gibt es inzwischen sehr viel Literatur. Sie wird systematisch diskutiert in: Dorothea Schmidt, Massenhafte Produktion? (Westfälisches Dampfboot) Münster 1993, S. 294-298; Vgl. auch immer noch: Reinhard Bendix, op.cit., Dritter Teil

4 Frederick Winslow Taylor, Die Grundsätze wissenschaftlicher Betriebsführung, deutsch erstmals: München & Berlin 1912, Nachdruck durch: Gesellschaft für soziologische und ökologische Forschung, München o.J.

5 Vgl. Frank O. Braynard, The Story of the Leviathan, Seaport 1972; S.131f. sowie: Heide Gerstenberger & Ulrich Welke, Vom Wind zum Dampf, (Westfälisches Dampfboot) Münster 1996, S. 195-204

6 Angesichts der Tatsache, daß es in Europa zunehmend schwieriger wird, junge Menschen für den Beruf eines Schiffsoffiziers zu gewinnen und ihm oder ihr ein berufliches Umfeld zu bieten, das sie veranlassen könnte, lange Jahre im Beruf zu bleiben, werden derzeit am

Warsah Maritime Centre in Großbritannien im Auftrag der *International Ship Managers Association* Konzepte Alternativer *manning scenarios* entwickelt. Sie gehen davon aus, daß die hierarchische Organisation sowohl Effizienzmängel hat als auch, vor allem, nicht dem entspricht, was sich heutige Berufsanfänger wünschen. Die Vorschläge sind hier nicht im einzelnen zu diskutieren, lediglich einige Merkpunkte seien erwähnt. Derzeit suchten Personalmanager Bewerber/innen für „Rollen", nicht für Aufgaben. Deshalb werde tatsächlicher Qualifikation, Hintergrund und psychologischem Profil viel zu wenig Bedeutung beigemessen. Das ließe sich ändern, wenn die Organisation insgesamt eher *task*-orientiert wäre. In diesem Zusammenhang stellen sie fest, es wäre sinnvoll, die klassischen Rollen von „Kapitän" und „*Chief Engineer*" durch einen Schiffsmanager zu ersetzen, der beide Funktionen ausüben würde. Dieser Manager könnte sowohl aus dem Decks- als auch aus dem Maschinenpersonal kommen. Für die Wachhabenden schlagen sie eine Doppelfunktion vor, was die entsprechende technologische Auslegung verlange. Was die ersteren Vorschläge angeht, so werden sie diskutiert werden müssen. Unseres Erachtens ist insbesondere eine gesonderte Besetzung für administrative Aufgaben sehr sinnvoll. (Entsprechende Praktiken - allerdings nicht in der Form eines Schiffsmanagers - gibt es derzeit zum Beispiel schon bei der Reederei Hartmann [Emden], die auf Gefahrguttransporte spezialisiert ist.) Zu den Problemen der Doppelqualifikation von Wachgängern vergleiche die Ausführungen im weiteren Verlauf dieses Kapitels. Zu den alternativen *manning scenarios* vgl. Douglas W. Lang, Alternative *Manning Scenarios*, Vortrag auf der Konferenz „Shipping 2002, 18-20. März 2002, Manuskript sowie: C.J. Stevenson & D. Lang & M.L. Barnett, Alternative Manning, o.J., Manuskript. Information über Douglas W. Lang, Managing Director, Anglo-Eastern Crew Management

7 siehe vor allem: Elton Mayo, The Social Problems of an Industrial Civilization, London 1945, Reprint (Routledge & Kegan Paul) London 1975, deutsch: Probleme industrieller Arbeitsbedingungen, (Verlag der Frankfurter Hefte) Frankfurt am Main 1949

8 Vgl. dazu: Michel Crozier & Erhard Friedberg, Die Zwänge kollektiven Handelns. Über Macht und Organisation, Frankfurt am Main (1977), 1994

9 Besonders ausgeprägt: Theodor M. Bardmann, Wenn aus Arbeit Abfall wird. (Suhrkamp Verlag) Frankfurt a.M. 1994, insbes. 4. Kapitel

10 Niklas Luhmann, Organisation und Entscheidung, (Westdeutscher Verlag) Opladen 2000, S.283

11 Im 5. Kapitel werden Beispiele solcher Fürsorge durch „Väterchen Lloyd" dargestellt.

12 Bei langfristigen Chartern erhalten dann aber vielfach die Farben (und Schiffsnamen) des Charterers Vorrang.

13 An der Wende zum 21. Jahrhundert haben sich personalpolitische Strategien in nichtmaritimen Unternehmen in gewisser Weise der zuvor schon im maritimen Bereich entwickelten Praxis angenähert: *Corporate identity* wird heute jenen verkleinerten Stammbelegschaften angeboten, die nach der Auslagerung von Teilaufgaben, sei es an Subunternehmen im Inland, sei es an Unternehmen im Ausland, übrig geblieben sind.

14 Seit damals gibt es diesen Lehrstoff auch an Hochschulen. Den Studierenden, die ja alle schon die tatsächliche Praxis an Bord kennen gelernt hatten, kam das sehr fremd vor. „Also, wir haben ja auch Menschenführung genossen ... Damals gingen wir ja noch zur Fachhochschule Bremen. Und das fand in der Frühstunde statt. Und da war dann traditionsgemäß jeder zweite Sitz besetzt. Das war dann vor acht. Psychologie über die Menschenführung." Diskussion am 27.11.1998

15 Beobachtung H.G. & U.W.

16 Je nach *company*, aber wohl auch nach Kapitän, wechselt auch die Zuständigkeit für den *store*, den Verkauf und die Abrechnung von Zigaretten, Bier, Spirituosen sowie - je nach Schiff - Haarwaschmittel, Hautcreme, Keksen, Erdnüssen, Tempo-Taschentüchern und (auf manchen Schiffen) Kleinpackungen von Waschpulver. Gelegentlich liegt die Zuständigkeit beim Kapitän und wird dann auf den Zweiten Decksoffizier übertragen, sie kann aber auch beim Koch oder beim Bootsmann liegen. Vermutlich würde sie geändert, wenn es zu Klagen käme. Obwohl sich mit dem *store* legal ein kleiner Nebenverdienst erwirtschaften läßt, scheint dieser Zuständigkeit keine große Bedeutung zugemessen zu werden.

17 Diskussion am 04.12.1998

18 Diskussion am 27.11.1998

19 Diskussion am 30.10.1998

20 Diskussion am 06.11.1998

21 Diskussion am 4.12.1998. Während eine Mitfahrt (Reise I) berichtete ein Besatzungsmitglied, vor einigen Jahren sei auf einem Schiff von HAPAG-Lloyd ein bestimmter *Chief Mate* abends regelmäßig „in Streifen" (will sagen: in Uniform bzw. Uniform-Hemd) in der Messe erschienen. Der Kapitän habe ihn dann gebeten, das bleiben zu lassen. Von einem anderen Schiff sei dann aber berichtet worden, daß dieser *Chief Mate* seine vorherige Praxis dort wieder aufgenommen habe. Das Beispiel zeigt, daß das Tragen einer Uniform an Bord inzwischen als Stoff für eine Anekdote taugt.

22 Der Terminus wurde in der Diskussion am 4.12.1998 gebraucht.

23 Diskussion am 27.11.1998. In der selben Diskussion stellte einer fest: „Und damit die Leute nicht davon liefen, so war das bei unserer Reederei, wurden die Kapitäne von der Reederei angewiesen, - ich weiß das, weil ein Kapitän ist ein Freund von mir, - ... dem Personal gegenüber freundlicher zu sein, damit die nicht davon laufen. Da ist es passiert einmal, das können sie glauben oder auch nicht, das ein Kapitän eher entlassen wurde, als zwei Matrosen oder drei Matrosen. Sonst hätte das Schiff nicht fahren können!" Allerdings berichten andere - vgl. die folgenden Ausführungen -, gegenüber der *Crew* habe sich der formelle Stil des Umgangs erhalten.

24 Überdies lag das Schulschiff seit der Nachkriegszeit auch fest vertäut im Hafen.

25 Einer unserer Mitdiskutanten berichtete, er sei völlig entsetzt gewesen, als er mit seiner Familie einen Besuch auf der „Deutschland", dem jetzt in Vegesack liegenden früheren Schulschiff, gemacht habe und feststellen mußte, daß das Messing an Bord nicht geputzt war.

26 Diskussion am 20.11.1998

27 Vgl. hierzu ausführlicher im Abschnitt „Da fing das ja gerade erst an mit den Ausländern"

28 Diskussion am 4.12.1998

29 Zu den Ursachen vgl. die Ausführungen im 1. Kapitel, auf die konkreten Formen dieser Auswirkung werden wir noch zu sprechen kommen.

30 Diskussion am 6.11.1998

31 Diskussion am 6.11.1998

32 Diskussion am 6.11.1998

33 Diskussion am 6.11.1998

34 Diskussion am 30.10.1998

35 Diskussion am 30.10.1998

36 Zur Situation im Maschinenraum vergleiche Kap. 4

37 Die folgende Äußerung ist unter westdeutschen Seeleuten aber sehr verbreitet. „Dieses hierarchische Denken war wie zu Adolfs Zeiten bei denen durchgängig vorhanden, ... und manche ham sich das rübergerettet, heute, wo sie Kapitäne sind, obwohl sie mittlerweile schon ... witzigerweise plötzlich mit polnischen Technikern ... zur See fahren." Diskussion am 6.11.1998; Wissend, daß beruflicher Aufstieg in der DDR die Mitgliedschaft in der Partei voraussetzte, wird im Konfliktfall auch schon einmal über „Stasi-Manieren" gegrummelt. (eigene Beobachtung). H.G. und U.W. erhielten während ihrer Mitfahrten Gelegenheit zu differenzieren. Ein Kapitän mit einem besonders ausgeprägt kollegialen Führungsstil hatte seine Ausbildung in der DSR erhalten.

38 Nur sehr vereinzelt wurden auch *ratings* übernommen. So wurde beispielsweise ein Koch - zusammen mit anderen Besatzungsmitgliedern - von einer westdeutschen Reederei übernommen, als diese ein Schiff aus dem DSR Bestand erwarb. Doch erhielt er jetzt nicht etwa eine deutsche Heuer, sondern den mit der ITF ausgehandelten Satz für Besatzungen auf einem Schiff unter einer FOC.

39 Auf Schiffen unter der Leitung eines Kapitäns aus einem asiatischen Land scheint das seltener der Fall zu sein.

40 Vgl. dazu auch: Stephen H. Stover & Philip B. Arms & Kurt Landwehr & Scott Green, The Effect of a Hostile Work Environment Created by Supervisory Leadership/Management Style on Blood Pressure and Heart Ache, ICTS, (5th International Conference on Travel Science) Proceedings, Venice-Patras, Oct. 27-30, 2001, Manuskript, S. 121

41 Reise I, H.G. In einer Diskussion an Land wurde von einem Kapitän berichtet, der sich ganz ähnlich verhält, bei Grillabenden also nicht soziale Distanz praktiziert. Auch er habe keinerlei disziplinarische Probleme gehabt. Diskussion am 15.9.2003

42 Diskussion am 4.2.2000 Das Zitat stammt von einer mitfahrenden Ehefrau. Doch hat sie sich diese Auffassung nicht selbst ausgedacht.

43 Luhmann spricht von „förmlichem Respekt". Da wir den Terminus „Respekt" später aber noch in einem anderen Sinne aufgreifen, haben wir hier etwas abgewandelt. Inhaltlich folgen wir hier aber Luhmann, der darauf hinweist, Respekt sei „eine Art furchtloser Nachgiebigkeit." Sie erlaube es dem Untergeordneten, sein Selbstdarstellungsinteresse zu retten, nämlich mit Würde und mit knapper Begrenzung auf das Notwendige. Das funktioniere, weil der förmliche Respekt eine Ambivalenz enthalte. Sie gestatte es dem Vorgesetzten, die Nachgiebigkeit des Untergeben wahrzunehmen, diesem selbst aber, eher seine Furchtlosigkeit zu erleben. Die formale Ordnung verpflichte gewissermaßen beide, den Widerspruch unbemerkt zu lassen. Nicht jede der Situationen, die von unseren Gesprächsteilnehmern geschildert wurden, paßt in dieses Raster. Manchmal ist schlicht mangelhafte Sprachkompetenz am Werke. Hier ging es lediglich darum, der Verhaltensweise ihren ethnischen Anstrich zu nehmen und darauf hinzuweisen, daß sie in einer Organisation mit formaler Rangordnung als durchaus typisch angesehen werden kann. Vgl. hierzu: Niklas Luhmann, Funktionen und Folgen formaler Organisation, (Duncker& Humblot) 3. Aufl., Berlin 1976 (zuerst 1964), S.169

44 Die angeführten Variationen basieren auf eigenen Beobachtungen auf verschiedenen Schiffen und anschließenden Nachfragen im Verlauf von Diskussionen.

45 Vgl. dazu Hans Erich Brumm, Soziale Konflikte im Sozialsystem eines Handelsschiffes, Freiburg 1967, S. 40-41

46 Vgl. hierzu zum Beispiel: Martin Fuchs, Kampf um Differenz. Repräsentation, Subjektivität und soziale Bewegungen. Das Beispiel Indien, (Suhrkamp) Frankfurt/Main 1999, S.159

47 Der Terminus könnte dahingehend verstanden werden, daß wir dem Konzept der Dramatologie folgen, wie es zuerst vor allem von Erving Goffman entwickelt wurde. Im Kern dieses Konzeptes steht die These, daß es eine Fassade der sozialen Praxis gibt und ein „Dahinter". Besonders deutlich in: Erving Goffman, Wir alle spielen Theater. Die Selbstdarstellung im Alltag (zuerst Doubleday, New York 1959), (Piper), München 1984. Demgegenüber stimmen wir mit Giddens darin überein, daß sich „Akteure gewöhnlich stark, wenn auch in verallgemeinerter Weise, mit den Routinen ihres Alltagslebens identifizieren" (sie also nicht „schauspielern"). Vgl. Anthony Giddens, Die Konstitution der Gesellschaft. Grundzüge einer Theorie der Strukturierung, (zuerst Polity Press, Cambridge 1984) deutsch: (Campus), Frankfurt/Main 1988, S. 177f. Das gilt auch dann, wenn eine solche Routine (Forschenden gegenüber) ausnahmsweise gerechtfertigt wird: „Ich denke, wenn das mein Sohn wäre." - so ein Kapitän über seine Entscheidung, den Schiffsmechaniker, also einen *rating*, einzuladen, zusammen mit den deutschen Offizieren zu essen.

48 Diese Ausführungen beziehen sich hier zwar auf Schiffe unter deutschem Management, gelten jedoch allgemein. Doch können kulturelle Nähe und kulturelle Differenz auch anders definiert sein. Ein deutscher Kapitän, der lange für eine Kameruner Reederei gefahren ist, berichtete, für die einheimischen Besatzungsmitglieder hätten - je nach ihrer regionalen Herkunft - täglich bis zu acht oder neun unterschiedliche Gerichte gekocht werden müssen.

49 Entsprechende Untersuchungen, die zur Basis einer Verallgemeinerung bzw. eines Vergleichs werden könnten, sind uns bislang nicht bekannt geworden.

50 Diese Formulierungen beziehen sich auf die im 1. Kapitel angesprochene Analyse der Bedeutung von Räumlichkeit (hier als Resultate sozialer Praxis).

51 Von einem Ingenieur, der von einem Unternehmen regelmäßig eingesetzt wird, um neue Schiffe „einzufahren" wird berichtet, daß er sich eine Liege im Maschinenleitstand aufbaut und dort fast alle seine Nächte verbringt. Reise III, H.G.

52 Diskussion am 27.11.1998

53 Diskussion am 27.11.1998

54 Diskussion am 27.11.1998

55 Früher war das häufiger: „Ich kannte einen *Chief*, der hat nur von oben runter geguckt. Der hat mich die ganze Reise nicht ein einziges Mal unten gesehen." (Diskussion am 30.10.1998)

56 Beobachtungen eines Praktikanten in den Jahren 2000 und 2001, mitgeteilt im September 2001 (am Rande der ISHFOB Tagung) in Bremen

57 Michael Grey, Konstruktion und Betrieb von Schiffen - Arbeit und Leben von Seeleuten; in: H. Gerstenberger & U. Welke, Hg., op.cit. (2002), S. 87

58 Diskussion am 6.11.1998

59 Vgl. Pierre Bourdieu, Sozialer Sinn (Le Sens Pratique 1980), deutsch: (Suhrkamp), Frankfurt am Main 1987, Erstes Buch, Abschn. 7 passim. Wir benutzen dieses Konzept, ohne die bei Bourdieu angelegte Gleichsetzung der Kämpfe um die Anerkennung von Distinktion mit wirtschaftlichen Konkurrenz gleichzusetzen.

60 Vgl. hierzu: Ulrich Welke, Wissenschaftliche Bestimmung von Schiffsort und Kapitänsstand; in: Hochschule Bremen. Fachbereich Nautik und internationale Wirtschaft, Hg., 200 Jahre Seefahrtsausbildung in Bremen, Bremen 2000 (keine Seitenangaben)

61 Ausführlich: Pierre Bourdieu, Sozialer Sinn, a.a.O., vor allem 1. Buch, Kap. 3; Als Einführung in die Theorie Bourdieus ist sehr gut nutzbar: Markus Schwingel, Analytik der Kämpfe. Macht und Herrschaft in der Soziologie Bourdieus, (Argument Sonderband, NF, AS 215), Hamburg 1993

62 Pierre Bourdieu, Sozialer Sinn, a.a.O., S.117

63 Diskussion am 15.1.1999

64 Es ist kein Zufall, daß noch die striktesten Verteidiger wirtschaftlicher Konkurrenz für die Schiffahrt die Bildung und Aufrechterhaltung sogenannter „Konferenzen", Verabredungen zur Einschränkung von Konkurrenz, akzeptierten. Auch die EU hat für Schiffahrtskonferenzen eine Ausnahme vom Kartellverbot zugelassen.

65 Dazu unten genauer

66 Diskussion am 27.11.1998

67 Reise IV, H.G.

68 Reise IV, H.G.

69 Michael Grey, Konstruktion und Betrieb von Schiffen - Arbeit und Leben von Seeleuten; in: Heide Gerstenberger & Ulrich Welke, Hg., (2000), op.cit. S.87

70 Dazu unten mehr

71 Reise I, H.G.

72 Reise I, H.G.

73 Diskussion am 4.12.1998

74 Diskussion am 22.01.1999

75 Vgl. Heide Gerstenberger & Ulrich Welke, Vom Wind zum Dampf (Westfälisches Dampfboot) Münster1996, S. 216-222

76 Für den handgreiflichen Teil der Erläuterungen benutzten Seeleute früher manchmal die Formulierung, es sei „der Heilige Geist" über sie gekommen.

77 Tony Lane, Grey Dawn Breaking, British Merchant Seafarers in the Late Twentieth Century, (Manchester University Press) Manchester 1986, S. 51

78 Diskussion am 22.1.1999

79 Reise III, H.G.

80 Knut Weibust, Deep Sea Sailors. A Study in Maritime Ethnology, Nordiska museets, Stockholm 1969, S. 433

81 H. Gerstenberger & U. Welke, Vom Wind zum Dampf, op.cit., S. 55-69

82 Sofern sich das Schiff nicht im Hafen oder auf Revierfahrt (An- und Abfahrt zu einem Hafen) befindet und keine Probleme auftreten, wird tagsüber gearbeitet, für die Nacht wird eine wechselnde Zuständigkeit für die anfallenden Alarme beziehungsweise für regelmäßige Kontrollen organisiert.

83 Vgl. Kapitel 5

84 Diskussion am 4.12.1998

85 So die (deutsche) Formulierung eines portugiesischen Bootsmanns

86 Vgl. dazu Kapitel 5

87 Teilnehmer an unseren Diskussionen waren bestrebt, einen ihnen bekannten Kapitän zur Mitwirkung zu gewinnen, von dem sie wußten, daß er aus Furcht vor einem Angriff der Besatzung monatelang mit einer Pistole unter dem Kopfkissen geschlafen hatte. Er wollte mit der Seefahrt aber auch an Land nichts mehr zu tun haben.

88 Vgl. dazu die Ausführungen am Anfang dieses Kapitels über damalige Rekrutierungsschwierigkeiten.

89 Auf manchen Schiffen wird sonn- und feiertags außer von den Wachleuten nur im Hafen oder während einer Revierfahrt gearbeitet, auf anderen ist jeweils nur der Nachmittag frei.

90 Besonders stark ist diese Abwehr, wenn es sich um Angehörige eines Staates handelt, in dem es seit langem religiöse Konflikte gibt.

91 Diskussion vom 3.11.1999

92 Von einer Mannschaft, die aus Polen und Ghanaern bestand, wurde berichtet „Das läuft wunderbar.“ Diskussion am 14.8.2001

93 Vgl. dazu Kapitel 6

94 So auch: Erol Kahveci & Tony Lane & Helen Sampson, Transnational Seafarer Communities, SIRC, Cardiff UK. (ohne Jahr, 2001/2002), S. 10 f.

95 Reise IV, H.G.

96 Seemannsgesetz §§ 130-135

97 Kapitäne berichteten von einer Praxis, von der wir nicht ermitteln konnten, wie häufig sie war/ist und wie formal durch Verträge sie abgesichert war/ist: „Wir haben Filipinos gehabt von einer sehr guten Qualität, in den siebziger Jahren ... Ja, aber warum waren die so gut? Weil ewig dieses Druckmittel dahinter stand: 'Was, Ihr wollt nicht spuren? Ihr bezahlt den Ersatzmann, der wird eingeflogen. Ihr fliegt raus und habt keinen Job mehr.“ Diskussion vom 6.11.1998

98 „Schwarze Listen“ sind laut der 1996 beschlossenen ILO-Konvention 179 untersagt. Sie ist bislang noch kaum ratifiziert worden. Die Philippinen haben die Konvention 179 im Jahre 1998 ratifiziert. Dennoch berichtet ICONS ganz generell aus „Asien“ vom fortdauernden Bestand „Schwarzer Listen“. Vgl. ICONS, S. 29

99 Die Feststellung basiert auf Experteninterviews, die Edin Mujkanovic geführt hat.

100 Liegt ein Schiff im Hafen eines Landes mit einem entwickelten arbeitsrechtlichen System und gelingt es dem betroffenen Seemann (oder einer Gruppe von Seeleuten), die ITF oder eine Seemannsmission zu informieren, so sind ihnen diese dabei behilflich, eine Klage einzureichen.

101 Es handelt sich um eine einzige Äußerung. Sie stammt allerdings von einem sehr erfahrenen und sehr reflektierten Bootsmann. Dieser hatte es sich eigenen Aussagen zufolge auch zur Leitschnur gemacht, den Angehörigen der Decks-*crew* gegenüber nur im Notfall Befehle zu äußern, sondern sie als Seeleute zu behandeln, die über eigenen Sachverstand verfügen. Während wir an Bord waren, hat das sehr gut funktioniert.

102 Sicherlich galt die Duschenregelung nicht generell, sie ist dennoch symptomatisch: „Irgendwo mußte man am Anfang der Reise sagen, wie viel und was man haben wollte und die Dusche war das *store* fürs Bier, und wenn das Ding voll war, dann gab's nichts mehr, Du wußtest auch nicht, wie lang die Reise war, ja, und dann, wenn das denn so langsam leer wurde dort, dann konntest Du auch mal wieder duschen, mit Kaltwasser allerdings ...“ Diskussion am 30.10.1998

103 Diskussion vom 04.12.1998

104 Diskussion am 04.12.1998

105 Diskussion am 04.12.1998

106 Notiz während der Mitfahrt auf einem Gefahrguttanker: Jeden Monat muß an Bord der Urin von zwei Personen unter Aufsicht auf Alkohol und Drogen überprüft werden. Der

Kapitän zieht für seine eigene Überprüfung den Zweiten Deckoffizier zu. Einerseits wird die Maßnahme eingesehen, andererseits aber doch festgestellt, daß bei Seeleuten - anders als an Land - ein ganzer Berufsstand unter Verdacht steht und nicht etwa erst ein konkreter Verdacht aufkommen muß, bevor zu derartigen Maßnahmen gegriffen wird. Roberto Tiangco & Russ Jackson schreiben: „*These tests are an obvious invasion of privacy. However, courts of law have decided that the invasion of privacy is not unreasonable, because the industry's right to safe operations outweighs the individual mariner's right to refuse a test.*" Roberto Tiangco & Russ Jackson, Hg., Handbook of the Rights and Concerns for Mariners, (Cornell Maritime Press) Centreville, Maryland 2002, S. 172

107 Für Häfen in den USA gelten seit dem Unfall der „Exxon Valdez" die gleichen strikten Bestimmungen wie für Häfen islamischer Staaten.

108 Diskussion am 4.12.1998

109 In der Geschichte der Seefahrt gab es schon einmal eine ähnliche Situation. Als an der Westküste der USA Gold entdeckt worden war, liefen viele Seeleute in den dortigen Häfen davon, um ihr Glück zu suchen. Für die Rückfahrt mußten Kapitäne irgendwie Ersatz suchen. Nur selten waren dies erfahrene Seeleute. Damals kippte das an Bord amerikanischer Handelsschiffe in den Jahrzehnte nach der Revolution verankerte vergleichsweise demokratische Disziplinarregime. Ungeschriebene Gesetze, Qualifikation und Kameradschaft wurden durch drakonische Strafen ersetzt. In jenen Jahren regierte auf vielen US-amerikanischen Schiffen die „neunschwänzige Katze", eine Peitsche für besonders brutale Bestrafungen.

110 Auf norwegischen Schiffen soll sie dagegen nach wie vor gebräuchlich sein.

111 Auskunft Willi Wittig. Laut Ali Memmon, ITF (Juni 2003) gibt es Bordvertretungen insbesondere auf großen Kreuzfahrtschiffen. Daß auf anderen Schiffen unter deutscher Flagge keine Bordvertretungen gewählt werden, widerspricht dem Umstand, daß auf diesen Schiffen zwar nicht das deutsche Arbeitsrecht, wohl aber das Betriebsverfassungsrecht gilt. Wie Wolfgang Däubler (Bremen) in einem Gutachten ausführt, ist derzeit international die Rechtsauffassung im Vordringen, daß die „Flagge nur ein Anknüpfungspunkt neben anderen ist und im Falle eines Billigflaggenlandes weitgehend zurücktritt." (Bremen, ohne Jahr, Manuskript). Setzte sich diese Auffassung durch, so würde das Betriebsverfassungsrecht auch auf ausgeflaggten Schiffen gelten.

112 Diskussion am 15.9.2003

113 Zum Glück hatten diese ihr eigenes Waschpulver mit an Bord gebracht.

114 Sie wurde uns im Gespräch mit dem für die Personalpolitik zuständigen Mitglied des Vorstandes mitgeteilt.

115 Erol Kahveci & Tony Lane & Helen Sampson, op.cit., S. 11-15 und passim

116 siehe: Ver.di report 1/2002 Schiffahrt. Titelgeschichte

117 Zu den selben Tarifen wie ihre ausländischen Kollegen.

118 Mit dieser Schwierigkeit sahen sich auch die Forscher konfrontiert, als sie sich bei den *parties*, die während ihrer Mitfahrten veranstaltet wurden, zunächst zumeist zu *ratings* an den Tisch setzten. Später waren sie in dieser Hinsicht sehr viel zurückhaltender, weil sie ihnen die Anstrengung ersparen wollten, auch an einem solchen Abend noch Englisch sprechen zu müssen.

119 Diskussion am 15. 1.1999

120 Diskussion am 6.11.1998

121 Die Aufregung über ähnliche Erfahrungen war derart groß, daß alle durcheinander redeten. Die Tonband-Aufzeichnungen sind für mehrere Minuten nicht zu gebrauchen.

122 6.11.1998

123 Diskussion am 06.11.1998

124 Diskussion am 06. 11.1998

125 Diskussion am 06.11.1998

126 Reise I, H.G.

127 Diskussion am 06.11.1998

128 Diskussion am 06.11.1998

129 Diskussion am 06.11.1998

130 Diskussion am 06.11.1998

131 François Grosrichard, La corrosion généralisée de l'«Erika» a provoqué son inéluctable cassure et son naufrage; Le Monde, 19.Décembre 2000, S. 11

132 François Grosrichard, „Erika": la commission d'enquête dénonce une série de «défaillances»; Le Monde, 15.1.2000

133 Nathaniel Herzberg, Le capitaine de l'*Erika* raconte, heure par heure, le naufrage du pétrolier; Le Monde, 12.1.2000

134 Pascal Galinier & Marc Roche. Crown Resources, un négociant en pétrole très discret; Le Monde, 21.11.2002

135 Marc Roche, Les propriétaires du „Prestige", récidivistes des marées noires; Le Monde, 22.11.2002; eine Auflistung der Verwicklungen und Kontrollen auf der Basis des CESMA News Letter findet sich in: W. Müller, Beschuldigung und Kriminalisierung des Kapitäns, Schiff & Hafen 55. Jg. (2003), H.4., S.88. Die Angaben differieren von den oben zitierten. Das dokumentiert lediglich die Verwicklungen, ändert jedoch nichts am Argument.

136 Lloyd's List 29.11.2002

137 Lloyd's List 06.12.2002

138 Nach den beschriebenen Vorfällen hat die *International Federation of Shipmasters' Association* auf ihrer Generalversammlung am 24. Mai 2003 eine Resolution unter dem Titel *„Right to Fair Treatment of Shipmasters"* verabschiedet, in der sie darum ersucht, auf internationaler Ebene Maßnahmen zu ergreifen, um die vorschnelle Verhaftung von Kapitänen in Zukunft zu verhindern. Der Inhalt der Resolution ist wiedergegeben in: Schiff & Hafen, 56. Jg., (2004) Nr. 1, S. 81

139 SEAWAYS, The International Journal of the Nautical Institute, October 2000, S. 7, Übersetz. H.G.

140 Vgl. dazu Kapitel 2

141 Auf einer Tagung der Deutschen Gesellschaft für Maritime Medizin, die am 26. März im Fachbereich Nautik der Hochschule Bremen durchgeführt wurde, berichteten Experten anderer Berufe über Formen posttraumatischer Betreuung, wie sie etwa Zugführer nach sogenannten „Personenschäden" in Anspruch nehmen können, wie sie für Piloten großer Fluggesellschaften nach *critical incidents* selbstverständlich sind und inzwischen auch für Beschäftigte der Polizei zur Verfügung stehen.

142 Auf der Tagung von ISHFOB (International Symposium on Human Factors On Board) im Jahre 1995 berichtete Alfred A. Keltner über Bemühungen, Schiffahrtsunternehmen die Notwendigkeit von Stress Management nahe zu bringen. Das sei gescheitert, weil da-

mit hätte eingestanden werden müssen, daß diejenigen, die in der Organisation für Führungspositionen ausgewählt wurden, schwach seien. Die Argumentation bezieht sich auf allgemeines Stress Management, trifft aber ebenso den Umgang mit posttraumatischen Schwierigkeiten. Vgl. Alfred A. Keltner, Stress Management on Board; in: ISHFOB '95. The Influence of the Man-Machine Interface on Safe Navigation. Proceedings of the International Symposium on Human Factors on Board, Bremen, Germany, November 1995 (Verlag TÜF Rheinland), Köln 1995, S. 54

143 Erving Goffman, Das Individuum im öffentlichen Austausch (zuerst 1971: Relations in Public. Microstudies of the public order, Basic Books) deutsch: (Suhrkamp) Frankfurt am Main 1982, S.377-380

144 Diskussion am 6.11.1998

145 Als im Sommer 2003 Alston Kennerly, inzwischen Lehrer an einer Navigationsschule in Großbritannien, in der Universität Bremen über das in den fünfziger Jahren in der Bundesrepublik verfolgte seemännische Ausbildungskonzept referierte, hatte er dazu auch sechs seiner Kameraden aus seiner Zeit auf der „Passat" eingeladen. Den Beginn seines Vortrags hielt er ihnen zu Ehren in Deutsch, der Sprache, die er damals gründlich gelernt hatte.

146 Diskussion am 27.11.98. Vierte Offiziere und Vierte Ingenieure gab es in Deutschland damals nicht überall, wohl aber bei einigen großen Reedereien.

147 Diskussion am 27.11.1998

148 Diskussion mit Ausbildern am 12.11.1999; siehe dazu auch: Hans Erich Brumm, Soziale Konflikte im Sozialsystem eines Handelsschiffes, Freiburg 1967, S. 39

149 Diskussion am 04.12.1998

150 Diskussion am 04.12.1998

151 Diskussion am 04.12.1998; Festmachen ist zwar „eine ganz einfache Sache", ihre richtige Durchführung ist aber sowohl für die Schiffssicherheit als auch für Leben und Gesundheit der Beteiligten entscheidend. Fast jeder Seemann kennt aus eigener Erfahrung oder aus Berichten von Kameraden Vorfälle, in denen ein mangelhaft ausgeführtes Windenmanöver dazu führte, daß eines der ausrauschenden gespannten Taue einen Seemann lebensgefährlich verletzte.

152 Diskussion mit Ausbildern am 12.11.1999

153 Diskussion am 04.12.1998

154 Diskussion am 06.11.1998; Tatsächlich ist inzwischen die Ausbildungszeit ja ganz offiziell weiter verkürzt worden, und Fachhochschulpatente berechtigen inzwischen auch zur Führung von Schiffen, die größer sind als 8000 BRT. In diesem Fall waren sich unsere Diskussionsteilnehmer aber einig, daß die frühere Unterscheidung der Berechtigung nach der Größe eines Schiffes unsinnig war. Zum einen seien viele Gefahrguttanker kleiner als 8000 BRT, zum anderen sei die Unterstützung der Schiffsführung durch das landseitige Management auf großen Schiffen oft besser.

155 Diskussion mit Ausbildern am 12.11.1999

156 Diskussion am 27.11.1998

157 Fachhochschule Flensburg und Hochschule Wismar (Abt. Rostock-Warnemünde)

158 Vgl. dazu Kapitel 4

159 Diskussion am 21.01.2000

160 Diskussion am 06.11.1998

161 Diskussion am 04.12.1998

162 Diskussion am 04.12.1998

163 Zu „Mischpatenten" auf der Mannschaftsebene siehe unten

164 Diskussion am 04.12.1998

165 Diskussion am 05.12.1999

166 Diskussion am 27.11.1998

167 Die Einführung des Matrosenbriefes in der Zeit des Nationalsozialismus hatte zunächst keine Tradition begründet.

168 Diskussion am 12.11.1999, Ausbilder

169 Diskussion am 27.11.1998

170 Mitglieder waren: Bundesrepublik Deutschland, Freie Hansestadt Bremen, Freie und Hansestadt Hamburg, Land Niedersachsen, Land Schleswig Holstein, Verband Deutscher Reeder, Verband Deutscher Küstenschiffseigner, Gewerkschaft Öffentliche Dienste, Transport und Verkehr, Deutsche Angestellten-Gewerkschaft. Dieser Verein beschloß die Einführung und Durchführung dreimonatiger Lehrgänge an einer staatlich anerkannten Seemannsschule. Doch wurden weder ein Ausbildungsvertrag, noch ein Ausbildungsrahmenplan oder Mindestanforderungen an die Eignung der Ausbilder beschlossen. Von der Qualifikation durch Erfahrung wurde faktisch nur in Einzelfällen abgewichen.

171 Diskussion am 12.11.1999

172 Diskussion am 12.11.1999

173 Diskussion am 12.11.1999 Der Diskussionsteilnehmer wies darauf hin, daß das ja im technischen Bereich nicht anders gewesen sei: „Wenn einer Dampf gefahren ist, dann hatte er in der Regel keine Ahnung gehabt von Motoren. Wobei, die Leute, die damals gefahren sind, die haben ihre Ausbildung ja nicht auf einem Schiff gemacht ... Die hatten immer schon einen Beruf vorher."

174 Damit wurden Ausbildungsverträge vorgeschrieben, Anforderungen an die Eignung eines Schiffes als Ausbildungsstätte und eines Offiziers als Ausbilders, Ausbildungspläne für die Ausbildung an Bord und an Land.

175 Diskussion am 27.11.1998

176 Diskussion am 27.11.1998

177 Weit positiver als unsere Diskussionsteilnehmer sah Hans-Wilhelm Hoffmann, langjähriger Geschäftsführer der Berufsbildungsstelle Seeschiffahrt e.V. (hervorgegangen aus dem Verein für die Förderung des seemännischen Nachwuchses) die Geschichte dieses Ausbildungsganges. Bis 1982 hätten rund 1300 Matrosen und Maschinenfacharbeiter die Doppelbefähigung erworben. Sie hätten ihre berufliche Qualifikation für beide Bereiche überzeugend unter Beweis gestellt. Neben Reedereien, den Schiffsleitungen und der Fortbildungsstätte in Lübeck-Travemünde seien es „insbesondere diese Seeleute, die einen Beitrag zur Neugestaltung der beruflichen Bildung in der Seeschiffahrt geleistet" hätten. Hans-Wilhelm Hoffmann, Entwicklung und Notwendigkeit eines neuen Ausbildungsberufes für die Seeschiffahrt; in: HANSA (Sonderdruck), Heft 10 und 12/1983, keine Seitenangaben

178 Um den Übergang zu erleichtern, galt die Matrosen-Ausbildungsverordnung noch bis 1986 fort. Angehende Matrosen im 1. und 2. Lehrjahr konnten sich diese Ausbildungszeit auf den neuen Ausbildungsgang anrechnen lassen. Vgl. Hans-Wilhelm Hoffmann, op.cit.

179 Diskussion am 12.11.1999

180 In den Jahren 1999 und 2000 wurde eine Befragung von Auszubildenden und Ausbildern durchgeführt. Die Anzahl der Rückläufe (und auch die Beschränkung auf Studierende zweier Ausbildungseinrichtungen) erlaubt keine eindeutigen Schlussfolgerungen. In der Auswertung wird hervorgehoben, weder Auszubildende noch Ausbilder hätten nennenswerte Vorzüge des „Umweges" über die SM-Ausbildung festgestellt. Marco Neelsen, Auswertung der bisherigen Praxissemesterausbildung und Entwicklung eines neuen Ausbildungskonzeptes für die Ausbildung im ersten Praxissemester, Elsfleth 2001 (Diplomarbeit); Kurzfassung des Berichtes in: Schiff & Hafen 55. Jg. (2003), H. 5, S. 71-74; vollständige Fassung: http://www.fh-oww.de/fbs/

181 Diskussion am 27.11.1998

182 Nach wie vor werden gesetzliche Vorschriften durch Ausnahmegenehmigungen unterlaufen: „Es gab in den letzten zwei/drei Jahren Engpässe bei der Besetzung von deutschflaggigen Schiffen mit deutschem Führungspersonal, insbesondere bei solchen Reedereien, die in den letzten Jahren nicht mehr ausgebildet haben. Diese Engpässe wurden aber auf zweierlei Weise relativ rasch überwunden. Zum einen genügte es, dem Bundesverkehrsministerium die Situation darzulegen, um Ausnahmegenehmigungen für ein Fahren mit ausländischen Offizieren zu bekommen, zum anderen wurde die 4-jährige Frist zum Führen der deutschen Flagge relativ schnell legal unterlaufen, weil die Steuergesetzgebung gegen Vorschriften des Bundesverkehrsministeriums steht und in dieser Situation Vorrang genießt." Werner Huth, Die Personallage und ihre Auswirkungen auf die Seeverkehrswirtschaft; in: Schiff & Hafen 52. Jg. (2000), H. 5, S. 80. Diese Ausnahmeregelungen müssen im Einzelfall keineswegs dazu geführt haben, daß schlechter qualifiziertes Personal eingestellt wurde, sie widersprechen aber den gesetzlichen Besatzungsvorschriften für Schiffe, die im *German International Shipregister* eingetragen sind.

183 Diskussion am 03.11.1999

184 Diskussion am 27.11.1998

185 Diskussion am 22.01.1999

186 Diskussion am 22.01.1999

187 Diskussion am 27.11.1998

188 Diskussion am 22.01.1999

189 Diskussion am 27.11.1998

190 Als „japanische Sicherheitsschuhe" bezeichnen deutsche Seeleute jene Zehensandalen, die an Land auch als „Badelatschen" bekannt sind. Außerhalb des Dienstes tragen sie heute auch viele deutsche Seeleute an Bord.

191 Diskussion am 14.08.2001

192 Diskussion am 22.01.1999

193 Diskussion am 03.11.1999

194 Diskussion am 03.11.1999

195 Auch unter den Schiffsoffizieren, die sich an unserer Untersuchung beteiligten, waren einzelne, die - teilweise über lange Jahre - Schiffe für Reedereien eines Entwicklungslandes geführt haben. (z.B. für eine Reederei in Kamerun oder im Iran).

196 Diskussion am 03.11.1999

197 Jan Dirks gibt als Erklärung außerdem an, so lange es sich um eine Konvention mit Empfehlungscharakter gehandelt habe, seien Regierungen von Entsenderländern geneigt

gewesen, eine *free rider* Position einzunehmen, hätten also versucht, Ausbildungsausgaben einzusparen, da der internationale Markt ihre Arbeitskräfte trotzdem nachfragte. Vgl. Jan Dirks, Positives Regulieren in der Handelsschiffahrt im Kontext der Globalisierung, (Lit) Münster 2001

198 Auf die Frage, ob STCW 95 die Ausbildung in Deutschland und in anderen europäischen Staaten ebenfalls auf das internationale Mindestmaß reduziert habe, gehen wir hier ebenso wenig ein, wie auf die Diskussion über eine tatsächliche bzw. angestrebte sogenannte „STCW-Plus"-Ausbildung. Jedenfalls werben seit der Standardisierung von Mindestkanons für die Ausbildung die Ausbildungsstätten in Deutschland allesamt mit jeweils besonderen Angeboten. (Diskussion am 22.8.2003)

199 Daß es gefälschte Patente beziehungsweise gefälschte Bescheinigungen für absolvierte Kurse gibt, ist lange bekannt. Das vom *Seafarers International Research Institute* neuerdings im Auftrag der IMO ermittelte zahlenmäßige Ausmaß dieser Fälschungen hat dennoch auch in der Branche überrascht. Danach fahren etwa 10% der Seefahrer in der Welthandelsflotte mit einem oder mehreren gefälschten Zeugnissen. Sie teilen sich auf in 9% *Senior Officers*, 40% Junior Officers und 51% *ratings*. Zum Teil handelt es sich um gefälschte Gesundheitszeugnisse oder gefälschte Bescheinigungen für die Teilnahme an einem Kurs, es gibt aber auch gefälschte Patente. Schon 2001 hat der Generalsekretär der ITF, David Cockroft, gezeigt, wie leicht man an ein Patent kommen kann. In Panama gab er seinen Namen und die Nummer seines Passes an und reichte ein Foto sowie einen Scheck über US $ 4.500 ein. In unseren eigenen Forschungen sind uns vereinzelt auch Beispiele gefälschter Patente und Bescheinigungen von deutschen Seefahrern berichtet worden. Insgesamt liegt das Problem jedoch vor allem in Herkunftsstaaten, in denen Fälschungen mehr oder minder offen angeboten werden.

200 Diskussion am 22.01.1999

201 Diskussion am 03.11.1999

202 Diskussion am 03.11.1999

203 Diskussion am 03.11.1999

204 Diskussion am 03.11.1999

205 Diskussion am 03.11.1999

206 Äußerung eines Schiffsingenieurs an Bord eines Schiffes, auf dem seiner Ansicht nach nicht ausreichend qualifizierte Mitarbeiter beschäftigt waren. Reise IV, H.G.

207 Diskussion am 03.11.1999

208 Diskussion am 15.01.1999

209 Diskussion am 15.01.1999

210 Erol Kahveci & Tony Lane & Helen Sampson, op.cit., S. 11

211 Reise IV, H.G.

212 Reise II, H.G. Auf diesem Schiff haben wir auch beobachtet, daß sich in schlechtem Wetter mehrere *ratings* spät abends über längere Zeit auf der Brücke aufhielten. Sie saßen ruhig in einer Ecke und störten nicht. Auf der Brücke waren die Bewegungen des unter Ballast fahrenden Schiffes zwar besonders stark, doch scheint die Ruhe des Kapitäns alle beruhigt zu haben.

213 Reise IV, H.G.

214 Diskussion am 06.11.1998

215 Diskussion am 06.11.1998

216 Diskussion am 15.01.1999

217 Reise I, H.G.

218 Reise I, H.G.

219 Diskussion am 04.12.1998

220 Diskussion am 04.12.1998

221 Diskussion am 15.01.1999

222 Diskussion am 15.01.1999

223 Reise IV, H.G.

224 Reise IV, H.G.

225 Reise IV, H.G.

226 Diskussion am 04.12.1998

227 Diskussion am 30.10.1998

228 Diskussion am 26.02.1999

229 Diese Beobachtung schließt selbstverständlich nicht aus, daß es auch andere Verhaltensweisen geben kann, sie bestreitet lediglich die Allgemeingültigkeit der zitierten Aussage. So stellt etwa Winfried Hacker im Anschluß an Lewitzki et al (1987, S. 240) fest, für praktische Zwecke sei es meist ausreichend zu wissen, „was man tun muß". Es sei nicht erforderlich, daß auch gewußt werde, „wie etwas funktioniert". Winfried Hacker, Expertenkönnen. Erkennen und Vermitteln, (Verlag für angewandte Psychologie) Göttingen & Stuttgart 1992, S. 32. Allerdings muß das Verständnis ausreichen, um Planungsverhalten für die Erledigung von Arbeitsaufgaben zu ermöglichen. Vgl. hierzu: op.cit., S.18 f. und passim.

230 Reise II, H. G.

231 Diskussion am 15.01.1999

232 Reise II, H.G.

233 Diskussion am 03.11.1999

234 Diskussion am 29.05.2002

235 Diskussion am 22.01.1999

236 Den Hinweis auf Fußballmannschaften übernehme ich von V. Jain (Singapur), der ihn in einem Vortrag auf der ISHFOB-Tagung im September 2001 in Bremen gebrauchte.

237 Diskussion am 27.11.1998

238 Reise II, H.G.

239 LNG (*Liquified Natural Gas*) wird in flüssigem Zustand transportiert. Zu diesem Zweck wird es gekühlt. LNG-Tanker sind gewissermaßen Fabrikanlagen, die ständig die erforderliche Temperatur produzieren.

240 Diskussion am 27.11.1998. Dieser Experte hat übrigens berichtet, er habe, als er auf das Schulschiff gekommen sei, nicht einmal richtig schreiben können und sei dann auch prompt erst einmal bei der Schiffsjungen-Prüfung durchgefallen.

241 So weist etwa Cpt. George Angas darauf hin, daß man in einem Laboratorium an Land zwar habe demonstrieren können, wie es während *shipboard operations* dazu kommen könne, daß ein auslösender Funke entsteht, doch sei der gesamte Vorgang der *operation* allein mit *chalk and talk* eben nicht ausreichend zu verdeutlichen gewesen. Vgl. George Angas, The effect of maritime technology on maritime education and training; in: Seaways, October 1999, S.7

242 Experteninterview durch Edin Mujkanovic

243 Auskunft der für diese Reederei zuständigen *„Designated Person"*

244 Eher amüsant ist die Empörung über einen medizinischen Auffrischungskurs, an dem ausschließlich altgediente Kapitäne teilnahmen. Die zuständige Ärztin hatte sich darauf kapriziert, sicherzustellen, daß die Teilnehmer die Symptome unterschiedlicher Geschlechtskrankheiten wußten. Durch den Einwand der Kapitäne, das sei nun heute wirklich kein vordringliches Problem mehr, weil seit AIDS kaum je Geschlechtskrankheiten an Bord aufträten, ließ sie sich von diesem Kursprogramm nicht abbringen. Reise I, H.G.

245 Die Offiziere empörten sich darüber, daß dieser Ingenieur, als er nach einer monatelangen Plackerei schließlich das Schiff verließ, nicht einen einzigen Tag mehr bezahlten Urlaub zur Belohnung erhalten habe. Reise III, H.G.

246 Reise II, H.G.

247 Die Formulierung bezog sich auf sechs Russen im Alter von 30 bis 50 Jahren, die 1999 auf dem Schulschiff Deutschland waren. Sie sprachen alle sehr schlecht Englisch, hatten aber „ein Talent". „Die wurschteln das irgendwie zurecht." Diskussion am 12.11.1999

248 Diskussion am 26.02.1999

249 Reise I, H.G.

250 Die Aussage basiert auf Beobachtungen von Michaela Draginic in den Jahren 2001 und 2002

251 Die Aussage basiert auf der eigenen Lektüre derartiger Handbücher

252 Reise II, H.G.

253 Daß sie unserer Ansicht nach eher kontraproduktiv sind, werden wir später noch ausführen.

4. Kapitel: Der technische Schiffsbetrieb

1 Für Montage- und Reparaturarbeiten sollten nur speziell geschulte Kräfte eingesetzt werden.

2 Verband Deutscher Reeder, Das zukünftige Schiff und seine Besatzung. Eine Studie, Hamburg 1972

3 E. Döring, Arbeitskreis für integrierte Besatzungen, Hamburg 1971, S. 14-19. Der Autor verweist auch darauf, daß Seeleute mangelhafte technische Ausrüstung beanstandeten. Dadurch würden Arbeiten unnötig in die Länge gezogen. S. 19.

4 Ebenda, S. 20

5 siehe Kapitel 3

6 Diskussion am 28.07.2002

7 Es handelt sich um zusätzliche Patente, die es Nautikern mit einem erweiteten (C2) Patent und umgekehrt Maschinisten mit einem (C Naut) Patent erlauben, eine Maschinenanlage zu leiten, beziehungsweise ein Schiff zu führen.

8 Diskussion am 06.11.1998 „[In Hamburg: „die] Wasserschutzpolizei kriegt mich, zwei junge Damen belegen mich mit einem Auslaufverbot, das ist alles noch nicht vergangene Zeit, das ist nur zehn Monate her. ... Auslaufverbot! Ich sag, ich bin Montag ... in Bremerhaven und um 6 Uhr in Bremen, verlassen Sie sich darauf. Den Herrn ... bei der Seeberufsgenossenschaft angerufen, der hatte im Abstand von 3 Tagen diese Zertifikate ausgefüllt, ... den deut-

schen Fahrterlaubnisschein, das Schiff hat 1872 KW und drei Tage später das International ... *certificate* [mit nunmehr] 600 KW und darf ohne Techniker fahren. Der hat die Beamtinnen beruhigt und gesagt, ich solle das in Bremen regeln lassen. [nach 12 bis 13 Stunden im Bremer] Industriehafen - bis dahin hatte sich vom GL noch niemand sehen lassen. Die Luken warn schon zu zum Auslaufen ...Und das Schiff fährt immer noch ..., allerdings unter Timor-Flagge. Aber jetzt ist außer dem germanischen Kapitän niemand mehr da."

9 Für neueste Abweichungen s.u.

10 Hands off; In: Fairplay 15.12.1983, S. 4

11 Die Größe von Containerschiffen bemißt sich nach der Anzahl von Stellplätzen für Container der Größe „Twenty Foot Equivalent Unit"

12 Die Angaben betreffen folgende HAPAG- beziehungsweise HAPAG-Lloyd Schiffe: „Alster Express" (1969), „Stuttgart Express" (1977) und „Heidelberg Express" (1989)

13 Diskussion am 03.11.1999

14 Diskussion am 12.11.1999

15 Peter Fuchs, Das Heilige und das Kaputte, in: Die Tageszeitung, 31.03.2003, S. 15

16 Siehe hierzu auch Kapitel 5

17 vgl. dazu etwa: Günter Mau, Hauptantrieb und Hilfsmaschinen; in: Lars U. Scholl, Hg, Technikgeschichte des industriellen Schiffbaus in Deutschland, Bd. 2, (Kabel) Hamburg 1986, S. 12

18 Michel Crozier & Erhard Friedberg, Die Zwänge kollektiven Handelns. Über Macht und Organisation. Neuauflage: (Anton Hain) Frankfurt am Main, 1993, S. 80 ff.

19 Heutzutage, da unter dem massiven Druck der Konkurrenz (Hardware wie Software) Produkte auf den Markt kommen, die „noch nicht richtig funktionieren", ist der Handel mit „Kaputtem" an der Tageordnung. Daß dies auch früher schon der Fall war, zeigt: Dorothea Schmidt, Massenhafte Produktion? Produkte, Produktion und Beschäftigte im Stammwerk von Siemens vor 1914, (Westfälisches Dampfboot), Münster 1994. Insbesondere das Kapitel: „Zur Vermarktung technischer Innovationen", S. 30-75

Zu den jüngsten Beispielen solchen Geschäftsgebarens gehört die Einführung des deutschen Maut-Überwachungssystems. Weder das von den Betreiberfirmen Daimler-Chrysler, Telekom und Cofiroute Toll Collect entwickelte Betriebssystem, noch die dazugehörigen Mautgeräte funktionieren ordentlich. 20.000 ausgelieferte Geräte, erläuterte der verantwortliche Manager Michael Rummel, seien nicht defekt, sondern lediglich „nicht eindeutig fehlerfrei".

Zum „Ideal des Kaputten" als Konstitutionsmoment technischer Innovationen kommen wir später. Der Terminus ist von Alfred Sohn-Rethel übernommen. Alfred Sohn-Rethel, Das Ideal des Kaputten, über neapolitanische Technik, (erstmals 1926), 2. Auflage (B. Wassmann) Bremen 1995

20 Diskussion am 22.01.1999

21 Diskussion am 22.01.1999

22 Diskussion am 22.01.1999

23 Bernward Joerges diskutiert den Aspekt der Grenzziehung zwischen „Soll-Lagen des Handelns, Sachinformation des Anwenders und den „Umgang mit den Sachen". Bernward Joerges, Technik, Körper der Gesellschaft, Arbeiten zur Techniksoziologie, (Suhrkamp) Frankfurt am Main 1996. S. 15-33 sowie 273-276

24 Bettina Heintz: Die Herrschaft der Regel. Zur Grundlagengeschichte des Computers, Frankfurt am Main & New York 1993, S. 246.

25 Diskussion am 22.01.1999

26 Reise I, U.W.

27 Diskussion am 12.11.1999

28 Diskussion am 22.01.1999

29 Diskussion am 22.01.1999

30 Diskussion am 30.10.1998

31 Gerhard Berger, ehemaliger Formel-1 Rennfahrer und bis 2003 Motorsportdirektor bei BMW-Williams, gilt als Kritiker der technischen Hochrüstung von Rennwagen: „Meine Kritik richtet sich nicht gegen den technischen Fortschritt im Bereich des Motors oder der Aerodynamik. Meine Kritik gilt den zu großen Eingriffen durch technische Hilfen, wie beispielsweise der Starthilfe oder Traktionskontrolle, ... Und wenn sie die Fahrer fragen, werden sie hören, daß die meisten bedauern, daß ihnen die technischen Hilfen Einflussmöglichkeiten entziehen. Sie würden lieber ihr Talent zeigen, die Kanonenkugeln reiten, als von Fahrhilfen fremdbestimmte Geräte zu steuern." Diese Haltung gilt eben nicht nur für den Sport. In: Die Zeit, Nr. 42, 09.10.2003, S. 62

32 Diskussion am 22.1.1999

33 Nicht jeder Ausbilder geht auf solche Anregungen ein.

34 Diskussion am 22.01.1999

35 Die Grenzen des technischen Diskurses waren weniger durch Hierarchien vorgegeben, als vielmehr durch ethnische Zughörigkeit. Beobachtungen insbesondere während der Reisen I, III und IV

36 Julian E. Orr, Talking about Machines. An Ethnography of a Modern Job, (ILR Press/ Cornell University) Ithaca & London 1996, S. 2

37 Reise I

38 Diskussion am 22.01.1999

39 Diskussion am 30.10.1998

40 Auch in kulturell homogenen Mannschaften gab und gibt es Probleme. So führte etwa die Eitelkeit eines *Chiefs* dazu, daß er die Empfehlung seines II. Ingenieurs, den Luftfilter der Abgasturbine bei laufender Maschine auszuwechseln, nur deshalb ablehnte, weil der Vorschlag einschließlich der Vorgehensweise vor versammelter Mannschaft erfolgte. Erst als es gelang, die heikle Aktion so zu gestalten, daß der Chief sich damit später brüsten konnte, wurde diese Arbeit auch ausgeführt. Reise I, U.W.

41 Diskussion am 22.01.1999

42 Diskussion am 22.01.1999

43 Diskussion am 30.10.1998

44 Steuerung der Brown Boverie Company

45 Diskussion am 30.10.1998

46 Diskussion am 30.10.1998

47 Diskussionen auf jedem Schiff und in jeder Diskussion mit Technikern.

48 Diskussion am 28.07.2000. Heute gibt es bunte Leuchtdioden, die mit unterschiedlichen Farben den Stellenwert eines Alarms anzeigen.

49 Reise III, U.W.

50 Diskussion am 14.08.2001

51 Diskussion am 22.01.1999

52 Reise I, Gesprächsprotokoll U.W. (Der häufige Ein- und Ausbau hatte die Gefahr von Defekten noch erhöht. Der Elektriker befürchtete unkontrollierte statische Aufladung der elektronischen Steuerungseinheit.)

53 Julian E. Orr, (1996) a.a.O., S. 2

54 Das gilt nicht nur für die technischen Anlagen auf Schiffen. Selbst Carl Hahn, der VW-Chef sagt über die Zuverlässigkeit moderner Autotechnik, insbesondere aber über die Zuverlässigkeit elektronischer Komponenten: „Unsere Pannenstatistik zeigt klar, daß trotz gesteigerter Wartungsfreundlichkeit die Autos nicht seltener liegen bleiben." Zit. nach: Hans Schuh, Lang lebe der Zahnriemen, in: Die Zeit, 11. September 2003

55 Howaldtswerke-Deutsche Werft AG

56 Diskussion am 22.01.1999

57 Diskussion am 22.01.1999

58 In engen Maschinenräumen kleiner Schiffe sind zum Beispiel Separatoren starken Vibrationen der Hauptmaschine ausgesetzt. Die empfindlichen Lager und Getriebe der Separatoren müssen deshalb lange vor dem offiziellen Wartungstermin ausgewechselt werden. Diskussion am 28.07.2000

59 Diskussion am 22.01.1999

60 Ebenda

61 Diskussion mit einem Schiffsaurüster, am 23.09.2003

62 Diskussion am 22.01.1999

63 Reise IV, U.W.

64 „Es ist ja auch so, bei diesem Automatisationsgrad der Maschinenanlagen ... müßte ich nicht nur zur Hälfte Ingenieur sein sondern zur andern Hälfte auch Elektrotechniker, Elektroniker [sein], Elektroniker, wenn sie da richtig in die Automatik reingehen wollen. Und das hat die Reederei eingesehen. Die fahren keinen Elektriker mehr, also wird vieles von Hand bedient." Diskussion am 28.07.2000

65 Reise VI, U.W.

66 Günter Lehmann, Besprechung; Führungs- und Entscheidungstechniken für das Team, in: Antrieb, Fachzeitschrift für Schiffs-, Energie- und Umschlagtechnik, H 1729, 49. Jahrgang, Mai 2003

67 Ebenda

68 Interview per Telefon, am 23.09.2003. Es habe einen regelrechten Machtkampf [dieser Ausdruck wurde von dem Gesprächspartner korrigiert und durch Kampf ersetzt], unter den Herstellern gegeben. Die hätten maßlos übertrieben.

69 Günter Lehmann, (2003), a.a.O.

70 Diskussion am 22.01.1999

71 Diskussion am 22.01.1999

72 Jost Halfmann, Kausale Simplifikation. Grundlagenprobleme einer Soziologie der Technik, in: Jost Halfmann & Gotthard Bechmann & Werner Rammert, Hg., Technik und Gesellschaft, Jahrbuch 8, (Campus), Frankfurt am Main & New York 1995, S.213 und 223

73 Diskussionen am 30.10.1998 und am 27.07.2000

74 Diskussion am 30.10.1998

75 Information: Cpt. Willi Wittig, Fachbereich Nautik, Hochschule Bremen

76 Telefoninterview am 23.09.03

77 Diskussion am 22.01.1999

Ein *Chief* erklärte: Schiffe, die vor 10 Jahren beim Bremer Vulkan gebaut worden seien, hätten in Bezug auf die Maschinenanlage auch heute noch einen großen technischen Vorsprung vor den Anlagen, die heutzutage etwa von koreanischen Werften geliefert würden. Reise III, U.W.

78 Theodor M. Bardmann, Wenn Arbeit Abfall wird, Aufbau und Abbau organisatorischer Realitäten, (Edition Suhrkamp), Frankfurt/Main 1994, S. 265

79 Warum das so ist, haben wir an anderer Stelle erläutert. Vgl. Heide Gerstenberger & Ulrich Welke, Vom Wind zum Dampf (1995), a.a.O. passim

80 Diskussionen am 30.10.1998; 20.11.1998; 22.01.1999

81 Zit. nach: Hasso B. Koch, op.cit., S. 480; siehe auch: Marine Board, Effective manning of the U.S. merchant fleet., Washington D.C. 1984, S. 41

82 John Spruyt, (1990) Shipmanagement, (Lloyd's of London Press), London & New York & Hamburg & Hongkong, S. 3

83 Vgl. Kapitel 2 (Abschn. *global governance*)

84 E-mail eines Kapitäns 2001

85 Die Suche nach verbesserten Organisationsformen ist auch eine Reaktion auf den ISM-Code.

86 Mit Ausnahme der Reedereien, die „Stammbesatzungen" fahren oder bestrebt sind, wieder zu diesem System zurückzukehren.

87 Reise III, U.W.

88 Reise III, U.W.

89 Formblatt Nr. 024

90 http://www.ism-center.de

91 Kapitäne, nautische Offiziere und Ingenieure sind sich ganz überwiegend darin einig, daß in den meisten Reedereien vor allem die technischen Inspekteure nicht in der Lage oder Willens sind, ihre Aufgaben fachgerecht zu erledigen. Ähnliche Einschätzungen werden auch von einzelnen Anlagenbauern geäußert.

92 Der Bericht über den zitierten Vorgang und Berichte über ähnliche Erfahrungen wurden von technischem Personal während der Mitreisen von H.G. und U.W. geliefert.

93 Menschen in entwickelten Industriestaaten halten ihre Arbeitsmoral bzw. -auffassung häufig für ein Wesensmerkmal „der" menschlichen Natur. Es fällt ihnen schwer, zu akzeptieren, daß Menschen, die aus einem anderem Kulturkreis kommen, ein anderes Verhältnis zur Arbeit haben können. Dabei liegt die gnadenlose „Einübung" in industrielle Arbeitsformen auch im Westen nur wenige Generationen zurück. Noch im 19. Jahrhundert rümpfte kaum jemand über die Arbeitsmoral von Landarbeitern die Nase, wenn diese „müßiggehend" erklärten, „Zeit macht Heu". Martin Scharfe, „Gemüthliches Knechtschaftsverhältnis"? Landarbeitserfahrung 1750–1900, in: Klaus Tenfelde, Hg.: Arbeit und Arbeitserfahrung in der Geschichte, (Vandenhoec & Ruprecht) Göttingen 1986, S.32-50

94 Vgl. dazu die Ausführungen in den ersten Abschnitten dieses Kapitels

95 Es ist gleichzeitig auch ein Mißtrauensvotum gegen die Flaggenstaaten.

96 Reise I, U.W.

97 Diskussion am 28.07.2000

98 „Das Problem, was gerade bei den Filipinos oder auch bei anderen Nationalitäten, warum sich auch, ich sag mal, europäische Offiziere immer in der oberen Etage halten werden, diese Entscheidung, wofür wir ja auch bezahlt werden, Entscheidungen zu treffen."

Anderer Gesprächsteilnehmer: „Machen Sie nicht."

„Das können sie nicht, trauen sie sich nicht. ... Es gibt gute Leute darunter. Die das auch können, aber eben der Großteil kann es nicht, weil es da wirklich. Die fragen dann immer nach, und hier und da und stehen sie da, Hände hoch ja, ööh, und weiß ich nicht, und trau mich nicht, und das ist ja das was eigentlich auch einen guten II. Ingenieur ausmacht. Der trägt ja im Prinzip die Hauptlast der Arbeit. Der *Chief* der trägt ja die Oberverantwortung, aber die gesamte Organisation macht im Prinzip der zweite Ingenieur, und der muß Entscheidungen treffen. ... Das können sie [die Filipinos] nicht, das trauen sie nicht, und deswegen, der Großteil kann es nicht." Diskussion am 28.07.2000; Diese Auffassung vertritt im übrigen auch Carla Limcaoco, *senior vice president* des *Philippine Centre for Advanced Maritime Simulation and Training*. Nachdem sie Ausbildungsstätten in Glasgow besucht hatte, war sie überzeugt, daß die Furcht vor Auseinandersetzungen philippinische und andere asiatische Seeleute daran hindere, in Offiziersränge aufzusteigen. Seither hat sie in Manila Psychologie-Kurse in die Trainings Programme eingefügt, die dazu dienen sollen, dieses Hindernis beiseite zu räumen. Bericht (Autor/in: LSM) How to make a Filipino officer; in: Lloyd's Ship Manager, Oct. (2003) S. 7

99 Diskussion am 28.07.2000

100 Homi K. Bhabha, Die Verortung der Kultur, (Stauffenburg), Tübingen 2000, S. 135 ff.

101 Dieser Zusammenhang ist ausgeführt in: Heide Gerstenberger & Ulrich Welke, Vom Wind zum Dampf. Zur Sozialgeschichte der deutschen Handelsschiffahrt, (Westfälisches Dampfboot) Münster 1996, 3. Kapitel

102 Diskussion am 12.11.1999. Die Erläuterung stammt von einem Ingenieur, der auf HAPAG-Lloyd Schiffen fuhr, bevor diese mit „billigem" Personal bemannt wurden.

103 Diskussion am 27.08.2003

104 Reise I, U.W. Die „Beförderung" ohne entsprechendes Patent wird gewöhnlich bei altgedienten reedereitreuen Ingenieuren praktiziert. Manchmal aber auch aus Not. So kommt zum Beispiel durch falsches Personalmanagement statt eines II. Ingenieurs ein Ingenieur an Bord, dessen Patent nur dafür ausreicht, die Position eines III. Ingenieurs zu übernehmen. Der *Chief* erklärte dem Reeder, daß er den Mann, einen sehr fähigen philippinischen Ingenieur, laut Besetzungsordnung und StCW 95 eigentlich ablehnen müßte. Innerhalb kürzester Zeit wurde die formale Qualifikation ganz offiziell auf die in der Praxis ausgeübte Funktion angehoben. Die Praxis, altgediente II. Ingenieure und *Chief Mates* auf ihren letzten Reisen vor der Pensionierung als *Chief* bzw. als Kapitän fahren zu lassen, war Thema in mehreren Diskussionssitzungen.

105 Handout: *Diesel Engine Propulsion Damage* zum DNV *Machinery Workshop*, Hamburg, den 10. April 2003

106 Diskussion am 28.07.2000

107 Es gab auch Versuche, die Intervalle für das Auswechseln von Einspritzdüsen elektronisch zu ermitteln. „Die haben uns mal so'n elektronisches, wahnsinnig teures Überwachungs-

gerät für die Brennstoffventile vom Hauptmotor [eingebaut], jeder Zylinder hatte drei, also nach dem Ding hätten wir jede Stunde stoppen müssen und die Brennstoffventile [auswechseln]. Da hat nachher kein Mensch mehr hingeguckt und wir ham das so gemacht, ... wir haben so ungefähr 5000 Stunden: raus. Das funktionierte, aber nach dem Ding hätten wir jede Stunde stoppen müssen. Das wurde nachher auch sang- und klanglos wieder abgegeben." Diskussion vom 30.10.1998

108 Telefonisches Experteninterview 23.09.2003

109 Diskussion am 22.01.1999

110 Information, Gespräch mit Klaus Meyer ÖTV 1998. Berichte von Ingenieuren auf den Reisen I–IV. U.W.

111 Diskussion am 28.07.2003

112 Diskussion am 30.10.1998

113 Diskussion am 28.07.2000

114 Reise III

115 Telefonisches Experteninterview, 23.9.2003

116 *Handout* zum DNV *Machinery Workshop: Diesel Engine Propulsion Damage*, Hamburg, den 10. April 2003

117 Diskussion am 30.10.1998

118 Reise IV

119 Telefonisches Experteninterview, 23.09.2003

120 DNV Handout zum *Machinery Workshop*, a.a.O.

121 Diskussion am 22.01.1999

122 Ein Anlagenentwickler hält die angebotenen Programme denn auch für reine Geldmacherei. Aus intimer Kenntnis der Verhältnisse der Klassifikationsgesellschaften weiß er, daß genau die Programme, die sie teuer verkaufen, in den eigenen Betrieben stets gescheitert sind. In ihrem eigenen Interesse hätten sie es längst aufgegeben, solche Verfahrensweisen strikt umzusetzen. Telefonisches Experteninterview, 23.09.2003

123 Reise I, U.W.

124 Diskussion am 28.07.2000

125 Das gilt auch für die These, die affektive Beziehung zum Objekt, die sich bei Menschen findet, die für Maschinen zuständig sind, sei Resultat eines Dressuraktes und suggeriere den Menschen, sie seien die eigentlich Handelnden. Vgl. insbesondere die Kritik von: Herbert Mehrtens, Der Industriebetrieb als System von Objektbeziehungen. Zur kultur- und sozialwissenschaftlichen Theorie des Technischen, in: Werner Rammert & Ingo Schulz-Schaeffer, (Hg.) Können Maschinen handeln? Soziologische Beiträge zum Verhältnis von Mensch und Technik, (Campus), Frankfurt am Main 2002, S. 243-265

126 Reisen I, II, III, IV, VI; U.W.

127 Reise IV, U.W.

128 Diskussion am 28.07.2000

129 Reise IV, U.W.

130 Die Herkunft scheint uns von Belang, weil die zitierte Einstellung sicherlich auch als Resultat einer spezifischen beruflichen Situation verstanden werden muß.

131 Reise I

132 Zur Medienfunktion von Handlungen vgl.: Werner Rammert, Technisierung und Medien in Sozialsystemen. Annäherung an eine soziologische Theorie der Technik; in: Peter Weingart, Hg., Technik als sozialer Prozeß, (Suhrkamp), Frankfurt/Main 1989, S. 135

133 Diskussion am 04.02.2000

134 Reise IV, U.W. (Ganz ähnliche Aussagen wurden auf allen Schiffen gemacht.)

135 Verschiedene Gespräche mit Ingenieuren von unterschiedlichen Werften. April 2003

136 Reise I, U.W.

137 Dieter Eils, Reisebericht über die Mitfahrt auf dem HAPAG-Lloyd Containerschiff „Düsselexpress", hekt.

138 Reise III, U.W.

139 Reise IV, U.W.

140 Diskussion am 30.11.2001. An dieser Diskussion haben neun Ausbilder und Bildungsplaner verschiedener nautischer und seemännischer Ausbildungsstätten teilgenommen.

141 Hasso B. Koch, Funktions- und Sozialstrukturen auf Containerschiffen, (Peter Lang), Frankfurt 1986, S. 48 u. 474

142 Hubertus Wentzell, Entwicklung der Navigationstechnik von der Mitte der 70er Jahre bis zur absehbaren Zukunft; in: 200 Jahre Seefahrtsausbildung in Bremen, ohne Seitenangaben, Bremen 1999

143 Detlef Nielsen & Gotthardt Gauci, Issues of Potential Liabilities Arising from the Use of Electronic Charts in the Operation of Ships, in: ISIS '96, International Symposium: Information on Ships, Hamburg 1996, Hg. von: Deutsche Gesellschaft für Ortung und Navigation (DGON) Düsseldorf, S. 37

144 Diskussion am 23.08.2003

145 Ein Kapitän alter Schule läßt die Nachwuchsoffiziere, wann immer es das Wetter zuläßt, mit Sextant, Ephemeriden und nautischen Tafeln den Standort bestimmen. Er erläuterte diese Praxis mit dem Hinweis „Knöpfe drücken kann jeder". Reise IV, U.W.

146 Heute werden Reiserouten soweit als möglich auf dem günstigsten *track* geplant, und der liegt zwischen denselben Orten für alle Schiffe prinzipiell auf der gleichen Linie.

147 Diskussion am 23.08.2003

148 Hein Mehrkens, *Future needs for pilotage and bridge manning*; in: Schiff & Hafen, 55. Jg. (2003), H. 7, S. 63-64

149 Reise VI, U.W.

150 Gesprächsprotokoll U.W.

151 Reise VI, U.W.; Diskussion am 30.10.1998 und Diskussion am 14.08.2001

„Und wenn irgendwas schief läuft ist ja immer einer da, der dafür verantwortlich ist. Und das ist der Kapitän! Und wenn Sie sagen, Ihr Mann war 48 Stunden auf der Brücke, dann kann ich Ihnen sagen, wenn wir Ostküste Staaten gefahren sind ..., dann habe ich fast eine Woche alleine im Bett gelegen, weil mein Mann überhaupt nicht mehr zum Schlafen in die Kammer gekommen ist, ...bei Revierfahrt muß der Kapitän eigentlich auf der Brücke sein. ... Aber mein Mann hat sich dann bestenfalls oben auf der Brücke mal auf diese Bank gelegt, aber Schlafen ist es ja auch nicht." Diskussion am 04.02.2000.

152 Reise VI, U.W.

153 Ein Querstrahlruder vorne am Bug. Das ist eine quer zur Fahrtrichtung stehende „kleine" Schiffsschraube, welche die Drehung eines Schiffes unterstützt bzw. abbremst.

Besonders ausführliche Berichte über das Navigieren mit Schiffen unter besonderen Bedingungen in komplizierten Gewässern und nicht am Simulator erhielten wir auf Reise III und Reise IV.

154 Ein Umstand, der gegen die oben wiedergegebenen Zukunftsvisionen spricht.

155 Gemeint ist, daß dem Charterer eine Reisegeschwindigkeit angeboten wird, die nur minimal unter der Maximalgeschwindigkeit liegt. Siehe oben.

156 Dagegen stehen die Aussagen großer Klassifikationsgesellschaften.

157 In der Novelle Taifun von Joseph Conrad antwortet Kapitän MacWhirr auf die Empfehlung seines ersten Offiziers: „Dem Unwetter aus dem Wege gehen! Verstehen sie Juckes? Es ist das Verrückteste, was ich je gehört habe!" aus: Joseph Conrad, Taifun, (zuerst Engl.: Typhoon and other stories, 1903) deutsch in: Das Joseph Conrad Handbuch, (Fischer) Frankfurt am Main 2. Aufl. 1982, S. 342-425

158 Diskussion am 21.01.2000

159 Diese Anfrage erklärte sich aus der Tatsache, daß der Charterer auf dem Spotmarkt für Gas aktiv war, die Schiffsdestinationen und die Fahrpläne somit den ständig wechselnden Preisen anpaßte.

160 Reise II, U.W. In diesem Fall erfuhren die gebeutelten Seeleute sogar eine gewisse Genugtuung. Der Agent des Charterers, dessen Anweisungen sie zuvor durch den Sturm getrieben hatten, inspizierte das Schiff gleich nach der Ankunft. Das Schiff lag vor Anker. Die See war leicht bewegt. Die Inspektion fiel ganz ungewöhnlich kurz aus, weil der Agent sofort seekrank wurde.

161 Die Feststellung stützt sich auf Diskussionen unter Experten während der Tagung: Globalisierung und Seefahrt, 20.-23. Juni 2001 (Bremen). Siehe zu dieser Thematik auch die Ausführungen in Kapitel 3

162 „*Increasing commercial strain, charterers instructions getting more rigid. 'Moderate weather' in the metereological forecast, may differ at sea. Masters allowing themselves to be pushed', often against their judgement.*" De Norske Veritas, hand out, 10.04.2003

163 Günter Bossow, Erhebliche Beschädigungen gefährden Tanker, Quelle: *Departemental investigation into the damage sustained by the Australian tanker „Osco Star" during tropical cyclone Justin, 9th march 1997. Marine Incident Investigation Unit, Canberra, Australia, March 1998*, entnommen: Schiff & Hafen, 55. Jg. (2003), H.3, S.161-162

164 Diskussion am 29.05.2002

165 Diskussion am 23.08.2003. Vgl. zu dieser Thematik auch Kapitel 3

166 Reise VI, U.W.

167 Reise VI, U.W.

168 Während aller Mitreisen und in allen Diskussionen berichteten Seeleute von prekären Situationen, in denen sie keine Unterstützung durch die Reedereien erfuhren.

169 e-mail eines Kapitäns

170 „In Singapur ist es schon seit vielen Jahren üblich, daß die sogenannten *Stowage Planner* die Containerschiffe beladen, ohne eine nautische Ausbildung durchlaufen zu haben. Man darf nicht vergessen: die Datenverarbeitung ist heute so weit fortgeschritten, daß viele Randbedingungen für die Beladung von Schiffen ... von EDV-Programmen geleistet wird." Diese Programme, so der Autor dieser Zeilen, seien von erfahrenen Nautikern entwickelt worden und sorgten somit für eine reibungslose Be- und Entladung von Schiffen. Werner

Huth, Die Personallage und ihre Auswirkungen auf die Seeverkehrswirtschaft, in: Schiff & Hafen 52. Jg. (2000), H.4, S. 81

171 Die megazentrische Anfangshöhe gibt Auskunft über den Stabilitätsumfang des Schiffes.

172 Ladungskontrolleur im Hafen

173 Diskussion am 26.02.1999

174 Diskussion am 21.01.2001

175 Diskussion am 19.04.2000

176 Reise IV, U.W.

177 Vgl. Dieter Kersandt & Harro Kucharzewski, ANRIS 2000: Safe Navigation and Calculable Risk by an Intelligent Alarm and Monitoring System for Large Fast Ships, Referat auf dem Internationalen Symposium ISIS 1996 zum Thema: Information on Ships, abgedr. In: ISIS '96, Düsseldorf 1996, S. 139-146

178 e-mail April 2000, „So kann man Verantwortlichkeiten verschieben, wenn es mit der *Port State Control* nicht klappt", heißt es darin weiter.

179 Diskussion am 04.12.1998

180 Außerdem zählen zu diesen Abkommen unter anderem die *International Convention on Load Lines*, (1966), die *Convention on Intervention on the High Seas in Case of Oil Pollution Casualities*, (1969, ergänzt 1991), die *Convention on Civil Liability for Oil Pollution Damage* (1969). Neben den internationalen Codes gibt es noch eine Anzahl privatwirtschaftlich organisierter Kontrollregime. Mit ISO (*International Standards Organisation*) 9000/9002 wurden von Reedereien die Prinzipien der Qualitätssicherung aus der Industrie übernommen.

181 Tanker und Bulkschiffe werden zum Beispiel nach den Regeln der ICAS von der *Unified Enhanced Survey Requirements for Tankers and Bulk Carriers* und von Klassifikationsgesellschaften besichtigt.

182 Vgl. dazu Kapitel 2 (Abschn. *Global Governance*)

183 *Vetting Inspections* sind spezielle Kontrollen für Tankschiffe. Hermann Kaps, von der GAUSS (Gesellschaft für Angewandten Umweltschutz und Sicherheit im Seeverkehr mbH) in Bremen, erwartet von den Kontrolleuren keine uneingeschränkte Objektivität. Sie müssten ihren Job gut machen, um ihr Geld zu verdienen, und sie wüssten, nur ein schlechter Inspekteur fände nichts. Informationsgespräch 1998.

184 Diskussion am 10.01.1999

185 *Guidelines on the application of the IMO international Safety Management Code*, P.29

186 Reise, II, H.G.

187 Reise II, U.W.

188 Reise IV. U.W.

189 e-mail Mai 2000

190 Ebenda

191 e-mail April 2000

192 Diskussion am 06.11.1998

193 Wichtige Neuerungen auf dem Gebiet sind zum Beispiel automatische *twistlocks* und Containerschiffe ohne Lukendeckel. Beide Einrichtungen dienen der Beschleunigung des Containerumschlags.

194 Vgl. Hasso B. Koch, Funktions- und Sozialstruktur auf Containerschiffen, (Peter Lang) Frankfurt & Bern & New York, 1986, S. 464

195 Der angepeilte Beruf wurde damals noch nicht als „Schiffsmechaniker", sondern als „Schiffsbetriebsmechaniker" bezeichnet.

196 Vgl.: etwa E. Moeck & W. Busse. Sichere Beherrschung komplexer Schiffsbetriebsprozesse. Konsequenzen für Besatzung UND Technik. http://schiw.sf.hs-wismar.de/schriften/heft1/beitrag07.html. 16.02.2004. Die beiden Autoren plädieren für eine „Neugestaltung des Systems Besatzung - intelligente Technik." Es geht ihnen vor allem darum, Entscheidungsprozesse durch weitgehend maschinelle Situationsbewertung und Handlungsempfehlung zuverlässiger zu machen, das heißt, fehlendes Wissen der Besatzung zu kompensieren. Dagegen argumentiert Ulrich Zuber: *„In many situations the number of available seamen decides already about whether a certain precaution can be taken or action can be done. Only secondly, we think about crew's minimum qualification and about the procedures they should fellow.*" Ulrich Zuber, Safe Manning of Ships - Why not hit the point?, in: Willi Wittig, Hg., The Influence of the Man-Machine Interface on Safety of Navigation, (TÜV Rheinland) Köln 1995, S. 247

197 Ulrich Scharnow, Hg.: Transpress Lexikon. Seefahrt, 5. bearb. Auflage, (VEB) Berlin 1988, S. 194

198 Beobachtung Reise V

199 Diskussion am 15.01.1999

200 Die Analyse von Gefahrenszenarios in der Seefahrt wird eifrig betrieben. Gewöhnlich richtet sich der Blick aber weniger auf Fehler in der Konstruktion als auf Fehlverhalten von Seeleuten.

201 Beobachtung Reise II

202 Beobachtung, Reise I

203 Daß Seeleute mitunter auch im Hafen mit austretenden Chemikalien und anderem Gefahrengut alleine klar kommen müssen, haben wir bereits ausgeführt. Auf Gastankern werden Seeleute sogar durch einschlägige Vorschriften dazu gezwungen, im Falle einer gefährlichen Havarie beim Löschen oder Laden das Schiff „los zu schmeißen", um die Anlagen an Land zu schützen.

204 Ein Brand an Bord eines Stückgutfrachters und erst recht eines Bulkcarrieres, der 70-80 tausend Tonnen Kohle geladen hat, kann Monate anhalten, und es ist auch durchaus schon geschehen, daß solch ein brennendes Schiff in keinem Hafen festmachen durfte. Es ist den immer wieder auf See hinausgeschickten Seeleuten trotzdem gelungen, den Brand wochenlang in Schach und das Schiff über Wasser zu halten.

205 Unter *special operations* sind zum Beispiel: *cargo operation deck watch duties, crude oil washing, water washing of cargo tanks, tank atmosphere control, manual ullaging and sampling, handling of particularly hazardous cargoes, ship-shore-liaison in port.* Zu den *critical operations* zählen: *tank entry for inspection, maintenance work in cargo pump room, in tanks or in inert gas plant, handling of cargo leakages into double hull spaces.* Hermann Kaps, Tanker Operations, Lecturing notes on tanker operations including the terms of STCW Code A-V/1 (Tanker Familiarization) Version 1.0 (Hochschule Bremen, Fachbereich Nautik) Bremen 1999, S. 78

206 Eine Vereinigung von Kapitänen, - mittlerweile dürfen mangels „Nachwuchses" allerdings auch einfache Seeleute eintreten -, die auf Vollseglern das gefürchtete Kap Hoorn umsegelt haben.

207 Das Zitat ist den Interviews entnommen, die Frauke Wilhelm und Hartmund Emig mit Seeleuten der untergegangenen Bremer Reederei Hansa geführt haben. Veröffentlicht in: Frauke Wilhelm & Hartmund Emig, Mit der Hansa um die Welt. Erinnerungen an eine Bremer Reederei, (Edition Temmen) 2. verbesserte Auflage, Bremen 2002, S. 80

208 T.E.M. Richters, Reisen zu Wasser und zu Land in den Jahren 1805-1817, Bd 1 (Arnoldsche Buchhandlung), Dresden 1821 S. 7

209 Reise IV

210 Diskussion am 22.01.1999

211 Diskussion am 06.11.1998

212 Diskussion am 12.11.1999

213 Reise I, IV

214 Reise I, II, III, IV

215 Diskussion am 22.01.1999

216 Reise IV, U.W.

217 Reise I, U.W.

5. Kapitel: Das Meer, die Zeit der Stahl

1 Diskussion am 12.11.1999

2 Diskussion am 20.11.1998

3 Alle Zitate: 20.11.1998

4 Diskussion am 20.1.1998

5 Diskussion am 20.11.1998

6 Diskussion am 22.01.1999

7 Diskussion am 22.01.1999

8 Diskussion am 22.1.1999

9 Diskussion am 22.1.1999

10 Diskussion am 22.1.1999

11 Diskussion am 22.1.1999

12 Diskussion am 22.01.1999

13 Diskussion am 27.11.1998

14 Diskussion am 6.11.1998

15 Erol Kahveci, Fast turnaround ships and their impact on crews. Seafarers International Research Centre, Cardiff, Wales, October 1999, S. 62

16 Safer Ships, Cleaner Seas. Report of Lord Donaldson's Enquiry into the Prevention of Pollution from Merchant Shipping, 1994

17 Sicherlich sind Forschungen über die Ursachen menschlichen Versagens für die Schiffahrt ganz ebenso erforderlich wie für die Luftfahrt, wo sie seit längerem zu praktischen Konsequenzen geführt haben. Wir verzichten hier dennoch auf die Diskussion der Literatur über „Die Bestimmung und Verringerung des Fehlerrisikos beim Menschen" (so die Überschrift von Kap. 8 bei): James Reason, Menschliches Versagen. Psychologische Risikofaktoren und moderne Technologien, (zuerst: Engl. Cambridge Univ. Press 1992) deutsch: (Spektrum Akademischer Verlag) Heidelberg & Berlin & Oxford 1994. Denn vor der Analyse

der „fehlerhaften Maschine“ Mensch (Reason) steht u.E. zunächst eine Analyse der schlichten Überlastung solcher „Maschinen“ auf sehr vielen Schiffen.

18 Vgl. dazu den gesamten Sonderband des: Journal of Sleep Research, Bd. 4, Supplement Nr. 2 (1995): Work Hours, Sleepiness and Accidents

19 Vgl. etwa: International Transport Workers' Federation, Seafarer Fatique: Wake up to the dangers, 1998

20 Die entsprechende Literatur ist verzeichnet in: Luise Reyner & Stuart Baulk, Fatique in Ferry Crews: A Pilot Study, Seafarers International Research Centre, November 1998, S. 33f.

21 ILO-Übereinkommen Nr. 180, Oktober 1996; STCW 95, Regel VII/1 i.V. mit Code A und B VIII/1; EU Richtlinie vom 21.6.1999 (mit einer Ergänzung vom 13.12.1999)

22 Wir verzichten bewußt auf die genaue Quellenangabe. Bei der zitierten Anweisung handelt es sich keineswegs um einen Einzelfall, die Besonderheit besteht lediglich darin, daß sie in diesem Fall ausdrücklich und sogar schriftlich erfolgte.

23 So stellte ein Vertreter der Seeberufsgenossenschaft auf dem Schiffahrtstag in Elsfleth am 15.6.2002 zur allgemeinen Erheiterung der anwesenden Praktiker fest, zu lange Arbeitszeiten seien in der Schiffahrt kein Problem, dagegen gebe es gesetzliche Vorschriften.

24 In einer neueren Untersuchung über den Zusammenhang von Fatique und Seeunfällen gaben mehr als 50 % der befragten Seeleute an, mehr als 85 Stunden pro Woche zu arbeiten. Annähernd 70% gaben an, Schlafprobleme zu haben. Vgl. Andy Smith, New Research on Seafarers' Fatique, Health and Safety, in: Personalführung (2003) Nr. 2, S. 46-52

25 Für seine Arbeit zur *fatique* auf schnellen *turnaround* Schiffen hat Erol Kahveci die Veränderung der *turnaround times* für unterschiedliche Schiffstypen in den Jahren 1970 bis 1998 ermittelt. Ihre Verkürzung ist immens. Was das tatsächlich bedeutet, wird jedoch erst deutlich, wenn die gleichzeitige dramatische Verringerung der Besatzungen in Betracht gezogen wird. Vgl. Erol Kahveci, op.cit., passim

26 Anders als vielleicht vermutet werden könnte, werden Selbstentlader nicht etwa für Fahrten in Gebieten mit wenig entwickelter Hafentechnik eingesetzt, sondern ganz im Gegenteil in Häfen entsandt, in denen das Personal, wie etwa in den USA, kostspielig ist. Lokale Gewerkschaften versuchen denn auch, gegen den Einsatz solcher Schiffe zu protestieren. Da die USA *Cabotage*-Regelungen haben, den Verkehr zwischen den Häfen des Landes somit Schiffen unter der eigenen Flagge vorbehalten, pendeln Selbstentlader, die unter fremder Flagge fahren und US-Häfen bedienen wollen, zwischen Kanada und den USA hin und her.

27 Diskussion am 27.11.1998

28 Auf der Tagung der IAME (International Association for Maritime Economists) in Panama City vom 11.-16.11.2002 wurde in Diskussionen die Ansicht vertreten, Schiffe, auf denen ein Zwei-Wachen-System praktiziert wird, seien ganz generell als nicht sicher einzustufen. Diskussionsprotokoll H.G.

29 Hein Mehrkens, Future needs for pilotage and bridge manning; in: Schiff und Hafen, 55. Jg. Nr. 7 (2003), S. 63

30 Ebenda, S. 64

31 Vgl. dazu: Kapitän Helmut Stradt, Hafenlärm und Ruhezeiten an Bord; in: Schiff & Hafen, 54. Jg., Oktober 2002, S. 247-249

32 Die deutsche Fassung der IMO Richtlinie vom 12.06.01 wurde am 28.02.02 erlassen.

33 In der größten Reederei der Welt, Maersk, gilt der Vier-Monats-Vertrag auch für Schiffe im weltweiten Liniendienst.

34 Der einzige Seemann, den wir getroffen haben, der die Arbeit auf einem Ro-Ro-Schiff „ganz gut" fand, war ein zweiter Offizier aus Polen, der mit der Reederei verabredet hatte, daß er im Zwei-Monats-Rhythmus fährt. Seit er einen polnischen Kollegen gefunden hat, der mit ihm alterniert, funktioniert das sehr gut. Da die Schiffe dieser Reederei regelmäßig auch deutsche Häfen anlaufen, kommt jeweils der eine mit dem Auto aus Polen, mit dem der andere dann in Urlaub fährt. An Bord können sie während ihrer Abwesenheit auch bestimmte persönliche Dinge zurücklassen, die sie bei ihrer Rückkehr dann wieder vorfinden.

35 In der „Richtlinie zur Linderung von Fatique (Übermüdung) und Fatique Management" sind auch Ratschläge für Seeleute enthalten. Sie reichen von Hinweisen auf den kurzfristigen Nutzen und langfristigen Schaden des Verzehrs von Süßigkeiten, Kaffee und Tee, über den Nutzen von Bewegung („Dehnübungen oder einfach Kaugummikauen kann Ihre Aufmerksamkeit erhöhen") über die Vorschrift, angemessene Ruhezeiten für das wachhabende Personal sicher zu stellen, bis zur Empfehlung, ein „offenes, kommunikatives Umfeld" zu schaffen. (Das Modul 4 der Richtlinie, auf das hier Bezug genommen wird, ist abgedruckt in: Schiff & Hafen, 54. Jg., Sept. 2002, S. 59-64) Diese Ausführungen enthalten auch Hinweise auf Vorschriften des ISM-Codes, denen zufolge es geboten ist, das Schiff mit qualifiziertem und gesundem Personal zu bemannen sowie eine Eingewöhnung und Schulung der Besatzung zu gewährleisten. Niemand wird bestreiten, daß Kaugummi-Kauen Aufmerksamkeit erhöhen kann, gegen die Auswirkungen einer zahlenmäßig zu geringen Besatzung auf Schiffen, die kurz hintereinander viele Hafenzeiten zu absolvieren haben, hilft aber kein Kaugummi. Die in solchen Vorschlägen inhärente Strategie ist die Konsequenz aus einer Situation, die A.A. Keltner vom *Department of Health Sciences* der Hong Kong Polytechnischen Universität dahingehend charakterisiert: Die Beseitigung der wichtigsten „Stressoren" würde eine Reorintierung des landseitigen Schiffsmanagements voraussetzen. Das aber sei in naher Zukunft nicht zu erwarten. Deshalb konzentriere man sich auf Strategien, die das Ausmaß von Stress für Individuen erträglicher mache. Folglich wurde ein Ratgeber entwickelt, der zum Beispiel gymnastische Übungen vorschlägt, die dabei helfen können (sollen), Stress abzubauen. Vgl. A.A. Keltner, Stress Management on Board; in: ISFOB '95, (Verlag TÜV Rheinland) Köln 1995, S. 51-60. Schon 1992 ergab eine empirische Untersuchung, die vom Institut für Seeschiffahrt und Logistik (ISL) Bremen durchgeführt wurde, daß mehr als ein Drittel der Ersten Offiziere und mehr als ein Fünftel der Kapitäne mehr als 160 Überstunden im Monat hatten. Nimmt man noch die Überstunden zwischen 80 und 160 Stunden monatlich hinzu, so wurden sie von mehr als 40% der ersten Offiziere und der Hälfte aller Kapitäne geleistet. Vgl. Christina M. Prieser, Causes of Human Failures at Sea Accidents; in: ISHFOB '95, op.cit. S. 131-137

36 Reise II, H.G.

37 Allerdings hat der Europäische Gerichtshof die aktuellen Zustände in Kliniken im September 2003 für unzulässig erklärt.

38 Reise III, H.G.

39 Reise IV, H.G.

40 Reise IV, H.G.

41 Reise IV, H.G.

42 Schon aus der ersten Zeit der Verringerung von Besatzungen (von damals noch ganz überwiegend deutschen Besatzungen) wurde berichtet, es habe sich kaum noch jemand zu Landausflügen gemeldet. „Entweder waren sie müde, geschafft, wollten ausruhen, wollten nichts anderes sehen als nur ihre Koje.“ Diskussion am 27.11.1998

43 Diskussion am 22.1.1999

44 Mehrfach während Reise IV, H.G.

45 Reise III, H.G.

46 Bericht über neue Forschungsergebnisse in: Le Monde vom 29.5. 2001, entsprechend die Ausführungen von R. Wicksman, Simulation to Investigate the Influence of Manning and Time of Day on the Performance of Ship's Bridge Personnel. Tagung der ISHFOB vom 19.-21.9.2001 in Bremen

47 Reise III, H.G.

48 Unterwegs mehrfach gehörter Ausspruch.

49 In Nischen des Seetransportes gibt es in der von deutschen Eignern betriebenen Seefahrt auch heute noch Formen des Seetransports, die an frühere Küstenschiffahrt erinnern. So konnten U. W. und H. G. auf einem Massengutfrachter mitfahren, der - je nach Angebot - Weizen, Salz, Futtergetreide, Stahl, oder was sonst anfiel, zwischen Häfen in Deutschland, Dänemark oder Schweden beförderte. Zumeist handelte es sich um kleine Häfen, in denen abends und am Wochenende nicht gearbeitet wurde. Auf diesem Schiff fehlten viele Annehmlichkeiten, und an moderner Technik gab es nur das Nötigste. Da die Mannschaft sehr klein war, mußten alle außer dem Kapitän beim Anlegen, Ablegen und beim Ladungsbetrieb körperlich mitarbeiten; je nach Wind und Strömung war Navigation ohne Bugstrahlruder in engen Häfen oft eine schwierige Aufgabe; das Faxgerät funktionierte nur nach gutem Zureden. Aber Besatzungsmitglieder dieses Schiffes hatten Bekannte in einzelnen der öfter angefahrenen Häfen, andere hatten sich die Museen angesehen oder waren Sonntags zum Gottesdienst gegangen. An Bord standen Fahrräder, mit denen sich abends oder am Wochenende eine Runde drehen ließ. Auch auf diesem Schiff hatten die nicht-europäischen Besatzungsmitglieder sehr lange Heuerverträge, an Bord herrschte aber nicht jene resignative Stimmung die sonst wie mit Händen zu greifen ist. Solche Formen des Seetransports lassen sich heute nicht mehr verallgemeinern. Sie verdeutlichen aber, daß ein Großteil der psychischen Belastungen, die Seeleute verarbeiten müssen, eine Wirkung der ökonomischen Organisation des Seetransports sind und sich nicht etwa unausweichlich aus der Tatsache ergeben, daß Menschen Schiffe und Handelsgüter übers Wasser bringen.

50 Diskussion am 27.11.1998

51 Bei einem Schiff, das unter deutscher Flagge fährt, sind im Falle einer Ablösung nach wie vor Musterungen auf deutschen Konsulaten erforderlich. Die *crew list* ist ein offizielles, von einer staatlichen Behörde bestätigtes Dokument. Manchmal empören sich Kapitäne, daß sie in solchen Fällen trotz vorheriger Anmeldung lange Zeit auf dem Flur eines Konsulats warten müssen, bevor sie den erforderlichen Stempel für die veränderte *crew list* bekommen. Diskussion vom 6.11.1998

52 e-mail vom 5.5.2000

53 Auskunft U.W.; Ähnliche Formen scheint es auch in Deutschland gegeben zu haben. Auf einem Schiff fuhren H. G. und U. W. mit einem Seemann, der in den siebziger und frühen achtziger Jahren mehrfach längere Hafenaufenthalte in Bremen erlebt hatte. Er erinnerte

sich nicht nur an die Namen der damals von Seeleuten vielfach besuchten Kneipen, sondern auch an die Namen von Frauen, die in diesen Lokalen damals bedienten. Wenn man sich anfreundete, sei man nicht nur für eine Nacht mitgegangen, sondern für die ganze Zeit des Aufenthaltes. Man habe sich an den Kosten beteiligt, ansonsten aber nicht bezahlt, sondern eher einmal ein Kleid verschenkt. Reise II, H.G.

54 Ein Seemann, den wir unterwegs getroffen haben, finanziert die Ausbildung der Tochter seiner langjährigen Bekannten in einem südamerikanischen Land und verbringt so oft wie möglich seinen Urlaub dort.

55 Reise IV, H.G.

56 Reise IV, H.G.

57 Ein Freiwilliger von Stella Maris, der katholischen Seemannsmission in Sandhaven; in: Erol Kahveci, op.cit. S. 53

58 Erol Kahveci, op.cit. S. 55 f.

59 Gesprächsnotiz Reise III

60 Diskussion am 22.01.1999

61 Diskussion am 22.01.1999

62 Reise I, H.G.

63 Diskussion am27.11.1998

64 Diskussion am 27.11.1998

65 Diskussion am 20.11.1998

66 Diskussion am 27.11.1998

67 Diskussion am 27.11.1998

68 Diskussion am 27.11.1998

69 Diskussion am 27.11.1998

70 Diskussion am 27.11.1998

71 Diskussion am 27.11.1998

72 e-mail vom 06.11.2002

73 Diskussion am 27.11.1998

74 Diskussion am 27.11.1998

75 Das war noch etwas anders in der Zeit der Filmvorführungen an Bord. Dabei handelte es sich doch eher um besondere Veranstaltungen, die den Charakter eines gemeinsamen Erlebnisses hatten.

76 Reise II, H.G.

77 Reise II, H.G.

78 Erol Kahveci & Tony Lane & Helen Sampson, Transnational Seafarer Communities, SIRC, o.J. betonen die integrierende Wirkung derartiger Veranstaltungen, S. 12

79 Diskussion am 27.11.1998

80 Diskussion am 27.11.1998

81 Nach wie vor sind viele Experten davon überzeugt, daß der Verlust der „München" auf diese Konstruktion zurück zu führen ist. Vgl. dazu: Michael Grey, Konstruktion und Betrieb von Schiffen. Arbeit und Leben von Seeleuten; in: Heide Gerstenberger & Ulrich Welke, Hg., Seefahrt im Zeichen der Globalisierung, Münster 2002, S. 83 und passim

82 Diskussion am 04.02.2000

83 Diskussion am 04.02.2000

84 Diskussion am 04.02.2000

85 Diskussion am 29.05.2002

86 Mehrfache Gespräche während der *coffee-break* an Bord von Schiffen

87 Der Terminus ist seit Jahrhunderten unter Fachleuten gebräuchlich.

88 e-mail vom 05.05.2000

89 Reise IV, H.G.

90 Reise I, H.G.

91 Reise III, H.G.

92 Reise IV, H.G.

93 Über die Entsinnlichung von Häfen vgl. den schönen Kommentar Allan Sekulas zu seinen Fotos. Allan Sekula, Fish Story (zuerst 1995), (Richter), Düsseldorf, 2. Aufl. 2002, S. 12

94 Reise II, H.G.

95 Diskussion am 20.11.1998

96 Diskussion am 20.11.1998; Entsprechende Methoden der Zuteilung - etwa eines Stückes Rauchfleisch pro Woche - gab es in den Jahren nach dem Zweiten Weltkrieg auch noch bei Bauern in Süddeutschland. Jeder am Tisch hatte dort seine Schublade im Tisch, aus der er sich die Woche über von seiner Zuteilung bediente. Doch fuhren Knechte und Mägde mit ihrem Speck nicht in die Tropen.

97 Diskussion am 20.11.1998

98 Diskussion am 20.11.1998

99 Diskussion am 20.11.1998

100 Diskussion am 20.11.1998

101 Diskussion am 20.11.1998

102 Ein deutscher Koch, der auf einem Schiff in der *nord range* beschäftigt war, das regelmäßig deutsche Häfen anlief, erläuterte, daß er deshalb so gut mit dem Verpflegungssatz auskam, weil er immer wieder einmal Gelegenheit hatte, sich in einem ganz normalen Kaufhaus einzudecken, in dem die Preise weit unter denen des Schiffshändlers lagen. Reise VI, H.G.

103 Berichtet während Reise IV. Früher kursierte der Spruch: „Kartoffeln für Seeleute und fürs Vieh", mit anderen Worten: an Bord werde eine Qualität geliefert, die sich an Land nicht mehr für menschlichen Verzehr absetzen lasse. (Auskunft U.W.) Auch in den letzten Jahren, so wird kolportiert, soll es noch besonders billigen Tee geben, dessen Qualität als „Für Seeleute" gekennzeichnet sei.

104 Diskussion am 27.11.1998

105 Diskussion am 27.11.1998

106 Diskussion am 27.11.1998

107 Im Anschluß an ein von Espagne und Werner entwickeltes theoretisches Konzept zur Analyse des Kulturtransfers forscht Dorothea Nolde derzeit zur Bedeutung von Nahrung im (historischen) Kulturtransfer. Erste Ergebnisse hat sie im Juni 2003 in Bremen unter dem Titel „Zwischen Ekel und Entzücken - Nahrung und der Umgang mit Fremdheit im Europa der Frühen Neuzeit" vorgetragen. (unveröffentlichtes Manuskript) Im theoreti-

schen Konzept von Espagne und Werner wird vom Konzept des gegenseitigen Einflusses abgerückt und statt dessen hervorgehoben, daß im Kulturkontakt jeweils auch eine Neudeutung kultureller Objekte - einschließlich der kulturellen Objekte der Rezeptionskultur - stattfindet. Auch Espagne und Werner beziehen sich auf historische Prozesse. Die Rückwirkung der Kontakte mit dem Fremden auf die Interpretation der Herkunftskultur erfährt sicherlich in historisch unterschiedlichen Epochen unterschiedliche Ausprägungen, ist aber durchgängig zu berücksichtigen. Vgl.: Michel Espagne & Michael Werner, Deutsch-französischer Kulturtransfer als Forschungsgegenstand. Eine Problemskizze; in: dies., Hg., Transferts. Les relations interculturelles dans l'espace franco-allemand (XVIIIe et XIX siècle), Paris 1998, S. 11-38

108 Diskussion am 15.1.1999; Und eine Ehefrau, die häufig mitgefahren ist: „Also, ich habe kein Schiff erlebt, wo es nicht am Samstag Eintopf gab."

109 Experteninterview am 22.8.2003

110 Auf einem der Schiffe, auf denen H.G. und U.W. mitgefahren sind, waren Hühnerfüße, ein auch in China viel gegessenes Gericht, in der *crew*-Messe besonders beliebt. Die philippinischen Besatzungsmitglieder hatten das Gericht „Adidas" getauft. In der Offiziersmesse wurde auf diese Vorliebe immer wieder einmal als Beleg für die wenig entwickelte kulinarische Kultur der an Bord anwesenden Nicht-Europäer verwiesen.

111 So der Titel eines Buches von Martin Fuchs: Martin Fuchs, Kampf um Differenz, (Suhrkamp), Frankfurt am Main 1999

112 Derzeit sind polnische Seeleute noch billiger, weshalb es denn auch manchmal noch polnische Köche gibt. Wir haben auch einen deutschen Koch getroffen, der zu ITF Mindestlohn auf einem ausgeflaggten Schiff fährt.

113 Aus einer Diskussion unter Ehefrauen von deutschen Offizieren, die häufiger mitgefahren sind: „Mit den Köchen ist es ja so eine Geschichte." Der erste philippinische Koch, den ihr Mann gehabt habe, sei „eigentlich sehr gut" gewesen. „Dem habe ich dann später auch noch ein deutsches Kochbuch in englischer Sprache besorgt, weil er sich dafür wirklich interessiert hat." In den letzten Jahren hätten sie eigentlich meistens auch ganz gute Köche gehabt. „Bis auf einige. Der Letzte, das war eine Katastrophe. Da habe ich es dann zum ersten Mal fertig gekriegt, daß ich in der Küche gebrüllt hab, weil der alles vergulascht hat. Und die Crew hat sich beschwert. Die haben gesagt, wir mögen das nicht immer. ... Und dann hat mein Mann ihm gesagt: ‚Nun laß das doch endlich mal sein. Die mögen das nicht, nicht nur wir Europäer, sondern auch die Philipinos haben sich beschwert.' Und dann kam, das erzähl ich jetzt mal so, dann kam mein Mann in die Küche und sagte zu ihm: 'Sag, mal, was machst du denn da jetzt wieder? Machst du wieder Gulasch?' Hat er gesagt: 'Nein, das ist Casserolle.'" *Gelächter*. Diskussion am 4.2.2000

114 Eine Kapitänsfrau vertrat die Ansicht, die philippinischen Köche, die auf das Ausbildungsschiff der Reederei geschickt worden seien, bei der ihr Mann arbeitete, hätten hinterher schlechter gekocht als philippinische Köche, die „nie Deutschland von innen gesehen haben." Sie erklärte sich das so, daß diese Köche den Kurs als Urlaub aufgefaßt, sich nicht wirklich interessiert aber später die neuen Gerichte mehr schlecht als recht umzusetzen versucht hätten." Diskussion vom 4.2.2000

115 Aus dem Tagebuch der Ehefrau eines Kapitäns, die häufig mitgefahren ist. (Interview 24.5.00)

116 Eigene Beobachtung

117 Bericht während Reise III, H.G.

118 Auf einem Schiff, auf dem H.G. und U.W. mitgefahren sind, wurde eine ähnliche Situation allerdings mit Humor getragen. Ein sehr junger Decksmann wurde für eine Reise gleichzeitig als Koch geheuert. Als er anfing, konnte er „nichts“. Dann hat ihm jedes der anderen Besatzungsmitglieder, außer ihm selbst waren das fünf, zunächst ein Gericht beigebracht. Für das Frühstück einigten sie sich darauf, daß es einen Tag Reis für alle gab, den anderen Tag Buchweizengrütze oder Rührei. Während H.G. und U.W. an Bord waren, brachten sie dem Koch zwei weitere Gerichte bei. Sonntags haben die Offiziere Kuchen gebacken. Dieser Koch wollte nicht gerne Koch bleiben, aber seine Ausbildung an Bord hat gut funktioniert.

119 e-mail vom 30.3.2000

120 Reise IV. H.G.

121 Diskussion am 27.11.1998

122 Reise IV, H.G.

123 Reise IV, H.G.

124 vgl. hierzu: Heide Gerstenberger & Ulrich Welke, Vom Wind zum Dampf, Sozialgeschichte der deutschen Handelsschiffahrt im Zeitalter der Industrialisierung (Westfälisches Dampfboot), Münster 1996, S. 137-140

125 Auf einem Schiff trafen sich - im Prinzip täglich - der Kapitän und der *Chief* vor dem Abendessen auf der Brücke. Wer von den Offizieren etwas zu bereden hatte oder auch nur Geselligkeit suchte, kam dazu.

126 Es kommt auch vor, daß der Kapitän regelmäßig erscheint und dann erwartet, daß alle, die es mit ihrer Arbeit vereinbaren können, ebenfalls anwesend sind. Diskussion am 5.9.2003

127 Zumeist klärt sich relativ schnell auf, warum sich auf einem Schiff die Haarschnitte oft bis „aufs Haar“ ähneln.

128 Diskussion am 27.11.1998

129 U.W. und H.G. haben an Bord die ohnehin begrenzte Privatsphäre der Seeleute strikt respektiert. Damit wurde gewissermaßen die Rücksicht gegenüber den Seeleuten an Bord über bestimmte Forschungsinteressen gestellt. Dennoch (oder vielleicht aus deshalb) ergaben sich gelegentlich Gespräche, in denen es auch um „Privates“ ging. Einmal sagte einer, mit dem H.G. abends zufällig zusammen getroffen war, er habe sich während der letzten vier Monate nicht ein einziges Mal mit jemand so lange unterhalten.

130 Diskussion am 27.11.1998

131 vgl. Merja-Liisa Hinkkanen in: David Kirby & Merja-Liisa Hinkkanen, The Baltic and the North Seas, (Routledge), London & New York 2000, insbes. S. 242 ff.

132 Vgl. dazu auch: Heide Gerstenberger & Ulrich Welke, Vom Wind zum Dampf, a.a.O., S. 106-108; so auch: David Kirby & Merja-Liisa Hinkkanen, op.cit., insbes. S. 231-253

133 Diskussion am 27.11.1998

134 Diskussion am 27.11.1998

135 Diskussion am 26.02.1999

136 Diskussion am 27.11.1998

137 Diskussion am 27.11.1998

138 Merja-Liisa Hinkkanen zitiert mehrere Veröffentlichungen, in denen entsprechende Dokumente verarbeitet wurden, David Kirby & Merja-Liisa Hinkkanen op.cit., S. 315, Anm. 39

139 Diskussion am 04.02.2000

140 Diskussion am 22.01.1999

141 Diskussion am 10.11.1999

142 Diskussion am 04.02.2000

143 Bei einer deutschen Reederei werden prinzipiell nur Ehefrauen zugelassen. Mit einer einzigen Ausnahme: Einem Gasmann, der schon seit langem bei dieser Reederei fährt, wird die Mitfahrt seiner Lebensgefährtin genehmigt.

144 Die Mitarbeit mitfahrender Ehefrauen war auch im 19.Jahrhundert durchaus verbreitet.

145 Diskussion am 24.05.2000

146 Bericht von mitfahrenden deutschen Ehefrauen, Diskussion am 19.11.1999 und Auskunft eines ITF-Inspektors; Früher war manchmal auch die Ehefrau des chinesischen Wäschers über längere Zeit mit an Bord. Sie übernahm dann die Herstellung chinesischer Kost für sich und ihren Mann.

147 Reise VI, H.G.

148 Diskussion am 04.02.2000

149 Für Seemannsfrauen mit Wohnsitz in Deutschland soll der Charakter einer Urlaubsreise an Bord nun aber neuerdings von Amts wegen festgestellt werden. Mehrere Finanzämter wollten nämlich den „geldwerten Vorteil" einer solchen Mitfahrt in Rechnung stellen. Sie interpretierten - so das Schreiben des Finanzministeriums Mecklenburg-Vorpommern Schwerin am 13.1.2003 in Beantwortung einer Anfrage - die Mitfahrten als „Mitnahme von Ehegatten auf einer Dienstreise". Steuerlich sei sie nur absetzbar, wenn der Ehegatte notwendige Aufgaben als Dolmetscher übernimmt oder für die Pflege eines behinderten Arbeitnehmers erforderlich sei. Ferner liege: „ein überwiegendes Arbeitgeberinteresse im Sinne von H/70 (Stichwort: Allgemeines zum Arbeitslohnbegriff) LStR 2002 nicht vor." Die allgemeine Verbesserung der familiären Lage des jeweiligen Arbeitnehmers könne kein derartiges Interesse begründen. In dem Schreiben der Vorsitzenden des Verbandes der Seemannsfrauen, Frau Karin Herter, an den Staatssekretär im Finanzministerium, Dr. Axel Gerlach, vom 10. Juni 2003 wird die Auffassung „daß der Aufenthalt an Bord eines Seeschifffes vielfach schon für sich genommen einen touristischen Wert darstellt" durch Schilderung der genauen Umstände eines solchen Aufenthaltes zurückgewiesen. Die neueste Richtlinie ist: Prüfung jedes Einzelfalls. Alle Schreiben sind abgedruckt in: Verbandszeitung. 45. Ausgabe, herausgegeben vom Verband der Seemannsfrauen 1/2003. Dort auch weitere Briefe, in denen der „Urlaubscharakter" zurückgewiesen wird. Zur selben Thematik ausführlich: Verbandszeitung des Verbandes der Seemannsfrauen, 38. Ausgabe, Nr.2, 2001, S. 20-25

150 Diskussion am 04.02.2000

151 In den Diskussionen mit Seemannsfrauen wurde auch offenbar, daß ihre Männer in den Gruppendiskussionen doch einiges an Selbstzensur praktiziert hatten. Das wurde vor allem in zweierlei Hinsicht deutlich. Zum einen wurde in keiner Diskussion unter Seeleuten so vehement über die heutigen Umstände der Seefahrt gewettert wie in den Diskussionen mit Seemannsfrauen, zum anderen wurden negative Stereotype über Seeleute aus einem bestimmten Herkunftsland nie so völlig ungeniert genutzt. Den Terminus „Fippse" für Philipinos etwa, haben H.G. und U.W. erstmals von Seemannsfrauen gehört. Daraus ließ sich schließen, daß ihn zumindest manche der Männer im privaten Sprachgebrauch ebenfalls nutzen. Während der Mitfahrten hat sich das dann bestätigt. Allerdings gab es im Hinblick auf den Sprachgebrauch erhebliche Differenzen zwischen den Schiffen.

152 Diskussion am 19.11.1999

153 Diskussion am 19.11.1999

154 Diskussion am 19.11.1999

155 Diese Formulierungen basieren nicht auf Äußerungen in Diskussionen, sondern allein auf Beobachtungen und auf der Notierungen gelegentlicher Bemerkungen an Bord. Selbstverständlich entbehren sie jeder statistischen Grundlage.

156 Diskussion am19.11.1999

157 Diskussion am 15.09.2003

158 Diskussion am 19.11.1999

159 Diskussion am 04.02.2000

160 Auf Kreuzfahrtschiffen beträgt der Anteil des weiblichen Personals durchschnittlich um die 17%, auf Handelsschiffen dagegen unter 1%. Lediglich auf portugiesischen Handelsschiffen liegt der Anteil bei 6%. Vgl. dazu: International Labour Office, Women Seafarers, (International Labour Office), Genf 2003, S. 10-11

161 Eine seltene Ausnahme der früheren Zeit war Victoria Drummond, die von 1922 bis 1963 als Schiffsingenieurin arbeitete. Dazu: Cherry Drumond, The remarkable Life of Victoria Drummond Marine Engineer, London 1994; Zum Servicepersonal auf Passagierschiffen unter deutscher Flagge vgl. Ursula Feldkamp, Die ersten Stewardessen auf Bremischen Passagierschiffen; in: Deutsches Schiffahrtsarchiv Nr. 2 (1998), S. 83-100: vgl. auch: Irene Buss, Eine Frau auf großer Fahrt. Unter den Gesetzen der Mannschaft, (Kabel), Hamburg 1993

162 Sari Mäenpää, die seit Jahren zu diesen Entwicklungen forscht, vertritt die Ansicht, sie seien zunächst aus Gründen der „Moral" engagiert worden. Da auf Auswandererschiffen die unverheirateten jungen Frauen alleine im Bug des Schiffes - und völlig abgeschlossen von den anderen Passagieren - untergebracht wurden, habe man jemand gebraucht, der sich - vor allem bei Seekrankheit - um sie kümmerte. Genau genommen sei die Beschäftigung von Frauen durch Gesetze - die *Passenger Acts* von 1849, 1852 und 1855 - erzwungen worden, durch welche die separate Unterbringung unverheirateter Frauen vorgeschrieben wurde. Häufig seien ältere Frauen, oft Witwen von Seeleuten, engagiert worden. Auf diese Weise habe die Reederei an deren Versorgung sparen können. Später kamen dann vor allem Kindermädchen und weibliche Bedienstete für die Luxusklassen hinzu. Vgl. hierzu: Sari Mäenpää, op.cit.

163 Eigene Diskussionserfahrungen

164 Das zumindest hat sich in den letzten Jahrzehnten geändert. Einer zu Beginn der achtziger Jahre durchgeführten Untersuchung zufolge waren alle befragten deutschen Reedereien gegen eine Beschäftigung von Frauen in höheren Positionen. (Der Anteil der Frauen in Service-Funktionen auf Fahrgastschiffen lag in den siebziger und beginnenden achtziger Jahren um die 18% der Besatzung) Vgl. Claudia Born & Ursula Schwitalla, Die Beschäftigungssituation von Frauen an Bord von deutschen Seeschiffen, Bundesanstalt für Arbeitsschutz und Unfallforschung, Forschungsbericht Nr. 34, Dortmund 1983, S. 112 und S. 33f.

165 Wir beziehen uns auf Zitate aus Befragungen, die für die Veröffentlichung der ILO durchgeführt wurden. Vgl. Women Seafarers, a.a.O., Kap. 5

166 Der Betrag von 100 $ pro Monat für die Freizeitkasse ist ausnehmend hoch. Auf vielen Schiffen ist die Besatzung auf die Spenden mitfahrender Angehöriger angewiesen, auf anderen bekommen sie einen Teil der Prämie, die ein Charterer eventuell für besonders gute

performance zahlt. Es sei nicht ganz einzusehen, warum die Reederei einen Teil dieser Prämien für sich behalte, schließlich sei die *performance* von der Mannschaft erbracht worden (Diskussion am 15.9.2003), andere Reedereien genehmigen, daß der Erlös aus dem Verkauf von anfallendem Metallschrott in die Freizeitkasse fließt. (Interviews Edin Muikanovic). Viele Schiffsmannschaften müssen ganz ohne auskommen.

167 e-mail vom 5.5.2000

168 Diese Aussage und auch die folgenden Formulierungen beziehen sich prinzipiell auf Schiffe, die auf langer Fahrt sind. Auf Schiffen im *short range* Verkehr, sieht es zumeist etwas anders aus. Zumindest ein Teil der Besatzung verbleibt dort im geographischen wie im übertragenen Sinne „näher dran" am heimischen politischen Diskurs.

169 Das muß nicht heißen, daß sie selbst sich nicht auch Anderes angehört hätten, sondern nur, daß sie davon ausgingen, daß Sportnachrichten von allgemeinem Interesse waren. Allerdings verbietet die häufig sehr schlechte Qualität des Empfangs ausgiebigen Konsum von Musik- oder Wortsendungen.

170 Diese Nachrichten gibt es auch in anderen Sprachen. Ob sie für die *crew* ausgedruckt werden, ist meist von einem Offizier abhängig, der selbst die Sprache der meisten *ratings* spricht.

171 Reise IV, H.G.

172 Reise I, H.G.

173 Beides: Reise II, H.G.

174 Reise I, H.G.

175 Reise I, H.G.

176 Die Formulierung bezieht sich auf die Konzeption des „politischen Feldes", die von Pierre Bourdieu vorgeschlagen wurde. Vgl. Pierre Bourdieu, Sozialer Raum und 'Klassen'. Leçon sur la leçon, deutsch: (Suhrkamp) Frankfurt am Main 1985, vor allem S. 30-42

177 vgl. dazu die knappe, aber brillante Analyse von: Pierre Bourdieu, La représentation politique. Éléments pour une théorie du champ politique; in: Actes de la Recherche en sciences sociales, Nr. 36-37, février-mars 1981, S. 3-24

178 Gesprächsnotiz Reise II, H.G.

179 Diskussion am 22.1.1999

180 Immer wieder wird - auch von europäischen Seeleuten - darauf hingewiesen, daß der Verdienst nicht-europäischer Seeleute in ihrem Herkunftsland beträchtliche Kaufkraft habe. Telefonate werden aber nicht in heimischer Währung, sondern in USD abgerechnet.

181 Die Autoren einer 1998 durchgeführten Untersuchung kamen zum Ergebnis, daß derzeit die Nutzung von e-mail durch Seeleute noch sehr niedrig sei. Vgl. A.J.Davies und M.C. Parfett, Seafarers and the Internet. E-mail and Seafarers' Welfare, Department of Maritime Studies and International Transport, University of Wales, Cardiff, Mai 1998, Zusammenfassung S. 33. Sie schlagen vor, im Wege eines Pilot-Programms zumindest in *Seafarers' Missions* die Möglichkeit der Nutzung einzurichten. Gleichzeitig schlagen sie vor, Schiffseigner davon zu überzeugen, daß der Zugang zur Nutzung die Zufriedenheit ihrer Arbeitskräfte immens steigern würde. Im Abschlußbericht des Arbeitskreises „Arbeits- und Lebensbedingungen der Seeleute an Bord" wird ebenfalls empfohlen, mehrere vom Schiffsbetrieb getrennte Leitungen zu schalten und mehr Computer an Bord den Besatzungsmitgliedern zu „erschwinglichen" Preisen zugänglich zu machen. Vgl. die Veröffentlichung des Abschlußberichtes in: Schiff & Hafen, 55. Jg., (2003), Nr. 1, S. 76

182 Das gilt selbstverständlich nicht für Seeleute, die in kurzer Entfernung von ihrem Herkunftsland eingesetzt sind.

183 Und es kann auch vorkommen, daß dies bei einem erneuten Aufenthalt in diesem Hafen drei Wochen später immer noch der Fall ist. Eigene Beobachtung

184 Solche Maßnahmen sind zum Beispiel *Crew Call* und *Crew Mail*, die neuerdings angeboten werden. Nach Möglichkeit soll ein *Immarsat mini-M terminal* an einer Stelle im Schiff zugänglich sein, die eine gewisse Privatsphäre garantiert. Unter Umständen kann der Service einer vergleichsweise kostengünstigen Kommunikation aber auch mit einem bereits an Bord vorhandenen *Immarsat mini-M terminal* verbunden werden. In diesem Fall wird vorgeschlagen, ein *handset* in die *crew*-Räume zu verlegen und mit dem zentralen Terminal durch einen *dialling restrictor* zu verbinden. Damit könnte der Geschäftsverkehr ungestört fortgesetzt werden. Information: www.marineworksltd.com. Von ersten Installationen dieser Technik wird berichtet.

185 In manchen Häfen gibt es in dieser Hinsicht auch eine private Fürsorge. Da nicht nur Männer, sondern auch Frauen aus den Philippinen im globalen Arbeitsmarkt präsent sind, gibt es in manchen Hafenstädten Philipinas, die, wenn sie von der Ankunft eines Schiffes mit überwiegend philippinischer Besatzung erfahren, mit Telefonkarten an Bord kommen. (Davon profitieren dann auch die nicht-philippinischen Mitglieder der Besatzung.) Das funktioniert aber nicht, während diese Frauen ihrer Arbeit nachgehen.

186 Reise III, H.G.

187 Die Formulierung ist einem Beitrag von Fariba Adelkhah entnommen. Vgl. Fariba Adelkhah, Partir sans quitter, quitter sans partir; in: Critique internationale, Nr. 19, (2003) S. 153

188 Diskussion am 27.11.1998

189 Reise I, H.G.

190 Reise I, H.G.

191 Reise V, H.G.

192 Auf einem Schiff war eine Tabelle im Treppenhaus angebracht, auf der für jeden Einzelnen die Dauer von „suffering“ bis zum Urlaub verzeichnet war.

193 Reise I, H.G.

194 Unter deutschen Seeleuten werden feste Ansichten über einzelne deutsche Reedereien kolportiert. Von einer wurde auch von Seeleuten, die auf Schiffen anderer Reedereien fuhren, in jedem Gespräch festgestellt, es komme dauernd vor, daß die Ablösung nicht klappe.

195 Reise I, H.G.

196 Reise III, H.G.

197 Reise IV, Gesprächsprotokoll, H.G.

198 Ebenda

199 Reise I, H.G. Ganz wenige Seeleute schaffen es, zu Hause Mitglieder eines Vereins zu bleiben. Schon 1967 fand Hans Erich Brumm unter den von ihm befragten Seeleuten keinen, der einer politischen Partei angehörte. Sein Sample war zu klein, um allgemeine Schlüsse zu ziehen, doch wies er darauf hin, es könne möglich sein, daß eine allgemeine Desintegration der Seeleute von gesellschaftlichen Institutionen stattfinde. Hans Erich Brumm, Soziale Konflikte im Sozialsystem eines Handelsschiffes, Diss. Freiburg 1967, S.19

200 Diskussion am 15.01.1999

201 Diskussion am 15.01.1999

202 Diskussion am 30.10.1998

203 Lediglich in einigen kleinen griechischen Orten scheint es immer noch zu sein wie früher auch an den Küsten von Ost- und Nordsee, daß Frauen, während ihre Männer auf See sind, in überwiegend weiblicher Gesellschaft leben, sich gegenseitig unterstützend, aber auch gegenseitig kontrollierend. Mündliche Auskunft durch Gelina Halaftis, griechische Schiffahrtsforscherin, im Oktober 2002

204 Hero Feenders, Enge an Bord und Weite des Meeres; in: Heide Gerstenberger & Ulrich Welke, Hg. Seefahrt im Zeichen der Globalisierung, Münster 2002, S. 58 „Manche [Ehemänner] tun sich unheimlich schwer, die Kreise mit Männern und Frauen zu besuchen, die für die Ehefrauen von Bedeutung sind."

205 Diskussion am 15.1.1999

206 Allerdings mag dies auch dadurch begründet sein, daß für die Formulierung derartiger Schwierigkeiten der Sprachschatz der meisten nicht ganz hinreichend ist.

207 Diese Kohortenuntersuchung zu einem vergleichsweise großen Sample wird seit 2001 vom Seamen's International Research Centre in Cardiff, Wales, durchgeführt.

208 Diskussion am 15.01.1999

209 Diskussion am 15.01.1999

210 Diskussion am 15.1.1999. Ein anwesender Hobbykoch widersprach, die anderen stimmten zu.

211 Diskussion am 30.10.1998

212 Diskussion am 27.11.1998

213 Diskussion am 27.11.1998

214 Diskussion am 27.11.1998

215 Diskussion am 27.11.1998

216 Diskussion am 22.01.1999

217 Da von „Beruf" heute in der Regel nur im Hinblick auf Tätigkeiten geredet wird, für die eine formal geregelte Ausbildung Voraussetzung ist, läßt sich der Terminus nicht gut gebrauchen, weil dies, wie oben ausgeführt, für Deckspersonal im Mannschaftsrang erst seit Mitte des 20. Jahrhunderts der Fall ist.

218 Die Bezeichnung ist aus der Diskussion vom 15.9.2003 übernommen.

219 Die empirische Basis dieser Schlußfolgerung ist schmal. Sie basiert auf Gesprächen mit wenigen Seeleuten, von denen keiner seine aktive Berufslaufbahn auf See bereits aufgegeben hatte. Allerdings trifft sich die Annahme mit Ergebnissen ethnologischer Untersuchungen zur Arbeitsmigration. Im Gegensatz zu Interpretationen, die Armut für die wichtigste Voraussetzung der Arbeitsmigration halten, sehen etwa Fariba Adelkhah und Éliane de Latour darin auch die Verwirklichung eines Lebensentwurfs, die Hoffnung, zum Helden werden zu können. Sozialer Status werde heute gewissermaßen *off shore* erworben. Vgl. Fariba Adelkhah, Partir sans quitter, quitter sans partir, op.cit., passim; Éliane de Latour, Héros du retour; in: Critique internationale, Nr. 19, 2003, S. 172: „La causalité du pauvreté ... m'a paru nettement moins 'forte' comparée au besoin vital de valorisation personnelle et d'indépendance."

220 Eine fast witzige Bezeichnung, wenn auf einem Schiff unter der Flagge irgend eines Staates einige wenige Deutsche sind, die Mehrzahl der Besatzung aber aus ganz anderen Herkunftsländern kommt.

6. Die Weltbefahrer

1 Zu historischen Formen vgl. etwa: Robin Cohen, Global Diasporas. An introduction ((UVL Press) London 1997, S. 28f

2 Stuart Hall, Die Frage der kulturellen Identität; in: Stuart Hall, Rassismus und kulturelle Identität. Ausgewählte Schriften, Bd. 2 (Argument Verlag) Hamburg 1994, S.218 und passim

3 Andere Autoren nutzen den Terminus „Kreolisierung". Vgl. beispielsweise Mike Featherstone, Undoing Culture. Globalization, Postmodernism and Identity, (Sage) London usw. 1995, S. 116 f.

4 In den letzten Jahren ist der Terminus der „Hybridisierung" auch in die Techniksoziologie eingeführt worden. Bruno Latour zufolge sind technische Dinge eben nicht nur technische Dinge, sondern auch Teilnehmer an sozialer Praxis. Und auch hier werden Technik und Soziales als Entitäten gedacht, aus denen dann Hybridisierung erwächst. Zuerst: Bruno Latour, Aramis or the Love of Technology (Harvard University Press), Cambridge, MA 1996

5 Eine besonders scharfe, von uns geteilte Kritik der Hybridisierungsthese findet sich bei: Pheng Cheah, Given Culture. Rethinking Cosmopolitical Freedom in Transnationalism; in: Pheng Cheah & Bruce Robbins, Eds., Cosmopolitics, (University of Minnesota Press) Minneapolis 1998, S. 308-310

6 Einzelne deutsche Schiffsingenieure halten die Tatsache, daß Schiffsmaschinen heute meist nicht mehr so glänzend geputzt sind „wie zu meiner Zeit", für eine Wirkung der Rekrutierung außereuropäischer Seeleute. Statt von Hybridisierung wäre hier aber wohl eher von einer Wirkung der zahlenmäßigen Verringerung des Personals auszugehen.

7 Diskussion am 6.11.1998

8 Der Terminus wurde von Bruno Latour vorgeschlagen, der Technik zwar für einen Akteur hält, die Anwendung dieses Begriffs auf Technik aber meiden möchte. „Aktant" ist gewissermaßen die Übersetzung des englischen Begriffs „agency". Vgl. dazu insbesondere: Bruno Latour, Über technische Vermittlung, Philosophie, Soziologie, Genealogie; in: Werner Rammert, Hg., Technik und Sozialtheorie, (Campus) Frankfurt/Main 1998, S. 29-81; Die inzwischen lebhafte Debatte über Technik als Aktant ist zugleich eine Debatte über die Notwendigkeit einer neuerlichen Wendung in der techniksoziologischen Forschung. Nachdem sich in den achtziger und neunziger Jahren des 20. Jahrhunderts aus der Kritik an Konzeptionen einer autonomen Entwicklung von Technik samt deren determinierenden Wirkungen auf das Soziale ein Konzept der sozialen Konstruktion von Technik entwickelt hatte - diese Position ist beispielsweise über Jahre in den Jahrbüchern „Technik und Gesellschaft" einflußreich vertreten worden -, werden neuerdings zunehmend Positionen gegenseitiger Beeinflussung vertreten. Unsere eigene Interpretation folgt der von Raymund Werle entwickelten Konzeption von Technik als „fiktivem Akteur". Zusammengefaßt heißt das: „Technik wird Bestandteil einer Akteurskonstellation und nimmt Einfluß auf die kollektive Definition der Situation. Die fiktiven Akteurseigenschaften von Technik sind variabel, sie sind aber nicht beliebig. ... Technik wird als fiktiver Akteur durch das Handeln realer Akteure geschaffen." Raymund Werle, Technik als Akteurfiktion; in: Werner Rammert & Ingo Schulze-Schaeffer, Hg., Können Maschinen handeln? (Campus) Frankfurt/Main 2002, S. 135

9 Daß transnationale Kulturen Erweiterungen westlicher Kulturen sind, betont insbesondere Ulf Hannerz, Cultural Complexity. Studies in the Social Organization of Meaning, (Columbia University Press) New York 1992, bes. S. 250

10 Vgl. hierzu die Ausführungen im Abschnitt über „Schiffskost“.

11 Robin Cohen definiert Diaspora vergleichsweise eng. Er benennt neun Merkmale, von denen auf Seeleute keines ganz exakt zutrifft. Vgl. op.cit., S.26. Wir benutzen den Terminus eher in der etwas weniger engen Defintion, wie sie auch Ulf Hannerz auf Arbeitsmigranten - er nennt sie die *„footlose people“* - anwendet. Ulf Hannerz, op.cit., S. 249

12 In den USA wurden Einwanderer plötzlich zu Italienerinnen und Italienern, die sich zuvor nur als Kalabresen, Milanesen oder Neapolitaner verstanden hatten. Und Deutsch-Amerikaner halten Sauerkraut für ein urdeutsches Gericht, auch wenn ihre Vorfahren aus einer Gegend stammten, in der es kaum je gegessen wurde. Bei vielen Seeleuten aus den Philippinen ist heute ein ähnlicher Prozeß zu beobachten. Der acht sehr unterschiedlichen (Haupt-)Dialekte wegen können sie sich sprachlich oft nicht besser miteinander verständigen als dies früher Deutschen gelang, von denen der eine nur Plattdeutsch und der andere nur Bayrisch sprach, auch feiern sie - selbst bei gleicher Religionszugehörigkeit - religiöse Feste durchaus nicht immer gleichartig und anderes mehr. Dennoch macht sie ihre Erfahrung auf multinationalen Schiffen zu „Philippinen“.

13 Diskussion vom 27.11.1998

14 Daß es auch eine Weile dauerte, bis sie für die Kombüse durchgängig maßgeblich wurde, ist oben ausgeführt.

15 Reise IV, H.G.

16 Tatsächlich sind auch im Koran Ausnahmen zugelassen, so etwa die zeitliche Verschiebung des Fastens oder auch sein Ersatz durch freiwillige gute Werke. (Zweite Sure, 184) Die Anweisung, die Fastenzeit unabhängig von nicht vermeidbaren sonstigen Anforderungen einzuhalten, kann deshalb als ein typisches Diaspora-Verhalten eingestuft werden.

17 Diskussion am 14.8.2001

18 Vgl. dazu die Einleitung von John J. Gumperz & Jenny Cook-Gumperz zu: John J. Gumperz, Hg., Language and Social Identity (Cambridge Univ. Press) London, New York, usw. 1982, S. 1-21; ebenso: John Gumperz, (Language in social groups, Stanford Univ. Press, 1971) deutsch: Sprache, lokale Kultur und soziale Identität (Schwann), Düsseldorf 1975, passim; zur Definition von *code-switching* im Unterschied zur Sprachvariation und zum *style-switching*: vgl. Muriel Saville-Troike, The Ethnography of Communication (Blackwell) 3. Aufl. 2003, S. 48-50

19 Richard Sennett, Der flexible Mensch. Die Kultur des neuen Kapitalismus, (The Corrosion of Character, W.W. Norton, New York, 1998), deutsch: (Berlin Verlag), Berlin 1998, S. 17

20 Lahires Feststellung, Bourdieu verzichte auf eine Analyse der Herausbildung von Habitus, lassen wir hier, sowie insgesamt in dieser Arbeit beiseite. Wir folgen aber Lahires Einwand gegen die Verfahrensweise Bourdieus, Handelnden einen einheitlichen Habitus zuzuschreiben. Erst in späteren Arbeiten (besonders deutlich: Méditations pascaliennes, Seuil, Paris 1997, S.79) hat Bourdieu auch die Möglichkeit gespaltener, zerrissener Habitus eingeräumt, die aus eben solchen Lebenssituationen resultieren. Bernard Lahire hat aber auch dagegen noch, unseres Erachtens zutreffend, eingewandt, der einzelne Handelnde sei immer eine Mehrzahl von Handelnden, der „zerrissene“ Handelnde deshalb nur als eine Sonderform des „homme pluriel“ zu betrachten. Bernard Lahire, L'Homme Pluriel. Les ressorts de l'action (Nathan) 1998, bes. S. 47. Menschen realisierten sich in ihren verschiedenen Lebensbereichen immer nur mit einem Teil ihrer sozialen Existenz. In der Ehe, in der Arbeit, in der kulturellen Aktivität sei der Handelnde nie in allen seinen sozialen Existenzweisen präsent.

21 Die These durchzieht Bourdieus Analyse der „feinen Unterschiede“, ist aber besonders deutlich entwickelt in: Pierre Bourdieu, Die gesellschaftliche Definition der Photographie; in: Bourdieu/Boltanski/Castel/Chamboredon/Lagnau/Schnapper, Eine illegitime Kunst. Die sozialen Gebrauchsweisen der Photographie, (Franz. 1965), deutsch: (Europäische Verlagsanstalt), Frankfurt am Main 1981, S. 85-110

22 Bernard Lahire, op.cit., S. 73; Inzwischen hat Bernard Lahire diesen Gedanken anhand umfangreichen empirischen Materials weiter ausgeführt. Vgl. Bernard lahire, La culture des individus. Dissonances culturelles et distinction de soi (éditions la découverte) Paris 2004

23 Ohne Wirkung bleiben die Einschätzungen der Vorgesetzten aber keinesfalls. Denn Identität, darin folgen wir Vertretern handlungstheoretischer Ansätze, entsteht in einem intersubjektiven Prozeß. Dieser besteht nicht nur aus unterschiedlichen Formen der Kommunikation, sondern auch aus der Auseinandersetzung mit jenem Bild von sich selbst, das bei den Interaktionsgegnern vermutet wird, aus dem Dialog, aber auch aus der Auseinandersetzung mit den an einer Interaktion Beteiligten. Vgl. dazu: Martin Fuchs, Kampf um Differenz. Repräsentation, Subjektivität und soziale Bewegungen. Das Beispiel Indien (Suhrkamp) Frankfurt am Main 1999, S. 304 und passim.

24 Reise III, H.G.

25 Einen guten Überblick verschafft: Salazar Parreñas, Servants of Globalization, Woman and Domestic Work (Stanford Univ. Press) Stanford, California 2001, passim

26 Der Hinweis auf diese Praxis basiert nicht nur auf eigener Beobachtung, sondern auch auf Äußerungen von Kapitänen auf der Tagung „Seefahrt und Globalisierung“, die am 22. und 23. Juni 2001 in Bremen statt fand.

27 Douglas Massey & Joaquin Arango & Graeme Hugo & Ali Kouaouci & Adela Pellegrion & J. Edward Taylor, Theories of international migration: A review and appraisal; in: Population and Development Review, Jg. 19, H.3 (1993), S. 442; hier wiedergegeben nach: Ko-Lin Chin, Smuggled Chinese. Clandestine Immigration to the United States, (Temple University Press) Philadelphia 1999, S. 18. Ko-Lin Chin ergänzt diese Bemerkung um ein dramatisches Ergebnis seiner eigenen Studien: die illegale Arbeitsmigration von Chinesinnen und Chinesen in die USA. Diese Menschen, deren Familien große Summen für die Vermittler und Schmuggler aufbringen müssen, leben fast alle in Umständen und unter Arbeitsbedingungen, die allen Bürger- und Menschenrechten Hohn sprechen, doch wissen sie, daß sich die Situation ihrer Familien zuhause - vor allem deren Kreditwürdigkeit - bereits durch den bloßen Umstand ihrer Ankunft in den USA und ohne, daß sie bereits ihre Schuld bei den Schmugglern hätten abzahlen können, verbessert hat. Ihre eigene Situation sehen sie im Lichte der Situation ihrer Familien, nicht ihrer eigenen Arbeits- und Lebensbedingungen. Op.cit. S. 9f. und 18

28 Vgl. hierzu die Ausführungen in Kapitel 5.

29 In Schiffahrtskreisen wird neuerdings diskutiert, daß der kurze Verbleib indischer Schiffsoffiziere in ihrem Beruf auch damit zu tun hat, daß „gute Leute“ inzwischen in Indien selbst bessere Verdienstchancen hätten. Empirische Studien liegen dazu noch nicht vor.

30 Diskussion am 27.11.1998

31 Reise I, H.G.

32 Ein ganz ähnliches Beispiel berichten T. C. Jupp, Celia Roberts und Jenny Cook-Gumperz. In einem Bewerbungsgespräch hatte sich ein weißer *supervisor* zunächst eine ganze Zeit

lang mit einem fließend Englisch sprechenden Bewerber südasiatischer Herkunft unterhalten. Dann griff er zu dem Fragebogen, den es auszufüllen galt: „Supervisor: Can you speak English? Applicant: No (ironically). Supervisor (addressing observer) Oh, you see, he can't speak English. Applicant: If I can't speak English, what am I speaking to you now?" Die Autor(innen) erläutern, die Erfahrung, die der *supervisor* mit anderen Bewerbern südasiatischer Herkunft gemacht habe, hätte in diesem Fall dazu geführt, daß sich die gerade eben in fließendem Englisch geführte Unterhaltung nicht gegen sein Stereotyp durchgesetzt habe. Vgl. T.C. Jupp & Celia Roberts & Jenny Cook-Gumperz, Language and disadvantage: the hidden process; in: John J. Gumperz, Hg., op.cit. (1982) S. 239f

33 Tony Lane, Grey Dawn Breaking. British Merchant Seafarers in the Late Twentieth Century, (Manchester University Press) Manchester 1986, S. 51. Als Tony Lane diesen Terminus einführte, um damit das Produkt aus Erzählungen, mehr oder minder drastischen Sozialisationsprozessen und Erfahrungen zu kennzeichnen, meinte die „Kollektivität" noch alle Seeleute einer bestimmten Seefahrtsregion. Wenn wir ihn nun übernehmen, bezieht er sich auf Seeleute westeuropäischer Herkunft.

34 Vgl. dazu: Margaret Somers, The narrative constitution of identity: A relational and network approach; in: Theory and Society, 23 (1994), S. 605-649

35 Wie oben ausgeführt, ist damit nie die Flagge, sondern immer der Sitz des Managements gemeint.

36 Reise IV, H.G.

37 Nur am Rande sei die These vertreten, daß solche Stereotype vielleicht etwas anders aussähen, wenn es noch mehr deutsche Seeleute im Mannschaftsrang gäbe. Unter diesem Gesichtspunkt erhält der Ausbildungsgang über den Weg des Schiffsmechanikers eine Bedeutung, die in Schiffahrtskreisen derzeit nicht diskutiert wird. Sollte ein Schiffsmechaniker später Offizier werden, so hat er doch einmal für eine gewisse Zeit die nicht-deutschen Kollegen in einer formal gleichen Position kennen gelernt, Studierende dagegen, die lediglich Praxissemester absolvieren, sind von Anfang an Vorgesetzte in spe.

38 Diskussion am 15.01.1999

39 Diskussion am 15.09.2003

40 Diskussion am 30.10.1998

41 Eigene Beobachtung

42 Eigene Beobachtung

43 Eigene Beobachtung

44 Beobachtung von Cpt. Willi Wittig. Einem Fernsehbericht zufolge werden in der von deutschen Reedereien gegründeten und immer noch unter deutscher Leitung stehenden Seemannsschule in der Republik Kiribati die Studierenden nicht mit Namen, sondern mit Nummern angesprochen.

45 Tony Alderton & Nick Winchester, Internationale Regulierungen und die Praxis von Flaggenstaaten; in: Heide Gerstenberger & Ulrich Welke, Hg. Seefahrt im Zeichen der Globalisierung, (Westfälisches Dampfboot), Münster 2002, insbes. S. 193

46 Ebenda. Die Zahlen für insgesamt schlecht bewertete Flaggen liegen weit höher: Rassistische Diskriminierung: 33%.

47 Vgl. dazu die Hinweise von Paul K. Chapman, Trouble on Board. The Plight of International Seafarers, (ILR Press) Ithaka, N.Y. 1992, insbes. S. 65 f.; A. D. Couper et al.,Voyages

of Abuse. Seafarers, Human Rights and International Shipping, (Pluto Press) London & Sterling Virginia 1999, insbes. S. 35-61

48 Im Rahmen unserer Forschungen bestand keine Möglichkeit, zu erfahren, ob und wenn ja, welches Stereotyp über Deutsche unter nicht-europäischen Seeleuten dominiert. Während unserer Mitfahrten wollten wir Seeleute nie in die Verlegenheit bringen, sich überlegen zu müssen, ob sie sich wirklich vollständig darauf verlassen konnten, daß eine entsprechende Meinungsäußerung nicht weiter gegeben wird. Die einzige *en passant* immer wieder geäußerte Ansicht lautete, Deutsche seien theoretisch gut ausgebildet. Das ist gewissermaßen das bestätigende Gegenstück zu einem unter deutschen Seeleuten dominanten Stereotyp über ihre nicht-europäischen Kollegen.

49 Für einen Überblick über die frühere Debatte vgl. etwa: Earl L. Davis, Zum gegenwärtigen Stand der Vorurteilsforschung; in: Ernst E. Boesch & Earl E. Davis, & Herbert C. Kelman & Alexander Mitscherlich & Henri Taifel & Melvin M. Tumin et al., Vorurteile. Ihre Erforschung und Bekämpfung, (Europäische Verlagsanstalt), Frankfurt a. M. 1964, S. 41-66; Für einen Überblick über neuere Forschungen zu Vorurteilen vgl. die entsprechenden Beiträge in: Hans Werner Bierhoff, Sozialpsychologie, (Kohlhammer), Stuttgart, Berlin, Köln, 4. Aufl. 1998; sowie: Wolfgang Stroebe & Miles Hewstone & Jean-Paul Codol & Geoffrey M. Stephenson, Hg., Sozialpsychologie, (Basil Blackwell 1988), 2. Aufl., (Springer Verlag) Berlin usw. 1992

50 An dieser Stelle ist eine Stellungsnahme zu den Schlußfolgerungen der Kollegen vom SIRC, die zu einer anderen Einschätzung kommen, angebracht. Besonders deutlich ist dieser Unterschied in der Rede, die Tony Lane am Ende des SIRC Symposiums im Jahre 2001 gehalten hat. Darin stellt er fest, er habe seine Ansicht über *international crews* geändert, halte sie inzwischen nicht mehr für ein Problem, sondern für ein *„working example of the advantages of globalism.“* Die Schiffahrt liefere ein *role model* für die Welt. Vgl. SIRC, Symposium 2001, Cardiff University, S. 114. In der Darstellung der Ergebnisse des Forschungsprojektes über *multinational crews* wird diese Auffassung, wenn auch etwas weniger enthusiastisch, ebenfalls vertreten. Allerdings wird das Erfordernis einer guten Beherrschung der englischen Sprache betont. Als wir unser Forschungsprojekt planten, hatten wir erwartet, in der Seefahrt die Entstehung einer internationalen Arbeitskultur ausmachen zu können, sahen diese Erwartung - von Ausnahmen abgesehen - aber nicht bestätigt. Tatsächlich haben wir die Vermutung, daß sich die Differenz zwischen den Ergebnissen des SIRC und unseren eigenen zum Teil durch die unterschiedliche Forschungsmethode erklärt. Die Kollegen vom SIRC haben an Bord Interviews durchgeführt, in denen dann beispielsweise auch gefragt wurde, wie die einzelnen die Anwesenheit von Seeleuten unterschiedlicher nationaler Herkunft sehen. Als einziges Problem - neben Hinweisen asiatischer Offiziere auf ausschließende Verhaltensweisen europäischer Vorgesetzter - wurden Sprachschwierigkeiten angegeben. Wir haben für unsere Untersuchung auf Interviews an Bord verzichtet und uns aufs Beobachten und Zuhören beschränkt. Insbesondere waren wir bei den - im Hafen unter Umständen sehr langen Arbeitstagen - nahezu durchgängig anwesend. Zwar kann der Charakter der Forschungsöffentlichkeit nie ganz beseitigt werden, er war nach einiger Zeit aber nicht mehr deutlich ausgeprägt. Im Ergebnis der Beobachtung von gemeinsamer Arbeit und Kommunikation kommen wir insgesamt zu einem weniger optimistischen Bild. In der Einschätzung einer entscheidenden Rolle des jeweiligen Kapitäns stimmen wir mit den Kollegen vom SIRC allerdings überein.

51 Wolfgang Stroebe et al., op.cit. S. 97

52 Gewissermaßen als zusammenfassende Darstellungen dieser Kritik an den theoretischen Grundlagen der eigenen Disziplin können die Kapitel 3 und 5 der Arbeit von Martin Fuchs (1999), a.a.O., gelesen werden.

53 Vgl. Benno Werlen, Kulturelle Räumlichkeit; in: Brigitta Hauser-Schäublin & Michael Dickhardt, Hg., Kulturelle Räume - räumliche Kultur, (Lit) Münster & Hamburg & München 2003, S. 1

54 Beide Thoeriedebatten können hier nicht näher ausgeführt werden, doch sollen immerhin zwei Provokationen benannt werden, die sie in Gang gesetzt haben. Zum einen ist die Annahme, daß bestimmte physikalische Gegebenheiten einer Region eine entscheidende Prägekraft für die dort entwickelte Kultur haben, neuerdings durch den Umstand in Frage gestellt worden, daß mittels Technik heute fast alles überall machbar ist. Damit wurde auch rückblickend deutlich, daß nahezu jede Region unterschiedliche Möglichkeiten ihrer Nutzung bot, die tatsächliche Nutzung also aus sozialer Praxis erklärt werden muß und diese nicht umgekehrt als durch die räumlichen Gegebenheiten determiniert angesehen werden kann. Zum anderen haben Wanderungsbewegungen im Verbund mit Entwicklungen im Transport- und Kommunikationswesen multilokal konstituierte Gruppenidentitäten entstehen lassen. Auch haben neuere Erfahrungen deutlich werden lassen, daß die abgeschotteten Kulturen, die Ethnologen früher „im Feld" untersuchten, schon damals zumeist weit weniger abgeschottet waren, als sie unterstellten, sondern bereits Produkte von Kulturtransfers.

55 Mit der Wahl des Terminus ist auf den biologischen Reduktionismus angespielt, der in diesen Konzepten fast immer auch enthalten ist. Vgl. dazu: Gerd Baumann, Ethnische Identität als duale diskursive Konstruktion; in: Aleida Assmann & Heidrun Friese, Hg., Identitäten (suhrkamp taschenbuch) Frankfurt/Main 1998, S. 288-313

56 Reise III. Das „Wir" bezieht sich auf die Verantwortlichen für die von deutschen Eignern praktizierte Rekrutierungspolitik.

57 Erol Kahveci & Tony Lane & Helen Sampson, Transnational Seafarer Communities, Seafarers International Research Centre, Cardiff Wales, o.J., S. 8

58 So etwa die Stellungnahme einer jungen Kapitänin im Verlauf einer öffentlichen Diskussion in der Seemannsmission Bützfleth am 5.9.2002

59 Firmen engagieren Experten für *cross-cultural training*, durch das Mitarbeiter, die in bestimmte Länder geschickt werden, Sensibilität, Etikette und vielleicht sogar Achtung vor der anderen Kultur beigebracht werden soll. Zusätzlich gibt es auf diesem Sektor eine umfangreiche *„do-it-yourself"*-Literatur.

60 Vgl. hierzu: Klaus P. Hansen, Kultur und Kulturwissenschaft (UTB, Francke Verlag) Tübingen & Basel, 1995, S.189. Hansen weist im übrigen darauf hin, daß eines der Merkmale für dieses nicht gelungene Verstehen die Tatsache sei, daß die Verhaltensweisen der anderen als „komisch" erlebt werden.

61 Vertreter der sogenannten Kontakthypothese hatten von solchen Situationen dagegen die Auflösung von Vorurteilen erwartet. Klassisch für diese Hypothese: G.W. Allport, (The nature of prejudice, 1954), deutsch: Die Natur des Vorurteils (Kiepenheuer & Witsch), Köln 1971; Die These der Relevanz gemeinsamer Ziele vertraten: M. Sherif & O.J. Hervey & W.E. Hood & C.W. Sherif, Intergroup conflict and cooperation: The Robber's Cave experiment, (University of Oklahoma Press) Norman, Oklahoma 1961; Eine gute Kritik der Annahme, daß Zusammenarbeit Fremdverstehen fördere, findet sich bei Klaus P. Hansen (1995) a.a.O., S. 188-190

62 Der oben zitierte Ausspruch „Wir sind alle keine Anti-Rassisten" widerspricht dem nicht. Er bezog sich nicht auf Seeleute an Bord, sondern auf den Kontakt mit Interessen- und Behördenvertretern in der Kanalkultur.

63 Diskussion am 22.01.1999

64 Diskussion am 22.01.1999

65 Diskussion am 22.01.1999

66 Diskussion am 22.01.1999

67 Diskussion am 22.01.1999

68 Diskussion am 22.01.1999

69 Diskussion am 06.11.1998

70 Diskussion am 06.11.1998

71 Diskussion am 15.09.2003

72 Reise I, H:G.

73 Im übrigen wird zumindest in einigen der an Bord gezeigten Sicherheitsvideos nahegelegt, die wichtigsten Entscheidungen zur Bewältigung einer Notlage würden an Land getroffen, weshalb es denn auch vor allem darauf ankomme, die dort zuständigen Stellen zu informieren. Es gibt sogar einzelne dieser Videos, in denen *ratings* so gut wie gar nicht vorkommen. Das legt doch fast nahe, sich „mit dem Rosenkranz" in einer Kammer zu treffen.

74 Diskussion am 30.10.1998

75 Ein deutscher *Chief Engineer* behauptete, eine entsprechende Praxis machten sich jetzt auch Philipinos zu eigen. Sie seien grundsätzlich nicht bereit, Angehörigen einer anderen Nation etwas zu zeigen, weil sie die Position ihrer Landsleute auf dem maritimen Arbeitsmarkt verteidigen wollten. (Reise III)

76 Diskussion am 22.01.1999

77 Diskussion am 12.11.1999

78 Diskussion am 22.01.1999

79 Reise I, H.G.

80 Auch H.G. und U.W. hätten auf der Basis ihrer Beobachtung dieser Einschätzung im Falle einzelner Motorleute auf einem anderen Schiff zugestimmt.

81 Diskussion am 22.01.1999

82 Diskussion am 22.01.1999

83 Diskussion am 22.01.1999

84 Diskussion am 06.11.1998

85 Diskussion am 22.01.1999

86 Paul E. Willis, Learning to Labour. How working class kids get working class jobs (Saxon House), Westmead, Farnborough, Hants, England 1977, S. 39 und passim

87 Diskussion am 22.01.1999

88 Eine dezidierte Ausnahme bilden in dieser Hinsicht jene Schiffsingenieure, die in der DDR einen (speziellen) lediglich akademischen Ausbildungsgang durchlaufen haben.

89 Während einer Reise wurden Teile des von den Beobachtern gedrehten Videos gemeinsam angesehen. An einer Stelle hatten die zwei Motorleute Schrauben fest gedreht. Woraufhin der zweite Ingenieur zum Schiffsmechaniker (auf deutsch) sagte, 'Jetzt zieh Du sie fest.' Es war tatsächlich noch eine halbe Umdrehung drin. Der bei dieser Vorführung ebenfalls

anwesende *Chief Mate* darauf: „Die haben keinen Knüff die Jungs." Das war keine Feststellung, sondern ein Urteil. Es war zu vermuten, daß die beiden ebenfalls anwesenden Motorleute zwar nicht dessen Wortlaut, wohl aber dessen Sinn mit bekommen haben. Reise III, H.G.

90 Reise III, H.G.

91 Hafenarbeiter (Stauer)

92 Reise III, H.G.

93 Diskussion am 22.1.1999

94 Dabei wohlweislich vergessend, wie oft sie selbst während ihrer Ausbildung und auch im Umgang mit einem wenig geschätzten Kollegen Zuflucht zu den in der Schiffahrt traditionell möglichen Formen rituell formalisierter Höflichkeit genommen haben.

95 Diskussion am 15.09.2003

96 Diskussion (mit Seemannsfrauen) am 4.2.2000:

„Die Kiribatis sind schlimm."

„Ja, die saufen doch wie Löcher an Bord."

„Die können nichts ab."

„Die trinken zwei Flaschen Bier und dann werden sie ausfallend bis zum Geht nicht mehr."

„Was ich erlebt habe."

„Dann ziehen die aber sofort das Messer ... Sie ziehen das Messer, immer. Und dann wird es ungemütlich."

Unseren Beobachtungen zufolge gewinnen die Stereotype, die Seeleute nutzen, im Diskurs von Seemannsfrauen noch einiges an Sicherheit dazu.

97 Reise III, H.G.

98 Diskussion am 03.11.1999

99 Diskussion am 22.01.1999

100 Diskussion am 22.01.1999

101 Bericht während der Tagung von ISHFOB, 19-21.9.2001 in Bremen

102 Diskussion am 22.01.1999

103 Diskussion am 22.01.1999

104 Diskussion am 03.11.1999

105 Zur Wahrnehmungs-Erwartungs-Hypothese vgl. Waldemar Lilli, Hypothesentheorie der Wahrnehmung; in: Dieter Frey & Siegfried Greif, Hg., Sozialpsychologie. Ein Handbuch in Schlüsselbegriffen (zuerst 1983), Psychologie Verlags Union) Weinheim 1997, S. 192-194

106 „Erstaunlich ist, wie wenig die deutsche Mannschaft - vom Kapitän abgesehen - über die Arbeitsbedingungen der Philipinos weiß, weder Entlohnung, noch, wie viel Überstunden, noch Ausbildung unabhängig vom gegenwärtigen Status. Das gilt auch für die, die gut mit ihnen auskommen." Beobachtungsprotokoll, Reise I, H.G.

107 Diskussion am 6.11.1998

108 Reise III, Gesprächsprotokoll H.G.

109 Erol Kahveci & Tony Lane & Helen Sampson, Transnational Seafarer Communities, op.cit., S.18

110 Vgl. dazu auch: Richard Sennett, Respekt im Zeitalter der Ungleichheit (W.W. Norton, New York) deutsch: (Berlin Verlag) Berlin 2002, S. 314.

111 Als der Geburtstag eines Bootsmanns an Bord auf den Gründonnerstag, den höchsten kirchlichen Feiertag der Katholiken in den Philippinen, fiel, lud er die gesamte Besatzung in die *crew* Messe zu einer *meditation party* ein. Es gab Bier, Cola sowie Cola Rum. Einzelne spielten Schach, andere unterhielten sich. Die meisten der *ratings* aber betrachteten das Video eines Filmes über das Leben Jesu. Während der Kapitän und einzelne Offiziere, als sie zu der Feier kamen, zwar offensichtlich verwundert waren, sich dann aber doch einfügten in „Leben Jesu mit Cola und Bier“, versuchte einer der Deutschen ziemlich nachdrücklich, die Feier in „Bier ohne Leben Jesu“ umzuwandeln, gleichzeitig verkündete er lauthals seine Meinung über jegliche Art von religiösem Glauben. Ihm hätte der anwesende Kapitän respektvolles Verhalten anraten können. Reise III, H.G.

112 Diskussion am 22.1.1999. Zur Vorbereitung dieses letzten Abschnittes unseres Berichtes haben wir eine ganze Reihe sozialwissenschaftlicher und philosophischer Arbeiten über die Notwendigkeit und die Problematik gegenseitiger Anerkennung gelesen. Schließlich haben wir uns darauf beschränkt, die weniger theoretisch als praktisch orientierte Arbeit von Richard Sennett zu zitieren und einem Seemann den Vortritt gelassen.

Abkürzungsverzeichnis

AB	able (bodied) seaman
AEG	Allgemeine Elektrizitäts-Gesellschaft
ARPA	Automatic Radar Plotting Aid
BBC	Brown Bovery Company
BIMCO	Baltic and International Maritime Council
BRT	Bruttoregistertonnen
COLREG	Convention on the International Regulations for Preventing Collisions at Sea
DAG	Deutsche Angestellten Gewerkschaft
DGON	Deutsche Gesellschaft für Ortung und Navigation
DNV	Det Norske Veritas
DS	Deutsches (nationales) Schiffsregister
DSR	Deutsche Seereederei Rostock
ECDIS	Electronic Chart Display and Information System
EU	Europäische Union
EUGH	Europäischer Gerichtshof
FOC	Flag of Convenience
FSC	Flag State Control
GMDSS	Global Maritime Distress and Safety System
GIS	German International Ship Register
GL	Germanischer Lloyd
GPS	Global Positioning System
HDW	Howaldtswerke-Deutsche Werft AG
ICONS	International Commission on Shipping
ICS	International Chamber of Shipping
ILO	International Labour Organization
IMCO	Inter-Governmental Maritime Consultative Organization
IMMDA	Japan Marine Machinery Development Association
IMO	International Maritime Organization
INMARSAT	Convention on the International Maritime Satellite Organization
ISF	International Shipping Federation
ISL	Institut für Seeverkehrswirtschaft und Logistik
ISM	International Safety Management Code
ISMA	International Ship Managers' Association
ISO	International Organization for Standardization
ISPS	International Ship and Port Facility Security Code
ITF	International Transport Workers' Union
LNG	Liquified Natural Gas
MARPOL	International Convention for the Prevention of Pollution from Ships
MOU	Memorandum of Understanding
OS	ordinary seaman
ÖTV	Gewerkschaft Öffentliche Dienste, Transport und Verkehr

P&I	Protection and Indemnity Club
PMU	Paris Memorandum of Understanding
POEA	Philippine Overseas Employment Adminsitration
PSC	Port State Control (Hafenstaatskontrolle)
RORO	Roll On Roll Off
RT	Registertonnen
See BG	Seeberufsgenossenschaft
SOLAS	Safety Of Life At Sea Convention
STCW 78	Standards of Training, Certification and Watchkeeping (Convention 1978)
STCW 95	Standards of Training, Certification and Watchkeeping (Convention 1995)
TEU	Twenty Foot Equivalent Unit
UNCLOS	United Nations Convention on the Law of the Sea
UNCTAD	United Nations Conference on Trade and Development
UNDP	United Nations Development Programme
UNO	United Nations Organization
USCG	United States Coast Guard
VDR	Verband Deutscher Reeder

Schlagwortverzeichnis

T

U

V

W

Z

Literatur

à Campo, J.N.M.F., (2003) Gauging the Historical Dimension of Globalization: The Case of Maritime Piracy in Insular Southeast Asia; in: International Journal of Maritime History, Vol XV, No 1, S. 159-175

Adelkhah, Fariba, (2003) Partir sans quitter, quitter sans partir; in: Critique internationale, Nr. 19, S. 141-165

Alderton, Tony & Winchester, Nick, (2002) Internationale Regulierungen und die Praxis von Flaggenstaaten. Eine vergleichende globale Analyse; in: Gerstenberger, Heide & Welke, Ulrich, Hg., Seefahrt im Zeichen der Globalisierung, (Westfälisches Dampfboot) Münster, S. 180-196

Allport, G.W., (1971) Die Natur des Vorurteils, (Kiepenheuer & Witsch) Köln (zuerst engl. 1954)

Angas, George, (1999) The effect of maritime technology on maritime education and training; in: Seaways, October

Aubert, Vilhelm & Arner, Oddar, (1958) On the Social Structure of the Ship; in: Acta Sociologica, III, S. 200-219

Bardmann, Theodor M., (1994) Wenn Arbeit Abfall wird. Aufbau und Abbau organisatorischer Realitäten, (Suhrkamp) Frankfurt am Main

Baumann, Gerd, (1998) Ethnische Identität als duale diskursive Konstruktion; in: Aleida Assmann & Heidrun Friese, Hg., Identitäten, (Suhrkamp) Frankfurt am Main, S. 288-313

Bendix, Reinhard, (1960) Herrschaft und Industriearbeit, (Europäische Verlagsanstalt) Frankfurt am Main (zuerst: engl. 1956)

Bergantino, Angela S. & Marlow, Peter B., (June 1997) An Econometric Analysis of the Decision to Flag out. SIRC, Cardiff

Bhabha, Homi K., (2000) Die Verortung der Kultur, (Stauffenburg Verlag) Tübingen

Bielig, Peter, (1995) Seeverkehrswirtschaft, 2. Aufl., (Oldenbourg) München & Wien

Bierhoff, Hans Werner, (1998) Sozialpsychologie, (Kohlhammer) Stuttgart, Berlin, Köln, 4. Aufl.

Boesch, Ernst E. & Davies, A.J. & Parfett, M.C., (1998) Seafarers and the Internet. E-mail and Seafarers Welfare, Department of Maritime Studies and International Transport, University of Wales, Cardiff

Bohne, Gabriele & Kiefer, Michael & Mehte, Wolfgang & Roth, Detlef, (1984/85) Untersuchung der Arbeits- und Lebensbedingungen auf Schiffen mit reduzierter Besatzung, Forschungsbericht 01/ HB 0210 für das BMFT 8 Bände, Hamburg

Born, Claudia & Schwitalla, Ursula, (1983) Die Beschäftigungssituation von Frauen an Bord von deutschen Seeschiffen, Bundesanstalt für Arbeitsschutz und Unfallforschung, Forschungsbericht Nr. 34, Dortmund

Bossow, Günter, (3/2003) Erhebliche Beschädigungen gefährden Tanker, Quelle: Departemental investigation into the damage sustained by the Australian tanker „Osco Star“ during tropical cyclone Justin, 9. March 1997. Marine Incident Investigation Unit, Canberra, Australia, March 1998, hier zitiert nach: Schiff & Hafen, S.161 -162

Bourdieu, Pierre, (1981) Die gesellschaftliche Definition der Photographie; in: Bourdieu/Boltanski/Castel/Chamboredon/Lagnau/Schnapper, Eine illegitime Kunst. Die sozialen Gebrauchsweisen der Photographie, (Europäische Verlagsanstalt) Frankfurt am Main, S.85-110 (zuerst franz. 1965)

- (1981) La représentation politique. Éléments pour une théorie du champ politique;in: Actes de la Recherche en sciences sociales, Nr. 36-37, février-mars 1981, S. 3-24

- (1985) Sozialer Raum und 'Klassen'. Leçon sur la leçon, (Suhrkamp) Frankfurt/Main

- (1987) Sozialer Sinn, deutsch: (Suhrkamp) Frankfurt am Main (zuerst franz. 1980)

Braynard, Frank O., (1972) The Story of Leviathan, Seaport

Broeze, Frank, (2003) The Globalisation of the Oceans. Containerisation from the 1950s to the Present, Research in Maritime History, Nr. 23, St. Johns (Newfoundland)

Brumm, Hans Erich, (1967) Soziale Konflikte im Sozialsystem eines Handelsschiffes, Diss. Freiburg

Bundesverfassungsgericht E 92, 96, I.S. 26-53

Buss, Irene, (1993) Eine Frau auf großer Fahrt. Unter den Gesetzen der Mannschaft, (Kabel) Hamburg

Chapman, Paul K., (1992) Trouble on Board. The Plight of International Seafarers, (ILR Press) Ithaka, New York

Cheah, Pheng, (1998) Given Culture. Rethinking Cosmopolitical Freedom in Transnationalism; in: Pheng Cheah & Bruce Robbins, Eds., Cosmopolitics, (University of Minnesota Press) Minneapolis, S. 290-328

Chin, Ko-Lin, (1999) Smuggled Chinese. Clandestine Immigration to the United States, (Temple University Press) Philadelphia

Cohen, Robin, (1997) Global Diasporas, (UVL Press) London

Conrad, Joseph, (1903/1982)Taifun; in: Das Joseph Conrad Handbuch, (Fischer) 2. Aufl., S. 342-425, (zuerst engl.: Typhoon and other stories, 1903)

Couper, A.D., with Walsh, C.J. & Stanberry, B.A. & Boerne, G.L., (1999) Voyages of Abuse. Seafarers, Human Rights and International Shipping, (Pluto Press) London & Sterling, Virginia

Crozier, Michel & Friedberg, Erhard, (1977/1994) Die Zwänge kollektiven Handelns. Über Macht und Organisation, (Athenäum) Frankfurt/Main

Däubler, Wolfgang, (1988) Das zweite Schiffsregister. Völkerrechtliche und verfassungsrechtliche Probleme einer deutschen „Billig-Flagge", (Nomos) Baden-Baden

Davis, Earl E. & Kelman, Herbert C. & Mitscherlich, Alexander & Taifel, Henri & Tumin, Melvin M. et al., (1964) Vorurteile. Ihre Erforschung und Bekämpfung, (Europäische Verlagsanstalt Frankfurt am Main, S. 51-66

De Coster, Michel & Pichault, François, (1994) Traité de Sociologie du Travail, (de Boek Wesmail) Brüssel

Dirks, Jan, (1998) „Universales Positives Regieren" jenseits des Nationalstaates. Zwei Fälle im maritimen Sektor, artec paper Nr. 63 Universität Bremen

- (2001) Positives Regulieren in der Handelsschiffahrt im Kontext der Globalisierung, (Lit) Münster

Döring, E., (1971) Arbeitskreis für integrierte Besatzungen, Hamburg

Dombois, Rainer & Heseler, Heiner, (2002) Globalisierung, Privatisierung und Arbeitsbeziehungen in Seehäfen; in: Gerstenberger, H. & Welke, U., Hg. S. 117-123

Donn, Clifford B., (1999) Working for the Stateless Corporation: Employment in the Maritime Industry. Institute of Industrial relations. Research Paper Nr. 21, Syracuse, NewYork

Douvier, Stefan Wendelin, (2004) MARPOL. Technische Möglichkeiten, rechtliche und politische Grenzen eines internationalen Übereinkommens, Diss. Bremen (Manuskript)

Drumond, Cherry, (1994) The remarkable Life of Victoria Drummond Marine Engineer, London

Edwards, Bernard, (1998) Return of the Coffin Ships, (Brick Tower Press) New York

Espagne, Michel & Werner, Michael, (1998) Deutsch-französischer Kulturtransfer als Forschungsgegenstand. Eine Problemskizze; in: dies. Hg., Transferts. Les relations interculturelles dans l'espace franco-allemand (XVIIIe et XIX siècle), (E.R.C.) Paris, S. 11-38

Featherstone, Mike, (1995) Undoing Culture. Globalization, Postmodernism and Identity, (Sage) London usw.

Feenders, Hero, (2002) Enge an Bord und Weite des Meeres; in: Gerstenberger, Heide & Welke, Ulrich, Hg. S. 56-61

Feldkamp, Ursula, (1998) Die ersten Stewardessen auf Bremischen Passagierschiffen; in: Deutsches Schiffahrtsarchiv Nr. 2, S. 83-100

Flamant, Nicolas & Jeudy-Ballini, Monique, (2002) Le charme discret des entreprises. L'ethnologie en milieu industriel; in: Terrain Nr. 39, September, S. 5-16

Fuchs, Martin, (1999) Kampf um Differenz. Repräsentation, Subjektivität und soziale Bewegungen. Das Beispiel Indien, (Suhrkamp) Frankfurt am Main

Fürstenberg, Friedrich, (1977) Einführung in die Arbeitssoziologie, (Wissenschaftliche Buchgesellschaft) Darmstadt

Galinier, Pascal & Roche, Marc, (21.11.2002) Crown Resources, un négociant en pétrole très discret; Le Monde

Gardner, Ward & Saarni, Heikki, Eds., (1991) The International Symposium on Maritime Health. Proceedings, Turku, Finland

Gemeinsame Studie des Verbands der Verkehrsgewerkschaften in der Europäischen Union (FST) und des Verbandes der Reeder in der Europäischen Gemeinschaft (EGSA). (2001) Improving the Education Priorities, 1998 , zit. nach: Kommission der Europäischen Gemeinschaften, Mitteilungen der Kommission an das Europäische Parlament über die Ausbildung und Einstellung von Seeleuten, Brüssel 6-4-2001, KOM 2001

Gerstenberger, Heide & Welke Ulrich, Hg., (2002) Seefahrt im Zeichen der Globalisierung, (Westfälisches Dampfboot) Münster

- (1996) Vom Wind zum Dampf, Sozialgeschichte der deutschen Handelsschiffahrt im Zeitalter der Industrialisierung, (Westfälisches Dampfboot) Münster

- (o.J., 2002) Piraterie und Logistik; in: Piraten. Abenteuer oder Bedrohung, Bremen, S. 163-175

Gerstenberger, Heide, (2001) Öffentliche Staatsgewalt? Zum Verhältnis von Korruption und Staatsform; in. Prokla Nr. 124, 31. Jg., S. 447-468

- (2001) The Disciplining of German Seamen; in: International Journal of Maritime History, Vol. XIII, Nr. 2 (2001), S. 37- 50

Giddens, Anthony, (1988) Die Konstitution der Gesellschaft. Grundzüge einer Theorie der Strukturierung, (Campus) Frankfurt am Main, (zuerst engl. 1984)

Goethe, W. H. G.& Herrmann, R. & Müller-Schwenn, B. &. Brockmöller, H.-L. & Christansen, U. & Robinson, N., (1985) Ergonomische Informationssammlung für den Schiffbau einschließlich Musterlösungen und Prüflisten. Schriftenreihe der Bundesanstalt für Arbeitsschutz, Forschung FB 397, Hg.: Bundesanstalt für Arbeitsschutz (Dieser Bericht ist im Rahmen der: „Arbeitwissenschaftlichen Begleitforschung zum Projekt Schiff der Zukunft. Entwicklungsthema ET 81" erstellt worden.), Dortmund

Goffman, Erving, (1974) Das Individuum im öffentlichen Austausch, (Suhrkamp) Frankfurt am Main, (zuerst engl. 1971)

Goffman, Erving, (1977) Asyle. Über die soziale Situation psychiatrischer Patienten und anderer Insassen (Suhrkamp) Frankfurt am Main, (zuerst engl. 1961)

- (1984) Wir alle spielen Theater. Die Selbstdarstellung im Alltag, (Piper) München, (zuerst engl. 1959)

Gottschalch, Holm & Stadler, Michael, Hg., (1990) Seefahrtspsychologie, (Wirtschaftsverlag NW) Bonn

Gottschalk, Jack A. & Flanagan, P. et al., (2000) Jolly Roger with an UZI. The Rise and Threat of Modern Piracy, (Naval Institute Press) Minneapolis, Maryland

Grey, Michael, (2003) The „Image" of the Shipping Industry; in: World Maritime University Journal of Maritime Affairs, Vol. 2, Nr. 1-13, S. 1-3

- Konstruktion und Betrieb von Schiffen - Arbeit und Leben von Seeleuten; in : Gerstenberger, H. & Welke, U., Hg. (2002), S. 74-89

Grosrichard, François, (15.1.2001) „Erika": la commission d'enquête dénonce une série de „défaillances"; Le Monde

- (19.12.2000) La corrosion généralisée de l'„Erika" a provoqué son inéluctable cassure et son naufrage; Le Monde, S. 11

Gumperz, John J., (1975) Sprache, lokale Kultur und soziale Identität (Schwann), Düsseldorf (zuerst engl. 1971)

- Hg., (1982) Language and Social Identity, (Cambridge Univ. Press) London & New York, etc.

Hacker, Winfried, (1992) Expertenkönnen. Erkennen und Vermitteln, (Verlag für angewandte Psychologie) Göttingen & Stuttgart

- (1998) Allgemeine Arbeitspsychologie, (Hans Huber) Göttingen & Toronto & Seattle

Hahne, Joachim & Baaske, Gisa & Rothe, Rajko, (1999) Bilanzierung arbeitsorganisatorischer Defizite in der Seeschiffahrt. Schriftenreihe der Bundesanstalt für Arbeitsschutz und Arbeitsmedizin Fb 839, Dortmund & Berlin

Halfmann, Jost, (1995) Kausale Simplifikation. Grundlagenprobleme einer Soziologie der Technik, in: Jost Halfmann & Gotthard Bechmann & Werner Rammert, Hg., Technik und Gesellschaft, Jahrbuch 8, (Campus) Frankfurt & New York

Hall, Stuart, (1994) Die Frage der kulturellen Identität; in: Stuart Hall, Rassismus und kulturelle Identität. Ausgewählte Schriften Bd.2, (Argument Verlag) Hamburg

Hannerz, Ulf, (1992) Cultural Complexity. Studies in the Social Organization of Meaning, (Columbia University Press) New York

Hansen, Klaus P., (1995) Kultur und Kulturwissenschaft, (UTB, Francke) Tübingen & Basel

Harbrecht, Jens-Peter, (1992) Das 2. Deutsche Schiffsregister. Eine Studie zu den sozialen Auswirkungen des deutschen „internationalen Schiffsregisters (ISR)", Univ. Bremen

Harvey, David, (1998) The Condition of Postmodernity: An Enquiry into the Origins of Cultural Change, (Blackwell) Oxford usw.

Hauser-Schäublin Brigitta & Dickhardt, Michael, Hg., (2003) Kulturelle Räume - räumliche Kultur. Zur Neubestimmung des Verhältnisses zweier fundamentaler Kategorien menschlicher Praxis, (Lit) Münster & Hamburg & London

Heintz, Bettina, (1993) Die Herrschaft der Regel. Zur Grundlagengeschichte des Computers, (Campus) Frankfurt/New York

Herber, Rolf, Seehandelsrecht, (Walter de Gruyter) Berlin & New York 1999, S. 95 ff

Herzberg, Nathaniel, (12-1-2000) Le capitaine de l'„Erika“ raconte, heure par heure, le naufrage du pétrolier; Le Monde

Hill, J.M.M. (1972) The Seafaring Carreer, (Tavistock CASR) London

Hof, Heinz-Werner, (1997) Bündelung internationaler Kompetenzen - dargestellt am Beispiel der Allianz Globus Marine Versicherung-AG; in: Schiffsversicherung. Allianz-Report 70, H1, S. 6

Hoffmann, Hans-Wilhelm, (1983) Entwicklung und Notwendigkeit eines neuen Ausbildungsberufes für die Seeschiffahrt; in: HANSA (Sonderdruck), Heft 10 und 12

Huth, Werner, (2000) Die Personallage und ihre Auswirkungen auf die Seeverkehrswirtschaft; in: Schiff & Hafen H 4, S. 80

ICONS (International Commission on Shipping), (2001) Ships, Slaves and Competition, Charleston, Australia 2001, abrufbar über: www.icons.org.au

Ingenhoven, E. &. Kleemann, W. &. Rünger, H., (1967) Zur sozialen und beruflichen Situation des seemännischen Personals in der deutschen Handelsschiffahrt. Ergebnisse einer sozialpädagogischen und berufssoziologischen Strukturanalyse, Hamburg

International Labour Office in Collaboration with the Seafarers International Research Centre, (2003) Women Seafarers. Global Employment policies and practices, (International Labour Office) Genf

International Transport Workers' Federation, (1998) Seafarer Fatique: Wake up to the dangers

Jensen, Hans-Joachim, (1980) Der Seemann und seine Beziehung zu Arbeit und Führung auf Seeschiffen, (Peter Lang) Frankfurt am Main & Bern

Joerges, Bernward, Technik, (1996) Körper der Gesellschaft, Arbeiten zur Techniksoziologie, (Surkamp) Frankfurt am Main

Joint Maritime Commission, ILO, (2001) The impact on seafarers' living and working conditions of changes in the structure of the shipping industry, abrufbar über: www.ilo. org/public/ english/dialogue/sector/techmeet/jmc 01

Jupp, T.C. & Roberts, Cecilia & Cook-Gumperz, Jenny, (1982) Language and disadvantage: the hidden process; in: John J. Gumperz, Hg., (1982) Language and Social Identity, (Cambridge Univ. Press) London & New York, etc.

Kahveci, Erol & Lane, Tony & Sampson, Helen, (o.J., um 2001/02) Transnational Seafarer Communities, SIRC, Cardiff UK

Kahveci, Erol, (1999) Fast turnaround ships and their impact on crews, Seafarers International Research Centre, Cardiff UK

Kaps, Hermann, (1999) Tanker Operations, Lecturing notes on tanker operations including the terms of STCW Code A-V/1 (Tanker Familiarization) Version 1.0, (Hochschule Bremen Fachbereich Nautik) Bremen

Keltner, Alfred A., (1995) Stress Management on Board; in: ISHFOB '95. The Influence of the Man-Machine Interface on Safety Navigation. Proceedings of the International Symposium on Human Factors on Board, Bremen, November 1995 (Verlag TÜV Rheinland) Köln

Kersandt, Dieter & Kucharzewski, Harro, (1996) ANRIS 2000: Safe Navigation and Calculable Risk by an Intelligent Alarm and Monitoring System for Large Fast Ships, Ref. auf dem Internationalen Symposium ISIS, abgedruckt in : ISIS '96, Düsseldorf 1996, S. 139-146

Kirby, David & Hinkkanen, Merja-Liisa, (2000) The Baltic and the North Seas, (Routledge) London & New York

Koch, Hasso B., (1986) Funktions- und Sozialstrukturen auf Containerschiffen, (Peter Lang), Frankfurt am Main

Kühne, Eberhardt, (1996) Kooperationen in der internationalen Seeschiffahrt und europäisches Kartellrecht, (Peter Lang) Frankfurt am Main & Berlin & Bern & New York & Paris & Wien

Lahire, Bernard, (1998) L'Homme Pluriel. Les ressorts de l'action, (Nathan) Paris

-, (2004) La Culture des Individus. Dissonances culturelles et distinction de soi, (Éditions la Découverte) Paris

Lane, Tony & Obando-Rojas, Bernardo & Sorenson, Mols & Wu, Bin & Tasiran, Ali, (2002) Crewing the International Merchant Fleet, SIRC (Lloyd's Register-Fairplay Ltd and Cardiff University) Cardiff

Lane, Tony, (1986) Grey dawn breaking. British merchant seafarers in the late twentieth century, (Manchester University Press) Manchester

-, (2001) Bericht auf dem 2. SIRC-Symposium. Proceeedings 2001, S.15 (abzurufen von der web-Seite des SIRC: www.cf.ac.uk/sirc

Lang, Douglas W., (2002) Alternative Manning Scenarios. Vortrag auf der Konferenz „Shipping 2002, 18-20. März 2002, Manuskript

Latour, Bruno, (1996) Aramis or the Love of Technology, (Harvard University Press) Cambridge, MA

-, (1998) Über technische Vermittlung. Philosophie, Soziologie, Genealogie; in: Werner Rammert, Hg., Technik und Sozialtheorie, (Campus) Frankfurt am Main, S. 29-81

Latour, Éliane de, (2003) Héros du retour; in: Critique internationale, Nr. 19, S. 171-189

Lefebvre, Henry, (1974) La production de l'espace, (éditions anthropos) Paris

Lehmann, Günter, (2003) Führungs- und Entscheidungstechniken für das Team, in: Antrieb, Fachzeitschrift für Schiffs-, Energie- und Umschlagtechnik, H 1729, 49. Jahrgang, Mai

Lilli, Waldemar, (1997) Hypothesentheorie der Wahrnehmung; in: Dieter Frey & Siegfried Greif, Hg., Sozialpsychologie. Ein Handbuch in Schlüsselbegriffen (zuerst 1983), (Psychologie Verlags Union) Weinheim

Lisch, Ralf, (1976) Totale Institution Schiff, (Duncker & Humblot) Berlin

Luczak, H. & Baer, K. & Hagemann, B. & Luhede, G. & Klug, H. & Schütte, M. & Schwier, W. & Wildt, U., (1986) Belastungs- und Beanspruchungsuntersuchungen zum Schiff der Zukunft. (Dieser Bericht ist im Rahmen der: „Arbeitwissenschaftlichen Begleitforschung zum Entwicklungsprojekt Schiff der Zukunft. Teilvorhaben ET 83a" erstellt worden.) Schriftenreihe der Bundesanstalt für Arbeitsschutz, Forschung FB 463, Hg.: Bundesanstalt für Arbeitsschutz, Dortmund

Luczak, H. & Eguez, G. &. Fuchs, H.J. & Hagemann, B. & Meyer, K. & Müller-Schwenn, B. & Schmellenkamp, H.-J. & Schmitdt, H. & Schütte, M. & Schwier, W. & Thomas, D. Bruce & Tiez, S., (1986) Ergonomische Gestaltung von Schiffsarbeitsplätzen, (Dieser Bericht ist im Rahmen der: „Arbeitwissenschaftlichen Begleitforschung zum Projekt Schiff der Zukunft Entwicklungsthema ET 81a" erstellt worden.) Schriftenreihe der Bundesanstalt für Arbeitsschutz, Forschung FB 472, Hg.: Bundesanstalt für Arbeitsschutz, Dortmund

Luhmann, Niklas, (1976, zuerst 1964)) Funktionen und Folgen formaler Organisation, 3. Aufl. (Duncker& Humblot) Berlin

- (2000) Organisation und Entscheidung, (Westdeutscher Verlag) Opladen

Mäenpää, Sari, (2003) Comfort and Guidance for Female Passengers. The Origins of women's employment on British Passenger Liners 1850-1914, Manuskript, Bremen

Majumder, D. & Goethe, H., (1983) Lärmsituation auf Seeschiffen, Bundesanstalt für Arbeitsschutz und Unfallforschung, Forschungsbericht N. 325, Dortmund

Marcus, George E., (1995) Ethnography in/of the World System: The Emergence of Multi-Sited Ethnography; in: Annual Review of Anthropology, 24. Jg., S. 95-117

Marine Board, (1984) Effective manning of the U.S. merchant fleet., Washington D.C.

Massey, Douglas & Arango, Joaquin & Graeme, Hugo & Kouaouci, Ali & Pellegrion, Adela & Taylor, J. Edward, (1993) Theories of international migration: A review and appraisal; in: Population and Development Review, 19. Jg., H. 3

Mau, Günter, (1996) Hauptantrieb und Hilfsmaschinen; in: Lars U. Scholl, Hg., Technikgeschichte des industriellen Schiffbaus in Deutschland, Bd. 2, (Kabel) Hamburg, S. 1-64

Mayo, Elton, (1949) Probleme industrieller Arbeitsbeziehungen, (Frankfurter Hefte) Frankfurt am Main, (zuerst engl 1949)

Mehrkens, Hein, (2003) Future needs for pilotage and bridge manning; in: Schiff und Hafen, 55. Jg., Nr. 7, S. 63–64

Mehrtens, Herbert, (2002) Der Industriebetrieb als System von Objektbeziehungen. Zur kultur- und sozialwissenschaftlichen Theorie des Technischen, in: Werner Rammert & Ingo Schulz-Schaeffer, Hg.: Können Maschinen handeln? Soziologische Beiträge von Mensch und Technik, (Campus), Frankfurt am Main, S. 243 -265

Melville, Herman, (1970) Typee, Omoo, Weissjacke (Winkler Verlag) München, (zuerst engl. o.J., unter dem Titel „White Jacket“)

Moeck, E. & Busse, W., (2004) Sichere Beherrschung komplexer Schiffsbetriebsprozesse. Konsequenzen für Besatzung UND Technik. http://schiw.sf.hs-wismar.de/schriften/heft1/beitrag07.html., abgerufen:16.02.2004.

Moreby, David H., (1975) The Human Element in Shipping, (A Seatrade Publication) Colchester, Engl and

Müller, W., (2003) Beschuldigung und Kriminalisierung des Kapitäns; in: Schiff & Hafen, 55. Jg., S. 87-90

Neelsen, Marco, (2003) Auswertung der bisherigen Praxissemesterausbildung und Entwicklung eines neuen Ausbildungskonzeptes für die Ausbildung im ersten Praxissemester, Elsfleth 2001 (Diplomarbeit); Kurzfassung des Berichtes: in: Schiff & Hafen, 55. Jg., S. 71-74; vollständige Fassung: http://www.fh-oww.de/fbs/

Nielsen, Detlef & Gauci, Gotthardt, (1996) Issues of Potential Liabilities Arising from the Use of Electronic Charts in the Operation of Ships, in: ISIS ’96, International Symposium: Information on Ships, Hamburg 1996, Deutsche Gesellschaft für Ortung und Navigation (DGON) Düsseldorf

Nolde, Dorothea, (2003) Zwischen Ekel und Entzücken – Nahrung und der Umgang mit Fremdheit im Europa der Frühen Neuzeit. (unveröffentlichtes Manuskript)

O’Keefe, Doug, (o.J.) Evolution of the deep-sea fleet that supports Canada’s international trade, Transportation division, Manuskript 54FOOO2XIE,

Oberg, Jan, (2003)Was there a maritime culture in Bremen, hekt, Manuskript

OECD, (1996) Competitive Advantages obtained by some shipowners as a result of non-observance of applicable international rules and standards, (General Distribution OECD/GD 96,4) Paris

– Directorate for Science, Technology and Industry. Maritime Transport Committee (1998) Safety and Environment Protection, Paris

- Directorate for Science, Technology and Industry, Maritime Transport Committee (2003) Ownership and Control of Ships, Paris
- Directorate for Science, Technology and Industry, Division of Transport, (o.J.) Regulatory Issues in international maritime transport, Paris
- Directorate for Science, Technology and Indsutry, Maritime Transport Committee, (2003) Availability and Training of Seafarers, Paris

Ommer, Rosemary & Painting, Gerald, Eds., (1980) Working Men Who Got Wet. Proceedings of the fourth conference of the Atlantic Canada Shipping Project, (Univ. of Newfoundland) St. John's Newfoundland

Orr, Julian E., (1996) Talking about Machines. An Ethnography of a Modern Job, (ILR Press/ Cornell University)

Parreñas, Salazar, (2001) Servants of Globalization, Woman and Domestic Work (Stanford Univ. Press) Stanford, California

Pawlik, Thomas, (1999) Seeverkehrswirtschaft. Internationale Containerlinienschiffahrt. Eine betriebswirtschaftliche Einführung, (Gabler) Wiesbaden

Piracy and Armed Robbery Against Ships 2003. Annual Report, ICC International Maritime Bureau, ICC Commercial Crime Services, a division of the International Chamber of Commerce, über: www.iccwbo.org/cccs/news_archives2004/piracy_report

Prieser, Christina M., (1995) Causes of Human Failures at Sea Accidents; in: ISHFOB '95, S. 131-137

Projektverbund, (2002) Grenzen der Entgrenzung von Arbeit; in: SOFI-Mitteilungen, Nr. 30, S. 197-205

Psaraftis, Harilos, N., (2002) Maritime Safety: To be or Not to Be Proactive; in: WMU Journal of Maritime Affairs, World Maritime University, Malmö, Schweden, S. 3-16

Puttfarken, Hans-Jürgen, (1997) Seehandelsrecht, (Verlag Recht und Wirtschaft) Heidelberg

Rammert, Werner & Schulze-Schaeffer, Ingo, Hg., (2002) Können Maschinen handeln? (Campus) Frankfurt am Main

-, (1988) Technisierung und Medien in Sozialsystemen. Annäherung an eine soziologische Theorie der Technik; in: Peter Weingart, Hg., Technik als sozialer Prozeß, (Suhrkamp) Frankfurt am Main, S. 128-173

Rathjen, Hermann H. & Ruffmann, Jana, (2000) Konferenzen und Konsortien in der Linienschiffahrt; in: Internationales Verkehrswesen 52. Jg., Nr. 12, S. 547-551

Ready, N.P., (1994) Ship Registration, (Lloyd's of London Press) London

Reason, James, (1994) Menschliches Versagen. Psychologische Risikofaktoren und moderne Technologien, (Spektrum Akademischer Verlag) Heidelberg & Berlin & Oxford (zuerst engl. 1992)

Report of Lord Donalson's Enquiry into the Prevention of Pollution from Merchant Shipping (1994)

Reyner, Luise, & Baulk, Stuart, (1998) Fatigue in Ferry Crews: A Pilot Study, Seafarers International Research Centre, November

Richter, T.E.M., (1821-1829) Reisen zu Wasser und zu Land in den Jahren 1805-1817, Bde 1-11, (Arnoldsche Buchhandlung) Dresden

Roche, Marc, (22.11.2002) Les propriétaires du „Prestige", récidivistes des marées noires; Le Monde

-, (25.5.2002) Les Flottes de navires sous pavillon de complaisance devront se plier à de nouvelles règles de sévérité; Le Monde

Roth, Detlef, (1988) Schwimmender Betrieb. Schiff, (Diss) Bremen

-, (1990) Soziale Situation an Bord von Containerschiffen; in: Holm Gottschalch & Michael Stadler, Hg., Seefahrtspsychologie, (Wirtschaftsverlag NW) Bonn, S. 155-171

Safety Digest. (erscheint jährlich) Lessons from marine Accident Reports. Department for Transport, Local Government and the Regions, abzurufen über: www.maib.detr.gov.uk/sd/digest/03.htm

Sager, Eric W., (1989) Seafaring Labour: The Merchant Marine of Atlantic Canada, 1820-1914, (McGill-Queens U.P.) Kingston & Montreal & London

Saville-Troike, Murielle, (2003) The Ethnography of Communication, (Blackwell) 3. Aufl.

Scharfe, Martin, (1986) „Gemüthliches Knechtschaftsverhältnis"? Landarbeitserfahrung 1750 - 1900, in: Klaus Tenfelde, Hg., Arbeit und Arbeitserfahrung in der Geschichte, (Vandenhoek & Ruprecht), Göttingen

Scharnow, Ulrich, Hg., (1993) Transpress Lexikon. Seefahrt, 5. bearb. Auflage (VEB) Berlin

Schmidt, Dorothea, (1993) Massenhafte Produktion? (Westfälisches Dampfboot) Münster

Schuh, Hans, (11.11.2003) Lang lebe der Zahnriemen; in: DIE ZEIT

Schwingel, Markus, (1993) Analytik der Kämpfe. Macht und Herrschaft in der Soziologie Bourdieus, (Argument Sonderband, NF, AS 215), Hamburg

Sekula, Allan, (2002, zuerst 1995) Fish Story, 2.Aufl. (Richter), Düsseldorf

Sennett, Richard, (2002) Respekt im Zeitalter der Ungleichheit (Berlin Verlag) Berlin (zuerst engl. 2002)

Sherif, M., & Hervey, O.J. & Hood, W.E. & Sherif, C.W., (1961) Intergroup conflict and cooperation: The Robber's Cave experiment, (University of Oklahoma Press) Norman, Oklahoma

Smith, Andy, (2003) New Research on Seafarers' Fatigue, Health and Safety, abgedruckt in: Personalführung, Nr. 2, S.46-52

Sohn-Rethel, Alfred, (1995, zuerst 1926) Das Ideal des Kaputten. Über neapolitanische Technik, 2.Aufl. (B.Wassmann) Bremen

Somers, Margaret, (1994) The narrative constitution of identity: A relational and network approach; in: Theory and Society, Nr. 23, S. 605-649

Spruyt, John, (1990) Shipmanagement, (Lloyd's of London Press) London & New York & Hamburg & Hongkong

Steusloff, Wolfgang, (1995) Bordleben auf Rostocker Handelsschiffen 1950 bis 1990, (Kabel), Hamburg

Stevenson, C.J., & Lang, D., & Barnett, M. L., (o.J.) Alternative Manning, Manuskript

Stevenson, Douglas B., (2002) Speech before the Chemical Carriers Association Fall Conference, November 21st, 2002; http:// www.seamenschurch.org/CSR%20Website/Chemical.htm, 12.10.2003 abgerufen

-, (2003) Statement to the Meeting of States Parties to the United Nations Convention on the Law of the Sea. United Nations, New York, June 12, 2003; http://www.seamens church.org/CSR%20Website/UNCLOS2003speech.htm 19.10.2003 abgerufen

Stover, Stephen H. &. Arms, Philip B. & Landwehr, Kurt & Green, Scott, (2001) The Effect of a Hostile Work Environment Created by Supervisory Leadership/Management Style on Blood Pressure and Heart Ache, ICTS,(5th International Conference on Travel Science) Proceedings, Venice-Patras, Oct. 27-30, 2001, Manuskript, S. 121-129

Stradt, Helmut, Kapitän, (2002) Hafenlärm und Ruhezeiten an Bord; in: Schiff & Hafen, 54.Jg., H. 10, S. 247-249

Stroebe, Wolfgang, & Hewstone, Miles & Codol, Jean-Paul & Stephenson, Geoffrey M., Hg., (1992) Introduction to Social Psychology, (Basil & Blackwell, London 1988) deutsch: Sozialpsychologie, 2. Aufl., (Springer) Berlin & Heidelberg & New York

Taylor, Frederick Winslow, (zuerst 1912, o.J.) Die Grundsätze wissenschaftlicher Betriebsführung, Nachdruck durch Gesellschaft für soziologische und ökologische Forschung, München, (zuerst engl. 1911)

Tenold, Stig, (2001) Crisis and Changes - Topics in Late 20th Century Shipping History, Dissertation. Manuskript, Bergen, Norwegen

Thoms, Eva-Maria, (1.10.2003) Unter fremder Flagge. Deutsche Reeder finanzierten das gestürzte liberianische Regime von Charles Taylor mit; in: DIE ZEIT Nr. 41, S. 32

Tiangco, Roberto & Jackson, Russ, (2002) Handbook of Rights and Concerns for Mariners, (Cornell Maritime Press) Centreville, Maryland

Ullrich, Peter, (2003) Es gibt sie immer noch. Piraten an Bord! In: Waterkant, Nr. 4, S. 25-29

Weber, Max, (1972, zuerst 1912) Wirtschaft und Gesellschaft, hrsg. von Johannes Winckelmann, 5. Aufl., (J.C.B.Mohr) Tübingen

Verein Deutscher Reeder, Hg., (1972) Das zukünftige Schiff und seine Besatzung, (Verlag VDR) Hamburg

Weibust, Knut, (1969) Deep Sea Sailors. A Study in Maritime Ethnology, Nordiska museets, Stockholm

Welke, Ulrich, (2000) Wissenschaftliche Bestimmung von Schiffsort und Kapitänsstand; in: Hochschule Bremen. Fachbereich Nautik und internationale Wirtschaft, Hg., 200 Jahre Seefahrtsausbildung in Bremen, Bremen, keine Seitenangaben

Wenzel, Hubertus, (2000) Entwicklung der Navigationstechnik von der Mitte der 70er Jahre bis zur absehbaren Zukunft; in: 200 Jahre Seefahrtsausbildung in Bremen, keine Seitenangaben

Werle, Raymund, (2000) Technik als Akteurfiktion; in: Werner Rammert & Ingo Schulze-Schaeffer, Hg., Können Maschinen handeln? Soziologische Beiträge zum Verhältnis von Mensch und Technik, (Campus) Frankfurt am Main, S. 119-140

Werlen, Benno, (1995 und 1997) Sozialgeographie alltäglicher Regionalisierungen, 2 Bde, (Frantz Steiner) Stuttgart

Werlen, Benno, (2003) Kulturelle Räumlichkeit; in: Brigitta Hauser-Schäublin & Michael Dickhardt, Hg., Kulturelle Räume - räumliche Kultur, (Lit) Münster & Hamburg & London

Wilhelm, Frauke & Emig, Hartmut, Hg., (2002) Mit der HANSA in die Welt. Erinnerungen an eine Bremer Reederei, (Edition Temmen) Bremen

Willis, Paul E., (1977) Learning to Labour. How working class kids get working class jobs, (Saxon House) Westmead, Farnborough Hants, England

Zuber, Ulrich, (1995) Safe Manning of Ships - Why not hit the point?, in: Willi Wittig, Hg., The Influence of the Man-Machine Interface on Safety of Navigation, (TÜV Rheinland) Köln